KB138789

나는 접속한다,
고로 행복하다

THE HAPPINESS EFFECT

나는 접속한다,
고로 행복하다

도나 프레이타스 지음

김성아 옮김

동아엠앤비

이 책을 호프스트라 대학교에서 내 회고록 강의를

들었던 특별한 학생들인 케이티, 안드리브, 오지,

크리스티아나, 그리고 디온에게 바칩니다.

여러분은 삶에서 가장 크고 중요한 질문들을

솔직하고 열린 마음으로 함께 치열하게 고민했고,

이는 이 책을 쓰는 계기가 됐습니다.

여러분 덕분에 많이 웃었고 여러분 모두를

한자리에서 만난 행운에 경이로움을 느꼈습니다.

여러분이 어떤 사람으로 성장하든 전 늘 자랑스러울 거예요.

차 례

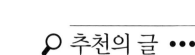

추천의 글 •••

♥ ○ ▽   🔖

마거릿은 온라인에서 항상 행복해 보이는 사람들의 모습을 보면서 자꾸 스스로를 그들과 비교하며 우울해한다. 또 그런 자신의 모습이 싫어져 점점 페이스북을 멀리한다. 롭은 자신의 페이스북 사진에 '좋아요'를 눌러 달라는 친구의 전화를 받는다. 사진에 큰 호응이 없을까 봐 조바심이 난 친구는 롭의 도움이 간절하다. 또 마이클은 요즘 외롭다. 고등학생 시절을 친구들과 함께 어울리기보다는 소셜미디어에서 남들에게 특별한 인상을 심어주는 데만 치중해 시간을 보냈기 때문이다. 이 세 친구는 당신이 지금부터 이 책에서 만나게 될 학생들 중 아주 일부일 뿐이다. 그리고 자연스레 이런 생각이 들 것이다. 요즘 아이들은 대체 뭐가 문제인 거야?

인터넷, 소셜미디어, 스마트폰, 온라인 데이팅 앱 등, 디지털 커뮤니케이션 혁명이 우리 사회를 크게 바꾸고 있다는 것은 누구나 아는 사실이다. 하지만 이런 기술적 혁신들이 자기인식을 포함해 우리 자신과 생활 방식을 어떻게 바꾸고 있는지, 또 얼마나 바꾸게 될지 제대로 아는 사람은 없는 것 같다. 이제는 인터넷 혁명을 겪은 지 꽤 오랜 시간이 지났고, 그 변화가 단지 피상적인 수준을 지나 진짜 혁명이라는 것을 알게 됐다. 이런 변화가 장기적으로 우리에게 어떤 의미가 될지 파악할 만큼 충분한 시간이 흐른 것이다.

　젊은이들에 대한 이야기를 하러 어딘가를 방문할 때면 자주 받는 질문이 하나 있다. 인터넷과 소셜미디어, 그리고 스마트폰이 이들의 삶을 어떤 식으로 바꿀 것인지에 대한 질문인데, 사람들은 으레 부정적인 결과를 기대한다. 이런 신기술로 인해 우리 청년들이 사람들과 직접 만나는 데 관심이 없어졌을까? 그런 기술로 인해 젊은 세대가 점점 병적으로 자신에게만 집착하게 됐을까? 그런 변화로 젊은이들이 스포츠 팀이나 교회 같은 사회단체에서 점점 멀어지게 됐을까? 그들의 도덕관념마저 왜곡됐을까? 나는 사회학자로서 그 어느 때보다 집중해서 관련 데이터를 살펴보지만, 그런 질문들에 대한 내 답변은, 나도 잘 모른다는 것이다. 좋은 연구 자료가 아직 부족하기 때문이다. 변화가 실제로 일어나고 있으며 그 범위도 넓다는 대답은 해줄 수 있지만, 그 이상을 넘어가면 나 또한 추측에 의존할 수밖에 없다. 내 대답들은 늘 불완전하고 실망스럽다.

　하지만 당신의 손에는 이 질문들에 대한 답을 들려줄 아주 중요한 책이 한 권 놓여 있다. 바로 도나 프레이타스가 쓴 『나는 존재한다, 고로 행복하다』다. 이 책은 학부모들이 늘 궁금해하던 질문들에 대해 처음으로 매우 진지하고 믿을 수 있는 답변을 제시한다. 개인적으로 아이를 키우는 부모 입장에서 보면 골치 아픈 내용도 많지만, 연구자 입장에서는 이 책의 출간에 매우 흥분하고 있다. 같은 주제를 다뤘던 이전의 여러 글들과 달리, 이 책은 자극적이지 않고 저자의 추측에 지나치게 의존하지 않는다. 이 책은 탄탄한 경험적 증거들을 기초로, 아주 중요한 이슈들을 진지한 태도로 파고든다. 프레이타스는 학자로서는 드물게 연구 데이터 ─대부분 젊은이들이 직접 진술한 이야기로 수집한─를 이해하기 쉬운 명쾌한 문체로 우아하게 해석해나간다. 이 책은 폭넓은 독자층이 읽을 만한 충분한 가치가 있다.

　이 책에서 발견할 수 있는 가장 중요한 사실 중 하나는 소셜미디어가 사람들의 자기인식에 정신분열증적 효과를 미친다는 점이다. 소셜미디어가 창조한 세상에서 현실 속 문제들과 결함들은 가상의 자기모습 뒤에 숨지만 그 가상의 자아 또한 고통에 시달리고 '좋아요'에만 강박적으로 매달릴 때가 많다. 우리는 언제나 매력적이고, 행복하며, 현명한 사람으로 포장될 필요가 있다. 프레이타스가 제대로 포착해냈듯이, 소셜미디어 사용자들은 대부분 온라인 공간에서 가해지는 비인간적인 힘들을 인식하면서도, 인간의 불안과 두려움을 은밀하게 이용하는 이 가상세계를 벗어나는 일 또한 어렵다는 것을 깨닫는다. 역설적인 사실은, 이런 피해가 대개는 같은 문제를 겪는 사람들에 의해 자행된다는 점이다. 우리 젊은이들이 진짜로 안전하고, 행복하고, 현실적이면서, 다른 사람들의 욕구를 참된 마음으로 염려하는 어른으로 성장해나가길 바라는 사람들에게 이런 현실은 괴로울 수밖에 없다.

　앞으로 소개될 내용들은 때로는 미묘하고, 때로는 노골적으로 청년들의 자기인식을 비틀고 왜곡하는 소셜미디어 속 현실을 솜씨 있게 드러낸다. 내가 수행한 연구에서도 이런 징후들을 목격한 적이 있지만, 이 책은 더 설득력 있는 통찰력으로 현실을 포착하고 분석할 것이다. 젊은이들과 인터뷰를 진행할 때면 스마트폰과 페이스북의 방해를 지속적으로 받게 된다. 이들의 방해 공작은 때로는 암묵적이고 때로는 노골적이다. 나 또한 소셜미디어는 꼭 다뤄야 할 소재라는 생각을 늘 가져왔다. 이 책은 참된 자아를 발견하려 애쓰는 동시에 소셜미디어가 가하는 엄청난 압박에 대응하려 고군분투하는 오늘날 젊은이들의 내밀한 고민과 생각 속으로 우리를 데리고 간다. 그리고 이런 문제들에 대해 우리가 오랫동안 가져왔던 의문들에 답변을 제시한다.

　작가로서 도나 프레이타스는 미국에서 이런 책을 쓰기에 가장 적합

한 사람 중 한 명일 것이다(가장 적격이라는 말이 맞겠지만). 프레이타스는 수백 명의 학생들과 직접 대화를 나누기 위해 지난 몇 년간 미국 전역을 돌아다녔다. 그녀는 다양한 대학 및 전문대학을 돌며 온라인 속 젊은이들의 경험과 그들의 개인적·사회적 정체성, 연애 관계, 내밀한 감정, 성(性)적 이력, 자기 세대에 대한 생각 등 폭넓은 주제에 대해 이야기를 나눴다. 그녀는 논하고 싶은 주제가 있으면 그 세상 속으로 스스로 몸을 던진다. 엄청나게 노동 집약적이지만 대상을 아주 가까이서 관찰할 수 있는 조사 방법을 택하기 때문이다. 도나의 연구는 다른 무엇으로도 대체하기 힘들다. 그런 독특한 연구 방식은 저자에게 문제를 제대로 파악할 수 있는 독보적 권한을 주면서 독자에게는 집중해서 읽을 만한 가치 있는 내용을 선사한다. 프레이타스는 인터뷰에도 능력이 특출하지만 뛰어난 강연가이자 작가이다. 그녀는 자신의 글과 연설을 일반 대중의 눈높이에 맞추면서 연구 방법론과 데이터 수집, 그리고 분석에 있어서는 굉장히 진지한 학자다. 이 모든 특징들이 모여 그녀를 독특하고 비범한 인물로 만든다.

　이 책은 내용이 명쾌하고 흥미로우며, 흡입력도 강하다. 일단 어려운 표현이나 숫자 및 이론으로 막히는 경우가 없다. 또 개성 있는 대학생들이 한 명씩 등장해 경험한 이야기를 들려주는 것도 매력적이다. 프레이타스는 능숙한 솜씨로 그들의 이야기에서 독자가 주목하고 대응해야 할 내용이 나오면 자신의 통찰력과 해석을 덧붙인다. 이 책의 주제는 대단히 중요하고, 그만큼 분명하고 매력적인 방식으로 전달된다.

　하지만 지금까지 언급한 이 책의 장점들도 독자들이―그 수가 얼마가 되든―이 책을 읽고, 그 문제들을 진지하게 고민하고, 그 결과를 여러 사람들과 함께 논의하며, 건설적인 해결책을 도출하려고 같이 노력할 때만 비로소 의미가 있다. 어린이와 십 대, 이십 대 초반의 자녀를 둔 모든 학부모와 조부모, 모든 대학의 학생과 행정 담당자, 학생처 직원들과 교수, 중·고등학교 교사와 교장, 코치와 사목, 그리고 십 대 및 청년들과 자주 대면하는 어른들, 대학에 다니지 않고 일을 하거나 실직 상태인 모든 젊은이들, 청년을 조카로 둔 삼촌과 이모, 고모, 그리고 멘토들, 그밖에도 인간이 기술적 발전을 통해 피해보다는 혜택을 누리길 바라는 모든 사람들이 이 책을 읽기 바란다. 특히 당신이 페이스북 계정을 갖고 있다면 이 책에서 많은 교훈을 얻게 될 것이다.

지금 이 책을 앞에 둔 우리 모두는 꼭 다음 질문을 해야 한다. 디지털 커뮤니케이션 혁명이 몰고 온 이 거대한 결과들 앞에 선 우리는 그만큼 진지하게 대응할 자신이 있는가?

크리스티앙 스미스
노터데임대학교(the University of Notre Dame) 사회학과 교수,
종교사회원구원 원장

🔍 저자의 말 •••

♥ ◯ ◁   ⊓

작은 회고록

> 소셜미디어는 책 표지 같아요. 내가 어떤 사람인지 보여주지만, 동시에 내
> 모습을 그 안에 감출 수 있거든요. 어떻게든 자기 모습을 더 돋보이게 하죠.
>
> 제이슨, 공립대학 2학년

자신을 잊으려 부단히 애쓰다

호프스트라대학(Hofstra University) 우등생 프로그램(Honors College)에서 회고록에 대한 강의를 진행했을 때였다. 수강생은 고작 다섯 명이었지만 모두 타고난 지성에 학업 성적도 뛰어난 학생들이었다. 그들은 패티 스미스(Patti Smith)의『저스트 키즈(Just Kids)』를 읽으면서는 누군가와 미친 사랑에 빠진다는 것에 대해, 이부 파텔(Eboo Patel)의『신앙의 행동(Acts of Faith)』에서는 젊은 무슬림으로 산다는 것에 대해, 또 존 디디온(Joan Didion)의『상실(The Year of Magical Thinking)』을 통해서는 시련이 주는 비통함에 대한 상념에 빠졌다. 회고록에는 뭔가 특별한 힘이 있는 것 같았다. 학생들은 가만히 앉아 인생의 의미와 목적을 생각했고, 이내 자기 주변의 거의 모든 것에 대해 의문을 품기 시작했다. 전공, 커리어, 배경, 사랑 등 생각은 꼬리에 꼬리를 물었다. 그런 상념들은 학생들을 그동안 익

11

숙하고 당연시 여겼던 안전지대에서 끌어내 깊은 감정의 물결 속으로 이끌었다. 그들은 오랜 시간 밤낮없이 자신을 몰아붙였던 많은 대상에 대해 쏟아내듯 끝도 없이 얘기했다. 또 그게 언제든, 어떤 계기에서든 자신들이 하던 일을 멈추고 지금 이 일을 왜 하고 있는지 진지하게 자문한 적이 있었는지 반추했다. 그들 자신에게도 이 질문에 대한 확실한 답은 없었다. 그래서 심란했다.

온 세상에 눈 폭풍이 몰아치고 덕분에 봄꽃들이 유난히 늦게 만개했던 그 봄, 학생들과 강의에서 나눴던 많은 이야기는 이후에도 계속 내 안에 머물렀다. 그중에서도 특히 한 사건이 지속적으로 내 마음을 흔들었고, 궁극적으로는 이 책에 관한 연구를 시작한 계기가 됐다.

어느 날 오후 굉장했던 폭설이 잦아들 무렵 우연찮게 나온 얘기가 있었는데, 학생들은 가만히 앉아 있는 게 힘들 뿐 아니라 그런 상황이 두렵다는 것이었다. 학생들은 실제로 '두려움'이란 단어를 썼다. 따분하고 딱히 할 일도 없는데 그 적막을 채울 휴대폰조차 사용할 수 없다면⋯⋯ 생각만으로도 두려운 일이라고 했다. 그런 고요한 순간에 삶, 관계, 사랑, 일, 학교, 가족, 친구, 선택, 자신의 미래 등 어떤 생각이든 자신이 통제하거나 막을 새도 없이 갑자기 튀어나올 수 있다는 사실에 그들은 상당히 불편해했다.

"어제 기숙사 방에서 그냥 앉아 있었거든요." 한 학생이 말했다. "눈발이 창문에 부딪쳐 아래로 미끄러져 내려가는 모습을 바라보고 있었어요." 학생은 그 광경을 바라보면서 눈송이가, 그리고 눈이 쌓이면서 마치 수정처럼 어는 모습이 얼마나 아름다운지를 생각했다. 그 순간이 정말 평화롭다는 기분도 들었다. 하지만 이윽고 다른 생각들이 침묵과 고요함을 침범하기 시작했다. 자신의 삶과, 그 삶을 위해 준비하고 있는 것들에 대한 좀 더 묵직한 생각들이 떠오르기 시작했고, 해야 하는데도 못 하고 있는 일들에 대한 불안감마저 엄습했다. 아름답고 고요한 순간을 강타한 불편한 생각들로 학생들 마음에 균열이 나기 시작한 것이다. 뒤숭숭한 마음을 억누르려고 휴대폰을 들어 올리는데 다시 화가 났다. 휴대폰을 보고 있었다면 그런 불편한 생각들이 떠오를 겨를도 없었을 텐데…… 하지만 휴대폰만 보고 있었다면 그런 아름다운 순간도 놓쳤을 게 뻔했다.

학생을 가장 화나게 했던 건 바로 그 사실이었다. 아름다운 순간을 놓칠 가능성.

청년은 그런 작은 아름다움을 마지막으로 즐긴 게 언제였는지 기억조차 할 수 없다며, 그런 순간에 몰입하지 못하는 자신의 모습에 대한 이야기를 이어나갔다. 끊임없이 앞으로 전진하기 위한 빡빡한 일상과 이력서를 채우기 위한 수많은 활동, 그리고 틈틈이 업데이트가 필요한 소셜미디어 때문에 혼자만의 평온한 순간은 아예 사라져 버린 것이다. 하지만 그런 고요한 순간 뒤에 따르는 막연한 두려움과, 그런 상황을 제대로 대처하지 못하는 자신의 무능함 때문에, 하던 일을 멈추고 아름다운 광경을 포착할 기회마저 차단돼 버렸다.

다른 사람들은 이런 모순된 상황을 어떻게 처리할까? 그는 궁금했다.

생각한다는 게 그렇게 두려운 일이어야 할까? 강의실 전체가 의문속에 빠졌다. 그저 하던 일을 멈추고 이 순간을 즐길 수는 없는 걸까? 그런 능력이야말로 중요하지 않을까? 하던 일을 멈추고 잠시 생각할 여유조차 없다면, 우리 삶에서 큰 의미를 갖는 중요한 일들은 제대로 추구할 수 있을까? 혹은 우리 삶을 가장 의미 있게 만드는 것이 무엇인지, 우리는 정말 알기나 하는 걸까? 혹시 우리의 삶은 이런 어려운 생각들을 피하고자 끝없이 도망가는 미로가 아닐까?

가만히 앉아서 이 세상과 삶에 대해 생각할 때 떠오르는 생각과 느낌들은 스스로를 나약하게 만들 수 있다. 그런 나약함은 분명 불편한 감정이지만, 정말 묵직하고 우리에게 중요한 질문들도 바로 그런 순간에 떠오른다. 대학에 가고 성장한다는 게 어떤 것인지에 대한 의문처럼 말이다, 하지만 우리는 자기 손 안에 놓인 스마트폰과 소셜미디어 때문에 이런 기회와 순간, 그리고 그 감정들을 점점 더 차단하게 됐다.

자신의 나약함을 감추려 스스로 방패를 두르는 것이다.

이 연구에 착수한 지 얼마 지나지 않아 알게 됐다. 소셜미디어에 대한 내 연구가 사실은 행복에 대한 것이며, 완벽해 보이는 삶을 세상에 드러냄으로써 남들 눈에 늘 행복해 보여야 한다는 법칙을 우리 젊은이들이 어떻게 학습하는지에 대한 것이라는 점을 말이다. 우리는 늘 행복하고, 완벽하며, 남에게 영감을 주고, 부러움을 자극하려는 노력 속에 종종 삶에서 참된 행복과 기쁨, 유대감, 사랑, 즐거움을 가져다주는 것들을 간과해왔다. 자신의 결점 및 불완전함과 함께 내가 정말 어떤 사람인지, 참된 자아를 드러내길 두려워하게 됐다. 자신의 마음과 정신과 영혼을 규정하는 참된 감정을 감추는 말과 이미지로 만든 옷을 입고 그 안에 자신을 은폐했다. 그런 참된 감정과 기쁨은 너무 은밀해서 밖으로 드러내기에 적절치 않다고 여기기 때문이다. 우리는 무언가를 더 잘 감추는 법을 배우고, 가리는 데 점점 더 능숙한 재능을 보이며, 우리가 '좋아요'나 '공유', '리트윗'으로 번듯하게 구축한 벽에 대해 사회는 궁극적으로 대학 합격과 취업 면접 기회로 보상한다. 우리는 이렇게 자신의 벽에 멋진 파사드를 치고, '관객'에게 모든 게 좋을 뿐 아니라, 항상 좋다는 사실을 확실히 전달하기 위해 자신을 희생한다. 우리를 진짜 행복하게 만드는 것들을 잃는 위험을 감수하면서까지 '행복해 보이기'라는 미션을 훌륭하게 이행하려 애쓰기 때문이다.

내 회고록 강의를 듣던 학생이 창문에 부딪치며 내려앉는 눈송이들을 감상했던 일화를 털어놨을 때, 그 고요하고 아름다운 순간에 학생의 마음을 움찔하고 파고들었던 불편함에 대해 설명했을 때, 사실 그는 자신에게 일어난 어떤 반사 작용을 말하고 있었던 것이다. 스마트폰의 존재와, 강박에 가까울 정도로 소셜미디어를 확인하고 게시물을 올리는 행위는 우리 자신을 현실에서 도피하게 만든다. 우리는 점점 나쁘고, 슬프고, 부정적인 것들을 걸러내는 데 능숙해진다. 하지만 상대적으로 어둡고 연약한 부분들을 감추기 위해 자신의 불완전함을 완전히 벗겨내고, 어떤 학생의 표현처럼 '행복한 얼굴을 뒤집어쓰는' 노력 속에서 우리는 자아의 가장 훌륭한 측면까지 잃고 있을지도 모른다.

우리는 모두 가치 있는 사람이다

　내가 친구들과 동료들에게 '행복 효과(happiness effect)'라는 개념에 대해 말하기 시작했을 때, 그 행복 효과라는 것을 위해 인간성과 진정성, 그리고 삶을 의미 있게 하는 것들을 얼마나 희생하고 있는지에 대한 우려를 표현했을 때, 사람들은 한결같이 브레네 브라운(Brene Brown)의 테드(TED) 강연을 들어보라고 권했다. 나는 한동안 망설이다 마침내 자리를 잡고 '취약성'에 대한 그녀의 첫 번째 강연을 들었고, 바로 '수치심'에 대한 두 번째 강연도 들었다. 우리가 자신의 불완전함 안에서 어떻게 가치를 찾고 사랑과 소속감을 느낄 수 있는지, 그리고 완전한 삶을 사는 데 취약성이 얼마나 필수적인 요소인지를 너무나 우아하게 설명하는 그녀의 강연을 들으면서 난 어느 순간 눈물을 흘리고 있었다. 진정한 소속감과 유대감을 경험하기 위해서는 불완전하고 엉망진창인 자신을 받아들여야 한다.
　내게 브라운의 강연을 찾아보라고 한 사람들의 말은 모두 옳았다.

내게는 그녀의 이야기가 꼭 필요했다. 브라운은 인간의 취약성에 대한 강연에서 우리가 자신의 이미지에 멋지게 광을 내고, 마치 모든 것이 순조롭고 부족함 따위는 없는 삶을 사는 것처럼 보이려고 노력하면 할수록 오히려 자신을 완전하게 해주는 것들로부터 멀어진다고 말한다. 그녀는 강연에서 스스로를 어떤 상처에도 까딱없는 강인한 존재로 만들려고 애쓰는 과정에서 아주 중요한 것들을 잃을 수 있으며, 그때 잃는 것들이 사랑이나 소속감처럼 개인을 가치 있게 만드는 거의 모든 것일 수 있다고 말한다.

브라운은 '자신을 그대로 드러내고', '확실한 게 없을지라도 온 마음을 다해 사랑하며', '공포의 순간에도 감사와 기쁨을 표현하고', '지금 그대로의 모습으로도 충분하다는 믿음'을 가지라고 말한다. 진정한 연결을 위해서는, 우리 삶을 가치 있게 만드는 모든 것들을 위해 어떻게든 싸워나가야 한다.

하지만 소셜미디어가 갖는 공개성의 특징은 그 반대를 위해 싸우라고 가르친다. 소셜미디어와, 그 안에서 우리 자신과 아이들, 그리고 학생들이 적응하기 위해 배우는 것들은 브라운이 삶을 의미 있게 만든다고 한 모든 것과 정반대 방향으로 나아가고 있다. 행복해 보이려는 노력과, 내면 깊숙한 곳에 있는 어두운 생각들을 자신에게서 떼어내려고 애쓰는 과정은 역효과를 낳는다. 항상 행복해 보이기 위해 참된 즐거움을 포기해버리기 때문이다. 나는 거의 200명에 달하는 대학생들과 대화를 나누고 800건 이상의 설문조사를 수행하면서, 소셜미디어로 인해 우리가 스스로를 가치 없는 존재로 여기게 됐다는 우려를 품게 됐다. 소셜미디어 때문에 우리는 영속적이고 상습적인 피드백의 굴레 안에서 벗어날 수 없게 됐기 때문이다. 또 수많은 대중의 눈을 위해 우리가 가진 불완전함을 지속적으로 교정하고, 연결과 사랑, 의미와 관계 안에서 우리 삶의 근간을 이루는 것들을 더 이상 볼 수 없게 됐다.

멋진 모습을 위해 스스로를 고갈시킴으로써 진정한 자아를 볼 수 있는 능력을 잃어가고 있다.

이 책에서 무엇을 기대할 수 있을까?

대학생들과 소셜미디어에 대한 얘기를 시작할 무렵에는 내가 행복에 대해 이렇게 방대한 글을 쓰게 될지 전혀 몰랐다. 인터뷰에서 행복에 대해 직접적으로 묻는 질문은 딱 하나였지만, 학생들은 질문과 상관없이 행복뿐 아니라 행복과 관련된 내용—긍정적, 희망적, 영감을 일으키는 것—을 이곳저곳에서 자주 언급했다. 행복과, 적어도 행복해 보이는 문제는 특히 그런 시도들이 공허하고 갖가지 병폐의 원인이 된다는 점에서 학생들에게 엄청난 고민거리로 남아 있었다. 행복해 보이는 것은 우리가 문화적으로 큰 가치를 부여하는 것으로, 이제는 개인의 실제 행복보다 더 우위를 차지하게 됐다. 아이들도 대학에 들어갈 무렵이 되면, 자신이 이룬 가장 중요한 성과는 이 세상에 자신의 행복한 얼굴을 알렸을 때라는 것을 알게 된다. 이를테면 교실에서 독후감을 발표하거나, 학교 연극 무대의 주인공이 됐을 때를 말한다. 그리고 아이들을 그런 상황으로 내모는 데 우리 어른들(아이들의 삶에서 부모, 교사, 코치, 멘토 등의 역할을 하는)도 한몫하고 있다.

이런 우려를 대학생들만 갖고 있는 것은 아니다.

내가 연구에서 발견한 사실들을 친구나 동료에게 들려주면, 사람들은 앞다퉈 현실 속 실제 경험보다 온라인에서 어떻게 보일지에 더 연연하는 개인의 경험을 말하기 때문이다. 이 책에서 다루는 주제들이 대학 캠퍼스를 뛰어넘어 훨씬 더 많은 사람의 가슴에도 깊은 울림이 되기를

17

바란다. 누구나 행복한 삶을 꿈꾸고, 대다수가 소셜미디어 프로필에 어떤 사진을 넣을지 고민하는 지금, 행복은 그 어느 때보다 관심이 집중되는 주제이기 때문이다.

소셜미디어에서 얻을 수 있는 혜택은 많지만 그중에서도(이 연구에 참여한 학생들에 따르면) 멀리 있는 친구나 가족, 사랑하는 이들과 연결될 수 있다는 것이 가장 큰 장점으로 꼽힌다. 또 소셜미디어는 계획을 세우는 기본 도구로도 많이 활용된다. 소셜미디어를 통해 우리는 즐거움을 나누고, 자신을 표현하고, 시적 감수성을 발휘하고, 누군가와 연애감정을 느끼고, 때로는 우스꽝스러운 사람이 되기도 한다. 다만 청년들 사이에서는 자기 이미지에 대한 관심과 커리어에 대한 고민이 그런 장점들의 빛을 가리는 것만은 분명하다.

수년간 교수와 교사로 지내고, 또 과거에 학생처 업무도 담당했던 사람으로서, 나는 우리와 삶을 함께하는 청년들이 자신의 삶과 선택, 관계, 그리고 행동에 영향을 미치는 것들에 통제력을 갖길 바란다. 또 그런 것들을 비판적으로 판단할 수 있었으면 한다. 비판적 분석 능력은 외부에 의해 쉽게 휩쓸리지 않고 상대를 통제할 수 있는 힘이 돼주기 때문이다. 이제 소셜미디어가 젊은이들의 삶에 중대한 영향을 미친다는 사실에는 의심의 여지가 없다. 또한 소셜미디어는 우리 모두에게 가장 새롭고, 빠르게 변화하는 영향력 중 하나다. 아직 발생 초기라서 대부분이 소셜미디어에 쉽게 동요되고 있다. 소셜미디어가 우리에게 미치는 긍정적·부정적 효과들을 파헤치기 시작한 것도 비교적 최근의 일이다.

많은 사람과 조직들은 소셜미디어의 최신 트렌드에 대한 견해를 밝히려 애쓴다. 그런 노력은 감탄할 만하고, 그들의 연구 결과를 일부 참고할 때도 있지만, 이 책을 쓰는 내 의도가 그런 트렌드를 밝히려는 것은 아니다.

　　내가 이 책을 통해 가장 원하는 것은 나와 인터뷰를 나누고 설문조사에 참여했던 학생들이 기꺼이 들려줬던 생각과 이야기들을 독자들과 공유함으로써, 그들 주위에 있는 대학 동기, 형제자매, 멘토, 부모들도 이런 대화를 가정에서, 기숙사에서, 강의실에서, 그리고 직장에서 계속 이어나가는 것이다. 또한 책을 읽는 청년 독자들은 이 글에 본인과 친구, 동기들의 모습이 투영돼 있다는 것을 깨닫고, 관련 문제들을 함께 논의할 수 있는 기회로 삼았으면 한다. 대학교수 및 관계자뿐 아니라 고등학교 교사 및 관리자들이 이 중요한 주제를 교실 안팎에서 논의할 때, 책에 실린 주장들과 이야기가 도움이 됐으면 한다. 어른들도 페이지를 넘기면서 소셜미디어와 관련된 자신의 모습과 고민을 발견하고 전율을 느꼈으면 한다. 또한 학부모들 입장에서는 이 책에서 발견한 사실들을 통해 자녀가 고등학교를 졸업하고 대학에 진학했을 때, 소셜미디어라는 공적 공간에서 거의 끊임없이 남들과 소통하면서 겪게 될지도 모르는 난관을 이해하는 데 도움이 됐으면 한다. 이 책에서 그려진 학생들에게는 우리의 관심과 대화가 필요하며, 그 대화는 꽤 복잡할 것으로 예상된다.

　　다른 사람의 이야기를 듣는 것만으로도 우리는 자신의 나약함을 느낄 수 있다. 이야기라는 것은 평상시라면 다른 영혼에게 절대 표현하지 않을 주제들에 대해서도 마음과 입을 여는 힘을 갖고 있다. 내가 회고록 수업을 할 때마다 학생들의 가슴속 깊은 곳을 건드릴 수 있는 것도 바로 그런 힘 때문일 것이다. 누군가 자신의 최상과 최악, 성공과 좌절, 기쁨과 고통의 순간을 드러내는 사람과 함께 있으면, 우리도 그들의 이야기에 상응하는 것을 터놓기 마련이다. 그들은 우리 안의 선과 악을 흔들어 놓고, 사랑과 상실감에 대해 생각하게 만들며, 그런 대상의 존재와 부재를 돌아보게 하고, 우리가 이룬 가장 위대한 성공과 가장 암울한 순간들도 되살려준다. 우리를 하나의 인간으로 만들고 공감을 불러일으킨다.

지금부터 시작되는 이야기들은 흥미롭고, 슬프며, 때로는 충격적이고, 아름다우며, 두렵고, 통찰력도 있으며, 상당히 사실적이다. 학생들이 토하듯 쏟아냈던 이야기에 나는 시간 가는 줄 모르게 집중했다. 독자들 또한 나와 같은 마음이었으면 좋겠다. 학생들은 내 연구와 책을 위해 자신의 모든 걸 내주었다. 그들의 이야기가 당신에게도 생각의 문을 열고 많은 대화와 커다란 질문들로 이끄는 계기가 됐으면 한다. 마치 내 수업에서 다룬 다양한 회고록들이 학생들의 감정과 정신에 작용했던 것처럼 말이다.

이 책에 나오는 이야기들이 해당 학생들에게는 작은 회고록이 될지도 모르겠다.

🔍 들어가며: 행복의 달인 •••

♥ 💬 ✈   🔖

블레이크, 사립대학 4학년 사람들은 남들에게 자신이 행복하다는 걸 증명하고 싶어 해요. 다들 행복 콘테스트라도 나온 사람들처럼 보일 때도 있거든요. 근데 정말 행복한 사람들은 자기가 즐거운 시간을 보내든 말든 남들에게 보여줘야 할 필요성을 못 느끼잖아요. 그런 점이 좀 웃긴 거죠.

브랜디, 사립대학 3학년 다들 오랜만에 고등학교 동창회에 나온 사람들 같아요. 옛 동창을 보면 자신이 지금 얼마나 대단한 삶을 살고 있는지 으스대고 싶어 하잖아요. 요즘이 딱 그래요. 그러니 10주년 동창회를 기다릴 필요도 없겠죠. 뭐, 매일 그렇게 사는데요.

엠마
5min • 👥

#남들의 최상의 모습과 자신의 최악의 모습 비교하기

햇살 좋은 토요일 이른 아침에 나는 인터뷰 방으로 천천히 들어오는 엠마와 만난다. 간밤에 있었던 파티로 그녀는 늦잠을 좀 잤다고 한다. 하지만 어느새 머리는 솜씨 좋게 포니테일 스타일로 올려 묶고, 소속된 사교클럽을 상징하는 그리스 문자가 새겨진 T셔츠와 운동 바지까지 차려 입어 머리에서 발끝까지 산뜻한 모습이다. 내가 방문한 엠마의 학교는 미국 남부에 위치해 있으면서 사교서클들이 활발히 활동하는 곳으로, 마침 홈커밍 파티 주간을 맞이한 상태였다. 학교에 도착한 이래로 나는 학생관에서 널브러진 채로 퍼레이드용 꽃수레를 만들고 있는 남녀 사교클럽 학생들을 방해하지 않도록 조심스레 걸어 다녀야 했다.[1]

운동복 차림임에도 엠마는 눈부시게 아름답다. 두 눈은 피곤해 보이고 전날 밤 과음으로 숙취가 심한 것 같지만 그 모습 또한 매력적이다. 친구들 사이에서 부러움을 살 만한 외모다. 게다가 엠마는 똑똑하고 학업 성적도 좋다. 3학년 중 우등생 그룹에 속해 있는 엠마는 재무와 심리학을 복수 전공하면서 이 대학에서 가장 권위 있는 여학생 서클인 알파 알파(Alpha Alpha)에서 회장을 맡고 있다. 만약 이 학교에 계층 구조란 게 존재한다면 — 사실 거의 늘 존재한다고 봐야겠지만 — 엠마는 그 꼭대기에 있을 것이다.

하지만 우리가 만난 날 어쩐 일인지 그녀는 몹시 우울해 보인다. 일단 엠마는 여학생 클럽의 일원이라는 데 신물이 나 있고 이 사실을 주저하지 않고 드러낸다. 그리스 사교서클의 일원으로 사는 데 지친 그녀가 그 먹이사슬의 최상단에 있다는 데 부담감이 더 큰 것 같다. 엠마는 이런 상황이 자신의 삶을 우스꽝스럽게 만들고 있다고 말한다. 그리고 소셜미디어는 상황을 더욱 악화시킨다.

엠마는 여학생 사교클럽에 대한 얘기를 하면서 차마 셀 수도 없을 만큼 끊임없이 눈을 깜빡인다. "클럽마다 나름 명성이 있고, 그 클럽 성격에 어울리는 사람들이 있잖아요?" 엠마가 말한다. "저는 클럽 사람들과 잘 맞는 건 아니에요. 그래서 멤버들과 친해지기도 힘들었어요. 개인적으로 저는 파티나 술 같은 걸 그다지 즐기지 않는데 저희 클럽은 그런 걸로 유명하거든요." 잠시 말을 멈춘 그녀의 눈이 흔들린다. "미친 듯이 운동하는 걸로도 유명해요. 근데 다른 서클들이 열광하는 음식 같은 데는 관심이 없어요." 알파 알파에 관한 건 전부 바보 같다는 듯, 그녀는 좀 빈정대는 말투로 말한다. 과장된 얼굴 표정은 마치 연극배우를 보는 것 같다. "[서클 여학생들은] 우리 관계에 대해 문제를 꺼내거나 의문을 제기하면 피하려고만 들어요. 머리를 쓰기 싫은 거겠죠. 자기주장도 필요하고요." 겉으로만 보면 엠마가 좀 거만해 보일 수도 있겠지만, 그녀가 뭔가에 잔뜩 화가 나 있다는 것만은 분명하다. 게다가 엠마가 하는 말에 약간의 슬픔마저 묻어 나온다. 그럼에도 엠마의 말을 듣고 있자니 이런 의문이 들 수밖에 없다. 그렇다면 왜 아직도 서클 활동을 하고 있는 걸까? "그리스 문자 모임*에 속해 있지 않으면 친구 사귀기가 정말 어렵거든요." 그녀가 하소연한다. 그러고는 다소 심술궂게 얼굴을 찡그린다. "물론 서클에 속해 있어도 친구 만들기는 똑같이 어렵지만, 그래도 같은 그리스 문자가 찍힌 옷을 입고 다니는 사람들은 자동적으로 서로를 좋아해야 하잖아요. 적어도 친절하게는 대하겠죠. 안 그러면 서클 사람들에게 욕을 먹으니까요. 그 친구들이 착하거나 실제로 서로를 좋아해서가 아니라, 그러지 않으면 곤란해지니까 잘해 주는 거예요. 그러다 보니 개인 입장에서는 소속감과 동지애의 환상을 강요받는 꼴이 돼요. 친구 만들기 과정을 가속화하는 시스템이라고 볼 수 있죠."[2]

엠마가 일반적인 그리스 사교서클과, 그중에서도 자신이 속해 있는 명망 높은 여학생 서클에 강한 반감을 갖고 있는 건 사실이지만 자신은 행복하다고 말하면서 서클에 가입한 이유를 이렇게 설명한다. "그래도 알파 알파 멤버라는 사회적 낙인이 찍히는 게 거기 속하지 않은 누군가

---

* 대학 내 회원제 사교 모임의 이름이 대개 그리스 문자로 이뤄져 있기 때문에 보통 '그리스 문자 모임'이라고 불린다. 가령 알파 파이 오메가(ALPHA PHI OMEGA), 시그마 알파 엡실론(SIGMA ALPHA EPSILON), 델타 카파 엡실론(DELTAKAPPA EPSILON), 파이 베타 카파(PHI BETA KAPPA) 같은 식이다.

로 낙인찍히는 것보다는 나아요. 두 가지 악 중 덜 나쁜 악이라고 해야겠죠."

특히 캠퍼스에 있는 모든 사교서클이 신입생을 모집하는 시기가 오면 정말 끔찍하다고 한다. 엠마를 비롯한 여자 회원들은 하루에 거의 12시간씩 회원 모집 활동에 나선다. "구호도 연습하고, 적당한 아이들을 물색하러 다니면서, 괜찮은 아이들과 어떻게 우연히 마주칠 수 있을지 고민하는데, 하여간 그때가 되면 공식회원 모집이라는 미명 아래 온갖 말도 안 되는 방법들이 동원돼요." 올해 엠마는 자신부터 그런 '위선을 없애고자(엠마는 계속 눈을 굴리면서 말한다)' 신입회원 모집에서 빠지기로 했다. 캠퍼스 한가운데 서서 신입생에게 자신의 클럽이 '전부'라고 말하고 싶지 않은 것이다.

엠마는 사교서클 회원으로 몇 년을 보내면서 사람은 자신의 정체성을 솔직하게 드러낼 수 없다고 생각하게 됐다. "일반적으로, 사람들이 그렇게 진실하진 않은 것 같아요." 그녀가 말한다. "아마 제가 지쳐서 그럴 수도 있고, 악의적인 의도가 있는 것도 아니지만 어떤 틀에 맞춰 산다는 게 너무 부담스럽거든요. 이렇게 많은 사람이 그런 틀에 맞춰 행동한다는 게 현실적으로 불가능하잖아요. 만약 그게 가능하다면, 신의 유머 감각이 형편없거나 우리 모두가 사실은 서로의 복제품이란 거겠죠."

엠마가 소셜미디어로 화제를 돌린 건 바로 이 대목에서다.

"다들 '좋아요'나 받으려고 [소셜미디어를] 하는 거잖아요. 소셜미디어에서 남들의 호응을 얻기 위해 사진도 찍고, 이것저것 경험도 하고, 특별한 곳도 찾는 거예요." 엠마는 같은 대학 학생들이 인스타그램에 올릴 만한 사진을 찍으려고 어떤 일을 하는 게 싫다. "그렇다고 제가 '너희들은 다 가짜고, 잘난척만 하고, 똑똑하지도 않아'라고 떠들어 대지는 않지만……." 엠마는 이 말로 자신의 생각을 분명히 드러낸다. "전 그렇게 생각하지만, 그걸 실제로 말하고 다니면 따돌림을 당하겠죠. 그래서 이렇게 [서클] 문자가 찍힌 옷을 입고 다니고, 그런 일에 휩쓸려 다닐 때 죄책감이 느껴져요. 서클 덕분에 제가 갖는 평판 때문에, 제 서클이 학교 캠퍼스에서 누리는 자부심 때문에……. 어떤 셔츠나 버튼이 달린 옷만 입으면, 혹은 누군가에게 제가 [알파 알파] 회원이라는 것만 말하면, 또 자신이 이런저런 것의 일원이라는 점만 어필하면 모든 게 편해지는데 누가 구태여 어려운 쪽을 택하겠어요? 누구든 쓸데없이 자신을 더 힘들게 하려는 사람은 없잖아요. 이런 식으로 생각하는 제가 위선자라는 걸 알아요. 하지만 가족처럼 친한 사람들에게는 제가 믿는 대로 하고, 일반 대중에게만 다른 방식으로 대하면 돼요."

엠마는 이런 현실과 더불어 소셜미디어가 친구들과 동기들 사이에 가식을 조장하는 데 분명 혐오감을 느끼고 있지만, 가식적인 속임수에 편승하는 자기 자신에 대해서도 혐오감을 느끼고 있다. 그녀에게도 인스타그램과 페이스북 계정이 있다. 엠마에게 자신은 완전히 다른 사람이라고 느끼면서 공적으로는 남들과 같은 방식으로 사는 게 피곤하지 않느냐고 묻는다.

"맞아요. 피곤해요. 하지만 다들 마찬가지일 거예요." 그녀가 이렇게 답한다. "제가 온라인에 뭔가를 올려놓으면 다들 거기에 긍정적인 반응을 보이겠죠. 개인적으로 정치적이거나 종교적인 플랫폼은 가까이 하지 않아요. 페이스북에 상태 표시도 하지 않고요. 물론 제 삶은 흥미롭고 즐거워요. 엄마랑 남자친구는 제가 어떻게 사는지 궁금해하지만, 그런 열댓 명을 제외하면 140명이나 되는 페이스북 친구들 중에 제가 어떻게 사는지 누가 관심이나 있겠어요? 저도 예쁘게 나온 사진이나 '좋아요'를 엄청 많이 받을 것 같은 사진이 있으면 페이스북이나 인스타그램에 올릴 때가 있어요." 엠마는 솔직히 인정한다. 페이스북 친구의 가치를 인정하지 않는 엠마조차도 페이스북 친구가 140명이나 된다는 사실을 말하지 않고는 못 배기는 눈치다. 소셜미디어에 참여하고는 있지만, 그녀는 소셜미디어 때문에 '매우 기이한 문화'가 생겼다고 여긴다. "사람들이 어떤 일을 한 다음에 그걸 포스팅하는 건 익숙한 일이 됐어요. 소셜미디어에 뭘 올리든 그걸 통해 남들에게 인정받는 게 실제 행동의 부산물이 된 거예요"라고 엠마는 말한다. "문제는, 이제는 남들에게 인정받기 위해 어떤 행동이나 활동을 하게 됐다는 점이에요. 그러니까, 상황이 역전된 거죠. 물론 모두 다 그런 건 아니지만요. 하지만 서클 사람들이 하는 말로 미루어 보면, 우리 학교 재학생들 대다수가 그런 것 같아요."

엠마는 사교서클이 상황을 더 악화시킨다고 생각한다. "만약 다들 이름만 들어도 알파 알파 회원이라는 걸 알 만한 사람이, 예를 들어 자신은 성소수자 권리를 위해 싸우겠다는 내용을 소셜미디어에 올린다면 어떨까요? 사람들은 좀 당황할 거예요"라는 게 엠마의 생각이다. 정치든 뭐든 논란을 일으킬 가능성이 있는 게시물은 여학생 사교클럽 회원에게는 선을 넘는 주제가 된다. "하지만 그리스 사교서클 멤버가 아닌 누군가가 성소수자 권리를 위해 싸우겠다는 내용을 인스타그램이나 페이스북에 올린다면 그건 자연스런 일이죠. 그런 사람들에게 어울리는 집단이라는 게 있잖아요." 엠마는 눈을 요리조리 굴리며 말한다. "제가 방금 '그런 사람들'이라고 했는데, 바로 그거예요. 늘 그런 식이죠. 사교서클 멤버냐 아니냐……. 심지어는 서클들 사이에서도 서열이 있거든요. 일류가 있고 이류가 있고 삼류가 있는 거죠." 엠마는 캠퍼스에 있는 여학생 서클과 남학생 서클들의 이름을 줄줄이 대면서 그런 단체들이 서로 어떻게 연결되고, 또 선을 긋는지를 설명한다. 또 캠퍼스에서 그리스 사교서클 일원이 아닌 사람은 누구든 GDI(God Damn Independent: 엠마를 통해 이 약자를 처음 들었지만 그게 마지막은 아니었다)로 불린다고 한다. 엠마는 덧붙여 사교서클 회원들이 구축해놓은 이 세심한 사회적 계층은 온라인에서 훨씬 더 크게 부각된다고 설명한다.

하지만 이들의 소셜미디어에 꼭 떠들썩한 파티 사진들만 끊임없이 올라오는 것은 아니다. 사실 그런 내용과는 상당히 거리가 있다. 케그 스탠드*를 하는 남학생들 사진이나 맥주를 원샷하는 여학생들의 파티 사진을 포스팅하던 시대는 지났다는 게 엠마의 말이다. "소셜미디어 워크숍을 열어서 소셜미디어 활동의 적정선이 어디까지인지 논의하기도 해요. 저희 서클도 문제에 연루될 때가 있거든요. 부적절한 내용을 온라인에 올릴 때죠." 나쁜 일이 일어날 때도 있다는 건 누구나 알고 있지만, 중요한 건 그런 순간을 사진으로 남겨서 인스타그램을 통해 만천하에 공개하면 안 된다는 점이다. 엠마는 알파 알파가 "좋은 일보다는 나쁜 짓을 더 많이 한다"고 생각한다. 회원들이 소셜미디어에 어떤 사진을 올리면 안 되는지 서클 차원에서 제재를 가하는 것도 그런 이유에서다. 엠마는 고개를 내젓는다. "만약 누군가 '[알파 알파] 회원들은 스마트해' 혹은 '[알파 알파] 회원들은 책임감이 있어' 등과는 거리가 먼 우리의 행동을 포착해 소셜미디어에 공유하거나 태그를 걸면 그때부터 지옥이 시작되는 거죠. 사건 당사자들은 다시 표준 규칙을 전부 숙지해야 하고 맹렬한 비난도 면치 못할 거예요."

엠마의 서클(그녀가 언급한 다른 많은 남학생 서클과 여학생 서클처럼)은 회원 중 한 명을 정해 다른 회원들의 소셜미디어 활동 전부를 검열하는 규칙을 만들었다. 이 학생은 다양한 소셜미디어 플랫폼에서 필명으로 계정을 하나 만든 다음, 알파 알파 회원들의 페이지를 하나씩 돌아본다. 만

* **keg stand** 물구나무를 서서 맥주통인 케그에 달린 호스로 맥주를 마시는 의식.

약 그녀가 어떤 회원이 올린 사진이나 포스트에 '좋아요' 표시를 했다면, 이는 그 콘텐츠가 부적절하며 즉시 사이트에서 내려야 함을 의미한다. "그 사진은 다른 플랫폼에서도 전부 내리는 게 나아요. 그것도 24시간 안에요." 엠마가 말한다. 그뿐만 아니라 엠마의 서클은 회원들의 페이지에 들어오는 다른 계정들도 추적한다. 알파 알파의 기준에 적합하지 않은 행동이 포착된 경우에 서클 여학생들은 그 포스트를 스크린샷하여 증거를 남겨놓는다. "[알파 알파]와 어울리지 않는 행동은 그게 뭐든 다 문제가 돼요." 엠마가 말한다.

비록 알파 알파가 짜증스런 존재고, 서클이 자랑스럽게 홍보하는 만큼 개인적으로나 공적으로 서클의 기대에 부응해야 한다는 엄청난 부담감을 느끼지만, 엠마도 자신의 진짜 모습이 아닌 거짓된 모습 그대로 지낸다. "그냥 재밌잖아요." 그녀는 이렇게 말한다. "저를 알파 알파 버전으로 소셜미디어에 선보이는 거예요." 다른 학생들도 다들 그렇게 하기 때문에, 그녀 또한 그 방식을 따르면서 지낸다. 그리고 남들이 게시한 내용들을 보면서 어느 정도 자극을 받기도 한다. 남들 눈에 뒤처지고, 남들보다 재미없고, 구경할 것도 별로 없는 사람으로 비치는 건 싫기 때문이다. 학교에서 가장 명망 높은 여학생 서클에 속한 아름답고 똑똑한 젊은 여성도 소셜미디어에서 일어나는 일들을 보면서 스스로 나약해지는 것이다.

엠마의 얘기가 계속되면서, 어느 순간 그녀가 추구하는 견고한 태도에 균열이 생기기 시작한다. "사람들은 다들 자신의 모습 중 최상의 버전을 공유하고, 그러면 우리는 그걸 우리 자신의 최악의 버전과 비교해요." 그녀는 말한다. "제가 그런 적이 있어서 잘 알아요." "여름이 되면 다들 수영복 차림의 재미있는 사진들을 포스팅하잖아요." 그녀의 말이 계속된다. "그러면 '우와, 나도 저렇게 되고 싶다' 같은 생각이 들어요.

그 순간 제가 가진 것들은 다 잊게 돼요. 그냥 화면 속 친구처럼 보이고 싶다는 바람만 가득하죠."

여기서 엠마는 많은 학생들이 표출했던 내용을 그 누구보다 더 간결하고 생생한 말로 정확하게 전달한다. 소셜미디어에서 사람들은 친구나 지인들이 그들 삶에서 가장 찬란하게 빛나는 특정 요소들만 편집하고 큐레이팅한 "최상의 버전"만 보게 된다는 것이다. 하지만 화면 뒤에는 여전히 불완전하고, 불안하며, 스스로를 실패자로 인식하는 그들의 맨얼굴이 존재한다. 남들의 질투와 부러움을 살 만큼 전형적인 모범생에 가까운 엠마의 입에서 이런 말이 나왔다는 게 나로선 상당히 놀라웠다. 결국 엠마도 다른 학생들과 다를 게 없었다. 소셜미디어는 모든 걸 다 갖춘, 캠퍼스에서 가장 인기 있는 학생까지도 위축시키고 있었다.

엠마의 말에 따르면 페이스북 뉴스피드나 다른 사람들의 인스타그램 사진들을 보면서 이성을 챙기는 것은 쉬운 일이 아니라고 한다. 엠마도 머리로는 사람들이 행복한 일상과 아름다운 사진들만 선별해서 올려놓는 것이고, 삶에서 힘든 일은 그게 뭐든 온라인에 공유하지 않는다는 사실을 잘 알고 있다. 사람들이 그들의 소셜미디어 계정에서 보이는 것처럼 완벽하거나 행복한 것만은 아니라는 것도 안다. 하지만 행복으로 치장된 남들의 겉모습만 계속해서 보다 보면 어느새 영향을 받지 않을 수 없다. 엠마도 눈에 보이는 것들이 현실이 아닐 수도 있다는 것은 알지만, 홀로 방에 앉아 끝없이 이어지는 미소 가득한 사진들만 계속 스크롤 다운하다 보면, 어느새 아는 것과 느끼는 것은 별개의 일이 된다.

"저는 꽤 자신감이 높은 사람이고, 누구든 힘든 일들은 소셜미디어에 올리지 않는다는 걸 알아요." 엠마가 말한다. "그러니까, 그날 하루가 아무리 별로였다고 해도 그런 이미지들에 저 자신을 비교할 필요는 없어요. 그런 사진들은 그 친구들이 불행한 하루를 보냈을 때의 모습이 아니니까요. 그래서 제 자신을 그런 식으로 비교하게 놔두거나, 아 이 친구는 완벽하고 늘 이런 생활을 하고 그들의 삶에는 전혀 문제가 없구나…… 어쩌구저쩌구 하는 착각에서 빠져나오지 못하면 제 자존감에 큰 영향을 받을 수 있다는 것도 알고 있죠." 엠마는 자신이 아는 한 여학생의 얘기를 들려준다. "그 애는 사실 우울증 약을 복용하고 있는데도, 사진 속 친구의 모습은 두 손을 한껏 쳐들고 방방 뛰는 게 정말 행복하기 그지없어요." 엠마는 깨닫는다. "실제 자신의 모습과 온라인에 올리는 이미지는 거의 일치하지 않아요." 소셜미디어에 올린 포스트로 그 사람을 판단하면 안 된다고 엠마는 말한다. 왜냐하면 "그건 너무 피상적이니까요." 하지만 어쩔 수 없이 그럴 때가 많다. "[소셜미디어에는] 사람들의 최상의 버전만 올라오는 것 같아요." 엠마가 똑같은 말을 반복한다. "극단적으로 말하면, 소셜미디어를 보면 어떤 모멸감 같은 게 생기거든요. 외로움 같기도 하고, 마음이 좀 힘들어져요. 그게 어떤 상황이든 사신이 혼자고 외롭다는 게 더 분명해진다고나 할까요?"

엠마는 성취 지향적이고 보이는 이미지에 연연하는 서클 여학생들의 기대감에 맞춰 사는 것은 말할 것도 없고, 남들의 소셜미디어에서 보이는 완벽한 이미지들에 뒤처지지 않도록 사는 데 엄청난 압박감을 느낀다. 여기에 완벽함에 대한 압박을 더하는 관객층이 하나 더 있다. 바로 미래에 자신을 고용할 수도 있는 기업들이다. "기업들이 학생들의 소셜미디어 계정을 정기적으로 체크한다는 말이 많거든요." 엠마가 말한다. "그 사람이 올린 소셜미디어 콘텐츠만 봐도, 내용이 올바른지 아닌지 등등 많은 걸 판단할 수 있잖아요. 그런 것도 오늘날 사회를 사는 사람들의 불안감에 무게를 더하죠. 소셜미디어에 올린 내용 때문에 직장을 잡지 못하거나 아예 면접 기회마저 놓칠 수도 있으니까요." 이런 현실을 아는 학생들은 자신이 포스팅하는 내용에 대해 한없이 불안해진다. 이 또한 소셜미디어에는 완벽한 모습만을 보여줘야 한다는 압박감을 더한다.

엠마의 말에 따르면 사람들이 소셜미디어에 그 무엇이든 솔직하게 올릴 수 있는 건 익명으로 활동할 수 있을 때라고 한다. 타인이 자신의 존재를 모른다는 것에는 가공할 만한 힘이 있으며, 이는 대학생들에게 인기 있는 익명의 앱인 익약(Yik Yak) 사이트만 가봐도 쉽게 알 수 있다. 익약은 그 사람이 있는 지역을 하나로 묶어주는, 위치를 기반으로 한 일종의 트위터 같은 앱으로 캠퍼스에서 '실제로' 어떤 일들이 벌어지고 있는지 그대로 확인할 수 있다. "저라면 익약 같은 곳은 드나들지도 않고 거기서 일어나는 일에 대해서는 무관심한 모범 학생처럼 행동할 것 같아요." 엠마는 이렇게 말한다. 하지만 그건 사실이 아니다. 그녀도 남들처럼 자신이 다니는 대학의 익약 사이트를 가끔 찾는다. "사실 들어가 보면 난리도 아니에요. 만약 다시 고등학교 졸업반이 돼서 이 대학을 알아본다면, 그리고 그리스 사교서클들에 속한 학생들의 프로필을 익약 앱에서 봤다면, 이 대학에 입학하진 않았을 거예요."

한 사람에 대한 최상의, 가장 행복하고 매력적인 모습이 공들여 편집된 전시물을 볼 수 있는 페이스북이나 인스타그램과 달리 익약 같은 사이트에서는 현실을 확인할 수 있다고 한다. 실명으로 포스트를 써야 하는 플랫폼에 자기 모습을 솔직하게 보여주는 사람은 없지만, 익명성이 보장될 경우에는 갈 데까지 간 최악의 모습이 종종 나타난다. "안타까운 일은 거기(익약) 올라온 얘기가 여기(우리 학교)에서 일어나는 일들을 꽤 정확하게 보여줄 때가 많다는 거예요." 엠마가 설명한다. "사람들이 거기서는 뭐든 할 수 있다고 여기니까요. 남들의 실명을 그대로 거론할 때도 있고요. 예를 들면 '사라는 걸레야. 누구, 누구, 누구, 또 누구랑 잤대'라든지 '누가 누구랑 코카인을 했대'라든지, '걔네 완전 찌질이잖아.' 등등 개인을 비하하는 온갖 말들이 난무해요."

이런 익명의 캠퍼스에서는 주로 여학생들이 공격과 비방과 비하의 대상이 되는데, 엠마의 말로는 남학생들이 여학생보다 익약을 더 많이 하는 것도 그 이유 중 하나일 것이라고 한다. "여자애들은 익약에 그다지 포스트를 올리지 않아요." 그녀가 말한다. "여자들은 그런 공적 공간에서 형편없는 취급을 당하는 게 어떤 느낌인지 알기 때문에 그 누구도 그런 상황에 빠지게 하고 싶지 않은 거라고 생각해요." 하지만 그녀의 서클 친구들처럼 서클 선배들이 익약에 포스트를 못 올리게 해서 안 올리는 것일 수도 있다. "[익약이] 갑자기 유명해졌을 때 회원들이 다 서클 방으로 소환됐었어요. 그리고 '[알파 알파는] 익약 게시물에 댓글을 달지 않는다. [알파 알파는] 익약에 게시물을 올리지 않는다' 같은 다짐을 했죠." 엠마는 당시 모습들을 흉내 내듯 말한다. 서클이 그런 결정을 내린 이유는, 익명성이 보장된 앱은 환상에 불과하며, 서클이 갖고 있는 좀 위태롭지만 큰 명성과 높은 위상을 생각했을 때 이런 앱이 부여하는 기회들을 함부로 활용하면 안 된다는 믿음 때문이었다. "전체적으로는 스냅챗(Snapchat)이랑 비슷해요. 다만 익약은 포스트가 사라지지 않고 그대로 남아 있어요. 맞아요. 24시간이 지나면 [약(Yak, 익약에서 글을 칭하는 말)들은] 더 이상 페이지 맨 아래에서도 찾아볼 수 없지만, 당사자의 전화번호와 연결돼 있는 IP 주소로 그 사람이 올린 모든 글을 다 추적할 수 있거든요. 그래서 위험한 거예요. [알파 알파는] 회원들이 거기에 이상한 글이라도 올리는 건 아닌지 보호관찰해요. 예전에는 집에서 코카인을 하다 들킨다든지, 그런 일로 사회적 보호관찰을 받았었잖아요. 아무리 익약에 익명성이 보장된다고 해도 거기에 올리는 글들에 대해 매우 조심하고 있어요." 부적절한 포스트를 코카인과 비슷한 것으로 간주한다는 점에서 사람들이 소셜미디어를 얼마나 조심하는지 알 수 있는 대목이었다.

엠마는 소셜미디어 세상에서 볼 수 있는 진정성의 결핍, 거기서 일어나는 떠들썩한 소문들, 그리고 스스로를 위축시키는 사람들의 행복한 모습 때문에 좌절감을 느끼지만, 그럼에도 자신의 소셜미디어 계정 중 그 어느 것도 실제로 중단할 마음은 없는 것 같다—하지만 그녀가 줄곧 계정을 끊으려 애써 왔다는 것을 알게 된다. 그녀는 사순절 시기에 실제로 소셜미디어를 중단한 적이 있었지만 또다시 그럴 일은 없을 것 같다. 소셜미디어가 엠마에게 아무리 스트레스를 유발한다 할지라도 적어도 '오락적 가치'를 갖고 있고, 거기서 일어나는 일들에 대해서도 놓치고 싶지 않기 때문이다. 소셜미디어가 주는 모든 스트레스를 감안했을 때, 엠마에게 그 정도의 즐거움을 누릴 자격은 있다. 엠마와 스마트폰의 관계도 마찬가지다. 무엇보다 그녀는 스마트폰 없이 살 수 없다.

"스마트폰이 없다면 삶이 공허해질 것 같아요." 그녀는 말한다. "그러니까, 제 손 안에 스마트폰이 없다면 뭔가를 잊은 것 같은 기분이 들 것 같거든요. 뭔가 기억할 게 있는데 잊어버린 것 말이에요. 사람들과 함께 있을 때, 누군가와 점심이나 저녁을 같이 한다든지 사교 자리에 있을 때에도 스마트폰을 보지 않으려고 의도적으로 노력해요. 그래서 저녁 식사 자리에서는 가방 안에 스마트폰을 넣어둘 때도 있었죠. 남자친구나 친구들과 함께 저녁을 먹을 때는 스마트폰을 꺼내지 않는 편이에요. 집에서 가족과 저녁을 먹을 때에도 테이블 위에 올려놓지 않고요. 하지만 절대로 스마트폰을 두고 외출하는 법은 없어요. 어떤 일이 일어날지 누가 알겠어요?" 실제로 엠마는 스마트폰이 없으면 위험하다고 여긴다. 이 지점에서 그녀는 최근 캠퍼스에서 일어난 수많은 성폭력 사건들을 떠올린다. 그런 일 때문에 "폰이 없는 상황은 참을 수 없어요"라고 말한다. 오늘날, 특히 젊은 여성이라면, 스마트폰은 "그냥 필수품이죠"라는 게 엠마의 생각이다.

물론 엠마는 아직 젊은 여성에 속하지만 소셜미디어 때문에 그녀가 겪는 고충들은 상당히 일반적이라고 할 수 있다. 그녀는 '좋아요'를 받는 데 관심이 많다. 또 비교라는 함정에 빠져 있고, 소셜미디어에 올라오는 다른 이들의 '최상의 버전'을 끊임없이 확인하며, 그런 과정에서 자신을 부정적으로 인식한다. 온라인 트렌드를 쫓고 스마트폰을 늘 지니고 다니는 걸 거의 자신의 임무처럼 여긴다(특히 그것이 제공하는 오락적 가치 측면에서). 자신의 소셜미디어 계정에서 긍정적이고, 거의 완벽에 가까운 모습만 계속 보여줘야 한다는 부담감과, 포스트를 극도로 신중하게 관리한다는 면에서도 엠마는 그 또래에서 매우 전형적인 젊은이라고 할 수 있다.

나는 인터뷰를 끝내기 전, 엠마에게 더 하고 싶은 말이 없는지 묻는다. "소셜미디어가 주는 무게 때문에 좀 걱정이 돼요." 그녀가 말한다. "어차피 그렇게 만드는 것도 우리지만요."

행복 효과

나는 지난 10년간 대학생과 섹스, 신뢰에 대한 연구를 위해 100개 이상의 전문대학과 대학들을 찾아다녔다. 그 과정에서 나는 미국 각지에 있는 대학생들로부터 그들이 생각하는 캠퍼스 생활의 고충과 근심에 대해 들을 수 있었다. 우리는 때로는 저녁을 같이 하면서, 혹은 카페에서 소규모 그룹으로, 또 가끔은 강의실에서 함께 얘기했다. 그리고 이런 대화는 자연스럽게 그들이 생각하는 삶의 의미와 목적에 대해, 자신의 정체성에 대해, 그리고 소셜미디어와 함께 성장한 1세대 젊은이들로 산다는 것이 어떤 것인지에 대한 질문들로 확대됐다.

내가 방문한 곳이 중서부의 가톨릭대학이든, 남부에 있는 사립대학이든 상관없었다. 소셜미디어는 요즘 젊은이들 모두의 마음속을 점령하고 있었기 때문이다. 학생들은 끊임없이 소셜미디어 얘기를 했다. 오늘날 대학 생활에서 소셜미디어가 유발하는 다양한 스트레스에 대한 질문들이 끝없이 나왔다. 학생들은 '진짜 나'와 '온라인 세상 속 나'에 대한 생각과, 그사이에 존재하는 불협화음에 대해서도 얘기했다. 또 대학에서 겪는 어떤 종류의 경험에 대해서는 공적 기록을 남긴다는 것에서 느끼는 부담감과, 자신이 소셜미디어에 점점 취약해지고 있다는 두려움, 그리고 인위적인 온라인 세상이 자신의 사회적 삶을 지배하는 현실에서 참되고 의미 있는 관계를 유지할 수 있을 것인지에 대한 걱정을 토로했다. 그들은 다른 친구들은 소셜미디어에 대해 어떻게 생각하는지, 그들도 자신과 똑같은 고충을 겪고 있는지 알고 싶어 했다. 다시 말해, 그들은 이 시대가 당면한 가장 중대하고 극적인 문화적 변화 중 하나에 대해 자기 세대가 어떻게 대처하고 있는지 궁금해했다. 무엇보다 이런 느낌을 비단 자기 혼자서만 느끼고 있는 것은 아닌지 알고 싶어 했다.

학생들도 스스로 이분화돼 있다는 것을 자각하고 있었고 ― 효과적이고 안전한 온라인 활동을 위해서는 어느 정도 불가피한 일이므로 ― 이 점이 특히 내 마음을 사로잡으면서 동시에 무겁게 했다. 그렇다고 젊은이들이 소셜미디어가 가져다주는 즐거움에 대해 일언반구도 없었던 것은 아니었다. 그들은 소셜미디어 덕분에 멀리 떨어져 있는 가족이나 친구와 계속 쉽게 연결될 수 있다는 사실에 무척 만족했고, 소셜미디어가 창의력을 발휘하는 데 도움이 되고 자기표현의 발판이 된다는 점에서 긍정적으로 여기는 학생도 많았다. 하지만 그와 동시에 젊은이들은 소셜미디어 때문에 지쳐 있었다. 그들이 겪고 있는 고충은 꽤 다양했다. 게다가 자신을 불안하게 하고, 자신의 삶을 힘들고 고통스럽게 하는 문제들을 솔직하게 털어놓을 수 있는 대상을 어디서 찾아야 할지도 몰랐다. 많은 청년들이 소셜미디어 때문에 일종의 소외감을 겪고 있었지만, 자신이 겪는 고충에 대해 그 어디에서도 활발한 논의가 이뤄지지 않는다는 점에서 그들이 느끼는 소외감은 한층 더 깊어졌다. 그건 아마도 그들이 겪는 고충이 신문이나 잡지의 헤드라인을 장식하는 사건만큼 흥미롭거나 극단적이지 않기 때문일 수도 있다.[3]

소셜미디어를 다룬 매체 기사들은 종종 현재의 청년 세대가 역사상 가장 자기애 성향이 강하다는 점이나, 온라인에서 젊은이들에게 발생한 아주 무시무시한 사례에 집중할 때가 많다─가학적 행위나 선정적인 사진의 유포, 사이버 폭력이나 그와 관련된 자살 사건들처럼 말이다.[4] 이런 사건들도 중요한 문제임에는 틀림없다. 물론 청년들과 대학생들이 자신의 압박감을 숨기기 위해 온라인에 거짓 자아를 투사한다는 얘기가 십대들이 서로 누드 사진을 교환하며 섹스팅*을 하는 것만큼 섹시(글자 그대로)하지는 않겠지만, 이는 젊은 세대가 이미 보편적으로 겪고 있는 어려움이며, 그만큼 그들과 함께 이 문제에 대해 얘기할 필요가 있다는 생각이 들었다.[5]

그래서 2014년 봄 학기부터 2015년 가을 학기까지 나는 전국의 13개 대학(전문대 포함)을 방문해 무작위로 선정된 200명 가까운 남녀 대학생들과 일대일 개별 면접을 진행했다. 또한 소셜미디어에 대한 자신의 생각을 공유하겠다고 지원한 학생들을 대상으로 주관식 형태의 온라인 설문조사도 실시했다.[6] 인터뷰와 설문조사를 모두 마친 후, 나는 소셜미디어라는 세상이 언론매체에서 묘사되는 것보다 전반적으로는 훨씬 덜 무서운 공간이라는 것을 확신할 수 있었다. 나와 대화를 나눴던 젊은이들 모두 그 누구보다 똑똑하고 사려 깊었다. 학생들은 자기 세대를 구별하는 매우 새롭고 다른─동시에 매우 보편적인─문화의 한 측면에 잘 적응

---

* **sexting** 선정적인 사진과 동영상을 휴대폰으로 주고받는 행위.

하고자 최선을 다하고 있었다. 대다수의 사람들과 다름없이 젊은이들에게도 소셜미디어를 접하지 않는 삶은 거의 불가능해 보였다.[7] 소셜미디어는 사실상 그들의 정체성과 인간관계, 그리고 그들이 의미를 부여하는 ─혹은 부여하지 않는─방식을 구축하고 있었다. 소셜미디어는 그들이 겪는 여러 고충의 원인이면서 동시에 그들이 사회적 삶과 정체성을 배워나가는 공간이기도 했다. 예전에 우리 세대가 자전거를 타고 동네를 배회하거나 놀이터에서 친구들과 어울리면서 사회를 배워나가던 방식과 다를 게 없었다.

오래 걸리지 않아 나는 대학생들을 가장 힘들게 하는 핵심 문제 중하나가 소셜미디어에서 누군가가, 잠재적으로는 모든 사람이 그들을 끊임없이 지켜보고 있다는 부담감이라는 것을 알 수 있었다. 고등학교 시절에는 부모님과 선생님, 그리고 원하는 대학의 입학 사정관들이 그들의 경계 대상이었다. 또 대학에 입학한 후로는 잠재적 고용주가 될 수 있는 기업들이 자신의 포스트를 전부 평가할 거라고 믿고 있었다. 엠마의 경우에는 거기에 그녀의 온라인 활동을 전부 검열하는 사교서클까지 압박을 더한다. 내가 방문했던 다른 대학의 사교서클 일원들로부터도 비슷한 얘기를 들었지만, 사실 어느 대학에서든 학생들은 다른 사람들이 자신을 모니터링한다고들 말했다. 그 대상은 스포츠 팀 코치부터 학생처 담당자, 교수, 커리어 센터, 교목실 등 다양했다. 정치인을 꿈꾸는 한 학생은 미래의 유권자까지 의식하기도 했다. 심지어는 불쾌하거나 부정적인 포스트만 귀신같이 찾아내는 다른 학생들까지 걱정하는 학생들도 있었다.

그 결과는 어떨까? 학생들은 온라인 세상에 아주 신중하게 공들여 만든 가상 버전의 자신을 창조하게 된다. 반대로, 익명으로 포스트를 올릴 수 있는 플랫폼에는 어둠의 세계가 탄생한다.

최선의 상황이라면, 익약과 스냅챗, 익명의 트위터 피드, 페이스북 그룹처럼 익명성과 비영구성을 약속하는 앱에서 학생들은 감정적 해소, 고백, 그리고 다른 플랫폼에서는 찾아보기 힘든 솔직함을 분출할 수 있을 것이다. 그리고 고도의 감시와 완벽함에 대한 압박감을 떨치고 마침내 자기 모습을 되찾아 카타르시스를 느낄 수 있는 포럼이 될 수 있을 것이다. 이런 사이트들은 유치하고 장난스럽기도 하지만, 때때로 이런 사이트에서 거품처럼 일어나는 논평들은 우리 눈을 의심할 정도로 악의적이며 학생들도 충격을 받을 정도로 캠퍼스의 가장 취약하고 추악한 모습을 드러낸다. 간단히 표현하자면 익명의 포럼들은 역겹고, 잔인하며, 성차별적인 발언들로 퇴보하고 있으며, 그 안에 있는 학생들은 서로를(그리고 교수들에게도) 최악의 방식으로 공격한다. 그리고 캠퍼스 전체는 우리 주위에 있는 일부 학생들이 얼마나 타락해 있으며, 인종차별주의자인지 그 본모습을 알게 된다.[8]

'열심히 공부하고 열심히 즐겨라'는 대학 캠퍼스의 보편적인 정서다. 과도한 스트레스 속에서 원하는 목표를 이루고자 늘 정신없이 바쁜 대학생들은 전공 공부와 스포츠, 그리고 기타 활동들로 주중에는 늘 분주하지만 주말이 오면 모든 걸 잊고 미친 듯이 마시고 즐긴다. 그 외 시간에는 어깨를 짓누르는 수많은 짐들에 허덕이기에 이때만큼은 자신의 풀어진 모습도 '용인'하는 것이다. 학생들의 이런 정서는 온라인에도 그대로 이어지는 것 같다. 학생들은 페이스북이나 자신의 이름에 붙는 프로필에는 늘 완벽하고 행복한 장식을 둘러야 한다고 여긴다. 뛰어난 학업 성적에, 잘못된 행동은 전혀 하지 않고, 누구도 대적할 자 없는 당당한 모습으로 누구나 알고 있다는 데 자부심을 느낄 만한 자랑스러운 딸과 아들, 기숙사 조교, 혹은 팀의 일원, 그리고 궁극적으로는 원하는 직장에 당당히 들어갈 수 있는 성공한 여학생이나 남학생이 돼야 한다. 많은 학생이 이제 온라인에(특히 페이스북에) 뭔가를 게시하는 것을 자신의 온라인 공간에 더 행복한 외관을 구축하기 위한 일종의 임무나 숙제로 여기기 시작했고, 더 나아가 이런 상황을 원망하게 됐다. 그러고는 이런 속박에서 벗어날 수 있는 익약 같은 사이트에서 '원 없이 즐기는' 것이다. 그 과정에서 다른 이들에게 상처를 줄지라도 그동안 쌓인 압박감을 분출하며 때로는 좀 광적인 모습을 보이기도 한다. 늘 완벽만을 추구하는 데서 오는 피로감을 생각한다면 결국 학생들이 이렇게 풀어질 만도 하다.

내가 방문한 대학들은 지역이나 인종, 사회경제적 수준, 그리고 학생들의 종교(무교도 포함)나 대학의 명성 면에서 아주 다양했다. 하지만 이 학교들을 아울러 공통적으로 학생들을 가장 압박하는 소셜미디어 이슈로 한 가지 핵심 주제가 부각됐다.

바로 행복해 '보이는 것'의 중요성이다.

그냥 행복한 것이 아니라, 더없이, 황홀할 정도로, 또 영감을 불러일으킬 만큼 행복해야 한다는 게 많은 학생들의 얘기다. 나는 이 말을 미국에서 가장 똑똑한 엘리트들이 다닌다는 한 사립대학에서도 들었고, 대학 랭킹을 중요하게 여기는 이들은 거의 고려하지 않는 대학에서도 똑같이 들었다. 그런 강박증은 지역은 물론 다른 인구 통계적 특성을 초월해 존재했다.

행복해 보여야 한다는 압박감은 보편적인 현상 같았다. 실제로 온라인 설문조사에서도 직접적으로 이와 관련된 질문을 했을 때 비슷한 결과가 나왔다. 학생들은 다음 문장에 대해 '그렇다'나 '아니다'(혹은 '해당 안됨')로 대답했다.

내 실명이 결부된 곳은 그게 어디든 늘 긍정적이고 행복해 보이려고 노력한다.

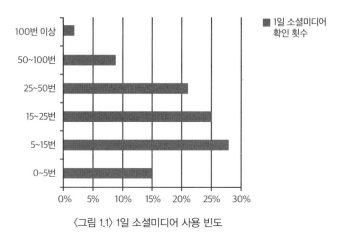

〈그림 1.1〉 1일 소셜미디어 사용 빈도

설문에 참여한 전체 학생 중 73퍼센트는 이 항목에 '그렇다'라고 답했고, 20퍼센트만 '아니다'로 답했다.[9]

이 데이터가 특히 중요한 것은 소셜미디어가 얼마나 유비쿼터스적 존재가 됐는지를 나타내기 때문이다.[10] 이 온라인 조사에 참여한 884명의 학생 중 고작 3퍼센트에 해당되는 30명만이 자신의 이름으로 등록한 소셜미디어 계정이 전혀 없다고 밝혔다. 〈그림 1.1〉은 나머지 절대 다수의 학생들에게 다양한 소셜미디어 계정들을 하루에 얼마나 자주 확인하는지를 물어봤을 때 나온 결과다.

이런 데이터를 보면 학생들이 하루 종일 강박적으로 자신의 계정을 확인하고 있다는 사실이 분명해진다. 약 31퍼센트의 학생들은 하루에 최소 25번에서 100번까지 확인하는 것을 알 수 있다.

젊은이들이 소셜미디어에 쏟는 시간을 생각했을 때, 온라인에서 행복해 보여야 한다는 압박은 압도적인 수준에 달할 것이다. 청년들은 주위 사람들에게 자신이 이룬 성과와 인기, 그리고 전체적인 행복감을 알리고 홍보하는 일이 매우 중요하다는 것을 어릴 때부터 학습한다. 그래서 이들은 이 원칙을 자신의 온라인 삶 안에서도 지속적으로 실천하고,

이런 태도는 그들의 감정과 인간관계, 그리고 소셜미디어에서 하는 행동들에 엄청난 영향을 미친다. 좋든 싫든, 우리 학생들은 상당한 대가를 치르면서 행복하게 보이기의 전문가가 되고 있다. 이게 바로 내가 '행복 효과'에 대해 생각하게 된 배경이다. 간단히 말해, 젊은이들은 너무 강박적으로 소셜미디어에 행복한 모습들만 포스팅해야 한다고 여기므로, 이들이 또래들의 소셜미디어에서 볼 수 있는 것 또한 모두 행복한 것들뿐이다. 그 결과 이들은 종종 열등감을 느낀다. 실제로는 늘 그렇게 행복하지 않기 때문이다. 앞으로 소개되는 이야기들에서 이런 거대한 이슈로 인해 불거진 문제들을 탐구할 것이다.

행복 효과는 청년들의 정서적 건강과 웰빙 측면에 대한 시사점이 될 뿐 아니라, 이들이 대학 생활을 경험하고 이후 더 넓은 세상과 교류하는 데 우리가 부모로서, 그리고 고등 교육기관으로서 어떤 도움을 줄 수 있을지(혹은 어떤 식으로 우리가 그들의 성장을 저해하고 묵인하는지에 대해서도)에 대해서도 영향을 미칠 것이다. 우리 중 그 누구든―고등 교육기관에 속한 교수나 직원, 관리자든, 아니면 학부모나 고등학교 교사, 혹은 상담교사든―혹시 아이들에게 올바른 온라인 행동을 위해서는 그곳에 행복한 모습만을 드러내야 한다고 가르치고 있는 건 아닌지, 자신의 행동을 폭넓고 깊게 고민해봐야 한다. 직접적으로 그렇게 하지 않을지라도 아이들은 어른의 모습을 보면서 배울 수도 있다. 아이들은 어른과 달리 본 대로 행동하기 때문이다. 그러니 어른으로서 우리가 아이들에게 전하는 메시지에 대해 매우 진지하게 반추해볼 필요가 있다. 청년들에게 행복하고, 자랑할 만하고, 성공적인 일들만 온라인에 게시하도록 가르치는 것은 꽤 논리적이고 책임감 있는 행동으로 보일 수 있기 때문이다. 그러나 소셜미디어에 거의 살다시피 하는 청년들이 이런 메시지를 받으면 그냥 단순한 원칙이 극단적인 결과를 낳을 수 있다.

행복한 모습이 소셜미디어에서의 올바른 모습이라는 것을 학생들이 아직 습득하지 못했다 할지라도 일단 대학 캠퍼스에 입성하면 동기나 교수, 커리어센터 등을 통해 그 사실을 분명히 깨닫게 될 것이다. 공적 프로필은 항상 신중하게 제작하고(craft), 그 내용을 더 개발하고(cultivate), 편집해야(curate) ― 나는 이를 소셜미디어의 3C로 생각하게 됐다 ― 한다는 지침이 학생들의 생활에 익숙하게 스며들기 때문이다. 이는 거의 예외 없는 사실이다. 그렇다고 사람들이 이런 기대에 무조건 순응하고 다른 현명한 대안은 시도조차 하지 않는다는 말은 아니다. 하지만 아직 어린 청년들 입장에서는 이런 압박과 계속되는 기대에 맞춰 살 수 있든 없든 이런 정서가 학생들이 온라인에서 경험하는 모든 것에 영향을 미칠 것이다. 이들이 자신의 신앙이나 정치 성향을 밝히든 아니든 당분간, 혹은 영원히 소셜미디어를 중지하든 아니든, 학생과 스마트폰의 관계가 어떻든, 사회라는 더 큰 세상에 나온 이들의 위치 감각(혹은 이런 감각의 결핍)이 폭력에 대한 개인의 취약성과 성별 및 인종에 대한 편견에 영향을 줄 수 있다. 이는 학생들이 온라인에 게시하는 대상과 방식, 미래를 바라보는 감각, '실제 자아'에 대한 인식, 그리고 다른 사람들과의 관계에서 진정성을 찾는 방법(혹은 위선을 찾는 방법), 자신을 또래들과 비교하는 방식, 그리고 사회적으로 포용력을 느끼는지 소외감을 느끼는지 등, 이 모든 것을 좌우할 것이다.

행복해 보이려는 압박은 학생들이 자신을 어떻게 인식하는지 ― 성공한 사람으로 보는지 실패한 사람으로 보는지 ―, 즐거운 대학 생활을 하는지 아니면 우울한 대학 생활을 하는지, 또 온라인에서 보는 다른 사람들의 경험에 열등감을 느끼는지 아닌지 등도 결정지을 수 있다. 더 나아가 소셜미디어에서 행복한 외관을 유지하는 데 필요한 에너지는 언젠가 고갈될 수 있다. 이는 많은 학생이 자신의 진짜 생각을 숨기게 하고

'행복한 얼굴'이 아닌 모습은 그 무엇이든 사람들의 시야에서 가리는 게 최선이라는 생각을 심어준다. 또 논란의 여지가 있는 주장은 공적 공간에 어울리지 않으며, 그런 주장을 통해 친구나 지인, 특히 자신이 꿈꾸는 회사로부터 거부당하는 계기가 될 수 있다는 생각을 품게 만든다. 더욱이 우리 청년들은 슬픔과 나약함이란 신호는 보통 다른 사람들의 침묵과 거부, 최악의 상황에는 따돌림을 불러온다는 사실을 학습해왔다. 소셜미디어에서 행복해 보여야 하는 중요성은—아무리 우울하거나 외로울지라도—젊은이들에게 떨어진 너무 강력한 미션이므로 내가 인터뷰를 통해 만났던 학생들은 모두 어느 지점에서든 이 사실을 언급했다.

그리고 사실상 그 외 다른 얘기는 하지 않은 학생들도 있었다.

1장 다들 나만 빼고 어울리긴가? •••

#나를 남들과 비교하기, 그리고 '좋아요'

♥ ♡ ◁   🔖

 마이클, 공립대학 2학년 [소셜미디어는] 마치 자신이 동화 같은 완벽한 삶을 살고 있는 것 같은 착각을 심어줘요. 모든 게 늘 더할 나위 없이 좋은 것처럼요. 자신이 별로일 때 모습을 남에게 보여주려는 사람은 아무도 없으니까요. 자신의 그림같이 좋은 모습들만 본 사람들이 '아, 나도 저 사람처럼 살고 싶다' 같은 기분에 빠지길 원해요.

 로라, 사립대학 3학년 그렇다고 '내 인스타그램이 네 인스타그램보다 나아'까지는 아니겠지만, 사람들은 자신이 더 앞서 있다는 걸 보여주고 싶어 해요. '내가 너보다 한 수 위고, 내가 그 누구보다 행복하다는 걸 너에게 증명하고 싶어' 같은 마음인 거겠죠. '내가 더 좋은 곳에서, 더 잘살고 있어. 나는 너보다 훨씬 행복해.' 뭐 그런 기분?

 마거릿
15min • 👥

#페이스북 때문에 극심한 우울증에 시달리다

부드러운 검정색 곱슬머리에 안경을 낀 마거릿은 방에 들어온 순간부터 초조한 기색이 역력하다. 마거릿에 대해 제일 먼저 알게 된 사실 중 하나는 그녀가 2학년이라는 어린 나이에 이미 약혼했다는 것이다. 마거릿은 손에 낀 반지를 자랑스럽게 내민다. 그녀와 약혼자는 중서부에 있는 한 기독교대학의 재학생으로 둘 다 사교댄스 팀 일원이다. 마거릿은 연극반과 합창단 활동을 병행하면서 양로원에 자원봉사도 나간다. 그녀의 장래희망은 사회복지사가 되는 것이다. 하지만 무엇보다 마거릿의 삶 중심에는 사교댄스가 있다. 그녀의 여자친구들 대부분이 어떤 식으로든 사교댄스와 결부돼 있고, 그렇지 않은 친구들도 그녀의 활동을 적극적으로 응원한다.

어떤 면에서 마거릿은 상당히 평온해 보인다. 그녀는 결혼한다는 사실에 들떠 있고, 자신이 참여하는 활동들에 대한 애정도 있으며, 장래 커리어에 대해서도 확고한 상태다. 하지만 그녀의 태도에는 뭔가 기이한 특징이 있다. 말을 할 때면 자주 한숨을 쉬고, 그것도 땅이 꺼질 듯 긴 숨을 몰아쉰다. 목소리는 떨리고 가끔 헛기침도 한다. 그리고 뭔가 웅얼대다 말을 삼키고는 다시 더듬거리며 이야기를 잇는다. 이런 증상은 이 젊은 여성이 자신의 삶을 몰아붙이는 많은 것들로 인해 믿을 수 없을 정도로 불안하고 스트레스로 지쳐 있음을 보여준다.

특히 소셜미디어와 관련해서 말이다.

내가 먼저 소셜미디어에 대한 질문을 꺼낼 필요도 없다. 마거릿은 자진해서 그 주제를 언급하더니, 특히 자신이 페이스북을 멀리하려고 최근에 얼마나 애쓰고 있는지를 토로한다. 그녀로서는 '투쟁'에 가까운 일이다. "예전처럼은 페이스북을 하지 않아요. 저 자신을 다른 사람들과 너무 많이 비교하게 되더라고요. 페이스북에서는 정말 쉽사리 그렇게 돼요." 그녀가 말한다. "포스트만 클릭하면 다른 사람들의 일상을 전부 볼수 있는데, 그런 모습들을 페이스북에서 볼 때마다 이런 생각이 들어요. '아, 남들은 저런 일들을 다 하면서 사는구나. 다들 정말 행복하구나.' 페이스북에 뭔가 나쁜 일을 올리는 사람은 없으니까요. 다들 자신의 삶에서 벌어지는 최고의 순간들만 포스팅하죠. 그러면 온라인에 올라온 근사한 삶의 단면들이 그들의 인생이 되는 거예요. 하지만 누구에게나 나쁜 일도 생기기 마련이잖아요." 마거릿 또한 사람들이 자신의 삶에서 행복한 순간만을 골라 선별적으로 보여준다는 것을 머리로는 알고 있지만 그런 모습들을 볼 때마다 울적한 기분을 피할 수 없다. "제 삶에도 근사한 일들이 많고, 정작 신경 써야 할 건 그런 것들이지만 다 잊게 돼요." 그녀는 말한다. "제 자신을 너무 쉽게 남들과 비교하게 되니까, 덫에 걸린 것처럼 정말 헤어나오기 힘들어요. 페이스북은 도움이 안 돼요."

소셜미디어에 대한 대화가 길어질수록 마거릿의 증상이 더 두드러지게 나타난다. 한숨과 떨리는 목소리는 기본이고, 이제 마거릿은 간혹 말을 멈추고 두 손으로 눈을 감싸거나 갑자기 테이블 위에 엎드리기도 한다. 그녀는 자신이 페이스북을 자제하려고 엄청나게 애쓰고 있다는 점을 거듭 강조한다. 이제는 3개월에 한 번 정도 근황만 공개하는데, 그것도 대개는 사교댄스와 관련된 일이나 사촌의 약혼처럼 중요한 사건이 있을 때만 올린다. 그래도 친구 요청이 들어오면 그게 누구든 전부 수락한다. 페이스북에 들어오면 금방 나가지만 이런 짧은 접속으로도 그녀는 여지없이 기분이 상한다. 정신이 산만해지고, 그녀의 표현에 따르면 '이 순간을 살지' 못하고 '마음이 뒤숭숭해지기' 시작한다. 마거릿도 쉴 새 없이 페이스북에 드나들던 시절이 있었지만 얼마 안 가 [자신에게] 무익하다'는 것을 깨닫게 됐다. "자존감을 높이는 데 도움이 되지 않았어요. 그래서 그만두자고 결심했죠." 그녀는 이렇게 말한다. "[페이스북 때문에] 제 삶에서 벌어지는 중요한 일들은 제대로 인식하지 못하게 되더라고요."

마거릿은 속도가 느린 구식 스마트폰을 갖고 있다. 그래서 여러모로 짜증날 때가 많지만 결과적으로 보면 그건 축복이다. 데스크톱을 사용할 때만 페이스북에 접속할 수 있으므로 자연스레 페이스북을 멀리할 수 있기 때문이다. 페이스북을 할 때면 마거릿은 자신까지도 혐오하는 증상이 있었다. "장시간 페이스북을 하다 보면 페이스북 페이지에서 이런 일들이 벌어지길 바라게 돼요." 마거릿은 설명한다. "사람들이 내게 메시지를 보내줬으면 하는 거죠. 내가 일일이 먼저 말을 걸지 않아도 알아서 봐줬으면 하는 생각이 들 때도 있어요. '내가 지금 페이스북에 뭔가를 올렸으니 제발 '좋아요'를 눌러줘' 같은 마음이거나 '자, 대화를 시작해 봐' 혹은 '내 사진이랑 글에 '좋아요' 다는 거 잊지 마'처럼 말이에요. 그리고 포스트에 생각만큼 '좋아요'가 많이 안 달리면 스스로에게 낮은 점수를 매기게 돼요. 바보 같은 짓이죠." 그녀의 말끝에 절망스러운 긴 한숨이 서린다. 마거릿은 사람들이 이메일로 더 많이 소통하면 좋겠다고 생각하지만 그녀의 대학 동기들은 이메일 대신 페이스북을 많이 쓰는 편이고, 그런 만큼 다들 끊임없이 페이스북 페이지를 확인한다. "페이스북의 노예가 되긴 싫어요." 그녀는 내게 털어놓는다. "그럴 만한 가치가 없으니까요."

하지만 마거릿도 소셜미디어가 사라지지 않으리란 것을 알고 있다. 이것저것 다른 플랫폼들도 계속 시도해 보지만 개인 프로필을 등록하고 나면 이내 환멸을 느낀다. 마거릿은 다 '시간 낭비'라고 생각한다. 소셜미디어는 멀티태스킹이 가능한 사람들을 위해 존재하는데 자신은 그런 부류가 아니기 때문이다. 그녀는 한 사람이 소셜미디어로 인해 얼마나 많은 시간을 허비할 수 있는지 재차 강조하듯 말한다. 마거릿은 그 사실이 어처구니없고, 그 때문에 분노하며, 자신은 거기서 빠져나올 수 있는 의지력을 갖길 바란다.

마거릿이 페이스북에 살다시피 했을 때는 그녀 역시 '좋아요'에 심하게 집착했다. "기본적으로, 제가 받은 '좋아요' 수를 다른 사람들의 '좋아요' 수랑 비교하곤 했어요. 그 결과에 따라 행복해지기도 해요. 아까도 말했지만 그 숫자로 제 자신한테 등급을 매겼거든요." 그녀가 말한다. '좋아요'를 충분히 받지 못하면 자신은 그다지 인기 없는 사람이라는 기분에 휩싸이고, 심지어 자신에게는 좋은 친구들이 없다는 실망감도 들었다.

마거릿은 '좋아요' 숫자로 자신의 '등급을 매기는' 얘기를 한다. 그녀가 실제로 '등급'이란 단어를 사용했다는 게 내겐 인상적이며 놀라웠다. '좋아요' 숫자를 통해 정량적으로 등급을 매길 수 있으므로, 이로써 자신이 잘사는지 못 사는지를 말해줄 수 있다. 호세 반 데이크(Jose Van Dijck)의 저서, 『연결의 문화: 소셜미디어의 역사(The Culture of Connectivity: A Critical History of Social Media)』에서 작가는 '소셜미디어에서는 수량이 가치와 같다'라는 개념을 '인기의 법칙(popularity principle)'이라 부른다. 이를테면 페이스북에서 '친구' 숫자로 그 사람의 사회적 가치를 판단하는 것과 같다. 마거릿을 좋아하는 사람들이 '좋아요' 버튼으로 그 사실을 표현한다는 그녀의 논리도 마찬가지다. "온라인에서의 정량화는 칭찬과 박수를 무차별적으로 누적하며, 반대와 반감도 암묵적으로 보여준다." 반 데이크는 자신의 책에서 이렇게 말한다. "따라서 인기는 정량화할 수도 있지만 조작할 수도 있다: 인기 순위를 높이는 것은 이런 버튼에 내재된 중요한 메커니즘이다."[1] 마거릿 같은 학생에게 앉아서 자신의 포스트에 달린 '좋아요' 숫자가 올라가거나 전혀 오르지 않는 것을 보는 행위는 자신의 인기가 오르거나 사라지는 것을 지켜보는 것과 흡사하다. '좋아요'를 얻거나 얻지 못하는 경험은 이처럼 매우 강력한 영향을 끼치므로 마거릿은 그에 따라 자신에게 '등급'을 매기게 된 것이다. 마거릿은 '좋아요'를 통해 자신의 가치, 혹은 자신의 부족한 가치를 수량화하는 법을 배웠고, 자신이 인기라는 영역에서 너무 자주 낙제 점수를 받는다는 것을 알게 됐다.

마거릿은 페이스북에 올라온 내용들을 보고 항상 자신이 '지금보다 더 좋은 다른 어딘가'에 있어야 한다는 생각을 하며 시간을 보내곤 했는데, 이 때문에 자신이 실제로 있는 곳에서는 쉽게 행복을 찾지 못하게 됐다. "제게 자존감을 찾는 일은 늘 전쟁 같았어요." 마거릿은 점점 지쳐가는 목소리로 이렇게 설명한다. "누구든 페이스북에서는 남에게 얼마든지 피해를 줄 수 있으니까요. 제 말은, 전 페이스북에서 왕따나 폭력 같은 건 당해본 적이 없지만, 솔직히 말해 제 자신에게 늘 일종의 폭력을 행해왔거든요. 아주 많은 것들에 대해 자신을 비하했고 정말 가혹하리만치 저를 비판해왔어요."

자신에게 '등급'을 매긴다는 말과 함께, 이 표현('자신에게 폭력을 행해왔다'는) 또한 굉장히 충격적이면서 핵심을 찌르고 있었다. 예민한 사람일수록 감정적으로 더 취약해지고 소셜미디어에서 더 버티기가 힘들기 때문이다. 내가 인터뷰했던 학생들 중 불안감에 시달리거나, 자신의 사회적 입지 때문에 걱정을 하거나, 자신이 남의 눈에 어떻게 비칠지 조바심을 내는 친구들은 모두 소셜미디어에 빠져 살고 있었다. 이런 청년들이야말로 소셜미디어가 파괴적 힘을 행사할 수 있는 유형에 속한다. 이들은 내가 만나본 학생들 중 소셜미디어에 대한 양면적인 태도가 가장 심하거나, 아주 드물지만 소셜미디어를 통해 성장하는 친구들과 분명한 차이가 있다. 마거릿은 실제 삶에서의 나약함이 소셜미디어에 의해 더 악화되었다는 점에서 우리의 관심이 필요한 젊은 여성이다.

사실 마거릿은 다른 사람들, 그러니까 어린 학생들을 걱정한다. 이는 페이스북을 이용하면서 '이해받는다는 느낌'을 가져보지 못하고, 그곳에서 보는 것만을 근거로 '자살'까지 생각하는 청소년들을 말한다. 나는 마거릿도 더 어렸을 때 그런 느낌을 가진 적이 있었는지를 물었다. 그러자 마거릿은 그 어느 때보다 더 깊은 한숨을 몰아쉬며, "아…… 아마도요"라고 말한다. "고등학교 때 그런 적이 있었던 건 맞아요. 우울증도 심했고요." 하지만 그때도 마거릿은 개인적인 고통은 소셜미디어에 표현하거나 공유할 내용이 아니라는 걸 알고 있었기에 그 사실을 혼자만 간직했다.

"예전만큼 소셜미디어를 많이 하지 않으니까 확실히 도움이 됐어요." 인터뷰가 끝날 때쯤 그녀는 이렇게 말한다. "문제는, 세상은 더 앞으로 나아가고 있는데 저는 그 세상을 따라가지 못하고 있다는 거죠." 그녀는 힘없이 슬픈 웃음을 짓는다.

 마이클
20min · 👥

#당신이 보는 모든 것은 다 가짜다

마이클은 남동부에 있는 한 주립대학에서 만났다. 소셜미디어를 싫어하는 이 남학생은 외모나 태도에서 사교클럽 회원들에게서 풍기는 전형적인 느낌을 물씬 풍긴다. 그도 한때는 소셜미디어에서 왕성한 활동을 했지만 오히려 외로움이 심해지고 늘 자신을 부정적으로 보게 되면서 마음을 단단히 먹고 사용을 중단했다. 그의 페이스북 페이지가 아직도 존재하지만 들어가지 않은 지 상당히 오래됐고, 마지막으로 포스트를 올린 것도 4년 전이라고 한다. 현재 마이클이 이용하는 유일한 온라인 채널은 소속된 서클의 페이스북 페이지며(여기도 엠마의 여학생 서클과 마찬가지로 회원들의 온라인 활동을 모니터링한다), 결과적으로 전보다 더 나은 삶을 살고 있다. 마이클은 이 모든 사실을 말하기 전에 자신의 만트라*를 먼저 알려줬는데, 그 말로도 나는 그가 온라인에서 자신을 남들과 비교하는 것

---

* **Mantra** 산스크리트어로 '진언(참된 말, 진리의 말)'을 의미하는 말로, 종교마다 그 용도가 조금씩 다르지만 주로 기도나 의식에 효력을 부여하기 위해 외우는 주문을 뜻함.

을 중단한 이후로 어떤 사람이 됐는지 많은 것을 알 수 있었다.

"당신 그대로가 돼라." 그가 말한다. "창피해할 필요도 없고, 다른 사람이 어떻게 생각하든 그게 무슨 상관이에요? 뭔가 특별한 사람이 되거나 다른 누군가에게 깊은 인상을 심어주는 건 다 소용 없는 짓이에요. 무슨 이유에서든 자기 그대로의 모습을 보여야 해요." 마이클에게 소셜미디어는 전적으로 성과에 대한 것이다. 다른 사람들에게 강한 인상을 남길 수 있는 '자신'의 성과 말이다. 마이클은 소셜미디어에 대해 냉소적이며, 온라인 공간에서 정말 자기 자신을 그대로 보여주는 사람이 얼마나 있을지도 의심한다. "소셜미디어에 진정성 같은 건 없어요." 그는 이렇게 말한다. "자기중심적인 자아의 표현일 뿐이에요. '좋아요'가 전부죠. 정말 그게 다예요. '내 삶이 얼마나 훌륭한지', '다른 사람들에게 어떻게 보여주지?'에 대해서만 생각하니까요. 자신에 대한 정보를 왜 올려야 하는지 모르겠어요."

적어도 지금은 더 이상 그런 짓을 하지 않는다. 하지만 고등학교 때는 달랐다.

"그때는 뭐가 됐든 매일 제 상태를 올리곤 했어요. 아시잖아요. '지금 이런 걸 하고 있다'든지 '지금 아침 식사 중이다' 그런 거요. 다 옛날 일이죠." 이 말 이후로 마이클은 오랫동안 침묵한다. "그러다, 전부 쓸데없는 짓이라는 생각이 들었어요. 그래서 관뒀어요."

마이클이 처음으로 소셜미디어에서 한 발 물러나게 된 계기는, 의외로 그의 할머니 때문이었다. 할머니가 소셜미디어 계정을 갖게 되시면서 마이클을 친구로 추가하고 그의 페이지를 방문했는데, 손자가 평소 얼마나 많은 포스트들을 올리는지, 얼마나 자주 업데이트하는지, 그리고 그 안에서 얼마나 불경스런 말들을 자주 사용하는지를 보고 기겁하고 말았던 것이다. 온라인 속 마이클은 자신이 알고 있던 손자가 아니었고,

할머니는 그에게 이 사실을 알렸다. 마이클은 할머니의 말이 다 맞다는 것을 깨달았고, 일단 그런 생각이 들자 더 이상 포스트를 올려야 할 '이유를 찾지 못했다'. 마이클은 엄청난 안도감을 느꼈다. 더 이상 포스팅과 '좋아요'를 받는 것, 자신이 올린 무언가가 잘못 돌아갈 때 드는 후회, 혹은 온라인에서 좋은 이미지를 유지하는 것에 대해 걱정할 필요가 없었다. 그중에서도 가장 큰 편안함은 다들 자기 자신을 남들과 비교하는 경쟁에서 이제 자신은 빠져나올 수 있다는 점이었다.

"아시겠지만 [소셜미디어가] 다른 사람이랑 시간을 보내는 방법이라기보단, 점점 자신이 얼마나 행복한지를 다른 사람들에게 보여주는 도구가 되고 있잖아요?" 마이클이 말한다. "지금 생각나는 가장 좋은 예가, 작년에 제 친구놈 하나가 생일이어서 다 같이 야구 경기를 보러 갔었거든요. 무더기로 말이죠. 남자애들 여덟에 여자애들도 여덟 명이나 있었어요. 야구장에 도착해서는 다들 가장 중요한 일을 하기 시작했어요. 바로 포스트로 올릴 사진을 찍는 일이었죠. 다 같이 사진을 찍는 데만 한 시간을 보냈어요. 근처 호수에서도 찍었고요. 아마 200장은 족히 찍었을 거예요. 물론 경기를 보긴 했지만 어이 없는 상황이었죠. 야구장에서 돌아온 후 아이들은 사진들을 전부 포스팅했고, 사진들만 보면 모두 웃는 얼굴에 엄청나게 즐거운 시간을 보낸 것 같았어요. 근데 사실 사진을 찍으면서 즐거움을 느낀 사람은 아무도 없었거든요." 이 지점에서 마이클은 어이가 없다는 듯 고개를 저으며 웃는다. 마이클은 그때 여학생들이 자신의 헤어스타일에 대해 얼마나 걱정했고, 모두가 최고의 사진이 나올 만큼 햇빛은 충분한지, 멋지게 웃고 있는지에 엄청나게 신경을 썼다고 이야기한다. "제일 잘 나온 사진을 건져서 포스트에 올리고 다른 사람들에게 보여주겠다는 게 좀 스트레스를 주는 일이잖아요. 그게 바로 오늘날 소셜미디어의 표상인 것 같아요."

마이클은 그런 스트레스에서 면제돼서 기쁘다.

"그것도 자신을 남들과 비교하는 일의 연장이에요." 마이클은 왜 친구들이 200장이나 되는 사진을 찍고 그중 포스트로 올릴 최고의 사진을 열심히 고민하며 고르는지를 설명하며 그렇게 말한다. "누구는 셀피(selfie, 셀카 사진)를 올려서 '좋아요'를 10개 받았는데 나는 셀피로 '좋아요'를 11개 받으면 내가 그 사람보다 낫다고 느끼거든요. 그 사람보다 더 우월한 느낌이 들어요. 그게 우리 또래 아이들의 사고방식이에요. 자신의 가치를 어디에 두느냐의 문제죠." 자신감을 어디에서 얻어야 할까? 뭐가 정말 자신에게 중요할까?

마이클 세대에게 소셜미디어에서 가장 중요한 건 다른 사람들이 무엇을 하고 있는지이다. 소셜미디어는 당신이 실제로 어떤 사람인지는 신경 쓰지 않고 다른 이들의 이상적인 틀 속에 맞추라고 종용한다. 마이클은 사람들이 이런 식으로 잘못된 틀에 의해 자신감을 얻는다고 여긴다. 남들보다 '좋아요'를 더 많이 받으면 스스로가 우월하다고 여긴다. 마이클 생각에 그중에서도 최악은 소셜미디어에 사람들이 올리는 것, 또 그곳에서 우리가 보는 것들이 전부 가짜라는 사실이다. 그것들은 신중하게 제작된 허울일 뿐이다.

"[소셜미디어는] 마치 자신이 동화 같은 완벽한 삶을 살고 있는 것 같은 착각을 심어줘요. 모든 게 늘 더할 나위 없이 좋은 것처럼요. 그저 그런 자신의 모습을 남에게 보여주려는 사람은 아무도 없으니까요. 그림 같이 근사한 모습만 본 사람들이 '아, 나도 저 사람처럼 살고 싶다' 같은 기분에 빠지길 원해요."

마이클은 자기 세대가 특별히 더 자기중심적이고 자신에게 집착한다고 생각하지는 않는다. 다만 마이클 세대는 어쩌다 보니 자신이 얼마나 자기중심적이고 자신에게 집착하는지를 '모두에게 보여줄 수 있는' 도구를 갖게 됐을 뿐이다. "누구나 주목받고 싶어 하잖아요." 그가 말한다. "인정받는다는 느낌은 누구에게나 좋으니까요. 다른 사람들이 자신을 좋아해 주면 당연히 기쁘죠." 소셜미디어는 인간의 이런 본성을 더 강화할 수 있는 방법을 마련해준다. 그것도 아주 많이, 그리고 공개적으로. 마이클은 이런 현실을 안타까워한다. 그가 기억하는 한 소셜미디어는 늘 주위에 있었고, 그래서 소셜미디어 없이 산다는 게 어떤 건지 자신도 모른다는 게 슬프다. 그는 소셜미디어가 "사람들의 행복에 안 좋은 쪽으로 영향을 준"다고 믿는다. 사람들이 그토록 간절하게 원하는 대중의 인정을 받았을 때—자신의 포스트가 '성공적'이었을 때—"그 순간에는 기분이 좋겠죠"라고 마이클은 말한다. "그러다 페이스북 피드를 내려가다 보면 다른 누군가가 올린 사진들이 보여요. 말하자면 제 친구들이 올렸던 200장의 사진 중 하나 같은 거겠죠. 친구들이 함께 신나는 시간을 보내는 그런 사진이요. 그걸 본 사람은 이렇게 되묻게 되죠. '왜 나는 저기에 없는 거지? 왜 나는 저들만큼 즐겁지 않은 걸까?' 사실 사진 속 친구들도 그와 상황은 똑같은데 말이에요. 그 친구들도 사진을 찍는 동안 즐겁지 않았거든요. 그 사진은 그저 그들이 즐거웠다는, 그들의 삶이 완벽하다는 인상을 주기 위한 것이니까요."

이처럼 소셜미디어는, 역설적이게도 우리에게 강한 외로움을 느끼게 한다.

"SNS에서 친구 관계에 있으면 그런 모습들을 다 보는 거예요." 마이클은 말한다. "그들이 페이스북이나 인스타그램, 트위터에 올린 근사한 것들만 보는 거죠. 그러면 내 삶은 그들의 삶만큼 의미 있게 느껴지지 않겠죠. 그런 게 정말 외로운 기분이잖아요?"

마이클이나 그와 같은 또래의 많은 학생들처럼 사람들은 소셜미디어에 오직 '좋은 일'만 포스팅하고, 그 과정에서 오히려 외로움과 고립감을 느끼며, 심지어 모든 게 의미 없게 느껴지기도 한다. 이러한 현상은 내가 인터뷰를 하는 동안 다른 학생들에게도 흔히 들은 내용이었다. 학생들은 소셜미디어를 일상적으로 사용하면 할수록 다른 사람들이 뭘 하고, 또 친구들에게 무슨 일이 생겼는지 확인하기 위해 끊임없이 소셜미디어에 드나들게 되고, 이런 형태의 '사교 활동'이 궁극적으로는 자신을 더 외롭게 만드는 기이한 악순환에 대해 얘기했다. 적어도 이론상으로는 소셜미디어의 핵심 개념 중 하나가(가장 핵심 개념이 아니라면) 연결임에도 말이다.[2]

마이클이 이 모든 현실에 대해 너무 강경한 입장이기에 나는 그에게 페이스북을 열심히 했을 무렵에도 비슷한 감정을 느꼈는지 묻는다. "네 맞아요." 그가 대답한다. "지금은 그런 증상들이 많이 사라졌어요. 이젠 그런 일에 관심이 없으니까요. 기분이 한껏 좋았다가 한없이 가라앉고 그런 건 개인적으로 정말 질색이에요."

 로라 @ 매튜 @ 한나
35min · 👥

#다른 사람들의 행복을 보는 것도 소셜미디어의 일부다

모든 청년이 마거릿이나 마이클처럼 갈등을 겪는 건 아니다. 자신을 남들과 비교하는 것은 소셜미디어의 본질이라고 받아들이는 학생들도 많았다. 다른 사람들의 삶을 들여다볼 수 있는 창을 얻기 위해 소셜미디어에 가입한 만큼, 계속 참여하느냐(그 정도는 감내할 수 있다면) 관두느냐 둘 중 하나를 선택하면 된다는 것이다.

예를 들어 로라는 미국 북동부에 있는 한 사립대학의 3학년 학생으로, 사람들이 소셜미디어에서 남들과 자신의 모습을 얼마나 많이 비교하는지 누구보다 잘 알지만 오히려 거기서 한 발 떨어져 있는 관찰자처럼 보인다. 그녀는 이런 현상에 흥미를 느끼지만(그리고 약간의 혐오감도 느끼지만) 자신에게는 허락하지 않는다.

하지만 로라도 소셜미디어가 우리 삶에 일으키는 변화에 대해서는 신경이 쓰이는 게 사실이다. 모두가 끊임없이 휴대폰만 바라보고 있는 상황이나, 자신이 무엇을 하든 그걸 사진으로 남기는 데 혈안이 돼 있는 것, 그리고 그렇게 찍은 사진들을 온라인에 올려 자신이 한 일을 증명하려는 현상 말이다. "소셜미디어가 존재하는 한, 절대 그 순간을 살 수 없어요." 로라는 이렇게 말한다. "어떤 일을 실제 거기서 한 일로 기억하는 게 아니라, 그때 찍은 사진으로 기억하잖아요."

왜 다들 자신이 하는 모든 일을 기록하는 데 그렇게 맹목적으로 달려드는 걸까? 경쟁이 진행되고 있기 때문이다. "비교에 좀 더 연연해하는 사람들이 있는 것 같아요. '나는 지금 이런 일을 하고 있는데 다른 사람들은 뭘 하고 있을까? 내가 하는 일이 다른 사람들이 하는 일보다 더 나을까? 오, 그렇지. 내가 더 훌륭하네!'라든지 '내가 지금 하는 것보다 더 근사한 일을 하고 있는 사람은 없을까?'처럼 말이에요. 다들 남들보다 한 수 위에 있길 바라니까요." 로라의 이야기가 계속된다. "사람들은 늘 남들보다 조금 더 앞서가려고 애써요." 로라의 말로는 요즘 친구들이 하는 유일한 놀이는 "함께 어울려 앉아서, 뭔가를 마시고, 서로의 사진을 찍어준 다음, 그걸 인스타그램에 올리는 일"이란다. 그리고 일단 사진이 포스팅된 다음에는 누구의 사진에 '좋아요'나 댓글이 더 많이 달리는지 비교한다. 사람들은 자신의 삶을 공유하기 위해 뭔가를 포스팅하는 것이 아니라고 로라는 주장한다. 대신, 자신이 남들보다 얼마나 더 우월한지를 증명하기 위해 포스팅 활동은 계속된다.

"피곤한 일이죠. 정말 그래요." 로라는 온라인에서 목격되는 경쟁에 대해 언급하며 이렇게 말한다. "그렇다고 '내 인스타그램이 네 인스타그램보다 나아'까지는 아니겠지만, 사람들은 자신이 더 앞서 있다는 걸 보여주고 싶어 해요. '내가 너보다 더 한 수 위고, 내가 그 누구보다 행복하다는 걸 너한테 증명하고 싶어' 같은 마음이겠죠. '내가 더 좋은 곳에서, 더 잘살고 있어. 나는 너보다 훨씬 더 행복해.' 뭐 이런 바람?"

로라는 이런 상황에 휘둘리지 않으려고 의식적으로 노력한다. 그러나 온라인에서 자신을 남들과 비교하는 행위가 사람들의 자아감과 자존감에 얼마나 큰 영향을 미치는지에 대해서는 우려를 나타낸다. "다른 사람들에 대해 잘못된 인식을 갖게 되고, 그 사람에 대해 실제로 잘 아는 게 아니라 온라인에서 보이는 것들로 판단하게 되니까요."

그리고 사람들은 이 모든 가공의 '행복한' 이미지들을 계속 목격하면서 어떤 악순환 속으로 빠져든다. 그게 로라의 생각이다.

주류 개신교대학의 2학년생이자 야구선수인 매튜는 사람들이 소셜미디어에서 자신을 남들과 비교하는 모습에 대해—그 사실과 빈도 면에서—로라와 비슷한 생각을 갖고 있다. 이런 현상 때문에 매튜 자신이 받는 타격은 없지만, 그도 이런 트렌드가 자기 세대에 미치는 전반적인 영향력에 대해 걱정하고 있다. 특히 자신이 기가 막히게 근사한 대학 생활을 하고 있다는 것을 '증명'하려는 학생들이 이런 함정에 쉽게 빠져든다고 한다. 이 말은 다른 학생들도 반복적으로 했던 주장이었다.

"일단, 파티에 가지 않는 애는 거의 없다고 봐야 해요." 매튜가 말한다. "늘 파티 얘기거든요. 파티에서 찍은 사진이나 뭔가 쿨한 장면들 있잖아요? 술 마시고 담배 피고 뭐 그런 거요." 매튜는 학생들의 이런 태도가 대학의 참모습에 대한 사람들의 인식을 '왜곡하고' 있다고 여긴다. 물론 캠퍼스에서 실제로 벌어지고 있는 상황이므로 완전히 오해라고 할 수도 없다. "도서관에서 공부하는 사진을 포스팅하는 애들은 없으니까요."

그가 웃으며 말한다. "공부가 그렇게 신나는 일은 아니잖아요? 그러니까 남들과 공유하고 싶은 마음도 없는 거겠죠."

다들 자신의 대학 생활이 얼마나 흥분되는지, 얼마나 즐거운 시간을 보내고 있는지, 그 모든 경험이 얼마나 행복한지 세상에 드러내고 싶어 한다. 물론 학생들이 그런 순간에 행복하지 않다는 말은 아니다. 문제는 이 청춘들이 오직 그런 순간들만 온라인에 전시함으로써 실제 대학의 모습에 대해 왜곡된 이미지를 심어준다는 데 있다.

매튜는 대학 캠퍼스를 소재로 한 〈애니멀 하우스(Animal House, 미국 대학생들의 삶을 다룬 코미디 영화(1978)-옮긴이)〉를 언급한다. 예전 영화라 학교 도서관의 특별자료실에서 볼 수 있다는 말도 덧붙인다. 이 영화는 1970년대에 캠퍼스를 누비며 파티와 장난을 일삼던 그리스 사교서클 일원들의 모습을 생생하게 묘사한다. 하지만 소셜미디어는 누구나 '대학 생활' 하면 떠올리고 기억하는 모습을 전혀 새로운 방식으로 부각시키고 있다. 그 모습은 그 어느 때보다 훨씬 더 지속적이고 손쉽게 접근할 수 있다. 대학생들의 일탈과 파티 장면을 확인하기 위해 더 이상 도서관의 특별자료실을 찾을 필요도 없다. 이제는 손가락으로 터치만 몇 번 하면 훨씬 더 많은 것들을 볼 수 있다. 원하기만 하면 몇 분 간격으로도 확인할 수 있다. 사실 구태여 그런 모습을 찾아볼 필요도 없다. 소셜미디어에 로그인만 하면 당신의 눈앞에 모든 장면이 펼쳐지기 때문이다. 마치 끝없이 계속되는 물결처럼.

파티 사진을 올리지 않을 때는 에어브러시로 먼지를 말끔히 털어낸 자신의 멋진 삶을 보여준다는 게 매튜의 생각이다. 그의 또래 친구들은 자신의 성공적인 모습만 게시하고 실패는 결코 드러내지 않는다고 한다. 휴양지 모습이나 반짝거리는 신상 자동차처럼 긍정적인 ─ 금전적인 여유를 상징하는 ─ 사진들만 올린다. 소셜미디어 때문에 우리 모두는 더 물질주의자가 된 것 같고, 사람들은 가장 최근에 득템한 물건을 자랑하고 싶어 손가락이 근질거리는 것 같다. "뭔가 새롭고 근사한 것을 구입하면 페이스북이나 트위터에서 그 얘기를 꼭 해요." 스포츠에서도 마찬가지라고 매튜는 말한다. "성공하지 못한 순간을 포스팅하는 사람은 거의 없어요. 그래서 포스트만 보면 이 세상에는 성공하는 사람들만 있는 것 같죠. 온라인에서만 보면 성공이라는 게 거저먹는 일처럼 느껴져요. 페이스북에 자신의 실패담을 올리는 사람은 없으니까요."

소셜미디어에서 성공적인 모습들만 끊임없이 보게 되면 어떤 결과가 생길까? 매튜는 사람들에게 엄청나게 부정적인 영향을 미친다고 믿는다.

"사람들이 이제 훨씬 쉽게 패배감을 느끼는 것 같아요. 그러니까, 어떤 선수가 이번 시즌에 [스포츠 경기에서] 무패의 신화를 걷고 있다고 페이스북에 올린다면, 경기에서 진 선수가 그 내용을 읽을 때 어떤 기분이 들까요? '난 뭐가 문제지? 왜 늘 지기만 하는 거야?' 분명 이런 패배감이 들 거예요." 매튜는 소셜미디어에 넘쳐나는 승리의 물결들로 인해 우리가 삶에서 기대하는 현실감각이 뒤틀리고, 실패로부터 회복할 수 있는 능력이 훼손된다는 우려감을 표현한다. 즉 회복 탄력성을 약화시킨다는 것이다. "어떤 일이 생각대로 진행되지 않으면 쉽게 포기해버리는 거예요. 소셜미디어에서는 성공이 너무 흔하니까요. 우리 학교에도 학과 공부와 사교 생활 사이에서 균형을 찾지 못하는 동기들이 몇 명 있어요. 그런 친구들은 그런 패배감을 해소할 만한 다른 공간을 찾게 되겠죠. 그곳에도 성공을 건네는 손길이 없다면, 거기서도 바로 나가면 되니까요."

매튜의 시각에서 보면, 자신을 그런 완벽하고 행복한 이미지들과 비교하면 전반적인 감정 상태와 자기인식에 부정적 영향을 미친다. "소셜미디어에서 보는 사람을 비판하지는 않겠지만," 매튜가 말한다. "그 사람의 삶을 자신의 삶과 비교할 가능성은 높아요. 예를 들어 아주 근사한 경험을 한 사람 열두 명을 인터넷에서 차례로 계속 보게 됐는데, 자신은 그렇게 멋진 경험을 못해봤다면 어떨까요? 장담컨대 그 사람 기분은 엉망이 될 거예요. 저도 그런 기분을 잘 알거든요. 언젠가 페이스북에서 즐거워 보이는 사람들의 모습을 스크롤하며 하나씩 보고 있는데, 문득 보니 저는 혼자 방 안 소파에 앉아 있더라고요. 이런 생각이 들었어요. '아, 나도 저런 곳에 가고 싶어. 난 왜 이렇게 변변찮은 거야?" 매튜는 이 지점에서 잠시 말을 멈추더니, 혹시 소셜미디어가 사람들의 행복감에 긍정적인 영향을 주는 측면은 없는지 생각해본다. "딱 하나 긍정적인 것은, 내가 뭔가를 포스팅했는데 다른 사람들도 자신이 했던 비슷한 경험을 떠올리며 '좋아요'를 누를 때가 있겠네요"라고 그가 설명한다. "근데 아쉽게도 그런 일은 사람들이 마우스를 내리면서 다른 사람과 자신을 비교할 때보다 훨씬 드물어요."

그리고 여기 한나가 있다. 그녀는 남동부에 있는 한 공립대학의 2학년생으로, 금발에 외모가 예쁘장한 여학생이다. 한나는 자신이 내성적인 사람이라고 말한다. "근데 감정이 갑자기 폭발할 때는 좀 무섭다는 얘기도 들었어요." 그녀의 설명이다. "사회 관계에서 크게 좌절할 때가 있어요. 저는 제가 하는 모든 일에 신경을 쓰기 때문에 관계가 늘 일방적으로 끝나더라고요. 모든 게 완벽했으면 하거든요. 사회적 상황에서도 완벽함을 추구하다 보니까 사람도 정말 까다롭게 고르게 돼요. 저는 관계에 제 전부를 쏟아붓는데 상대방은 그만큼 노력하지 않으니까 힘들어요. 그런 식으로 관계가 깨지면 한없이 우울해지더라고요."

한나가 겪는 이런 고충은 알고 보면 소셜미디어에서 벌어지는 불행의 익숙한 레시피다. 그녀는 소셜미디어를 그다지 좋아하지 않고, 그래서 포스트도 거의 올리지 않는다. 자신의 삶에서 정말 중요한 사건이 있을 때만 페이스북에 게시하는 정도다. 한나는 소셜미디어와 관련된 모든 게 너무 피상적이며, 그곳에서 사람들은 서로에게 비열할 때도 많다고 말한다. 그러더니 자신이 한때 사이버 폭력의 피해자였다는 얘기를 들려준다. 같은 학교 여학생 하나가 자신을 계속해서 걸레라고 불렀다는 것이다. 한나는 그 사건에 대해 자세히 언급하려 하지 않는다. 돌이켜 보면 그 여학생을 개인적으로 알게 된 게 화근이었고, 애초에 그런 상황이 벌어지지 않도록 자신이 더 많은 걸 알고 충분한 힘을 갖췄어야 했다고 생각한다.

한나는 자기 자신을 남들과 비교하고 싶지 않지만, 어쩔 수 없이 자주 비교하게 된다고 털어놓는다. "남들과 저를 비교하다 보니, 제 삶이 전체적으로 힘들어지는 것 같아요. 제 룸메이트가 최근에 우리 학교에서 제일 유명한 여학생 서클 중 하나에 들어갔거든요." 한나는 말한다. "학교에서 제일 뛰어나다는 여학생들만 들어갈 수 있는 서클인데, 실제로 회원들끼리 머리에 왕관도 쓰고 서로를 공주라고 불러요. 그 서클은 원하는 복장이나 스타일이 정확히 정해져 있어서, 제 룸메이트도 거기에 맞춰 항상 똑 떨어지게 입고 다니더라고요. 걘 키가 150센티미터에 몸무게도 40킬로그램 정도밖에 안 될 거예요. 정말 아담 사이즈거든요." 한나는 깊은 한숨을 쉬며 말한다. "전 그런 아담한 몸매도 아니잖아요. 제 말은, 결국 우리는 아름다움이라는 기준에서 자유로워질 수 없어요. 룸메이트가 온라인에 사진을 올리면 '좋아요'가 200개에서 300개쯤 달려요. 저를 걔랑 비교하고 싶지 않은데도 늘 그렇게 되더라고요." 한나는 룸메이트의 프로필에 연연하는 자신의 모습에 의기소침해진다. 왜 자신은 그녀만큼 '좋아요'를 받지 못하는지 자문한다. 몸무게 때문일까? 아니면 그 엄청난 명성의 서클 회원이 아니라서? "게다가 제가 비교하는 대상이 룸메이트만 있는 건 아니에요." 한나는 솔직히 인정한다. "다른 여학생들도 비교 대상이죠."

한나는 소셜미디어가 단순히 '자기과시'의 수단일 뿐이라고 지적한다. 심지어는 소셜미디어 때문에 사람들이 더 자신을 자랑하게 되고, 인간에게 내재된 과시욕을 끌어낸다고 여긴다. 소셜미디어가 사람들에게 끊임없이 '나를 봐, 내가 뭘 하고 있는지, 또 어디 있는지 보라고. 내가 지난여름에 갔던 이 근사한 휴양지를 봐. 이렇게 폼나는 출장은 가봤니?'와 같은 태도를 부추긴다는 것이다. 한나로서는 사람들이 이런 자기과시용 장면들을 포스팅하는 이유도 의심스럽다. 자기만족을 위한 행동이 아닌 것 같기 때문이다. 사람들은 분명한 목적에 따라 포스팅 활동을 하며, 또 다른 사람들은 그 포스트들에 자신의 모습을 갖다 대며 우울해한다. 한나는 모든 포스트에 진정성 같은 건 없다고 믿는다.

하지만 문제는, 이 모든 합리적 사고와 변화에 대한 바람에도 불구하고, 한나 또한 온라인에서 느끼는 자신의 우울함을 처리할 수 없다는 것이다. 그리고 그녀도 해결이 불가능하다는 것을 안다.

롭
15min • 👥

#'좋아요'를 위한 삶 (그리고 '좋아요'는 왜 여자애들 차지일까?)

"저는 소셜미디어를 정말 많이 해요." 롭은 소셜미디어에 대한 대화를 시작하자마자 이렇게 말한다. 롭이 말하는 소셜미디어는 구체적으로 페이스북을 말한다. 그는 소셜미디어 플랫폼 중에서도 페이스북에 헌신적이다. "강의실에서 여기로 오는 동안에도 페이스북을 확인했으니, 거의 중독이라고 봐야죠. 다른 사람들이 페이스북에서 어떤 말을 하든 신경 안 써요. 그럼 뭐하러 그렇게 뉴스피드를 열심히 보냐고요?" 그는 스스로도 의아해한다. 그러고는 페이스북의 장점들을 나열하기 시작한다. "아마 사람들마다 자신의 삶이 있다는 걸 보여주기 위해서인 것 같아요. 말하자면 자존심을 세우려는 거죠."

북동부에 있는 한 가톨릭대학의 육상 선수인 롭은 키가 크고 호리호리한 남학생이다. 롭은 첫눈에 호감을 살 만한 굉장한 매력남이지만, 뭔가 불안한 분위기가 분명히 감지된다. 롭은 자신을 굉장히 사교적인 사람이라고 소개한다. 어느 정도냐면, 점심시간에 학교 식당으로 가는 도중에 항상 누군가를 만나 '한 시간씩' 떠들기 때문에, 결국 식당에서 식사를 하는 경우는 매우 드물다고 한다. 롭의 삶 중심에는 가족과 친구들이 있다. 가족과 친구는 그에게 행복을 주는 원천이 된다. 자신에게는 사람과 그들을 웃게 하고, 다른 사람들과 친밀감을 느끼고, 그들의 삶에서 자신이 중요한 역할을 하고 있다는 사실을 확인하는 게 중요하다고 몇 번이고 강조한다.

그는 '자존심을 세우기' 위해 페이스북을 한다는 대목에서 상태 업데이트에 대한 얘기를 꺼낸다. "상태 업데이트를 계속하는 이유는 그때마다 얼마나 많은 사람에게 '좋아요'를 받는지 확인하기 위해서예요. 그게 피상적이고 실제로는 별 의미가 없다는 건 저도 알아요." 롭은 '좋아요'에 큰 의미가 없다는 말을 마치 자동 반사작용처럼 끝에 붙이는데, 이는 인터뷰 중 다른 학생들로부터도 많이 들었던 말이다. 그러나 롭은 '좋아요' 숫자에 상당히 신경을 쓴다. 남들과 자신을 비교하는 문제를 많은 학생들에게 연거푸 들을수록, 그 중심에 '좋아요'가 있다는 게 점점 더 분명해진다.

롭과의 대화가 이어지면서 '좋아요'와 결부된 문제들도 더 자주 불거져 나온다. 내 기억엔 다른 어떤 인터뷰보다 더 많이 언급됐던 것 같다. "친한 친구들이랑 크로스컨트리 경주를 한 사진을 포스팅했는데 '좋아요'가 30개가 달렸다면, 또 '좋아요'를 누른 30명이 크로스컨트리에 정말 관심이 있는 사람이라면 전 이런 기분이 들 거예요. '자, 내가 얼마나 근사한 남잔지 봤지?' 근데 '좋아요'를 누른 사람이 아무도 없다면 어떨까요? 틀림없이 '헐, 내가 생각보다 별론가 봐' 같은 생각이 들겠죠. 말하자면, 전 저를 좋아하는 사람들이 얼마나 많은지 확인하기 위해 페북을 쓰는 것 같아요."

나는 롭에게 아까 그가 '좋아요'에 별 의미가 없다고 말했을 때, 사실은 그 말이 롭에게 '좋아요'가 꽤 중요하다는 말처럼 느껴졌다고 말한다. "뭐…… 네……." 그가 말을 길게 끌며 대답한다. "네……. 며칠 전 제 친구가 자기 프로필 사진을 바꿨더라고요 그러고는 제게 전화를 걸어서 거기에 '좋아요'를 달아달라고 하는 거예요. 그래서 '왜 그래야 하는데? 내가 네 친구고 널 좋아한다는 걸 네가 모르는 것도 아니잖아?'라고 했죠. 아마 친구는 온라인에서 그 사실을 직접 확인하고 싶었을 거예요. '좋아요' 수가 높아질수록 걔가 더 쿨해 보일 테니까요. 그러면 더 많은 사람들이 그 애를 쿨하다고 느낄 거고요. 근데 그게 중요할까요? 제겐 중요한 것 같아요. 제게 친구가 많다는 건 이미 알고 있지만, 그 사실이 공식적으로 기록된 걸 눈으로 직접 확인하고 싶어요." 롭이 내 말을 인정하며 약간 초조한 듯 웃는다. 롭도 자신과 친구들에게 '좋아요'가 별 의미 없기를 바라지만 실제로는 그렇지 않다. 신경 쓰지 않을 수 없다. "어떤 사람들이 제 [상태 업데이트에] '좋아요'를 누르는지 궁금해요. 친한 친구가 제 업데이트에 '좋아요'를 누르면 '고맙네' 정도의 기분이 들어요. 근데 누군가 저랑 그다지 말도 안 해본 친구가 '좋아요'를 누르면, '오, 이 사람이랑 좀 더 얘기해봐야겠네'라든가, '알고 보니 이 친구가 날 괜찮게 생각하고 있었구나.' 같은 생각이 들어요. 생각보다 좀 복잡해요." 롭에게 늘 다른 사람들에게 주목받고 있다는 사실을 증명하고 싶어

하는 것처럼 보인다고 말하자, 그는 내 말을 인정하며 이렇게 덧붙인다. "사실 별로 중요하지 않은 일일 수도 있죠. 제게는 이미 어울릴 친구들이 많아서 누군가 절 좋아하지 않는다고 해도 그냥 신경을 끄면 그만이거든요. 근데 페북에서는 날 신경 쓰는 사람이 얼마나 많은지 확인하기 위해 포스트를 올리게 돼요. 누가 '좋아요'를 누르는지 확인하려고 거의 무의식적으로 포스트를 올려요."[3]

롭은 익명으로 올린 포스트에 달린 '좋아요'에 대해서는 그다지 신경 쓰지 않는다 — 그게 자신의 포스트라는 것만 알면 그걸로 충분하다. 익약은 롭이 다니는 대학에서도 요즘 엄청나게 유행인데 그는 익약에도 적극적으로 참여한다. 익약에서도 어떤 글에 '좋아요'를 표시할 수 있다는 게 롭의 설명이다. "그렇다고 공개적으로 인정받거나 부상이 따르는 건 아니지만 결과는 볼 수 있어요. '와, 내가 한 말을 이렇게 많은 사람이 좋아하는구나. 아니면 이렇게 많은 사람이 내 게시물이 재밌다고 여기는구나.' 같은 기분이 들면서 기세등등해지죠. 만약 우리 학교 식당 음식에 관한 내 [익명] 트윗에 100명쯤 되는 사람들이 '좋아요'를 누른다면, 저는 '앗싸, 이렇게 많은 사람이 내 의견에 동의하네, 내가 쿨하다고 생각하나봐.' 같은 기분이 들어요. 제가 실제로 그런 일을 한다면, 사람들은 제 행동을 똑같이 지지하겠죠. 그래서 무의식적으로 '좋아요'를 찾게 되는 것 같아요. 마치 '좋아요'에 어떤 금전적 가치라도 있는 것처럼요. 물론 있을 리가 없죠. 어쨌든 '좋아요'는 많이 받을수록 기분이 좋아져요."

나는 롭에게 그런 마음가짐이 페이스북에 어떤 포스트를 올릴지 결정할 때도 영향을 미치는지 묻는다. 그는 잠시 뜸을 들이더니, 처음에는 자신은 상태 업데이트에 몇 시간씩 공을 들이는 스타일은 아니라서 그런 것 같지는 않다고 대답한다. 그러나 곧 이런 말이 이어진다. "뭔가 포스팅할 일이 있으면, 최대한 많이 주목받기 위해 어떤 표현을 쓸지 고민하는 건 사실이에요." 좀 더 자세히 얘기해달라고 하자, 롭은 포스트가 절대로 지루하거나 뻔하면 안 되고, 반드시 쿨하고 재미있어야 한다는 자신의 원칙을 들려준다. '토요일 있었던 크로스컨트리 경주'같이 평범한 표현으로는 '좋아요'를 많이 받을 수 없으므로 자신은 절대 그런 식으로 쓰지 않는다는 게 롭의 설명이다. 경주에 참가한 학교 이름을 구체적으로 대고 '[노스이스턴 가톨릭대학] 고 고!'나 '오늘 다 죽었어!' 같은 말을 달면 더 많은 사람이 주목한다는 것이다. "포스트에 어떤 표현을 쓰느냐에 따라 거기에 달리는 '좋아요' 숫자가 결정돼요"라고 롭은 말한다.

롭도 결국에는 자신이 '좋아요'를 많이 받을 만한 내용만 포스팅한다는 사실을 인정한다. "'좋아요'가 하나도 달리지 않은 상태 글을 삭제한 적도 있었어요." 그가 낄낄대며 말한다. 그러고 나서 애초에 그런 포스트를 올린 자신의 결정을 후회했다고 한다. 아무도 '좋아요'를 달지 않은 포스트는 올릴 가치도 없는 것이다. "그런 건 차라리 내리는 게 나아요. 그래야 사람들이 제 프로필을 클릭했을 때 인기 없는 건 다 사라진, 괜찮은 포스트들만 확인할 수 있으니까요."

남들 반응에 따라(혹은 부족한 반응에 따라) 포스트를 삭제할 수 있다는 얘기는 롭이 갖고 있는 '좋아요'의 원칙 — 어떤 유형의 포스트가 '좋아요' 숫자를 극대화할 수 있는지 — 을 더욱 확장시킨다. 자신은 '좋아요'의 작동 원리를 잘 알고 있고, 그 작동 원리에 따라 '좋아요 게임'을 지휘할 수 있는 탁월한 도구가 있다고 여긴다. "사람들은 농담을 좋아하거든요." 그가 말한다. 그렇다고 사람들이 아무 농담이나 좋아하는 건 아니라며, 그는 자신의 말을 정정한다. "사람들과 전체적으로 관련이 있는 재밌는 농담을 올리면 '좋아요'를 많이 받을 수 있어요. 근데 소수의 지인들만 아는 농담을 올리면, 다른 사람들은 아무도 '좋아요'를 누르지 않을 거예요. 가능한 관객들에게 딱 맞춰야 해요. 일종의 게임 같아요. 무의미하지만 중요한 게임이요." 그가 또다시 웃으며 덧붙인다.

소셜미디어를 가리키면서 '관객'이란 단어를 쓴 학생은 롭이 처음은 아니었다. 많은 젊은이들이 자신에게 '관객'이 있음을 인식하고 있고, 관객을 위해 어떤 내용을 포스팅할지, 또 관객들이 그 포스트를 어떻게 생각할지에 신경을 쓴다고 말한 학생들이 많았다. 학생들은 종종 자신의 실수를 어딘가에서 지켜볼지도 모르는 미래의 잠재적 고용주들에 대해서도 신경 쓰고 있었다. 하지만 대다수의 학생들은 롭과 마찬가지로 자기 또래의 관객들을 주로 공략한다.

롭이 '좋아요'를 받는 것을 '무의미하지만 중요한 게임'이라고 말하자, 나는 그가 정말 그렇게 생각하는지 확인하기 위해 그를 좀 더 압박해보기로 한다. 롭이 소셜미디어에서 작용한다고 믿는 그 원리를 어떻게 '게임처럼' 다룰 것인지 고민하느라 많은 시간을 쏟는 게 누가 봐도 뻔한데, 그런 노력을 '무의미'하다고 표현한 것은 그의 진짜 생각이 아닌 일종의 의무감에서 나온 말처럼 들렸기 때문이다. 롭은 인터뷰 내내 굉장히 양면적인 태도를 보이면서 말할 때마다 초조한 듯 웃는다. "그러니까 ['좋아요'를 받는 게] 그냥 재미 같아요." 그가 말한다. "그것 때문에 기분이 좋아지지만 실제로는 별 가치가 없잖아요. 페북에 무슨 가치가 있겠어요? 덕분에 친구들이랑 계속 연락할 수 있고, 대학에 입학하면서 멀어진 고향 사람들의 삶에 계속 관여할 수 있지만, 그것 말고는 농담이나 하면서 자기 상태를 포스팅하는 건 아무 의미도 없잖아요. 누가 신경이나 쓰겠어요? 사람들이 올린 농담을 볼 때면 그냥 웃겨서 '좋아요'를 누르기도 하지만, 사실 저랑은 상관없는 일이잖아요."

롭은 자신이 '좋아요'에 신경 쓰지 않기를 간절히 원하지만, 결국에는 많이 신경 쓴다는 사실을 인정하고 만다. 롭은 열여섯 살 때까지 페이스북에 가입하지 않고 버텼다고 한다. 처음에는 반페이스북주의자에 가까웠다. 이 대목에서 롭은 고개를 내젓는다. "근데 지금은 페이스북에 들이는 시간이 제일 많아요. 왜 그렇게 됐는지 정확한 이유는 말 못하겠어요. 자존심을 세우기 위해서라고 대답하기는 싫지만 그 비슷한 이유일 거예요. 페이스북 때문에 어떤 행동 방식이 더 강화되는 것 같거든요. 저는 농담도 하면서 사람들과 즐겁게 지낼 수 있는 정말 사교적인 사람이 되고 싶어요. 그래서 페이스북에서 '좋아요'도 더 많이 받고 싶고요. 그런 연결고리 때문에 공적인 자리에서 사람들과 어울릴 때면 그런 행동을 하려는 경향이 더 강해지는 것 같고요."

인터뷰는 곧 다른 주제로 넘어갔지만, 얼마 지나지 않아 롭은 다시 '좋아요'를 받는 핵심 기술에 대한 자신의 이론으로 돌아간다. 어떤 포스트가, 그리고 누가 '좋아요'를 가장 많이 받는지에 대해 다시 썰을 풀기 시작한다. 롭은 포스트를 작성할 때마다 스스로 되묻는다. 이런 글을 게시할 만한 가치가 있을까? 바꿔 말하면, 사람들이 이 포스트를 좋아할까? 만약 이 질문에 대한 답이 부정적이라면, "올릴 가치도 없어요"라고 롭은 주장한다. "'아, 오늘은 하늘이 파랗네'라는 말에 무슨 의미가 있겠어요? 아무도 관심 갖지 않을 얘기를 뭐 하러 쓰겠냐고요. 저는 긍정적인 반응이나 적어도 '좋아요'를 몇 개쯤은 받을 수 있는 내용만 올리려고 해요."

롭은 '좋아요'를 위한 경쟁 원리가 근본적으로 자신에게 불리하게 짜여 있다고 여긴다. 항상 여자들이 '좋아요'를 더 많이 받기 때문이다. 롭을 이 사실에 정말로 좌절감을 느끼는 것으로 보인다. 이런 현상을 이해할 수 없고, 공정하지 못하다고 생각한다. "어떤 여자애는 자기 방 침대에 누워서 찍은 아무 사진이나 올려도 '좋아요'를 100개나 받더라고요! 그저 여자라는 이유로 특별히 애쓸 필요도 없다는 게 신기해요." 롭은 여학생들의 말투를 흉내 내듯 말한다. "'침대에 누워서 사진이나 찍어야

지!' 뭐 이런 거죠." 그러고는 눈을 이리저리 굴린다. 그는 무엇을 포스팅할지 쉽게 결정하는 여학생들이 부러운 것 같다.

롭도 '좋아요 100개'를 받는 일이 이론상으로 힘들다는 것을 받아들인다. 하지만 단지 성별에 따라 '좋아요' 수가 달라진다는 사실은 납득하기 힘들다. "버뮤다로 크루즈 여행을 떠난 적이 있었어요. 그리고 절벽을 따라 청명한 바다가 이어지는 꽤 근사한 사진 하나를 올렸거든요. 그랬더니 '좋아요'가 30개 정도 달리더라고요. 근데 어두운 방 안에 그냥 우두커니 서 있는 여자애 사진이나, 어두운 방 안 침대 위에서 그저 책을 읽고 있는 여학생 사진에는 '좋아요'가 100개나 달리는 거예요!" 롭은 그런 차이가 '성(性)적인 것'과 관련이 있다고 여긴다. 남자들은 예쁜 여자를 좋아하다 보니 페이스북에 가서 여자애들의 사진이 나오면 무조건 '좋아요'를 누르지만, 다른 남자들 사진은 그만큼 '좋아요'를 누르지 않는다는 것이다. 그런 점에서 보면 남성들은 '좋아요' 부문에서 애초에 불리하다고 할 수 있다. 게다가 롭은 이런 원리를 간파한 여자애들이 그 시스템을 이용해서 남학생들보다 더 능숙한 솜씨로 게임을 하고 있다고 의심한다.

"여자애들은 올렸던 사진을 또 올리는 경우도 많아요." 롭의 설명이다. "저는 뭐든 한 번씩만 포스팅하는데, 시간이 좀 지나면 사람들은 예전 포스트를 더 이상 보지 않거든요. 구태여 제 프로필을 찾아보지 않는 한 뉴스피드에 예전 포스트가 뜨진 않으니까요. 근데 여자애들은 어떤 사진을 올린 다음 그걸 나중에 또 올리는 경우가 있어요. 그러면 그 사진이 신규 포스트처럼 피드에 뜨면서 [처음 올렸을 때 받았던] '좋아요' 수가 그대로 남거든요." 롭은 포스트를 다시 올려도 원래 달렸던 '좋아요'가 그대로 남아 있다는 것을 어떻게 알았을까? 그는 좀 멋쩍어하면서 자신도 시험해본 적이 있다고 털어놓는다. 사실 한 번이 아니었다. 포스트를 다시 올리자 '좋아요'가 한두 개 더 달렸지만, 여자들이나 쓰는 노림수로 얻은 성공을 인정하기에는 자존심이 상했다. 롭은 여자들이 늘 이런 짓을 한다고 여긴다. 페이스북에서 자신의 가족 및 결혼/연애 상태를 '연애 중'이라고 바꾸면 여자애들은 분명 '좋아요'를 100개쯤 받지만 자신은 '딱 5명'에게서만 '좋아요'를 받았다는 사실에 의혹을 갖는다.

롭이 두려워하는 최악은 '좋아요'를 전혀 받지 못하는 상황이다. 자신의 포스트 중 하나가 사람들의 관심을 전혀 받지 못하는 상황은 생각만 해도 얼굴이 화끈거릴 만한 일이고, 그래서 그는 어떤 포스트가 '좋아요'를 가장 많이 받을 수 있고 그 이유가 뭔지에 대한 이론을 개발하는 데 많은 시간을 들인다.

롭은 전반적으로 소셜미디어를 '인기를 경합하는 무대이자 자존심을 높이는 대회'로 여긴다고 말한다. "페북에서 누가 가장 자존심을 세울 수 있을까요?" 롭은 친구 신청이 들어오면 무조건 다 수락해서 친구 수를 늘리는 경우라고 말한다. 페이스북 친구가 '가짜 친구'든 뭐든 그건 사람들의 관심사가 아니다. 중요한 사실은 '더 인기 있는 사람으로 보이는 것'이기 때문이다. 인터뷰가 계속되면서 롭의 태도는 점점 더 냉소적으로 변한다. 그러다 갑자기 표정이 밝아지더니, 자신에게는 페이스북 친구가 800명이나 있다고 자랑한다. 자신도 '똑같은 부류'인지라 사람들이 무작위로 보내는 친구 신청을 전부 수락한다는 것이다. "거절하는 것보다는 수락하는 게 더 나아 보이니까요. 현실에서는 정말 아무 상관없는 일이지만, 제게는 중요한 것 같아요." 그가 이제는 익숙해진 초조한 웃음소리와 함께 덧붙인다.

롭은 페이스북에서 '좋아요'를 많이 받으면 "자신에 대한 믿음을 남들에게도 인정받은 것" 같은 기분이 든다고 말한다. 사람들이 그의 포스트를 '좋아요'로 긍정하면, 자신이 현실 세상에서 하는 일들이(이를테면 크로스컨트리처럼) 정말 중요하다고 믿는 데 도움이 된다. 하지만 '좋아요'를 받지 못하면 반대로 그런 일들이 중요하지 않다는 사실이 입증된다. 다른 말로, 롭은 자신의 행동과 선택, 노력, 심지어는 삶에서 바라는 목표까지도 소셜미디어에 게시한 글에 남들이 얼마나 동의하는지로 판단한다고 볼 수 있다. 남들이 그의 포스트에 '좋아요'를 누름으로써 전하는 메시지에 엄청난 의미를 부여한다. '좋아요'가 롭에게 얼마나 많은 의미를 주는지는 롭이 관련된 말을 얼마나 많이 하는지로 분명히 드러난다. 왜 그렇게 중요한지는 알 수 없고, 그러지 않기를 본인 스스로도 간절히 바라지만, 어쨌든 사실이다. 롭도 이를 인정한다. 그는 인터뷰에서 6가지 다른 주제를 논의할 때마다 매번 '좋아요'가 자신에게 꼭 필요한 '자존심'을 높여 준다고 반복적으로 강조했기 때문이다.

롭이 소셜미디어에서 이뤄지는 남들의 승인에 대해 그토록 연연하는 이유가 뭘까? 롭이 말하는 것만큼, 사회적으로 성공하지 못한 다른 학생들은 정말 롭만큼 '좋아요'에 신경 쓰지 않을까? 소셜미디어에서 꾸준히 일어나는 타인들의 확인과 인정은 롭에게 자신의 존재감뿐 아니라 그가 사회적으로 중요한 사람이며, 그의 생각과 상태 업데이트에 주목할 만한 가치가 있다는 사실을 증명해준다. 사람들이 롭의 포스트에 '좋아요'를 누른다. 그러므로 그는 존재한다.

포스팅의 최적 시점, 그리고 베스트셀러에 필적할 온라인 자서전

페이스북이나 다른 소셜미디어 플랫폼들이 갖는 이런 특징에 집착하는 롭 같은 젊은이들에게 정말 문제가 있는 걸까? 아니면 이런 현상은 무해할 뿐 아니라, 롭도 나이가 들면 더 이상 신경 쓰지 않을 그저 일시적인 유행일까? 롭만 이런 감정을 느끼는 것은 아니다. 내가 설문한 다른 많은 학생들도 롭처럼 '좋아요'에 극단적인 견해와 우려감을 보였고,

이런 태도는 젊은이들의 소셜미디어 활동 방식과 포스팅 내용에 직접적인 영향을 줬다. 즉 다른 젊은이들 또한 '좋아요'를 받든 안 받든 신경 쓰지 않기를 애타게 바라면서도 '좋아요' 때문에 스트레스를 받고 있었다.[4]

나는 인터뷰했던 모든 학생에게 '좋아요'에 대해 어떻게 생각하는지, 또 '좋아요'를 받는 것에 대해 신경 쓰는지 물었다. 어떤 학생들은 전혀 신경 쓰지 않으며 '좋아요' 자체를 거의 생각하지 않는다는 단호한 태도를 보였다. 또 어떤 학생들은 '리트윗'이든 '마음에 들어요'든 소셜미디어가 채택한 '좋아요' 같은 수량화 비즈니스에 심한 염증을 느낀다며 강한 불만을 토로했다. 또 누군가 아프거나 슬프고, 심지어는 가족 중 한 명이 사망했다는 포스트에도 '좋아요'가 달리는 난처하고도 우스꽝스러운 상황을 언급한 학생들도 많았다. ("왜 그런 일에 '좋아요'를 달아야 하는지 모르겠다"라며 황당해했다. 누군가의 슬픔에 '좋아요'를 누르는 것은 부적절한 게 아닐까?)[5]

그러나 그만큼 많은 또 다른 학생들은 이 질문에 소심한 태도로, "'좋아요'는 얄팍한 수단이므로 중요하지 않고 나도 신경 쓰지 않기를 바란다. 하지만…… 당연히 신경이 쓰인다!"라고 답했다.

예를 들어 메르세데스란 여학생은 자신의 삶에 '좋아요'가 존재하지 않던 시절도 있었다는 것을 오히려 놀라워한다. 그녀가 처음 페이스북에 가입했던 2006년은 '좋아요'라는 기능이 아직 도입되기 전이었다. 하지만 메르세데스는 모든 댓글과 상태 업데이트, 그리고 사진에 영향을 미치는 '좋아요'가 없었던 삶을 기억조차 할 수 없다. "포스트를 올리고 나면 다들 반응 같은 걸 기다리잖아요." 그녀가 말한다. "만약 제가 페이스북에 '연애 중'이라는 포스트를 올린다면, 사람들이 그 사실에 기뻐하며 '좋아요'를 누르길 바랄 거예요." 인터뷰가 있기 바로 한 달 전, 메르세데스와 그녀의 남자친구는 실제로 페이스북에 자신들의 관계를 공개함으로써 '좋아요 100개의 장벽'을 깰 수 있었다(대부분의 젊은이는 처음으로 '좋아요' 100개를 기록하는 순간을 특별하게 여기는 것 같다). 메르세데스는 자신이 달성한 기록에 매우 흡족해하면서도 '좋아요'에 신경을 쓴다는 게 민망한지 킥킥대며 곁눈질을 한다. "그건 말하자면 '난 너네 관계가 너무 맘에 들어!'라고 표현하는 것과 마찬가지니까요. 누군가와 연애를 한다는 건 분명 좋은 일이잖아요! 게다가 '좋아요'도 더 많이 받을 수 있는데 왜 근사한 일이 아니겠어요?" 메르세데스는 이야기를 계속한다. '좋아요'를 많이 받을 때의 느낌이 얼마나 흥분되는지, 하지만 동시에 그런 일에 휘둘리는 자신의 모습이 얼마나 '바보 같아' 보이는지를 설명한다. 그리고 '좋아요'는 아무것도 아니며, 거기서 뭔가 가치를 느낀다면 '멍청한' 짓이라고 재빨리 덧붙인다.

메르세데스에 따르면, 사람들은 자신의 프로필 사진이 괜찮은지 아닌지를 거기 달린 '좋아요' 숫자로 판단한다. '좋아요'가 30개 이상 달리지 않은 프로필 사진은 의미가 없다. "그 사진은 별 볼 일 없으니까 빨리 다른 사진으로 교체해야 한다는 게 일반적인 생각이에요." 나는 메르세데스에게 그게 프로필 사진에 관한 가장 중요한 법칙이냐고 되묻는다. 그러자 메르세데스는 꼭 그런 건 아니라며, 자신은 '좋아요 30개'가 달리지 않았다고 해서 그 사진을 내리진 않을 것이라고 주장한다. 하지만 그런 일이 일어나면 사진에 대해 한 번 더 생각해볼 것 같다고 한다. 자신은 그 사진이 귀엽다고 생각해서 선택했겠지만, '좋아요' 수가 적다는 것은 자신의 판단이 틀렸다는 것을 말해주기 때문이다.

그리고 바로 이때 나는 포스팅을 하기 좋은 '트래픽이 높은 시간대'란 말을 처음으로 듣게 된다. 이는 '좋아요' 숫자를 극대화하기 위해 하루 중 특정 시간대에 맞춰 포스트를 올려야 한다는 개념이다.

"저뿐만 아니라 제 친구들이나 다른 사람들도 많이들 그렇게 말할 거예요. 포스트를 하루 중 언제 올리느냐에 따라 결과가 다르다는 말이요. 정말 다들 미친 것 같아요." 메르세데스는 이렇게 설명한다. "만약 밤 7시에 프로필 사진을 교체하면, 그때는 사람들이 페이스북에 많이 몰리는 시간이라 '좋아요'를 더 많이 받을 수 있다는 논리예요. 근데 오후 2시에 프로필 사진을 바꾸면 그만큼 '좋아요'를 받지 못할 거예요." 나는 메르세데스에게 그녀도 이런 규칙을 따르는지 묻는다. 그녀는 꼭 그렇지는 않다고 답한다. 하지만 그녀 친구들 중에는 이 규칙을 따르는 학생들이 많다고 한다.

메르세데스도 다른 학생들과 마찬가지로 포스트에 '좋아요'를 많이 받지 못하면 그때마다 스스로를 위로하는 일종의 합리화 과정을 거친다. 메르세데스는 실망감이 밀려올 때마다 자신에게 '좋아요'는 아무 의미가 없으며, '이곳은 나를 위한 페이지일 뿐'이라는 사실을 되새긴다. "그냥 제가 좋아하는 것들을 위한 공간이잖아요. 다른 사람들까지 꼭 좋아할 이유가 없죠."

그러나 앞서 언급한 매튜 같은 학생은 남들의 인정과 '좋아요'를 받는 것 또한 자기 자신을 이해하는 데 건설적이고 긍정적인 작용을 할 수 있다고 여긴다. 매튜는 개인이 그 날 하루 올린 사진들을 모아 놓는 스냅챗의 '마이스토리(My Story)' 기능과 페이스북의 타임라인에 대해 이렇게 얘기한다. 사실 매튜의 주장은 꽤 흥미롭다. "누구나 자신의 이야기를 기록으로 남기고 싶어 한다고 생각해요." 그가 말한다. "생이 끝날 때가 되면 다들 자서전 한 권쯤은 쓰고 싶어 하잖아요. 그것도 베스트셀러라면 더 좋겠죠. [마이스토리에서는] 그 작업을 지금부터 준비할 수 있어요. 그러니까 순간순간의 느낌을 계속 기록하는 거죠. '헤이, 이거 한 번 봐봐! 이게 바로 나야. 이게 내 삶이라고! 한 번 보시라고!'라고 말하듯 말이에요." 매튜는 잠시 말을 멈춘 다음, 인터뷰를 하기 전에는 자신이 게시한 포스트들을 다 합치면 하나의 '자서전'이 될 수 있다는 생각을 해본 적이 없었지만, 지금 그 말을 하고 보니 가능한 일인 것 같다고 말한다. "제 삶에서 벌어진 중요한 사건들은 거의 다 페이스북이나 트위터 어딘가에 사진이나 포스트로 올라와 있다는 것만은 분명하니까요." 그가 말한다. "스냅챗은 좀 더 그날그날의 경험에 국한돼 있지만[내용이 곧 사라지니까], 페이스북이나 트위터는 분명 어느 정도 자서전 역할을 할 수 있어요." 예를 들어, 페이스북의 타임라인은 기능상으로 이미 어느 정도 자서전 역할을 한다고 매튜는 말한다. 타임라인 자체가 한 사람의 일생에서 일어났던 중요한 순간들을 포착하기 위해 만들어졌기 때문이다.

매튜는 포스팅한 글에 '마음에 들어요'나 '좋아요', 혹은 '리트윗'이 달리는 것은 '그 온라인 자서전이 베스트셀러로 인정받는 것'과 마찬가지라고 한다. 적어도 그 순간에는 그런 인정을 받는 것이다. 그건 당신이 게시한 내용을 많은 사람들이 보고 승인했다는 것이다. 따라서 사람들이 당신의 포스트에 '좋아요'를 눌렀다는 것은 그들 또한 당신의 포스트에 공감했다는 것을 의미한다. 매튜는 예를 하나 든다. 예전에 그가 스냅챗에 사진 하나를 올린 적이 있었는데 수많은 사람이 그 사진을 스크린샷 했다는 것이다. 이유는 간단했다. 그 사진이 사람들에게 웃음을 자아냈고 그들 마음에 들었기 때문이다. 그때 매튜의 기분은 정말 날아갈 것 같았다. 그렇게 많은 사람들이 자신의 게시물을 보고 즐거워했다는 사실에 그는 감사했다. 누군가 자신의 포스트에 '마음에 들어요'나 '리트윗'이나 '좋아요'가 달리는 걸 원치 않는다면, 그 말은 당연히 사실이 아니라고 매튜는 주장한다. 자신은 그런 증거를 분명히 원하고, '좋아요'를 받는 것은 포스팅을 하는 기본적인 인센티브 중 하나라고 말한다.

이제 마리아의 이야기를 들어 보자. 그녀는 자신이 올린 사진에 아무도 '좋아요'를 달지 않았다는 이유로 인스타그램 계정을 없앤 적이 있었다. 그때의 기분은 그야말로 최악이었다. "'좋아요'를 누르는 건 더없이 쉬운 일이지만, 그렇다고 뭐든지 다 '좋아하는' 사람은 없잖아요." 그녀는 이렇게 말한다. 그녀가 특히 기분 나빴던 것은 자신에게는 중요했던 사진을 자기가 좋아하는 사람들이 아무도 눈여겨보지 않았기 때문이었다. 하지만 이윽고 마리아는 강아지 사진만 올리는 인스타그램 계정을 하나 만들었다. "강아지 사진은 다들 좋아하니까요." 그녀의 인스타그램 계정에는 이제 '좋아요'가 차고 넘친다. 마리아는 단지 '좋아요'를 받기 위해 그런 건 아니라고 맹세하면서도 기대하지 못한 팬들이 그렇게 많이 생겨서 행복하다고 인정한다. 그리고 이 일을 계기로 인스타그램 페이지를 업데이트하는 일이 '더욱 뜻깊어졌다'고 털어놓는다.

마리아는 더 이상 사람들이 자신의 사진에 '좋아요'를 눌렀는지 확인하기 위해 페이스북 페이지를 세세히 살피지 않는다. 어떤 포스트가 뉴스피드의 상단에 올라가는지, 또 왜 그런지 등과 관련된 페이스북의 작동 방식이 싫다. "[제 친구가] 어떤 사진으로 '좋아요' 170개를 받았고, 그래서 [뉴스피드] 맨 위에 며칠간 있었다고 칠게요. 그럼 그 애의 포스트는 계속 눈에 띌 테고, 그러면 저 또한 그 사진에 '좋아요'를 누르겠죠. 재밌지 않나요? 페이스북은 순위에 따라 당신에게 어떤 포스트를 노출할지 결정하니까, 결국 랭킹이 가장 중요하다는 거잖아요." 마리아는 이런 접근법이 '이상하고 소름 끼친다'고 여기지만, 자신도 페이스북에서 인기 있는 내용들을 놓치고 싶지 않으므로, 결국 페이스북의 이런 작동 방식은 효과적인 툴이라고 할 수 있다. 그래도 마리아는 자신이 올린 게시물의 '성공' 여부를 이런 잣대로 판단하지는 않는다. 일례로 이렇게 말한다. "예전에 키우던 개가 죽기 전에 같이 찍었던 사진이 [페이스북에] 하나 있어요. 서로 껴안고 있는 꽤 감각적인 사진인데 친구 몇 명만 '좋아요'를 눌렀더라고요." 그녀는 이 말을 하면서 조금 웃는다. "그래도 신경 쓰지 않아요. 어쨌든 개인적으로는 아주 좋은 사진이라고 생각하니까요. 제게는 엄청난 대작이거든요."

마리아의 말에 따르면 '황금 시간대'에 뭔가를 올리면 늘 사람들의 반응을 얻을 수 있다고 한다. "아시겠지만, 수업이 끝나고 딱히 할 일도 없는 6시나 7시쯤이요." 그녀는 이렇게 말한다. 이 시간대가 바로 사람들이 온라인에 많이 몰릴 때고, 친구 리스트에 있는 사람들로부터 최고의 반응을 얻거나, 적어도 가장 많은 반응을 기대할 수 있기 때문이다. 물론 황금 시간대에 뭔가를 올렸는데도 아무 반응이 없다면 기분은 더 나빠질 수 있다.

'좋아요'를 확실히 많이 받을 수 있는 실효성이 증명된 방법이 하나 있다. 여성들을 위해 효과가 증명된 방법이라는 게 더 정확한 표현이겠다. 롭은 게시물에 붙는 '좋아요'를 여학생들이 모두 차지한다고 불평했던 반면, 마리아는 이에 대해 좀 다른 시각을 갖고 있으며 걱정도 많이 한다. 일반적으로 '좋아요'를 가장 많이 받는 사진은 여성의 선정적인 사진이라는 것이 마리아의 설명이다. 그녀의 고향 친구 중 한 명이 페이스북에 올린 사진으로 '좋아요'를 200개나 받았는데, 노출 수위가 상당히 높았다는 게 그 비밀이었다. "이후로 그 애는 그런 노골적인 사진을 점점 더 많이 포스팅하기 시작했고, 사진마다 '좋아요'가 쏟아졌어요. 저는 좀 불편하고 무섭기도 하더라고요." 마리아가 말한다. "친구가 인기를 위해 계속 그런 일을 벌인다는 생각에 화도 났어요. 주로 비키니 차림으로 혼자 덩그러니 있거나, 뭔가를 암시하는 듯한 포즈의 사진들이었고, 이제 그 친구 프로필에 가보면 전부 그런 사진들로만 채워져 있어요. 그런 사진에 '좋아요'가 수천 개씩 달리는 거예요. 슬픈 현실이죠."

마리아는 조심해야 한다고 경고한다. 이렇게 뭔가를 암시하는 사진들을 지나치게 많이 게시하면 결국 사람들은 지루해하고 곧 그런 사진들을 무시하게 되므로 그렇게 바랐던 인기도 다 사라진다는 것이다. 페이스북 사용자 간에도 한계라는 게 있는데, 바로 마리아의 친한 친구에게도 그런 일이 일어났다. "제 절친까지 그런 짓을 하더라고요. 그 애도 선정적인 사진을 계속 올리기 시작했고, 한동안은 '좋아요'를 많이 받았어요." 마리아는 말한다. "근데 사람들이 어느 순간 그런 사진들에 거부감을 나타내기 시작하더니, 서로 약속이나 한 듯 어느 순간부터는 다들 '좋아요'를 누르지 않더라고요. 결국 친구는 포스팅을 전부 그만뒀죠. 아무도 그런 것들은 '좋아하지' 않았으니까요." 마치 어떤 허용치라도 정해놓은 것처럼 말이다.

'좋아요'나 '리트윗', '공유', 또 '업보트(upvote)'와 '다운보트(downvote)', 이런 것들은 모두 그 포스트를 보는 사람들이 계정 주인이 올린 콘텐츠를 평가하는(혹은 콘텐츠를 안 보이게 하거나, 관련 없고 흥미 없는 콘텐츠로 만드는) 도구들이다. 그런 기능들은 콘텐츠를 인정하는 역할도 하지만(그것들을 긍정적인 방식으로 충분히 받았을 경우에), 동시에 포스팅 활동에 대한 부담감을 높이고 자신의 포스트를 어딘가에서 지켜보고 평가하는 관객들이 있다는 사실을 모두가 점점 더 의식하게 만든다. 대부분의 학생이 다른 사람들의 반응에 신경 쓰지 않으려 애쓰지만, 남들에게 그런 힘을 휘두를 수 있는 메커니즘이 존재한다는 걸 알고 있는 상태에서 이를 무시하기는 사실상 거의 불가능하다. 그냥 순수한 마음으로 소셜미디어에 무언가를 포스팅하는 사람들도 찾기 힘들어진다. 단순히 뭔가를 게시하고 싶다거나 혹은 자기표현의 권리를 행사하기 위해 포스팅을 하는 사람은 거의 없다. 심오한 이유는 아닐지라도 많은 사람이 그 포스트를 확인하고 긍정적인 반응을 보이면 좋겠다는 작은 희망을 품고 뭔가를 포스팅하는 것이다. 그래서 무반응이나 부정적 반응은 우리를 비참하게 만든다. '좋아요'

는 일반적으로 젊은이들의 마음을 들었다 놨다 하면서, 자기 가치에 대한 기록을 계속 정량적으로 증명하는 수단이 된다.

대부분의 학생에게 '좋아요'를 신경 쓰지 않는다는 것은 힘든 일로 보인다.

나는 남부에 있는 한 대학에서 3학년에 재학 중인 에이버리를 만났다. 그녀는 소셜미디어가 '무의식적인' 경쟁의 장이 될 수 있다고 주장한다. "자신에 대해 뭔가 자랑할 수 있는 것만 올리려고 하잖아요. 그러면 다른 사람들도 거기에 뒤처지지 않으려 하고요. 이런 현상이 사람들의 경쟁심을 부추겨요."

나와 에이버리는 온라인에서 긍정적인 이미지를 갖기 위해 게시해야 할 것들과 게시하면 안 되는 것들에 대해 오랫동안 대화를 나눴다. 근데 에이버리의 말 중 내가 학생들에게 지속적으로 들었던 고충을 특히 강렬하게 상기시키는 부분이 있었다. 다른 이들이 얼마나 멋지고 놀라운 일을 하고 있는지 늘 목격하고, 끊임없이 '나 좀 봐! 나는 너무 행복해!'라고 외치는 포스트의 물결 속에서 살다 보면 보는 사람들은 정서적으로 부정적인 영향을 받게 된다는 것이다. 학생들은 거의 강박적으로 자신의 계정을 하루 종일 확인하면서 — 잠에서 깼을 때, 아침 식사를 하면서, 강의실로 가는 도중에, 수업 시간에, 친구들과 함께 있으면서, 심지어는 운동을 하거나 스포츠 경기 중에, 또 말할 것도 없이 잠들기 전에, 그리고 한밤중에 — 고통받고 피로감에 지쳐간다.

"좋은 쪽이든 나쁜 쪽이든 자기 삶의 모든 측면을 온라인에서 목격되는 다른 사람들의 근사한 모습과 비교하니까, 자존감에 해를 끼칠 수 있을 것 같아요." 에이버리의 이 말은 일찍이 엠마가 호소한 이야기를 상기시킨다.

그 결과 좀 이상한 형태의 삼각관계가 형성된다. 온라인에 가서 다른 사람들의 계정을 스크롤하면서 그의 일상을 확인하고 염탐할 때마다 자신을 이루는 모든 요소도 테이블 위로 올라가게 된다―행복하고 안전한 측면뿐 아니라 불행하고 힘겹고, 때로는 우울한 측면까지 말이다. 하지만 다른 사람들의 경우에는 오직 행복한 모습만 볼 수 있다. "그러면 그 사람은 자신이 정말 쓰레기 같다는 기분에 휩싸여요." 에이버리가 말한다. 그렇게 많은 즐거움과 자기 자랑을 접하다 보면 그걸 보는 사람의 자존감은 점점 바닥을 향해 내려가게 된다. 소셜미디어에 접속할 때마다 목격되는 사진의 주인공들도 실제 삶에는 '나쁜 일'들이 일어나며, 단지 그들은 좋은 일만 온라인에 게시할 뿐이지만, 사람들은 그런 사실을 쉽게 잊는다는 게 에이버리의 생각이다. "누구의 삶이든 거기에는 좋은 일도 있고 나쁜 일도 있다는 사실을 상기하면 좋을 텐데, 보통 사람들은 그런 인식은 계속 걸러내고 그냥 직관적인 생각과 느낌 속에 자신을 맡겨요. 논리적으로 생각하지를 않아요."

소셜미디어 세상을 사는 사람들은 이런 식으로 풀이 죽는다.

자신과 남들을 비교하기: 인간이 보편적으로 앓는 질병

자신을 남들과 비교하거나, 자신의 말과 행동에 대한 다른 이들의 반응을 걱정하기 위해서라면, 우리에게 소셜미디어는 필요 없다. 신분 경쟁이 새로운 일은 아니다. 특히 어릴 적에(어른들도 분명 예외는 아니지만) 이런 경쟁은 더욱 흔했다. 우리는 자신의 외모와 헤어스타일, 우리가 가진 기회, 친구, 혹은 성공과 실패, 여행한 곳(혹은 앞으로 여행할 곳), 출신 학교나 지역, 입고 있는 옷, 그 밖에 모든 물질적인 것들을 남들과 비교한다. 하나하나 대자면 끝도 없다. 이런 것들에 대해 늘 인정받고 확인받으려 한다.

다만 차이점은 소셜미디어가 대놓고 그런 의도로 설계된 것 같다는 점이다 — 자신이 어떤 사람인지, 어떤 것들을 갖고 있고, 어떤 일을 하는지를 과시하고, 떠벌리고, 으스댈 뿐 아니라 그런 것들로 다른 사람들까지 판단하는 것이다. 그런 의미에서 페이스북은 질투와 선망이라는 문제를 다루는 CNN 채널로, 누가 멋지고 멋지지 않은지, 누가 요즘 대세고 아닌지를 24시간 내내 알려주는 일종의 뉴스 매체와 같다. 자신의 성공담을 과시하고 자신이 얼마나 행복한지를 드러내는 과정 중에 우리 또한 남들의 하이라이트 영상과 불승인의 가능성에 노출된다. 누구도 깨뜨릴 수 없는 굳센 자존감이 없는 한 질투심에 휘둘리지 않기란 어렵고, 굉장한 이성과 논리력이 없는 한 다른 사람들이 소셜미디어에 올리는 영광스런 모습들을 신경 쓰지 않고 그대로 받아들이기는 어렵다.

배우이자 코미디언인 민디 캘링(Mindy Kaling)의 첫 번째 자서전인 『다들 나만 빼고 어울리긴가?(Is Everybody Hanging Out Without Me?(And Other Concerns))』는 그녀 특유의 유머감각으로 이런 보편적 아픔을 아주 적절히 포착했고, 이 장의 제목은 그 책의 서명을 그대로 빌렸다.[6] 오늘날에는 자기 자신을 남들과 지나치게 비교하는 현상을 나타내는 FOMO라는 특별한 약자까지 등장했다. 이 말은 'Fear of Missing Out(소외에 대한 두려움)'의 약자로, 당신만 빼고 — 아마도 의도적으로 — 다른 사람들이 흥겨운 시간을 보내는 장면을 목격하는 데서 느끼는 일종의 고통을 나타낸다.[7] 일부 사람들은 그런 비교로부터 스스로를 보호하거나 적어도 양면적 감정을 갖는 데 탁월한 능력을 보이지만 나머지 대다수는 이런 유형의 고통에 상당히 취약하다. 게다가 소셜미디어는 그런 고통을 우리 대부분이 이전에는 한 번도 경험해보지 못했거나, 지속적으로 인내할 만한 감정이 바닥 날 정도로 점점 악화시킨다.[8]

물론 여기서도 얻는 것은 있다. '좋아요'와 '리트윗', 그리고 '공유' 덕분에 모두가 적어도 잠깐 동안은 특정 소집단의 유명인 같은 느낌을 가질 수 있기 때문이다.

소셜미디어가 있기 전에 우리는 그저 강의실에 앉아 누군가의 스타일리시한 옷차림을 부러워하거나, 자신에게도 귀여운 남자친구가 있었으면 하고 바라거나, 금요일 밤에 있었던 그 떠들썩했던 파티에 참석하지 못한 걸 아쉬워하고 말았을 것이다. 당시에는 그런 이야기들을 보고들을 수 있는 방법이 한정돼 있었기 때문이다. 하지만 소셜미디어가 등장하면서 사람들은 끊임없이 접속할 수 있게 됐고, 그곳에서 자신이 좋아하는 것들을 바라보고, 부러워하고, 또 원한다면 충분히 집착할 수 있게 됐다. 이제는 어떤 여학생에게 근사한 남자친구가 있다는 사실만 아는 게 아니라, 그 남자친구에 대한 멋진 사진들을 정독할 수 있게 됐다. 금요일 밤에 있었다는 파티는 그저 머릿속에서만 상상할 수 있는 게 아니라, 자신을 제외한 모든 친구가 환호성을 지르고 있는 즐거운 순간을 수백 장의 사진들로 확인할 수 있게 됐다.

온라인 설문조사에서 학생들은 소셜미디어에 들어갈 때마다 어떤 행동을 하고, 또 어떤 느낌을 받는지 묻는 일련의 문장들에 대해 '그렇다', '아니다', '해당사항 없음'으로 답했다. 그 문장 중 하나가 '나는 다른 사람들과 나를 많이 비교하게 된다'였다. 응답한 학생 중 55퍼센트는 '그렇다'라고 답했고 43퍼센트는 '아니다'라고 답했다(나머지 2퍼센트는 '해당사항 없음'으로 표시했음).[9] 응답자의 절반 이상은 남들과 자신을 자주 비교한다고 볼 수 있다. 하지만 '내가 즐거운 시간을 보내는 것을 다른 사람들이 보는 것이 중요하다'란 문장에 대해서는 동일한 학생들 중 35퍼센트만이 '그렇다'라고 대답했고, 그보다 훨씬 많은 60퍼센트의 학생들은 '아니다'라고 대답했다.[10] 따라서 다수의 학생들이 자신과 남들을 종종 비교한다고 밝혔지만, 소셜미디어에서 자신이 뭔가를 '과시한다(하나의 표현을 빌리자면)'고 여기지는 않았다. 인터뷰가 진행되는 동안 많은 학생들이 소셜미디어에서 흔히 볼 수 있는 자기과시나 자랑, 으스대기, 그리고 로라가 여러 번 언급했던 '자신이 한 수 위다'라는 표현에 대해 불만을 나타냈지만, 남들에게 특별히 좋은 이미지를 심어주기 위해 특별히 주의를 기울인다고 답한 학생은 전체 참여자 중 단 3분의 1에 불과했다. 온라인 조사 결과와 실제 인터뷰 내용 사이에 존재하는 이런 차이는 롭과 '좋아요'에 대해 얘기를 나눴을 때도 뚜렷하게 부각됐던 특징이다. 우리는 그가 '좋아요'에 아주 집착하면서도, 자신이 그렇다는 사실을 쉽게 인정하려 들지 않았다는 것을 알고 있다.

　나는 선택형 항목에 해당하는 주관식 질문으로 학생들에게 자신을 남들과 비교한 적이 있는지, 그리고/혹은 자신만 소외되고 있다는 느낌을 받은 적이 있는지를 물었다. 주관식 질문에 답한 총 320명의 학생 중 절반 이상이 그렇게 느낀 적이 있다고 진술했다. '분명히 그런 느낌을 받은 적이 있었다'고 한 학생들의 답변에는 약간의 분노가 서려 있었다. '쳇!' 같은 표현으로 시작된 답도 있었다. '그렇다'고 대답한 학생들이 적은 답변에는 종종 '기분이 우울해졌다'든지 '나 자신이 부족하게 느껴진다.' 같은 표현이 포함돼 있었다. 학생들은 그런 일에 분노를 느낄 뿐 아니라 자신이 그런 일을 신경 쓴다는 사실에 더 참담해하는 것 같았다. '그런 상황을 그냥 무시할 수 있었으면 좋겠다'라는 글도 있었고, '무시하고 싶지만 어쩔 수 없이 기분이 나쁘다'라고 쓴 친구도 있었다. 학생들은 온라인에서 자신을 과시하는 행위를 남들을 우울하게 하거나, 짜증나게 하거나, 혹은 '나쁜 습관'이란 말로 평가했다. 그런 상황이 자신을 '압박하거나', 열등감을 심어주거나, 낙오자라는 기분을 부여하거나, 혹은 '외모가 떨어진다는' 느낌을 주거나, 결국에는 사람들과의 관계까지 '엉망으로' 만든다고 했다.

320명 중 50명(16퍼센트)만이 자신은 한 번도 남과 자신을 비교해본 적이 없으며, 따돌림을 당했다는 느낌을 받은 적이 없었다고 답했다. '예전에는 그랬는데 더 이상 그렇지 않다'라고 답한 학생들은 그런 상황을 어떻게 '극복했는지' 써놓기도 했다. 그들의 답변은 마치 소셜미디어에서 갖고 있던 나쁜 습관이나 병을 어떻게 고쳤는지 설명하는 태도와 비슷했다. 다른 이들보다 훨씬 더 큰 고통을 겪은 학생들도 있었다. 학생들은 소셜미디어에서 느끼는 열등감—드물게 일어나거나 과거 경험일지라도—에 대해 논할 때 이를 소셜미디어 활동에서 오는 일종의 고통처럼 얘기했다. 그리고 자신을 남들과 비교하고 자신만 소외당하는 듯한 감정을 느끼는 것은 인간의 보편적인 성향이지만, 그럼에도 그러한 감정이 소셜미디어에 의해 건강에 해가 될 정도로 부각됐다고 말했다.

많은 학생이 이런 증상에 굴복하지 않으려 애쓰는 만큼이나, 자신을 남들과 비교하거나 혼자만 소외당하는 것 같은 느낌을 갖는 것은 소셜미디어에서 겪는 가장 흔한 일 중 하나가 됐다. 그리고 '좋아요'(또는 '리트윗'이나 '공유')를 받는 것은 완벽함과 긍정을 나타내는 핵심이 됐다. 롭의 표현대로, 이는 '당신이' 완벽하고 긍정적이라는 것을 증명할 뿐 아니라 성공과 다른 사람들의 인정에 대한 정량적 표식이 된다(그리고 반 데이크가 다뤘던 '인기의 법칙'의 본질이기도 하다). 이는 당신이 소셜미디어에서 해야 할 임무들을 제대로 처리하고 있음을 증명해준다. 하지만 다른 한편으로 수량화 가능한 공적 승인을 받지 못한다는 것은 수치의 근원이 된다. 이는 모두에게 당신이 중요하지 않다는 것을 드러낼 뿐 아니라, 자신의 최상의 모습과 위대한 성과, 그리고 매력적인 특징들을 신체적이고 인간적인 측면을 통해 보여주려는 모든 노력이 형편없다는 것을 뜻한다. 그 결과 있는 힘껏 노력하지만 경쟁자들에게 필적하지 못한 사람이 되고 만다. 특히 마거릿이나 마이클처럼 예민하고 쉽게 상처받는 학생들의 경우에는, 이런 일이 닥쳤을 때 선택할 수 있는 유일한 방법으로 소셜미디어를 철저히 피하거나 거의 사용하지 않음으로써 정서적 안정을 되찾는다.

물론 긍정적인 모습만 보여줘야 한다는 부담감은, 자신의 최악의 버전과 남들의 최선의 버전을 비교하는 엠마의 모습에서도 생생하게 목격한 것처럼, 학생들의 안타까운 상황을 더욱 악화시킬 뿐이다. 게다가 학생들은 자신의 모습이 매 순간 또래 친구들에게 평가받고 있을 뿐 아니라 이후 자신에게 막강한 권력을 휘두를 수 있는 잠재적 고용주들로부터도 평가받을 수 있다는 사실까지 아주 예민하게 자각한다.

2장 페이스북을 통한 커리어 관리 •••

#왜 내 생각은 혼자만 간직해야 할까?

브랜슨, 가톨릭대학 3학년 프로답게 처신하고 구직 활동에 문제가 될 만한 사진은 그 어떤 것도 올리지 말라는 말을 정말 많이 들었어요. 전 세계가 불황에 허덕이는 시대를 사는 대학생으로서, 전 사소한 행동 하나로도 졸업 후 중요한 기회가 한순간에 사라질 수 있다는 걸 알고 있어요. 그래서 사소한 일들도 다 중요하게 생각하죠.

아리, 사립대학 1학년 부정적인 내용은 포스팅하지 않도록 조심해야 한다고 교육을 받은 적이 있었어요. 부정적인 포스트는 저에 대한 부정적인 인상을 기업에 심어줄 수 있다고 하더라고요.

이사벨, 복음주의 기독교대학 3학년 전 운동선수라서 포스팅에 대한 규칙이 더 엄격한 편이에요. 팀 차원에서 개인의 브랜드와 이미지를 어떻게 관리하는지, 또 부정적인 포스트 하나가 얼마나 오래 영향을 미칠 수 있는지 가르쳐 줘요.

 아미르
40min • 👥

#내 기록에 오점이란 없다

아미르는 남서부에 있는 한 사립대학의 1학년 학생으로 검은 눈동자에 키가 크다. 그는 솔직하면서도 직설적이고, 우리의 인터뷰가 마치 중요한 시험이라도 되는 듯 진지한 태도로 임한다. 아미르는 전공으로 정치학을 공부하고 있는데, 장래 희망도 정치인이 되는 것이라고 한다. 아미르는 인터뷰가 시작되자마자 이 이야기를 꺼내더니 대화 내내 이 사실을 반복해서 말한다. 마치 중진 국회의원처럼 자신의 지역사회와 '유권자들'이 얼마나 중요한지를 강조한다. 그는 활발한 교내 활동을 하고 있을 뿐만 아니라 페이스북, 트위터, 인스타그램에서 온라인 활동도 열심히 한다. 아미르는 포스트를 올릴 때마다(혹은 올리지 않기로 결심할 때마다) 정치인으로서 자신의 미래를 염두에 둔다. 사실 학교 선생님들도 그의 소셜미디어 활동에 어떤 '오점도 남지 않도록' 지난 몇 년간 그의 옆에서 도움을 줬다. 정치인에게는 설사 중학교 때 저지른 실수라도 용납되지 않기 때문이다.

아미르는 소셜미디어에 정치 관련 내용을 게시하는 내가 만난 몇 안 되는 학생 중 한 명이지만(그는 자신이 좌익 성향의 민주당 지지자라고 밝힌다), 그런 와중에도 어떤 의견을 올리고 어디에 올릴지에 상당히 신중한 편이다. 예를 들어 정치적인 포스트는 트위터에만 올린다. "제가 올리는 트윗들은 대부분 좌익 쪽에 편향돼 있고, 그게 오랫동안 바뀔 것 같지는 않아요. 그래서 이데올로기적으로 솔직한 의견을 올리는 데 걱정은 안 해요." 아미르는 이렇게 말한다. "그래도 무책임하게 보일 수 있는 포스트는 쓰지 않아요. 그래서 트윗들이 전부 좀 무미건조한 편이죠." 미트 롬니*가 고등학교 때 동급생을 괴롭혔다는 폭로 사건은 아미르에게 적어도 부적절해 보이는 행동을 기록으로 남기면 안 된다는 사실에 대한 충분한 경고가 됐다. "그런 일을 소셜미디어에 올리면 그 흔적이 영원히 남을 수 있어요." 그가 지적한다. "나중에 누군가 그 글을 보게 된다면, 현재 인격이 얼마나 훌륭하든 한 순간에 무너질 수 있다는 게 위험한 거겠죠." 아미르에게 소셜미디어가 초래할 수 있는 '위험 요인'은 사이버

---

* **Mitt Romney** 전 매사추세츠 주지사로 2012년 미국 대선의 공화당 후보로 출마해 오바마에게 패함.

폭력이나 가학적 행위와는 관계가 없다. 그에게 가장 중요한 것은 한 사람의 품성에 대한 대중의 인식이다. 그래서 아미르는 소셜미디어를 '위험한' 힘으로까지 여기게 된 것 같다. 소셜미디어가 한 사람의 명성에 미칠 수 있는 위협은 어떤 실수도 저지르면 안 된다는, 그가 가진 두려움의 원천이다. 단 하나의 포스트로 그의 미래가 날아갈 수도 있기 때문이다. "저 말고도 나중에 [공직에] 출마하려는 학생들이 꽤 있을 거예요"라고 그가 말한다. "그중에는 바로 지금도 이미지에 득이 되지 않는 무언가를 올리고 있는 애들도 있을 거고요. 하지만 저는 가능한 한 제 이미지에 어떤 흠도 남기지 않으려고 최선을 다하죠."

소셜미디어에 '흠 없는 이미지'를 만들기 위해 늘 그렇게 노력해왔는지를 묻자, 그는 이런 노력이 중학교 때부터 시작됐으며 그때는 '흠 없는 행동'이 의무사항이었다고 말한다. "고등학교 때 학생회에서 일했거든요. 저희 학교 학생회는 규율이 정말 엄격했어요. 반장이나 학급위원을 맡은 학생들은 특히나 소셜미디어에 어떤 내용들을 올리는지 철저하게 관리했었죠." 그가 설명한다. "학생회 일원들은 다들 비슷한 철학을 갖고 있었어요. 리더는 가정에서든, 다른 어디에 있든 소셜미디어에서 완벽한 이미지를 보여줘야 한다는 거였죠. 그때 소셜미디어에 올리면 안 되는 사항이나 피해야 할 행동들에 대해 확실히 배울 수 있었어요."

아미르는 이 점을 자신의 지도 선배 중 한 명과, 학생 자치회 친구들이 저지른 실수를 직접 목격하면서 더욱 체감할 수 있었다. 만약 학생회에 소속된 학생이 뭔가 부적절한 게시물을 올리면 학생회에서 논란이 되는 포스트를 내리게 했을 뿐만 아니라 그 학생은 지도부에게 징계 조치를 받았다. 학생회 방침은 "매우 엄격했기 때문에 따르지 않을 수 없었어요"라는 게 아미르의 말이다. 비단 학생회 지도부만 그런 태도를 밀어붙였던 것은 아니었다. "다른 학생들도 제가 제대로 처신할 수 있도록 자극했고, 뭔가 해서는 안 되는 일을 했을 때는 귀띔을 해줬어요."

동기들의 압력은 이제 어디서나 흔히 볼 수 있다. 남학생 사교서클이나 여학생 사교서클은 말할 것도 없고 학생 자치회도 마찬가지다. 그리스 사교서클들은 캠퍼스 내에서 자신들의 명예를 유지함으로써 원하는 파티를 계속하려고 애쓴다. 반면 아미르 같은 학생 정치인 후보들은 서로가 경쟁자인 까닭에 상대의 오점을 호시탐탐 노린다. 대선 경쟁에서 각 후보들이 상대편 후보의 실수나 흠을 집어내듯이 말이다. 학생들도 같은 포부를 가진 또래 친구들의 실수를 통해 득을 보려는 것이다. 소셜미디어가 갖는 공적 특징은 어릴 적부터 정치인을 꿈꾸는 학생들에게 이런 전술을 가르쳐 준다.

아미르는 이런 태도가 미래를 위한 탄탄한 준비 과정이라고 여긴다. 어렸을 때부터 소셜미디어에 대한 훈련을 받은 건 행운이었으며, 그 덕분에 최악의 실수는 피할 수 있었으니 말이다. 일찍부터 조심하지 않은 또래 친구들을 생각하면, 자신은 유리한 위치에 있음에 틀림없다고 믿는 것이다. 아미르는 늘 자신이 직면한 경쟁에 대해 생각하는데, 소셜미디어도 경쟁자들이 대중에게 주목받으려고 늘 철저한 준비 태세에 있다는 사실을 끊임없이 상기시켜 주는 역할을 한다. 그렇다고 아미르가 예전에도 이렇게 조심스러웠던 건 아니었다.

아미르에게도 소셜미디어에서 욕과 저속한 농담을 일삼았던 중학교 저학년 시절이 있었다. 나는 아미르에게 그때 올렸던 부적절한 글들을 다른 학생들도 여러 번 언급한 바 있는 '페이스북 대청소'로 다 삭제했는지 묻는다. 놀랍게도, 그는 그때 올린 글들이 아직 계정에 남아 있다고 답한다. "그때는 너무 어렸기 때문에, 사람들이 지금 발견한다고 해도 그러려니 하고 지나갈 거예요. 그 정도는 봐줄 거라고 생각해요." 그는 이렇게 말한다. 하지만 이내 나를 뚫어져라 쳐다보며 묻는다. "근데 선생님께서 말씀하시니까 말인데, 그런 글들을 말끔히 처리할 수 있는 방법이 있나요?" 내가 알기로는 다운로드 가능한 삭제 프로그램은 없다고 알려준다. 마침 나는 다른 학생들로부터 페이스북 계정을 청소하는 방법에 대해 들은 적이 있었다.

아미르는 이 말에 조금 실망한 것처럼 보인다.

학교 선생님들까지 아미르가 소셜미디어에서 실수하지 않도록 도움을 주기 시작하면서, 그는 게시물을 올리는 일련의 원칙들을 세웠다. 욕 금지, 성적 표현 금지, 감성적인 포스트 금지—긍정적인 내용이 아닌 한—와 같이 말이다. 아미르가 정치적인 글을 트위터에만 올리는 이유는 정치적인 포스트에 대한 반응이 가장 좋은 곳이 트위터이기 때문이다. 반면 페이스북에서는 논란의 여지가 있는 내용을 게시할 때 훨씬 더 주의를 기울여야 한다. 아미르는 올봄 대학에서 학생회장 선거 출마도 준비하고 있다. 그가 다니는 학교의 재학생들은 대부분 페이스북을 사용한다. "되도록 정치적인 내용은 페이스북에 안 올리려고 해요. 아시겠지만 잘못하면 기회가 다 날아갈 수 있으니까요." 그가 말한다. 트위터에서는 학교 친구들도 아직 아미르를 알아보지 못하기 때문에 자신의 주장을 솔직히 표현하는 데 더 안전하다. 이렇듯 그는 '위험 요소'를 최소화하고 '위기'를 피하는 전술을 주도면밀하게 펼친다.

혹시 나중에 곤란한 상황에 처할지라도, 또 수년간 지속적으로 기록에 오점을 남기지 않도록 관리하는 게 상당히 힘들지라도, 아미르는 미래의 정치가로서 소셜미디어에서 존재감을 유지하는 게 중요하다는 것을 잘 알고 있다. 오바마 전 대통령도 성공하는 데 소셜미디어의 힘을 톡톡히 받았다고 믿는다. "소셜미디어에서 존재감을 갖고, 그 위치를 통해 자신의 메시지를 효과적으로 전달하는 능력이야말로 요즘 특히 유용한 기술이에요." 아미르가 말한다.

다만 그런 존재감과 메시지를 계속 깨끗하게 유지할 수만 있다면 말이다.

커리어를 망가뜨리는 페이스북 포스트, 소셜미디어 계정에 광택 내기

누구나 아미르처럼 늘 경계를 늦추지 않고 조심하는 것은 아니다. 그러나 포스팅할 것과 하지 말아야 할 것에 대한 신중한 태도는 내가 인터뷰했던 학생들 사이에서 일반적으로 발견할 수 있었던 태도였다. 그들은 각양각색의 사람들이 자신의 소셜미디어 계정에 들어와 포스트들을 세세히 관찰하고 평가할 수 있으므로, 어떤 실수로도 부끄러운 상황에 처할 수 있다고 믿고 있었다.[1] 그들이 가장 두려워하는 일은 장차 자신을 채용할 가능성이 있는 기업들이 자신의 소셜미디어 계정 중 하나에서 논란을 일으키는 말이나 사진을 발견하는 것이다. 그런 생각이 이상할 것도 없다. 기업들이 실제로 지원자들의 소셜미디어 프로필을 확인하기 때문이다.[2] 대학 입학 사정관들도 마찬가지이므로, 많은 학생들은 캠퍼스에 입학하기도 전에 갖가지 온라인 스트레스를 경험하고, 캠퍼스에 입학한 후에도 그런 감시는 계속된다.[3]

악의적으로 보자면 이는 푸코(Foucault)의 『감시와 처벌(Discipline and Punish)』에 나오는 벤담(Bentham)이 설계한 파놉티콘(panopticon, 원형감시장치)과 매우 흡사한 얘기로 들린다. 단지 파놉티콘의 가상 버전일 뿐이다. 대학생들은(그리고 다른 젊은이들 모두) 소셜미디어 때문에 한 번도 만나본 적 없거나 보이지 않는 사람들에게 언제든, 혹은 항상 '감시'당할 수 있다는 점을 매우 잘 알고 있다. 저 멀리 해외에서 그런 신호가 감지될 때도 있는데, 문제는 그런 사람들 전부가 잠재적으로는 이들의 삶에 영향력과 힘을 행사할 수 있다는 것이다. 푸코의 이론을 적용하자면, 이런 상황으로 인해 소셜미디어 이용자들은 가상공간의 '수용자'가 될 수도 있다. '아무도 자신이 언제, 어느 순간에 감시되는지 알 수는 없지만 그럴 가능성이 늘 존재한다는 것은 알고 있어야 한다.'[4] 젊은이들은 (그들의 삶에서 경고를 해주는 어른들을 통해) 이런 감시 상황이 소셜미디어에 가입하는 순간부터 바로 효력을 내는 일종의 거래라는 것을 알고 있다. 자신의 이름을 여러 플랫폼에 등록하고 그런 공적 공간에 포스트나 댓글을 달기 시작하면서 그들은 자신의 행동이 꾸준히 감시당할 수 있으며, 그래서 늘 상황에 맞게 적절히 처신해야 하고 그렇게 하지 않은 경우에는 대학 졸업 후 구직에 실패하거나 심지어는 대학조차 입학하지 못하는 고통을 벌로 받을 수 있다는 데 암묵적으로 동의한 게 된다. 다니엘 트로티에(Daniel Trottier)가 쓴 책도 같은 맥락에서 소셜미디어와 감시의 관계를 방대하게 조명한다. 그는 대학의 행정 담당관들이 학생들의 소셜미디어 활동(특히 페이스북에서)에 대한 학교의 감시 활동을 어떤 식으로 합리화하는지 열정적으로 연구했다. 장차 사회인이 될 대학생들의 책임감을 강화하는 새롭고 중요한 방식이라는 게 그들의 논리이다. 대학은 자신들의 행동이 학생들 개개인의 안전과 장래뿐 아니라 대학의 안위와 명성을 위해서도 꼭 필요한 일이라고 여긴다.[5]

하지만 우리가 자녀와 학생들, 또 장래 고용인들의 안위를 보호하고, 감시하고, 판단하는 명목으로 소셜미디어를 사용한다는 생각은 (그 의도가 얼마나 좋든) 간담을 서늘하게 한다. 『소셜시대 십 대는 소통한다(It's Complicated: The Social Lives of Networked Teens)』에서 다나 보이드(Danah Boyd)는 사생활 보호라는 개념에 대한 세대 간의 갈등을 언급한다. 그녀는 십 대들이 페이스북 같은 공개 포럼에 게시하는 내용들은 마치 예전 십 대들이 자신의 가장 비밀스런 생각과 느낌이 담긴 일기장을 몰래 숨겨둔 것과 같은 그들의 사생활로서, 특정 독자층(즉 부모)으로부터 마땅히 보호받을 자격이 있다고 주장한다. 요즘 젊은이들이 거의 모든 것을 공유하고 있으며, 그래서 사생활 보호에 그다지 신경 쓰지 않을 것이라는 보편적인 추측은 사실이 아니라고 보이드는 말한다. 그녀는 우리가 십 대들의 프라이버시에 대해 오해하고 있으며, 아이들은 그 누구보다 자신의 사생활을 지키길 원하기 때문에 '부모님과 선생님, 그 밖에 직접적으로 권력을 행사할 수 있는 사람들'이 소셜미디어에서 아이들을 감시하는 행위는 부당하다는 주장을 펼친다.[6]

하지만 내가 인터뷰했던 대학생들을 보면, 자신의 이름으로 가입한 소셜미디어 포럼에서 사생활을 보호받고 지키겠다는 노력을 사실상 포기한 것처럼 보였다. 자신이 포스팅하는 것 중 신성시돼야 할 것은 하나도 없으며 아주 사소한 힘을 가진 사람일지라도 그들에게 평가받는 것은 사실상 공정한 게임이라고 여기는 것 같았다. 즉 이런 상황은 젊은 세대가 참여한 게임의 기본적인 룰이 된 것이다.

너무나 많은 학생이 소상히 들려줬던 페이스북 청소에 대한 이야기들은, 오늘날 젊은이들이 처한 상황으로부터 생겨났다고 볼 수 있다. 페이스북 청소는 자신의 타임라인을 예전 것부터 쭉 훑어보면서 다음과 같은 포스트가 있으면 무엇이든 다 삭제해버리는 행위다.

- 부정적 감정의 표출(페이스북 원칙을 잘 몰랐을 때 올린)
- 비열하거나 싸움을 조장하는 내용
- 정치나 종교에 관한 주장
- 부적절한 사진(비키니 사진, 혹은 음주나 마약을 하는 모습)
- 유치하고 재미없는 내용
- '좋아요'가 아예 달리지 않아서 당신의 인기 없음을 증명하는 포스트

　어떤 것들을 남기고, 또 어떤 것들을 지워야 할지 확신이 서지 않는 학생들은 신문 기사들을 통해 다양한 팁을 전수받을 수 있다.[7] 학생들이 흔히 '페이스북 대청소'라는 용어를 쓰는 이유는 소셜미디어 활동에 따른 두려움이 다른 소셜미디어 사이트보다 페이스북에 대부분 집중돼 있기 때문이다. 페이스북은 전 연령층에서 사용하는 플랫폼이기 때문에, 학생들은 고용주도 예외가 아니라고 믿는다. 그래서 젊은이들은 이 플랫폼에 가장 주의를 기울이고 특별히 편집한 '하이라이트 영상'으로 계정을 꾸미는 게 꼭 필요하다고 믿는다. 대학생들에게 하이라이트 영상이란 주로 페이스북에 올리는 소셜미디어 이력서와 같다. 즉 개인이 경험하는 최고의 순간들만 모아 놓은 연대기인 것이다. 졸업 사진과 승리를 장식한 스포츠 경기, 대학에 합격한 순간들, 남들에게 부러움을 살 만한 소식들, 친구들이 다 선망하는 기업의 인턴 경험처럼 말이다. 페이스북 타임라인에는 이런 성과들만 공개하고 실질적인 사교 활동은 다른 플랫폼에서 하는 학생들도 많다.

　하워드 가드너(Howard Gardner)와 케이티 데이비스(Katie Davis)가 공동 집필한 『앱 제너레이션(The App Generation)』에서는 자신의 프로필을 '다듬고', '윤을 내고', '치장하는' 개념을 '대학 사정관들과 미래의 고용주가 승인하는 기준에 부합할 수 있도록 자신을 포장하는 일'이라고 평한다.[8] 학생들은 쉽게 통제력을 상실하고 그에 대한 처벌 강도도 높은 온라인 공간에서 대중의 인식을 통제할 수 있는 실질적인 방법을 강구하는 것이다. 가드너와 데이비스는 자신을 '포장'할 수 있다는 젊은이들의 믿음은 다른 모든 일들도 치밀히 계획할 수 있다는 잘못된 자기 과신으로 이어질 수 있다는 우려도 나타낸다. '현실적인 계획만 용의주도하게 세운다면 성공을 향한 자신의 여정에 어떤 도전이나 장벽도 없을 것'이라는 '환상'까지 낳을 수 있다.[9] 그렇게 되면 다들 지나치게 결과에만 집착하게

2장 페이스북을 통한 커리어 관리

되고, 과도한 실용주의에 빠지게 된다. 특히 커리어 준비에서 이런 경향이 강하게 나타나 꿈을 꾸는 젊은이들이 점점 줄어들 수 있다.

인터뷰와 설문조사에 참여한 학생들도 장래 고용주들의 마음을 흡족하게 만든다는 측면에서는 확실히 성과를 부각하는 방식으로 온라인 활동을 하고 있었다. 하지만 성과에 집중하는 태도가 가드너와 데이비스가 걱정했던 것처럼 잘못된 통제감각을 심어주기보다는 학생들을 놀라울 정도로 불안하게 만드는 것 같았다.

그렇다고 그들을 탓할 수 있을까?

젊은이들은 개인적 평판의 불안정성과, 자신의 삶이 언제든 불시에 망가질 수 있다는 사실을 예민하게 자각하고 있다. 나와 대화를 나눴던 학생들은 자신의 기록들이 온라인에서 끊임없이 추적되고 검열된다는 점에서 자신에게 통제력이 없다는 사실을 분명히 인식하고 있었다. 학생들과 인터뷰를 진행할 때마다 이 점이 대화의 중심이 될 때가 많았다.

학생들은 특히 몇 가지 영역이 위험하다고 여긴다. 정치도 그중 하나로, 조심하지 않으면 아주 쉽고 빨리 통제력을 상실할 수 있는 분야라는 믿음이 강하다.[10]

한 청년은 소셜미디어 필터가 워낙 잘 발달돼 있고 자신이 잠재적 논란에 대한 위험도 잘 인지하고 있어서 뭔가 자극적인 내용을 올릴 일은 없을 거라고 장담한다. "총기 소지 정책이라든지 동성혼 합법화 같은 논쟁적인 이슈를 누구나 볼 수 있는 소셜미디어에 아무렇지도 않게 올리는 사람들도 있지만 전 그런 부류가 아니에요"라고 그는 말한다. 스물한 살이 넘은 성인일지라도 술이 포함된 사진 역시 금물이다. 그 청년은 자신의 페이스북 페이지를 방문하는 사람들이 누구든 자신의 사교적이고, 인기 있으며, 다양한 캠퍼스 활동에 적극적으로 참여하는 모습만 보면서 자신을 '책임감 있는 사람'이라고 여길 수 있도록 최선을 다한다. 그는 자신의 페이스북 계정을 온라인 이력서 용도로 활용하는 방법을 배워왔다. 학생들이 입이 닳도록 언급한 것처럼, 장래 입사할 회사를 위해 하이라이트 영상을 모아두는 곳으로 소셜미디어를 활용한다는 말이다. 그는 이런 측면을 아직 깨닫지 못한 친구들이 많다는 사실에 어이없다는 표정을 짓는다. "그런 곳에 정치적인 주장이나 사회적 이슈를 올리는 사람들을 이해할 수 없어요." 그가 말한다. "한 번 게시되면 계속 남아 있잖아요. 나중에 자신을 채용할 사람들이 그 내용을 볼 수도 있고, 특히 자신과 관점이 다른 경우에는 그 사람에 대한 부정적인 편견이 생길 수도 있으니까요. 그래서 애초에 그런 문제들은 멀리하려 해요. 소셜미디어에서는 모든 일에 대해 중립적인 태도를 취하려고 하고요."

복음주의 기독교대학에 다니는 조지는 총기 소지를 열렬히 찬성하는 보수파지만, 자신과 성향이 비슷한 친구들과 자유롭게 생각을 교환하는 것과 장래 고용주를 자극할 수도 있으니 표현을 자제하는 것 사이에서 적당한 선을 유지하느라 마음이 불편하다. 조지는 소셜미디어를 다른 총기 애호가들이나 수정 헌법 제2조*를 옹호하는 사람들과 소통하는 수단으로 주로 사용한다. "저는 어렸을 때부터 무기 소지를 찬성하는 쪽이었어요." 조지는 이렇게 말한다. "수정헌법 제2조와 관련된 얘기들도 많이 포스팅하고요. 제가 알고 있거나 지지하는 공화당 위원들이 올린 포스트를 퍼올 때도 있어요." 조지와 온라인에서 친분을 맺고 있는 사람들은 다 총기 애호자들이므로 그는 수정헌법 제2조에 대한 포스트에 대해서는 어느 정도 '안전하다'고 느낀다.

하지만 미래의 고용주가 될 기업들이 사람들의 소셜미디어 프로필

---

* **Second Amendment Rights** 미국민의 무기 휴대 권리를 규정한 헌법.

을 검토하는 문제가 나오자 조지도 친구들과 비슷한 의견을 내놓기 시작한다. "요즘에 케그 스탠드 사진을 올리는 친구들은 없어요." 그가 말한다. "어리석은 짓거리까지 다 포스팅하면 안 되죠." 조지도 자칫하면 자신의 정치적 견해 때문에 위험에 처할 수 있다는 사실을 알고 있다. 특히 총기 소지와 관련된 부분은 말할 것도 없다. "뭔가 극우적 색채 — 좌익적 성향도 마찬가지겠지만 — 가 나타나는 내용은 게시하지 않아요." 조지의 말이다. "사람들을 자극해서 좋을 건 없으니 민감한 사안에 대해서는 중도적 태도를 취하는 게 좋죠. 만약 고용주가 제 정치적 성향과 달리 민주당 지지자라면, 겉으로는 신경 쓰지 않는 척하겠지만 어떤 식으로든 저에 대한 선입견이 생길 테니까요. 아주 기본적인 경제학 원칙으로만 봐도 사람들은 다들 편향돼 있고 이기적이죠. 인간은 기본적으로 자기의 실리에 따라 움직이니까요. 만약 그들 앞에 두 명의 취업 후보가 있고, 둘 다 능력은 비슷한데 한 사람은 공화당 지지자고 나머지 한 명은 민주당 지지자라고 해봐요. 그때 면접원이 민주당원이라면 그 또한 자기 중심적이기 때문에 민주당 지지자인 후보를 선택할 가능성이 높을 거예요. 그게 꼭 선입견 때문이라고는 할 수 없어요. 자신과 성향이 비슷한 사람과 함께하고 싶은 건 인간의 자연스런 본능이니까요."

잠재적 고용주의 마음에 들기 위해 행복하고 긍정적인 모습을 드러내는 것은 학생들의 가장 중요한 관심사였다. 온라인 설문조사에서 학생들은 다음 질문에 대해 '그렇다'나 '아니다'로 응답하게 돼 있었다.

나는 부정적인 포스트가 미래의 잠재적 고용주에게 어떻게 보일지를 걱정한다.

이 항목에 78퍼센트의 응답자가 '그렇다'라고 답했다. 또, 소셜미디어에서 해야 할 것과 하지 말아야 할 것들에 대해 물었을 때, 답변자들의 30퍼센트는 취업과 관련된 조언들에 따라 소셜미디어 활동을 해야 한다고 응답했다.[11]

대부분의 학생은 자신이 '너 그렇게 하면 망해'나 '너 그렇게 안 하면 망해'의 상황에 있다고 여긴다. 그들은 자신의 실명 아래 달린 불쾌한 사진이나 포스트를 미래의 고용주가 발견하지나 않을까 걱정한다. 한편 또 다른 학생들은 소셜미디어에 자신의 존재감 자체가 없어서 미래의 고용주들이 살펴보거나 분석할 만한 가치조차 없다면 어떤 일이 벌어질지에 대해서도 걱정한다. 소셜미디어에 아무 흔적도 없는 학생의 경우에는, 미래의 고용인들이 최악의 상황까지 가정할 수 있으므로(즉 그 사람의 사진과 포스트들이 너무 저속하거나 부적절해서 일부러 전부 비공개로 설정해놓은 것은 아닌지) 이 또한 적절치 않은 행동이 된다. 그 결과 많은 학생이 자신의 페이스북 페이지를 하이라이트 영상으로만—기업에서 환영할 우등생의 소셜미디어 이력서처럼—업데이트한다. 채용 담당자들이 자신에 대한 무언가를 찾을 수 있고, 그 무언가가 긍정적이라면, 청년들은 자신이 해야 할 소셜미디어 숙제는 잘 완성한 셈이다.

예전이 좋았지

학생들의 증언에 따르면 페이스북 청소의 법칙이 적용되지 않는, 미래의 고용주조차 용서할 가능성이 큰 예외적 사항이 하나 있었다. 바로 중학교 시절에 게시한 손이 오그라들 만큼 부끄럽거나, 적절치 않거나, 유치한 포스트들을 말한다. 중학생 때는 처음으로 소셜미디어 계정을 만든 스릴 넘치고 철없던 시절이므로 보통 그런 게시물도 무사통과다. '흠 없는 기록'을 열렬히 신봉하는 아미르조차 이 주장에 동의한다.

많은 학생이 어렸을 때 올린 철없는 글이나 바보 같은 사진들(가끔 올리는 비열한 포스트까지)을 꼭 삭제할 필요가 없다고 여긴다. 포스트를 올렸을 때는 그저 아이일 뿐이었고, 그래서 처신을 잘한다는 개념이 부족했기 때문이다. 게다가 일부 학생들은 지금보다 어리고, 어리석고, 거리낌 없었던 그때로 돌아가 철없던 자신을 향해 웃어주고 싶은 깊은 향수마저 느낀다.

대학 졸업반인 에이버리도 자신의 어린 시절을 그런 애정 어린 시선으로 바라본다. "예전에 올린 포스트랑 거기 달린 사진들을 보는 게 좋아요." 그녀는 말한다. "제겐 일종의 놀이예요. 제 또래 친구들 중에도 그런 아이들이 많아요. 친구들 계정에도 이따금씩 정말 오래전 사진이 올라오곤 하거든요. 지금 보면 웃음이 새어나오는 사진이지만 그때는 뭐가 그렇게 심각했는지 몰라요. 어떤 사진에는 정말 심오한 명언 같은 게 붙어 있는데 지금 보면 정말 얼굴이 달아올라요."

하지만 일단 고등학교에 입학하면 이런 행동들 전부를 바꿔야 한다. 학년이 올라가면서 학생들은 포스팅 규칙에 대해 배우기 때문이다.

"저도 9학년부터 대학에 입학하기 전까지 대대적인 페이스북 청소를 단행했거든요." 에이버리는 말한다. "9학년 때부터는 얼굴이 화끈거리는 사진이나 손이 오그라드는 셀피 같은 내용은 다 지워버려야 한다는 생각이 들었어요." 그래도 다행인 건 9학년 이전 포스트들은 남을 수 있다는 점이다.

실제로 많은 학생이 이런 변화를 에덴동산의 아담과 이브로 비유한다. 원하는 건 뭐든지 다 포스팅할 수 있었던 순수한 시절을 거쳐, 어느 순간 사람들은 온라인 세상에서 더 이상 그런 순수한 모습을 보여주면 안 된다는 것을 깨닫고, 예전 모습에 수치심을 느끼게 된다는 것이다. 학생들에게 이런 변화는 어린이에서 어른으로 성장하는 새로운 유형의 통과 의례다. 어린 시절 이야기를 들려줄 때, 청년들의 목소리에는 애정이 담겨 있다. 완벽해 보이거나 미래 고용주(혹은 대학 입학 사정관이나 코치, 여학생 사교모임 선배들)의 바람에 영합할 필요도 없었던 시절을 그리워하는 것이다. 그들은 처벌 없이, 적어도 지속적 처벌 없이 자신의 모습을 그대로 보일 수 있었던 시절을 추억한다.

한 청년은 포스팅할 것과 하지 말아야 할 것에 대해 자신이 "180도 바뀌었다"고 털어놓는다. 구체적으로 자신이 어렸을 때 올린 포스트들은 좀 더 직접적이었으며, 그 어떤 것도 특별히 거르지 않고 올렸다고 한다. "그때랑 비교하면 지금은 내용이 훨씬 더 성숙하죠. 그때는 머릿속에 어떤 생각이 들면, 곧바로 페이스북이나 트위터로 들어갔어요. 뉴스에서 뭔가 흥미로운 소식을 발견하거나 사람들과 같이 얘기할 만한 소재가 있으면 바로 페이스북에 올렸으니까요." 이제 그는 좀 더 나이를 먹었고, 뭔가 논란거리가 될 만한 내용은 철저히 피한다.

확실히 대학생이 되면 그런 자유방임주의는 소셜미디어에서 영원히 사라져 버린다. 성숙한 사람은 소셜미디어에서 프로답게 행동한다. 소셜미디어에서 프로답게 행동한다는 것은 대부분의 학생에게 미래의 고용인에게 긍정적인 인상을 심어줄 수 있는 행복하고 성공적인 외관을 유지하는 것이다.

고향 사람들

소셜미디어에서 프로답게 행동하라는 메시지는 (적어도 현재로선) 대학생들에게 주로 집중돼 있는 것으로 보인다. 이는 철저하고도 불변의 메시지다. 다만 이 메시지에 있어서 내가 발견한 유일하게 의미 있는 차이는 학생들이 언제부터 이런 압박을 느끼기 시작하는지, 즉 이들이 자신의 최상의 모습만 온라인에 투영하는 방법을 언제부터 배우는지이다. 아미르처럼 주변 사람들 대부분이 대졸자고, 어렸을 때부터 좋은 교육을 받은 부유층 학생들은 중학생 정도의 어린 나이부터 이런 교육을 받기 시작하지만, 대학 진학의 기회가 누구에게나 주어지지 않는 불우한 환경 출신의 학생들은 이런 정보를 대학에 입학한 다음에나 비로소 접하게 된다.

하지만 일단 캠퍼스 생활을 시작하면 누구의 머릿속이든 이 메시지가 주입된다.

좋은 대학에 다니는 학생일수록 페이스북 청소에 대한 이론을 더 이른 나이에 배우는 것으로 보인다. 이제 대다수의 학교에서 어떻게 하면 온라인에서 더 건전하게 보일 수 있는지에 대한 교육을 한다. 이런 교육은 이미 소셜미디어 활동의 틀이 잡힌 학생들에게는 다시 한 번 내용을 상기할 수 있는 기회가 되고 뒤처진 학생들에게는 새로운 경각심을 심어준다. 명문 사립대 재학생들은 대부분 이런 내용을 고등학교 때부터 흡수한다.

소셜미디어 프로필에 대한 광택 내는 기술을 학습하는 시점과 개인의 경제적 배경 사이의 관계를 내가 처음으로 깨닫게 된 것은 중서부에 있는 한 공립대학을 방문했을 때였다. 그 학교 재학생들은 동네 주민 중 대학 졸업자가 거의 없는 도심의 취약 지역이나 노동자 계층, 혹은 힘들게 사는 농사꾼 부모를 둔 시골 출신이 많았다. 거기서 인터뷰를 했던 학생 대부분은 온라인에서 누가 자신을 지켜보는지 알 수 없기 때문에 자신의 발언에 매우 조심해야 한다는 것을 대학에 와서야 비로소 알게 됐다고 말했다. 그들은 포스트 하나로도 자신이 이루고자 애써 왔던 모든 것을 잃을 수 있다는 사실을 알고 있었다. 특히 가족 중 대학 문턱에 가본 사람이 자기밖에 없는 학생들에게는 이런 위험 부담이 더 크므로, 학교는 이와 관련된 내용을 취업상담실이건 강의 중이건 거의 매일같이 주지시키고 있었다. 그 학교 또한 어떻게 하면 온라인에서 올바르게 처신할 수 있는지에 대한 교육을 학생들에게 열정적으로 전수하고 있었다.

이 대학의 2학년 학생인 맥은 농촌 출신으로 어렸을 적부터 부모님을 도와 돼지를 키웠다고 한다. 그 또한 대학에 입학하기 전에 올렸던 포스트들과 현재 게시하는 내용들에 어떤 차이가 있는지를 이따금씩 언급한다. 예전에 그가 올렸던 글들은 부정적인 경향이 강해서, '이번 주는 정말 죽음이다'라든지 '이런 삶이 언제 끝날까?' 같은 내용들로 가득했다. 그는 '스트레스가 정말 극에 달할 때' 주로 글을 올렸고, 자신은 짜증을 분출하는 통로로 소셜미디어를 활용했다는 사실을 솔직히 인정했다는 점에서, 좀 특이한 유형에 속했다. (인터뷰를 할 때 이런 유형의 사람—늘 투덜대기만 하는—에 대한 불만을 표현한 학생들이 꽤 많았지만 자신이 실제 그렇다고 고백하는 학생은 거의 없었다. 그렇다면 학생들이 불평하는 부정적인 포스트는 대체 누가 올리는 건지 궁금해지던 참이었다.) 맥은 고등학교 때는 포스트를 정말 많이 올렸지만 지금은 그렇게 자주 게시하지 않는다고 한다. "정말 프로다운 모습을 보여주고 싶어서 요즘에는 포스트를 잘 올리지 않는 것도 있어요. 그렇다고 철저하게 긍정적인 모습만 올리는 건 아니지만, 채용 담당자들을 실망시킬 만한 내용은 뭐든 포스팅하지 않아요." 그가 설명한다. 그러더니 대학에 입학한 이후로 배워왔던 소셜미디어에 포스팅하면 안 되는 사항들의 목록을 줄줄 읊는다. "욕이나 비속어는 안 되고, 다른 사람의 나쁜 점을 말해도 안 돼요. 누군가를 비난하거나 욕설을 하는 건 당연히 안 되고요. 이제는 문법에도 신경 쓰는 걸요……. 그리고 인터뷰를 하면서 생각난 건데 글을 올리기 전에 먼저 곰곰이 생각해봐요." 맥이 다니는 학교는 술로 인사불성이 된 미성년 학생의 모습이 담긴 '흔한 파티 사진'도 올리지 말라고 교육한다. 학생들은 이 또한 '프로답다'는 관점에서 문제가 된다는 것을 알게 된다. 불법적인 행동을 기록으로 남기는 일은 용납되지 않는다.

맥은 대학에 입학한 이후 자신을 포함한 대학 동기들이 올리는 포스트들과 고향 사람들이 올리는 포스트 사이에 큰 차이가 있다는 것을 알게 됐다. 다른 학생들도 인터뷰에서 많이 언급했던 말이었다. "이제 어리숙한 내용은 올리지 않아요. 뭔가 의미나 감동을 주는 것만 포스팅해요. 남들에게 '백인 쓰레기' 같은 인상을 주긴 싫으니까요. 제 이미지가 앞으로의 커리어에 정말 중요하다는 생각이 들거든요." 그가 말한다. "제 계정에 연결된 사람들 중에는 고향 사람들도 많거든요. 제가 원래 속한 집단이니까요. 그 사람들 페이지에 들어가 보면 욕설도 많고 소문도 많아요. 게다가 문법도 다 틀리고, 속어도 많고, 뻔한 게으름까지, 한눈에 봐도 배우지 못한 사람들로 보이거든요. 글로 봐서는 고등학교도 졸업 못 한 사람들로 보이니까요. 저는 제대로 된 포스팅을 해서 제가 대학생이고 충분히 지적인 사람이란 걸 보여주려고 하죠."

맥이 다니는 대학의 또 다른 4학년 학생인 니키도 비슷한 이야기를 들려준다. "예전에는 사람들에게 주목받을 만한 것들을 올렸어요." 그녀는 말한다. "그렇지만 이제는 나이도 먹었고, 제가 하는 말에 조심하는 편이에요. 온라인에 포스팅하는 것들도 신경 쓰고요. 회사들이 우리 프로필을 본다는 걸 이제 알고 있거든요. 전 기업들이 뽑고 싶은 사람이 되고 싶어요." 니키는 온라인에서 다른 사람의 험담이나 욕 같은 건 하지 않으려고 한다. 그녀 또한 소셜미디어에서 하지 말아야 할 것들로 맥과 거의 동일한 사항들을 나열하지만, 거기에 한 가지를 덧붙인다. 뭐든 '감정적'인 내용을 포스팅하면 안 된다고 강조한다. 특히 일진이 나쁜 날이나 화가 났을 때 감상적인 게시물을 올리면 결국 부정적인 포스팅이 된다고 설명한다.

니키는 기숙사 조교 활동을 하면서 이런 점을 습득할 수 있었다.

"제가 기숙사 일을 담당하다 보니, 무슨 일이 있으면 저한테 먼저 연락이 오거든요. 뭔가 황당한 일이 일어나면 저희가 곤란해질 수도 있어요." 그녀가 설명한다. 니키는 자신을 조교로 임명한 대학의 행정 담당자 같은 사람들과 페이스북 친구를 맺는 것도 일종의 임무라고 말한다. 그래야 자신과 같은 조교들이 무엇을 하고 있는지, 또 온라인에서 어떤 말들을 하는지 대학 담당자들이 확인할 수 있기 때문이라고 한다. 그런 점에서 니키는 자신의 온라인 포스트들과 그 내용이 잠재적으로 미칠 수 있는 영향력에 대해 굉장히 민감하게 됐다. 니키는 조교 일을 잃고 싶지 않다. "저는 진짜 신경을 많이 쓰는 편이라서, 기분이 나쁠 때는 소셜미디어에 아예 감정 표현을 하지 않으려고 해요." 그녀가 말한다. "돌이킬 수 없는 말은 그게 뭐든 안 하는 게 상책이잖아요."

그럼 니키는 어떤 것들은 포스트해도 좋다고 여기는 걸까?

"제 삶에서 벌어지는 긍정적인 일들이요." 그녀가 말한다. "제가 얼마나 축복받은 사람인지, 뭐 그런 거죠. 그런 게 긍정적이니까요. 부정적인 것 말고 무조건 긍정적인 걸 포스팅하려고 해요." 니키 생각에 온라인에 내놓는 모든 것은 기본적으로 '긍정적인 것'이어야 한다. 그녀는 다시 이전 화제로 돌아가 포스팅하지 말아야 할 것에 대해 말한다. "술과 관련된 내용은 올리지 않을 거예요." 계속해서 말이 이어진다. "제 페이스북에서 바에서 술잔을 들고 찍은 사진은 보실 수 없을 거예요. 또 아시겠지만 불법 약물 같은 것도 당연히 안 돼요. 남자랑 가까이 있는 사진들도 사절이에요." "뭔가 성적인 사진들도 올리지 않을 거고요. 누구든 제 계정에서 그런 모습을 볼 일은 절대 없을 거예요." 나는 학생들에게 '비키니 사진'에 대한 말을 정말 많이 들었다. 무슨 말인가 하면, 비키니 사진은 당사자의 이미지를 부정적으로 만들 수 있으므로 포스팅하지 말아야 한다는 뜻이다. 학생들은 그런 사진에 대해 말할 때 '헤픈'이나 '난잡한'

같은 단어를 많이 썼다. 하지만 이 대학에 재학 중인 여대생 중에도 과거 언젠가 그런 비키니 사진을 올린 사람들이 꽤 많으며, 그런 행동이 이후 자신의 구직 활동에 찬물을 끼얹을 수 있으므로 피해야 한다는 것을 대학에 와서야 학습했다는 사실을 나는 알게 됐다.

쉬나는 대학에 오기 전, 그러니까 지금처럼 많은 걸 알기 전에는 페이스북에서 싸움에 휘말릴 때가 많았다. 그녀는 일례로 '화가 나서' 누군가를 '맹렬히 비난했던' 일화를 들려준다. '그 일을 모두가 알 수 있게끔 온라인에 버젓이 올려놨다'고 한다. 더 어렸을 때 그녀는 "정말 저속하고 부적절하며 유치했고, 욕이랑 속어를 입에 달고 살았어요"라고 한다. 하지만 그런 증거는 이후 모두 삭제됐다. "대학에서 교육을 받으면서 [소셜미디어에] 그런 것들은 올리기 싫어지더라고요. 그런 일 때문에 제가 원하는 직장에 적당하지 않은 사람으로 평가되면 안 되니까요. 끔찍한 일이잖아요." 그런 점에서 쉬나는 자신에게 온라인 필터링 감각을 부여해준 대학에 고마워한다. "제 생각에는 [소셜미디어에서 제 존재감이] 대학에 들어오면서 많이 바뀐 것 같아요. 중학생이나 고등학생처럼 행동하지 않고, 좀 더 프로답게 처신해야 한다는 것도 대학에 와서 느끼게 됐어요." 그런 측면에서 쉬나에게 극적으로 바뀐 게 있다면 포스트를 올리는 빈도다. 이제 그녀는 예전만큼 자주 포스트를 올리지 않는다. 그나마 포스팅하는 것들도 대개는 조카들 사진 정도다. 조카들이 미술관에 가거나 핼러윈 축제에서 사탕을 모으러 다니는 모습 같은 것 말이다.

맥과 마찬가지로 쉬나 또한 학교의 또래 친구들이 포스팅하는 내용과 대학에 다니지 않는 고향 친구들이 포스팅하는 내용에는 큰 차이점이 있다는 것을 깨닫게 됐다. "그 애들 계정에는 성적인 표현들이 정말 많거든요." 쉬나는 이렇게 말한다. "목욕을 하다 찍은 셀피라든지, 속옷이나 수영복 차림의 사진들 말이에요. 셀피를 찍을 때 유의해야 할 사항들을 아주 기본적으로만 배웠더라도 그러진 않겠죠. 술이나 마약, 뭔가 음란한 포즈는 안 된다는 걸요. 그런 끔찍한 사진들 때문에 여기 와서 언팔(언팔로우)한 애들도 정말 많아요. 남자들도 마찬가지고요. 페이스북 친구인 남자애들 중에는 여자들이 나와 엉덩이를 흔들거나 교태를 부리는 동영상을 다운받는 애들도 몇 명 있거든요. 저로서는, 그런 것들이 제 페이지에 뜨는 게 정말 끔찍해요. 그런 애들은 다 언팔해버려요."

쉬나는 항상 온라인에 투영되는 자신의 이미지를 생각한다. "지금은 달라졌어요." 그녀가 말한다. "사실 전에는 안 그랬고, 아예 신경도 안 썼거든요! 클럽에 있는 사진이든 뭐든 다 올렸어요. 그런데 이제는 그런 일들에 신경이 쓰여요. 아까도 말했지만 페이스북 친구 중에는 교수님이나 인턴을 했던 회사 직원들도 있는데, 그 사람들에게 저에 대한 불편한 모습을 보여주긴 싫으니까요. 술에 취했거나 완전히 맛이 갔을 때 누군가가 찍은 사진처럼요. 그런 모습이 제 일부로 인식되는 건 싫으니까 페이스북에 아예 포스팅하지 않는 거예요." 쉬나는 이런 식으로 태도를 바꿀 수 있도록 도와준 교수님들께 신뢰를 느낀다. 교수님들은 자신의 온라인 이미지를 유념하는 게 얼마나 중요한지 강조해왔다. 특히 취업과 관련된 조언들은 한층 더 구체적이다. "직장인들도 페이스북을 사용하잖아요. 페이스북에서 그런 사람들에게 보이기 싫은 게 있다면 아예 올리지 않는 게 나아요." 쉬나는 자신이 배운 대로 말한다. 그녀의 교수님들은 학생들에게 이런 조언도 했다. '새로운 계정을 만들어서 좀 더 당당한 모습을 업계 사람들에게 보여줘라.' 쉬나는 자신의 이름이 붙는 게시물들은 전부 철저히 파악하고 있다. "제 페이스북은 제 이름, 그러니까 정부에 등록된 실명으로 돼 있잖아요. 근데 '요상한 컵케이크'나 '스위트 파이' 같은 별칭으로 계정을 만드는 사람들도 있어요. 그래서 이런 생각을 했죠. '글쎄, 좋아. 만약 친구들과 사교 목적으로 페이스북을 한다면 그런 별칭도 괜찮겠지.' 근데 커리어까지 고려해서 좀 더 전문적인 목적으로 페이스북을 한다면 실명을 사용해야 해요. 그리고 전 이미 실명을 사용하고 있어서, 제 페이지에 올라오는 사람들이나 그들이 올리는 포스트까지 전부 필터링하려는 거예요."

쉬나는 사교보다는 직장을 선택했기 때문에 자신이 공립대학에 와서 배운 가치들을 조카들에게도 똑같이 전달하려 한다. 하지만 조카들이 '그 말을 제대로 이해하지 못하는 것'을 걱정한다. 그러고는 이렇게 말한다. "뭐 저도 예전에는 몰랐으니까요."

대학생들에게 불법 행위에 대한 기록을 남기지 말라고 가르치는 것은 분명 가치 있는 일일 것이다. 그들의 온라인 활동이 나중에 사회에 진출했을 때 어떤 영향을 미칠지를 알려주는 것도 마찬가지다. 내로라하는 사립 고등학교 학생들에게는 이제 이런 지식이 보편적인 사실이 됐기 때문에 대학 캠퍼스에서 그 특권을 받지 못한 학생들을 교육시키는 것은 '안 하는 것보다는 늦게라도 하는 게 낫다'의 맥락에서 보면 그럴듯하다. 특히나 기업체 담당자들과 기타 게이트키퍼들이 학생들의 소셜미디어를 지켜보고 있는 요즘의 현실에서는 더욱 그렇다.

이런 내용들을 좀 더 최근에 습득한 대학생들은 이후 변화된 모습에 자긍심을 갖는 경향이 있다. 그러나 동시에 이런 내용을 잘 알지 못하는 '고향 저편에 있는 사람들'에게는 일종의 우월감이 표출된다. 이들은 고등학교 친구들과 자신을 비교함으로써 대학이 만들어준 자신의 모습과 예전 친구들 사이의 간극을 확인하고 그 간극을 지적하게 된다. 그들은 성공에 대한 실무 기술을 배우면서 다른 대학에 다니는 학생들이라면—이미 오래전에 온라인에서 자신을 필터링하는 방법을 배우고 그렇게 하는 데 오히려 억울함을 느껴온—당연시 여기거나 심지어는 피곤해하는 것들에 대해서도 행운이라 여긴다.

하지만 대학에 다녀본 적도 없고 이런 교육을 받아본 적도 없는 '고향 저편에 있는' 친구들은 어떤가? 우리의 사생활과 직장생활에 소셜미디어가 하루가 다르게 점점 더 많이 침투하는 현실 속에서, 대학에 다녀본 적 없는 젊은이들의 구직 활동에 이런 현상이 미치는 영향은 없을까? 이들도 자신의 소셜미디어 계정을 어떤 식으로 프로답게 만드는지 교육을 받을 수 있는 길은 없을까? 대학 졸업생들과 그 외 젊은이들 사이의 이런 간극은 점점 더 커질 수밖에 없을까?

그렇다면 이런 궁금증도 생길 것이다. 커리어 관리를 위한 페이스북의 존재가 이제 다른 목적들을 전부 다 제치게 된 걸까? 이런 소셜미디어 플랫폼들을 과연 '소셜'하다고 부를 수 있을까? 그리고 젊은이들이 온라인에 올리는 모든 포스트가 향후 자신을 뽑아 줄 기업들의 니즈에 맞춰진다는 게 과연 건전하다고 할 수 있을까? 특히나 삶의 거의 모든 일면이 온라인에서 생중계되는 이 시대에 말이다. 또한 사회적 연결과 자기표현을 위해 창조된 이런 공간들이 더 이상 제 역할을 할 수 없을 때—특히 실명으로 활동하는 플랫폼에서—우리가 잃는 건 무엇일까?

지식이 힘이다

내가 인터뷰를 진행한 대학 중 유일하게 한 곳에서만 학생들은 일관되게 소셜미디어를 자유로운 자기표현의 도구라고 여기면서 정치적·사회적으로도 적극적인 온라인 활동을 벌이고 있었다. 그들은 소셜미디어에서 자기주장을 펼치고 정치적 발언을 활발히 해도 자신이나 자신의 미래에 별 영향이 없다고—적어도 포스트를 내리게 할 정도로—여기는 것 같았다. 그 대학은 내가 방문했던 대학 중 학문적으로 가장 권위 있는—그것도 상당한 격차로—학교였다. 그곳에서 내가 인터뷰했던 남녀 학생들은 학업 성취도 면에서 미국 최상위 학생들로, 말하자면 SAT 점수가 만점에 가깝고 너무 공부에만 매진한 나머지 오히려 사교 생활이 문제가 되는 학생들이었다. 그 학교는 대학 등급과 경제적 스펙트럼에 있어서 앞서 얘기했던 공립대학, 즉 검열되지 않고 걸러지지 않은 소셜 미디어 프로필이 학생들에게 미칠 수 있는 위험을 차단하기 위해 행정처와 교수들이 발 벗고 나선 대학과 정반대 끝에 위치해 있었다.

이 명망 높은 대학도 다른 여느 대학과 마찬가지로 익약뿐 아니라 익명의 트위터 피드들과 페이스북 그룹 등 대학의 좋은 점과 나쁜 점, 추한 점까지 모두 드러나는 익명의 플랫폼들이 활발히 성행 중이었다. 이 대학의 재학생들도 더 많은 '좋아요'를 원하고 실제의 모습과 상관없이 행복해 보이려고 애쓰는 과정에서 심적 고통을 겪기도 했다. 이렇게 보면 이 대학 재학생들도 다른 대학에서 만난 젊은이들과 여러 면에서 크게 다를 바 없지만 단지 차이가 있다면, 이곳 학생들은 어떤 분야든 자신의 견해를 밝히고 사회 활동에 참여하는 데 더 자유로워 보인다는 점이었다.

예를 들어 보라는 학생은 자신의 정치적 견해를 온라인에서 밝히는 것은 매우 중요한 일이라고 — 일종의 의무감처럼 — 여긴다. "저는 페이스북을 아주 많이 하는데, 제가 거기에 올리는 건 전부 농담이나 웃긴 얘기 아니면 정치와 관련된 내용이거든요." 그는 이렇게 말한다. "사실은 사람들을 설득하고 제 생각을 밝히기 위해 의도적으로 농담을 섞는 것도 있어요." 보는 자신이 뭔가 정치적인 얘기를 포스팅했는데 기대했던 반응이 별로 없으면 우울해진다. 또 자신의 정치적 견해에 강한 반발이 있을까 봐 조금 두려워질 때도 있다. "그래도 제가 생각하는 바를 그대로 말하려고 해요. 그리고 너무 논란의 여지가 있는 글은 톤을 조금 완화하는 편인데, 그렇다고 많이 바꾸진 않아요." 그는 이렇게 말한다. "물론 다른 사람들이 올린 글에도 참여하고요." 보가 게시한 글 중 지금까지 가장 열띤 반응을 불러왔던 것은 이스라엘에 대한 포스트였는데, 그 상황이 몹시 흥분되면서도 스트레스 또한 심했다. 그래도 온라인에 자신을 자유롭게 표현해야 한다는 사실만은 보에게 변함없이 중요하다.

이 학교에서 발견한 또 다른 특징으로 좀 더 눈에 띄는 트렌드는 소셜미디어에 전혀 참여하지 않는 학생들이 꽤 여럿 있었다는 점이다(내가 인터뷰했던 학생 14명 중 3명은 소셜미디어 계정도 없고 관심도 없었다. 그들은 마치 소셜미디어가 이 세상에 존재하지 않는 듯한 태도로 살고 있었다). 또 소셜미디어에 참여한다고 해도 일정 거리를 유지한다는 점 또한 눈에 띄었다. 실제로 그들은 꽤 진지하게 소셜미디어 속 자신의 삶, 특히 스스로의 행동을 통제하지 못하는 상황을 비판하고 있었다. 만약 '좋아요' 클릭 수에 너무 연연하는 자신의 모습이 발견되면, 그들은 그것이 우리 문화와 그들 세대에 어떤 의미를 갖는지 곰곰이 생각하는 철학적 자세를 취했다.

페이스북에서 활발히 활동하는 메이는 소셜미디어를 통해 '새로운 정체성'을 창조할 수 있고 그러다 쉽게 '계정을 폐기'할 수도 있다는 데 감탄한다. 그녀는 이런 측면에 장점도 있고 단점도 있다고 생각하는데, 그 의미를 좀 더 광범위한 수준에서 분석하는 그녀의 능력과 통찰력은 감탄할 만하다. 메이는 소셜미디어와, 그 안에서의 자신의 역할을 비판적으로 판단함으로써 오히려 소셜미디어와의 관계에서 더 큰 자신감을 갖는 것으로 보이며, 덕분에 다른 학생들에게서 볼 수 없었던 뛰어난 통제력을 발휘하고 있었다.

그리고 나는 린도 만났다. 그녀는 자신이 소셜미디어에서 '좋아요'에 너무 집착하거나, 지나치게 셀피를 많이 찍거나, 남과 자신을 비교하는 데 하루를 허비하지 않으려고 얼마나 애쓰고 있는지, 그리고 그곳에서 자신이 느끼는 '메타필링'*에 대해 오랫동안 말한다. 린은 소셜미디어에 참여하고는 있지만, 자신은 물론 또래 친구들의 모습을 객관적이고 비범하게 분석할 줄 안다. 그녀는 소셜미디어를 비평하는 능력 덕분에 스스로를 보호할 수 있다고 여기는 것 같다. 그 밖에도 내가 그 대학에서 만난 많은 학생은 각 플랫폼이 가진 원칙들을 자신이 어떻게 뒤엎었는지, 혹은 소셜미디어가 자신의 지적 니즈를 충족시키는 데 유용하지 않다는 판단에 따라 어떤 식으로 거기서 일어나는 모든 사건과 소문들을 회피했는지 등에 대한 이야기를 들려줬다.

　나는 13곳의 대학에서 모두 수준의 차이는 있을지라도 소셜미디어에 대해 비판적 사고를 할 줄 아는 학생들을 만나 같이 대화할 수 있었다. 인터뷰 결과가 매우 흥미로운 이유도 바로 그 점에 있을 것이다. 하지만 전체 학생 중 상당수는 이번 인터뷰를 통해 비로소 소셜미디어가 자신의 삶에 미치는 역할을 비판적으로 생각할 수 있는 기회를 접했다는 것도 알 수 있었다. 그들은 나를 만나기 전까지 한 번도 스스로 시간을 할애하거나 친구들과 포럼을 열어 이런 고민을 해본 적이 없었다. 내 질문에 대답할 수는 있었지만 그 전에 먼저 질문을 한 학생은 없었다. 대다수의 젊은이들은 인터뷰가 진행되던 방에서 일종의 '유레카' 같은 순간을 맞이했고, 많은 학생이 인터뷰가 끝난 후 이전에는 소셜미디어에 대해 이런 식으로 한 번도 생각해본 적이 없었으며 나와 대화를 하면서 비로소 자신의 느낌과 생각을 깨달을 수 있었다고 말했다.

　그러나 이 뛰어난 명문대 학생들은 이미 모든 현상을 비판적인 자세로 생각하는 데 익숙해 보였다. 유도나 질문 따윈 필요하지 않았다. 그리고 비판적 분석을 통해 도출된 지식은 말 그대로 힘으로 전환된다는 사실을 알 수 있었다. 소셜미디어에 대해 정확히 판단할 수 있고, 자신

---

* **metafeeling** 자신이 어떤 생각이나 느낌을 갖고 있다는 데서 오는 감정이나 느낌.

의 전공 분야에 있어서는 마크 주커버그도 이길 수 있는 지적 능력을 보유하고 있으며, 소셜미디어가 우리 삶과 관계에 침투하기 위해 교묘히 사용하는 방법의 일부를 이해함으로써 소셜미디어와 더 건강한 관계를 맺고 더 큰 통제력을 발휘하고 있었다. 게다가 이들에게는 소셜미디어에서 벌어지는 그 어떤 일보다 학문이 더 매력적이고 삶의 중심에 있는 것 같았다. 덕분에 이들 학생에게는 다른 인터뷰 참여자들 사이에서는 볼 수 없었던 일종의 보호막이 생성돼 있었다(물론 다른 학생들도 보호막을 갖고 있는 경우가 있었지만 지속적이지 않다는 게 그 차이였다).

나는 궁금해졌다. 왜 이 학생들은 이렇게 큰 차이를 보이는 걸까? 왜 유독 이 학교에서만 그런 걸까? 이 학생들은 뛰어난 학업 성취도와 지적 능력 덕분에 미래의 구직 활동에 대해서도 일종의 안전망을 갖고 있기 때문일까? 이 학생들의 학업 성과가 다른 친구들보다 워낙 앞서 있기 때문에 다른 학교 학생들만큼 사회생활에 대해서는 걱정할 필요가 없어서일까? 아니면 단순히 최고 명문대를 다닌 학생으로서 졸업 후 직업적으로 혜택을 줄 수 있는 인적 네트워크에 훨씬 더 접근하기 쉽다는 안도감 때문일까?

나는 학생들과 인터뷰를 할 때마다 학교 생활 중 언제든 교수님이 소셜미디어와 소셜미디어가 우리 삶과 세상에 미치는 영향력에 대해 토론한 적이 있는지를 물었다. 내가 물은 건 '커리어 측면에서의 얘기'가 아닌 그저 소셜미디어에 대한 학문적 논의였다. 이 질문에 '그렇다'라고 답한 학생은 거의 없었다. 저널리즘 강의에서 수업 내용의 일부로 소셜미디어기 언급됐다거나 미디어를 전반적으로 다루는 강의에서 소셜미디어를 논하는 수업을 들었다는 학생들은 간혹 있었지만 대부분은 그런 기회가 없었다고 답했다. 혹은 처음에 있다고 말했지만 알고 보면 학기 초에 교수들이 수업 시간 중 스마트폰 사용 금지를 요청하는 경우였다. 그나마 그때가 소셜미디어라는 주제가 언급되는 유일한 시간으로 보였다. 그 밖에 그렇다고 말한 학생들은 거의 예외 없이 취업 세미나 얘기를 했다. 물론 그런 경우에는 페이스북 청소나 소셜미디어에서 '우수한' 프로필을 관리하는 중요성이 주로 언급되는 것 같았다.

하지만 소셜미디어 및 스마트폰이 우리 삶과 세상에서 차지하는 역할에 대한 비판적 분석과, 자신의 정체성과 다른 사람들과의 관계를 형성하는 데 소셜미디어가 미치는 영향력은 어떤가? 학생들의 증언으로 보면, 소셜미디어가 젊은이들의(그리고 일반인들의) 삶에 얼마나 큰 비중을 차지하든 이런 주제들은 강의에서는 거의 다뤄지지 않는 듯했다. 학생들에게 자신의 실명으로 만든 계정을 '프로답게' 관리하라는 교육은 하면서도 학생들의 대학 생활에서, 그들의 학업에 있어서 소셜미디어가 미치는 영향에 대해서 의문을 던지는 교육은 없는 것 같았다. 이런 상황은 명문대도 마찬가지지만, 이 학생들은 아주 뛰어난 학업 성적을 통해 이 학교에 입학했다는 점에서 소셜미디어를 상대하는 데 있어서도 자연스럽게 뛰어난 지적 능력을 발휘하는 것으로 보였다. 그들은 달랐다.

그러나 지식이 진짜 힘이라면, 다시 한 번 자문해볼 필요가 있다. 우리 학생들과 그 밖의 젊은이들이 소셜미디어를 효과적으로 사용할 수 있도록 진정으로 돕고 싶다면, 현재 커리어 센터에서 진행하는 교육만으로 충분할까? 소셜미디어 프로필을 흠 없이 올바르게 관리할 수만 있으면 우리 젊은이들은 앞으로 아무 문제가 없을까? 소셜미디어를 커리어 목적으로 사용하도록 장려하는 교육이 외형적 모습이 전부이며 현실은 은폐해야 한다는 정신을 강화한다는 점에서 오히려 젊은이들에게 해가 되는 것은 아닐까? 설사 대학생들에게 소셜미디어에 대한 교육을 실시하고 있다 하더라도, 이런 논의가 강의실 안까지 침투하는 경우는 거의 없었다. 적어도 이론상으로는 학생들이 세상에 대해 비판적으로 사고

하는 법을 배워야 할 곳이 교실임에도 불구하고 말이다. 그런 비판적 사고를 학습함으로써 지적으로나 감성적으로 얻는 혜택은 분명히 존재한다. 그런 비판적 사고가 젊은이들이 소셜미디어를 하면서 겪는 어려움을 직접적으로 해결하지는 못할지라도, 학생들에게 소셜미디어에서 일어나는 현상을 지적으로 처리하는 능력이 있으면 소셜미디어라는 바다 위에서 배의 키를 잡은 주체가 바로 자기 자신이라는 점을 인식함으로써 그 속에서 이리저리 흔들리지 않고 항해해나갈 수 있을 것이다.

학생들이 소셜미디어를 취업의 도구로 활용하는 데에는 또 다른 측면이 있다. 실수를 피해야만 한다는 부담감뿐만 아니라 자기 자신을 적극적으로 마케팅해야 한다는 점이다. 이 두 번째 특징에도 복잡한 요인들이 많이 결부돼 있다. 지금부터 그 내용을 살펴보자.

🔍 3장 내 이름이 곧 브랜드이며, 내 브랜드는 행복을 말한다! •••

♥ ◯ ◁   🔖

 안니카, 사립대학 2학년 나는 하나의 브랜드고, 소셜미디어는 그 브랜드를 세상에 알리는 플랫폼이에요.

 낸시, 가톨릭대학 1학년 자신의 정체성이 반영된 온라인 프로필을 만든다는 건, 자신의 브랜드를 창조하는 것과 같아요. 켈로그나 포드, 나이키 같은 브랜드랑 똑같이 거기에는 어떤 이미지가 반영돼 있어서 만약 거기에 얼룩이 진다면 강력한 표백제로 빼내야죠.

 취리즈
40min • 👥

#'공적 자아'를 관리하는 일은 멈추지 않는다

취리즈가 인터뷰를 하러 들어오는 순간, 방 안 분위기가 바뀐다. 그녀는 해야 할 일들로 마음이 급한 것 같다. 그녀는 미리 약속한 인터뷰이기에 최선을 다하지만, 인터뷰실에서 정해진 시간보다 오래 머물 생각은 없다. 자그마한 키에 동그란 얼굴을 가진 취리즈는 중서부에 있는 작은 가톨릭대학에 다닌다. 나는 평소처럼 일상적인 소재로 가볍게 대화를 시

115

작하려 하지만 그녀는 그럴 마음이 없는 것 같다. 취리즈의 사무적인 태도에, 좀 어색하지만 우리는 바로 본론으로 들어간다. 이윽고 좀 퉁명스럽게 대답하는 취리즈의 중저음이 방 안을 채운다. 나는 곧 현재 3학년인 그녀가 시카고 출신으로, 진지한 논쟁가라는 것을 알게 된다. 취리즈는 그녀의 할아버지가 설립한 침례교회 일에도 열심히 참여한다. 그녀의 아버지가 부목사, 그리고 고모가 목사로 있는 교회다.

인터뷰의 초반 내용이 오가는 동안 그녀는 언제든 달려나갈 준비가 된 사람마냥 의자 끝에 간신히 엉덩이를 붙이고 있다. 내가 질문을 할 때마다 그녀는 한숨을 쉬거나 얕게 씩씩거린다. 그러다 인터뷰 소재가 마침내 소셜미디어, 그중에서도 페이스북으로 바뀌자 취리즈의 자세가 바뀐다. 그녀는 몸을 좀 더 의자 깊숙이 밀어넣더니 내 눈을 똑바로 응시한다.

취리즈에게 불현듯 뭔가 할 말이 생긴 것 같다. 그것도 아주 많이 가슴속에서 쏟아낼 준비가 된 듯. 아마도 계속 얘기하고 싶었지만 지금에야 적당한 기회를 찾은(아마 익명성이라는 안도감 덕분에) 얘기일 것이다. 그녀는 빠르고 장황하게 불평을 쏟아놓는다. 온라인에 포스팅을 할 때마다 특정 부류의 사람들이 그 글을 어떻게 생각할지 걱정하느라 얼마나 신경 써야 하는지, 또 포스트마다 어떤 사람에게는 보여주고 또 어떤 사람에게는 보여주지 말지를 결정하느라 얼마나 오래 걸리는지를 말이다. 취리즈는 포스트 내용에 따라 특정 그룹에게만 접근 권한을 주는 경우가 많다. 취리즈가 특정 부류에게만 접근 권한을 부여할 때 어떤 기준을 사용하는지 묻자 그 답이 나온다. 그리고 나는 그 대답에 입이 떡 벌어진다.

"제 계정에는 페이스북 그룹이 17개 있어요." 그녀가 말한다.

"17개라고요?" 내가 놀라 재차 확인한다.

"먼저 교회 그룹이 있고요." 그녀가 설명을 시작한다. "그리고 위대한 시카고랜드* 사람들, 또 가끔씩 교류하는 워싱턴 DC나 웨스트버지니아 같은 지역의 교우 그룹이 있어요. 또 침례교 사람들에 대해 이러쿵 저러쿵 말하거나 침례교 교리를 믿지 않는 사람들은 별도의 그룹으로 묶어요. 친구 그룹도 세 개로 나뉘고요. 그래서 뭔가 대학생들을 대상으로 일반적인 글을 쓸 경우에는, 그러니까 강의나 전공에 대한 내용이나 학부 관련 일, 또 캠퍼스에서 벌어지는 행사에 대해 홍보하는 포스트인 경우에는 그냥 일반 공개를 해요. 하지만 제겐 다양한 문화권 친구들로 구성된 그룹도 있는데 그 애들을 대상으로 쓴 글이라면, '운동권 학생들이 또 다른 캠퍼스 장악'같이 뭔가 보기만 해도 대학생으로서 힘이 느껴지는 포스트를 올리겠죠." 자신의 페이스북 그룹에 대한 설명을 이어가던 취리즈가 자신의 어머니는 대부분의 그룹에서 차단한다고 말한다. 하지만 아버지는 그녀가 올리는 포스트들을 거의 다 봐도 상관없단다. 취리즈의 아버지는 '더 개방적이기' 때문이다.

"17개나 되는 그룹들을 가지고 그렇게 저글링하는 게 힘들지 않아요?" 내가 묻는다.

"네, 힘들어요." 취리즈가 수긍한다. "근데 그렇게 되더라고요. '어떤 글을 포스팅할 때마다 이 사람에게는 뭐라고 하고, 또 저 사람에게는 뭐라고 해야 하지? 이 말을 이 사람에게 하면, 저 사람이 화를 낼 수도 있고 또 온갖 질문을 퍼부을지도 모르는데 그럼 포스트 내용을 바꿔야 하고, 그런 다음에 또 누구를 대상으로 올릴지 고민해야 하고', 그런 일이 반복됐어요. 사람들이 두렵다고까지는 할 수 없지만, 어떤 그룹들을 대상으로 포스트를 올릴지 고민을 많이 하는 편이에요. 저는 활동가라서, 만약 제가 동성애 권리에 대한 글을 게시하면 누군가는 이런 반응을 보이겠죠. '세상에! 너랑 얘기 좀 해야겠다. 너 혹시 성적 취향에 뭔가 고

---

* **Chicagoland** 시카고 대도시권을 부르는 비공식적 명칭.

민이라도 있는 거야?' 그런 그룹은 동성애자의 권리에 대한 글은 못 보
게 되겠죠."

나는 취리즈에게 누군가를 불쾌하게 만드는 것을 두려워하는 게 혹
시 그녀의 종교 때문인지 묻는다. 그녀는 종교의 영향도 있지만 그보다
는 자신이 '급진적인 내용'을 즐겨 포스팅하기 때문이라고 한다. 이를테
면 인종 문제나 페미니즘, 성적 정체성처럼 사람마다 생각이 다르고 그
주장이 완강해서 쉽게 논쟁을 일으키는 이슈들을 말한다. 페이스북 친구
중 한 명이 자신이 올린 의견에 불편함을 나타내면, 그 친구는 비슷한 유
형의 포스트는 볼 수 없는 그룹으로 좌천된다고 말한다. 보통 취리즈가
엄청나게 공을 들이는 그런 '논란의' 게시물들은 아주 제한된 사람들만
볼 수 있다.

"아예 그런 사람들은 친구 삭제를 해버리지 그래요?" 그 방법이 오
히려 간단하겠다는 생각에 나는 이렇게 묻는다.

"그러면 또 다른 문제가 생길 거예요." 취리즈가 말한다. "그러면 사
람들 전부를 삭제해야 할 수도 있어요. 아마 남아나는 사람이 없을 걸
요?"

취리즈는 정말로 멀티태스킹이란 현란한 춤을 계속 추면서 17개 그
룹을 관리하고 다양한 종류의 '친구들'을 기쁘게(적어도 화는 돋지 않게) 하
는 것만이 자신이 선택할 수 있는 유일한 방법이라고 믿고 있다. 그녀가
이런 상황에 처한 이유는 자신이 모두를 만족시킬 수 있는 사람이 아니
라는 걸 뻔히 알면서도 매번 친구 신청을 수락했기 때문이며, 자신이 그
들에 대해 신경 쓰지 않고 자유롭게 행동할 수 없다는 걸 알기 때문이다.
이런 점에서 보면 취리즈 또한 페이스북 관객들에게 적어도 뭔가를 기대
하는 게 분명하다. 그녀는 자신의 주장을 남들과 공유하고 싶고, 이상적
으로는 그들을 설득하고 싶기 때문이다. 그녀는 자신의 페이스북이 사람

의 흔적조차 없는 텅 빈 공간이 되는 걸 원치 않는다. 물론 그녀의 말로 미루어 보면, 나로서는 오히려 그렇게 되는 게 속이 편하겠다는 생각도 들지만 말이다. 취리즈는 사람들을 이렇게 그룹으로 세분화함으로써 폭 넓은 관객층을 유지하면서 자신의 주장에 동의할 만한 사람들에게 자신의 주장을 펼칠 수 있다. 다른 많은 학생과 마찬가지로 취리즈 또한 갈등을 피하는 유형에 속한다. 취리즈는 자신이 논란을 일으킬 수 있는 사람이라는 것을 알고 있다. 그래서 나름대로 소셜미디어를 활용하는 방법을 찾아냈고, 그럼으로써 자신의 공격적인 주장을 공격적이라고 생각하지 않는 사람들에게 표출할 수 있게 됐다.

거의 모든 학생이 장래의 고용주들이 자신을 지켜보고 있을 수 있다는(어떤 면에서는 거의 확실히 그렇지만) 사실을 아주 예민하게 인식하고 있지만, 취리즈 같은 일부 젊은이들은 좀 더 광범위한 방식으로 소셜미디어에 투영되는 자신의 이미지를 관리한다. 취리즈 또한 소셜미디어에서 주요 관심사는 결국 '사교'이기 때문이다. 그녀는 놀랍도록 자신의 이미지를 의식한다. 수많은 페이스북 그룹들을 저글링하는 것도 이런 태도에서 기인했으며, 더불어 동의를 얻을 만한(적어도 반대 의견은 돌아오지 않을) 관객들을 예리하게 알아보는 능력도 한몫한다. 취리즈는 롭 같은 학생들만큼 '좋아요' 숫자에 연연하지는 않지만 이 세상에 자신의 포스트들을 보고 있는 관객이 있다는 것을, 그리고 그중에서 적당한 관객을 선별해야 한다는 것을 명확히 하고자 애쓴다.

소셜미디어는 공연을 위한 새로운 무대이며, 많은 대학생들은 마치 박수갈채를 원하는 연극이나 뮤지컬 배우처럼 관객층에 맞게 자신의 '공연'을 적극적으로 조정함으로써 관객들의 '인기'를 어떻게 얻는지 학습한다. 그들은 관객들을 조종하는 법을 배운다. 취리즈는 이제 조종 전문가가 됐지만 그렇다고 행복하지는 않다.

나는 어떤 대답이 나올지 예상 가능하지만 이렇게 묻는다. "왜 솔직하지도 않은 내용들을 굳이 포스팅하는 거예요?" 순진한 내 질문에 취리즈가 웃는다. 자신이 뭔가를 계속 포스팅하지 않으면 사람들이 걱정할 거라고 그녀는 설명한다. 그리고 포스팅이란 '대중 앞에 나서는 것'과 같다고 말한다. 자신이 건재하다는 사실을 이따금씩 알려야 한다는 것이다. 취리즈는 이를 '사람들 만족시키기'란 말로 표현한다. 그녀도 사람들을 지속적으로 만족시키는 일로 피곤할 때가 있다. "행복한 일을 계속 하나씩 올려야 한다면, 지치고 스트레스에 압도당할 수도 있어요. 늘 이런 생각만 들 테니까요. '이 글을 보는 사람이 있을까? 그렇다면 어떤 사람들이 보고, 그 사람들은 또 이 글을 어떻게 해석할까?'"

왜 다른 사람들이 자신이 늘 행복하다는 것을 계속 확인해야 하는지는 취리즈도 정확히 모른다. "사람들은 다들 같은 처지라는 걸 확인하고 싶은 것 같아요." 그녀는 이렇게 말한다. "상대방이 행복하면 모든 게 괜찮고, 그래서 자신이 뭔가 해주지 않아도 된다고 여기는 거죠. 상대방의 행복한 모습을 더 많이 본다고 해서 보는 사람까지 행복해시는 건 아닐 거예요. 다만 '아, 저 애도 나와 같구나.' 같은 기분이 들겠죠."

취리즈는 이런 현상이 단순히 남들과 순응성을 찾으려는 태도는 아닐 거라고 여긴다. 그녀의 눈에 비친 사람들은 다른 누군가에 대해 걱정할 필요도 없고, 그 사람의 고통에 대해 뭔가 반응을 보여야 할 필요도 없는 안도감을 원한다. 만약 모두가 서로 조화를 이루고, 모든 상황이 순조로운 것처럼 연출하면, '관객들'의 마음은 편안해지고 보이는 모든 것에 대해 무신경해질 수 있다. 이 경우에 있어서 행복 효과는 관객들이 그냥 수동적인 관객으로 남은 채로 뉴스피드를 훑어보며 간간이 고개를 끄덕이고, 그 누구에게도 현실적이거나 심각한 관여를 하지 않아도 되는 평온함이다.

성공의 (행복한) 얼굴

취리즈처럼 페이스북 그룹을 17개나 관리하는 것은 흔한 경우가 아니다. 그러나 어떤 것이 포스팅할 가치가 있고, 또 어떤 것이 그렇지 않은지를 기준으로 자신의 삶을 나누는 것, 그리고 긍정적인 일들만 포스팅함으로써 공들여 제작한 멋진 외관을 관리한다는 개념은 학생들 사이에 보편적으로 존재한다. 이런 구분은 소셜미디어를 뛰어넘는 파급효과를 갖는다. 다른 이들의 포스트에서 보는 것과 자신의 현실 사이에서 느끼는 불협화음으로 고통받는 젊은이들은 정신적·사회적으로 타격을 받기 때문이다.

"사람들은 이렇게 생각하는 것 같아요. '아, 내 페북에 있는 이 사진들과 친구들을 봐. 다들 행복하고 성공한 삶을 살고 있다고.'" 중서부에 있는 한 기독교대학 3학년에 재학 중인 지나의 말이다. "때로는 그게 어떤 벽처럼 느껴져요. 사진을 찍은 다음에는 다들 이런 기분이 들 거예요. '짜잔, 내가 얼마나 행복한지 알아? 내 삶이 얼마나 근사한지 한 번 보라고!' 근데 그런 사람들이 현실에서도 그렇게 성공했다고 느낄까요? 아마 아닐걸요?"

나는 지나에게 그녀가 말하는 '성공'이란 어떤 것인지 얘기해달라고 한다. "그러니까 이런저런 행사나 졸업식, 또 개인의 삶에서 아주 성공적이고 기념비적인 일이 있을 때 찍은 사진을 포스팅하는 거죠." 지나가 지금 언급하는 것은 바로 개인의 모든 중요한 순간이 담긴 '하이라이트 영상'이다. "그저 행복한 모습이 담긴 사진들만 올려서, 자신이 충분히 행복하다는 사실만 다른 사람들에게 보여주면 돼요."

사실, 행복하고 긍정적인 사진 및 글만 올리려는 경향은 굉장히 합당한 일이다. 자신의 모습을 눈물로 가득하거나, 평소의 무뚝뚝한 얼굴 그대로 이 세상에 선보이고 싶은 사람이 누가 있겠는가?

하지만 긍정적이고 행복한 포스트들에 대해 학생들이 느끼는 모순이나 부담감 또한 명백한 사실이다. 소셜미디어가 그들 삶에 계속 존재하는 만큼, 삶에서 빛나는 장면들과 환한 미소들을 포스팅해야 하는 임무도 계속 존재한다. 결국 이를 위한 관리는 학생들 몫이다. 취리즈가 우려한 것처럼, 뭔가 행복감이 부족한 내용을 올리거나 포스팅을 완전히 중단하는 행위는 당신을 알고 사랑하는 사람들 사이에 알람을 울리는 행위와 같다. 이런 알람조차 울리지 않는다면 더 심각한 문제다. 이는 당신이 다른 이들에게는 투명인간과 같고, 당신을 진정으로 신경 쓰는 사람은 아무도 없다는 사실을 증명하기 때문이다. 당신이 두려워했던 바로 그런 상황이다. 그 와중에도 다른 사람들의 행복감 넘치는 빛나는 순간들은 변함없이 당신 눈앞에 펼쳐진다. 한없이 우울한 사람이 타인의 미소와 성공담으로 계속 융단 폭격을 받는다는 것은 견디기 힘든 고통이다. 엠마는 이를 남들의 최상의 버전과 자신의 최악의 버전을 비교하는 것으로 표현했다. 반드시 '행복한 모습을 올려야 한다'는 학생들의 말을 듣고, 또 듣고, 계속해서 들으면서, 불현듯 우리가 몹시 즐거울 때 종종 사용하는 좀 광적인 미소의 이모티콘 하나가 생각났다. 학생들이 학습하는 셀프 이미지는 바로 그런 이모티콘의 모습일 것이다.[1]

루시는 가톨릭대학의 3학년 학생으로 공부에 대한 욕심이 많다. 동그란 얼굴에 안경을 쓴 루시는 찰랑거리는 긴 갈색머리에 잘 웃는다. 그녀는 독실한 기독교 신자이기도 하다.

"저는 행복한 일만 포스팅하기로 했어요." 루시는 소셜미디어 계정에서 자신의 이미지를 어떤 식으로 보여주고, 온라인에서 어떤 친구들과 교류하는지를 설명하던 중에 이렇게 말한다. "이번 학기에 좋은 학점을 받았다거나, 가족들이랑 찍은 사진 같은 것만 올리죠. 제 삶에서 순조롭게 진행되는 것들이요."

"제가 행복하고 잘 지내고 있다는 걸 사람들에게 보여주고 싶거든요." 루시가 자신의 행복을 남들에게 증명해야 하는 중요성을 강조하며 말한다. 인터뷰가 진행되는 동안 그녀는 이 말을 여러 번 반복한다. "사람들한테서 좋은 반응도 얻고 싶고, 남들도 제 일에 같이 기뻐해줬으면 하거든요. 제겐 더 큰 응원이 필요해요. 그걸 정확히 어떻게 설명해야 할지 모르겠지만, 제가 좋아하는 뭔가를 포스팅했을 때 얻는 긍정적인 확인 같은 거요."

루시는 일상에서 일어나는 짜릿한 사건들을 즐겨 포스팅한다. 남들로부터 축하를 받으면 기분이 좋아지기 때문이다. 또 그런 포스트로 요즘 자신에게 어떤 일들이 일어나고 있는지도 알릴 수 있다. 그녀는 이런 생각을 한다. "그게 성공이랑 관련이 있는 것 같더라고요." 루시는 행복한 일들을 업데이트하면 자신이 애타게 원하는 긍정적 확인을 남들에게 받을 수 있지만, 그다지 행복한 내용의 포스트가 아닐 때는 불편한 적막만이 찾아온다는 사실을 알게 됐다. 루시는 어떻게든 자신의 계정에서 침묵만은 피하고 싶다. 이런 점에서 루시와 취리즈는 다르다. 취리즈는 다른 사람들을 걱정시키지 않으려고 자신을 혹사하고 있었다. 긍정적인 포스트만 올리는 이유는 '관객들' 중 그 누구도 자신을 위해 뭔가를 해야 한다는―그래 봤자 댓글을 다는 게 전부겠지만―부담감을 원치 않아서다. 다들 그저 '좋아요'만 누르면 그만이었다. 그러나 루시가 부정적인 포스트를 올리지 않는 이유는 자신이 어려운 상황에 처해 있다는 것을 남들이 알면서도 아무 말도 안 할 정도로 자신에게 무관심하다는 사실을 확인하고 싶지 않아서다. 물론 다른 사람들을 불편하게 만들고 싶지 않은 건 루시도 마찬가지다.

"앞으로도 뭔가 순탄치 않은 일이나 고민거리를 포스팅할 일은 없을 거예요." 루시가 긴 한숨을 내쉬며 이렇게 말한다. "행복이라는 장식물을 문 앞에 걸고, 제 삶에서 일어나는 중요하고 좋은 일들만 공유하는 거예요. 나쁜 쪽으로 중요한 일이 아니라요. 온라인에서 저는 꽤 행복한 사람이에요. 그게 실제 삶 그대로는 아닐 수도 있겠죠. 왜냐하면 현실에서는 저도 힘들 때가 있고 늘 행복하지는 않으니까요." 하지만 루시는 그런 힘든 일들이 페이스북에는 안 어울린다는 것을 경험을 통해 알고 있다. 소셜미디어에서 누군가가 우울한 글을 남기면 루시의 마음 또한 불편해진다. "그런 글에는 어떻게 대해야 할지 모르겠어요." 그녀가 말한다. "좋은 학점을 받은 얘기는 공유해도 괜찮아요. 그 정도 자랑을 한다고 제 성격을 탓할 사람은 없으니까요."

성격은 루시가 온라인 속 자신의 정체성과, 남들이 올리는 포스트들을 접하면서 자주 생각하는 주제다. 루시가 말하는 성격이란 아미르가 말한 윤리적 측면의 인성과는 좀 다르다. 루시는 거의 항상 '성격을 창조하는 것'에 대해 생각한다. "[온라인 속 성격이] 현실 속 제 성격과 완전히 다르진 않아요." 루시는 이렇게 말한다. 다만 그녀가 늘 행복하거나 흥분되는 일들만 포스팅하는 이유가 바로 자신의 '성격'을 창조하기 위해서라고 덧붙인다. 이 말을 듣고 있자니, 엠마의 여학생 사교서클 동기들이 집착했던 '서클 이미지'와 그 이미지를 실수 없이 대중에게 전달하기 위해 서클 차원에서 회원들의 온라인 활동을 감시한다던 말이 기억난다.

나는 루시에게 소셜미디어에서 '성격을 창조하는 일'이 구체적으로 어떤 것인지 좀 더 말해달라고 부탁한다. "물론 페이스북에도 제 실제 모습이 담겨 있어요. 다만 어떤 모습은 빼버리는 거죠." 루시가 이렇게 설명한다. "사소한 일이나, 행복과 거리가 먼 모습은 올리지 않아요. 그리고 제가 포스팅하는 내용들이 전부 진실하진 않을 수도 있어요. 물론 제가 그 내용들을 조작하는 건 아니니까 사실임에는 틀림없지만, 제 실제 모습과 정체성을 그대로 보여주는 어떤 요소가 빠져 있다는 점에서 그렇다는 거예요." 루시는 행복한 것들만 포스팅하는 행위가 왜 어떤 면에서는 실제 자신을 보여주지만, 또 어떤 면에서는 참된 모습을 제대로 반영하지 못하는지를 설명하면서 자꾸 자신의 논리에 걸려 설명을 버벅거린다. 소셜미디어 계정 속 루시의 모습은 한없이 행복하지만, 그녀가 현실에서도 늘 행복한 것은 아니기 때문이다.

자신의 모습을 어떤 식으로 이분화할 것인지는 루시에게도 까다로운 과제다. 자신의 성격을 찬찬히 들여다보면서 그중 어떤 면을 좋은 쪽으로, 혹은 나쁜 쪽으로 표출할 수 있는지를 따져봐야 하기 때문이다. 이는 온라인 활동을 하는 성숙한 태도라 할 수 있다. 루시는 온라인 속 자신의 이미지에 집중하고 자신이 원하는 성격을 개발하는 것이 건전하다고 여긴다. 남들에게 자신의 다른 모습을 인식시킬 수 있고, 본인도 새롭게 자기인식을 할 수 있는 계기가 되기 때문이다. 하지만 그녀는 이런 태도에 부정적인 면도 있음을 인정한다. "남들이 내 성격을 어떻게 여기는지, 또 내가 일을 제대로 하고 있는지 고민하느라 시간을 낭비하게 되거든요." 루시 같은 대학생 중에는 자신의 성격에서 부정적인 면은 무조건 숨기려고 지나치게 신경 쓰고, '행복한 모습'만 올려야 한다는 압박감과 그렇지 못할 때 느끼는 두려움이 점점 커지면서 결국엔 병적인 증상을 보이는 경우도 있다.

성격과 더불어 루시는 온라인 '이미지'에 대해서도 관심이 굉장히 많다. 남들에게 보이는 이미지에 관심이 없다는 말은 "자신에게 솔직한 게 아니잖아요"라고 그녀는 주장한다. "학점이 4.0이라는 사실을 포스팅하면 확실히 이미지가 좋아져요." 루시는 말한다. "저는 제 이미지를 더 좋게 만들기에 확실한 포스트들만 게시해요. 내용이 부적절하거나 긍정적이지 않은 건 올리고 싶지 않아요. 지금보다도 이미지가 더 나빠지는 건 용납할 수 없어요."

나는 온라인 설문조사에서 학생들에게 어떤 이미지를 선별적으로 만들어야 한다고 느끼는지를 물었다. 응답자 중 70퍼센트의 학생들은 '그렇다'고 대답했고, 또 다른 16퍼센트는 '어느 정도 그렇다'고 대답했다.[2] 온라인 이미지는 자신이 도달하려는 '관객들'을 고려해야 한다는 점에서 고민해봐야 할 중요한 문제라고 직접 이유를 밝힌 학생들도 꽤 있었다. 이들 중 한 학생은 "목표 관객을 고른 다음에(때로는 무의식적으로) 그들에 맞게 이미지를 만들어낸다. 누구든 기분 좋게 해주고 싶은 사람들에 맞춰 자신의 이미지와 정체성을 창조하는 건 자연스런 일이다"라고 답했다.

일부 학생들은 그런 행동이 나쁘다고 여기지 않았다. 자신의 온라인 이미지를 선별적으로 큐레이팅할 수 있다는 사실이 '일종의 가면을 쓰는 것'과 같다고 설문지에 답한 학생도 있었다. 또 다른 학생은 "그건 게임이자 예술이다"라고도 했다. 악의 없고 즐거운 행위라는 것이다. "소셜미디어 사용자들이 꿈꿔왔던 자기 모습을 만들어낼 수 있는 기회"라고 또 다른 학생은 답했다. 하지만 이 학생의 경우에는 그런 가상세계 속 자신의 모습이 좋든 싫든 '대개 거짓'이란 점이 문제이며, "젊은 세대들의 실제 삶과 경험에 비현실적인 표준을 만들어낸다는 점에서 생각할 만한 중요한 문제다"라고 덧붙였다.

온라인에서 자신의 이미지를 가꾸는 일은, "영원함과 권위를 부여받은 개인의 또 다른 버전을 탄생시킬 수 있다"라고 설명한 학생도 있었으며, 또 다른 학생은 이렇게 이미지에 신경을 쓰면 "긍정적인 인상을 더 효율적으로 창조할 수 있다"고도 답했다. 인기 있는 친구들이나 그 외 어떤 식으로든 눈부신 학창생활을 보내고 있는 아이들의 비밀을 캐고자 학생식당을 배회하는 아이들의 모습은 이제 옛이야기가 됐는지도 모른다. 요즘 젊은이들은 그런 문제들을 '효율적으로' 공격할 수 있는 새로운 '권위'를 갖게 됐다.

이 질문에 대한 답변들을 전체적으로 보면, 학생들이 온라인 이미지에 대해 큰 좌절감과 스트레스를 받고 있다는 것을 알 수 있다. 역설적으로, 온라인 속 자신의 이미지에 대해 전혀 신경 쓰지 않기를 바라는 학생들이 많았기 때문이다.

요즘 사람들이 온라인 속 자신의 이미지를 생각하느라 많은 시간을 소모하는지를 묻는 질문에 한 학생은 이렇게 답했다. "정말 그렇다. 오늘날 우리 문화는 '행복해지기'를 중심으로 형성되고 있다. 이런 현상은 좋은 일이지만, 동시에 인간의 삶에 좋을 때도 있고 나쁠 때도 있다는 사실을 사람들이 적극적으로 묵인하는 것으로 보인다. 그 결과 소셜미디어는 삶의 빛나는 측면들만 부각하는 데 사용된다. 반면 삶의 어두운 모습은 모두 개인의 가정과 침실, 그리고 사생활이라는 벽 뒤에 숨는다. 물론 소셜미디어가 부정적인 공기를 내뿜는 공간이 되는 건 나도 싫지만, 365일 늘 100% 행복하지 않아도 괜찮다고 생각한다. 그러나 오늘날 소셜미디어는 좋은 쪽만 극단적으로 띄운다." 또 다른 학생은 이렇게 썼다. "사람들은 남들에게서 행복한 모습을 원한다. 그리고 누군가 자신이 그다지 행복하지 못하다거나 남들이 원하는 것과 다르다는 것을 고백하면 좀 귀찮아한다."

루시는 분명 자신의 모습 중 한 단면을 온라인에 선보인다. 그리고 그 단면은 현실 속 그녀의 모습과 연결돼 있다. 그러나 많은 학생이 그런 과정에서 거짓된 모습을 강요받게 되고, 젊은이들은 거의 예외 없이 온라인에서 보이는 자아의 모습과 현실 속 자아가 많이 다르다며 쓴웃음을 짓는다. 이런 단절감이 일부 학생들에게는 극단적인 문제가 되기도 한다.

모든 건 프로필로 결정된다: '평판용 자아', 그리고 '삶에 매니큐어 칠하기'

대학생들은 자신의 이미지를 보호해야 할 뿐만 아니라 창조해야 한다는 것을 잘 알고 있다. 당신의 포스트들을 볼 수 있는 관객들의 범위가 잠재적으로 굉장히 방대하다는 점에서 이미지 관리는 중요하다. 이들은 당신의 포스트를 보며 즐거워할 때도 있지만 뭔가 마음에 들지 않는 내용을 발견하면 불시에 날카로운 이빨을 드러낼 수도 있다. 실수를 하고 부적절한 내용을 말하면 만회하기 어렵다. 그러나 학생들에게는 개인의 프로필을 마음대로 통제할 수 있는 능력이 있고, 또 그래야 한다고 여긴다. 이들에게는 특정 모습의 '자신'을 창조하고, 관리하고, 홍보하는 게 필수적이다. 대학생 대부분은 소셜미디어에서 개발되고 공개되는 새로운 자아의 모습을 어떻게 탐색하는지 잘 알고 있고, 이들 중 다수는 남들에게 인식될 자신의 모습을 절충하고 원하는 방향대로 이끄는 데 뛰어난 기량을 발휘한다. 이들은 마치 이미지 전담팀을 둔 유명 아이돌이나 정치인처럼 자신의 이미지를 걱정하고, 그런 뛰어난 기량은 언제나 행복한 모습을 보여야 한다는 압박감으로 이어진다.

그들은 스스로에게 보호해야 할 평판이 있다는 사실을 민감하게 인식한다. 또한 '실제로' 그 이미지로 그들의 평판이 좌우된다.

브랜디의 예를 들어 보자. 그녀는 오늘날 우리가 갖고 있는 다면적 '자아', 그중에서도 '평판용 자아(reputation self)'에 대해 오랫동안 얘기한다. 그녀는 이 단어로 다면적 성격을 가진 자신의 온라인 페르소나의 공적 모습을 설명한다. "지금은 소셜미디어의 존재가 그 어느 때보다 크잖아요? 그래서 평판용 자아가 또 다른 '저' 같아요. 왜냐하면 대부분의 사람들이 거기서 더 많이 저의 모습을 보잖아요." 브랜디가 말한다. 그녀는 사람들에게는 여러 자아가 있기 마련이라고 여긴다. 육체적이고 정신적인 자아가 있었다면, 이제는 거기에 평판적인 자아가 추가됐다. "말하자면 개인의 세 번째 버전인 거예요. 거기에 무엇을 올릴지 결정하는 것도 저고, 그 내용에 따라 저에 대한 사람들의 인식이 결정되니까요." 브랜디가 설명한다. 그러나 그녀는 '평판용 자아'가 새로운 개념이며, 소셜미디어에만 국한된 존재라고 믿는다. "[온라인에서] 사람들에게 전달하려는 이미지에 실제 자신의 모습이 반영돼 있지 않더라도, 그것조차 여전히 자신의 일부니까요." 그녀는 이렇게 덧붙인다.

나는 브랜디에게 온라인 버전의 자아가 왜 '실제' 버전의 자아와 다르다고 여기는지 묻는다. "그건 진짜가 아니잖아요." 그녀가 짧게 답한다. 그리고 우리는 모든 인터뷰에서 교집합을 이뤘던 문제의 그 지점에 당도한다 — 행복해 보인다는 것 말이다. "자신의 삶이 아무리 끔찍해도 그런 걸 올리는 사람은 없어요." 브랜디는 누군가 진짜 자신의 모습을 보여주는 것은 "더 이상 보기 힘든 드문 일이죠"라고 말한다. 그녀에게 이유를 물었더니 이런 답이 돌아온다. "요즘 특히 많이 느끼는 건데, 소셜미디어 덕분에 우리에게는 '프로필'이란 게 생겼고 이제는 프로필이 곧 우리 자신이 됐잖아요." 브랜디는 이런 상황이 옳지 않다고 여긴다. 프로필에 개인의 모든 것을 담을 수 없으므로 프로필이 그 사람 자체가 되면 안 된다는 것이다. 브랜디는 소셜미디어 프로필 때문에 우리가 원하지도 않고 맞지도 않는 어떤 '상자'에 자신을 끼워 맞추려 한다고 생각한다. 소셜미디어가 부여하는 그 '박스'는 '파티족'이나 '저지 걸'*처럼 너무 전형화된 틀로 우리를 규정하려 든다. "한 개인을 양식에 기입된 항목들을 체크하듯 묘사할 수는 없는 일이잖아요." 브랜디는 말한다. "요즘은 사람들이 소셜미디어에 많이 노출되다 보니, 다른 사람들이 자신을 어떻

---

* **Jersey Girl** 예전에는 저지 걸이 세련된 뉴요커와 달리 좀 촌스러운 듯 화려한 여성을 일컫는 말이었지만 요즘 저지 걸은 지적이면서도 세련된, 인기의 중심이 되는 젊은 여성을 칭함.

게 평가할지에 너무 연연하는 것 같아요. 실제 그런 식으로 평가되기도 하고요."

소셜미디어 때문에 자신에 대한 남들의 인식이 너무 중요해졌다는 게 브랜디의 주장이다. 그녀는 "사람들은 자신에게 일어나는 일들을 거의 초단위로 남들에게도 알리고 싶어 하는데, 이젠 그게 실제로 가능하니까요"라고 또 다른 이유를 댄다. 브랜디는 친구들이 온라인에서 보여주는 겉치레적인 모습이 눈에 거슬린다. 친구들의 페이스북 페이지에 갈 때마다 이런 생각이 든다. "이건 진짜 네가 아니잖아." 그녀는 말한다. "요즘 사람들은 자신의 삶 하나하나가 전부 근사하다는 걸 보여주려고 그 어느 때보다 심한 압박을 받아요. 마치 고등학교 동창회에서나 할 법한 행동들을 거기서 하거든요. 옛날 친구들에게 현재 자신의 삶이 얼마나 멋진지 자랑하고 싶으니까요. 딱 그래요. 어차피 고등학교 10주년 동창회를 기다리기 힘드니까 매일 그렇게 하는 거겠죠."

브랜디도 이런 압박감에서 면제된 건 아니다. 그녀도 그런 증상에 빠진 적이 없었는지를 묻자, 브랜디는 크게 웃으며 소리친다. "당연히 있죠!" 하지만 곧 이렇게 자신의 답을 정정한다. "그렇다고 제가 다른 누구보다 더 낫다는 걸 드러내려는 의도는 아니에요." 브랜디는 자신이 뭔가를 과시한다는 생각이 들 때 일종의 죄책감을 느끼는데, 그녀 주위에 있는 사람들도 다 똑같을 거라고 한다. "근데 얼마 지나면 다들 어쩔 수 없이 또 같은 함정에 빠진다는 게 문제예요." 그런 유혹은 저항하기 어렵다. 오래된 슬로건처럼, 이미지가 전부이기 때문이다.

학교에서 '잘 나가는' 여학생 사교서클에 가입한 룸메이트와 자신의 모습을 무의식적으로 늘 비교하는 한나는 소셜미디어가 정말 싫다. 그녀에게 소셜미디어란 일종의 의무일 뿐, 전반적으로 즐거운 공간이 아니다. "시간 죽이기죠." 그녀가 말한다. "너무 시간 소모가 많잖아요. 정말 [소셜미디어가] 숙제처럼 느껴질 때도 많아요. 제가 올리는 모든 것을 '큐레이팅'해야 하니까요." 한나는 학생들에게 여러 번 들었던 말 중 하나인 '큐레이팅'이란 표현을 사용한다. 그리고 여기서 한나는 또 다른 은유법을 구사한다. 바로 '매니큐어'란 말이다.

"제 생각에 사람들은 자신의 삶에 매니큐어를 칠하고, 자신의 실제 삶 대신에 사람들이 봐줬으면 하는 것들로 자기 앞에 파사드를 세우는 것 같아요." 그녀가 주장한다. "그래야 성공했다는 느낌이 드니까요. 근데 꼭 그럴 필요는 없잖아요. 예를 들어, 지난번에 '가족의 이해'라는 강의 시간에 이런 얘기를 했었거든요. 사람들이 아기를 낳게 되면 그 아이의 좋은 면만 포스팅한다는 거죠. 사진을 업로드하기 바로 5분 전에 아이가 물건들을 다 던지고 난장판을 만든 일은 절대 올리지 않아요. 그럼 남들도 이렇게 생각하겠죠. '정말 그림 같은 가족이네. 사진만 봐도 행복한 웃음소리가 들리니까 말이야'라고 말이에요. 근데 실제 가족의 모습은 완전 엉망일 수도 있어요. 말하자면, 우리는 어떤 이들이 삶에서 성공했다고 여기지만, 그건 그 사람들이 자신의 모습에 매니큐어를 칠하기 때문일 거예요." 한나는 이 문제에 대해 할 말이 아주 많은 것 같다. "전부터 이런 생각을 정말 많이 했었거든요." 그녀가 밝힌다. "정말 매니큐어랑 똑같아요! 매니큐어를 바르면 못생긴 손톱도 완벽해 보이고……. 사실 그게 손톱용 파사드잖아요! 자신의 프로필을 실제 모습이 아닌 자신이 원하는 모습 그대로 꾸미는 거죠."

나는 한나에게 그녀 자신도 프로필에 '매니큐어'를 칠하는지 묻는다. "누군가 온라인에 제가 이상하게 나온 사진을 올릴 때가 있잖아요? 그럼 속으로 이렇게 외쳐요. '제발 그 사진 좀 내려줘. 빨리 내리라고. 그런 사진을 내가 고마워할 리 없잖아!'" 그녀는 이야기를 계속한다. "그런데 누군가 제가 정말 괜찮게 나온 사진을 올리면 이런 생각이 들겠죠.

'오, 잘 나왔네. 영원히 내리면 안 돼.'" 그러고는 깊은 한숨을 몰아쉰다. "그래서 사람들이 [소셜미디어를] 좋아하는 거예요. 거기서는 언제든지 매니큐어를 칠할 수 있으니까요. 저 또한 그런 함정을 피할 순 없을 거예요. 소셜미디어에 대해 많이 생각하지만, 다른 사람들과는 방식이 좀 다른 것 같아요. 저 같은 경우에는 만약 너무 사적인 것을 온라인에 게시하면 사람들이 저를 어떤 식으로 판단하게 될지 굉장히 생각을 많이 하거든요."

브랜디와 한나는 커리어와 관련된 걱정과는 좀 다른 문제에 대해 얘기한다. 물론 그들도 취업 문제를 걱정한다. 그들은 온라인에서의 자아 형성이 일종의 연기라는 강한 믿음을 갖고 있다. 자아에는 여러 측면이 있기 마련이고, 사람들에게는 늘 공적 자아와 사적 자아가 있다. 그런데 온라인 세상이 공적 자아를 극단적인 방식으로 창조하게끔 만들고, 그 속에서 청년 세대는(그 밖에도 소셜미디어에서 활발히 활동하는 사람들 모두는) '자아 이미지'를 훨씬 더 근사하게 부각할 수 있는 방법을 골똘히 고민하고 있다.

3C: 공들여 만들고(Craft), 개발하고(Cultivate), 큐레이팅(Curate)하기
(그리고 '나를 위한 마케팅 캠페인' 벌이기)

인간은 사회적 존재이고, 사회적 존재가 되기 위해서는 관객이 필요하다. 나는 뉴욕 시에 살고 있어서 매번 지하철을 탈 때마다 불특정 관객들을 접하게 된다. 물론 내가 그들에게 관심을 기울이는 것도 아니고, 그들 또한 내게 관심이 없을지라도 말이다. 삶에서 관객이라는 존재는 소셜미디어가 생기기 전에 성장한 세대들도 똑같이 갖고 있었다. 학교 복도를 걸어가거나 점심시간에 학생식당에 앉아 친구들과 식사를 할 때도 그랬다. 우리가 그런 사실을 알건 모르건 우리 주위에는 늘 관객들이 있었고, 우리는 어떤 식으로든 그들의 존재를 의식하며 생활했다. 이를 테면 옷을 입는 데 비공식적인 규칙이 있었고, 서로 다른 집단을 구분하는 태도와 관심사가 있었으며, 인기 있는 아이들과 인기 없는 아이들도 있었다. 즉, 특정 관객들이 당신을 어떻게 인식하느냐에 따라 당신은 사회적 사다리 위로 올라갈 수도, 또 내려갈 수도 있었다. 물론 우리 중에는 남들을 앞지르며 사회적으로 빛을 발하는 뛰어난 그룹도 있었다. 그들은 가장 영리하고 약삭빠른 조종자 역할을 했다. 또 모든 사회적 작용들을 파악하려 애쓰다 실패하고, 다시 시도하고, 그러다 가끔 성공하는 부류도 있었다. 그러나 그 누구도, 심지어는 여왕벌 역할을 하는 사람조차도 관객이라는 존재나, 특히 스스로 보호해야 할 개인 '브랜드'에 대해 공개적으로 말하는 사람은 없었다. 우리는 이 방면에 완전히 무지했거나 아니면 아주 다행히도 인식하지 못했는지도 모른다.

하지만 은둔자의 길을 택하지 않는 한, 우리는 계속 '대중들' 속에서 살아야 한다. 물론 우리의 어깨 위에 분명하고 뻔히 놓여 있는 책임감을 버리는 천진함을 택할 수도 있다. 다양한 관객들을 조종하거나 그들과 상호작용하지 않아도 되는 자유를 누리는 것이다. 최근까지 이런 개념은 학자들이나 마케터, 광고인 등 특정 부류의 성인들만 다뤘던 지식이었다.

하지만 오늘날 많은 젊은이들은 자신 앞에 일련의 '대중들'이 있으며, 어떤 결과를 얻기 위해서는 자신의 관객들을 적극적으로 다루고 필요에 따라 조작할 필요도 있다는 것을 알게 됐다. 소셜미디어 덕분에 우리는 조작의 달인이자 24시간 무대에 선 배우가 됐다. 특히 젊은이들은 이런 능력이 사회든 커리어에 있어서든 성공의 핵심이라는 사실을 점점 더 어린 나이에 알게 되므로, 이 방면에 있어서는 그 누구도 청년층의 실력을 능가하지 못한다. 셰리 터클(Shrrry Turkle)은 『디지털 시대의 대화(Reclaiming Conversation: The Power of Talk in a Digital Age)』에서 소셜미디어와 IT 기기들 덕분에 문자와 이메일, 그리고 채팅을 하면서 끊임없이 자신의 말을 '편집'하는 현상에 대해 광범위한 논리를 펼쳐 나간다. 이런 상황이 지속되면서 이제 사람들은 개인적인 대화에서도 부담과 두려움을 느끼게 됐고, 극단적으로는 대화 전체를 피하게 됐다는 것이다.3 수많은 대학생과 대화를 나누고 설문조사를 실시하면서, 나는 젊은이들이 온라인에 자신을 '출간'하는 과정에서 자신의 말뿐만 아니라 자아까지 '편집'하는 방법을 배우고 있다는 데 걱정스런 마음이 들었다.

이 주제에 대해 오갔던 대화 중 아마 가장 흥미로운 부분은, 학생들이 온라인 활동을 하면서 배운 점들을 설명할 때 사용한 용어일 것이다. 젊은이들이 비즈니스에서나 통용되는 전문 용어를 많이 쓴다는 점이 흥미로웠다. 소셜미디어를 통해 '자신을 광고한다'는 건 꽤 일반적인 개념이지만, 한 학생은 사람들이 소셜미디어에서 개발하는 이미지를 이런 식으로까지 표현했다. "'자신'에 대한 비즈니스를 창출하는 데도 사용될 수 있어요."

자아의 제작이 하나의 비즈니스가 될 수 있다는 것이다.4

밍의 사례를 보자. 그녀도 브랜디처럼 온라인에서 갖는 이미지가 얼마나 중요한지 누구보다 잘 알고 있고, 그녀 역시 이런 측면을 설명하는 데 비즈니스 용어를 사용한다. "회사가 마케팅 캠페인을 하는 것과 비슷해요"라는 게 밍의 입장이다. "자신의 가장 좋은 면이나 과시하고 싶은 부분을 돋보이게 하니까요. 사회운동가의 경우에는 세상이 가장 주목했으면 하는 문제를 온라인에서 부각하는 거죠. 실제 현실에서는 문제가 그 사람을 가늠하는 핵심적인 측면은 아닐지라도 그 일부일 수는 있겠죠." 소셜미디어는 자신에 대한 특정 이미지를 세상에 런칭하거나, 개인의 삶에서 특별히 촉망받는 부분을 공개하는 완벽한 무대다. 비즈니스에는 전문성이 있어야 성공할 수 있는데, 온라인 속 개인의 존재감도 '성공'을 위해서는 집중과 프로모션, 전문화가 필요하다. 이런 자질은 대놓고 부각하지 않더라도 어떤 식으로든 나타난다. "대부분의 사람이 의도적으로 그런 생각을 갖는 건 아닐 거예요. '오, 지금이야말로 나에 대한 마케팅 캠페인을 벌일 수 있는 기회야. 사람들이 내 좋은 점들만 볼 수 있도록 광고해야지'라고 생각하진 않잖아요." 밍은 이렇게 말한다. "[소셜미디어는] 그냥 자연스런 방식으로 우리를 남들에게 보여줘요. '자, 보라고. 이게 내 삶에서 일어나는 근사한 모습들이야'라든지 '나는 지금 이런 일들을 하고 있어. 어때, 흥미롭지 않아?'라는 식으로요. 반면에 다른 사람들에게 굳이 보여주기 싫은 것들은 쉽게 빼버릴 수 있고요."

밍이 비즈니스 용어를 사용하는 데에는 또 다른 이유가 있다. 실제로 '어떤 업종'은 소셜미디어에 특별히 더 많은 관심을 기울이면서 '트위터'나 '블로그' 같은 플랫폼을 통해 자신의 사업이나 정체성을 소셜미디어로 계속 알리기 때문이다.

존이라는 또 다른 학생은 소셜미디어가 자신을 광고하는 수단이라고 주장한다. "[소셜미디어는] 자신을 광고할 수 있는 좋은 도구라고 생각해요"라고 말한다. "소셜미디어를 통해 자신을 마케팅할 수 있어요. 자신의 아이디어를 팔 수도 있고요. 좋은 측면이 많아요. 대중과 계속 접촉하며 스스로를 마케팅할 수 있다는 점에서요."

존에게 실제로 '자신을 마케팅'하는지 묻자, 그는 이렇게 답한다. "어떤 면에서는 그렇다고 해야겠네요. 저를 긍정적으로 돋보이게 하니까요. 너무 부정적인 모습은 보여주지 않고, 나쁜 일이나 부적절한 내용도 포스팅하지 않거든요. 좋은 인턴 기회나 제가 원하는 커리어와 관련된 소식처럼, 뭔가 좋은 일들만 게시해요." 존에게 소셜미디어는 자신이 열망하는 것과 관련돼 있다. 그는 자신의 좋은 모습과, 삶에서 원하는 일과 관련된 것들만 보여준다. "어떻게 보면 다들 자기 자신을 마케팅하고 있는 건지도 몰라요. 결국에는 미래에 보스가 될 사람들도 보게 될 텐데, 그 내용을 좋아할 수도 있고 싫어할 수도 있잖아요." 존은 자신의 포스팅 기준에 대해 얘기하다 갑자기 '풉' 하고 웃음을 터뜨린다. "맞네요. 저도 확실히 괜찮은 것들만 포스팅하려고 애쓰고 있네요."

그리고 처음으로 — 마지막은 아니지만 — 자신을 '브랜드'라 칭하는 학생을 만나게 된다.

파라는 자그마하고 가녀린 몸매에 긴 흑발이 부드럽게 흘러넘치는 여학생이다. 그녀는 인도네시아 자카르타 태생으로 인터뷰할 때 목소리가 너무 부드럽고 작아서, 나는 연신 그녀에게 목소리를 조금만 키워달라고 부탁한다. 공립대학 3학년에 재학 중인 파라도 온라인 속 자신의 삶을 얘기할 때 자연스럽게 비즈니스 용어를 섞는다. 그러나 그녀가 구사하는 화법은 존이나 밍보다 훨씬 친근한 편이다. 파라는 주로 소셜미디어를 통해 자기 자신을 이해한다는 점에서 취리즈와 비슷한 면이 있다. 파라는 사람들과 직접 만날 때는 수줍음이 많지만 소셜미디어에서는 상당히 외향적이라고 자신을 설명한다. 또 온라인 프로필에 대해서도 매우 신중한 편이다. 그녀는 소셜미디어 프로필이 공적 세상에서 자신을 표현하는 일부라고 여긴다. 그런 점에서 온라인 프로필은 신중하게 개발하고 관리해야 할 대상이다. 파라에게 온라인 이미지는 자신의 거의 전부이며, 브랜디처럼 온라인 이미지가 거짓이라거나 '진실하지 않다'고 여기지 않는다. 그녀도 평판에 대해 얘기한다는 점에서는 브랜디와 공통점이 있다.

"저는 저 자신을, 그러니까 제 이름을 하나의 브랜드라고 생각해요." 파라가 말한다. "그래서 소셜미디어 플랫폼에서도 열심히 참여해요. 온라인에 공유할 것들은 고르고, 선별하는 편이에요. 개인적 평판을 보호해야 하니까요. 그래서 누구랑 사귄다거나 하는 개인적인 일들은 공유하지 않아요. 굉장히 세심하게 고르죠. 큐레이터처럼요." 다른 많은 학생들에게도 공통적으로 보이는 특징이지만, 선별 능력은 포스팅을 하는 빈도나 그 내용에 있어 모두 중요하다. 너무 많은 것을 공유해서도 안 되고, 딱 적당한 내용만 공유해야 한다. "너무 많은 것을 공유한다는 생각이 들면, 전 포스트 일부를 지워버려요." 파라는 이렇게 설명한다. "누가 그 글들을 보고 읽을지를 감안해서 공유하는 내용에도 주의를 기울이고요. 어떤 교수님이 제 계정에 들어와서 그분 강의에 대한 욕이라도 보게 될지 누가 알겠어요?"

'자신의 이름이 곧 브랜드'라는 파라의 생각은 그 걱정이 교수와 미래의 직장에까지 이어진다. "[미래의 고용주든 누구든] 제 이름과 연관된 것들은 다 찾을 수 있을 거예요. 그래서 제 이름을 브랜드라고 여기는 거예요. 온라인에서 하는 행동들과 온라인 속 제 존재에 대해서는 아주 신중한 편이에요."

나는 파라에게 온라인에서 그녀를 검색하는 사람들이 그녀에 대한 '브랜드'를 어떤 식으로 접할 것 같은지 묻는다. "저는 주로 학교에서 하는 활동들을 온라인에 공유하는 편이거든요. 자극적인 내용은 없어요"라는 게 그녀의 설명이다. "제가 책임감 있는 사람이고 다른 사람들과도 잘 교류하고 있다고 생각하겠죠." 파라는 자신의 관객들을 많이 의식한다. 셀러브리티나 유명 배우, 작가처럼 그녀에게도 관객이 있다. 그래서 뭔가를 포스팅할 때 자신의 대중들을 고려할 수밖에 없다. 파라도 밍처럼 소셜미디어 활동을 통해 얼마나 많은 사람에게 다가갈 수 있는지를 걱정하며, 관객 수를 가능한 많이 늘리길 원한다. 그녀는 '온라인 트래픽이 높은 시간대'에만 포스트를 올림으로써, 그 내용이 노출될 수 있는 사람들 숫자를 최대로 높이려 한다. 이는 사람들에게 주목받으면서 그 과정을 통제하는 방법이기도 하다. "거듭 말하지만, 제가 올리는 포스트들을 가능한 많은 사람들이 읽어줬으면 하기 때문에, 하루 중 가장 많은 사람이 온라인에 있는 시간대를 골라요. 제게는 사람들의 주목이 간절하거든요." 파라가 솔직히 말한다. "사람들에게 더 많은 반응을 받고 싶고, 누군가 제 글을 읽고 있다는 걸 확인하면서 제 포스팅 활동에 힘을 받았으면 좋겠어요." 누군가 그녀의 트윗에 '마음(favorites)'을 누르고 페이스북 포스트에 '좋아요' 표시를 하면, 이는 파라가 자신의 '브랜드'를 잘 관리하고 있으며 특히 자신의 평판을 잘 보호하고 있다는 뜻이 된다. 파라는 어떤 내용을 포스팅할지 오랫동안 공을 들인다. 포스팅은 그녀에게 아주 중요하기 때문에, 좋은 피드백을 특히 많이 받을 것 같은 내용은 친구들의 조언을 구할 때도 있다. "부정적 피드백을 받을까 봐 늘 걱정이 앞서요. 그러면 실망감에 휩싸여 그 날 하루를 망치거든요. 정말 기운이 다 빠져요."

파라는 '개인 브랜드'를 관리하는 일로 지칠 때도 있는데, 그 정도가 너무 심해서 한동안 인스타그램을 끊은 적도 있었다. 자신의 '끝내주는 삶'을 보여주는 데 너무 빠져 있던 나머지 계속 '이곳저곳을 돌아다니게 됐고,' 그러자 다른 일에는 할애할 시간이 없어졌다. 하지만 인스타그램 포스팅을 멈추면 자신의 '브랜드'에 해가 될까 봐 걱정이 됐다.

"특히 저희 세대는, 그러니까 요즘 제 친구들은 다들 자기 포트폴리오를 포스팅하는 개인 웹사이트를 갖고 있어요. 그래서 서로 만나면 이런 말이 오가거든요. '너 소셜미디어 해? 어떤 거?' 전화번호를 묻는 사람이 오히려 드물어요. 대신 '너 소셜미디어 닉네임이 뭐야?'나 '너 트위터 닉네임이 뭐야?' 같은 걸 물어요." 파라는 이렇게 말한 후 잠시 침묵한다. "무슨 말인지 아시죠? 제 생각엔 [소셜미디어는] 정말 중요한 것 같아요. 저희에겐 그게 일이에요."

　나는 이렇게 많은 학생이 인터뷰 중에 '마케팅'과 '브랜드'란 용어를 사용한다는 게 과연 무엇을 의미하는지, 그리고 이런 현상이 학생들 사이에 보편적으로 퍼져 있는 프로답게 처신하는 것과 얼마나 관련돼 있는지 궁금해졌다. 사실 대학들도 자기 학교를 보호하고 관리해야 할 하나의 '브랜드'라 칭하고, 학생들을 고객이라 여김으로써 오히려 앞장서서 이런 표현을 장려하고 있다. 그러나 우리 주변에는 자신의 유튜브 채널이나 인스타그램 계정으로 수천, 수백만 조회수를 기록하며 악명 혹은 유명세를 떨치는 똑똑하고 재능 있는 젊은이들이 수없이 많다. 그들은 소셜미디어를 통해 자신의 삶과 라이프스타일을 하나의 브랜드로 자리매김하고, 이를 통해 수입을 창출하는 새롭고 값진 트렌드 메이커로 부상했다. 예전에는 할리우드 스타에게나 가능했던 일이 오늘날에는 '인터넷 스타'들에게도 일어나고 있고, 그런 식으로 돈방석 위에 앉는 사람들이 존재한다. 기업들은 젊고 소비력을 갖춘 사람들에게 의류 제품이나 개인용품을 판매하는 새로운 방법을 시도하며, 소셜미디어 사용자 중 이런 '네임 브랜드'를 활용하는 것을 새로운 금광으로 여긴다.[5]

　내가 만나본 학생들 중 엄청난 인터넷 스타를 꿈꾸는 듯 보인 사람은 없었지만, 소셜미디어에서 자신을 마케팅하고, 광고하고, 홍보함으로써 기존의 자신을 깨부수고 공적 페르소나를 새롭게 만들어낸다는 인식은 학생들 머릿속에 분명히 자리 잡혀 있었다. 학생들은 자신의 지식을 총동원해서 신중하게 온라인 이미지를 창조하고자 노력한다. 관객 — 현재뿐 아니라 미래의 — 을 위해 자아를 '제작'하는 것은 이제 후천적 본성이 됐다.

　이게 캠퍼스의 실상이다.

　아마 이 중 현실을 가장 잘 드러내는 것은 온라인 설문조사에서 학생들이 답한 내용일 것이다. 그들은 다음 질문에 '그렇다'나 '아니다'로

답해야 했다.

나는 내 이름이 하나의 브랜드이며, 이를 신중하게 개발해야 한다고 여긴다.

설문에 응답한 총 727명의 학생 중 79퍼센트가 '그렇다'는 답을 했다. 하지만 특정 이미지를 공들여 만들고 이를 관리해야 한다는, 이들에게 떨어진 기대감은 어떤가? 그 이미지가 '사실'이든 아니든 이런 기대감이 있는 것은 '사실'이다. 게다가 자신을 '브랜딩'하기 위해서는 큰 대가도 따른다.

학생들이 소셜미디어와 개인의 이미지에 대해 양립적 태도를 갖든 아니든, 그런 과정에서 좌절을 하든 아니든, 그들이 압도적으로 받는 느낌은 온라인 이미지가 엄청나게 중요하다는 사실이며, 미래를 생각한다면 자신의 이미지를 지금부터 큐레이팅해야 한다는 것이다.

그 이미지를 자신이 가진 온라인 정체성의 총합으로 비유할 수도 있겠지만, 또 어떤 식으로 보면, 그것은 그저 이미지일 뿐이다. 이쯤에서 셀피에 대한 이야기를 본격적으로 시작해보자.

🔍 4장 셀피 세대 •••
#소셜미디어는 정말 '소녀들의 전유물'인가?

♥ ○ ◁   ▢

 애비, 복음주의 기독교대학 1학년 우리 세대는 다들 자기 자신과 사랑에 빠진 것 같아요.

 그레이, 가톨릭대학 3학년 셀피 같은 건 여자애들이나 하는 짓이죠. 셀피 문제로 언팔한 친구들도 꽤 많아요. 이미지가 전부잖아요. 늘 예뻐 보여야 하고, 남들에게 인정받아야 하고.

 타누자, 복음주의 기독교대학 3학년 50년 후 사람들은 저희 세대를 '셀피 세대'란 이름으로 부를 거예요. 틀림없어요.

셀피의 목적

"저는 셀피가 다 허영심 때문이라고 생각해왔었거든요." 서부에 있는 한 기독교대학 3학년생인 타누자가 이렇게 말한다. "예전부터 진짜 많이 그렇게 생각했어요. 외모에 대한 허영심일 뿐이라고." 나는 그녀에게 지금은 생각이 바뀌었는지 묻는다. "뭐 크게 바뀐 건 없어요. 다만 이젠 셀피가 너무 일상이 돼버렸잖아요. '좋아. 세상이 다 그렇다면 어쩔 수 없지.' 같은 처지가 된 거죠. 어떤 셀피는 정말 너무 웃길 때도 있고요. 선생님도 아시죠?"

여기서 타누자는 셀피의 계층 구조에 대해 분석해나가기 시작한다. "사진에 다른 사람들은 하나도 없고 자기 얼굴만 올리는 사람들은 허영심 때문이라고 생각해요." 그녀가 말한다. "페이지 전체를 자기 얼굴로만 도배한 사람들이 실제로 있잖아요. 여전히 좀 의심이 드는 사람들이죠." 타누자는 셀피를 찍고 싶다면 반드시 다른 사람들과 함께 찍어야 한다는 주의다. 이렇게 말하는 학생들은 타누자 말고도 많았지만, 그들도 혼자 있을 때에는 카메라 앞에서 입을 샐쭉 오므리며 셀피를 찍을 것이다. 타누자의 분석은 한층 더 심오해진다. 그녀는 이렇게 자기 탐닉적인 스냅 사진들이 훗날 어떻게 비칠지 궁금하단다. "50년 후 사람들은 우리 세대를 '셀피 세대'란 이름으로 부를 거예요. 틀림없어요. 그래도 허영심이 전부는 아니었다는 걸 미래 사람들도 알아줬으면 좋겠어요. '와, 이 사람들 좀 봐. 정말 웃긴다. 도대체 어떻게 찍은 거야!' 이런 식으로요."

자기 세대가 '허영심 가득한' 사람들로 낙인찍힐까 봐 걱정하는 타누자의 모습은 눈여겨볼 만하다. 그녀의 세대에게는 이미 역사적으로 가장 자기 탐닉적이라는 딱지가 붙어 있기 때문이다. 진 트웬지(Jean Twenge)는 『자기중심주의 세대(Generation Me)』에서, 셀피의 부상을 자기애와 특권의식의 발로라고 치부하는 것은 젊은 세대를 이해하는 데 도움이 안 된다고 주장한다. 이렇게 타누자는 본인 세대가 갖고 있는 평판을 잘 알고 있으면서도(다른 많은 학생처럼), 자신들이 재밌고 창의적인 사람들로 기억됐으면 한다. 사회가 그녀 세대에 붙인 부정적인 꼬리표를 바라보는 타누자의 시각에는 패배주의적 경향도 있다. 타누자는 셀피가(또 그들 세대에서 일어나는 다른 모든 현상이) 단지 또래 친구들의 놀이문화일 뿐이라는 사실을 알고 있지만, 이를 판단할 위치에 있는 사람들도 과연 자신의 주장을 믿어줄지 자신이 없다(왜냐하면 그 판단은 이미 다음 세대에 넘어갔기 때문이다).

하지만 셀피 문화는 온라인에서 행복하고 인기 있는 사람으로 보이려는 학생들의 압박감과 깊은 관계가 있다. 셀피란 주로 가장 멋진 얼굴, 가장 아름다운 모습, 가장 근사한 옷, 또는 어쩌다 나온 완벽한 헤어스타일을 위해 찍는 사진이기 때문이다. 셀피란 말 그대로 겉모습이 전부면서, 누구와 함께 찍느냐도 중요하다. 모든 셀피에 당신 혼자만 있어서 남들한테 자기밖에 모르는 사람으로 인식되길 바라는 사람은 없을 것이다. 아무리 셀피에 중독됐다 할지라도, 섬세한 균형 감각이 필요하다.

가톨릭대학 2학년에 재학 중인 엘리스도 셀피에 대해 타누자와 비슷한 감정을 갖고 있다. "재밌잖아요. 저도 예전에는 셀피가 싫었어요." 그녀는 말한다. 하지만 그녀도 타누자처럼 어느 순간 셀피에도 여러 종류가 있다는 걸 깨닫기 시작했다. 좋은 셀피와 나쁜 셀피를 나누는 것은 그 사진을 찍은 사람의 의도로 갈린다. 셀피가 자신의 에고를 만족시키는 수단이 돼서는 안 된다는 것이다.

"예전에는 셀피를 찍는 이유가 '좋아요'를 많이 받기 위해서라고 생각했어요. '좋아요'를 많이 받으면 그 여학생이 진짜 예쁘다는 걸 인정받는 거니까요." 엘리스는 이렇게 설명한다. "또 어떤 셀피가 '좋아요'를 거의 받지 못하면 그 여자애가 외모로 인정받지 못하는 증거라고 생각했고요. 그런 개념이 싫었어요. 너무 유치하잖아요." 엘리스의 말을 듣고 있자니, 그녀가 남자들은 아무도 셀피를 찍지 않는다고 생각하는 것 같았다. 다들 셀피는 남자들과 상관없다고 여기는 걸까? 적어도 엘리스는 처음에 셀피의 목적이 전적으로 다른 사람들이 여자들의 외모를 평가하는 용도라고 여겼고, 그래서 거북했던 것이다.

그러나 어느 순간 그녀는 셀피가 찍는 사람에게 순기능도 발휘할 수 있다는 생각을 갖게 됐다. 올바른 인식에 따라 제대로 복장을 갖추고 셀피를 찍으면 자신에게 유익할 수 있다고 인식이 바뀌기 시작했다. "솔직히, 어떤 옷을 입고 찍느냐에 따라 다른 것 같아요. 배꼽티를 입거나 너무 진한 화장을 하고 있으면, 그건 자신에게 주목해달라는 뜻이잖아요. 사진을 올린 의도도 뻔하죠." '좋아요'를 받는 게 목적이라면, 그 셀피는 순수하지 않다는 게 엘리스의 주장이다. 그녀는 셀피의 의도가 '좋아요'를 받는 것과는 무관해야 하고, 순전히 셀피를 찍으려고 특정한 방식으로 옷을 입거나 화장을 하면 안 된다고 생각한다. 하지만 셀피의 의도를 화면에서 보이는 이미지로 정확히 구별할 수는 없다. "다들 특별한 일로 예쁘게 꾸미는 날이 있잖아요." 엘리스가 말한다. "그런 날에는 보통 사진도 찍어두고요. 그런 셀피는 괜찮아요. 물론 저는 그런 사진도 좀 불편하지만요." 즉 멋진 옷이나 헤어스타일, 화장을 한 날에 부수적으로 따라오는 셀피는 허용될 수 있다는 말이다. 엘리스에게 셀피는 자신이 매력적으로 보이고 자신감이 있을 때 그 순간을 담아두는 방법이다. 그런 판단에 따라 셔터를 누르는 것은 전적으로 사진을 찍는 주체의 몫이다. 엘리스는 사진에 붙은 설명도 영향을 준다고 주장한다. "모든 건 그 사진을 올리는 의도와 그 제목에 달려 있어요. 만약 셀피 제목이 '나 좀 봐!' 같은 거라면, 그러니까 그게 셀피를 올린 중요한 목적이라면 그런 포스트는 올리지 않는 게 맞아요."

엘리스에게 셀피는 절대 그냥 셀피가 아니다. 그것은 자신이 누구인지를 표현하는 수단이다. 아무리 외모에 자신이 있어도 그 점을 너무 과시하려고 하면 도리어 자신의 추한 모습까지 자연스레 드러날 것이다.

셀피 애호자와 셀피 혐오자
모두가 타누자와 엘리스처럼 셀피에 대해 깊이 생각하는 건 아닐지라도, 학생들은 다들 셀피에 대해 저마다의 생각이 있었고 좀 극단적인 경향도 있었다. 셀피에 대해 질문을 하면 학생들의 반응이 두 부류로 나뉘기 때문이다. 내 눈을 피하면서 "전 셀피가 싫어요!"라고 답하는 학생이 있는가 하면, 갑자기 표정이 환해지면서 "셀피야말로 최고죠!"라고 흥분하는 학생들도 있었다. 이런 반응은 온라인 설문조사에서도 똑같이 나타났다. 총 364명의 학생들이 셀피와 자신의 삶을 기록하려는 끝없는 욕망에 대해 의견을 밝혔고, 전체 설문 문항을 통틀어 가장 긴 답변들도 주로 이 주제에서 나왔다. 하지만 학생들의 답변에는 일반적인 패턴이 있었다. 어떤 학생이 '셀피는 내 사랑!'이라고 답변하면, 또 다른 학생은 '셀피는 정말 최고다!'라고 답했고, 그 뒤에는 또 어김없이 '셀피를 정말 혐오한다!'란 의견이 나왔다. 다른 어떤 설문 문항보다 이 질문에 대한 답변에서 느낌표가 많이 보였다는 점도 특징적이다. 셀피에 대해 복합적인 감정을 갖고 있는 학생들도 "셀피가 좋은 점은……"으로 시작해서, "그렇지만 사람들이 셀피를 찍는 방식은 추하다"라는 말로 끝나곤 했다.

내가 인터뷰했던 학생 중 셀피를 싫어한다던 한 남학생은 간단하게 이렇게 말했다. "멍청한 짓거리예요." 내가 이유를 묻자 좀 더 구체적인 답변이 이어졌다. "전 누가 매일 어떤 옷을 입는지 알고 싶지도 않거든요. 10분 뒤면 만나게 될 친구 얼굴을 사진으로 매일 왜 봐야 하는지도 모르겠어요. 제 말은, 누군가와 데이트를 하는 날이라든지, 아니면 '오, 나 오늘 좀 괜찮아 보이는데.' 하면 셀피를 찍을 수도 있어요. 저도 그런 적이 있으니까요. 좀 잘생겨 보이거나 일이 있어서 옷을 차려입은 날은 사진을 찍어서 인스타그램에 올리기도 하거든요. 근데 그거랑은 차원이 다르잖아요. 매일 찍는 셀피요? 아…… 제발…… 전 사양할래요! 좀 현실을 살았으면 좋겠어요. 어차피 화면 구석에 쪼그만 자기 사진이 걸려 있잖아요. 그 사람 얼굴이 보고 싶다면 프로필 사진을 클릭하면 되거든요. 또 다른 사진들까지 매일 보고 싶진 않아요."

이런 식으로 느끼는 사람이 이 청년만은 아니다. 온라인 설문조사 결과를 보면 셀피 혐오자가 셀피 추종자보다 거의 두 배나 더 많았다.

특히 많은 젊은이가 셀피가 '자존감을 높이는 데 도움이 되지 않고', 자신의 신체 이미지에도 악영향을 미치며, '다들 끊임없이 자기 자신을 다른 누군가와 비교하는' 문제적 트렌드에 기여하며, 계속해서 사람들끼리 서로 경쟁하게 만든다고 주장했다. 많은 학생이 "셀피는 자기애적 표현이다"라고 답했으며, 실제로 '자기애'란 말은 반셀피주의자들이 이 트렌드를 설명하는 데 가장 많이 사용한 단어 중 하나였다. 셀피 때문에 "사람들이 더 이상 그 순간을 살지 못한다"며 불평하는 학생들이 많았고, 이는 비극적이고 안타까운 손실이라고 여겼다. 그들은 셀피를 거만하고, 자기중심적이며, 역겹고, 굴욕적이며, 우스꽝스럽고, 지루하며, 무용하고, 이기적이며, 창피한 줄 모르고, 허영심 가득하며, 쾌락적인 행위로 치부했다. 사람들은 일반적으로 셀피 트렌드가 이제 '통제 불능' 상태에 다다랐고 '갈 데까지 갔다'고 느끼고 있었다.[1]

본인 세대가 셀피를 통해 규정되는 상황에 대해 특히 쓴소리를 하는 학생들이 많았다. 복음주의 기독교대학 1학년생 한 명은 설문지에 이런 답변을 썼다. "오늘날 셀피 문화를 만든 것은 밀레니얼 세대의 특권 의식이라고 생각한다. 우리 젊은이들은 세상이 본인 위주로 돌고 있고, 다들 본인이 하는 일에 주목한다고 믿는다. 하지만 실상은 다들 자기 자신만 생각하느라 남이 포스팅한 내용은 한두 시간만 지나도 전부 잊고 만다."

그럼에도 셀피는 많은 이에게 악의 없는 즐거움이다. 1980년대에 자란 사람들이 쇼핑몰에서 큰돈을 써가며 찍었던 프로필 사진의 하이테크 버전이라고 할 수 있다.

셀피에 대해 내가 물었을 때 얼굴이 환해진 한 젊은이는 가톨릭대학

1학년 학생이다. 그는 "셀피요⋯⋯." 하며 가벼운 한숨을 쉰다. "저는 정말 셀피 팬이거든요. 완전 좋아해요!" 이유를 묻자 그는 이렇게 대답한다. "저는 어디를 가든 셀피를 찍어요. 기숙사 방에 앉아서 공부를 할 때나 전화를 받을 때, 또 맥(Mac)으로 작업을 할 때도 셀피를 찍거든요. 재밌잖아요. 특히 강의 시간이 최고예요."

사실 많은 학생이 교수님이나 선생님의 강의에 집중해야 할 그 시간에 셀피를 찍는다.

셀피 애호가들을 통해 알게 된 또 다른 사실은 페이스북용 셀피와 스냅챗용 셀피에 차이가 있다는 것이다. 차이는 사진의 영속성에 있는데, 상당히 큰 차이다. 곧 '사라질 포스트'는 한 곳에 계속 저장된 채 이따금씩 당신의 삶에 등장할 수 있는 포스트보다 훨씬 재밌기 때문이다.

3학년인 잭슨은 껄껄 웃으면서 자신이 셀피를 좋아하는 이유를 짧게 설명한다. "제가 어떻게 생겼는지 볼 수 있잖아요." 그렇다고 그가 자신의 셀피를 매번 소셜미디어에 공유하는 것은 아니다. "그냥 폰으로 혼자 볼 때도 많아요." 그가 말한다. "진짜 셀피를 찍는다고는 할 수 없겠네요. 제 사진들을 보면서 이런 식으로 혼잣말을 해요. '와, 자식 오늘 좀 괜찮네.'" 잭슨은 스마트폰에 있는 카메라의 거울 기능을 즐겨 사용한다고 한다.

그렇지만 잭슨도 셀피를 찍을 때면 그 사진을 어떻게 할지부터 결정한다. 스냅챗, 인스타그램, 페이스북 중 어디에 올릴지 정하는 것이다. "스냅챗에는 아무거나 다 올릴 수 있어요. 신경 쓸 게 없어요." 잭슨이 말한다. "예를 들어 아침에 일어나서 막 찍은 사진을 스냅챗에는 올릴 수 있지만 인스타그램에는 업로드하지 않아요. 모닝 셀피는 너무 사적인 사진이니까요." '아주 세련된 사진'은 스냅챗보다는 인스타그램으로 보낸다. 보통 페이스북이나 인스타그램에는 셀피의 경우에도 뭔가 긍정적인 일을 하고 있는 사진을 올린다. 잭슨은 과외활동으로 아이들을 가르치는데 그런 모습은 좀 더 영속적인 방식으로 남들과 공유한다. "아이들과 함께 있을 때요. 그러니까 봉사활동 같은 걸 할 때도 셀피를 찍어요." 그가 설명한다. 잭슨의 페이스북 계정에 가보면 그가 지역 공동체에서 봉사활동을 하는 모습을 많이 볼 수 있다. "하지만 스냅챗에는……" 잭슨이 말한다. "뭔가 재밌는 것들만 올리다 보니 거기 사람들은 제가 자원봉사를 하는지도 모를 거예요."

내가 인터뷰나 설문조사를 통해 접한 학생들은 계속해서 소셜미디어를 영속적인 플랫폼과 좀 더 일시적인 플랫폼으로 구분하는 경향이 있었다. 스스로를 셀피 혐오자라고 밝힌 학생들도 이후 스냅챗만은 좋아한다고 말하는 경우가 많았다. 그들은 뭔가 황당한 행동을 하는 자신의 사진을 하루에도 예닐곱 번씩 찍어서 스냅챗에 올린다고 했다. 하지만 보통 이런 사진들은 셀피로 간주되지 않는다. 왜냐하면 이들이 불쾌감을 나타내는 셀피란 좀 더 '전형적인' 의미에서 허영심을 채우기 위한 사진이기 때문이다. 즉 자기 사진을 수십 장 찍은 후 가장 잘 나온 사진을 하나 골라 페이스북이나 인스타그램에 올리는, 영원히 기록으로 남을 사진들을 말한다. 반면에 스냅챗 셀피는 말 그대로 단 몇 초간 존재하는 '버려질 셀피'다. 스냅챗 셀피는 순식간에 사라지므로 진짜 셀피로 간주되지 않는다.

어쩌면, 셀피는 전적으로 그 의도로 결정된다는 엘리스의 말이 맞는지도 모르겠다.

셀피 개종자

타누자처럼 엘리스도 한때는 셀피 회의론자였지만 이제는 태도가 바뀌었다. 내가 인터뷰한 학생 중에는 이른바 '셀피 개종자'로 부를 만한 학생들이 아주 많았다.

"처음에는 마음에 들지 않았는데 지금은 좋아하는 편이에요." 한 여학생은 이렇게 말했다. "처음에는 정말 무의미하고 가치 없다고 여겼거든요. 셀피 같은 건 절대 찍지 않았어요. 특히 기차 안이나 군중 속에 있을 때 셀피를 찍는다는 건 상상도 못했고요. 사람들이 뭐라 생각할지 창피했거든요. 근데 이제는 괜찮아요. 왜 변했는지 모르겠어요. 어쨌든 이제는 셀피를 꽤 많이 찍는 것 같아요. 그냥 받아들인 거겠죠. 평범한 사람들도 다들 셀피를 찍으니까요."

내가 만나본 학생 중 가장 흥미로운 셀피 개종자는 아담이란 이름의 청년이었다. 그가 들려준 셀피 개종담은 이렇다. 그는 최근 생애 처음으로 여자친구를 사귀게 됐는데, 소셜미디어에 대해 말할 때도 그 흥분을 감추지 못한다. 아담은 여자친구와 사랑에 빠져 있다. 그녀에 대해 말할 때면 얼굴에서 미소가 떠나지 않는다. 아담은 자신의 연애 얘기를 자진해서 얘기하려 하고, 그중에서도 셀피에 대해, 특히 페이스북에 올리는 셀피에 대해 즐겁게 털어놓는다. 자신에게 여자친구가 있다는 사실이 건물 꼭대기라도 올라가서 소리치고 싶을 만큼 자랑스럽기 때문이다. 여자친구의 존재는 아담의 삶에 새롭고 흥분되는 순간들을 만들어줬고, 그는 여자친구를 자신의 하이라이트 영상 속에 담고 싶어한다. 아담의 다정함과 애정이 내 마음까지 따뜻하게 만든다. 그가 들려준 얘기 중 일부는 학생들과 가진 인터뷰에서 접했던 소셜미디어에 대한 의견 중 가장 감동적이면서도 긍정적인 일면을 드러내며, 셀피도 예외가 아니다. 먼저, 아담은 예전에는 거울 속 자신의 모습이 싫었다고 고백한다. 그래서 거울 보는 일도 싫어했다.

"아주 오랫동안 저는 자신감이 없었어요. '녀석, 참 못생겼다.' 뭐 이런 기분이었거든요." 아담은 솔직하게 말한다. "근데 여자친구가 생긴 다음부터는 제 모습을 볼 때도 기분이 좋아지더라고요." 셀피 얘기가 나온 건 이 대목에서였다. "한 번도 셀피를 좋아한 적이 없었는데 데이트를 시작한 후부터는 좋아졌어요." 그가 웃으며 말한다. "셀피를 찍어야 데이트가 공식적으로 시작되는 느낌이 들거든요. 여자친구 덕분에 제 외모에 자신감이 생겼고, 아마 지금은 누가 보면 나르시시스트라고 생각할지도 모르지만, 그냥 셀피 찍는 게 좋아요. 그 순간을 담아두고 싶어요."

아담은 누가 봐도 나르시시스트 타입은 아니다. 나는 그의 말을 들으며 엘리스의 주장을 떠올린다. 그녀는 자신의 모습이 만족스러울 때 그 순간을 기념하는 방식이 셀피라고 말했었다. 그런 증표를 만들어냄으로써 나중에, 언젠가 기분이 우울할 때 꺼내볼 수 있기 때문이다. 그리고 아담의 경우에는 자신의 삶에 등장한 누군가의 관심과 그 기쁨을 셀피로 기록함으로써 건강하고 높아진 자존감을 기억하는 것이다.

나는 아담에게 여자친구와 함께 찍은 셀피들을 어떻게 하는지 묻는다. "페북에 올려서 간직해요." 그가 자랑스럽게 말한다. 그들은 굉장히 다양한 셀피를 찍는다. "암 연구를 후원하는 자선행사에 참가한 날, 근사한 저녁 식사를 한 날, 또 뭔가를 기념한 날이라든가, 바닷가에 간 날도 찍었고요. 다 기억하기도 힘들어요. 멋진 여행이나 특별한 데이트가 있는 날도 그렇고요." 아담에게 셀피는 중요한 의미를 지닌다. 셀피 덕분에 여자친구와 함께하는 모든 일이 더 현실적으로 느껴지기 때문이다. "예전에는 셀피에 거부감이 있었는데, 한 번 찍기 시작하니까 좋더라고요. 제 추억들을 더 단단하게 만들어주는 것 같아요. 그러니까, 뭔가를 떠올려 보지만 기억이 흐릿할 때가 많잖아요? 근데 사진을 찍어놓으면 그걸 다시 보면서, '아, 기억난다. 이때 정말 행복했는데……'라거나 '이건 어느 식당에 갔을 때구나.' 혹은 '바닷가 갔을 때 찍은 사진이네.' 하면서 그때 추억이 생생히 떠오르잖아요."

나는 아담에게 그가 올린 셀피들에 '좋아요'가 많이 달리는지 묻는다. 그러자 그는 이렇게 대답한다. "10개에서 15개 정도 달리는 것 같아요. 제게는 굉장한 숫자죠. 친구들이나 가족, 또 여자친구 가족이 눌러 주거든요. 여자친구 가족이 절 정말 좋아해 줘요."

온라인 설문조사에서도 응답자들의 약 절반은 셀피에 대해 긍정적인 인식을 갖고 있었으며 엘리스나 아담의 얘기와 비슷한 이유를 드는 경우가 많았다. 즉 셀피가 자존감을 높이고 정체성을 형성하는 데 긍정적인 역할을 할 수 있다는 점이다(특히 여성들에게).[2]

그런 학생 중 한 명으로 사립대학 1학년인 한 여학생은 "나는 셀피 문화가 정말 좋다"라는 말로 셀피에 대한 애정을 과시했다. "자신의 정체성을 스스로 만들어 나가는 행위라고 생각한다. 많은 여성이 자신의 신체나 아름다움을 통제할 수 있고, 그런 점에서 셀피가 위대하다는 생각까지 든다." 다른 학생들도 셀피가 어떻게 '신체 이미지를 긍정적으로 만드는지', 그리고 '자신감과 더불어 신체의 긍정적인 면들을 어떻게 촉진하는지'에 대한 관점에서 셀피의 장점을 설명했다. 또 다른 여대생은 셀피가 가진 정치적 힘에 대해 언급하기도 했다. "셀피 문화는 특히 여성이나 소외계층에게 막강한 힘을 부여하는 것 같다." 그녀는 셀피가 너무 젊은 여성들의 전유물로 여겨지기 때문에 부당한 비판을 받는다는 의견도 남겼다.

"나는 셀피 문화가 정말 좋다!"로 답변을 시작한 또 다른 여성은 좋은 셀피가 자기수용력을 높이는 데 미치는 영향력을 줄줄이 나열했다. "자신을 표현할 수 있는 공간을 갖고, 자신을 긍정적인 방식으로 사랑하는 것은 중요하다"라고 그녀는 썼다. "셀피 문화가 짜증 난다는 사람들도 있지만 이유가 뭘까? 셀피는 자신을 사랑하는 사람들의 자기표현일 뿐인데 사람들은 거기에 딴지를 건다. 행복은 자기 자신을 사랑하는 데서 시작되며, 그런 점에서 자신을 축하하는 행위는 중요하다."

셀피 찬양자인 또 다른 여성은 설문조사에서, 남들은 자신을 매력적이라고 여기지 않을지라도 셀피를 통해 자신을 인정하고 '존중'할 수 있다는 의견을 남겼다. "셀피는 외모가 뛰어나지 않은 사람도 스스로 자긍심이 있다는 것을 표출하는 방법이다"가 그녀의 주장이었다. "이전까지는 남들이 우리 사진을 찍어줌으로써 존경심을 표출했고 지금도 사람들은 서로 사진을 찍어준다. 하지만 앞선 기술 덕분에 이제는 사진을 찍어줄 타인의 존재가 없어도 스스로를 존중할 수 있게 됐다."

셀피는 이런 학생들에게 자아 가치를 확인할 수 있는 중요한 기회를 제공한다. 특히 이런 효과는 타인을 통해 자신의 가치를 잘 인정받지 못한 사람들에게 더욱 강하게 나타난다. 셀피를 찍는다는 것은 자신의 모습이 사진으로 포착돼서 남들에게 게시할 정도로 가치가 있다는 것을 스스로 결정하는 일이며, 일부 젊은이들에게는 그동안 또래 친구들이 가졌던 권리를 되찾는 행동이 된다. 누가, 또 무엇이 사진으로 남길 만한 가치가 있는지를 타인 대신 본인 스스로가 결정하기 때문이다.

한 여학생은 셀피가 영감을 일으키고 자신의 꿈을 되새기는 데 도움이 된다고 답했다. "여행을 하면서 아메리칸 드림을 실천하는 사람들의 사진을 보면, 나도 졸업 후 가족과 함께 그런 삶을 누리고 싶다는 생각이 든다"가 그녀의 답변이었다. 셀피를 통해 어떻게 자아를 충족시킬 수 있는지를 표현한 답 중에는 이런 글도 있었다. "사람들은 대부분 자기 얼굴을 즐겨 본다. 허영심도 조금은 영향이 있겠지만 재밌기 때문이다. 게다가 모험심이 들 때도 있다."

셀피를 좋아하고 즐겨 찍는 학생들도 무절제한 포스팅은 피해야 한다고 생각한다. 셀피를 너무 많이 올리면 남들에게 부정적인 인식을 심어주므로, 셀피를 포스팅하는 빈도에 신경 써야 한다는 것이다. 그러나 대부분의 사람이 가끔 올리는 셀피는 괜찮다고 여긴다. 모두들 공범이기 때문이다.

셀피 문화

학생들에게 셀피가 과연 무엇인지를 물었을 때—즉 자신의 모습을 셀피로 기록하는 트렌드가 어디서 기인했는지, 그런 욕망은 또 어디서 오는지—많은 학생이 쉽게 답을 찾지 못했다. 많은 학생이 일상적으로 셀피를 찍고 있음에도, 그런 욕망의 기원과 트렌드를 묻는 질문에는 다소 예민한 반응을 보였다.[3] 스마트폰 때문에 사진 찍기가 너무 쉬워졌기 때문이라고 말하는 학생들도 있었고, 셀피 찍기에 최적화된 카메라가 등장했기 때문이라고 말한 친구들도 있었다.

하지만 에이미라는 여학생은 일종의 '닭이 먼저냐, 달걀이 먼저냐' 식의 답을 제시한다. "눈덩이가 점점 커지는 현상이랑 비슷한 것 같아요." 에이미가 말한다. "제게는 셀피가 새로운 현상이 아니거든요. 전 아직 어려서 그런지 페북이나 인스타그램이 있기 전부터 셀피를 찍어왔고, 그것이 늘 제 삶의 일부였어요. 또 사람들 모두가 자신의 모습이 얼마나 근사한지 과시하려고 셀피를 찍는 건 아닐 거예요. 적어도 그렇지 않기를 바라요. 제 생각에 요즘에는 다들 자신의 삶을 남들과 공유하니까 그걸 보는 사람들은 자기도 거기에 합류해야 한다고 여기는 것 같아요. 본인 삶도 충분히 쿨하고, 자기도 남들만큼은 하고 산다는 걸 드러내야 하는 거죠. 다른 사람들의 포스트를 보고, 거기에 합류하고, 그러다 보면 아까도 말했지만 그런 움직임이 눈덩이처럼 커지면서 어느 순간 누구나 하는 행동이 되는 것 같아요. 모두가 그 트렌드에 기여하는 거죠."

셀피 현상에 대해 진지하게 걱정하는 학생들도 있다. 이들은 아주 사소한 일까지 모든 일상을 사진으로 올리면서 자신의 행동을 '증명'하려는 사람들에 대한 우려감을 나타낸다. '사진이 없으면 실제로 일어난 일이 아니다'란 말도 있듯이 말이다. 학생들은 셀피가 사람들의 실제 삶보다 더 우선순위를 차지한다고들 말한다. 어떤 일을 실제 경험을 위해서가 아닌 사진 찍기를 목적으로 한다는 것이다. 남서부의 복음주의 기독교대학에 다니는 막스 같은 학생은 셀피를 찍고 모든 것을 기록하려는 욕망이 취업에 대한 불안감과 관련돼 있다고 주장한다. 장래 고용주에게 자신의 하이라이트 영상을 선사하고픈 마음에서 생겼다는 말이다.

"소셜미디어를 통해 자신이 실제 현실 속 모습과 다르다는 것을 남들뿐 아니라 자기 자신에게도 증명하려는 사람이 많은 것 같아요." 막스는 이렇게 말한다. "사람들이 셀피를 찍는 근본적인 이유가 그런 솔직하지 못한 베일 때문이라는 생각이 들어요. 개인적으로는 저도 사진 찍기를 좋아하고, 남들과 공유하기도 해요. 근데 제가 그렇게 사진을 공유하는 이유는 그들의 부러움을 사기 위해서가 아니거든요. 제 포스팅을 본 사람들에게 '오! 아!' 같은 감탄사를 듣기 위해서가 아니에요. 사진에 누군가를 태그로 다는 사소한 문제들도 사람들에게 내가 어떤 사람들과 어울려 다니는지를 과시하기 위해서가 아니고요. 그런 문화는 전부 다 자기 가치와 연관돼 있는 것 같아요." 막스는 자신의 삶을 이상화된 버전으로 보여주는 셀피 때문에 우리가 더 불안해진다고 여긴다.

막스는 온라인 속 '사진 문화'가 취업에 대한 불안과 상당히 관련이 깊다고 반복적으로 말한다. 그는 셀피 현상을 설명하면서 비즈니스 용어를 사용한다. "소셜미디어는 자신을 홍보할 수 있는 강력한 도구예요. 기업 입장에서 설명하자면, 소셜미디어는 프로모션 도구면서 마케팅 도구고, 어쨌든 그런 효과를 내죠. 또 개인의 입장에서 보면, 그 대상이 페이스북이든 스냅챗이든 아니면 인스타그램이든, 거기에는 한 사람의 가장 이상적인 자아가 표출돼요. 셀피와 관련된 모든 문화에서는 자신이 어떻게 보일지에만 지나치게 몰두해요."

셀피는 행복 효과를 발휘하는 데 큰 역할을 한다. 셀피는 필요의 산물이며, 온라인에서 자신을 홍보해야 한다는 것은 대학생들 사이에 보편적으로 깔려 있는 인식이다. 하지만 그 결과 우리 청년들은 소셜미디어에서 자신을 홍보하는 방법만 고민하느라 그 순간을 즐기면서 느끼는 참된 행복감을 박탈당하고 말았다.

"저는 개인적으로 불만이 많아요." 막스가 말한다. "휴대폰을 꺼내 사진을 찍는 동안, 그게 불과 몇 초 동안의 일이라 해도, 그 순간의 친밀감을 잃게 되잖아요. 저는 어떤 일이 좋으면 그게 하이킹이든 콘서트든, 그 순간을 확실히 즐기는 게 중요하거든요. 제가 좋아하는 일이니까요. 그런 다음에 그 순간을 기억하기 위해 사진을 찍어요. 20년 후에 제 인스타그램 계정에 들어가서 그때를 돌이켜볼 수 있다는 건 좋은 일이니까요. 물론 그때까지 인스타그램이 존재하고 그 일이 좋은 기억으로 남아 있다면 말이죠. 하지만 제 자신을 홍보하거나, 다른 사람에게 보여주거나, 제 삶이 행복하고 충만하다는 걸 증명하기 위해 사진을 찍는 건 아니거든요." 막스에게도 사진은 자신의 경험을 기억하는 도구로서 가치를 갖지만, 일부 사람들의 경우에는 셀피가 경험을 대체하고 있다고 지적한다. 그런 우려를 나타내는 학생은 막스 외에도 많았다.

"경험을 기록하려는 이유는 근본적인 불안감 때문이라고 생각해요. 그래서 자신의 삶을 입증해줄 일들을 포스트로 남겨야 한다고 느끼는 거예요." 막스는 말한다. "그리고 그런 행위가 일종의 경쟁이 돼버렸어요. 누가 가장 근사한 장소에 다녀왔는지, 누가 가장 근사한 것들을 발견했는지, 또 누가 자기 사진을 가장 근사하게 찍었는지에 대한 경쟁이요.

그런 과정에서 아주 이기적이고 자기중심적인 문화가 자리 잡았고 우리 사회를 잘못된 방향으로 이끌고 있어요. 아까도 말했지만, 콘서트에 갔 든 하이킹을 다녀왔든 그 일 자체가 갖는 중요성은 잊히기 시작한 거죠. 콘서트 관객들은 더 이상 음악을 즐기지 않고, 어떻게 하면 완벽한 앵글 로 그 장면을 찍을 수 있는지만 연구해요. 물론 저도 그럴 때가 있지만, 다른 사람들은 거의 병적인 것 같아요."

그의 말에서 분명히 느낄 수 있겠지만, 막스에게 셀피 문화는 좀 복 잡하게 뒤얽혀 있다. 막스 역시 셀피를 찍으면서 동시에 우려감을 갖고 있기 때문이다.

반면에 데이빗은 전혀 갈등을 못 느낀다. 데이빗은 셀피를 '찍지' 않 는다. "제가 어디에 있든 셀피로 올리지는 않을 거예요." 그는 힘을 실어 말한다. "어딘가로 가는 도중에 셀피를 찍을 일도 없고요. 말하자면 '지 금은 인터뷰 가는 중' 같은 글 말이에요." 그는 농담처럼 말하더니 갑자 기 우스꽝스러운 가성으로 이렇게 말한다. "이건 꼭 셀피로 올려야 해!" 마치 쉬지 않고 자신의 모습을 찍어대는 사람들에게 진저리가 난다는 듯 한 모습이다.

데이빗은 이런 트렌드의 이면에 대해 여러 가능성을 언급한다. "자 신이 현재 하고 있는 일을 남들한테 업데이트해 주려고 올리는 사람들도 많아요. 그런 면에서는 이게 다 스마트폰이라는 새로운 기술 탓이라는 생각도 들어요"라는 게 그의 설명이다. "내 손 안에 뛰어난 카메라가 하 나 있는 거잖아요. 신상 아이폰 6으로 날마다 새로운 사진을 찍지 않을 이유가 있을까요? 그런 거죠!"

데이빗은 이 문제에 대해 열띤 반응을 보인다. "전 정말 셀피에 반 대하는 입장이에요"라고 강조하며 말한다. "개인적으로, 트위터나 인스 타그램에 가서 매일 같은 사람 얼굴을 볼 때면 짜증이 나요. 왜 그런 사진을 매일 올리는 거죠? 상대가 요즘 어떻게 지내는지 아는 것도 좋지만, 다른 사람의 똑같은 얼굴을 제 타임라인에서 날마다 보고 싶진 않거든요." 데이빗도 소셜미디어에서 사람들과 연락하며 지내는 것은 좋아하지만 그들의 정보가 쉬지 않고 쏟아지는 건 정말 방해가 된다. "자신이 어디에 있는지, 누구랑 함께 있는지를 매일같이 제게 알리지 않았으면 좋겠어요." 그가 말한다. 만약 누군가에 대한 정보가 필요하다면 직접 연락해서 얻으면 되기 때문이다.

데이빗의 말에 따르면 이런 경향은 남성보다 여성들 사이에서 더 심하다고 한다. 물론 남자라고 전혀 그렇지 않다는 건 아니지만, "여성들은 정말 셀피를 무지하게 많이 해요." 그가 웃으며 말한다. "남자애들도 셀피를 안 하는 건 아니지만, 그 정도로 많이 올리진 않거든요"라는 게 데이빗의 주장이다. "여자가 소셜미디어에 대한 관심도 많고 사진도 더 많이 찍는 것 같아요." 데이빗은 이렇게 보충한다.

소셜미디어는 과연 여성의 전유물인가?

데이빗 주변의 많은 사람은 여성이 남성보다 셀피를 더 많이 게시하고 보편적으로 여성이 남성보다 소셜미디어 활동 빈도가 높다고 여긴다. 인터뷰에 참여한 대다수 학생도 여성이 남성보다 셀피를 더 많이 찍고 이를 올리는 빈도도 더 높다고 — 그것도 훨씬 많이 — 여기는 경우가 많았다. 그들 대부분은 소셜미디어가 '소녀들의 전유물'이라고 여기고 있었다. 재밌는 사실은 남학생과 여학생 모두 이런 생각을 갖고 있다는 점이다.4

페이스북 그룹을 17개나 관리하던 취리즈 또한 이런 확신을 갖고 있다. "일단, 남자애들은 셀피를 그다지 올리지 않아요." 그녀가 말한다.

"많이 올리지 않을뿐더러 남자애들 셀피는 다 제각각이거든요. 미식축구를 하는 사진처럼 스포츠와 관련된 사진이 많지만, 어쨌든 다양하고 사실상 개인적인 사진은 거의 없어요. 반대로 여자나 게이 남성들은 개인적인 사진을 많이 포스팅하죠. 자신이 어디에 있는지, 또 지금 어떤 기분인지처럼 조금 더 감성적인 포스트를 많이 올려요. 세상에서 벌어지고 있는 일반적인 것들을 게시하는 남자애들과는 차이가 있어요."

취리즈가 한 이 짧은 말에는 학생들이 인식하는 젠더 간의 중요한 차이들이 대부분 포함돼 있다.

- 남성들은 여성만큼 셀피를 많이 게시하지 않는다.
- 남성들은 스포츠나 자동차, 기타 세상에서 벌어지는 사건들에 대한 포스트를 올린다.
- 남성들은 개인적인 신변잡기는 게시하지 않는다.
- 여성들은 거의 언제나 사적인 일이나 감정을 포스팅한다.
- 보통 여성들은 사진과 셀피를 많이 게시한다.

소셜미디어 포스팅에 있어서 '게이 남성'의 행태가 여성과 얼마나 비슷한지를 표현한 취리즈의 말은 다른 인터뷰에서도 이따금 나오긴 했지만 흔히 접했던 의견은 아니었다. 그러나 취리즈의 말은 오랜 세월 우리 주위에 존재했던 성적 고정관념과 유사한 면이 많았다. 여성은 외모와 감정, 개인적인 것에 신경 쓰지만, 남성은 외부 활동이나 세상사에 관심이 많다는 인식 말이다. 이런 주장은 학자인 린 미켈(Lyn Mikel)과 캐럴 길리건(Carol Gilligan)이 1990년대 초반에 저술한 혁신적인 책 『여성 발전의 크로스로드: 여성의 심리와 소녀의 성장(Meeting at the Crossroads: Women's Psychology and Girl's Development)』에서 말하는 여성에 대한 고정관념과도 사실상 같다. 청소년기에 접어들면서 소녀들의 세계는 점점 작아지

고, 활동성이 떨어지며, 외모와 이미지를 중요시하게 되지만 소년들의
세계에서는 본인에게 중요한 분야나, 공적 영역에서의 성공이나, 외부
세상에서 벌어지는 사건들이 더 중요해진다(요약하자면, 소녀들의 삶은 축소
되고, 소년들의 삶은 확장된다).[5] 수십 년이 지난 지금, 그와 똑같이 정형화
된 인식이 대학생들의 소셜미디어 프로필에 대해서도 작동하고 있는 것
이다. 자신의 말에 그런 고정관념이 내재돼 있다는 데 한 치의 의심도 없
이 남녀 학생 대부분이 아주 자연스럽게 그런 주장을 펼친다. 이 학생들
은 당연하다는 듯 셀피는 자신의 얼굴과 신체를 과시하는 수단이므로 여
성이 셀피에 더 관심이 많으며, 남성은 외모에 그다지 신경 쓸 필요가 없
으므로 셀피 대신 신나는 모험이나 뉴스 이야기에 관심을 갖는다고 말한
다. 마치 그것이 현실이며 세상 또한 그렇게 흘러간다는 듯 말이다. 학
생들이 이를 성적 고정관념으로 여기든 아니든, 그들은 이런 판에 박힌
고정관념을 매일같이 소셜미디어에서 확인하고 있으며, 그렇게 확인한
내용을 내게 전달한다.[6]

　취리즈와 같은 대학에 다니는 매튜도 그녀와 비슷한 발언을 하는
데, 다만 그의 리스트에는 몇 가지 항목이 추가된다. "남자애들은 보통
운동에 관한 포스트를 많이 올려요." 그가 말한다. "남자애들이 말하는
재미있는 포스트는 보통 다 음란한 농담이에요. 제 생각이지만요. 근데
여자애가 재미있다고 올린 것들을 보면, 잘은 모르지만, 보통 자기 친구
들 얘기가 많아요. 친구가 한 이상한 행동 같은 거요. 여자애들이 기본
적으로 좀 더 순수한 것 같아요. 자기가 먹은 음식 사진이나 글을 올리는
애들은 십중팔구 다 여자예요." 여기서 매튜가 말을 멈추고 웃음을 터트
린다. "듣기에 좀 거북하시겠지만, 적어도 제가 팔로우하는 사람들만 보
면 남자보다는 여자들이 뭔가 불평이 많아요. 친구들이 자주 하는 게임
인데, 누군가의 트윗 계정으로 들어가서 거기 올라온 글들을 보며 그중

여자애가 쓴 트윗을 알아맞히는 거예요. 여자애들 트윗은 다 거기서 거기거든요."

매튜는 '여학생들이 포스팅하는 것'에 대한 또 다른 고정관념도 드러낸다. 이는 다른 학생들에게도 많이 들은 얘기로, 여자들은 자기 친구 얘기를 자주 하고, 더 관계 중심적이며, 감정이 풍부하고, 뭔가를 더 거리낌 없이 공유한다는 점이다. 매튜와 그의 친구들은 소녀들의 풍부한 감정을 '징징거린다'라고 표현할 때도 있다.

엘리스는 소셜미디어가 여성들의 세계라는 인식을 이렇게 요약한다. "사실 여자들만큼 포스팅을 많이 하는 남자애는 찾기 힘들죠. [소셜미디어가] 여자애들 중심인 건 확실해요. 그 이유는 정확히 모르겠지만, 아마 여자들이 자신의 감정이나 그 날 느낀 생각들을 더 거리낌 없이 드러내기 때문인 것 같아요. 남자애들은 좀 무딘 편이잖아요. 근데 여학생들은 이모티콘도 많이 쓰고 해시태그도 이것저것 달고 그러잖아요. 그래서 여자애들이 소셜미디어에 더 개방돼 있다는 생각이 들어요. 실제로도 포스팅을 하는 사람들의 절대 다수는 여자들이고요. 또 어지들은 잘 모르는 여성이나, 심지어는 안면부지인 사람과도 쉽게 말을 트곤 하잖아요. 남자들은, 특히 인스타그램을 보면 외모가 빼어난 여신 같은 여자애들 사진에만 댓글을 남기는 것 같더라고요. 남자는 원래 그렇게 태어났다고들 하지만, 어쨌든 셀피를 많이 올리는 남자애들은 보기 힘들어요."

또한 소셜미디어가 다른 사람들과의 소통을 위한 공간이라는 일반적인 인식을 감안한다면, 소셜미디어가 여성들을 위한 세계에 더 가깝다는 학생들의 말에는 여성이 '더 관계 지향적'이라는 고정관념이 깔려 있다는 것을 알 수 있다. 이를 증명하는 일화가 하나 있다. 조사대상이 무작위로 선정된 인터뷰와 달리 온라인 설문조사는 자진해서 참여를 결정한 학생들로 진행됐다. 이런 학생들은 아마도 소셜미디어에 대해 뭔가

할 말이 있거나 이 주제에 흥미가 있기 때문에 지원했을 가능성이 높다. 설문조사를 완수한 사람들 중 4분의 3은 여성들이었고, 이는 기회만 있다면 여성들이 소셜미디어에 대한 자신의 생각을 더 적극적으로 공유하려 한다고 해석할 수도 있다. 하지만 이런 결과를 단지 여성이 (다시 고정관념 얘기로 돌아가서) 좀 더 표현력이 풍부해서 설문에 더 쉽게 응한다고 설명할 수 있을까? 혹은 여성이 실제로 소셜미디어에 더 많이 참여하고 더 많은 노력을 기울이기 때문일까? 퓨 리서치 센터(Pew Research Center)에서 실시한 설문에 따르면 이런 추측은 분명한 사실로 보인다. 또 통계 결과를 보면 실제로 '소녀들이 소셜미디어를 독점'하고 있으며 '소년들은 비디오 게임을 더 많이 하는 것'을 알 수 있다.[7]

이런 고정관념은 학생들이 작성한 온라인 조사 결과만 봐도 명백해 보인다. 사람들이 소셜미디어에 포스팅하는 방식을 통해 성적 고정관념을 확인할 수 있는지를 묻는 질문에 응답한 학생 중 85퍼센트는 [그림 4.1]에서 보는 것처럼 어떤 식으로든 포스트를 통해 성별에 따른 차이를 확인할 수 있다고 말했다.

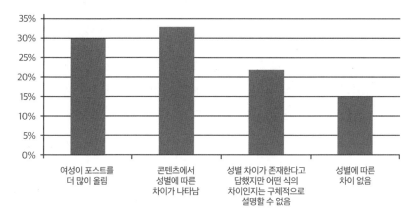

[그림 4.1] 성별 차이에 대한 학생들의 답변

　이 문항에 대한 주관식 답변들은 내가 인터뷰 중 성별과 소셜미디어의 관계를 논하면서 학생들에게 반복적으로 들은 내용들과 공통점이 많았다. 여성은 전체적으로 감정 표현에 강하고, 더 관계 중심적이며, 외모나 신체, 이미지에 대한 표현이 많고, 남들이 자신의 모습을 어떻게 여기는지에 더 관심이 많다는 것이다. 또 여성들은 일반적으로 셀피를 좋아하고, 더 자기중심적이며, 남성보다 더 주목받고 싶어 한다(일부 학생들은 '종종 애처로울 정도'라고 덧붙였다). 소셜미디어에 포스팅하는 양에 있어서는 여성과 남성 간의 차이가 없지만 올리는 내용이 다르다고 언급한 학생들은 일반적으로 소셜미디어에도 성적 고정관념이 영향을 미친다고 믿고 있었다. 이들의 대다수는 이런 고정관념이 여성에게 매우 부당하게 작용하며, 여성들은 실생활뿐 아니라 소셜미디어에서도 고정관념과 싸워야 한다는 점을 애석해했다. 이런 학생들은 여성이 소셜미디어에서도 고착된 이미지와 부당한 평가에 직면해야 하는 현실이 불공평하다고 믿었다.

　주관식 질문에 대한 응답들에는 내가 인터뷰에서 들었던 남성에 대한 이미지 또한 비슷하게 나타났다. 남학생들은 본인이나 친구들 사진은 그다지 올리지 않지만 자신의 관심 분야나 취미, 스포츠에 대한 내용을 많이 공유하고, 그중에서도 여행과 자동차, 스포츠가 남성들 사이에서 가장 인기 있는 주제라는 게 응답자들의 답변이었다. 남성에게 소셜미디어는 자신의 성공과 삶에서 벌이는 일들을 보여주는 도구가 된다. 남성들은 대담하고, 자기주장이 더 분명하며, 더 정직하고, 재미있다. 또 우리 사회에서 남성은 여성보다 더 후한 대접을 받기 때문에 소셜미디어에서도 상대적으로 더 '부주의하고', '태평한' 모습을 보인다. 남성은 뭔가 불쾌감을 주는 포스트를 올렸을 때도 큰 파장 없이 위기를 모면할 수 있지만, 여성은 어떤 실수를 하든 그 죗값을 받게 된다. 많은 학생이 남성이 성관계나 데이트, 작업 걸기에 훨씬 더 관심이 많으며 소셜미디어에서도 가끔 여성에 대한 저속한 농담을 하지만, 여성이 올리는 포스트에서는 이런 내용을 전혀 볼 수 없다고 답했다.

이 주제에 대한 학생들의 의견을 계속 접할수록, 소셜미디어가 여성들의 세계라는 사람들의 믿음을 더 확실히 증명하는 것 같았다. 그리고 학생들이 그렇게 생각하는 이유를 그들과 함께 얘기할수록, 대화는 불가피하게 다시 셀피란 주제로 돌아갔다.

로라는 셀피를 '그야말로 멍청한 짓'이라 여기며 혐오한다. 설상가상으로, 그녀는 여성이 자신의 '알몸 사진'이나 '매우 도발적인 사진'을 올림으로써 스스로 '멍청이' 대열에 합류한다고 여긴다. 로라는 여성들이 그런 짓을 하는 이유가 소셜미디어에서 주목받고 인정받기 위해서라고 믿는다. 소녀들이 성적으로 자극하는 셀피를 찍는 이유는 '좋아요'를 받고 자신의 아름다움을 남들에게 계속 인정받고 싶어서다. 그래서 공공장소나 모든 이들 앞에서 셀피를 찍어대는 것이다. "전 그냥 [셀피가] 싫어요. 페이스북에 올라와 있는 수천 개의 셀피를 보면 그냥 짜증이 나요"라고 로라는 말한다.

나와 인터뷰했던 많은 여학생이 그랬듯이, 로라는 다른 여성들의 소셜미디어 활동을 가혹할 정도로 부정적으로 평가한다. 하지만 남성들이 온라인에서 보이는 모습에 대해서는 훨씬 관대하고 친절한 편이다. 적어도 처음에는 그렇다.

로라는 남자들이 셀피를 올리는 경우는 매우 드물다고 주장한다. 본인 친구 중 굉장히 잘생긴 남학생을 예로 든다. "그 애는 외모가 정말 출중한데, 페이스북에서는 그런 사실을 전혀 알 수 없거든요. 자기 사진은 전혀 올리지 않으니까요"라고 그녀가 말한다. "걔는 그런 데 신경 쓰지 않지만, 여자애들은 남자들이 자기 계정에 찾아온다는 걸 알기 때문에 제일 잘 나온 사진을 올리느라 기를 써요. 그게 사실인지는 저도 모르겠지만요." 로라는 여성들이 소셜미디어에 더 공을 들인다고 생각한다. 그러다 이내 남성들에 대해서도 이중 잣대를 들이대기 시작한다. "남자애들은 페북에 시시콜콜 신경 쓰지 않고, 그냥 멀쩡한 페이스북만 있으면 괜찮다고 생각하는 것 같아요. 그러고는 이런 식으로 말하죠. '왜 그렇게 자기 생각을 많이 하냐? 넌 왜 그렇게 거만하냐? 얜 사진이 정말 잘 나왔네. 걘 뭐가 그리 잘났대?'"

비록 로라의 눈에는 여성들의 셀피 행위가 유치하게 보일지라도, 그녀는 셀피를 '정상적인 행동'으로 여긴다. 단지 여성들이 더 좋아하는 행위일 뿐이다. 하지만 남성이 여성과 비슷한 성향을 보일 때는 더 부정적인 반응을 부른다고 한다. 남성들은 여성과 다른 방식으로 소셜미디어에 참여한다고 인식되므로, '온라인에서 여성들이 전형적으로 보이는 행동'이 남성에게서 목격되면 매우 가혹한 비판 — 로라가 다른 여성을 비판하는 것만큼 — 을 받는다. 이렇게 보면, 남성이 소셜미디어에서 할 수 있는 최악의 행위는 여성이 온라인에서 하는 행위를 따라 하는 것이다.

중서부에 있는 한 사립대학 3학년에 재학 중인 이안은 소셜미디어에서의 젠더 문제를 얘기하면서 자신이 쉽게 고정관념에 빠진다고 바로 인정한다. "노골적인 고정관념인 것 같지만, 여학생들의 경우에는 두 가지 유형이 있는 것 같아요. 먼저 열렬한 페이스북 이용자들은 대부분 여자예요." 그는 이렇게 자신의 주장을 시작한다. "인스타그램이나 포토샵 비슷한 걸로 자신의 사진을 다 보정하는 부류도 있어요. 밝기를 조금 조정해서 사진 속에 있는 사람들을 전부 더 근사하게 만든 다음, 그런 사진을 줄줄이 올리는 거죠. 하룻밤 사이에 사진이 40장이나 올라오는 것도 봤어요. 그중 4장은 거의 똑같은 그룹 사진이더라고요. 차이라면 이 사진에서는 누가 이쪽을 봤는데 또 다른 사진에서는 저쪽을 보고, 또 다른

166

사진에서는 한 사람이 빠지고. 그래 봤자 다 똑같은 사진이잖아요. 그룹 사진은 하나만 올려도 그게 파티 사진인지, 또 거기에 누가 있었는지 필요한 정보를 다 알 수 있는데 말이에요. 배치만 조금 바꾼 똑같은 사진을 30개나 스크롤해서 계속 보게 된다니까요."

이는 이안이 페이스북에서 본 한 여학생의 얘기였는데, 그는 또 다른 소녀에 대해 설명하기 시작한다. "또 다른 부류는 어릴 적 찍었던 어리숙한 사진들을 올려서 자학하는 애들이에요." 그가 말한다. "제 여자친구의 친구 중에 그런 여자애가 하나 있거든요. 최근에는 살을 많이 뺐는데, 한동안 초등학교 5, 6학년 때 사진을 계속 올리더라고요. 발그레한 뺨에 정말 뚱뚱한…… 그런 사진 아시죠? 다들 그 사진에 '좋아요'도 누르면서 웃고 떠들었지만 사실 그런 행동도 가공된 솔직함이잖아요. 누군가에게 자신의 가장 멍청한 모습을 보이면 그 이하로 평가될 염려는 없으니까요. 똑같이 바보 같은 짓이죠."

다른 이들과 마찬가지로 이안도 소셜미디어를 '소녀들의 전유물'로 여긴다. 여성들에게는 외모가 중요하기 때문에 예쁘게 나온 사진이나 친구들과 찍은 사진들을 즐겨 올린다는 것이다. 반대로 자기를 비하하는 사진이나 우스꽝스러운 모습을 게시하는 여성들도 있지만, 이 역시 이안의 눈에는 다 외모와 관련된 행위로 보인다. 이안은 여성이 일반적으로, 그리고 소셜미디어에서조차 심각하게 간주되지 않는다고 여긴다.

이안은 자신의 성적 고정관념을 솔직하게 드러냈지만, 이 주제에 대해 장황하게 에둘러 설명하는 학생들도 있었다. 셀피를 좋아하는 저학년 여학생 중에도 그런 학생이 있었는데, 그녀는 설문조사에서 셀피에 대한 부정적 평가가 여성에 대한 부정적 인식, 그리고 성별 및 인종에 대한 고정관념과 어떤 식으로 연관돼 있는지를 아주 공들여 설명했다. "사람들이 셀피 문화에 대해 비아냥거릴 때를 보면, 흔히 백인 소녀나 미국 소녀를 두고 떠드는 농담들과 서로 얽혀 있다는 것을 알 수 있다. 나는 이 점에 매우 참담함을 느낀다"라는 게 그녀의 답변이었다. "만약 남학생들이 여학생들보다 셀피를 더 많이 찍는다면 그런 농담이 지금처럼 유명해지지도 않았을 테고, 셀피를 찍는 사람들도 지금처럼 멸시당하지는 않았을 것이다. 이런 세태는 여성은 자신의 외모를 가꿔야 하며 겸손하고 조신해야 한다는, 모든 문화에 뿌리 박혀 있는 믿음과 관련돼 있다."

그렇다고 다들 이런 식으로 느끼는 건 아니다. 소셜미디어, 그중에서도 셀피 문화 덕분에 남성들도 이전과 달리 외모나 몸매에 신경 쓰게 됐다고 말하는 사람들도 있다. 예를 들어 타라는 소셜미디어와 젠더, 그리고 셀피에 대한 인식이 최근 바뀌고 있다며 내게 이렇게 말한다.

"만약 선생님이 이 질문을 몇 년 전에 물으셨다면 저는 '맞아요, 여자애들만 셀피를 올려요'라고 대답했을 거예요. 근데 요즘에는 인스타그램이나 트위터에서 여자애들과 똑같이 행동하는 남자애들이 많아요." 타라가 말한다. "인스타그램은 예전부터 여자애들의 전유물이란 말도 있었지만 이제는 꼭 그렇지도 않아요. 인스타그램을 하는 남자들이 굉장히 많아졌고, 중요한 건 남자애들도 여자애들처럼 일몰 사진이나 헬스장 사진 같은 걸 똑같이 올린다는 거예요." 인스타그램이 인기를 얻고 인스타그램 앱을 다운받는 사람들이 많아지면서 이런 변화가 일어났다고 타라는 믿는다. "제 생각에는 인스타그램의 이미지가 좋아지고 존재감도 커졌기 때문인 것 같아요. 이제는 다들 '그래, 나도 받아야겠다.' 하고 인스타그램 앱을 다운받거든요."

사립대학 2학년생인 조는 역도선수로, 그 역시 소셜미디어와 셀피에 대한 시각이 완전히 변했다. 조는 셀피와 남자들의 관계를 말해주는 농담으로 이야기를 시작한다.

"예전에 봤던 몇 컷짜리 만화가 있는데, 그 얘기로 시작하면 좋을 것 같아요. 남자들에게 셀피 찍는 법을 알려주는 내용이었어요"라고 조가 말한다. "'일단 휴대폰을 들어라. 그리고 휴대폰의 높이를 조금 내려라. 조금만 더 내려라. 차라리 탁자 위에 놓아라. 남자란 셀피를 찍을 수 없는 동물이다.' 뭐 그런 내용이었죠." 조가 잠깐 웃더니 말을 잇는다. "저는, 셀피 같은 데 목숨 거는 사람이 절대 아니었어요." 그렇게 말하고는 화제를 셀피와 여성으로 돌린다. "셀피의 문제는, 그게 어느 정도 허영심을 부추긴다는 데 있어요. 일단 화장을 하는 데 25분쯤 써야죠. 그래야 남자친구나 마음에 드는 남자애한테 보낼 만한 사진을 찍을 수 있으니까요. 그런 허영심 말고도, 그 사람에 대해 어떤 피상적인 이미지를 부각시킨다는 점도 문제거든요." 그러나 조에게는 셀피가 늘 그렇게 피상적이지만은 않다. 그냥 멋진 사진 중에도 셀피가 많았기 때문이다. "단지 문제는……" 그가 말한다. "사람들이 셀피에서 어떤 포즈나 표정을 의도적으로 취할 때가 있잖아요. 특정 자세나 얼굴 표정 같은 거요. 그것도 어떤 심리상태를 보여주는 행동이겠지만 어쨌든…… 그중 하나가 일명 '오리 얼굴'이라는 표정인데, 아시죠? 여자애들이 주로 짓는 표정이지만 요즘엔 남자애들도 그러는 걸 봤어요."

악명 높은 '오리 얼굴'에 대해서는 이미 여러 번 들은 적이 있었다. 주로 여학생들이 셀피를 찍을 때 입술은 쭉 내밀면서 볼은 쏙 빨아들이는 표정을 말한다. 다른 학생들은 주로 여자들이 짓는 표정이라고 했지만, 조는 요새 남학생들도 그런 포스트를 올린다고 말한다. 그리스 사교서클 학생들은 '오리 얼굴'이 주로 여학생 사교서클 회원들의 트레이드마크라고 말하기도 했다. 오리 얼굴은 학생들이 셀피를 두고 비웃을 때 쓰는 단골 소재이므로, 그런 표정을 짓는다고 스스로 인정하는 학생은 아무도 없다.

조는 '오리 얼굴'에 대해 아직도 할 말이 남았는지 이야기를 계속한다. "만약 어떤 소녀가 '오리 얼굴'을 하고 있다면 이런 생각이 들 거예요. '아, 쟤 유치하게 뭐야? 저 여자애는 지적일 리가 없어. 깊이도 없고 늘 외모나 옷에만 신경 쓰는 애겠지.' 그렇지만 사실은 그 여학생이 아주 유능하고 똑똑할 수도 있잖아요. 늘 쾌활하고 말도 잘하는 학생 말이에요. 하지만 그런 진짜 모습은 셀피에서는 알 수 없을 거예요. 결국 그 학생은 사회가 '오리 얼굴'에 붙인 의미로만 해석되는 거죠. 그리고 우리 사회가 그 '오리 얼굴'에 붙인 이미지는 아마 변두리에 사는 좀 촌스런 백인소녀에 가까울 거예요. 특별히 똑똑하지도 않고, 술과 카페라테를 좋아하고, 어그부츠를 즐겨 신는 좀 멍청한 소녀 말이에요. 그래서 그런 사진을 볼 때면 무심결에, 머리로는 아니라는 걸 알면서도, 어떤 고정관념 같은 걸 갖게 되죠."

이 말을 끝낸 조는 젠더와 소셜미디어에 대한 주제의 방향을 바꾼다. "아주 솔직히 말하면," 그가 말한다. "전 큰 차이를 못 느끼겠어요." 그의 말은, 여성도 사진을 올리지만 남성도 사진을 올리고, 성별과 상관없이 사람들이 모두 비슷하게 포스트에 반응한다는 것이다. "여자애들만 찬사를 늘어놓는 건 아니거든요. 여자애들이 사진을 칭찬하면 남자애들도 칭찬해요. 여자애들이 '이제 막 마트에서 돌아옴'이라고 쓴다면 남자애들도 '방금 마트에서 복귀'라고 쓰니까요. '이게 내가 지금 준비 중인 프로젝트야. 남학생들, 한 번 보라고.' 같은 포스트를 올리는 여학생이 있다면, 남학생도 비슷한 내용을 올리겠죠."

온라인에서 흔히 볼 수 있는 '완벽한' 셀피들(대담한 아이들의 경우에는 비키니 사진까지 올리지만)로 인해 여성들이 자신의 신체나 외모에 대해 어떤 부담감을 갖게 되는지를 문제로 거론하는 학생들도 많았다. 남성들도 똑같이 그런 사진들에 늘 노출돼 있지만 남성들이 어떤 영향을 받는지 얘기하는 학생들은 거의 없었다. 하지만 조는 예외였다.

"전 지금 역도를 하고 있지만 전에는 보디빌딩을 했었거든요. 그래서 페북에서 보디빌더들을 여러 명 팔로잉했어요." 조가 내게 말한다. "유명한 보디빌더들과 모델들 말이에요. 그런 사람들은 늘 자기 사진을 올리니까요. 그 사람들 사진을 보면 이런 생각이 들어요. '와, 정말 짱이다! 이 남자처럼 떡 벌어진 등은 어떻게 만들지? 상박 삼두근이 이 정도만 올라오면 좋을 텐데. 이 남자 종아리 좀 봐. 그리스 조각이 따로 없네. 이 정도면 체지방률이 4프로밖에 안 될 것 같은데? 나도 저렇게 될 수 있을까?" 조에게 그런 사진들은 분명 자극이 된다. 그런 사람들 때문에 위축되기보다는 그런 사진들을 보면 자신의 보디빌딩 목표를 더 달성하고 싶어진다. 그는 자신이 그런 완벽한 사진들을 보면서도 우울해지지 않는 이유를 '상대적으로 제대로 된 정보와 지적 능력'을 갖고 있기 때문이라고 여긴다. "저는 그런 사진들을 객관적으로 보는 편이에요. 제겐 제 목표가 있으니까요. 무슨 말인가 하면, 저는 그 정도 경지에 도달하지 못한다는 걸 알고 있거든요. 저는 제 기본 조건 안에서 최상의 몸매를 만들기 위해 최선을 다할 뿐이죠. 제가 할 수 있는 건 다 할 거예요. 그러면 언젠가는 그들 모습과 어느 정도는 비슷해지겠지만, 그래도 똑같이 될 수 없다는 건 알아요. 현실감각과 적절한 정보가 있어야 가능한 일이죠."

하지만 누구나 조처럼 자신을 객관적으로 인식하고, 자신의 신체 및 한계에 대해 편하게 말할 수 있는 것은 아니다. "그런 객관적인 사고가 어려운 사람들은……" 조는 이 순간 잠시 말을 망설인다. "제가 누군가를 정형화하려는 건 아니지만, 평균적인 미국인은, 그러니까 평균 수준의 미국 고등학생들은 그런 사진들을 보면서 신체 이미지에 대한 영향을 꽤 많이 받아요. 신체 조건이 탁월한 운동선수들이 올린 포스트를 보면 보통은 이런 반응이 나오잖아요. '와우, 나도 저 사람처럼 뛰어난 몸매를 갖고 말 테야.' 혹은 '나도 운동해서 저렇게 만들어야지. 멋지잖아.' 또 이런 생각을 품는 사람도 있을 거예요. '저 사람은 멋진 남자임에 틀림없어. 저 정도는 돼야 해. 나도 노력해야지. 저런 외모를 만들고 말 거야.'"

다른 사람처럼 되고 싶다는 바람을 억누르는 건 '평균적인 미국 남성'에게 매우 힘든 일이다. 조는 소셜미디어에 올라오는 이미지 때문에 여성들은 더욱 힘들 수밖에 없다고 덧붙인다. "남자들보다 여자들이 훨씬, 정말 훨씬 더 바비 인형 같은 몸매가 돼야 한다는 압박이 심할 거예요." 그가 말한다. "남자인 저도 인터넷에서 포토샵으로 여기저기 다듬은 여성들의 사진을 보면 좀 어색하거든요. 여성은 물론 남성들도 아름다움에 대해 비현실적인 기대감을 갖게 되는 것 같아요. 그러니까 여자애들이 아침마다 등교 전에 두세 시간씩 거울 앞에 서서 곱게 화장을 하는 거예요. 이마에 난 여드름 하나도, 볼에 난 빨간 자국 하나도 용납할 수 없으니까요. 조금이라도 완벽하지 않은 모습을 보이면 남들처럼 이상적인 사람이 될 수 없으니까요. 그래서 저는 신체에 대한 우리 인식이 소셜미디어에 의해 왜곡됐다고 생각해요. 올바른 정보가 없거나 불충분한 사람들 눈에는 더욱 그렇겠죠."

여성들이 소셜미디어를 좀 더 자주, 그리고 일상적으로 참여한다는 점에서 소셜미디어가 '소녀들의 전유물'에 가깝다는 말은 사실일지도 모르지만, 여성(그리고 여성의 신체 및 외모)이 겪는 문제를 감안한다면 이 주장은 분명 정당해 보이지 않는다.[8] 이런 인식 때문에 소셜미디어가 여성들이 성차별을 경험하고, 결과적으로 남성들은 상대적으로 편하게 활동할 수 있는 또 다른 공간으로 남기 때문이다. 젊은 여성들은 취업과 이미지 관리에 대한 기대감에 맞춰 살아야 할 뿐 아니라 그 과정에서 늘 예뻐 보여야 한다. 여성은 달콤하면서도 순수하고, 또 섹시해야(적어도 어느 정도는) 한다는 기대 사이에서 불가능한 외줄타기를 해야 한다. 여기서 한 발이라도 헛디디면 사회적으로, 그리고 향후 커리어에 있어서 그 대가를 치러야 한다. 소셜미디어에서 존재감을 유지해야 한다는 것은 대부분의 대학생이 느끼는 보편적인 압박이다. 그러나 소셜미디어가 '여학생들을 위한' 공간이며, 여성들이 너무 많은 것들을 포스팅할 때는 '진상녀'가 될 수 있다는 인식 속에서 여성들에게는 포스팅 활동에 더욱 조심해야 하는 또 다른 짐이 부가된다. 여성은 남들로부터 더 깐깐한 검열을 받기 때문이다(특히 다른 여성들로부터도).

셀피를 찍고, 자신이 하는 모든 일을 기록하려는 요즘 트렌드는 성적 고정관념의 문제가 아니더라도 학생들을 힘들게 한다. 여성 — 특히 젊은 여성 — 들은 대중의 감상뿐 아니라 평가를 위해 자신들의 이미지를 제공하는 상황에 처해 있다. 지금까지도 소녀들과 여성들은 늘 외모로 평가돼왔지만, 소셜미디어는 이런 경향을 새로운 강도와 빈도로 끌어올린다. 게다가 대학생들 사이에 소셜미디어와 성별에 대한 정형화가 자리 잡고 있지만, 그들이 몸담고 있는 학교기관은 이 문제를 강의실에서 비판적이고 건설적으로 분석할 정도로 심각하게 여기는 것 같지 않다. 그 결과 이런 편견은 그 기세가 점점 더 커지고 있다.

셀피의 미래

그래서 지금부터 50년 뒤, 사람들은 정말 타누자가 궁금해하는 것처럼 지금의 젊은이들을 '셀피 세대'라고 부르게 될까? 그럴 확률은 매우 높아 보인다. 그렇게 된다면 타누자가 이 말에 대한 상표권을 주장할지도 모르겠다. '셀피 세대'란 말이 새로울 수도 있겠지만 성적 정형화는 아주 오래된 개념이다.

그러나 이 표현이 오늘날의 젊은이들 모두를 나르시시스트로 규정하는 약칭이 된다면, 이는 진실과는 꽤 먼 얘기다. 물론 일부는 나르시시즘에 가까운 셀피들도 있겠지만 나머지 대부분은 그저 온라인이란 공간에서, 즐거운 순간과 자신의 존재감을 증명하는(심지어 힘을 부여하는) 정체성의 창의적인 표현일 뿐이다. 게다가 이 공간에서는 한 사람의 실명에 장난스러움과 창의성이 붙을 때 프리미엄 가치까지 생긴다. 하지만 이 트렌드의 다른 한쪽을 생각하면 우려감이 생긴다. 이런 두려움은 실제로 아주 다양한 젊은이들 사이에서, 특히 여학생들 사이에서 큰 두려움을 안겨주고 있다. 자신의 삶에서 일어나는 특별한 순간들을 특정 관객들을 위해 기록으로 남기고, 온라인에서 자신의 이미지를 특별하게 창조하고 관리하는 중요성 때문에 생기는 대학생들의 불안감을 셀피가 더욱 증폭시키기 때문이다. 향후 커리어를 위해 소셜미디어를 관리하는 일이 실제 자아와 온라인 속 자아의 괴리감을 높이듯이, 셀피를 찍으면서 자신이 누구와 무엇을 하는지('사진이 없으면 실제 일어난 일이 아니다!'란 말을 기억하는가?)를 지속적으로 입증해야 하는 압박감은 학생들의 실제 삶과 경험들을 점점 더 심각하게 방해하고 있다. 청년들은 본인과 다른 사람들이 온라인에서 보여주는 모습들이 가짜라고 생각하면서도, 그런 상황으로부터 스트레스를 느낀다. 그럼에도 불구하고 자신의 삶이 훌륭하다는 것을 입증하기 위해 강박적으로 사진을 올리는 태도는 그 사진 속에 혼자 있든, 친구들과 함께 있든, 아니면 자신이 좋아하는 어떤 활동을 하고 있든, 개인의 시간을 점점 더 심각하게 침해한다. 그리고 셀피는 그 유형이 무엇이든 행복 효과에 대한 즉각적이고 심각한 원인이 된다.

소셜미디어와 관련된 콘텐츠 대부분은 관객 — 그게 또래 친구든, 부모든, 코치든, 서클 회원이든, 아니면 미래의 고용주든 — 을 위해 존재하지만, 젊은이들에게는 이들보다 훨씬 더 중요한 관객이 또 있다. 바로 신이다. 종교는 개인의 정체성을 형성하는 가장 핵심적이고 친밀한 요소 중 하나다. 만약 오늘날 젊은이들이 자신의 정체성을 표현하는 가장 주된 방식으로 소셜미디어를 활용한다면, 이런 의문이 들기 마련이다. 신은 페이스북 어디에 있는 걸까?

🔍 5장 모두 신을 위해서야 •••
#소셜미디어에서 종교의 존재, 혹은 부재

♥ ◯ ◁   🔖

 재커리, 사립대학 2학년 페이스북 덕분에 세속적인 삶을 계속 확인할 수 있어요. 중요한 일이죠. 저는 세속적인 대학에 다니고 세속적인 세상에서 살고 있으니까요.

 디나, 공립대학 3학년 인터넷 덕분에 모든 일이 편리해졌어요. 요리법이든 노래 가사든 필요할 때 바로 찾을 수 있으니까요. 자신과 똑같은 만성질환에 시달리는 사람들도 찾아낼 수 있고요. 모든 걸 쉽게 찾을 수 있는데, 남자라고 예외는 아니겠죠. 많은 사람이 싫어하는 인터넷의 병폐이자, 그리스 정교회 사람들 일부가 페이스북을 사용하지 않는 이유이기도 해요.

 제니퍼
45min • 👥

#신도 페이스북을 한다

　제니퍼가 인터뷰를 위해 자리에 앉은 순간부터 난 기분이 좋아진다. 그녀는 남부에 있는 보수적인 기독교대학의 4학년생으로 성격이 밝고 쾌활하다. 주근깨가 발그레한 그녀는 본인이 좋아하는 모든 일에 대해 열정적으로 말한다. 전공과 대학 생활(그녀는 대학에서 '평생지기 친구'를 두 명이나 얻었다고 한다), 그리고 지난 4년간 대학에서 자신이 어떻게 '최선

의 방식으로 닦달당해 왔는지'에 대해 이야기를 풀어놓는다. 그녀의 손
가락에도 반지가 하나 끼어져 있다. 제니퍼는 현재 약혼한 상태로, 이
사실도 그녀를 흥분시키는 요인 중 하나다. 이 모든 일의 중심에는 신앙
이 있다. 그녀는 독실한 기독교인이며, 신의 오순절교회(Pentecostal Church
of God)의 신도다. 제니퍼에게 신앙을 빼고 말할 수 있는 것은 없다. 그녀
의 아버지는 목사이며, 그녀도 주일학교 교사로서 일요일마다 유아들을
가르치고, 수요일에는 청년부 활동도 한다. 제니퍼는 대학에서 심리학을
공부하고 있는데, 가끔 전공 내용이 그녀의 신앙에 도전장을 내밀 때도
있지만 궁극적으로는 전공 덕분에 자신의 시야가 더 넓어졌다고 믿는다.

"저는 신과의 관계 안에서 살고, 종교는 제 삶에서 커다란 부분을
차지해요." 제니퍼가 말한다. "매일 신과 대화하고, 뭔가 문제가 있을 때
도 신의 뜻에 따라 결정해요. 신앙은 제가 해야 할 일과 하지 말아야 할
일을 결정할 때 가장 중요한 역할을 하죠. 그래서 남들처럼 그렇게 걱정
할 게 없어요. 이 세상 모든 일은 신이 계획한 목적에 따라 움직이니까
요. 물론 미래에 대해서도 걱정할 필요가 없죠. 미래를 예측할 순 없겠
지만, 모든 게 괜찮을 거라는 건 알고 있으니까요."

제니퍼에게 무엇이 그녀를 행복하게 하고, 그녀의 삶을 의미있게
하는지 묻자, 대화는 다시 신앙으로 돌아간다. "하나님에 대한 믿음에
따라, 제게도 어떤 목적이 있다는 걸 알고 있거든요." 그녀가 말한다.
"하나님은 어떤 목적을 위해 이 세상에서 저를 창조하셨으니까요. 그래
서 제가 그분을 믿고, 그분에게 복종한다면 제 삶의 목표도 결국엔 이룰
수 있을 거예요. 아니면 그분께서 뜻하신 계획에 따라 저를 인도해주실
거고요."

나는 이런 제니퍼의 기독교 신앙이 온라인에서 함께 어울리는 친구
들과, 포스팅하는 방식에도 영향을 미치는지 점점 궁금해진다. 내가 인터

뷰했던 학생들은 명목상으로만 종교를 갖고 있는 경우가 많았고, 그래서 소셜미디어에 대한 대화에서 신앙은 자주 언급된 주제가 아니었기 때문이다. 믿음이 돈독한 학생일수록 소셜미디어는 종교를 논하기에 적당한 곳이 아니라고 말하는 경우가 많았다. 또 청년들에게는 일반적으로 신이나 기도, 예배 등과 관련된 포스트가 종교만큼이나 온라인에서 금기시되는 소재였다. 이는 21세기에 맞게 업데이트된 예의바른 대화에서나 등장하는 상투어에 가까웠다. 게다가 소셜미디어에서는 튀지 않는 게 상책이지 않은가? 누가 당신의 포스트를 보고 있을지 알 수 없기 때문이다.

페이스북에서 거의 모든 주제에 대해—정치와 종교까지—자신의 주장을 자유롭게 펼치는 취리즈조차 본인이 만든 17개 그룹 사이에서 요리조리 성향을 살피며 친구들을 포스트로부터 보호하려 애쓰지 않았던가?

하지만 제니퍼는 다르다. 처음에는 그녀도 다른 학생들과 비슷해 보인다. 그 무엇이든 소셜미디어에 나쁜 내용은 올리지 않고, 불행한 하루를 보냈을지라도 우울한 기분은 자기 안에만 담아두며, 행복하고 고마운 일만 포스팅한다. 하지만 그녀가 게시물을 올리기 전에 한 가지 자문해보는 게 있다면, 그 내용이 다른 사람들 기분을 '업'시킬 수 있는지 여부다. 그녀는 자신으로 인해 다른 사람들이 행복해졌으면 한다. 제니퍼는 자신이 잘 지내면 남들도 행복해할 것으로 믿는데, 그녀도 남들이 잘 지내는 것을 보면서 행복감을 느끼기 때문이다. 제니퍼는 자신과 남자친구가 약혼 소식을 알렸을 때, 얼마나 많은 사람들이 '좋아요'와 다정한 축하의 말들을 보내왔는지 감격스런 표정으로 전한다. 약혼 소식은 그녀의 포스트 중 가장 인기 있고 사람들을 '업'시켰던 글로, 그야말로 소셜미디어에 최적화된 내용이라는 게 그녀의 생각이다.

나는 제니퍼에게 소셜미디어에서도 그녀의 신앙을 밝히는지 묻는다. 그녀는 당연히 그렇다고 말한다. 처음으로 신앙과 관련된 말을 소셜미디어에서 언급했을 때에는 사람들 반응이 뜨뜻미지근했다. 예를 들어 우연히 길에서 20달러 지폐를 주운 날이라면 그녀는 '오늘 신이 주신 축복. 우연히 20달러를 발견했어.' 같은 글을 포스팅했다. 페이스북에서 기도를 부탁한 적도 있었다. 대개는 중요한 시험이나 큰 과제가 있을 때였고, 절대 개인적이거나 감정적으로 원하는 것을 위해 기도를 부탁한 일은 없었다. "근데 온 세상 사람들이 그런 것들을 다 볼 필요는 없는 것 같아요." 그녀가 말한다. "페이스북에는 제가 뭘 원하는지 몰라도 되는 사람도 많으니까요. 그런 사람들에게는 속마음을 털어놓지 않아요. 개인적으로 원하는 것이 있거나, 감정적인 일로 다른 사람의 기도가 필요한 경우에는 그 사람에게 직접 부탁해요."

여기서 우리의 대화는 다시 제니퍼가 인터뷰 초반에 언급했던 신의 계획으로 돌아간다. "저는 신이 자신의 영광을 위해 무엇이든 이용할 수 있다고 생각해요." 그녀가 말한다. "세상에 있는 모든 것이 하나님의 영광을 위해 창조된 것은 아닐지라도, 그분께서는 뭐든 이용하실 수 있어요. 그런 점에서 우리는 소셜미디어를 통해 복음을 전파하고, 희망을 전파하고, 또 사랑을 전파할 수 있어요. 그렇게 함으로써 우리는 하나님을 영광스럽게 하고 또 행복하게 해 드릴 수 있죠. 그래서 전 하나님이 소셜미디어까지도 이용하실 수 있다고 생각해요."

나는 제니퍼에게 그게 정확히 어떤 의미인지 묻는다.

"네, 네." 그녀가 웃으며 말한다. "글자 그대로의 의미는 아니겠죠. 하나님께서 자리에 앉아서 스마트폰에 메시지를 타이핑하고 계시진 않을 테니까요. 그렇지만 사람들을 통해 그러실 수는 있다고 생각해요. 페이스북을 사용하는 건 사람들이고 하나님은 사람들을 사용하실 수 있으니까요. 만약 하나님이 사람들을 이용해서 무언가, 그러니까 설교나 노래를 전하고 싶으시다면, 우리로 하여금 페이스북에서 희망을 주는 메시지를 타이핑해서, 그 포스트로 사람들에게 사랑과 희망을 전파하실 수 있을 거예요. 자신의 신념을 위해 계속 싸울 수 있는 힘도 주실 거고요." 제니퍼는 소셜미디어가 신성하다는 게 아니라 하나님이 신비한 방법으로, 또 때로는 마크 주커버그 자신도 눈치 채지 못하겠지만 그를 통해 그런 신성한 작업을 벌이신다는 얘기라며 재차 설명한다. "[소셜미디어가] 하나님의 영광을 위해 창조된 게 아니라는 건 확실하지만 그건 중요하지 않아요. 어차피 신은 뭐든 원하는 대로 사용하실 수 있으니까요."

제니퍼는 또 조심하지 않으면 소셜미디어가 신앙을 방해할 수 있다는 주장도 한다. 그리고 신에게서 멀어지는 것은 그 무엇이든 불행한 일이라는 말도 덧붙인다. "우리를 신에게서 멀어지게 하는 것들은 아주 많아요." 그녀는 이렇게 설명을 시작한다. "소셜미디어에는 우리 정신을 산만하게 하는 경건하지 못한 것들이 너무 많기 때문에, 사람들을 하나님에게서 멀어지게 하는 데 아주 큰 역할을 할 수 있어요. 소셜미디어에는 하나님을 영광스럽게 하지도, 희망을 주지도, 또 사람들에게 용기를 주지도 않는 것들이 많잖아요. 사람들을 파괴하는 것들이 많죠. 이 넓은 세상에서 전혀 알 필요 없는 것들이 올라오니까요. 다른 사람들의 의욕을 꺾는 것들도 보이고요. 남에게 상처를 주는 동영상도 있어요. 그 밖에도 죄가 될 만한 것들이 너무 많아요. 언어폭력이나 동영상, 음란한 농담, 고약한 유머, 그런 것들은 하나님께 절대 영광을 드릴 수 없어요. 그래서 사람들을 신앙에서 멀어지게 하는 거예요." 상처를 주고, 상스럽고, 의욕을 꺾는 것들을 소셜미디어를 통해 보고 듣는 것과, 직접 보고 듣는 것은 큰 차이가 없을지라도, "소셜미디어는 사람들 손끝에서 훨씬 더 쉽게 이용될 수 있잖아요"라는 게 제니퍼의 말이다. "하지만 그런 일을 저지르는 건 소셜미디어가 아니라 그 뒤에 숨은 사람들이에요. 그런 동영상과 포스트를 올리는 주체는 사람들이니까요."

제니퍼의 동기들은 다들 자신의 관객인 미래의 고용주, 교수, 대학 행정처, 조부모, 서클 회원들에게 즐거움과 좋은 인상을 주기 위해 애쓰지만, 제니퍼에게 가장 중요한 관객은 늘 하나님이다. 그녀는 소셜미디어에서도 신이 늘 자신을 지켜보고 있다고 믿기에 그에 맞춰 포스팅을 한다. 언제나 행복한 모습을 보이고, 남들에게 영감을 주며, 그중에서도 하나님을 섬기는 모습을 가장 부각시킨다.

제니퍼는 온라인에 접속할 때마다 스스로 되묻는다. '내가 이것을 포스팅하는 게 신에게 영광스런 일일까?' 그러나 늘 그렇지는 않다고 털어놓는다. 그녀도 인간인지라 실수를 한다. 그러나 그녀는 페이스북에서 스스로 '롤모델'이 돼야 한다고 믿기 때문에 하나님께서 그녀를 통해 하시려는 일들을 가능한 한 최선을 다해 전달해야 한다는 책임감을 느낀다.

제니퍼와 나머지 다른 학생들 간의 차이가 있다면, 그녀는 하나님을 기쁘게 하고 행복해 보이려는 노력 속에서도 지치지 않는다는 점이다. 오히려 제니퍼는 그런 노력을 통해 더 활력을 얻는 것 같다.

제이
50min · 👥

#거짓 우상을 조심하라

같은 기독교대학에서 나는 제이도 만난다. 키가 멀쑥하고 잘 웃는 제이는 이 학교의 3학년생으로 여느 대학생들처럼 인스타그램과 스냅챗에서 많은 시간을 보낸다. 그는 한국의 소셜미디어 플랫폼도 자주 드나든다. 그는 ROTC 생도로서 학군단을 통해 많은 친구를 사귀었지만, 스스로를 '부분적 아시아인'이라고 칭하는 또 다른 친구 집단도 있다고 한다. 제이도 신앙심이 깊다. 규칙적으로 기도를 드리며, 나중에 같은 기독교 신자를 아내로 맞이하는 것도 그에겐 중요한 일이다. 제이는 자신에게는 하나님이 행복의 원천이며 신이야말로 자신에게 가장 중요한 존재라고 밝힌다. 그래서 하나님을 섬기는 것은 그의 인생에 가장 큰 의미를 부여한다.

제니퍼와 마찬가지로, 제이의 경우에도 신과의 관계와 헌신적 믿음은 소셜미디어 활동에 엄청난 영향을 미친다. 그는 포스팅을 많이 하는 편은 아니지만, 인스타그램과 한국 쪽 소셜미디어 앱에도 자주 들어간다. 소셜미디어를 할 때면 그는 보통 우스운 얘기나 신을 상기시키는 내용을 올린다. "일몰처럼 아름다운 광경을 포스팅할 때면, 그 장면이 하나님의 아름다움을 얼마나 연상시키는지에 대해 말해요. 그렇게 하면 하나님께 감사하는 마음도 표현하면서 제 페이지에 들어오는 사람들에게 그런 측면을 보여줄 수 있으니까요. 사람들은 '아, 제이가 기독교인이었구나'라고 생각하겠죠. 그러면 제 신앙을 표현하는 좋은 기회가 되잖아요." 제이는 포스트를 통해 사람들에게 신의 경이로움을 일깨워줬으면 한다.

제니퍼는 신이 당신의 영광을 위해 무엇이든 사용할 수 있다는 믿음에 따라 소셜미디어 속 자신을 통해 신이 뜻하는 바를 일구길 바라지만, 제이는 소셜미디어가 신과 자신의 관계를 방해할 뿐 아니라 조심하지 않으면 완전히 파괴할 수도 있다고 여긴다. 사실 한때는 페이스북을 완전히 끊은 적이 있었는데, 페이스북에 점점 집착하는 자신을 보면서 그런 집착이 신과 자신의 관계에 해를 끼칠 수 있다는 우려가 생겼기 때문이다. 그는 소셜미디어가 개인을 소모시키고, 개인의 우선순위도 망각하게 만든다고 믿는다.

"소셜미디어가 사람들에게 또 다른 신처럼 될 수 있겠다는 생각이 들었어요." 제이가 말한다. "우상화가 되는 거죠. 그건 제가 원하는 게 아니거든요. 제게 너무 많은 영향력을 끼치는 것도 싫고요."

제이에게 왜 소셜미디어가 '우상화'—종교적 의미로—될 수 있다고 여기는지 묻자, 그는 소셜미디어가 사람들에게 얼마나 유혹적인 존재인지를 설명한다. "거기서는 원하는 대로 될 수 있고 할 수 있으니까요. 현실에서는 불가능한 일이지만, 소셜미디어에서는 몇 가지 인격을 만드는 것도 가능하잖아요." 바로 그런 이유로 자신도 예전에 얼마간 페이스북에 꽂혀 있었다는 것이다. 그는 다른 사람들의 뉴스피드를 몇 시간씩 들여다보거나 자신의 포스트에 '좋아요'가 얼마나 많이 달렸는지 확인하는 데 집착했다. 그러다 페이스북 때문에 자신이 정서적으로 불안하다는 것을 깨닫기 시작했다. 부정적 댓글이나 이미지, 그리고 다른 사람들을 험담하는 말처럼 평소 관심도 없는 포스트를 멍하니 보고 있을 때도 있었다. 제이는 핵심을 지적한다. "저는 그런 부정적인 이미지와 생각들이 하루 종일 제 머릿속에 머물러 있는 게 싫었어요. 또 우상화의 함정에 빠지기도 싫었고요." 그때 제이는 페이스북이 어느 순간 자신에게 신과 같은 존재가 되고 있다는 기분이 들었다.

그래서 어느 날, 페이스북을 다 접어버렸다. 제이는 이렇게 밝혔다. "그런 생각이 들더라고요. '좋아요, 하나님. 이건 저에게도 그리고 하나님과의 관계에도 도움이 안 돼요.' 그래서 그냥 다 끊었죠."

물론 제이도 페이스북이 그리울 때가 있다. 친구들에게 어떤 일들이 있고, 캠퍼스에서 무슨 일이 벌어지는지 자신만 모를까 봐 걱정도 된다. 인스타그램에서 팔로잉하던 사람들도 몇 명 있는데, 인스타그램은 페이스북과 좀 다르다는 생각도 든다. 페이스북만큼 많은 사람이 이용하는 플랫폼이 아니기 때문이다. 내가 제이에게 인스타그램도 페이스북처럼 그를 소모할까 봐—또 하나의 잘못된 우상으로서—걱정되는지 묻자 그는 가볍게 고개를 끄덕이며 말한다. "네, 맞아요."

소셜미디어를 통한 복음 전파

대학생들은 일반적으로 자신의 종교나 소속된 정치단체, 감정, 혹은 주장을 소셜미디어에서 쉽게 드러내지 않는다. 내가 방문한 13개 대학 및 전문대학에서—심지어는 대학 이름에 종교가 붙는 경우에도—만난 학생들을 돌이켜보면 제이와 제니퍼는 좀 이례적인 경우에 해당한다. 소셜미디어에 종교나 영성에 관한 내용을 포스팅하는 학생들은 거의 없었기 때문이다.[1] 간혹 자연경관을 찍은 사진에 성경구절을 붙이거나 아픈 누군가를 위해 기도하겠다는 댓글을 남기는 경우는 있지만—이런 경향도 다른 대학보다는 복음주의 기독교대학에서 더 강하게 나타난다—이런 유형의 포스트도 자신의 종교 성향을 밝힌 다음에나 가능한 일이다. 먼저 논쟁을 시작하거나 잡음을 내려는 학생은 아무도 없는 데다, 종교에 대한 포스트는 다소 예민한 반응을 얻을 수 있다는 게 학생들의 지배적인 생각이다.

온라인 설문조사에서 학생들은 다음 문장에 대해 '그렇다'나 '아니다'로 답했다.

나는 정치나 종교에 관한 주장도 자유롭게 공유한다.

응답자 중 25퍼센트의 학생만이 '그렇다'라고 대답했다. 근데 이 25퍼센트의 학생들이 매우 흥미로웠다.[2]

이 학생들의 특이한 점은 소셜미디어를 활용하는 데 또래 친구들보다 전체적으로 더 큰 자율권을 행사한다는 점이었다. 자신의 신실한 믿음을 온라인 세상에도 스며들게 하는 이 학생들은 온라인에서 자신의 행동과 포스팅에 대한 방향을 제시하는 틀로 자신의 종교를 활용한다. 이런 학생들은 종교를 지침으로 삼는 자신의 방식이 온라인 속 자기 이미지를 관리함으로써 향후 취업에 문제를 일으키지 않는 것보다 훨씬 더 의미 있고 견실하다고 믿는다. 이들은 소셜미디어에서 해야 할 것과 하지 말아야 할 것들을 훨씬 더 차원이 높은 존재를 통해 배우는데, 이는 굉장히 큰 차이를 낳는다. 내가 방문했던 학교 중 명문대 학생들이 소셜미디어에 대한 비판적 사고를 통해 훨씬 더 건전한 관계를 유지했던 것처럼, 자신의 신앙을 중심으로 소셜미디어 활동을 하는 학생들은 통제와 목적에 대해 더 강화된 인식을 갖고 있었다. 이들도 다른 학생들처럼 자신에게 관객이 있다는 것을 알고 있고 이에 따라 자신의 이미지에도 신경 쓰지만, 이들이 온라인에서 결정을 내릴 때 필터 역할을 해주는 것은 자신이 모시는 신과 종교적 전통이었다.

물론 이들 중에서도 제니퍼 같은 학생은 신께 영광을 드리기 위해 포스트를 올린다. 그리고 나는 한 공립대학에서 열성적으로 교회 활동을 하는 호세라는 또 다른 학생을 만난다. 그는 신과 교회가 자신의 삶 곳곳에서 어떤 기준이 되는지 거의 숨도 안 쉬고 말한다. 호세도 제니퍼처럼 소셜미디어를 기독교 복음을 전파하는 도구로 간주한다.[3]

"인터뷰하러 오기 바로 전에 페이스북에 들어갔었어요." 호세가 말한다. "제 계정에 있는 포스트들은 대부분 교회와 하나님, 그리고 저의 관계에 대한 것들이에요. 영적으로 제게 정말 의미 있는 것들을 포스팅하거든요. 이를테면 아침에 하나님과 함께하면서 느꼈던 위대한 순간이라든지, 그런 거요."

호세의 생각은 이렇다. "사람들은 제 페이스북을 보면서 자연스럽게 기독교인이라는 꼬리표를 붙일 거예요." 그에게 소셜미디어는 같은 교회에 다니는 교인들뿐 아니라 다양한 지역에 있는 기독교인들과 교류하는 장이다. "목사님을 통해서나, 이 세상을 통해서 사람들을 만나는 게 제겐 교류예요." 호세가 말한다. "중국 친구들이든, 아프리카 친구들이든 기독교인은 전부 교회의 일부니까요. 그 사람들을 행사에 초대하기도 하고 저에 관한 일들을 함께 얘기하기도 해요. 제 페이스북 포스트들을 보면 아실 거예요. 그러면 그 사람들이 적어도 그 날은 하나님과 더욱 가까워지고 신앙이 더 깊어지도록 자극이 될 테니까요. 성경을 더 열심히 공부하는 사람들도 생기고요. 전 그런 일에 가치를 느껴요." 호세는 소셜미디어를 통해 사람들에게 신앙적으로 자극을 줘야 한다는 데 압박감도 느낀다. 그는 기독교 중에서도 특정 '교파'를 믿기 때문에, 그가 포스팅을 할 때 주로 관객으로 고려하는 사람들은 바로 이 교파 교인들이다. 그러나 이들보다 더 중요한 관객은 한 번도 만나본 적 없지만 자신의 종교로 개종 가능성이 있는 사람들이다.

호세의 말처럼 그는 '복음을 목적으로' 소셜미디어를 적극적으로 활용한다. 하지만 그가 예전부터 그랬던 것은 아니다. "복음 활동에 소셜미디어를 이용해봤더니 정말 효과가 있더라고요"라고 그는 말한다. 이후 그는 사람들을 기독교로 전도하는 데 소셜미디어가 갖는 위력을 믿게 됐다. 그는 교회에서 '소셜미디어의 날'을 책임지고 있다. 소셜미디어의 날이 오면, 신도들은 모두 온라인 공간에서 자신의 믿음을 전도하면서 기독교를 믿지 않는 일반인들에게 다가가는 수단으로 소셜미디어를 활용한다. 이들에게는 특별한 미션이 있다. "비신도 20명을 교회로 초대해서 자신이 어떻게 기독교인이 됐는지를 적어도 10명에게 들려주고, 자신의 세례식 사진을 포스팅하는 거예요." 반가운 소식은, 그중 몇 명이 그의 전도 노력을 통해 교회에 나오기 시작했다는 것이다. "어디를 가든 제가 그리스도 대신이라고 생각해요. 그런 의미에서 페이스북도 예외가 될 순 없어요." 호세는 설명한다. 이는 단순하고도 분명한 이치다. 종교에 대한 내용을 포스팅하면 사람들을 신에게 이끄는 데 도움이 되고, 이런 사실은 호세가 어떤 슬픔을 겪든 큰 위안이 된다. 그는 소셜미디어에서 대놓고 선교 활동을 한다며 자신을 욕하는 일부 사람들에 대해서도 연연하지 않는다. 그는 이런 식의 태도를 갖는다. "제 포스트가 마음에 들지 않는 사람들은 저를 친구에서 삭제하거나 제 포스트는 안 보이게 하면 되잖아요."

호세가 다른 학생들과 다른 점은 단지 소셜미디어에서 복음 활동을 벌인다는 것만이 아니다. 그는 나와 대화를 하면서 한 번도 장래 취업 문제를 고민하거나 자신의 페이스북 페이지를 온라인 이력서처럼 하이라이트 영상들로 꾸미는 일에 대해 언급하지 않는다. 만약 호세가 자신의 페이스북 콘텐츠나 그 가치에 대해 걱정하는 게 있다면, 그건 오직 하나님에 대한 자신의 헌신과 경배심이 거기서 얼마나 참되게 투사됐느냐는 것이다. 또한 그가 인터뷰에서 자신의 포스트에 '신중을 기한다'고 말할 때는 그 포스트가 자신의 신앙을 참되고 올바른 방식으로 담고 있는지를 확인하는 것이다.

"신중해야 해요. 가끔, '내가 이 포스트를 올리는 이유가 영적이고 종교적인 사람으로 보이기 위해서인가?'라고 자문할 때가 있어요." 그는 말한다. "만약 그렇다면, 그건 옳은 행위가 아니에요. 하나님께 불온한 일이거든요. 그분께도 진실하지 않고 바로 제 자신에게도 솔직하지 않은 일이니까요. 그래서 포스팅할 때 신경을 써야 해요. 이해가 되세요? 거듭 말하지만, 페이스북을 복음화의 미션을 수행하는 수단으로 사용하는 건 단순히 페이스북을 이용하는 것과는 완전히 다른 일이에요. 신앙을 가장한 사람으로 보이는 건 절대 원하지 않아요."

내가 인터뷰했던 학생 중 호세는 소셜미디어를 이용할 때 그 중심에 진정성을 둔다는 점이 독특했다. 그렇다고 호세가 페이스북에서 보여주는 자신의 이미지를 조금도 손보지 않는다는 말은 아니다. 그가 다른 학생들과 다른 점은 온라인에서 자신의 진심을 표현한다는 것이고, 이는 대부분의 젊은이들이 두려워하는 일이기에 그를 더욱 돋보이게 한다. 제니퍼도 그랬지만 이런 태도는 신에 대한 헌신에서 우러나오는 특징으로 보인다. 제니퍼와 마찬가지로, 자신의 마음속에 있는 신의 존재와 신앙을 소셜미디어에 게시하는 것은 호세를 위축시키기보다 오히려 삶의 활력이 된다.

 알리마
55min · 👥

#페이스북에서 '젊은' '무슬림' '여성'으로 산다는 것

그렇다고 모든 학생이 호세나 제니퍼처럼 소셜미디어에서 자신의 신앙을 표현하는 것은 아니다. 알리마처럼 신이 부가되는 종교적 한계를 뒤엎기 위해 소셜미디어를 사용하는 학생도 존재한다.

인터뷰실로 들어오는 알리마는 얼굴 가득 미소를 머금고 있다. 헐레벌떡 뛰어온 그녀는 약속 시간에 늦지 않았는지 걱정하는 눈치다(사실 그녀는 늦지 않았다). 내 맞은편에 놓인 의자 하나에 철퍼덕 앉고는 숨을 고르며 인터뷰 채비를 갖춘다. 머리에 두른 검정 스카프 덕분에 알리마의 아름다운 얼굴과 두 눈이 그녀의 미소만큼이나 더 환하게 빛난다. 그녀의 외모는 어디 하나 흠잡을 데가 없다. 조금 진하지만 세련된 눈 화장과 부드러운 피부까지. 그녀는 인도 캘커타에서 태어났지만 다섯 살이 되던 해, 가족과 함께 미국으로 이민을 왔다. 그녀는 매우 보수적인 옷차림을 하고 있다. 무슬림 여성들이 전통적으로 입는 바닥까지 내려오는 검은색 망토를 입고 있는데 소매도 허리 높이까지 내려와 있다. 알리마는 좀 민망한 듯 눈을 내리깔며 아버지가 굉장히 엄격해서 학교에 입고 다니는 옷까지 '손수 만들어' 준다고 설명한다.

알리마의 아버지는 부모님을 인도에 남겨둔 채 홀로 이민을 왔다. 알리마의 조부모님들이 답답할 만큼 신앙심이 깊었기 때문이다. 그는 자신만의 아메리칸 드림을 이루고자, 그리고 음주와 클럽, 파티, 자유연애 등 인도에서는 신앙 때문에 금지됐던 일들을 시도하기 위해 미국행을 택했다. 미국에 온 그는 가죽점퍼에 체인을 달고 귀도 뚫었다. 영화 〈탑건〉의 주인공들이 썼던 항공 선글라스도 쓰고 다녔다. 이게 알리마가 들려준 얘기다. 하지만 지금은 어떨까? 현재 알리마의 아버지는 인도에 있는 그의 가족만큼 열성적인 무슬림이 됐다. 알리마는 아버지의 그런 행동이 너무 부당하다고 여긴다. 아버지의 종교적 보수성 때문에 가장 큰 희생을 치러야 하는 건 바로 자신이기 때문이다.

"아버지가 저를 너무 통제하시려 해요. 정말 너무 심해요." 그녀가 토로한다. "제가 이런 꼴로 학교를 다니길 바라니까요." 그녀는 자신의 옷을 한 번 보라는 듯 말한다. "저 말고는 아무도 통제할 사람이 없거든요." 알마는 아버지가 종교에 대해 "너무 강압적"이라며 속상해한다. "영화도 안 되고, 남자친구는 당연히 안 되고, 친구도 안 되고, 사교 생활도 안 돼요. 다 하람(haram, 아랍어로 종교적·윤리적 금기사항—옮긴이)이래요. 하람은 금기시되니까요." 그녀가 볼멘소리를 한다. "이것도 하람, 저것도 하람…… 음악도 들으면 안 되고, 이것도 안 되고 저것도 안 되고." 그녀의 푸념이 계속된다. 그녀는 좌절감과 분노에 빠져 있다. "제발 이제 그만 좀 하셨으면 좋겠어요! 그 정도면 저도 할 만큼 했다고요."

알리마의 어머니는 얘기가 다르다. 그녀의 어머니에게는 '반체제적' 면모가 있기 때문이다. 알리마는 자랑스럽게 어머니 얘기를 꺼낸다. 그녀의 어머니는 최근에 박사 학위를 땄고, 무슬림 전통을 따르면서도— 그녀는 충직한 아내이며 하루에 5번씩 기도를 드린다 — 알리마의 아버지처럼 엄격하지 않다. "저희 엄마는 이렇게 말씀하시죠. '친구들이랑 좀 놀고 싶다고? 가서 놀아. 파티에 가고 싶어? 못 갈 이유가 어딨어? 하지만 네 스스로 선을 지켜야 해. 네가 원하는 만큼 즐길 수는 있지만 신의 분노를 살 만한 일은 안 돼. 그리고 남자랑 심각한 관계까지 가는 것도 안 된다. 그냥 친구로서 지내고 우정 이상은 선을 넘지 말도록 해.'" 알리마의 어머니는 알리마와 그녀의 아버지 사이에서 평화유지군 역할을 하려 애쓴다. 알리마가 학교에 입고 갈 옷을 두고 불평할 때마다 그녀의 어머니는 중요한 건 옷이 아니라며 딸을 위로한다. 옷은 그냥 허울일 뿐이며, 사람의 내면이 중요하다는 것이다. 이런 옷을 입지 않고는 학교에 갈 수 없다면, 그냥 아버지 뜻을 따르는 게 최선이라고 어머니는 말한다.

공립대학 2학년에 재학 중인 알리마는 집에서 학교로 통학한다. 기숙사에 살지 않고 집에서 통학하는 건 그녀 또래의 미혼 무슬림 여성들에게 일반적인 일이다. 대학을 고를 때도 통학 가능한 학교만 다닐 수 있으므로 선택할 수 있는 폭이 매우 제한적이다. 그마저도 아버지의 허락이 떨어진 경우에만 가능하다. 그럼에도 그녀는 집을 벗어날 수 있다는 데 스릴을 느낀다. 지난 2년간 그녀는 집에서 온라인 강의로 준학사 학위를 받을 수 있었다. 알리마는 이렇게 된 원인이 고등학교 때 자신이 부모님께 안겨드린 '신뢰 문제' 때문이라고 여기는데, 그 중심에는 물론 알리마의 아버지가 있다. "부모님께서 제 안전을 위해 그렇게 결정하신 건 이해할 수 있어요. 제 인격과 품위를 지키려고 그러셨겠죠." 알리마는 아량을 베풀 듯 말한다. "처음 온라인 과정에 들어갔을 때는 '아, 정말 지루하다. 온라인에서도 사람들과 대화는 할 수 있지만 이런 식은 정말 싫다. 대화라는 게 상대와 눈도 맞추고 그 표정도 봐야 하는데……' 이런 생각이 들었어요. 적응하는 데 꽤 오랜 시간이 걸렸지만 결국은 그것도 익숙해지더라고요."

알리마는 고등학생 때 처음으로 페이스북 계정을 만들었다. 어머니는 이 사실을 알고 화를 내셨지만 결국은 내버려두셨다. 알리마의 어머니는 그녀의 페이스북 비밀번호를 알고 있어서 가끔씩 딸의 페이스북 계정에 들어가 그녀가 어떤 포스트들을 올리는지, 그리고 다른 가족에게 어떤 일이 벌어지는지 확인하곤 했다. 알리마의 부모님은 두 분 모두 페이스북 계정이 없다.

알리마가 말하길 자신이 고등학생일 무렵에는 페이스북이 '모든 소문과 드라마의 온상'이었다고 한다. 그때 같은 학교에 다니던 친구가 매우 잔인한 방식으로 알리마를 조롱거리로 만든 일이 있었다. 약간의 따돌림도 있었다. "고등학교 3학년 때," 그녀가 이야기를 시작한다. "교실에 큰부리새가 그려진 쓰레기통이 있었는데, 그 여자애가 쓰레기통을 발로 차면서 그 모습을 사진으로 찍더라고요. 그러고는 사진을 페이스북에 올려서 제 이름을 태그로 달았어요. 제 코가 큰 편이라 그 애는 저를 쓰레기통에 비유했던 거예요." 알리마는 자신의 코를 가리킨 다음, 짧게 웃으며 바로 부끄럽다는 듯 두 손으로 가린다. 그 포스트를 본 아이들이 사진에 엄청나게 많은 댓글을 달았고, 그 대부분은 알리마를 놀리는 내용이었다. "제겐 당연히 상처가 됐죠. 화도 났고요." 그녀가 말한다. "자존감에도 문제가 생겼어요. 코 때문에 제가 매력적이지 않다는 생각을 갖게 됐고, 제 코가 정말 싫었어요. 그런 건 차치하고라도 사람들이 저를 놀리기 시작했어요. 프룻 루프의 큰부리새 샘―시리얼 브랜드의 캐릭터―이라느니 피노키오라느니…… 그러면 저는 '세상에, 내 코가 저렇게 큰 거야?' 같은 생각이 들면서 또 한 번 상처를 받았죠. 심각할 정도로요. 화도 많이 났고요. 근데 지금 돌이켜보면 그게 다 시간 낭비였단 생각이 들어요. 사실 누구나 겪는 통과의례 같은 일이잖아요. 그런 일들에 어떻게 대처하느냐에 따라 현재의 제가 형성되는 거겠죠."

알리마에게 현재는 온라인에서 어떤 사람인지 설명해달라고 하자,

자신의 페이스북 페이지에 들어가 보면 자신의 상태를 확인할 수 있다고 말한다. 그녀는 오늘 아침 비 내린 아름다운 정경에 대한 포스트를 올렸다. 알리마는 가족과 자동차, 오토바이에 대한 사진도 자주 게시한다. 그러다 알리마는 자신의 프로필 사진에 대한 흥미로운 얘기를 들려준다. 무슬림 소녀로 산다는 게 어떤 건지 잘 보여주는 일화다.

"제 프로필 사진은 사실상 제가 아니에요." 그녀가 말을 하다 다시 번복한다. "제 사진은 맞지만, 얼굴은 볼 수 없거든요. 헤나가 잔뜩 그려진 제 손 사진을 올렸어요." 그녀의 설명이 계속되면서 나는 알리마가 프로필 사진으로 헤나가 새겨진 두 손으로 스카프를 두른 머리를 가리고 있는 모습을 올렸다는 걸 알게 된다. 그녀는 페이스북에서 사생활을 보호할 수 있도록 포스트별로 공개 대상을 아주 까다롭게 설정해놨다. 그녀의 가족을 제외하면, 알리마의 페이스북 친구들은 거의 다 여학생들이다.

이유가 뭘까?

"스카프를 쓰지 않은 사진들도 있거든요." 알리마가 설명한다. "제가 믿는 종교에서는 머리카락이 아름다움을 상징해요." 알리마는 긴 머리가 드러난 자신의 모습을 좋아하기 때문에, 페이스북에도 머리카락을 드러낸 사진들을 자주 포스팅한다. 하지만 그런 사진은 여학생들만 볼 수 있다.

"제 페북에는 여학생 그룹과 남학생 그룹이 따로 구분돼 있어요"라고 그녀는 밝힌다. "그런 사진들은 여학생 그룹에게만 공개하고 남학생 그룹에는 공개하지 않아요. 남자들도 자동차나 오토바이 사진은 볼 수 있지만 제 얼굴이나 머리는 볼 수 없어요." 남자들이 유일하게 볼 수 있는 알리마의 모습은 얼굴을 두 손으로 가리고 있는 프로필 사진뿐이다. 알리마는 이런 태도가 페이스북을 하는 무슬림 소녀들에게는 매우 일반적인 프로토콜이라고 설명한다. "제 무슬림 여자친구들도 사진을 올릴 때는 하바라(habarah)로 온몸을 다 가린 모습만 올려요. 제 친구 중에, 그러니까 무슬림 친구 중에 얼굴이 노출된 사진을 올리는 애는 없어요. 늘 스카프를 쓰고 있으니까요. 물론 걔네도 화장을 하지만 보여주진 않아요. 그리고 제 무슬림 남자친구들 중 몇 명은 자기 복근을 보여줄 때도 있지만 걔네들도 가리긴 마찬가지예요."

알리마는 남학생들에 대한 얘기를 조금 더 하고 싶어 하는 눈치다.

알리마는 남학생들을 좋아하고 그들에 대한 얘기를 하는 것도 좋아한다. 그녀의 종교에서 남자친구는 철저히 금기시되는 존재다. 하지만 이런 금기가 남학생에게 빠져드는 그녀의 마음까지 막을 수는 없다. 페이스북은 남학생들과 접촉하기에 최고의 공간이고, 알리마는 이 문제에 대해 어머니와 아주 흥미로운 거래를 했다. 신앙적 이유로 알리마는 원래 소셜미디어에서 소년들과 접촉할 수 없다. 그러나 어머니의 허락을 받은 경우에는 남학생도 친구로 추가할 수 있다. 그래서 페친으로 삼고 싶은 남학생을 발견하면 알리마는 이 문제에 대해 어머니와 진지한 대화를 나눈다. 그녀는 말 그대로 어머니에게 이렇게 말한다. "엄마, 사실 나 이런 남자애를 알게 됐거든." 알리마는 남학생의 외모에 대한 엄마의 의견도 물으면서 그를 친구로 추가해도 될지 어머니의 허락을 받는다.

"엄마를 존경하니까 그렇게 하는 거예요." 그녀는 이렇게 말한다. "원하기만 하면 언제든 남자애를 친구로 추가할 수 있고 그 애랑 얘기도 할 수 있다는 걸 저도 아니까요. 그렇지만 엄마를 존경하니까 먼저 말하는 거죠. 저에 대한 엄마의 믿음이 제게는 중요하니까요. 엄마도 그냥 들어가서 [제 패스워드를 아시니까] 내 친구들이 어떤 애들인지 확인할 수도 있겠죠. 하지만 저와 엄마의 관계는 고등학교 때보다 지금이 훨씬 더 돈독해요. 그래서 엄마의 허락을 먼저 받는 거예요."

어머니가 안 된다고 한 적도 있었을까? 알리마는 보통은 허락하신다고 웃으며 말한다.

알리마는 자신의 페이스북 친구 중 한 명인 잘생긴 남학생이 머리카락이 드러난 자신의 사진을 봐줬으면 한다. "잘못된 생각이라는 건 저도 알아요. 나쁘죠." 그녀가 말한다. "엄마의 눈에만 나쁜 게 아니라 신의 눈에도 나쁜 일이에요."

페이스북에서 남학생을 친구로 허락하는 것은 젊고, 아름다우며, 결혼하지 않은 무슬림 여성에게 어려운 일이다. 알리마가 생각하는 적정 수준 이상으로 남자아이들과 대화를 하거나 추파를 던지게 되는 유혹은 늘 있다. 알리마는 고등학교 때 자신이 그랬노라며 자백한다. 하지만 이 제는 더 이상 그렇지 않다. "저도 이제 스스로를 통제할 만큼 강하니까요"라는 게 그녀의 설명이다. "세상에는 늘 옳은 일도 있고 잘못된 일도 있잖아요. 저는 잘못된 일을 했을 때 대가와 옳은 일을 했을 때 혜택을 알고 있고요. 그리고 보통은 옳은 결정을 내리고요." 알리마 혼자만 이런 딜레마를 겪는 건 아니다. 페이스북에서 남학생들에 대해 올바른 결정을 내리는 일은 그녀 또래의 젊은 무슬림 여성들 모두가 직면한 문제다.

알리마 말로는 무슬림 여성들도 때로는 섹스트*를 보낸다고 한다. 그들도 남자들과 얘기를 하고, 사진을 보내며, 무슬림 소년들은 포르노도 본다. "성관계는 신성한 행위이기 때문에 진정으로 사랑하는 사람과 해야 하는 것으로 배워왔어요. 우연히 마주친 누군가와 흥미 삼아 할 수 있는 일이 아니죠." 알리마가 설명한다. "남자애들이 휴대폰 주위에 우르르 몰려 있으면 그건 십중팔구 농구 아니면 포르노를 보는 거라고 하

---

* sext 성적 내용이나 뉘앙스가 포함된 온라인 글.

더라고요." 알마는 소셜미디어와 스마트폰 때문에 그런 문란한 일들이 너무 쉬워졌다고 말하며, 절대 용납될 수 없는 행위라고 단언한다. "있을 수 없는 일이에요. 만약 제게 딸이 있는데 그런 행동을 한다면……" 그녀가 말한다. "제 마음은 무너질 거예요. 정말 상처받을 것 같아요."

인터뷰가 끝날 때쯤 나는 알리마에게 별도로 하고 싶은 말이 없는지 묻는다. 그녀는 기다렸다는 듯 말한다.

"저는 어린 여학생들이 정말 불안해요. 다음 세대들도 그렇고요." 그녀가 말한다. "그 아이들이 번거롭게 백과사전을 찾아가며 지식을 습득하는 방법을 아예 모르게 될까 봐, 취업 면접이나 길에서 만난 누군가와 일상적 대화를 할 정도의 대화 능력도 없어질까 봐 두려워요. 그 아이들이 사이버 폭력에 무방비 상태로 노출될까 봐 두려워요." 그녀가 뭔가를 생각하는 듯 잠시 말을 멈춘다. "하지만 저희가 뭘 어떻게 할 수 있겠어요?" 그녀가 이렇게 묻고는 다시 침묵한다. "아이들을 페북에서 완전히 손 떼게 만들 수도 없잖아요. 그러면 아이들은 어떻게든 또 다른 방법을 찾을 거예요. 그렇지 않아요? 어떤 면에서 이 나라에서 아이를 키운다는 게 점점 더 힘든 일이 될 것 같아요. 저희 아버지 같은 부모가 되고 싶진 않지만, 소셜미디어가 미치는 위험으로부터 내 딸과 아들만은 있는 힘껏 지킬 거예요. 그 안에서 활개 치는 각종 소문과 드라마들, 또 소셜미디어로 낭비되는 시간들로부터요. 소셜미디어 때문에 다른 사람들을 바라보는 시각이 바뀌는 것도 마찬가지고요. 슬픈 일이죠." 그리고 알리마는 마지막으로 한 번 더 잠깐 침묵한다. 그러고는 이내 사려 깊은 미소가 얼굴에 퍼지더니 그녀는 웃음을 터뜨린다. "그래도 소셜미디어로 혁명이 일어날 수도 있잖아요. 안 그래요, 선생님?"

페이스북을 하느냐 마느냐, 그것이 문제로다

정통 유대교도들도 소셜미디어에 대해 엄격한 편이다. 많은 유대인들이 소셜미디어를 완전히 등한시하는 한편, 일부 유대인들은 지금까지 누려보지 못했던 자유를 찾아 소셜미디어 활동에 참여하기도 한다. 내가 인터뷰했던 2학년 남학생 중 재커리도 유대인이었다. 그는 자신이 실제 생활에서는 극도로 비사교적이지만 소셜미디어 속에서는 매우 외향적이고 적극적이라고 말한다. "덕분에 세속 세계를 계속 확인할 수 있으니까요. 중요한 일이죠. 저는 세속적인 대학에 다니고 세속적인 세상에 사는 사람이잖아요. 제가 게토에 사는 건 아니니까요." 재커리가 말한다. "제가 어떤 모습이고, 어떤 말을 하고, 또 어떤 생각을 갖든, 주위 환경에 조금은 맞춰가며 살아야 한다고 생각해요."

그러나 재커리에게 소셜미디어는 세속적인 삶을 연구하는 공간 이상의 의미를 갖는다. 재커리는 그곳에서 정통 유대교도로서는 할 수 없는, 갖가지 일들을 하며 사는 사람들의 모습을 사진으로 구경할 수 있기 때문이다. 다행히 재커리의 친척 중에도 비유대교도가 있다. "그곳에서 보는 행동들이 제 믿음에 위배되는 건 사실이에요." 재커리가 이렇게 설명한다. "하지만 그렇다고 제가 그 사진들을 보는 것조차 싫어할 이유는 없잖아요. 그건 별개의 일이니까요. 제 사촌 중에는 일주일에 한 번씩 일식집에 가는 애들이 있어요. 저는 절대 먹지 않을 음식이죠. 근데 그런 사진들을 보는 건 재밌거든요. 다들 히바치(철판요리) 스타일의 식당에 앉아 있는 사진도 있고요. 그리고 토요일 같은 때 파티가 있으면 애들이 거기서 뭘 했는지 사진으로 확인해요. 제 친구들은 제가 할 수 없는 일들을 하니까요."

"감사할 만한 일이죠." 그가 말한다. 재커리에게 소셜미디어는 세속적 삶으로 이어지는 창 역할을 한다.

그리고 나는 공립대학 4학년생인 디나도 만난다. 디나도 정통 유대교도지만 소셜미디어와 그녀의 관계는 재커리와 딴판이다. 디나는 진지한 학구파다. 컬이 물결치는 아름다운 금발을 한 디나의 안경 너머로 밝고 푸른 눈이 빛난다. 몸집은 작지만 활력이 넘치는 디나는 모든 화제에 대해 다정하면서도 즐겁게 말한다. 그녀도 알리마처럼 집에서 통학하는 학생으로, 가족으로는 아버지와 (디나의 어머니는 몇 년 전에 돌아가셨다) 꽤 여러 명의 형제가 있다.

인터뷰가 시작되기 전, 디나는 자신이 이 조사에 '어울리는 연구 대상'이 아니라고 걱정한다. 그녀는 소셜미디어에 있어서 '아웃라이어'*라고 할 수 있다. 나는 그녀에게 전혀 상관없다고 말한 후, 그녀에게 왜 자신을 아웃라이어라고 생각하는지 구체적으로 설명해달라고 부탁한다. 그리고 곧 디나에게는 소셜미디어 계정이 하나도 없다는 사실을 알게 된다. 심지어 그녀에게는 스마트폰도 없는데 이는 내가 인터뷰했던 학생 중 굉장히 드문 경우였다. 디나는 자신도 온라인에서 시간을 보낸다며 나를 안심시키듯 말한다. 디나는 음악에 관심이 많아서 유튜브로 사람들이 노래 부르는 모습을 찾아보곤 한다. 하지만 대부분의 정통 유대인 친구들과 달리 소셜미디어는 그녀에게 허락되지 않는다.

"제 유대인 친구들을 포함해서 거의 모든 사람이 페이스북을 하거든요." 디나의 얘기가 시작된다. "제가 안 하는 이유는 단순해요. 한 번 시작하면 그 뒤부터는 끊지 못할 것 같거든요. 저는 의예과 학생이라 해야 할 일도 많고요. 페이스북은 일단 시작하면 절대 멈추지 못할 것 같아요. 거기에 중독돼서 온종일 틀어박혀 인터넷만 하겠죠." 그녀는 자신의

---

* outlier 보통의 범주를 넘어선 물건 혹은 사람.

말을 더 분명히 설명하기 위해 자신의 유대교 친구들이 '특히' 페이스북을 많이 하게 된 순간을 돌이켜본다. "제가 지금 알고 지내는 정통 유대인들은 대부분 다 페이스북을 해요. 하시드인(Hasidic)은 하지 않는데…… 그들에게는 그들만의 이유가 있어요. 자신이 원치 않는 것까지 우연히 보게 되는 상황을 차단하는 거겠죠." 그녀는 웃으며 고개를 내젓는다. "생각해보면 재미있어요. 원래는 그렇게 인터넷에 반대했던 사람들인데, [정통 유대인들은] 지금은 별 문제 없이 인터넷을 하잖아요. 물론 포르노 같은 영상이나, 다른 사람들이 사는 모습을 보면서 유대교 생활방식에서 멀어지는 사태를 문제 삼는 경우도 많지만요."

디나의 정통 유대인 친구들 중 페이스북을 하며 힘겨워하는 사람들도 있다. 아무런 구속 없이 삶을 즐기는 친구들의 모습과 자신을 비교하면서 우울해지기 때문이다. "제 친구 한 명은 집에서 독립하지 못해 안달이에요." 디나가 말한다. "걔는 부모님과 함께 사는 걸 지긋지긋하게 여기거든요. 그렇다고 형제자매들까지 싫어하는 건 아니지만 그렇다고 사이가 좋은 것도 아니에요. 그 애는 같은 회사에서 인턴을 했던 친구들의 페이스북을 보면서 기숙사에서 사는 친구들은 부모님의 속박에서 벗어난다는 걸 깨달은 것 같아요. 그리고 자신의 현실에 분노하게 된 거죠. 제가 지켜본 바로 그 친구가 자신의 환경을 그 정도로 혐오하게 된 건 대학에 들어온 4년 전부터였어요. 대학에 들어오면서 다른 사람들의 삶도 알게 된 거죠. 사람들을 만나면서 남들은 자신과 다르다는 걸 알게 됐고, 페이스북을 통해 그 사실을 계속 상기하면서 점점 더 힘들어지는 것 같아요."

재커리에게 페이스북은 본인에게 허락되지 않는 세속적 삶을 간접 체험할 수 있는 바람직한 창이 됐지만, 디나의 친구는 반대로 거기서 보는 모습들로 인해 고통을 겪고 있다. 자신을 남과 비교하는 것은 보편적인 현상이지만, 비유대교적 삶을 꿈꾸는 젊은 유대교 여성에게 이는 훨씬 더 끔찍한 고통이 된다. 자신에게 허락된 것과, 친구들이 누리는 것 사이의 간극이 너무 극명하게 드러나기 때문이다. 페이스북을 통해 접하는 세속적 삶이 그들의 삶을 점점 더 견딜 수 없게 만든다.

그다음으로 내가 만난 정통 유대교도는 에브라임이다. 그 역시 내게 자신은 이 연구에 '맞지 않는 샘플'이라고 경고한다. 나는 내 연구에 그런 기준은 없다고 말한 후 인터뷰를 시작한다.

에브라임은 인터뷰 내내 싱글거리며 기회만 있으면 농담을 한다. 그는 인터뷰가 있기 전에 나에 대해 인터넷에서 찾아봤다고 한다(그는 이 사실을 실토한 몇몇 학생 중 하나였다). 내가 섹스에 대한 글을 많이 쓴 것을 알고 있다며, 반짝이는 두 눈으로 다 안다는 듯한 미소를 보낸다. 그러고는 이 인터뷰가 '작업 걸기' 같은 주제에 관한 건지를 묻는다.

"아니요." 나는 웃으며 고개를 젓는다. "실망했다면 미안해요."

원래 에브라임은 정통 유대교도 학생들이 주로 다니는 대학에 입학할 뻔하다, 결국 지금의 공립대학을 다니게 됐다. 그는 이 학교에서 훨씬 더 다양한 배경의 학생들과 교류할 수 있다는 점에서 지금은 그런 결정이 잘된 일이라고 여긴다. 여학생들과 함께 강의를 듣는 것도 그에게는 좋은 점이다. 현재의 삶이 예전 고향에서 보냈던 삶과 얼마나 다른지를 생각해보면 정말 경이롭다는 느낌마저 든다. 일단 지금 방 안에서 모르는 여성과 단 둘이 앉아 인터뷰를 하고 있다는 사실만 봐도 그렇다. 에브라임은 예전에 집을 떠나 '남자애들만 그득한 지하실'에서 살아본 경험이 있다고 내게 말한다. 다들 유대교 소년들이었다. "정말 난리도 아니었어요." 에브라임은 그때를 기억하며 신이 나서 말한다.

에브라임은 자신이 보통의 정통 유대인 친구들과 다른 길을 걸었다는 점을 매우 흡족해하는 것 같다. "저 자신을 남들과 다르다는 점으로 규정할 때가 많거든요." 그가 말한다. "제가 속했던 곳에서는 제가 좀 독특했기 때문에…… 늘 제가 어떤 식으로든 나머지 사람들과 다르다고 여겼던 것 같아요."

에브라임도 디나처럼 소셜미디어를 피한다.

에브라임은 자신이 내 연구에 '맞지 않는 샘플'이란 말로 인터뷰를 시작했지만, 이제는 마치 오랫동안 기다려왔다는 듯 자신이 왜 남들과 많이 다른지를 열정적으로 설명한다. 일단 그런 이유 때문에 자신과의 인터뷰가 흥미로울 수밖에 없으며, 내가 지금껏 들어보지 못한 '또 다른 세상' 이야기가 될 것으로 장담한다. 소셜미디어에 반대한다는 것은 에브라임의 자기인식에서 가장 핵심적인 특징이다. 이런 태도는 에브라임이 타인과의 관계에서 자신을 구분하는 데도 매우 중요한 역할을 한다. "소셜미디어에 반대하는 게 제 페르소나의 일부가 됐어요." 그가 말한다. "나는 페이스북을 하지 않는 남자다. 뭐 이런 식이죠. 제 믿음의 일부이기도 하지만……." 그가 말꼬리를 흐리며 덧붙인다.

이는 에브라임이란 사람으로 산다는 것에 대한 믿음이다.

"제가 생각하는 제 이미지로 봤을 때, 페이스북을 한다는 건 저를 남들과 똑같게 만드는 일이고, 그렇게 되긴 싫거든요. 하지만 제가 스스로에 대한 환상을 갖고 있다는 것도 인정해요." 에브라임이 말한다. 그역시 소셜미디어를 한 번 시작하면 너무 좋아하게 돼서 거기에 중독되고, 결과적으로 자기인식이 나빠질까 봐 두렵다고 한다.

"저는 소셜미디어가 싫어요." 그는 소셜미디어가 그 존재만으로 자신과 주위 사람들에게 드러내는 유혹을 언급하며 웃는다. "사실은 경멸해요. 일단 인터넷 전체가 끔찍할 정도로 산만하잖아요. 제 생각에는 기술이 전반적으로 인간의 집중력을 상당히 방해하는 것 같아요. 저는 근본적으로 러다이트*에 가까워서, 석기 시대에 태어났다면 훨씬 더 행복했을 것 같아요. 마차를 타고 다녀도 충분하고요. 우리 삶에서 정말 필요한 것들은 기술에 의해 만들어진 게 없는 것 같거든요. 기술은 그저 삶의 속도를 높이고 양적으로만 증가시킬 뿐이죠. 삶의 질적 측면에도 서서히 영향을 주고 있지만, 오히려 나쁜 쪽인 것 같아요."

나는 에브라임에게 방금 한 말을 좀 더 자세히 설명해달라고 묻는다. "[소셜미디어가] 참된 지식과 공부, 참된 집중을 침해하니까요." 그가 말한다. "말하자면 세상을 정말 위대하게 만드는 것들이나 지적 노력에 방해가 된다고 생각해요. 그런 것들을 쓸모없게 만들잖아요."

디나는 자신이 속한 정통 유대교 공동체가 소셜미디어에 매우 개방돼 있다고 말하지만, 에브라임이 자신의 공동체에서 느끼는 소셜미디어에 대한 태도는 사뭇 다르다. "맞는 표현인지 모르겠지만, 반소셜미디어 움직임이 꽤 많이 일어나고 있는 것 같아요." 그가 말한다. "보편적인 현상이라 움직임이란 말이 정확한 것 같지는 않네요. 어쨌든 다들 소셜미디어를 싫어해요. 두려워하죠. 어떤 종교 공동체든 마찬가지겠지만, 특히 정통 유대교처럼 엄격하고 관계가 끈끈한 사회는 더 그렇죠. 그런 점에서, 기본적으로 유대교 공동체는 저를 보호해준다고 생각해요." 유대교와 관련 없는 에브라임의 친구들은 다들 당연한 듯 소셜미디어를 이용하고, 그 친구들은 거의 '애원하듯' 그에게 페이스북 이용을 권한다고 한다. 그래야 에브라임과 쉽게 연락할 수 있기 때문이다. 하지만 그는 늘 거절한다. "제가 소셜미디어를 싫어하는 또 다른 이유는, 거기에 만들어 놓아야 할 외형 때문이에요. 가상세계 속 제 모습을 창조해야 하는데, 저는 그게 싫어요. 역겨워요. 정말 가식적으로 자기 페르소나를 만드는

---

* **Luddite** 첨단기술의 수용을 거부하는 반기계 운동으로 19세기 초에 산업혁명으로 일자리를 잃은 영국 노동자들이 일으킨 기계 파괴운동에서 유래.

일이잖아요. 사진들을 줄줄이 올리고, 이런 일을 했다느니 떠벌리고, 그러면 또 사람들이 댓글을 달고, 제겐 다 바보 같아 보여요. 관심도 없고, 믿지도 않아요."

하지만 에브라임의 부모님은 소셜미디어의 가치를 '믿는 듯하다'. 두 분 모두 페이스북 계정이 있고, 에브라임이 가입한다고 해도 개의치 않을 분들이기 때문이다. 그러나 여기서 흥미로운 사실은, 에브라임이나 부모님은 페이스북 활동을 할 수 있지만 그의 여동생들은 예외라는 사실이다. 그들에게는 분명한 이중 잣대가 존재한다. "여자애들이 소셜미디어에 훨씬 더 취약하기 때문"이라고 그는 이유를 댄다. "저도 일반화하긴 싫지만, 제 여동생들은 문자도 못 보내요. 우리의 순결한 여성들을 보호하는 데 다들 아주 예민하거든요." 그는 이 마지막 말을 할 때 좀 능글맞게 웃으며 내 눈을 피한다.

에브라임과 그의 유대교 남자친구들에게는 스마트폰도 허용된다. 그래서 남성들은 음란물도 찾아볼 수 있다. 이 주제가 언급되자, 에브라임은 다들 챗룰렛(ChatRoulette)이나 스카이프(Skype)같이 웹캠으로 모르는 사람들을 랜덤으로 연결해주는 플랫폼에 얼마나 빠져 있는지를 열을 내며 말한다. 나는 에브라임도 챗룰렛 같은 사이트에 들어간 적이 있는지, 또 그런 일이 인터뷰 초반에 그가 언급했던 다른 소년들과 지하실에서 함께 지내면서 '난리도 아니었던' 생활을 했을 때의 일인지를 묻는다.

에브라임은 챗룰렛도 온라인 세계의 '급소' 중 하나라고 설명하며 말을 잇는다.

"친구들 때문에 알게 됐는데, 알고 보니 여자애들 꼬시는 사이트더라고요." 그가 느물거리며 말한다. "거기에 들어가면 벌거벗은 남자애들쯤은 트럭으로 볼 수 있어요. 그런 방에 들어가면 '벗은 남자라……? 다음.' 하고 그냥 나오면 돼요. 근데 남자애들뿐 아니라 여자애들 중에도 벗고 있는 애들이 가끔 있거든요." 에브라임이 다시 한 번 다 알지 않느냐는 듯한 표정을 짓는다. "그때 저희는 컴퓨터 세 대에 각각 챗룰렛을 띄워놓고 마치 마라톤이라도 하듯 여러 방을 들어갔거든요. 뭔가 은밀하고 매혹적인 지하 세계 같았죠. 정말 어두운 세상 말이에요. 제가 아는 친구는 거기서 만난 여자애한테 옷도 벗게 만들었다고…… 뭐 그런 일도 있었대요. 그것만 봐도 사람들이 왜 현실에서 벗어나 소셜미디어에 그렇게 필사적으로 매달리는지 알 수 있어요. 쉽게 접근할 수 있으니까요."

내가 만난 독실한 기독교 학생들 대부분은 온라인 포스트를 통해 신을 경배하고, 소셜미디어 때문에 신과 멀어질 것 같은 경우에는 이를 진지하게 고민하며 회피한다. 그러나 에브라임의 경우에는 친구들과 함께 온라인 세상을 탐험하던 시절을 즐겁게 추억하고 있고, 그런 흥분감은 재커리보다도 더 커 보인다. 하지만 에브라임은 소셜미디어 때문에 생기는 중독 현상도 혐오한다. 그래서 에브라임은 궁극적으로 이런 선택을 했다. "이제는 소셜미디어를 다 접었어요. 친구들에게도 그만두라고 하고요."

인터넷과 스마트폰, 그리고 소셜미디어 중독은 에브라임이 자주 생각하는 주제다. 그는 자신에게도 그런 중독 성향이 있다는 말을 꽤 여러 번 되풀이한다. 인터뷰에서 그가 상당히 자주 했던 말 중 하나는 소셜미디어를 일단 시작하면 중독될까 봐 두렵다는 것이었다. 그는 같은 이유로 인터넷을 멀리하는 것 같다. 에브라임은 자신이 스마트폰에 중독돼 있다고 여기는데, 저녁 식사 중 스마트폰을 손에서 떼기가 어렵다고 한다. 그런데도 매주 돌아오는 안식일에는 별 무리 없이 스마트폰을 꺼버린다. "어렵지 않아요. 그때는 선택의 문제가 아니니까요"라고 그는 말한다. "게다가 안식일에는 하지 말아야 할 것들이 워낙 많잖아요. 스마트폰은 그중 하나일 뿐이죠."

에브라임은 걱정한다. "우리는 온라인이라는 탈출구를 가진 게 아니라 그냥 온라인 인간이 돼가는 것 같아요." 그는 이를 비극적인 상황이라고 느끼며, 그만큼 정통 유대교가 이런 최악의 상황으로부터 자신을 보호해준다는 데 가치를 느낀다. "인터넷은 많은 사람들을 파괴하고, 인간의 사교 방식도 망가뜨리고 있어요. 제가 아는 사람들은 다행히 종교 덕분에 기술을 광적으로 추종하지 않고, 저도 다른 사람들만큼 그런 일로 고통받지 않죠. 하지만 만약 제가 그런 세속적인 사람들과 자주 어울려 다녔다면, 저 또한 고통 속에 살고 있겠죠."

표현하지 않을 자유?

디나나 에브라임에게 소셜미디어를 멀리한다는 선택은, 그 자체로 그들의 종교적 신앙을 강화하는 기회가 된다. 또 기독교 신자인 학생들은 하나님이 자신을 지켜본다는 인식 속에서 신앙에 대한 긍정적 열정을 더 발전시키는 것으로 보인다. 신앙이 독실한 학생들이 소셜미디어를 사용할 경우에는, 이 기술이 자신의 종교를 표현할 수 있는 굉장히 유용하고, 풍부하고, 다양하며, 때에 따라서는 혁신적이고 즐거운 도구라는 사실을 깨닫게 된다. 이렇게 보면, 대다수의 학생들이 — 자신의 이미지에 연연하고 기업들의 평가(사실상 다른 모든 사람의 평가)에 대한 두려움으로 — 온라인 속 삶에서 종교나 정치적 표현을 배제하는 현실에 대해 다시 한 번 재고해볼 필요가 있다.

많은 학생에게 소셜미디어가 자신의 신앙을 표현하기에 적절치 못한 공간이라는 것은 우리에게 어떤 의미를 전할까? 같은 맥락에서 정치는 또 어떤가? 우리 젊은이들이 이런 주제들에 대해 그렇게 조심할 만큼 잃을 게 많은 걸까? 그리고 선량하고, 적극적이며, 관대한 시민을 육성해서 사회에 내보낸다고 자부하는 대학 및 교육 기관들이 오히려 학생들에게 잘못된 고정관념을 주입시키고 있는 건 아닐까? 다른 사람들, 그중에서도 특히 미래의 고용주들의 시선을 감안해서 소셜미디어에 '포스팅할 것과 포스팅하지 말 것'을 정하게끔 우리가 유도하는 건 아닐까? 정치와 종교에 대한 견해가 장래 구직 활동 중에 자신을 위태롭게 할 수 있다는 이런 고정관념을 바꿀 수 있는 방법은 없을까? 아니면 그런 고정관념을 없애야 한다는 내 생각 자체가 너무 순진한 걸까?

분명한 사실은, 우리 젊은이들이 남들의 검열과 그 파급력에 대한 두려움 없이 스스로의 모습 그대로 존재할 수 있는 공간을 애타게 찾고 있다는 것이다. 그런 자유를 얻기 위해 이들은 종종 익명의 플랫폼으로 발길을 돌리고, 그 결과 또 다른 문제들에 직면하게 된다.

6장 익명의 가상 놀이터로 오세요 •••
#익약의 인기와 스냅챗의 즐거움

♥ ◯ ◁   ◻

 지나, 사립대학 3학년 저도 익약을 하는데, 그냥 막장 드라마 같아요.

 호프, 사립대학 1학년 제가 진짜로 생각하는 것을 누군가에게 평가받는다는 두려움 없이 포스팅할 수 있어서 해방감을 줘요. 근데 거기서 인종차별주의자나 동성애 혐오자가 쓴 글, 또 다른 악플들을 보면 마음이 불편해져요. 예전에는 거의 매일 익약에 드나들었지만, 우리 학교에도 인종주의자들이 있다는 데 충격을 받았어요.

 그레이스
50min • 👥

#솔직한 자아

어느 화창한 주말 아침, 인터뷰를 위해 그레이스와 자리를 잡고 앉았을 때 나는 그녀에게서 다른 학생들에게는 한 번도 들어보지 못한 이야기를 듣게 된다. "사실 저는 온라인에서 더 솔직해진다는 생각이 들어요." 그녀는 아담한 몸매에 윤기 나는 긴 생머리를 한 상냥한 중국계 여학생이다. 그녀를 만났을 즈음에는 나도 학생들의 애기로 소셜미디어에

206

서는 자신의 한쪽 면만 — 행복하고, 긍정적이며, 남에게 영감을 줄 수 있는—부각한다는 젊은이들의 실태에 대해 꽤 익숙해진 상태였다. 그래서 나는 그레이스의 말에 주춤할 수밖에 없었다. 어떻게 저 학생은 온라인에서 더 솔직할 수 있다는 거지? 무조건 행복해 보여야 하는 압박에서 어떻게 벗어났다는 거야?

답은 간단했다. 비밀은 완벽한 익명성에 있었다.

그레이스는 라이브저널(LiveJournal)이라는 공간에서 왕성한 활동을 하는데, 사람들이 글도 쓰고 서로 교류도 하면서 남들을 팔로잉할 수 있는 블로그 사이트다. 거기서는 그녀가 어떤 사람인지 아무도 모른다는 점에서 그레이스는 라이브저널을 정말 좋아한다. 거의 아무도 모른다는 게 더 정확한 표현일 것이다.

"라이브저널 안에는 다양한 커뮤니티가 아주 많아서, 자신이 관심 있는 곳에 가입해서 회원들과 소통할 수 있어요." 그녀가 신이 난 듯 웃으며 말한다. "제가 좋아하는 뮤지션을 위한 커뮤니티도 있는데, 거기서도 친구를 아주 많이 사귀었어요. 그렇다고 실제로 아는 사람들은 아니지만요. 직접적으로 아는 사람은 거의 없어요. 대부분은 낯선 사람들이라고 해야겠죠." 그런 다음 그레이스는 익명으로 운영되는 온라인 플랫폼의 허와 실을 정확히 집어낸다. "기본적으로 익명이다 보니 생각하는 그대로를 말할 수 있어요. 당사자가 실제로 누군지 모르니까 거기서 한 말로 그 사람을 평가하기가 힘들거든요. 거기서는 마스크 뒤로 숨을 수 있어서 사람들이 자기 생각을 정말 거침없이 솔직하게 표현해요. 너무 솔직할 때도 있죠. 좀 비열한 말을 하는 사람들도 있고요. 실제 그 사람 앞에서는 절대로 하지 못할 그런 말이요. 숨을 수 있으니까 그럴 수 있겠죠. 익명성이란 마스크 말이에요."

그레이스는 라이브저널에서 필명을 사용한다. 페이스북에서 그런 것처럼, 자신의 '브랜드'에 위험을 초래하거나 장래 커리어에 재앙을 자초할 위험을 부담하지 않겠다는 의미다. 누군가 그녀의 이름을 구글에서 검색한다고 해도 그녀의 라이브저널 계정은 찾을 수 없을 것이다. 그레이스는 이 사실에 엄청난 해방감을 느낀다.

"실명을 쓰는 사람은 아무도 없고 페이스북이랑 연결돼 있지도 않아요." 그레이스는 이렇게 설명한다. "일부러 선택하지 않는 한 다른 플랫폼들과 연결되지 않거든요. 사실 그렇게 하는 사람도 거의 없겠지만요. 대부분 다른 사람들과 대화할 때 닉네임을 써요. 다시 한 번 말하지만 굉장히 믿을 만한 공간이고, 그러다 보니 뭐든 쉽게 말하게 되는 것 같아요."

대화가 이어질수록 분명한 점은, 그레이스가 라이브저널에서 보이는 모습은 다른 소셜미디어 사이트뿐만 아니라 오프라인 속 그녀의 모습과도 다르다는 점이다. 현실 속 그레이스는 그렇게 외향적인 소녀가 아니라 소수의 친구 몇 명하고만 절친한 관계를 유지한다. 라이브저널 속 자신의 모습을 설명하는 그레이스는 열정이 넘친다.

"[라이브저널에 있을 때] 제 자신이 가장 솔직하다는 생각이 들어요." 그레이스가 말한다. "편한 마음으로 제 기분을 그대로 드러낼 수 있으니까요. 일단 뭔가 할 말이 있을 때 좀 더 시간을 갖고 생각할 수 있고, 의도치 않았던 말을 했을 때는 전송하기 전에 삭제할 수 있거든요. 어떤 말을 한 다음에 생각이 바뀔 때가 있잖아요. 그럴 때는 이렇게 말하는 거죠. '있잖아. 다시 생각해보니 그건 내가 의도했던 말이 아닌 것 같아. 내가 정말 하려던 말은 이거였거든.'" 소셜미디어를 연구하는 학자들은 온라인 커뮤니케이션에서 사람들이 원하고, 느끼고, 주장하는 통제력에 대해 자주 언급한다. 현실에서는 이런 통제력을 발휘할 때 어떤 식으로든 피해가 따르기 때문이다.[1] 그레이스의 말에서 나는 사람들이 원한

208

다는 그 통제력이 떠올랐고, 플랫폼에 익명성이 보장될 때 그녀가 그런 통제력을 얼마나 자유롭게 발휘할 수 있는지도 알 수 있었다. 자신의 관중을 즐겁게 하면서 행복한 외관을 지속적으로 유지해야 하는 온라인 세상에서 익명의 플랫폼은 그레이스에게 자유를 선사할 뿐 아니라 현실에서 탈피할 수 있는 탈출구 역할을 한다.

　　라이브저널에는 그레이스의 '친구들'이 있지만 그들도 모두 익명으로 활동하기는 마찬가지다. "진정한 친구들을 둔 것 같은 기분이 들어요. 저를 위한 친구들이 늘 그곳에 있고, 저 또한 친구들을 위해 늘 그곳에 있으니까요." 그녀가 말한다. "거기 있는 친구들과는 정말 솔직하게 뭐든지 말할 수 있거든요." 라이브저널에서는 '감상적인' 모습까지 그대로 보여줄 수 있다는 점도 그레이스의 마음에 든다. 이 점도 소셜미디어 속 생활을 얘기할 때 다른 학생들로부터는 거의 듣지 못했던 말이다. 다른 학생들은 순수한 축하 멘트를 제외한 다른 감상적인 글을 소셜미디어에 적당하지 않다고 여겼기 때문이다. 온라인 설문조사 문항 중에는 다음 문장이 포함돼 있었다.

　　　　나는 소셜미디어에서 내 감정을 솔직하게 드러낸다.

　　전체 응답자 중 19퍼센트의 학생들만이 이 문장에 동의했다. 나머지 학생들은(74퍼센트) 거의 다 그렇지 않다고 답했다. 따라서 그레이스가 소셜미디어를 자신의 감정을 발산하는 공간으로 여긴다는 사실은 매우 드문 경우라고 할 수 있다. 그녀가 말하는 감정이 긍정적인 감정뿐 아니라 다른 모든 감정까지 포함한다는 점에서 더욱 그렇다. 당시 나는 학생들에게서 어쩔 수 없이 긍정적인 모습을 보여준다는 말을 너무 자주 듣다 보니, 소셜미디어에서 이런 규율을 따르지 않는 대학생은 정말 아무도 없는 것인지 궁금해지던 참이었다.

그레이스의 경우에는 익명성 덕분에 현실에서보다 더 진솔하고 참된 모습을 소셜미디어에서 보여줄 수 있다. 그곳에서 그녀는 친구들과 가족, 선생님들이 알고 있는 모습과 완전히 다른 누군가가 될 수 있다. "제 생각에 [라이브저널에서의] 제 모습은……." 그레이스는 뭔가 말을 하려다 끊더니 다시 번복한다. "그게 진짜 제 모습이에요. 거기서 표현하는 것들이 진짜 저를 반영하거든요. 그런 방식으로…… 저 자신을 보여주는 거죠. 저라는 사람에게는 많은 모습이 있고, 소셜미디어는 저로서 존재하고, 지금 여기에서보다 더 많은 사람과 교류할 수 있는 또 다른 방법이라는 생각이 들어요. 그게 저의 다른 일부라든지 확장된 모습은 아닐 거예요. 단지 다르게 표현됐을 뿐, 다 똑같은 저예요."

그러던 중, 온라인 속 자신의 삶을 열성적으로 설명하던 그레이스에게 '끼익' 하고 브레이크가 걸린다. 내가 그녀에게 페이스북에서도 비슷한 모습인지를 묻자 분위기가 급반전된 것이다.

먼저 그녀는 고개를 떨군다. 그러더니 머리를 세차게 흔들기 시작했다. "거기서는 뭔가 말하고 싶은 게 있어도 포스팅을 주저하게 돼요." 그녀는 이렇게 이야기를 시작한다. 방금 전 라이브저널에서 놀랍도록 솔직하게 자신을 표현한다고 신이 나서 재잘대던 그레이스는 어느새 원망과 좌절감에 빠진 한 소녀로 변해 있다. "저는 매일 제 상태를 업데이트하는 타입은 아니에요. 저와 관련된 일을 시시콜콜 공유하는 사람도 아니고요. 페북에는 다른 곳에는 존재하지 않는 역학관계 같은 게 있거든요. 그 때문인 것 같아요." 그러더니 그레이스가 '페이스북 역학'에 관해 마음에 들지 않는 요인들을 하나씩 대기 시작한다. 물론 거기에는 '좋아요'와 댓글 기능도 포함된다. 그런 것들로 인해 인기 있는 사람과 인기 없는 사람이 여실히 드러나고, 사람들은 '좋아요'를 많이 받을 만한 것들만 포스팅하며, 그런 식으로 다들 '자기만족에 빠진다'는 것이다. "무슨 인기투표 같아요." 그레이스가 투덜댄다. 그녀는 그런 식으로 다른 사람들과 경쟁할 마음이 전혀 없다. 그레이스는 페이스북의 그런 특징이 사람의 진을 빼고, 비윤리적인 데다, 솔직하지 못하다고 여긴다. 더 나쁜 점은 페이스북이 개인의 실명과 연결돼 있다는 사실이다. "굉장히 공적인 공간이잖아요. 제가 어떤 생각을 하고 또 어떤 말을 하는지를 모든 이가 지속적으로 알 수 있다는 게 전 싫어요." 그레이스는 이렇게 설명한다. "제 친구의 친구인 누군가가 제 계정에 들어와서 개인적인 내용을 보는 것도 싫고요. 그들이 신경 쓸 일은 아니니까요."

그레이스에게는 온라인의 익명성이 잠재적으로 가져올 수 있는 끔찍한 불이익(폭력, 잔인함, 비열함)도 '단지 다르게 표현된 자신'이라는 진정한 자기표현의 만족감을 위해서라면 위험을 감수할 만한 가치가 있다. 이런 만족감은 페이스북 같은 다른 플랫폼에서는 절대 느낄 수 없는 것이다. 신문을 읽는 사람이라면 누구나 소셜미디어에서 익명성이 초래하는 폐단을 잘 알고 있을 것이다. "거기서는 원하면 뭐든지 할 수 있어요. 만약 그런 행동으로 인해 방출된다고 해도, 또 다른 계정을 만들면 되니까요." 그레이스가 말한다. "자신의 정체를 버릴 수 있는 거죠. 그리고 나중에 돌아와서 또 다른 정체를 만들면 이전 정체를 통해 일어났던 일들에서 벗어나 원하는 것들을 다시 계속해나갈 수 있거든요. 그러다 보니 사람들이 훨씬 더 과감하게 뭐든 발언할 수 있는 거고요. 자신을 숨길 수 있는 장막이 있는 공간의 특징이죠. 그게 바로 온라인 사교의 특징이기도 하고요."

여기서 그레이스가 말하는 온라인 공간이란 구체적으로 사람들이 자신의 실제 신원과 결부될 필요 없이 가짜 닉네임을 만들어 활동할 수 있는 사이트들을 말한다. 그레이스의 표현대로라면 '자신의 정체성을 버리고' 새로운 정체성을 창조한 후 교체할 수 있는 곳이다. 그레이스는 익명성의 부작용을 수용하기로 결정했고 그 덕분에 평화를 얻은 것으로 보인다. 하지만 그레이스에게는 이렇듯 권능을 부여하고 원하는 대로 자아를 표출할 수 있게 해주는 익명성이 폭력과 인종차별, 성차별, 그 밖에도 다양한 차별의 온상이 되는 플랫폼을 만들 수 있다. 이런 플랫폼들은 폭력과 차별의 표적이 되는 젊은이들에게 말은 물론, 통제 불가능할 정도의 위협적인 행동으로 깊은 고통을 안겨준다. 그레이스도 지적했듯이 이런 플랫폼에서 활동하는 사용자들은 자신의 악행을 계속하기 위해 기존 계정을 없애고 새로운 계정을 만든 다음 익명성이 제공하는 장막이라는 혜택을 최대한 이용한다.

나는 그레이스를 조금 더 압박해보기로 하고, 그녀 입장에서 자신의 정체성을 버릴 수 있는 게 좋은 일인지 아닌지를 묻는다. "그건 판단할 수 있는 문제가 아니에요. 좋지도 나쁘지도 않은 그저 거래의 일부일 뿐이죠. 저희가 바꿀 수 있는 문제가 아니니까요. 사람들이 쉽게 포기하지도 않을 거고요"라는 게 그레이스의 답변이다. "자신이 원하는 누구든 될 수 있다는 게, 그러니까 복수의 개인으로 활동할 수 있다는 게 개인적으로는 좀 부정직한 일이라고 생각하지만, 그렇다고 그런 행동을 막을 수는 없잖아요."

나는 그레이스에게 '기존의 정체성을 버리고' 새로운 정체성을 만들 수 있는 자유를 긍정적으로 활용하는 사람도 있는지 묻는다. 그녀는 다시 머리를 흔들며 한숨을 쉰다. "그럴 수도 있겠죠. 근데 대부분은 그러지 않아요." 그녀는 이렇게 말한다. "대부분의 사람이 두 가지 정체성을 필요로 하는 유일한 이유는 첫 번째 정체성에 만족하지 않기 때문이거든요. 그런 점에서 현재 정말 긍정적인 정체성을 갖고 있는 사람이 또 다른 정체성을 만들 이유가 없겠죠. 기존의 정체성을 더 강화하면 되니까요.

반면에 어떤 사람이 진짜 부정적인 정체성을 쌓아왔다면 당연히 사람들에게 비난을 받아왔을 테고, 그럼 원래 계정에 간단히 이런 말을 남기고 사라질 거예요. '저는 나갑니다. 오늘부터 계정 폐쇄합니다.' 그러면 끝이에요. 이젠 아무도 그 사람을 귀찮게 굴 일이 없으니까요. 그렇게 창문 하나를 닫아버리고는 또 다른 계정을 만들어 원하는 대로 하는 거예요. 자신의 행적이 마음에 들지 않는 사람들에게는 정말 편리한 방법이죠."

그레이스도 이런 상황이 마음에 들지 않지만, 좋든 싫든 익명성이 자유를 부여한다는 것만은 사실이다. 그리고 그런 문제점에도 불구하고 그레이스가 익명으로 추구해온 온라인 생활은 실제로 그녀의 자존감에 긍정적인 작용을 한다. 그녀는 익명성을 즐기고, 그 안에서 발전해나가며, 그로 인해 해방감을 느끼고, 그곳에서 자신에게 꼭 필요한 커뮤니티를 찾는다. 온라인에서는 긍정적인 모습만 드러내야 하고, 장래 취업 활동을 위해 프로답게 보여야 하며, 자신을 브랜드화해야 한다는 모든 주문 속에서 학생들은 온라인에서 자신의 모습 그대로 존재할 수 있는 다른 방법들을 모색한다. 그리고 익명성은 그 다른 방법을 가능하게 해준다.

자기 본연의 모습이 허락되는 공간

익명성이 부여하는 즐거움을 소상히 밝힌 학생은 그레이스뿐만이 아니었다. 영문학을 전공한 수잔은 현재 가짜 이름으로 활동하고 있는 텀블러(Tumblr)를 자신이 얼마나 아끼는지 내게 설명한다. 그녀는 이렇게 말한다. "제가 진짜 관심 있는 것들에 대해 더 당당해질 수 있어요. 공공장소에서 큰 소리로 말하면 이상한 사람 취급을 받을 만한 얘기도 거기서는 가능해요." 수잔에게 좀 더 구체적인 예를 들려달라고 하자, 그녀는 가슴속 깊은 곳에 숨겨둔 은밀한 비밀 대신, 디즈니 공주 시리즈에 대한 자신의 끝없는 열정을 밝힌다. 수잔은 이런 자신의 취향 때문에 남들의 웃음거리가 되는 것은 원하지 않는 데다, 텀블러는 그런 얘기를 나누기에 아주 안전한 공간이다.

"그렇다고 제가 [텀블러에서] 다른 사람인 양 행동하는 건 아니에요." 수잔이 말한다. "말하자면, 제 페이스북에는 제 이름이 붙어 있잖아요? 그래서 들어온 사람들은 다들 그 계정이 제 거라는 걸 알겠죠. 그러다 보니 페이스북 속 생각들은 제가 일상에서 공개적으로 말하는 것들과 비슷해요. 근데 텀블러처럼 제 친구들조차 제 존재를 모르는 플랫폼에서는 제 생각을 좀 더 자유롭게 표현할 수 있어요." 수잔은 텀블러에서 쓰는 닉네임이 자신을 지켜주기 때문에 남들 앞이나 실명이 붙는 온라인 공간에서는 절대 할 수 없는 얘기도 '당당히' 공개할 수 있다고 말한다.

내가 남동부에 있는 복음주의 기독교대학에서 만난 안젤라도 이 대목에서 언급할 만한 인물이다. 그녀는 긴 금발에 키가 크고 굴곡 있는 몸매의 여학생이다. 목소리도 아주 달콤한 데다 웃음도 많다. 그녀의 두 눈은 뭔가 재밌는 비밀이라도 있는 사람처럼 반짝거리는데, 그녀는 실제로 내게 비밀 하나를 털어놓는다. 자신에게는 비밀 트위터 계정이 있다는 것이다. 친구들로부터 버림받았다는 생각에 한없이 우울했던 어느 날 만든 계정인데, 정말 잘한 결정이었다고 내게 말한다.

"그 트위터 계정은 익명으로 활동할 수 있거든요." 그녀는 활달하게 웃으며 말한다. "좀 우습게 들리실 수도 있겠지만, 팔로워 수를 늘리려고 만든 계정이었어요. 재밌을 것 같았거든요. 1학년 때 친구들과 안 좋은 일이 있었고, 그래서 사는 게 지루했어요. 주위에 친구도 한두 명밖에 없었고요." 그때 안젤라는 트위터에서 활동하는 사람들과 작동 방식에 대해(어떤 글들이 리트윗이 많이 되고 '마음에 들어요(favorites)'를 많이 받는

214

지 등) 한창 관심 있게 살펴보던 참이었고, '나도 저 정도는 할 수 있겠는데……'란 생각도 들었다고 한다. 그래서 그녀는 트위터를 시작했다. "시험 삼아 시작한 일이었고, 그때는 친구들 때문에 속상했던 때라 거기서 주로 화풀이를 했어요. 그게 저라는 걸 아무도 모를 테니까요. 그래서 더 열심히 했던 것 같아요." 안젤라는 외롭고 친구들에게 외면당했다는 기분에 휩싸였을 때 계정 활동을 시작했다. 그래서 트윗을 올리고 팔로워를 얻는 일은 현실에서 느끼는 일종의 단절감을 보상받고 사회적 유대감을 느끼는 데 도움이 됐다. 게다가 익명성은 안젤라에게 안전함과 보호받는다는 느낌을 더했다.

안젤라는 6개월에 한 번 정도 아주 가끔씩만 트윗을 올렸지만, 그때마다 익명성 덕분에 자신의 마음을 그대로 드러낼 수 있는 자유로움에 신이 났다. 이 실험기간 동안 그녀는 포스트에 해시태그를 달면 더 많은 리트윗과 '마음'을 받을 수 있다는 것을 알게 됐다. 개인적인 일은 가급적 트윗으로 올리면 안 된다는 점도 중요했다. "개인적 용도로 계정을 사용하면 사람들의 관심이 떨어지더라고요"라는 게 안젤라의 말이다. "좀 피상적인 면이 있어요. 적당한 표현인지는 모르겠지만 셀러브리티 계정이랑 비슷한 면이 있거든요. 그래서 사람들이 읽고 싶어하는 글을 올리는 게 좋아요. 트위터에서 활동하는 사람들은 그 계정 뒤에 있는 개인에 대해서는 관심이 없어요." 안젤라의 트윗에 익명성이 보장된다는 점과 함께, 트위터의 일반적인 특징은 또 다른 안전망이 됐다. 개인적으로 중요한 일을 포스팅하는 게 아니다 보니 사람들이 그녀의 트윗을 무시하거나 뭔가 고약한 말을 남겨도 대수롭지 않게 여길 수 있었다.

결과적으로, 안젤라는 수천 명의 팔로워를 거느리게 됐다.

어떻게 그럴 수 있었을까? "다양한 사람이나 집단들과 교류하면 돼요." 그녀가 답한다. 실제로 안젤라와 수잔에게는 공통점이 있다. "제가 디즈니를 너무 좋아하다 보니, 예를 들어 제 트위터 배경 사진이 신데렐라 영상 중 하나였거든요. 덕분에 디즈니를 좋아하는 사람들과 쉽게 가까워지고, 또 그런 사람들은 제 트윗을 쉽게 리트윗해 주더라고요. 트위터에서 팔로워 수를 늘리는 비결은 바로 리트윗이었어요." 안젤라는 "기분전환 삼아 만들었다"라고 말했지만 결과적으로는 플랫폼이 어떻게 작동하는지 확인하려다 '거기서 놀며 시간을 보내는' 상황이 됐다. 안젤라는 '마음'과 리트윗을 받고 팔로워 수를 늘리는 재미에 푹 빠지게 됐다. "뭔가 성공한 기분이 들었어요." 그녀가 말한다. "게임에서 포인트를 얻는 때랑 비슷하더라고요."

안젤라가 그레이스나 수잔과 다른 점은, 그녀는 익명의 트위터 계정에 올린 내용을 자신의 실명이 붙은 계정에도 대부분 포스팅한다는 점이다. "유일하게 다른 게 있다면, 가끔 정말 화가 났을 때 익명 계정에서는 욕을 올리기도 해요"라고 안젤라는 말한다. 그녀는 자신의 여러 계정에 비슷한 내용들을 포스팅하는 과정에서 좀 흥미로운 점을 발견할 수 있었다. "사람들은 어떤 포스트를 누가 올렸는지 잘 모를 때 오히려 더 적극적으로 말을 거는 것 같더라고요"라고 그녀는 말한다. "익명성은 포스트를 올린 사람뿐 아니라 그걸 보는 사람들에게도 있으니까요. 그러다 보니 사람들이 [페이스북에서보다] 덜 소심해지는 것 같아요. 반면 실명이 따라붙는 사이트에서는 사람들이 그렇게 적극적으로 리트윗하지 않거든요. 그래서 제 트위터 계정 닉네임은 사람 이름이 아니에요." 물론 안젤라는 페이스북에서 더 많은 댓글을 받을 때도 있지만 그건 전적으로 어떤 포스트를 올렸는지에 따라 다르다. 페이스북에서는 개인적인 게시물에 대해 사람들이 더 많이 반응한다.

요즘 안젤라는 친구들에게 생일 축하 메시지를 보내거나 가족과 연락하는 용도 외에는 소셜미디어를 거의 사용하지 않는다. 트위터 계정을 만든 일은 재밌는 실험이었지만 잠시 즐긴 후 그 경험에 종지부를 찍었다. 안젤라의 트위터 계정은 남자친구와 소수의 친한 친구들만 알고 있었는데, 어쩌다 보니 그녀의 남동생까지 알게 됐다. 이 에피소드로 안젤라는 결국 소셜미디어를 완전히 접을 수 있었다. 그녀의 남동생도 트위터 계정을 갖고 있었는데, 우연히 자신의 누나가 엄청난 수의 팔로워들을 거느린 장본인이라는 사실을 알고는 그녀에게 이렇게 물었다. "누나, 대체 팔로워를 어떻게 그렇게 많이 만든 거야? 좀 도와줘!"

도움 대신, 그녀는 자신의 계정을 남동생에게 양도하면서 이렇게 말했다. "그냥 너 가져."

곧 '사라질 포스트'가 주는 희열

누구나 페이스북 계정을 갖고 있다고 해서 학생들이 가장 좋아하는 소셜 플랫폼이 페이스북이란 의미는 아니다. 페이스북은 오히려 필요악에 가깝다. 모두들 페이스북을 하고 심지어는 교수님들도 하다 보니, 사람들과 연락하고 강의 과제에 대해 논의하기에 가장 유용한 공간이 되는 것이다. 그리고 소셜미디어 이력서로서의 기능도 빠질 수 없다. 하지만 더 이상 이들에게서 페이스북 계정을 처음 만들었을 때 느꼈던 벅찬 희열은 찾아보기 힘들다. 그리고 요즘 학생들이 페이스북보다 확실히 더 매력을 느끼는 인스타그램조차 실명으로 활동한다는 점에서는 똑같이 스트레스를 준다.

다만 스냅챗은 얘기가 전혀 다르다. 대학생들은 스냅챗에 무한 애정을 보낸다.

그들이 스냅챗을 아끼는 이유는 그들의 '스냅'이나 포스트가 몇 초 후면 사라지기 때문이다. 사진을 찍은 다음 거기에 멘트를 달아서 친구나 동기들에게 영상 문자로 보낼 수 있다. 물론 스냅챗에서도 개인 계정을 실명으로 개설해야 하므로 다들 당신이 누군지 알고, 원하면 당신의 '스냅'을 스크린샷으로 찍어 남겨놓을 수도 있다. 그럼에도 사람들에게 보내는 스냅들과 그 스냅을 받는 사람들이 지나치게 무모하지 않는 이상, 스냅챗은 충분히 안전하다. 앱이 약속한 대로 얼마 후면 스냅들은 다 사라지기 때문이다.

스냅챗에 대한 학생들의 애정은 어디서든 발견된다. 이 앱이 그토록 사랑받는 이유로도 설명되지만, 학생들이 자기 그대로의 모습으로 있을 수 있으면서 잠재적 고용주가 자신의 온라인 계정을 살펴볼 때도 문제를 일으킬 만한 포스트에 대해 걱정할 필요가 없는 공간을 간절히 바라는 것만은 분명해 보인다. 스냅챗 사진과 셀피, 댓글이 곧 사라질 것이라는 간단한 사실만으로 이들은 안심할 수 있다.

스냅챗은 스냅이 곧 사라진다는 개념 때문에 '섹스팅 앱'으로도 명성을 얻게 됐다.[2] 그리고 그런 의도로 이 앱을 사용하는 사람들도 분명히 존재한다. 하지만 나와 함께 얘기했던 대학생들에게 이런 얘기는 스냅챗이 선사하는 진정한 즐거움의 극히 일부이자 다소 불명예스러운 특징일 뿐이다.

학생들은 스냅챗에서 언제든 '어리석은' 사람이 될 수 있다. 또한 한없이 유치해질 수도 있다. 멍청하기 짝이 없는 말들도 지껄인다. 그들은 바보 같고, 추하고, 부적절한 사진을 찍고 다른 사람들에게 보여줄 수 있다. 스냅챗에서는 슬퍼해도 되고, 부정적인 모습을 보여도 상관없으며, 화를 낼 수도 있고 비열한 사람이 될 수도 있다. 자신이 느끼는 감정 속에 한없이 빠져들 수도 있다. 그들은 거기서 솔직할 수 있다. 그리고 스냅챗에서는 섹시해질 수 있는 것도 사실이다. 그러나 학생들이 스냅챗을 사랑하는 가장 큰 이유는, 그곳에서 온갖 엉뚱한 행위들을 저지를 수 있다는 점이다.

스냅챗에서 대학생들은 페이스북처럼 좀 더 '영구적'이고 자신의 실명이 결부되는 플랫폼에서 하면 안 된다고 배워왔던 일들을 모두 할 수 있다고 여긴다.

매튜는 페이스북과 스냅챗의 차이를 설명하면서 왜 스냅챗이 훨씬 더 재미있는지를 내게 설명하려고 애쓴다. 매튜도 다른 학생들처럼 페이스북에 자주 들어가지만 거기에 포스팅을 하지는 않는다. 페이스북 포스팅은 시간을 너무 많이 잡아먹는 데다 포스트마다 많은 부담이 따라서 일이 커지기 때문이다. 매튜는 그냥 다른 사람들의 뉴스피드를 구경하면서 친구들에게 일어난 새로운 소식이나 사진들을 확인한다. 하지만 매튜도 스냅챗은 굉장히 좋아하기 때문에, 페이스북에서와는 달리 적극적으로 참여한다.

"무료할 때가 있잖아요." 매튜가 말한다. "그럴 때 뭐든 기분 내키는 대로 사진을 찍어서 아무에게나, 이를테면 무작위로 다섯 사람을 골라 보내는 거예요. 그러고는 누군가의 반응을 기다려요. [스냅챗은] 정말 간단하고 빨라서 제 친구들이 지금 어떤 상태인지 쉽게 알 수 있어요. 특히 방학 때 각자 집으로 뿔뿔이 흩어졌을 때는 더 그렇죠. 친구들도 아무 거나 찍어서 스냅을 막 보내는데, 그럼 저는 '오, 대박!' 같은 말을 달아요. 그냥 제가 지금 건재하다는 걸 알리는 방법이라고나 할까요? 서로 멀리 떨어져 있을 때도 각자에게 생긴 일을 공유하는 방법이죠. 아주 단순하고 빠르니까요."

스냅챗은 사용자들에게 서로를 평가하지 않고도 소통할 수 있는 방법을 제공한다. 그동안 늘 남들에게 관찰되고 평가받는다고 느껴왔던 대학생들이 갈구해왔던 곳이기도 하다. 페이스북도 이론상으로는 스냅챗 같은 공간이 돼야 하고, 과거에는 그랬던 적도 있었을 것이다. 그러나 매튜에게 페이스북이란 거의 예외 없이 누군가에게 생일 축하 메시지를 보내거나, 그들의 약혼과 결혼을 축복하거나, 가족과 관련된 일에 댓글을 달 때만 사용하는 곳이다. 그 밖에 페이스북이 필요한 상황이 있다면 매튜의 삶에서 남들에게 알리고 싶은 '뭔가 대단한 일'이 벌어졌을 때다. 즉 매튜의 인생에 대한 하이라이트 영상을 꾸며야 하는 경우다. "졸업이라든지, 아시잖아요. 야구 경기에서 우승했다든지……." 매튜는 여기서 말을 끊고는 페이스북에 포스트를 올리는 또 다른 경우는 없는지 잠시 생각한다. "예를 들어 제가 투수로 뛴 경기가 무안타로 끝났다면, 상대편 기록이 전부 0으로 도배된 전광판 사진을 찍어서 페이스북에 올리는 거죠. '입학 후 첫 무안타 기록.' 같은 멘트를 달아서요."

그런 소식은 지인들에게 '스냅으로도' 알린다. 여기서 지인이란 그의 친구, 그러니까 페이스북의 외형상 '친구들'이 아닌 진짜 친구들을 말한다. 그는 친구들에게 상대를 무안타로 날려버린 야구 경기 사진을 '스냅'하거나 강의 중 눈이 반쯤 감긴 자신의 사진에 '지루해서 죽을 지경'이란 말을 붙여서 모두에게 '스냅'할 것이다. "그러면 제 스냅을 받은 친구들도 보통은 뭔가를 답으로 보내서 또 다른 즐거움을 주거든요." 그는 키득거리며 덧붙인다. "스냅챗에서는 공들일 필요가 없어요. 뭔가 재밌는 걸 보면 폰을 들고 사진 버튼만 누르면 돼요. 그렇게 찍은 사진을 모두에게 보내는 거죠. 스냅챗에는 24시간 동안만 공개되는 스토리(Story)라는 기능이 있는데, 거기에 원하는 오만 가지 것들을 스냅할 수 있어요. 그리고 이후 24시간 동안에는 누구든 아무 때나 들어와서 거기 있는 것들을 보면서 하루 동안 제게 일어난 일들을 확인하는 거죠."

매튜가 말한 공을 들일 필요가 없다는 것도 사람들이 스냅챗을 매력적으로 느끼는 이유 중 하나다. 특히 요즘처럼 가장 적절한 포스트를 창조하기 위해 끝없이 '공을 들이는' 상황에서는 더욱 그렇다. 사람들은 온라인에서 뭔가를 말할 때 너무 많은 것을 걱정한다. 남들이 그 포스트를 좋아할지, 무시할지, 나중에 후회하진 않을지, 다른 사람들의 분노를 사진 않을지, 혹은 그들의 우려를 사진 않을지, 내게 긍정적이고 행복한 자극이 될지, 내 성공을 보여줄 수 있을지, 남들의 부러움을 살지 등, 일련의 질문들이 끝도 없이 이어지기 때문이다. 요즘에는 페이스북에 자신의 일상을 규칙적으로 업데이트하는 학생도 찾아보기 힘들다.

하지만 스냅챗만은 편안한 마음으로 가지고 놀 수 있다. 스냅챗이 근사한 또 다른 이유는 자신의 이미지를 가꾸고 개발하지 않아도 되는 유일한 플랫폼이라는 점이다. 술 마시는 사진처럼 '완벽'하지 않은 모습도 스냅할 수 있다고 매튜는 말한다. 이런 특징은 그에게 큰 안심이 되고, 그가 스냅챗을 사랑하는 또 다른 이유이기도 하다. 그는 이렇게 설명한다. "페이스북이나 트위터 속 제 이미지가 스냅챗에서 친구들이 접하는 제 이미지보다 훨씬 더 훌륭하긴 하겠죠."

매튜가 언급한 '더 훌륭한' 이미지란 좀 더 다듬어지고 그의 본모습과는 덜 비슷한 이미지를 의미한다. 스냅챗에서 매튜는 자신이 그 순간 어떤 상태든, 특별히 행복하지 않을지라도 그 모습 그대로를 보여줄 수 있다는 데 큰 즐거움을 느낀다. 스냅챗은 '진짜 내'가 될 수 있는 플랫폼이다.

내가 인터뷰한 학생 중 스냅챗에 대해 매튜와 비슷한 반응을 보인 젊은이들은 아주 많았다. 늘 행복하고 긍정적인 면만 보여줘야 하고, 그렇지 않은 경우에 일어날 결과에 대해 걱정하는 학생들의 모습을 잇달아 보면서, 나는 페이스북이 주는 압박과 학생들 사이에서 점차 시들고 있는 페이스북의 인기가 서로 연결돼 있다는 것을 분명히 느낄 수 있었다. 페이스북의 이력서화, 그리고 소셜미디어에서 자신을 '브랜드화'하는 경향도 스냅챗 및 익약 같은 앱들의 인기와 직접적인 상관관계를 갖는 것으로 보인다. '파급효과가 없다'는 스냅챗의 약속은, 그 밖의 플랫폼에서는 늘 완벽함을 추구해야 하는 학생들에게 분명한 매력을 선사한다.

스냅챗은 일종의 카타르시스를 주는 것 같다. 이곳에서는 모두가 긴장을 풀고 완벽하지 않은 자신의 모습도 축하할 수 있다. 물론 오늘날 앱의 인기란 혜성처럼 떴다 사라지는 경우가 많아서 이 책이 출간될 때쯤에는 스냅챗이 사람들 머릿속으로 사라질 가능성도 있다. 그러나 학생들이 점점 더 어린 나이에 사이버 세계로 첫발을 내딛는 상황을 감안한다면 소셜미디어의 '이력서화' 현상이 더 강화되리란 전망에는 의심의 여지가 없다. 그 결과 젊은이들은 자신의 어리석고 우스꽝스러운 모습도 허용하면서 작은 재미도 누릴 수 있는 공간을 끊임없이 찾아 나설 것이다. 포스트를 가볍게 날려 보내고 익명성이 허락되는 공간이라면 스냅챗이든 또 다른 앱이든 어디든 상관없다. 온라인 속 젊은이들은 자신의 실명을 버림으로써 참된 자신의 모습을 되찾는다.

물론 앞서 그레이스와 엠마의 사례에서 언급했듯이 익명성에는 어두운 면도 있다.

익약: 대재앙이 된 익명성

익약(Yik Yak)은 익명성의 어두움을 대변한다. 내게 익약에 대한 이야기를 처음으로 들려준 사람은 북동부에 있는 한 가톨릭대학의 2학년 학생이었다.

"익약이라고 들어보셨어요?" 그녀는 내게 묻는다.

들어본 적이 없다고 하자, 그녀가 설명했다. "새로 생긴 건지 모르겠지만 저도 최근에 알게 됐어요." 그녀가 계속 말을 잇는다. "익명으로 어떤 얘기를 올리면 그 사람과 가까운 거리에 있는 사람들이 그 포스트를 볼 수 있어요. 말하자면 그 지역에서 벌어지는 일들을 확인할 수 있는 사이트죠. 누가 누구랑 같이 잤다더라, 누가 파티에 왔다더라, 또 누가 마약을 했다더라 같은 얘기들이 올라와요. 그런 얘기를 위한 온라인 공간이라면, 저는 절대 엮이고 싶지 않지만요."

익약은 마치 혜성처럼 미국의 대학 캠퍼스를 강타했다. 내가 이 연구를 위해 처음 인터뷰를 시작했을 무렵에는 익약에 대해 언급한 학생이 하나도 없었는데, 그때만 해도 이 앱이 존재하지 않았기 때문이다. 그러다 여름 방학이 지나고, 개강 무렵이 되면서 어딜 가든 다들 익약에 대한 얘기만 했다. 말하자면 하룻밤 사이에 유명세를 타게 된 스타처럼 말이다. 모두 익약 얘기로 입이 간지러운 사람들 같았다.

사람들은 보통 익약을 '익명성이 보장되는 트위터'라고 부르는데, 각 대학 캠퍼스마다(거의 모든 캠퍼스에) 익약 계정이 있다. 익약은 악명 높은 또 다른 앱인 틴더(Tinder)처럼 휴대전화의 GPS로 개인의 위치를 파악한다. 어떤 캠퍼스의 익약 계정에 접속하기 위해서는 일단 그 캠퍼스 근처에 있어야 한다. 또한 익약도 레딧(Reddit)처럼 어떤 포스트를 '업보트(upvote)'나 '다운보트(downvote)'로 투표할 수 있어서, 인기가 높은 포스트일수록 피드의 상단에 위치하고 사람들 눈에도 더 잘 띌 수 있다. 반면에 인기가 없는 포스트들은 피드의 가장 아래로 내려감으로써 사람들의 시야 밖으로 사라지게 된다.

USA투데이나 슬레이트*, 뉴욕타임스는 물론 CNN 같은 매체들도 익약의 등장을 집중 조명함으로써 대중의 관심에 불을 붙였다.[3] 그러나 얼마 지나지 않아 익약은 각종 소문과 혐오 발언들에 휘말렸고, 특히 미

---

* **Slate** 정치, 시사, 문화 등을 다루는 미국의 온라인 잡지.

주리대학에서는 인종차별과 폭력을 예고하는 협박성 포스트를 올린 학생들이 IP 추적으로 발각돼 경찰에 연행되는 일도 있었다. 이 사건으로 익약 사용자들은 적정선을 지켜야만 익명성을 보장받을 수 있다는 사실을 확실히 알게 됐다.4 그 적정선이 무엇인지, 또 그 안에 인종주의와 성차별, 기타 혐오 발언들이 포함되는지는 아직도 논쟁 중이다.

대학 안에서 익약의 존재감과 용도, 그리고 캠퍼스 문화에 미치는 영향력을 가장 잘 이해할 수 있는 방법은 대학생들에게서 직접 그 이야기를 듣는 방법일 것이다. 나와 인터뷰를 나눴던 남녀 학생들 모두 자신들은 그저 은밀한 관찰자이며 익약은 그야말로 난장판이고, 그럼에도 그곳을 빠져나가기가 힘들다고 토로했다. 그중에는 익약을 눈으로만 즐기지 않고 직접 참여한다고 밝힌 학생들도 몇 명 있었다.

남서부에 있는 한 사립대학의 3학년생인 저스틴도 그런 학생 중 한 명이다. 인터뷰 초반에 사람들이 소셜미디어에 솔직한 글을 올리는지 그의 의견을 묻자, 그는 익약에 대한 얘기를 꺼낸다.

"예를 들어 익약은 익명성이 완전히 보장되는 소셜미디어 사이트인데 종종 사람들이 현실에서는 드러내지 못하는 것까지 솔직하게 보여줄 때가 있어요"라고 그는 말한다. "익명성으로 정체를 완전히 감추면 자신의 생각을 그대로 밝힐 수 있잖아요. 페이스북 같은 곳에서는 사람들 눈에 자신이 바라는 모습으로 비쳤으면 하는 마음에 스스로를 포장하려는 유혹에 빠지는 것 같아요. 사기라고 할 수는 없겠지만 솔직하지 못한 모습이잖아요. 제 말은, 사람들 머릿속에 남았으면 하는 자신의 이미지를 솔직하게 표현하는 건 맞지만 그게 그 사람의 실제 이미지와 일치하지 않을 수도 있다는 거죠."

많은 학생이 익약 안에서 익명성이 주는 스릴감을 느낀다. 그러나 소셜미디어에서는 신중을 기하고, 자신의 이미지에 신경 쓰고, '약간은'

솔직하지 못한 게 낫다고 교육하는 현재의 문화 속에서 익약은 공포스런 존재가 될 수 있다. 익명성은 자유를 주지만 때때로 통제 불가능한 상태로 충동의 고삐를 놔버리기 때문이다.

"아, 저도 포스팅을 해요." 저스틴이 말한다. "제게 익약은 '업보트'를 더 많이 받으려고 경쟁하는 일종의 게임 같아요." 롭이 '좋아요'를 통해 삶의 보람을 느끼는 것처럼, 저스틴도 비록 익명이지만 익약에서 받는 사람들의 인정을 즐긴다. "실질적으로 얻는 건 없지만 일종의 자기 확인이겠죠." 그는 설명한다. "제 말은, 어떤 '약*'을 포스팅하면 '업보트'를 많이 받을 수 있는지 알고 있거든요. 다른 사람들의 '약'도 즐겨 읽고요. 익약에서는 다른 사람들이 그 순간에 뭘 하고 있는지를 그대로 볼 수 있기 때문에 다른 사람의 삶을 엿보는 재미도 쏠쏠해요. '이 캠퍼스 안의 아이들'이 다들 뭘 하고 있는지 꿰차고 있다는 느낌이 들어요."

저스틴은 익약에서 포스팅 활동을 하지만 자신은 대다수 사용자들과 다르다고 생각한다. 자신은 적극적으로 참여하는 편이 아니라서 지금까지 얘기했던 익약의 특징들에 적용되지 않는다고 여긴다. 그는 다른 사람들이 하는 말과 여기저기 울려 퍼지는 이야기들을 조용히 지켜볼 뿐이라고 주장한다.

"익약에 대한 소문이 전부 진실이라는 걸 알 수 있거든요." 그가 말한다. "과장이 아니라, '방금 나눈 섹스'라는 트윗에 자신이 했던 체위를 그림으로 묘사하는 애도 있어요. 마약을 했다는 얘기도 심심치 않게 올라오고, 정말 상상할 수 있는 일들은 거기서 다 볼 수 있어요. 그렇다고 전부 다 제멋대로고 부적절한 건 아니지만, 사람들이 거리낌 없이 하는

---

* **Yak** 익약에서 '글'을 칭하는 말.

얘기들을 구경하는 게 재밌어요. 읽다 보면 누가 봐도 날조한 게 뻔한 얘기들도 있어요. 거기 사람들은 원하면 뭐든지 '약'이나 '트윗'을 할 수 있고, 그래도 자신의 정체가 드러나지 않는다고 생각하니까요." 저스틴이 익약에서 본 내용들을 설명하면서 '거기 사람들'이란 표현을 썼다는 게 눈에 띈다. 마치 '거기 사람들'을 이루는 일원은 자신과 전혀 상관없는 사람들이며 자신의 지인 중에는 그런 사람이 전혀 없다는 것처럼 말이다. 또 저스틴 자신은 가끔이라도 익약에 들어가 그런 글을 올린 적이 전혀 없다는 듯이 말이다.

이후 저스틴은 자신의 '약' 중에서 성공적인 결과를 낳았던 사례를 몇 가지 들려준다. 그중 하나는 캠퍼스에서 활약하는 미식축구 선수들의 어이없는 실수에 대한 글이었고, 또 다른 하나는 자신의 대학 동기 중 부유한 친구들의 수준이 어느 정도인지를 설명한 글이었다. "만약 그 글 옆에 제 이름이 붙었다면 할 수 없는 얘기였겠지만, 그곳에 올라오는 글들을 쭉 읽다 보니, 제 글을 올리면 업보트를 많이 받겠다는 확신이 들더라고요. 다들 재밌어할 만한 얘기니까요." 그리고 덧붙인다. "그렇다고, 지나치게 불쾌한 내용도 아니잖아요. 그냥 남들도 흥미를 느낄 만한 일반적인 소재니까요." 어떤 면에서 저스틴은 익약의 익명성과 좀 복잡한 관계에 있다고 할 수 있다. 익약 안에 있을 때 다른 어떤 플랫폼에서보다 더 큰 자유를 느끼면서 동시에 대중적 인기도 노리기 때문이다.

때때로 이 대중은 관객과 비슷한 면이 있다. "익약은 보통 영화에서 그리는 대학의 전형적인 모습을 더 견고하게 만들어요. 거기서 보는 대학의 모습이 바로 그렇거든요." 저스틴은 말한다. 영화 〈애니멀 하우스〉에 나옴직한 사건들이 익약에서도 그대로 재현된다는 말을 나는 여러 번 들은 바 있었다. 익약 때문에 '그리스 문자 서클들에 종말이 왔다'고 말하는 학생들도 있었다. 명문 사교서클 문화가 익약 안에서 일반 학생들에 의해 해체되고, 서클 내부적으로도 익약 때문에 분열이 일어나고 있었다.

온라인 설문조사 질문 중, 익약 같은 앱에서 익명으로 의견을 개진할 수 있는 기회를 바라는지를 묻는 주관식 문항에 총 272명의 학생들이 답했다. 이 중 28퍼센트는 익명 사이트들이 솔직할 수 있는 중요한 기회를 주며 때로는 신랄할 정도로 솔직할 때도 있다고 답했다. 많은 학생이 익명성의 가치를 높이 평가했으며 자신이 익명성을 갈구하고, 사랑하며, 다소 방탕하지만 긍정적으로 여긴다고 강조했다. 그들은 이런 사이트들이 재밌고, 중독성이 있으며, 때로는 바보 같지만(좋은 쪽으로), 해방감을 주고, 속박에서 벗어나게 하며, 창의적이고, 온라인 사생활을 기대하기 어려운 요즘 세상에 꼭 필요한 존재라고 주장했다. 또 다른 21퍼센트의 학생들은 '익명성은 양면의 칼'이라고 여겼다. 이렇게 답한 젊은이들은 익명성이 주는 긍정적인 면을 인정하면서도 그런 익명성이 어떤 식으로 따돌림과 인종차별, 성차별을 이끌고, 또래 친구들에 대해서도 얼마나 비열한 폭로를 하게 만드는지를 지적했다. 후자를 반길 사람은 아무도 없기 때문이다. 일반적으로 익약 같은 사이트나 온라인 익명성을 강력하게 반대하는 학생들조차 이런 앱들을 완전히 끊지 못한 채 엿보고, 읽고, 의견을 다는 경우가 상당히 많았다.

그리고 그리스 사교서클 일원 중 이런 상황을 두려워하는 학생들이 특히 많았다.

중서부에 있는 한 공립대학의 3학년생인 마크는 남학생 사교서클의 일원이다. 그의 서클 선배 중에는 익약을 '암'적인 존재로 보는 경우도 있다고 한다. 처음 이 주제가 나왔을 때는 마크도 다른 학생들처럼 "헤어나오기 힘든 앱이죠"라는 전형적인 답변을 한다. 익약에 대한 얘기는 마크가 소셜미디어에서 벌어지는 각종 '드라마'에 대해 말하면서 불거져 나온다. "저는 개인적으로 좀 코믹한 안도감을 느끼고 싶을 때 익약을 찾아요." 그가 이렇게 말한다. "물론 익약에 철없고 수준 낮은 글들이 많다는 건 알지만…… 어이없으면서도 재밌거든요."

마크에게는 익약의 오락적 가치가 상당히 크므로 사이트로 향하는 손길을 멈출 수 없지만, 그 밖에도 익약을 '끊을 수 없는' 이유는 또 있다. 익명성은 사람들을 극단으로 치닫게 한다. 하지만…… "그런 행위를 멈추기 위해 할 수 있는 게 별로 없어요. 익약에서는 누군가 지나친 행동을 해도 뭐라고 할 수가 없거든요. 그 사람이 누군지 모르니까요. 근데 페북에서는 상대방의 이름을 분명히 알고 있고, 또 트위터에서는 그 사람을 지목하거나 '저기요, 이런저런 건 옳지 않아요. 하지 마세요.' 같은 메시지를 보낼 수 있잖아요." 마크는 잠시 말을 멈춘다. 그는 익약을 사용하는 데 죄책감을 느끼는 것으로 보인다. "솔직히 말하면, 애초에 앱을 다운받지 말았어야 했어요. 이제는 왜 그랬는지 생각도 안 나지만, 어쨌든 앱을 다운로드해 버렸잖아요. 그 앱 뒤에 있는 사람들을 이해할 수 없어요. 익약은 얼굴 없는 트위터예요. 누군지 모르는 사람들의 트윗을 보는 것 같거든요. 어떻게 설명해야 할지 모르겠지만 좀 기괴하다는 생각이 들어요. 익약을 하는 사람들은 기세도 쉽게 꺾이지 않아요. 기본적으로 다른 서클들에 대해 온갖 쓰레기 같은 얘기들을 다 지껄일 수 있는 곳이죠."

처음에는 익약을 '코믹한 안도감을 주는 장소'라고 표현한 마크도 재빨리 태도를 바꿔 익명성 때문에 그 안에서 벌어지는 일들을 통제하기가 얼마나 어려운지 호소한다. 마크는 그런 행위에 가담한다는 데 죄책감도 토로한다. "쓰레기 같은 얘기들이 정말 많이 나와요. 올해 초에는 사교서클끼리 서로를 공격하는 일이 많았어요. 지금은 좀 잦아들었지만, 비슷한 일이 개인에게도 일어날 게 뻔해요. 익약 개발자들의 생각부터 들어보고 싶어요." 여기서 흥미로운 점은, 익약이 사우스 캐롤라이나 퍼먼(Furman)대학에 있는 남학생 사교서클 멤버 두 명에 의해 개발됐다는 점이다. 그렇게 보면, 사람들이 익약에서 보이는 행태가 그렇게 놀랍지만은 않다. 그들이 하는 불쾌하고 난봉꾼 같은 행동들은 바로 대학의 사교서클에서 전형적으로 보여왔던 문화와 비슷하기 때문이다.

마크가 다니는 대학의 사교서클 학생들은 익약에 대한 반발심을 갖고 있다. 익명성의 탈을 쓰고 서클마다 각종 소문으로 서로를 비난하고 헐뜯기 때문이다.

많은 학생들이 익약을 캠퍼스에서 거짓 소문을 퍼뜨리는 일등공신이라고 말한다.

그리고 익약은 두려움을 조성한다. 내가 방문한 한 학교에서는 재학생 중 한 명이 '학교에서 총기 난사를 하겠다'는 협박 글을 익약에 올린 적이 있었다. 이 글을 발견한 학생들은 캠퍼스 행정처와 보안 담당자들에게 이 사실을 알렸다. 일반 학생들도 익약에 "그런 짓은 절대 쿨하지 않아요." 혹은 "그건 미친 짓이에요." 같은 종류의 글을 포스팅함으로써 대응 태세를 보이기 시작했다. 한 학생은 이 사건을 다음과 같이 표현했다. "다들 관련 내용을 공유하고 조심하라는 경계 신호도 보내면서 학교 안이 난리도 아니었어요. 혼란의 도가니였죠." 그 협박 글은 한동안 뉴스피드 꼭대기에 남아 있었지만 익명성 때문에 포스트를 올린 주인공이 누군지는 아무도 알 수 없었다. 적어도 처음에는 그랬다.

그러나 경찰이 관여하면서 결국 상황이 바뀌었다. 경찰이 계정의 IP 주소를 추적하면서 더 이상 익약의 익명성이 보장되지 않았기 때문이다. 결국 경찰은 총격 포스트의 주인공을 잡아냈다. 한 학생은 이렇게 말했다. "우리는 익명성이 보장된다고 여겼지만, 필요하다면 누구든 정체가 밝혀질 수 있더라고요."

익약과 관련된 이 모든 문제에 이제 슬럿 셰이밍*도 더해보자.

학생들은 익약에서 슬럿 셰이밍 문제가 상당히 많이 자행된다고 증언한다. 그것도 끔찍할 정도로 많이. 때로는 해당 여학생의 실명을 들먹이는 경우도 있다. 익약에서 실명을 거론하는 것은 금지 사항이지만 아직도 그런 사람들이 있다. 실명을 말하지 않더라도 누굴 말하는지 뻔히 알 수 있는 영리한 방법을 쓰기도 한다. 익약에서는 심한 인종차별주의자들도 흔히 발견할 수 있다. 인터뷰에서 학생들은 미국 대학생들이 갖고 있는 어두운 생각과 느낌을 모두 한곳에서 볼 수 있는 곳이 바로 익약이라고 말한다. 게다가 같은 캠퍼스에서 지내는 학생들이 얼마만큼 고약해질 수 있는지 그 적나라한 모습들을 보면서 젊은이들은 충격을 받는다. 익약에 올라오는 유머나 농담이 혀를 찰 만큼 유치한 것도 사실이지만, 어쨌든 익약의 가장 두드러진 특징은 인간의 추악한 면모다.

트위터 비밀 계정을 갖고 있었던 안젤라는 남동생이 고등학교 때 지원 대학을 결정하기 위해 여러 캠퍼스의 익약 사이트를 먼저 둘러봤던 일을 말해줬다. 그중에는 재학생들이 하는 말에 너무 큰 충격을 받은 나머지 남동생의 희망 대학 리스트에서 삭제된 곳들도 있었다.

안젤라가 재학 중인 복음주의 기독교대학에 다니는 또 다른 학생인 알렉스도 자신의 캠퍼스에 대해 비슷한 이야기를 들려준다. 멀쑥한 키에 깡마른 알렉스는 꽤 괴짜로 보이는데, 대화를 나누는 동안 재밌는 표정을 지으면서 지나치게 정중한 목소리로 자신은 "여자들에게 부드러운 남자가 아니다"라고 말한다. 또 '소셜미디어가 어디로 가고 있는지' 걱정된다며 특히 익약 같은 익명 사이트가 더 문제라고 호소한다. 그가 우려

---

* **slut-shaming** 여성의 옷차림 등 성적인 면을 비난하는 것.

하는 대로, 모든 소셜미디어가 '점점 더 익약화'되고 있다는 게 그의 주장이다. "물론 재밌을 때도 있어요. 정말 배꼽 빠지게 웃긴 사진들도 올라오거든요. 근데 익약이 제공하는 익명성은 좀 무섭기도 해요." 알렉스는 이렇게 말한다. "자기 학교에 대해 올리는 글이나 사진들을 보면 대다수 사람들이 아무 생각이 없는 것 같아요. 익약에서는 다들 정신 나간 사람들 같다니까요. 누가 누군지 모르니까 뭐든 상관없다고 생각하는 것 같아요."

알렉스는 사람들이 자신의 말에 주의해야 한다고 경고한다. 그것도 아주 많이.

"이대로 가면 다른 사람들을 협박하거나, 거기서 나도는 개인정보가 마구 유포돼서 악용되는 사례가 걷잡을 수 없이 많아질 것 같아요. 게다가 누가 올렸는지도 모르잖아요." 알렉스는 말한다. "어떤 내용을 익약에 올리면 모두가 그 사실을 알게 돼요. 다들 익약에서 살다시피 하니까요. 무서운 일이죠. 페이스북이나 트위터보다 더 나쁠 수 있어요. [트위터나 페이스북에서는] 옆에 자기 사진이 버젓이 붙어 있다 보니 거기서 하는 말은 조심하거든요. 근데 익약 같은 익명 사이트에서는 사람들이 '앗싸, 원하면 그냥 올리는 거지 뭐.' 같은 태도를 갖게 돼요. 그건 쿨한 태도가 아니거든요."

익약으로 인한 이런 부작용들은 개인에게 씻을 수 없는 큰 상처를 남길 때도 있다. "캠퍼스에 있는 사람들 모두가 포스트를 볼 수 있으니까요." 그는 대학들이 너무 늦기 전에 익약에 주의를 기울여야 한다고 여긴다. "익명성이 보장되니까 누구든 어떤 내용이든 올릴 수 있다고 생각해요. 이런 식으로요. '세상에. 내게 이런 힘이 있었네? 못된 생각도 부담 없이 퍼뜨릴 수 있겠구나!' 장담컨대, 익약은 조만간 무시무시한 존재가 되고 말 거예요."

익명성으로 구분되는 사람들

익명성이 문제를 초래하는 건 사실이지만 학생들이 익명성을 갈구하는 것도 사실이다.[5] 많은 학생이 미래에 미칠 영향력 따윈 상관없이 자기 모습 그대로 활동할 수 있는 자유를 간절히 원한다. 또 때때로 바보 같은 즐거움도 원한다. 소셜미디어는 이제 피할 수 없을 정도로 그들 삶에서 거대한 일부분을 차지하므로, 늘 완벽하고 행복해 보여야 하는 부담을 덜고자 하는 것은 충분히 납득이 되며 그들의 정신 건강에 좋을 것으로 보인다.

학생들은 성차별주의와 인종차별주의, 따돌림(따돌림에 대해서는 뒤에서 더 다룰 예정이다)처럼 익명 사이트가 초래할 수 있는 영향력을 잘 알고 있으며 이런 문제들에 대해 큰 우려감을 나타낸다. 그러나 이런 현상도 그들에게는 부차적인 문제다. 학생들이 가장 걱정하는 것은 커뮤니케이션 수단으로서 어쩔 수 없이 소셜미디어를 사용해야 하고, 익명으로 활동하지 않는 한 솔직한 모습을 드러내기 힘들다는 점이다. 청년들은 자신이 소셜미디어의 심각한 영향력을 인지하지 못한 채 솔직한 감정을 발산하기 위해 올렸던 뭔가 거슬리는 포스트를 5년 후 입사할 회사의 인사 담당자가 발견하지나 않을까 두려워한다. 따라서 젊은이들이 책임으로부터 자유와 익명성을 갈망하는 것은 당연하다.

익약이나 스냅챗 같은 앱들은 이런 대학생들에게 괜찮은 놀이터가 돼준다. 젊은이들의 바람을 완전히 충족하기에는 아직 불완전한 도구일지라도 현재로선 모든 학생이 이런 앱들의 이용을 포기할 마음도 없다.

이렇게 많은 젊은이가 익명성이 보장되거나 포스트가 몇 분 내에 사라져야만 자신의 솔직한 의견을 포스팅하거나 긴장이 풀린 가벼운 모습을 보여줄 수 있다면 현 상황에 대해 자문해볼 필요가 있다. 우리 학생들이 소셜미디어란 세상을 자신이 한 말이 평생 낙인처럼 따라다니는 곳

6장 익명의 가상 놀이터로 오세요 ▮▮▮▮

(페이스북처럼)과, 자신이 한 말에 어떤 책임감도 없이 완전히 자유로울 수 있는 곳(익약처럼)의 극단적인 양면으로 경험하고 있기 때문이다. 자신의 하이라이트 영상을 개발하고 관리하는 것과 모든 이에게 자신의 가장 추한 생각들을 날려보내는 것, 이 두 가지 옵션만이 그들 앞에 있는 것이다. 소셜미디어에서 스스로 '루저'라 여기는 학생들조차 어둠, 따돌림, 폭력, 증오가 미친 듯이 표출되는 공간과 더불어 완벽함과 행복감을 맹목적으로 표출하는 공간을 동시에 목격하면서, 이 두 곳 사이를 위태롭게 왕복하게 된다.

대학이란 곳은 원대하고 중요한 질문을 품고 이렇게 양분된 상황을 비판적으로 분석해야(대개는 잘못된 분석도 많지만) 할 공간인데, 오히려 우리가 상황을 더 악화시키고 있는 건 아닌지 자문해볼 필요가 있다. 인문학과 사회과학은 우리가 이 세계의 시민으로 성장해나가는 과정에서 개인의 주장과 경험, 그리고 선택(혹은 선택의 결핍)에 영향을 미치는 성별, 인종, 계급, 민족, 성 정체성, 종교, 정치, 교육, 특권, 그리고 빈곤의 특수성에 존재하는 엄청난 복잡성과 그 미묘한 차이를 제대로 인식할 수 있도록 돕는다. 우리는 주위에 있는 자원을 통해 그런 특수성과 다양성에 대해 고민하고 그 결과를 현재 학생들이 살고 있는 온라인 세상에도 적용할 필요가 있다.

오늘날 학교에는 물리적 캠퍼스와 가상 캠퍼스가 공존한다. 가상 캠퍼스에는 극단과 편협이 지배적인 모습을 보인다. 이런 젊은이들에게 스냅챗은 상대적으로 더 친절하고 부드러운(그리고 더 재밌는) 대안이 될 수 있지만, 익약의 인기는 모두가 주목하고 염려할 만하다. 직접 익약을 드나들며 그 안에서 포스트를 읽는 학생들조차 분명한 우려감을 나타내기 때문이다.

익약은 선동적인 주장과 장난스런 글을 위한 공간보다 폭력과 트롤*을 위한 포럼이 되고 있다. 또래 친구들과 그보다 더 거대한 관객들에게 자신이 가진 취약성의 그 어떤 징후도 보이지 않도록, 대학생들이 현실을 완벽함과 긍정성이라는 파사드 뒤에 숨기는 것은 어찌 보면 당연한 일이다. 이런 취약성의 징후들은 향후 커리어에 대한 불안감과 더불어 당신을 침몰시킬 수 있으며, 대학의 익약 사이트 속에서 익명의 피드로 부활해 취약한 당사자를 조롱거리나 집단 따돌림의 대상으로 만들 수도 있다.

　이런 부정적인 모습들은 과연 얼마나 쉽게 실제 폭력으로 변할까? 나는 익약의 어두운 단면들과 학생들이 서로를 향해 겨냥하는 악의적인 표현들에 대한 이야기를 계속해서 들으면서, 사이버폭력이 결코 간과할 수 없는 중요한 주제라는 걸 깨닫게 됐다. 이제 그 이야기를 본격적으로 시작해보자.

---

* **troll** 인터넷에서 남을 자극하거나 화를 부추기는 메시지.

🔍 7장 비열함의 적정선은 어디인가? •••

#온라인 폭력과 취약성의 문제

♥ ○ ◁   ⬚

 타니아, 가톨릭대학 2학년 저는 익명 소셜미디어 사이트는 좋아하지도 않고 들어가지도 않아요. 온라인 폭력의 온상이거든요. 그런 곳에서는 자신이 무슨 말을 하든 실명이 따라다니지 않으니까 사람들이 진짜 잔인하고 냉혹해져요.

 이안, 사립대학 3학년 말하자면, [익약이] 피 튀기는 스포츠가 되는 어떤 지점이 있어요.

 코르반
55min • 👥

#온라인에서 비슷한 사람들 찾기

　인터뷰실로 들어오는 코르반을 본 후 나는 재차 그의 모습을 확인한다. 목에 대체 뭘 하고 있는 거지? 이윽고 내가 너무 뚫어져라 쳐다보지는 않았는지 눈길을 거둔다. 코르반은 금발에 마른 체구로, 키가 작고 얼굴빛이 창백하다. 코르반의 두 눈은 단 일 초도 한 곳에 머물지 못하고 이리저리 방황한다. 그는 목에 고글처럼 보이는 물체를 걸고 있다.

235

수영 고글인가? 아니면 예전에 유행했던 항공 선글라스? 확실히 모르겠다. 그러나 고글의 노란색 렌즈가 너무 밝은 데다 수영 선수들이 쓰기에는 너무 크다는 생각이 든다. 나는 계속해서 떨리는 코르반의 눈꺼풀을 바라보며 대화를 시작한다. 코르반은 이 학교의 전기공학과 1학년생이다. 그가 다니는 대학의 재학생들 태반이 그리스 사교서클에 가입돼 있지만 그는 아니다. 게다가 그 사실로 인해 자신이 튄다는 것도 모르는 눈치다. 코르반은 로봇 서클과 사이버보안 서클에서 활동한다. 인터뷰가 시작되고 첫 질문을 던질 때쯤 내 인내심은 결국 바닥이 난다.

"근데 목에 한 게 뭐예요?" 내가 묻자 코르반은 목에 걸고 있던 안경을 머리에 써 보인다. "아, 이거요?" 노란 플라스틱 렌즈 뒤로 깜빡이는 코르반의 눈이 보인다. "네, 그거요." "제가 만든 고글이에요." 그는 이렇게 말하고는 고글 끈을 뒤쪽에서 잡아당기며 크기를 맞춘다. "장갑이랑 쇠사슬 갑옷도 만들었는 걸요."

쇠사슬 갑옷이라고? 나는 자리에 앉은 채로 고글 속에서 나를 응시하는 코르반을 바라보며 생각한다. "재미 삼아 만드는 건가요?"

"맞아요. 그냥 재미죠." 그가 내 말을 확인시켜준다.

코르반은 고글을 머리에 찬 채로 15분쯤 있다 다시 빼서 목에 건다. 현재는 페이스북과 텀블러를 하고 있지만, 코르반이 처음으로 가입했던 소셜미디어는 '레고 포럼'이었다. 페이스북도 본인 스스로 시작했던 게 아니라 부모님이 찍은 사진에 그를 태그로 달기 위해 대신 만들어주셨다고 한다. 코르반은 자신의 '발명품' 사진들을 온라인에 즐겨 게시한다. 이제 독자들도 눈치 챘겠지만, 그는 캠퍼스에서 익숙히 볼 수 있는 평범한 대학생은 아니다. 코르반에게 이런 얘기를 듣고 있던 나는 불현듯 그가 소셜미디어에서 표출되는 잔인함의 표적이 되지 않을까 하는 근심에 휩싸인다.

하지만 다행히도, 내 짐작이 틀렸다는 것을 곧 알게 된다.

코르반은 소셜미디어를 꽤 요령 있게 사용할 줄 안다. 세상에는 코르반처럼 쇠사슬 갑옷과 로봇에 관심을 갖고 있는 사람들이 아주 많고 소셜미디어가 이들을 한데 엮어주기 때문이다. 그리고 코르반이 취미나 외모로는 좀 독특해 보일 수도 있겠지만, 소셜미디어를 사용하는 방식에 있어서는 주류에 가깝다. 그는 일반적으로 통용되는 포스팅 원칙을 따르며('직접 말할 수 없는 얘기는 온라인에서도 하지 마라'), 소셜미디어를 시간을 때우는 좋은 도구로 생각한다. 그에게 온라인 폭력이나 소셜미디어에서 표출되는 사람들의 비열한 모습에 우려감을 갖고 있는지 묻자, 이런 답변이 돌아온다. "당연히 저도 그런 일들을 봐왔어요. 물론 저는 한 적도 당한 적도 없지만요. 제 친구 중에도 개인적으로 그런 일을 접한 애는 없고요. 자기 자신이나 주변 사람이 직접적으로 당한 적 없는 일을 두고 싸우는 건 어려운 일이죠. 그래서 철학적으로는 반대하지만 실제로 싸울 만한 이슈는 아니라고 생각해요." 코르반의 이런 답변은 표준적 반응에 가깝다. 그는 한 번도 폭력이나 따돌림을 당한 적이 없으며 그의 친구들도 마찬가지다. 하지만 개념적으로는 이 문제에 대해 걱정한다.

코르반은 소셜미디어에서 자신을 남들과 비교한 적이 한 번도 없다고 한다. 이는 보기 드문 경우로, 정신적으로 건강하다는 증거다. 코르반에게 소셜미디어가 사람들의 자존감에 영향을 미칠 수 있는지를 물었을 때 돌아오는 대답은 더욱 흥미롭다. "네, 그럴 수 있어요. 근데 소셜미디어에서 보이는 모습도 대부분은 일상 속 그 사람의 모습이 반영된 거예요"라고 그는 말한다. "그래서 원래부터 자존감이 낮은 사람은 소셜미디어에서도 자존감이 낮아질 테고, 원래 자존감이 높은 사람은 소셜미디어가 자존감을 더욱 높이는 데 도움이 될 거예요. 저는 자존감이 꽤 높은 편이에요." 그러더니 상당히 침착하고 논리적으로 소셜미디어에서 사람들에게 긍정적인 반응을 받을 때마다 '자신이 한 일'에 보람을 느끼지만 부정적인 반응을 받으면 그런 말들을 '곧이곧대로 믿지 않는다'고 한다.

코르반은 여러 면에서 온라인 폭력과 관련된 문제의 핵심을 찌른다. 결국 온라인 폭력은 자신의 관점을 유지하는 것이자 자존감과 관련된 일이고, 또 다른 면에서는 고어텍스처럼 두꺼운 낯짝을 가진 당신에게 악의적인 공격이 날아왔는지, 아니면 불행히도 예민하고 섬세한 당신의 심장에 비열하고 잔인한 공격이 박혀 버렸는지의 문제인 경우가 많다.

(익명성이 없을 때) 폭력은 쉽게 일어나지 않는다

온라인 폭력 혹은 사이버 폭력은 우리 시대의 뜨거운 감자다.[1] 친구들의 지속적이고 잔인한 괴롭힘으로 자살을 선택한 십 대 청소년들의 이야기를 들으면 우리는 크게 분노하고 공포감을 느낀다. 특히 페이스북이나 인스타그램 계정을 처음으로 만들 나이가 된 연약하고 무방비한 자녀를 거칠고, 통제 불가능하며, 극도로 잔인할 때도 있는 소셜미디어 속 세상에 안착시킬 준비를 하는 부모에게는 그 불안감이 더 크다. 온라인 세상은 어린이나 청소년의 영혼을 뭉개버리고 스스로 이겨내지 못할 정도로 심한 모욕감을 줄 수 있다. 그런 괴롭힘은 너무 끔찍해서 극복할 수 있는 방법을 찾기도 어렵다. 이런 온라인 수치심이 어린이나 청년들에게만 일어나는 건 아니지만, 그 나이대에 특히 공포감을 준다. 그리고 많은 학교와 학부모, 그리고 대학들은 이 문제에 어떻게 대응할 것인지, 더 나아가 폭력 자체를 막을 방법은 없을지 고민하지만 쉽게 해법을 찾지 못한다.

대부분의 사람들이 온라인상의 괴롭힘으로 발생한 십 대들의 자살

사건을 들어본 적이 있을 것이다. 작가이자 기자인 댄 사비지(Dan Savage)와 그의 파트너는 이런 비극을 막고, 폭력과 괴롭힘으로 고통받는 청년들에게 미래에는 희망이 있다는 사실을 알려주기 위해 유튜브에 〈이제 괜찮아질 거야(It Gets Better)〉란 동영상을 올렸다. 이후 수십 개, 수백 개, 그리고 수만 개의 유사 동영상이 뒤따라 제작됐고, 〈이제 괜찮아질 거야〉 프로젝트는 LGBTQ* 공동체와 폭력 희생자 가족을 지원하는 정식 기관이 됐다. 이렇게 젊은이들을 위한 훌륭한 지원 단체들이 주위에 존재함에도 불구하고, 사이버 폭력과 괴롭힘은 지속적으로 고통과 비극을 초래하고 있으며, 종종 너무 늦게 발견된다.[2]

모든 이가 걱정하는 이유는 명확하다. 사이버 폭력이 중·고등학생과 청년들 사이에서 두드러지게 나타난다는 사실을 입증하는 두 가지 연구 자료가 있는데, 이 나이대 청소년들의 약 30퍼센트는 사이버 폭력과 전통적 폭력을 둘 다 받고 있으며, 약 25퍼센트는 사이버 폭력과 전통적 폭력의 가해자라고 한다. 또한 여학생들은 더 쉽게 폭력의 희생자가 되고, 남학생들은 더 쉽게 폭력의 가해자가 되는 것으로 보인다.[3]

대학생들도 온라인 폭력에 대해 학부모만큼이나 강하게 분개한다. 인터뷰 참가자들에게 온라인 폭력과 소셜미디어에서 서로를 공격하는 사람들의 잔인함에 대해 걱정하느냐고 물었을 때, 거의 모든 젊은이가 그렇다고 말했다. 이들은 저학년으로 갈수록 상대 아이에 대한 공격이 훨씬 더 비열하다는 점에서 자신의 동생들을 특히 걱정하기도 했다. 그리고 익약처럼 익명성이 보장되는 사이트들은 노골적으로 온라인 폭력을 조장하도록 기획됐다고 인식하고 있었다.

---

* **LGBTQ** 레즈비언(Lesbian), 게이(Gay), 양성애자(Bisexual), 트랜스젠더(Transgender), 퀴어(Queer)로 대표되는 성소수자를 지칭함.

그러나 동일한 학생들에게 온라인 폭력을 직접 경험했거나 주위에 그런 사람이 있는지를 물으면 거의 대부분은 잠시 말을 멈춘 후 그런 적이 없다고 대답했다.

"어휴, 정말 걱정되죠." 엘리스는 내게 온라인에서 자행되는 폭력에 대해 심한 우려를 표한다. 그러나 실제로 그런 일을 겪어본 사람은 한 명도 기억하지 못한다. "개인적으로 아는 사람이나 친구 중에 있는지 떠올려보려고 하는데요. 온라인에서 괴롭힘을 당한 사람들 말이에요. 아시겠지만 고등학교에서는 학생이 왕따를 당하거나 소셜 커뮤니티에서 사이버 폭력만 당해도 회의를 소집하거든요. 저와 친한 사람 중에는 딱히 생각나지 않네요. 예전보다는 사람들이 그런 문제에 대해 점점 더 현명해지고 있는 건 맞지만, 여전히 심각한 문제인 것 같아요."

남서부에 있는 복음주의 기독교대학을 방문했을 때 만난 막스도 사이버 폭력에 대해 걱정하는지 묻는 내 질문에 비슷한 반응을 보인다. "항상 걱정은 되죠." 막스가 말한다. "일단 제가 당해본 적은 없어요. 그런 일에 관여해본 적도 없고요. 사람들은 서로를 직접 대면할 때보다 스크린 뒤에서 훨씬 더 안전하게 느끼는 것 같아요. 그러니까 아무렇지도 않게 사이버 폭력이나 폭언을 저지르는 거겠죠. 자신의 프로필을 사용하든 가짜 프로필을 사용하든, 그게 자신의 의견을 피력하는 행위든 아니면 실제로 남을 비난하고 괴롭히는 행위든, 스크린 뒤에 있으면 상대와 직접 만날 일이 없으니까 안전하다고 여기는 것 같아요." 막스는 스크린 뒤에 숨어서 잔인하고 끔찍한 말을 아무렇지도 않게 뱉어내는 '겁쟁이 문화'에 대한 이야기를 한동안 열띤 모습으로 설명한다. 그는 사람들의 그런 태도에 진심으로 분개한다.

그러나 자신의 지인 중에는 직접 피해를 당한 사람이 떠오르지 않는다고 말한다.

약간 다른 반응을 보였던 브랜디의 이야기도 들어 보자. "사람들이 사이버 폭력을 지나치게 큰 이슈로 만든다는 생각도 들어요. 저는 페북에서 그런 일을 겪어본 적이 한 번도 없거든요." 그녀가 말한다. "그런 일을 전혀 겪어보지 못한 저로서는 그런 말을 들으면 좀 이상해요. 사람들은 갖가지 사이버 폭력 사례들을 꺼내는데 제 주위에는 찾아볼 수 없는 일이니까요. 저희 세대는 자신이 어떤 일을 하든 남들도 그 모습을 다 볼 거라는 생각이 머릿속에 박혀 있거든요. 두려운 일이죠. 그렇게 남의 눈을 의식하고 어릴 때부터 폭력은 나쁜 행위라고 배워왔기 때문에, 실제 그런 사람도 보기 힘든 거겠죠."

그녀 얘기로는 설사 사이버 폭력이 일어난다고 해도 매우 사적으로 은밀하게 일어날 거라고 주장한다. 사람들은 자신의 온라인 행동을 어디선가 지켜보고 있을 남들의 시선을 알고 있기 때문이다. 만약 몇 년 뒤 자신을 고용한 회사나 자신의 이미지에 대한 걱정이 없다면(대부분의 학생은 사실 걱정이 많다), 대낮의 광장 같은 온라인 공간에서도 미치광이 같은 짓은 일어날 수 있을 것이다.

가톨릭대학에서 미식축구 선수로 있는 한 청년은 가장 걱정되는 일 중 하나가 소셜미디어에서 목격되는 사람들의 비열한 태도라고 한다. 이제는 그런 비열한 행동들을 너무 흔히 목격하다 보니 점점 그런 일에 '무감각해지고' 있다고 그는 주장한다. 심지어 그는 사람들이 그런 비열함을 인생의 한 단면으로 받아들이기 때문에 실제로 그런 일이 일어났을 때 알아차리지 못하는 경우도 많다고 단언한다.

가끔씩 주위에서 온라인 폭력에 시달린 사람을 본 적이 있다고 대답했음에도 불구하고, 그 사례를 정확히 얘기하지 않는 여학생도 있었다. 예를 들어, 사라라는 여학생은 온라인 폭력에 대해 극도의 우려감을 표하며 인터뷰 내내 이 문제를 계속 거론한다. 사라는 육상부와 ROTC에 속해 있으면서 기숙사 조교도 맡고 있는 유능하고 욕심 많은 학생이다. 사라는 소셜미디어 포스팅 기준에 대해 자신만의 황금률을 갖고 있었다. "저와 관련된 말이 온라인에서 나돌지 않게 하려면," 그녀가 말했다. "저부터 다른 누군가에 대한 포스팅을 안 하면 돼요." 아주 냉정한 성격의 사라는 한 번도 폭력에 시달려본 적이 없으며, 그런 걱정 자체가 필요 없을 것 같은 여학생이다. 그럼에도 사라는 사이버 폭력이 이곳저곳에서 일어나고 있으며, 특히 익약에서 심하다고 믿는다. 그녀는 익약이라는 플랫폼은 애초에 다른 사람들을 괴롭힐 목적으로 개발된 게 아닌지 의심스럽다고 한다. 전반적으로 소셜미디어에서 좋은 면보다는 나쁜 면을 더 많이 찾는다.

"온라인에 부정적인 면과 폭력이 너무 많다 보니 사람들의 행복에도 악영향을 미치는 것 같아요." 그녀는 이렇게 말한다. 사라는 누군가 온라인에서 자신의 지인에게 악행을 저지르면 "정말 제 일처럼 느껴져요"라고 말한다.

익약의 인기는 온라인 폭력의 판도와 가시성을 완전히 바꿨다. 인터뷰와 설문조사가 거의 끝날 무렵 익약은 아직 도입 초기에 있었지만, 그 당시에도 이미 학생들은 익약을 '왕따를 위한 앱'으로 여기며 매우 혼란스러워했다. 그들은 익약이 집단 따돌림을 조장하고 자신의 지인 및 사랑하는 사람들에게 상처를 줄 수 있다고 걱정했다. 학생들의 이런 생각은 온라인 설문조사 결과에도 잘 반영돼 있었다. 익명성에 대한 주관식 질문에 응답한 학생들 중 약 30퍼센트는, 질문에 온라인 폭력이란 말이 언급되지 않았음에도 자신의 답에서 자연스레 폭력을 언급했다. 즉 많은 학생이 익명성을 자연스럽게 온라인 폭력과 연결함으로써 실망감을 표출했던 것이다.

지금은 어느 캠퍼스 할 것 없이 전부 익약에 대해 분노하고 있다는 점에서, 많은 대학생들이 폭력의 구체적인 피해자들을 거론하지 못하는 이유를 더욱 의심하게 된다. 익약 때문에 사이버 폭력은 이제 새로운 차원을 맞이한 것으로 보인다. 익약의 인기가 높아질수록 온라인 폭력은 우리 주위에서 더 빈번하게 발생할 가능성이 크고, 그렇다면 더 많은 학생이 관련 사례를 접할 수밖에 없기 때문이다.

그래도 인터뷰에서 만난 젊은이 중 몇 명은 중·고등학교 때 괴롭힘을 당한 친구를 알고 있다고 털어났다. 그중 에이미는 이렇게 말한다. "온라인 폭력은 큰 문제예요." 그녀는 그 이유를, "자신이 한 말에 책임질 필요가 없으니까요"라고 말한다. 그들 앞에 높인 컴퓨터가 방패 역할을 한단다. '자신이 거론한 사람과 직접 대면할 필요가 없다는 것'은 그들이 '현실이었다면 할 수 없었을 그 어떤 말도 할 수 있다는 것'을 의미한다. 에이미는 고등학교 시절 친한 친구 한 명이 사이버 폭력을 당했었고, "덕분에 그 친구 고등학교 생활은 너무 힘들었어요"라며 이야기를 시작한다. 에이미는 친구가 그런 생지옥을 겪는 광경을 목격하면서 자신도 공포감이 들었다고 전한다. "[온라인 폭력은] 상대를 무너뜨리기 위해 어떤 짓도 할 수 있겠다는 기분이 들더라고요"라고 에이미는 말한다.

인터뷰에서 가장 힘들었던 것은 과거에 실제로 사이버 폭력을 당한 경험이 있는 여학생을 찾는 일이었다. 내가 굳이 여기서 '여학생'이라고 칭한 이유가 있다. 내가 직접 만난 사이버 폭력의 희생자는 딱 두 명이었는데 둘 다 여학생이었기 때문이다. 실제 희생자를 만나기는 어려웠지만, 그들의 이야기를 들으면서 나는 왜 사람들이 이 문제에 대해 그토록 큰 우려감을 표하는지 이해할 수 있었다. 단 한 명의 여성일지라도 그녀가 겪는 고통과 모욕감, 고립감은 누구도 용납할 수 없을 정도로 끔찍했기 때문이다. 내가 이 장에서 이야기할 두 여성은 생존을 위해 있는 힘껏 싸웠고 이제는 괴롭힘에서 벗어났지만, 나와 만났을 때에도 여전히 그 고통스런 기억에서 허우적거리고 있었다.

 메
5min • 👥

#모진 드라마에서 벗어나길 갈망하다

"사이버 폭력은, 정말 어리석은 짓이에요." 인터뷰가 중반쯤 접어들었을 때 메는 이렇게 말한다. 조근조근 말하던 메의 말투에 갑자기 강한 반감이 서린다. "저는 왕따 같은 건 용납하지 않아요. 절대로요. 어렸을 때 늘 괴롭힘을 당했거든요. 그래서 왕따는 결사적으로 반대하는 입장이에요. 일단 사람들이 왜 사이버 폭력에 가담하는지 모르겠어요. 그건 상대방의 문제를 직접적으로 거론하는 게 아니라 컴퓨터 스크린 뒤에 숨어서 공격하는 거잖아요."

다행히 이제 메는 과거 겪었던 폭력의 경험과 현재 자신의 삶에 대해 객관적인 거리를 두고 말할 수 있게 됐다. 가톨릭대학 신입생인 메는 작은 몸집에 예쁘장한 외모를 하고 있다. 이제는 왕따 문제에서 완전히 헤어났다는 데 안도감을 느끼며, 자신이 겪었던 끔찍한 경험을 다른 이들은 피할 수 있도록 돕고 싶어 한다.

메는 6개월 전에 자신의 SNS 계정을 모두 폐쇄해버렸다고 한다. 지금도 친구들에게 사진을 보낼 때는 스냅챗을 이용할 때가 있지만, 그녀에게 스냅챗은 페이스북이나 인스타그램과 같은 공적 플랫폼에 속하지 않는다. 스냅챗의 경우에는 자신이 좀 더 통제력을 발휘할 수 있지만, 생각할 게 너무 많은 공적 플랫폼들은 그녀에게 고통을 준다. 메에게 자신을 사회적 관점에서 설명해달라고 하자, 그녀는 이렇게 답한다. "다른 사람들과 잘 어울리는 편이지만 무리 중에서 튀는 편은 아니에요. 그저 무리에 속한 일원일 뿐이죠. 사람들에게 주목받는 걸 그다지 좋아하지 않아서 조용히 있으려고 해요." 메가 되풀이해서 말하는 내용 중 하나는 사람들 눈에 띄지 않도록 무리 안에 섞여 있다는 것이다. 눈에 띄면 표적이 될 수 있고, 다시는 그런 표적이 되고 싶지 않아서다.

물론 지금과는 생각이 달랐던 적도 있었다. 그때 그녀는 좀 튀고 싶었고, 쿨한 사람으로 인식되고 싶었으며, 사람들의 호의 속에서 자신은 특별하고 다르다는 느낌을 받고 싶었다. 그래서 소셜미디어 속에 푹 빠져들었다. 하지만 그런 모든 희망은 오히려 메를 취약하게 만들었다. 남들로부터 주목받기를 원했을 때 그녀는 세상에 나쁜 주목도 있다는 것을 몰랐고, 결국 그 사실을 뼈저린 방식으로 터득했기 때문이다. 소셜미디어에 적극적으로 참여하고 얼마쯤 지나자, 주목받고 호감을 얻으려는 메의 욕구는 역으로 사이버 폭력을 초래했고 결국 소셜미디어 전체를 끊는 결과를 낳았다.

먼저 메는 사람들이 소셜미디어에서 늘 '그들 본래의' 모습을 보여주는 건 아니라고 말한다. "소셜미디어 때문에, 그리고 또래집단에게 받는 압박 때문에 특히 십 대들은 본인의 본래 모습 이외의 것을 추구하는 것 같아요." 메가 말한다. "아마 제가 페이스북에 더 이상 들어가지 않는 것도 그런 이유 때문일 거예요. 어느 순간 거기 있는 저는 원래의 제가 아닌 다른 사람 같은 기분이 들었고, 그런 제가 걱정됐어요. 그래서 페이스북을 그만뒀죠."

나는 메에게 이야기를 좀 더 들려달라고 한다. "글쎄요. 고등학교 때는 패거리가 정말 중요하잖아요? 늘 끼리끼리 몰려다니니까요. 영화만 봐도 인기 있는 애들은 인기 있는 애들끼리, 운동을 좋아하는 애들은 그런 애들끼리, 그리고 덕후들은 또 덕후들끼리 몰려다니잖아요. 저는 늘 우등생 그룹에 속해 있었기 때문에 공부밖에 모르는 좀 답답한 이미지가 있었거든요. 그래서 소셜미디어에서는 쿨한 사람이 되고 싶었던 것 같아요. 근데 막상 시도해보니 그건 제가 아니라는 생각이 들었어요. 자기 자신을 버리면 안 되잖아요. 제가 그런 경험을 하다 보니, 다른 사람들도 소셜미디어에서 자신의 본모습을 바꾸려 얼마나 애쓰는지가 보이더라고요. 그런 상황에 짜증이 났고, 그러면서 제겐 소셜미디어가 불필요하다는 결론에 이르게 됐어요."

'쿨한 아이 중 한 명이 되려던' 메의 노력은 오히려 자신을 겨냥하는 화살로 돌아왔다.

"그때는 셀피도 자주 올렸어요." 그녀가 말한다. "제가 어떤 상태인지, 누구랑 같이 있는지를 근사하게 보여주고 싶었거든요. 모르는 사람이 친구 요청을 할 때도 전부 수락했고요. 그 사람의 친구들이 쿨한 사람들일지도 모르니까요. 제가 먼저 모르는 사람한테 말을 걸 때도 있었어요." 메의 말투에 후회가 섞여 있다. 그녀는 온라인에서 낯선 이에게 말을 거는 행위가 얼마나 위험한지 이제는 알고 있지만, 당시는 뭐든 남들에게 주목받는 게 먼저였다고 한다. "저는 '좋아요'나 댓글을 얼마나 많이 받는지, 또 사람들이 제 사진들을 보고 멋지다는 칭찬을 얼마나 많이 하는지에만 정신이 팔려 있었어요. 하지만 곧 그런 태도가 제 자존감과 시간 관리에 악영향을 미친다는 걸 깨달았어요. 제가 언제부턴가 페이스북에만 틀어박혀 있더라고요. 누가 상태를 업데이트했는지 집착하게 되고, 남들이 새 포스트로 받은 '좋아요' 수를 제 '좋아요' 수랑 계속 비교하게 됐어요. 그것도 너무 지나칠 정도로요. 그래서 다 끊었어요."

이제 메가 하는 모든 말은 '그래서 페이스북을 끊었다'는 표현으로 끝맺는다. 메가 들려주는 얘기는 거의 다 왜 자신이 페이스북을 그만뒀는지, 그리고 페이스북을 하면서 자신의 삶이 얼마나 불행해졌는지로 귀결된다. 그러다 메의 이야기가 새롭게 확장된다. 그녀가 열다섯, 열여섯 살 때 시도했던, '낯선 이에게 말 걸기'가 얼마나 무모한 행위였는지로 말이다.

"그때는 현실 세계에서 절대 만날 수 없는 사람들과 소셜미디어에서 친구가 될 수 있다는 게 굉장히 매력적이었어요." 메가 설명한다. "그중에는 제가 이름조차 제대로 발음할 수 없는 외국인도 있었거든요. 외국인들도 제게 메시지를 보냈으니까요. 그런 외국인들은 제 사진이 아름답다며 나이가 몇인지, 어디에 사는지 묻곤 했죠. 그 사람들이 제 친구들에게도 친구 신청을 하고 그 애들에게도 메시지를 보내더라고요. 그러면 저희끼리 그 일에 대해 막 떠들곤 했죠. 저는 이상한 사람들이라고 생각했지만, 친구 중에는 아무렇지도 않다는 듯 그런 사람도 삭제하지 않는 애도 있더라고요. 그냥 차단만 하는 거죠. 그런 사람들은 여전히 친구 목록에는 있지만 상대에게 말을 걸 수는 없거든요. 그렇게 한 애들은 아마 친구 수를 '늘리려고' 그랬을 거예요. 페친 숫자가 많을수록 더 쿨해 보이니까요."

메의 이야기는 모든 부모들의 악몽과 같다. 자신의 어린 딸(혹은 아들)이 언제든 소셜미디어의 가해자로 돌변할 수도 있는 낯선 사람들과 대화를 나누다니……. 나는 메에게 부모님이나 다른 어른에게 그때 일을 얘기한 적이 있는지 묻는다. 그녀는 그런 적이 없다고 대답한다. 메는 이런 설명을 덧붙인다. "물론 생각은 했었어요." 중년 남성들이 메시지를 보내오자 그녀도 걱정되기 시작했던 것이다. "정말 소름끼쳤어요. 그래서 다 접었죠. 무서웠거든요." 메에게 그 일은 소셜미디어를 끊을 만한 충분한 이유가 됐지만, 그렇다고 그 사실을 남에게 털어놓고 싶지는 않았다. 그녀의 어머니에게는 이미 걱정해야 할 일들이 넘쳐났기 때문이다.

메가 아름답다는 말로 접근한 낯선 이들의 관심을 즐긴 것과, 그녀가 사이버 폭력의 희생자가 된 것이 우연은 아닌 것 같다. 메는 남들의 주목을 갈망했으므로 어디서든 남들의 관심을 끌려고 애썼고, 그런 그녀의—예쁘고 특별하고 주목받고 싶은—절박함 때문에 결국 소셜미디어의 위험 구역에 도달했으니 말이다. 그런 행동은 익명의 범죄자들에게 잠재적 타깃이 될 뿐 아니라, 절박함과 결핍, 취약성을 표출하는 행동은 —마치 그렇지 않으면 자신의 존재감이 거의 없다는 듯—또래 친구들의 표적이 되는 계기가 될 수도 있기 때문이다. 이런 경향은 중·고등학교 때 특히 심하지만, 간혹 대학에서도 벌어진다. 당신도 메 같은 학생과 같이 얘기를 해보면, 어쩌면 소셜미디어가 나약한 학생들을 희생양으로 만들기 위해 기획된 건 아닌지 의구심이 들 것이다.

메는 자신이 왜 피임약을 복용하게 됐는지, 그리고 피임약 때문에 얼마나 체중이 늘었는지도 들려준다. 학교에서 인기 있는 여학생들은 여름이 되면 너 나 할 것 없이 자신의 비키니 사진을 포스팅했고, 메도 똑같이 그렇게 했다. 그러고는 페이스북에 들어가 자신의 사진을 다른 여학생들 사진과 비교했다. 그러나 친구들 사진이 자기 사진보다 낫다는 생각이 들자 그녀는 올린 사진들을 다시 다 내렸다. 메는 그야말로 자기혐오에 빠졌다.

우리의 대화가 마침내 메의 왕따 경험으로 이어진 건 바로 이 지점이었다. "저도 온라인에서 잘 적응하려고 애썼어요." 그녀는 다시 한 번 강조한다. "근데 사이버 폭력에 휘말리게 되더라고요. 어떤 여자애가 제게 메시지로 시비를 걸어왔고, 그래서 저도 똑같이 되갚아줬죠. 그러다 보니 어느새 페북 메시지로 엄청난 싸움이 벌어졌어요. 근데 피해는 저 혼자 다 받았거든요. 사람들이 다들 저만 욕하는데, 제겐 친구도 거의 없더라고요."

"그때 일에 대해 누군가에게 털어놓은 적은 없었어요?" 나는 그녀에게 거듭 묻는다.

"엄마에게는 얘기한 적이 있는데 더 이상 메시지에 반응하지 말라고 하셨어요. 근데 저는 계속 대꾸를 했어요. 제 친구들한테도 얘기했고요. 다들 페북을 하는 친구들이라 같이 싸움에 끼어들었지만 도움은 안 되더라고요. 그래서 사태가 점점 더 커져만 갔죠."

나는 메에게 그 '싸움'이 왜 일어났는지 묻는다.

"한 남학생 때문이었어요." 메가 대답한다. "고등학교 2학년 때 일인데, 그 여자애가 어떤 계기로 저를 비난하더니 그 뒤부터 계속 메시지를 보내는 거예요. 제게 욕도 했는데, 어느 순간 그 애 친구들까지 합심해서 제게 메시지를 보내고 욕을 하더라고요. 정말 온갖 못된 짓을 저질렀어요. 저는 대화로 풀어보고 싶었는데, 걔네들은 그럴 마음이 전혀 없었어요. 계속 욕을 하더라고요. 미친년이라느니, 물론 더 심한 욕도 있었고요. 정말 입에 담을 수도 없는 욕이요. 저한테 걸레라고도 하더라고요. 제가 그 남자애를 꼬셨다고 생각했나 본데, 절대 그런 일은 없었거든요. 그때는 이미 헤어진 뒤였으니까요. 그래서 제게 화가 났을 수도 있어요. 그 둘이 친구였는데, 남자애가 여자애한테 우리 사이에 있었던 일들을 다 털어놨던 것 같아요. 그것도 부풀려서요. 덕분에 여자애는 내가 완전 못된 괴물 같은 계집애라고 생각했던 거고 페북에서 메시지 폭격을 날리기 시작했던 거죠."

메를 괴롭힌 여학생과 남학생은 모두 그녀와 같은 고등학교 동기였으므로 메는 어쩔 수 없이 계속 그들과 마주칠 수밖에 없었고, 인터넷에서 쏟아지는 친구들의 조롱과 잔인한 말들을 참아야 했다. "재밌는 일은, 그 여자애랑 제가 같은 소프트볼 서클에 있었기 때문에 결국 고등학교 내내 엮일 수밖에 없었어요. 게다가 사는 동네까지 같았거든요. 그런데도 단 한 번도 말을 걸지 않더라고요. 마주쳐도 그냥 지나치는 식이었어요. 실제 만났을 때는 아무 말도 없으면서 페이스북에서는 기회만 되면 제게 메시지를 보내서 끔찍한 욕을 퍼부었어요." 메는 그 여학생에게 실제 전말을 직접 해명하려 했지만, "그럴 때마다 무시하고 가버리더라고요." 그래서 소셜미디어에서 대화를 시도해보기도 했다. "온라인에서는 그 여자애도 다 허심탄회하게 말할 것 같았거든요." 하지만 여학생은 그저 메에게 '끔찍한 욕'만 계속 해댈 뿐이었다.

어느 날 여학생이 소프트볼 경기를 하던 중 무심결에 온라인에서나 하던 심한 욕을 메에게 하면서 결국 그 싸움도 종지부를 찍었다. 경기를 구경하러 왔던 메의 아버지가 그 장면을 목격했기 때문이다. "아빠는 그 여자애에게 가서 뭐라고 하셨고, 그러고 나서 친구들의 괴롭힘도 사라졌어요. 더 이상 절 귀찮게 하지 않더라고요." 아버지가 그 여학생에게 무슨 말을 했는지 물었지만 메도 모른다고 했다. "아빠가 말해주지 않으셨어요. 저야 뭐, 그 여자애랑은 어차피 말을 섞지 않으니까요. 가끔 소프트볼을 하다 그 남자애가 여자애한테 다가가는 걸 보긴 했어요." 메는 아버지가 한 말에 대해서는 그다지 신경 쓰지 않는 눈치다. 어차피 이미 일어난 일이고, 그 이후로는 고통스런 일들이 사라졌기 때문이다. 중요한 건 결과다.

메 외에도 많은 젊은이가 또래 친구들의 가학적 행동들을 견뎌야 할 것이다. 물론 맞받아 분풀이를 하는 아이들도 있고, 충분한 자신감으로 그런 여지를 애초에 주지 않는 아이들도 있을 것이다. 또는 그러거나 말거나 무시하고 사는 친구들도 있을 것이다. 하지만 현실 속 괴롭힘이든 사이버 괴롭힘이든 어떤 사람에게는 견딜 수 있는 일이 또 다른 사람에게는 악몽이 될 수 있다는 게 문제다. 그런 일을 당했을 때 우리 중 일부는 나머지 사람들보다 더 취약하기 때문이다. 또 메처럼 그런 상황을 견딜 만한 감정적 내성이 없는 사람이 희생자가 되면 폭력은 더욱 심해지고 확대되며, 특히 소셜미디어에서 더욱 공개적으로 행해지면서 훨씬 더 파괴적인 상황으로 치닫는다. 집단 따돌림은 이 공간 저 공간 스며들면서 세력이 커지고 더 이상 피할 수 없게 된다. 그런 괴롭힘은 희생 학생이 가해자들과 함께 있을 때만 행해지거나 학교를 떠나면 중단되는 게 아니기 때문이다. 이런 상황이 지속되면 메 같은 학생은 더 이상 숨을 쉴 수 없는 지경에 이른다.

이는 메가 소셜미디어에 적합하지 않다는 것을 뜻하며, 그녀도 지금은 이 사실을 알고 있다. 예를 들어 그녀도 소셜미디어가 멀리 떨어져 있는 가족이나 친구들과 연결해주는 유용한 도구라는 것은 인정한다. 그러나 그녀에게는 이런 장점보다 단점이 압도적으로 많다. 소셜미디어를 사용하지 않음으로써 또래 친구들의 잠재적 표적이 되지 않아도 되며, 그 결과 이전과 비교할 수 없을 정도로 안정된 생활을 할 수 있다.

"이제 더 이상 그런 드라마는 찍지 않아도 돼요." 그녀는 이렇게 말한다. "보통 사람들은 그런 드라마에 휘말리면 그 일을 직접 누군가와 얘기하기보다는 소셜미디어에서 표출하는 것 같더라고요. 저 같으면, 만약 소셜미디어를 다시 시작한다고 해도 거기서 볼 수 있는 건 어차피 다 그런 드라마일 테고, 더 이상 그런 삶은 싫거든요. 전 그냥 사람들이 하루를 어떻게 보냈는지, 어떤 일들을 해냈는지, 뭔가 좋은 소식은 없는지 등등, 좋은 일만 보고 싶어요." 그녀가 힘을 실어 말한다. "이제야 그런 드라마에서 해방됐으니 더 이상은 컴퓨터 모니터 앞에 앉아서 남들에게 메시지를 보내거나 상태를 포스팅하고, 이것저것 해시태그를 달면서 시간만 죽이는 일은 없을 거예요."

이제는 메도 대학생이 됐고, 그녀의 주변 친구들은 다들 소셜미디어에 드나들며 거의 실시간으로 사람들과 소통할 텐데, SNS를 완전히 끊는다는 것이 힘들지 않은지, 혹은 예전 생활이 그립지 않은지 나는 궁금해진다.

"아뇨, 솔직히 그렇지 않아요." 그녀가 말한다. "이제는 부모님끼리 페북 얘기를 하시는 걸 듣거나, 사람들이 페북이나 트위터 같은 델 들어가는 걸 보면, 예전 제 모습이 생각나면서 요즘엔 페북을 하지 않는 덕분에 제 삶을 얼마나 더 즐길 수 있는지 깨닫게 돼요. 또 주위 사람들을 보면서 밖으로 나가 하이킹을 하거나 가족과 시간을 보내고, 아니면 학교 공부를 할 시간에 그냥 자리에 앉아 소셜미디어만 하는 게 얼마나 시간 낭비인지 알게 됐어요." 메에게는 대학 입학이 실질적인 구원의 길이 됐다. 이제는 사람들과 직접 얼굴을 맞대며 사교 생활을 한다. 그녀에게는 훨씬 더 어울리는 방식이다. "저는 대학에 온 뒤로 사교가 덜 어색해졌어요."

그녀가 대학에서 만난 사람들은 누구나 끊임없이 트위터나 인스타그램에 들어가 있는 것도 사실이다. 그들은 항상 일상을 업데이트하고 사진을 포스팅하기 때문에, 메는 주위 사람들은 다 아는 일에 대해 자신만 소외되는 것 같은 아쉬움을 느낄 때도 있다. 그러나 이내 다시는 그때로 돌아가고 싶지 않다는 생각에 정신을 차린다. "친구들이 모두 재미있는 트윗이나 비슷한 얘기를 하고 있을 때 저만 놓치고 있다는 기분이 들긴 해요. 근데 사실상 놓치는 게 없다는 생각도 들어요. 소셜미디어에서 손을 뗀 건 역시 좋은 결정이었다는 생각이 들거든요." 나는 메에게 혹시 결정을 번복해서 다시 페이스북을 하게 될 일은 없을지 묻는다. "제 결심은 흔들리지 않을 것 같아요"라는 게 그녀의 대답이다. "페이스북을 안 한 지 오래됐고 학교 생활이 정신없이 바빠지다 보니 소셜미디어에 대한 생각이 없어지더라고요. 하지만 지루할 때는 그냥 컴퓨터에서 구경이라도 하고 싶은 때가 있어요. 그러면 밖으로 나가서 같이 어울릴 만한 사람을 찾아요. 그냥 다른 일을 찾는 거예요." 이런 태도는 실제로 도움이 된다. 메가 대학에서 사귄 친구들은 소셜미디어를 하지 않는 그녀를 받아들인다.

메는 소셜미디어 활동에서 상당한 대가를 치렀고, 그것을 중단한데서 얻은 혜택 또한 간과할 수 없을 정도로 컸다. 그녀는 현재 자신이 예전보다 훨씬 더 건강하다고 느낀다. "제 자신에 대한 인식이 긍정적으로 변했어요. 다른 사람이 저에 대해 무슨 말을 하건 더 이상 신경쓰지 않고 자신에 집중할 수 있게 됐어요. 아직도 자존감이 아주 높지는 않지만 제 몸에 대해서도 편안해졌고, 제 외모와 저란 사람에 대해 편해지니까 여러모로 정말 도움이 많이 되더라고요."

 헤일리
10min • 👥

#페이스북은 나약한 사람을 위한 공간이 아니다

인터뷰실로 들어오는 헤일리를 보면서 나는 어렸을 때 자주 보던 TV 드라마, 〈스퀘어 펙〉*에서 사라 제시카 파커(Sarah Jessica Parker)가 맡았던 캐릭터를 바로 떠올린다. 길고 검은 곱슬머리에 안경을 낀 펑키한 스타일이 영락없이 TV 속 사랑스런 패티 그린(Patty Greene)의 모습이다. 헤일리는 미국 최고의 사립대학 중 한 곳에서 물리학을 전공하는 수재인데, 너무나 사랑스러우면서 동시에 불안해 보인다. 간혹 너무 초조해 보이는 그녀의 모습에 나까지 불안해질 때도 있다.

인터뷰를 시작하자마자 헤일리는 고개를 툭 떨구며 대학 생활이 너무 힘들다고 말한다. 그러나 이내 환한 얼굴로 전공인 소립자물리학에

---

* **Square Pegs** 1980년대 초 미국 CBS에서 방영된 청소년 시트콤.

대해 말한다. "중성미립자를 연구하는데 정말 재밌어요. 친구들도 대부분 같은 전공인 애들이고요." 그녀는 친구들과 서로의 아이디어를 심도 깊게 교환할 때 행복감을 느낀다. 또한 물리학 연구를 하면서 삶의 의미를 찾는다. "물리학도, 제가 하는 연구도 정말 만족해요"라고 말한다. "제 연구로 물리학의 지평을 넓힐 수 있고요, 이 세상에서 지식의 폭을 넓히는 일이잖아요. 그런 식으로 계속 나아가면, 사람들에게 직접적으로 도움을 줄 수 있는 일이라는 희망이 들어요." 헤일리가 자신의 연구를 좋아하는 건 분명한 사실이고, 적어도 학업이라는 영역에서는 자신감도 차 보인다.

하지만 주제가 바뀌자 그녀의 자신감은 연기처럼 사라진다.

헤일리의 대학 생활이 힘든 이유는 그녀의 남자친구 때문이다. 이제는 예전 남자친구가 됐지만, 그에게는 폭력적인 면이 있었다. 헤일리는 남자친구 때문에 기독교로 개종까지 했지만 늘 그의 눈에 차지 않았다. 그는 헤일리가 유일하게 자긍심을 느끼는 그녀의 전공에 대해서도 탐탁지 않게 여겼다. "남자친구 말로는 물리학은 신의 뜻이 아니래요. 그런 말을 계속 들으니까 어느 순간 저까지 물리학을 계속해도 좋을지 의심하게 됐어요."

헤일리가 깊은 한숨을 내쉬더니, 인터뷰에서 남자친구를 '찬' 얘기나 하게 돼서 미안하다고 한다. 나는 괜찮다는 말로 그녀를 안심시킨 후, 온라인 속 그녀의 삶에 대해 말해달라고 한다. 헤일리는 페이스북과 스냅챗, 익약을 모두 한다고 대답한다. 다른 많은 학생처럼 그녀 또한 온라인에는 행복하고 재밌는 것들만 포스팅해야 한다는 점을 강조한다. "다른 사람들에게 제 삶이 충분히 만족스럽고 행복하다는 걸 보여주고 싶어요." 헤일리는 설사 우울한 기분이 들더라도 행복한 일들만 포스팅한다. 만약 세상에 행복한 모습을 보여줄 힘도 없을 만큼 불행한 기분에 빠져들 때는 포스팅 자체를 하지 않는다. 게다가 그녀의 예전 남자친구는 그녀가 바보 같은 것들만 온라인에 올려서 공공연히 사람들의 조롱거리가 된다며 그녀를 비난하곤 했다. 그런 남자친구의 태도로 인해 헤일리는 자신의 모습에 더 자신이 없어졌다. "네가 하는 그런 농담을 누가 듣고 싶겠냐?" 늘 이런 식이었다.

이 얘기를 끝낼 때쯤 그녀의 목소리는 한껏 침울해진다. 그런 상황 때문에 혹시 헤일리가 소셜미디어를 멀리하게 되지 않았는지 묻는다. 그러자 이런 대답이 돌아온다. "결국엔 남자친구를 언팔했고, 그때부터 페이스북 사용량이 확실히 줄었어요." 그녀가 남자친구와 헤어진 주된 이유 중 하나도 페이스북 때문이었다. 그가 헤일리와의 관계에 대해 '페이스북 공개(Facebook Official)'를 꺼렸기 때문이다. 게다가 남자친구의 페이지에 가보면 그에게 집적거리는 여자들까지 종종 눈에 띄었다. 그런 일들은 헤일리의 마음에 상처가 됐다. "남자친구를 언팔할 때, 걔 페북에서 작업 거는 여자애들을 결별 이유로 댔어요. 정말 보기 싫었거든요." 어차피 남자친구도 헤일리가 페이스북에 올리는 사진이나 글들을 싫어하기는 마찬가지였다 ─ 그녀는 인터뷰를 하는 동안 이 말을 4번이나 반복한다. 남자친구의 짜증 섞인 반응을 대할 때마다 헤일리는 수치심을 느꼈다.

헤일리에게 페이스북 계정 전체를 없앨 생각은 안 해 봤는지 묻는다. 헤일리는 그런 적도 있다고 대답한다. 물리학을 전공하는 그녀의 친구 중에는 페이스북을 하는 사람이 적어서 페이스북 활동에 큰 의미가 없었기 때문이다. 그래도 페이스북을 하는 이유 중 하나는 고등학교 때 친구들과 연락이 끊기지 않기 위해서였지만, 고등학교 때 친구 중 몇 명도 그녀에게 상처를 준 일이 있었다. "사실 고등학교 때는…… 정말…… 많이…… 아시잖아요……. 선생님도 페이스북에서 보는…… 그런 눈살

찌푸리게 하는 것들이요. 좀 비열한 방식으로 상태 업데이트에 저를 비꼬기도 하고……."

헤일리는 고등학교 때 친구들의 괴롭힘을 당했다고 한다. 여학생들 몇 명이 헤일리를 조롱하는 동영상을 만들어 그녀의 페이지에 올리기도 했다. 또 그녀를 레즈비언이라고 놀리는 애들도 있었다. 그건 사실이 아니었다. "이런 식이었어요. '오, 레즈비언으로 사는 재미는 어때?' 어쩌고저쩌고. 저는 레즈비언도 아니지만, 그런 말은 해서는 안 되는 거잖아요. 몰상식하고 비열해요." 그 여학생들은 헤일리의 친구 중 한 명에게 "차라리 자살이 속편할 듯"이라는 말까지 했다고 한다. 최근 헤일리는 자신의 페이스북 타임라인을 고등학교 시절 것부터 쭉 본 적이 있었는데 정말 수치심을 느꼈다고 한다. 단지 친구들에게 괴롭힘을 당했다는 사실뿐 아니라 자신이 그 애들에게 대응한 방식 때문이었다. "한두 달 전쯤 제가 고등학교 1학년 때 올렸던 포스트들을 보는데, 제가 이랬더라고요. 세상에. 지금도 얼굴이 화끈거려요. 온라인에서 저를 괴롭히던 애들에 대한 내용이었는데, '너희 패거리들 내일 교장선생님한테 다 일러바칠 거야. 불량아들은 죗값을 치르게 돼 있어.' 뭐 이런 글이었어요."

그녀는 한숨 짓는다. "심지어 그 글에도 댓글이나 반응은 전혀 없었어요."

헤일리는 소셜미디어가 '특이한 사람들'에게는 자신의 특이한 모습을 드러낼 수 있는 공간이 아니라고 말한다. 그녀 말로는 자신도 특이한 사람이며, 적어도 고등학교 때는 특이했다고 한다. 그런 이유로 동기들이 자신을 겨냥했다고 믿는다. 그녀의 주장대로라면 특이한 사람들은 소셜미디어에서 특히 취약하다. 그런 사람의 페이스북에 가서 놀려먹는 건 너무나 쉬운 일이기 때문이다. "페북에서 나약한 모습을 보이기 싫은 것도 그런 이유 때문이에요. 사람들이 그런 모습을 보면 이렇게 반응하거든요. 놀려먹자. 아시죠? 직접 마주칠 필요도 없으니까요. 어디 있는지도 모르는 사람들까지 다 보는 거잖아요. 누구든 볼 수 있으니까요."

헤일리에 따르면, 페이스북은 기본적으로 특정 유형의 사람들에게는 상처 가득한 세상이 될 수 있다고 한다. 자신만 모든 일에서 배제되고 있다는 사실을 알게 되는 갖가지 방법 때문에, 거기서 만들어지는 드라마 때문에, 또 사람들이 보이는 온갖 비열한 행동 때문에 말이다. "저는 되게 작은 고등학교를 다녔어요. 제가 속한 학년 전체가 35명 정도였으니까요. 2학년이 끝날 때쯤에는 누구나 다 친구가 될 수 있는데, 모든 드라마도 바로 그때부터 시작되더라고요. 기본적으로 파벌이 형성되거든요. 저는 양쪽 애들을 다 알고 있어서 가능하면 한쪽 편에 서지 않으려고 했어요. 이런 입장이었죠. '너네 되게 웃긴 거 알아? 서로 오해하고 있잖아.' 근데 그런 행동이 오히려 여자애들 눈에 거슬렸던 것 같아요. 그때는 친구들 사이에 서열도 있고, 파티도 많았어요. 제 절친 두 명은 파티에 초대받는데 저만 늘 빼더라고요. 파티 사진들은 나중에 페북에서 볼 수 있었어요. 그리고 상처를 받는 거죠. 그런 일이 생길 때마다 분명해지는 사실이 있어요. '아, 네가 내 친구이긴 하지만 좋은 친구는 아니구나.'"

인터뷰가 끝나갈 때쯤, 헤일리는 페이스북이 어떤 식으로 부정적인 자기인식을 낳는지 다시 한 번 언급한다. "페북에 올라온 것들을 보면 상처도 받고 외로움도 느끼게 돼요. '아, 이 사람들은 정말 행복한 시간을 보내고 있구나.' 같은 생각이 들거든요. 특히 기분이 안 좋을 때 그런 행복한 모습을 보면 정말 뼈가 시리도록 외로워요. 제 생각엔 페북을 하지 않는 친구를 사귀는 게 도움이 되는 것 같아요. 페북 밖에서도 서로 소통할 수 있는 친구 말이에요. 제 친구들이 페북이 아닌 현실 속에 있다는 걸 알면 기분이 좋거든요. 친구들이 바로 여기 있는 거잖아요. 하지만 아무리 친구들이 현실 속에 있다 할지라도 제 외로움이 완전히 없어지진 않겠죠. 사람은 다 다르니까요." 헤일리는 페이스북 활동을 꽤 성공적으로 하는 친구로 현재 룸메이트를 든다. 그녀의 룸메이트는 어떤 일을 페이스북에 올려야 비로소 그 일을 사실로 만드는 사람이다. 룸메이트는 페이스북 마니아로 끊임없이 자신의 페이지를 업데이트한다. 이런 사람들 때문에 자신의 연애 사실을 페이스북에 공개하지 못한 헤일리는 더 힘들었다. "페이스북에 올리지 않은 일은 마치 사실이 아닌, 실제 일어난 일이 아닌 것 같거든요." 이렇게 덧붙인다.

몇몇 사람만 파티에서 배제하는 일은 예전 고등학생들 사이에도 계속 있었던 문제다. 단지 차이점은 피해 학생들이 느끼는 수치심이 오늘날에는 공개된다는 점이다. 때로는 의도적으로, 또 때로는 의도치 않게 그 모욕감이 피해자의 면전에 쏟아진다. 소셜미디어는 좀 더 취약하거나 헤일리처럼 '특이한' 사람들에게 상처를 주는 도구가 된다. 더 요령 있는 학생들은 소셜미디어를 일종의 무기로 삼는 법을 배우지만, 소셜미디어에 서툴거나 어떻게 활용하는지 잘 모르는 메나 헤일리 같은 소녀들은 한때는 사적이고 그저 단순한 사건으로 지나갔던 일들로 인해 영원한 희생양으로 남게 된다. 자신의 타임라인을 거슬러 올라가 부끄럽고 화나게 했던 예전 사건들의 증거를 여전히 찾아보는 헤일리를 보라.

자신만 빼고 친구들이 함께 어울려 다니는 것을 목격하거나, 파티에서 즐거운 한때를 보낸 친구들의 사진을 보면서 고통의 상처를 느끼는 학생들도 많다. 자신의 스타일 때문에 앞으로도 절대 낄 수 없을 것 같은, 혹은 아무도 자신에게 얘기한 적 없는 파티 말이다. 하지만 이 또한 그들 또래에게는 익숙한 사회 정치일 뿐이다. 그러나 젊은이들이 이런 상황으로부터 받는 상처는 매우 다양하며, 특히 헤일리 같은 학생에게는 모든 게 공개된다는 점에서 깊은 상처가 계속 남는다. 소셜미디어는 당신 주위의 모든 사람에게 누가 포함됐고, 누가 배제됐는지를 알려준다. 온라인에 들어갈 때마다 당신이 근사하지 않고, 당신이 바라는 모습도 아니며, 사람들이 당신의 존재조차 모른다는 증거들이 보인다. 헤일리 같은 학생들은 이런 지속적인 공격을 처리하는 데 다른 사람들만큼 감정적 기제가 발달돼 있지 않다. 소셜미디어는 헤일리처럼 낯짝이 얇은 사람들에게 그 두께를 키우라고 가르친다. 가능한 아주 두껍게 키워서 '연결'의 추한 이면에 노출됐을 때 받는 실망과 아픔도 참고 견딜 수 있도록 말이다.

이 모든 사실에도 불구하고 헤일리는 고등학교 시절 친구들에게 시달렸던 어두운 시절을 이겨냈다. 그녀는 아직도 자신의 소셜 계정을 유지하고 있고, 소셜미디어 덕분에 사람들과 연결될 수 있어서 좋다고 말한다. 하지만 그녀가 한때는 소셜미디어 때문에 황폐한 삶을 살았다는 것 또한 분명한 사실이다. 떨리는 목소리와 반복적으로 더듬거리는 말투는 그녀가 받은 수치와 부끄러움이 나도 눈치 챌 수 있을 정도로 충분히 고통스러웠음을 보여준다. 헤일리같이 똑똑한 학생이 소셜미디어에서 일어난 일들을 왜 좀 더 지혜롭게 해결하지 못했을까 하고 안타까워하는 사람들도 있을 것이다. 문제는 소셜미디어가 지적이기보다는 감정적인 공간이란 점이며, 헤일리는 감정적 측면에서 무너져 내렸다.

잭
15min · 👥

#트롤의 다양한 유형

온라인에서 괴롭힘을 당한 사람을 찾기도 어려웠지만, 온라인에서 괴롭힘을 가한 사람을 찾는 것도 그만큼 어려웠다. 물론 자신이 남에게 끔찍한 짓을 했다는 사실을 아무렇지도 않게 말하는 사람을 찾기 어렵다는 건 놀라운 일이 아니다. 익명으로 처리하겠다는 약속에도 불구하고 못된 찌질이로 표시되는 건 누구나 싫기 때문이다. 조사 연구원 맞은편에 앉은 누군가가 "사실 저는 다른 사람들에게 아주 고약한 짓을 했거든요"라고 고백한다는 것은 꽤 버거운 일이다.

그러나 나는 실제로 이런 행동을 한 사람을 몇 명 만났고 그들은 전부 남학생들이었다. 잭도 그중 한 명이었는데, 북동부의 한 사립대에 다니는 그는 굉장히 똑똑하고 성적도 뛰어난 학생이었다. 그냥 보면 아주 근사한 청년에 가까웠다. 대답은 모두 사려 깊었고, 비판적 분석에도 신중한 편이었다. 대화 상대로서 아주 재밌는 학생이었다. 그래서 잭이 자신을 인터넷 트롤(Internet troll)─다른 사람들의 반응을 이끌기 위해 자극적인 포스트를 올리는 사람─이라고 소개했을 때 나는 사실상 손에 쥔 펜을 떨어뜨릴 뻔했다.

잭이 트롤의 기술을 배우기 시작한 건 중학교 때 활동했던 마이스페이스(Myspace) 시기로 거슬러 올라간다. "그때는 뭔가 신랄한 코미디언처럼 보이려고 했던 것 같아요. 아시죠? 그러니까 정말 신랄한……." 잭은 잠깐 말을 끊더니 한숨을 쉰다. "말하자면, 남들의 신경을 거스를 만한 얘기로만 빽빽이 채우는 거예요. 기본적으로 제가 생각할 수 있는 가장 역겨운 얘기들을 쓰는 거죠." 그는 다시 말을 멈춘다. "사실 그런 글이야말로 자기 실명이 붙으면 안 되는 것들이겠죠. 안 그래요? 사실, 전 중·고등학교 때가 끔찍이 싫었어요. 그래서 그런 자극적인 글들로 제 불만을 꽤 많이 풀었던 것 같아요. 일종의 공격성이라고 부를 수 있겠네요. 명문대나 뭐 그런 것에 대한 공격성이요. 사람을 죽이거나 미친놈 같은 공격성은 아니니까요." 잭은 덧붙인다.

어떤 면에서 보면, 잭은 중·고등학교 특유의 정치성 때문에 소외감이나 좌절감, 심지어 분노를 느꼈던 아이처럼 보인다. 남들과 잘 어울리지 못하거나 배척당한다는 느낌을 가진 그런 학생 말이다. 하지만 메나헤일리의 예처럼 여학생들이 적응하려는 노력은 오히려 그들을 다른 학생들의 목표물로 만들지만, 잭은 반대로 자신이 채찍을 든 경우다.

잭이 마이스페이스에 올린 글들은 충분히 공격적이어서 또래 친구들은 학교 교장과 선생님에게도 그 사실을 알렸다. 잭의 부모님은 아들이 포스팅한 글들을 보고 경악을 금치 못했다. 잭은 학교 사람들이 자신의 글을 다 읽었음에 틀림없다고 여긴다. "'저 녀석은 학교에 불만이 아주 많군.' 하고 생각했겠죠. 어차피 학교에 대해 온갖 끔찍한 말들을 쏟아내고 흉악한 짓들만 일삼는 기분 나쁜 사람들은 있기 마련이잖아요." 모든 이들이 잭을 걱정하기 시작했다. "실제로는," 잭의 말이 계속된다. "뭔가 풍자적인 행동을 하고 싶었어요. 저는 풍자라고 생각했는데, 그 글을 읽은 사람들은 그렇게 생각하지 않았나 보죠." 그런 포스팅의 결과로 학교는 잭에게 정학 처분을 내렸고, 그의 아버지는 컴퓨터에 특수 프로그램을 깔아 그의 자판에서 벌어지는 일거수일투족을 감시했다.

이제는 잭도 나이가 들어서 뭐든 남의 분노를 살 만한 글에는 자신의 이름을 올려놓으면 안 된다는 사실을 잘 안다. 하지만 무신론자인 잭은 요즘도 페이스북에서 독실한 신앙인들에게 시비를 걸면서 쾌감을 느낀다. 주거니 받거니 계속 싸움을 부추겨서 상대를 폭발하게 만드는 것이다. "때로는," 그가 말한다. "남이 쓴 포스트를 읽고 너무 분노한 나머지 완전히 싸움을 붙이는 글을 쓸 때도 있어요." 그런 행동은 거의 충동적으로 일어난다. 누군가 '어이없는' 말을 하면 그들이 '틀렸다'라는 사실을 꼭 알려줘야 직성이 풀리는 것이다. 어이없고 말도 안 되는 누군가의 글을 본 후, 그 내용을 반박하는 장문의 댓글을 달고 '엔터' 키를 누르기 직전에 정신을 차릴 때도 가끔 있지만, 대부분의 경우에는 욕구를 억제하기 힘들다. 잭은 자신이 부추긴 길고 긴 싸움을 예로 들어 설명한다. 잭이 이런 종류의 글을 남기면 사람들은 정말 격하게 반응하는데 잭으로서는 자신의 믿음이나 주장에 누군가 반박하는 글을 달았을 때 이에 제대로 대응하지 못하는 사람들의 모습이 실망스럽다. "그래서 제 생각에는 온라인 트롤이라는 게," 그가 말한다. "사실은 건설적인 담론을 펼치려는 건데 사람들이 오해하고 있다는 생각도 들어요."

잭에게 '트롤로 오인받는' 문제에 대해 좀 더 자세한 설명을 듣고 있자니, 그의 관점에서 일부 트롤은 좋은 사람일 수 있겠다는 생각이 든다. 잭은 자신이 소셜미디어에 꼭 필요한 어떤 미덕을 행하고 있다고 여기기 때문이다. "트롤도 유형에 따라 괜찮을 수 있어요. 어느 정도는 말이에요. 실제 대화를 할 때도 저는 트롤이 될 때가 있거든요"라고 그가 말한다. "제 말을 오해하진 마세요. 지금도 트롤들이 존재해요. 그렇죠? 정말 사악하고 어딘가 아픈 것 같은 온라인 또라이들 말이에요. 전 그런 사람들을 말하는 게 아니에요. 제가 말하는 트롤은 반대 의견을 표현하는 사람들이에요. 상대의 생각이 잘못됐다는 걸 알리기 위해 논쟁을 벌이는 사람들이요. 물론 상대는 그런 의도를 모를 수도 있겠죠. 그런 점에서 트롤은 사실 악역을 자처한 사람일 수도 있어요. 안 그래요? 제가 생각하는 좋은 트롤이란 그런 사람들이에요. 좋은 트롤은 상대의 말에 동의하지 않기에 의견을 반박하는 거고, 상대의 말에서 허점을 찾으려고 해요. 아마 대부분의 사람이 평소에는 자신을 반박하는 말을 들을 일이 별로 없을 거예요." 잭은 다시 말을 중단하더니 다시 한 번 고쳐 말한다. "사람들 인식 속에 있는 전통적인 트롤의 모습은 어떤 주장을 무조건 싫어하고 타인의 의견을 맹목적으로 묵살하는 사람들일 거예요. 근데 트롤의 행태가 늘 그런 건 아니거든요. 제 생각에는 시간이 지나면서 트롤들의 행동도 진화한 것 같아요. 15년쯤 지나면 누가 알겠어요. 그저 웃긴 사진을 포스팅하는 사람을 트롤이라 부를 수도 있고, 의도적으로 누군가를 자극하는 사람을 트롤이라 부를 수도 있겠죠. 물론 누군가를 공개적으로 증오하거나 창피하게 만드는 것도 트롤의 특징이 될 수 있고요. 제가 생각하는 트롤의 역할과는 차이가 있지만, 요즘에는 그런 식으로 가고 있는 것 같아요."

잭의 말이 맞다. 사실 나는 '좋은 트롤'이나 트롤의 유형에 대해 얘기하는 사람을 많이 만나보지 못했다. 이런 이론을 주장하는 사람은 잭이 유일했다. 나는 잭의 솔직한 모습에 좀 감명을 받았고, 트롤의 유형을 최악부터 최고까지 분류하는 그의 이론을 들으면서, 잭은 개인적으로 어떤 유형인지도 자연스럽게 알 수 있었다. 잭은 트롤이 단순히 부정적인 말만 하는 사람들이 아니라는 점을 강조한다. 트롤은 많은 측면에서 오해받고 있으며, 우리의 인터뷰가 끝날 때까지도 잭은 분명 자신을 오해받는 트롤로 여기는 것 같다. 논란의 여지는 있겠지만, 그는 솔직한 자기 모습을 드러내려 노력한다. 불행히도 소셜미디어를 그런 건설적 논쟁을 위한 포럼으로 여기는 사람은 별로 없지만, 잭은 사람들에게 그런 임무를 부여하기 위해 애쓴다. 사람들은 자신과 의견이 맞지 않는 누군가를 보면 그저 화부터 내기 때문이다.

물론 잭의 자기인식에도 역설적인 면은 있다. 잭은 지난 몇 년간 많은 사람이 자신 때문에 괴로움을 당했으며 자신을 부적절하고, 남에게 상처를 주며, 몰지각한 사람으로 여긴다는 사실을 분명히 알고 있다. 그러나 동시에 잭은 논쟁하기를 즐기는 스마트한 청년으로서 왜 소셜미디어에서 그런 '솔직한 모습'을 있는 그대로 드러내면 안 되는지, 왜 자신과 같은 사람들을 위한 공간은 존재하지 않는지, 또 왜 자신이 그토록 즐기는 논쟁적인 의견을 다른 사람들은 전혀 수용하지 않는지 이해하기 힘들다. 그리고 잭도 자신이 나쁜 사람으로 인식되는 건 싫지만, 이미 많은 사람에게 자신이 그런 존재라는 것도 알고 있다. 그가 트롤의 다양한 유형으로 자신을 두둔하는 것은 사실 자기 자신과 더 광범위한 자신의 정체성을 보호하는 행위다. 소셜미디어가 잭 같은 사람들을 수용하지 않고, 대부분의 사람과(늘 긍정적이고 행복하려 애쓰는) 전혀 다른 잭을 위한 공간이 존재하지 않는 현실은 그에게 엄청난 고립감을 준다. 소셜미디어에서 잭의 입에 자물쇠를 걸고 그를 차단하려는 일반인들의 방식도 어떤 의미에서는 폭력이라고 주장하는 사람도 있을 것이다. 소셜미디어에 잭을 위한 공간은 없고 잭도 이 사실을 알고 있다. 소셜미디어는 순응하지 않는 사람들에게 친절하지 않다.

온라인에서 잭의 모습은 변해왔다. 인터뷰에서 잭은 자신이 논쟁을 좋아한다는 것을 어떻게 알게 됐는지, 또 이제는 자신의 실명이 붙는 것들에 얼마나 조심하게 됐는지를 오랫동안 설명한다. "사실은 눈가림이죠. 온라인에서 제 모습 말이에요. 의도적으로 그렇게 해요." 그는 말한다. "고등학교를 다닐 때는 왜 다들 흰색 페인트로 발라버린 PC마냥 자신을 속이는지 이해할 수 없었어요." 사람들의 솔직하지 않은 모습에 잭이 느끼는 야유와 분노는 그의 목소리에도 그대로 묻어나온다. 이제 잭의 소셜미디어 계정은, "제 정체성의 표현이라기보다는 도구에 가까워요. 제 실명이 붙는지 공간의 성격이 어떤지, 글의 대상이 누군지에 아주 신중해졌거든요. 이제는 사람들이 보고 싶어하는 것을 의도적으로 올리려고 점점 더 많이 신경 쓸 것 같아요."

그 또한 결국에는 남들의 방식을 따를 것 같다. 하지만 그런 자신의 모습에 씁쓸해할 것이다.

이안
20min • 👥

#남들의 고통에서 즐거움을 느끼다

이안이 으스대듯 걸어올 때, 내 말은 그가 방으로 으스대는 걸음걸이로 들어올 때, 우리의 대화가 지금까지 이 명문대에서 만난 다른 학생들과 나눈 얘기와 사뭇 다를 것을 직감한다. 이곳에서 만난 대다수의 학생은 진중하고, 학구적이며, 헌신적이고, 사려 깊으며, 그러면서도 다정했다. 사람들이 이런 일류 대학 재학생을 상상하면 쉽게 떠오르는 젊은이들의 모습과 비슷했다. 이안은 좀 거들먹거리는 태도에 다른 특징들까지 명문대 사교클럽 남학생의 전형적인 모습을 하고 있다. T셔츠 아래쪽에 좀 불거져 나온 뱃살도 그런 이미지에 한몫 거든다. 물론 그가 공부하는 물리학과 응용수학은 이 학교의 다른 전공들만큼 충분히 도전적이다. 하지만 그의 동기들이 남을 배려하고, 사색적이며, 사회적으로 영악하지 않다면, 이안은 무슨 말이든 당당히 할 것 같은 남자에 가깝다. 뭔가 모욕적인 말을 한 후 그게 뭐 대수냐면서 껄껄거리며 웃어넘기는 유형 말이다.

다른 말로 이안은 자기인식이 어느 정도 부족하거나, 아니면 적어도 다른 사람들이 자신을 어떻게 인식하는지 잘 모르는 것 같다. 이 청년은 사실 4장에 등장했던, 여학생들이 어떤 식으로 셀피를 찍고 얼마나 많이 공유하는지를 활달한 모습으로 설명했던 그 이안이기도 하다.

대화를 시작하고 얼마 지나지 않아 나는 이안이 실제로 남학생 사교클럽 일원이라는 걸 알게 된다. 지금 3학년인데 대학에 입학한 지 거의 2주 만에 사교클럽에 가입했다고 한다. 그는 클럽의 일원이 된 일을 그 무엇보다 잘한 결정이라고 여기며, 지금까지 클럽을 통해 만났던 근사한 사람들에 대해 오랫동안 설명한다. 그의 말을 들으면서 이안 역시 학업에는 매우 진지하며, 성적도 좋고, 스마트한 사람들과 함께 있는 것에 큰 가치를 둔다는 사실을 깨닫는다. 이안은 자신이 이글 스카우트* 멤버이고 지금도 보이스카우트 관련 행사에 적극적으로 참여한다고 밝힌다. "요즘도 보이스카우트 단체들과 함께 일하는데, 꽤 많이 참여하는 편이에요. 스카우트 부마스터가 되려고요. 교육을 조금 받아야 하지만 그래봤자 기초 응급처치나 경계 교육 정도예요. 그쪽 사람들은 위험 지대(risk zones)라고 부르는데, 왕따 같은 걸 당하는 아이가 있을 때 어떤 신호로 문제를 감지해야 하는지에 대한 교육이에요."

이안이 왕따에 대처하는 법을 배우고 있다니, 여기서 우리가 다룰 첫 번째 주제가 나온다.

이안은 장래 자신이 꿈꾸는 삶에 대한 이야기도 들려준다. 좋은 아빠가 되고, "제 취미 정도는 즐길 수 있도록 큰 집이 있어야 하고," 차고에는 이안만의 '프로젝트 자동차'를 한 대 모셔놔야 하며, 거기서 가끔 워크숍도 하고, 미니 전동레일을 깔 만한 장소도 필요하다. 이안은 미니 전동레일 마니아로, 이 얘기가 나오자 더욱 흥분한다. 이럴 때 이안의 모습에서는 더 이상 거들먹거리거나 사교클럽 학생 특유의 거만한 태도를 찾아볼 수 없다. 좋아하는 전공을 공부한다는 점에 신이 난 그저 다정하고 평범한 대학생일 뿐이다. 하지만 주제가 소셜미디어로 바뀌자 예의 그 으쓱거리는 모습이 다시 나타난다.

이안은 흔들리는 눈동자로 중·고등학교를 다닐 무렵 친구들이 페이스북에 올렸던 온갖 민망한 포스트들에 대한 얘기를 들려준다. 이안도 예외는 아니었다. "가끔 어떤 사람의 솔직한 모습이 드러나면 좀 민망해

---

* **Eagle Scout** 21개 이상의 공훈 배지를 받은 스카우트 명예 단원.

지잖아요?" 이안은 어린 학생들이 소셜미디어에 올리는 포스트들, 특히 설익은 열정이나 서툰 사회성이 드러나는 게시물에 대해 언급한다. 나는 왜 솔직한 게 문제인지 이안을 조금 더 압박하듯 묻는다. "왜 온라인에서 민망함을 자처하는 사람들이 있잖아요." 그가 설명한다. "제 생각에는 사람들이 페이스북을 하는 이유 중 절반 이상은 남들의 사생활을 살짝이라도 엿보고 싶어서일 거예요. 누가 현재 연애 중인지, 또 누가 소셜미디어 정치의 비열함을 겪고 있는지 말이에요. 물론 흥미로운 가십들이 대부분이죠. 그렇지 않아요? 제 친구 중 애리조나 출신이 하나 있는데, 그 애는 정말 코딱지만 한 동네에서 자랐거든요. 근데 걔 말이, 자기 동네에는 그 코딱지만 한 마을조차 벗어나본 적 없는 사람들이 있다고 하더라고요. 그런 어리숙한 얘기를 우리에게 들려주더니 페이스북에도 올리는 거예요. 또 어떤 애들은 기가 찰 정도로 개방적이라 자기가 가석방됐다는 증명서를 찍어 올리고, 보호관찰관과 친구가 됐다느니, 또 오늘 밤에 마리화나를 피울 거라느니…… 그런 일까지 다 올리기도 해요. 확실히 어떤 필터 같은 게 필요하다는 생각이 들어요."

온라인에 '어떤 필터'가 필요하다는 그의 말은 상당히 그럴듯하게 들린다. 그리고 많은 사람이 이안이 들려준 친구들 사례에 충격을 받을 것 같다는 생각도 든다. 근데 그것보다 내 눈에 띈 장면은 이런 이야기를 들려주는 이안의 태도다. 그야말로 신이 나 있다. 자신이 이런 친구들보다 훨씬 우월하다는 것을 알고 있고, 이런 상황을 즐기는 것 같다. "우리가 페이스북을 하는 이유의 절반 이상은" 구미 당기는 가십을 얻기 위해서라고 말할 때 그의 모습은, 마치 누군가 바보 같은 짓을 하기만 기다린다는 듯한 분위기를 풍긴다. 친구들이 그런 어리석은 행동을 할 때, 거기 있는 이안은 상대의 민망함에 환호하고 야유하며 비웃을 것이다.

인터뷰가 계속되면서, 이안의 거친 태도는 점점 더 두드러진다. 내가 사람들이 페이스북을 하는 주된 원인이 가십거리를 찾기 위한 거냐고 재차 묻자, 그는 말을 번복하려 하지만 오히려 그런 시도를 완전히 뭉개 버리는 발언을 한다.

"그렇다고 제가 꼭 그 친구들을 비웃거나 그런 의도는 아니에요." 처음에는 이렇게 대답한다. "근데 분명 그런 요소가 있는 건 사실이에요. 말하자면, 제 또래 여학생이 임신 비슷한 걸 했다고 쳐요. 만약 그 여자애가 아이를 갖는다는 게 얼마나 위대한 일인지에 대한 포스트를 올린다면, 사람들은 죄다 이런 식일 거예요. '설마 네가 대학에서 꿈꿨던 게 이런 상황은 아니었겠지? 장난해? 아이 갖는 게 위대하다고? 거짓말은 집어치워.' 그런 느낌을 콕 집어서 표현할 형용사가 떠오르진 않는데, 그 있잖아요. 그런 포스트를 볼 때 제일 강하게 느끼는 건, 흥분 같은 거죠. 그러니까…… '대~박!' 뭐 그런? 제 앞에 어떤 한 편의 드라마가 펼쳐지는 것 같은 기분이 들잖아요." 여기서 이안은 잠시 말을 멈추더니, 자신은 긍정적인 얘기도 즐길 줄 안다고 말한다. "뭐, 그런 얘기가 전부는 아니겠죠. 고등학교 때 학교 성적이 바닥이었던 애가 어느 날 소방관이 됐다는 얘기를 들을 때도 기분이 좋아지니까요." 이안은 다시 말을 멈춘다. "제가 어떤 악의가 있어서 페이스북에서 그런 얘기만 찾는 건 아니에요. 오히려 텔레비전을 보는 거랑 비슷하죠. 응원하는 팀이 싸우는 경기를 볼 때마다 그 팀이 이기기를 빌잖아요. 근데 그런 경기를 보다가도 가끔은 채널을 돌리면서, 리얼리티 쇼에서 뭔가 진짜 막장 같은 상황이 벌어지길 바라니까요."

나는 이안에게 그가 비유한 소셜미디어와 TV 리얼리티 쇼의 관계에 대해 좀 더 설명해달라고 한다. 인터뷰를 하면서 그런 비유를 든 건 그가 처음이자 유일했다. "페이스북의 경우에, 만약 거기서 고향 이웃 중 한 분이 자동차 사고를 당했다는 소식을 들어도 그렇게 신경이 쓰이진 않을 거예요. 저랑은 크게 상관없는 사건이니까요. 근데 사고 상황이 어떤 지 계속 파악하게 되는 일이기도 하잖아요? 그러니까 제가 아는 누군가 가 몇 주 전쯤 스케이트보드를 타다 부상을 당했다든지, 차 사고가 났는 데 죽지는 않았다든지 그런 포스트요. 그런 얘기는 정말 궁금한 건 아니 지만 계속 업데이트할 만한 일이죠." 나는 이런 말을 아무렇지도 않게 술 술 말하는 이안의 냉정함에 할 말을 잃는다.

소셜미디어의 관음증적인 특징에 대해 세세히 설명하던 이안이, 최 고의 관음증은 익명 사이트에서 찾을 수 있다고 말한다. "제 육욕을 가 장 잘 채울 수 있는 따끈따끈한 사이트는 뭐니 뭐니 해도 페이스북에 있 는 우리 학교 시크릿 페이지랑 또 다른 익명 페이지예요." 이안이 말한 다. "매번 가보면 완전 신랄한 얘기랑 누군가 올린 이러저러한 비밀들 을 엿볼 수 있거든요. 물론 글쓴이는 익명으로 처리되지만 사람들이 서 로 논쟁하는 걸 따라가다 보면 누가 누군지 대충 짐작이 가요. 실제 아는 사람인 경우도 있고, 다른 포스트까지 찾아보면 그 사람의 생각에서 어 떤 경향을 발견할 수 있거든요. 그리고 서로 못 잡아먹어서 으르렁대는 댓글 중에 그 사람을 드러내는 핵심적인 글을 찍어내는 거죠. 이런 식이 에요. '오우, 이 여자애 완전 짜증 나네. 좋아, 어디 보자. 너 여기서 갈기 갈기 찢겨 봐라.' 아니면, '아, 얘가 이런 말로 한 방 먹였네. 근데 가만있 어 보자. 다음 번 댓글을 보면—오키! 브라보! 바로 복수당했네. 쌤통이 다.'" 이렇게 말하고는 바로 덧붙인다. "제 말은, 사람들이 공개 토론을 몰상식과 착각하는 것 같아요." 하지만 그런 몰상식한 행동들을 보면서 가장 큰 기쁨을 느끼는 건 이안 자신임에 틀림없어 보인다.

익약의 문제에 대해 이안은 이런 관점을 피력한다. "익약은 최악의 공통분모에 영합하는 경향이 있어요." "거기서 좋은 글을 볼 때도 있지 만 정말 짜증 날 만큼 쓰레기 같은 글들도 있죠." 그가 말한다. "그런 어이없는 드라마에는 발을 붙이지 않는 게 상책이에요. ○○대학[이안이 언급한 특정 학교의 집단명은 익명 처리함]이 익약에서 거론됐을 때, 관련된 글을 다 읽고 나니 세상에, 정말 담배라도 한 대 피고 싶더라고요! 정말 대박이었어요! 완전 웃긴 거예요. 정말 비열하고 못됐더라고요! 근데 다들 흥미 있어 하는 그런 얘기들이 전부 익명으로 처리되는 거죠."

이 주제에 대해 대화가 계속될수록 이안의 말투는 거의 광기가 느껴질 정도로 활기를 띠고 표정에도 흥분감이 역력하다. 그의 두 눈은 이 모든 상황에 대한 스릴로 번뜩인다. 나는 이안도 이런 익명의 피드에 참여한 적이 있는지 묻는다. "그럼요. 물론 아주 솔직한 얘기나 논란을 일으킬 만한 얘기는 절대 안 해요." 그가 말한다. "그런 말로 사람들에게 상처를 줄 수 있다는 걸 알거든요." 이안 자신은 누군가에게 상처를 주는 글은 올린 적이 없다고 말하지만 다른 누군가가 그렇게 하는 모습을 감상하며 즐긴다. "근데 보는 건 정말 재밌어요." 그가 말한다. "어느 순간 피 튀기는 혈전으로 확대되는 지점이 있거든요. 말하자면 '헐, 이건 아니잖아. 너무 심하지!' 이런 순간이 있어요. 분명 도를 넘는 사람들이 있으니까요. 근데 또 어떤 문제에 대해서는 자비의 원칙에 호소해야 할 때도 있고요." 이안에게 다른 사람을 위해 직접 자비에 호소한 적이 있었는지 묻자 그는 아니라고 답한다. 이런 측면에서 익약에는 자정 기능도 있다. 선을 넘는 글들은 결국 피드의 맨 아래로 내려가면서 사람들의 시야에서 사라지기 때문이다. 이안은 그것만으로도 충분한 자비라고 느낀다.

이렇게 외치는 사람도 있을 것이다. 우리 모두 다 조금은 이안 같은 면이 있지 않나? 그를 비판하는 게 과연 정당한가? 우리도 누군가 소셜미디어에서 스스로 바보짓을 하거나 부지불식간에 자신의 인성(오만함, 자부심, 무지함 등)을 드러내는 사소한 실수를 할 때 소셜미디어를 찾는 즐거움을 느낄 때가 있다. 대학생이든 아니든 소셜미디어를 하고 있다면 대부분 그런 사람 한 명쯤은 알고 있을 것이다. 스스로 비극을 자초하는 이들 말이다. 하는 말마다 과장이 심하고, 늘 우쭐대고, 자기인식도 너무 부족해서 그들은 결국 엉망진창이 되고 만다.

하지만 차이는 있다는 게 내 생각이다.

이안은 다른 이들의 굴욕감에서 즐거움을 느끼는 방식이 특히 잔인하다는 점에서 내가 인터뷰했던 학생들 중 단연 눈에 띄었다. 그는 다른 이들의 실수담을 연이어 말할 때마다 거기서 느끼는 희열을 제대로 감추지 못했다. 실제로 인터넷 트롤인 잭과 달리, 이안에게는 트롤 행위가 남에게 해를 끼칠 수 있다는 사실을 반추할 만한 자기인식과 자기비판 능력이 없었다. 이안은 다른 사람들의 고통에서 얻는 기쁨을 스스로 정당화할 뿐이며 이런 자신의 태도가 정상적이라고 여긴다.

물론 맞는 말일 수도 있다. 내가 인터뷰했던 학생들 대다수는 그런 사실을 능숙하게 감췄는지도 모른다. 하지만 내 생각은 다르다. 젊은이들이 소셜미디어를 통해 재밌는 가십거리를 분명 즐길 때도 있지만, 그중 절대 다수는 다른 이들에게 공감하고, 적어도 소셜미디어에서 실수를 하거나 고충을 겪은 사람들에게 연민을 느낄 정도로 삶의 경험을 쌓아왔다. 미시간대학교에서 사라 콘라스(Sarah Konrath)와 에드워드 오브라이언(Edward O'Brien), 그리고 코트니 싱(Courtney Hsing)이 수행한 유명한 연구 결과를 보면 기술이 발전하면서 우리의, 그중에서도 특히 젊은 세대(40퍼센트 가까이)의 공감능력이 떨어지고 있다고 하지만, 내가 인터뷰한 학생들은 공감능력이 떨어지거나 감수성이 부족한 것 같지 않았다.[4] 물론 온라인에서 완벽한 자신의 모습을 능수능란하게 연출하는 그들의 모습에서는 공감능력이 잘 느껴지지 않을 수도 있겠지만, 개인적으로 만난 젊은 이들은 남학생이든, 여성이든 모두 개방적이고 그 어느 세대보다 감성적이었으며, 지나친 겉치레와 위장의 무게에 힘겨워하고 있었다.

하지만 이안에게는 공감능력이라는 유전자가 없는 것 같았다. 뛰어난 수학적 재능을 갖고 있고 좋은 아빠가 되겠다는 꿈도 있으며 미니 전동레일을 아끼지만, 역설적으로, 폭력이나 따돌림을 당하는 어린 학생들에게 나타나는 징후들을 어떻게 발견하고 어떻게 대응하는지를 배우고 있는 이안에게 정작 타인에 대한 연민은 없는 것이다.

얼마나 두꺼운 낯짝이 필요한 걸까?

진정한 의미의 사이버 폭력이 흔한 일은 아닌 것 같다.[5] 실제로 괴롭힘을 당한 젊은이를 찾기 어려웠기 때문이다. 그런 일이 흔하든 아니든, 우리가 속한 사회에서 사이버 폭력을 걱정해야 할 이유는 분명하다. 너무나 잔인한 방식으로 끊임없이 괴롭힘을 당한 십 대 청소년들의 극단적인 이야기를 들어보면, 굴욕감을 참아낼 방법을 찾지 못한 아이들은 결국 자살을 생각한다. 따라서 그런 사례가 흔치 않다는 건 중요한 문제가 아니다. 어떤 청소년, 혹은 청년이든 그런 공포와 수치심, 잔인함, 그리고 또래 친구들에 의한 철저한 배척을 참아야 한다는 건 있을 수 없다. 그런 일은 참아서는 안 된다. 더 이상 왈가왈부할 문제가 아니다.

노라라는 학생은 자신과 여동생이 중학교 때 당한 온라인 폭력에 대해 말한다. 지금은 대학이라는 울타리에서 안전거리를 두고 있지만 그녀는 아직도 다른 어린 학생들을 많이 걱정한다. "저에 대한 모든 게 부정적이었어요. 외모나 옷차림에 대해서도 혐오스런 표현을 하고, 뭐 말도 못했죠." 그녀는 이제 그때의 일들을 객관적으로 말할 수 있게 됐다. 그러나 직접 그런 일을 당한 노라는 사이버 폭력에 대한 얘기를 접할 때마다 분노한다. "그런 일을 겪고 있는 사람을 만났을 때 제가 가장 먼저 해주는 말은 절대 일을 키우지 말고, 누군가에게 알리라는 거예요. 반드시 그래야 해요." 노라는 자신과 여동생이 사이버 폭력의 목표가 된 이유는 우울하거나 슬픈 일이 있을 때 그런 내용을 포스팅했기 때문이라고 한다. '소셜미디어에서는 부정적이면 안 되고, 긍정적이어야 한다'는 사실을 그들은 비싼 값을 치르고 배울 수 있었다. 어떤 식으로든 나약함을 보이면 누군가의 먹잇감이 될 수 있다.

　이 문제를 많은 학생과 얘기한 후 느낀 점은 폭력이란 많은 측면에서 보는 이의 관점에 따라 다르다는 점이다. 어떤 청년들은 누군가에게 못된 짓을 당할지라도 마음이 더 단단하기 때문에 그저 없던 일로 털어낸다. 어떤 사람에게는 심각한 폭력으로 느껴지는 일이 또 다른 사람에게는 가볍게 털어낼 만한 일이 되는 것이다. 무엇이 실제 폭력인지는 피해자가 그 일을 어떻게 받아들이냐에 어느 정도 달려 있다는 점에 학생들도 동의하는 것 같았다. 민감한 사람이나 소셜미디어에서 자신의 나약함과 감정을—그게 슬픔이든 끝없는 욕망이든—드러낸 사람들은 다른 사람들로부터 폭력이나 괴롭힘, 또 비열한 대우를 받을 위험이 훨씬 높아진다. 어린 청소년들(중학생들)이 성인보다 괴롭힘을 훨씬 더 쉽게 당한다는 사실을 대부분의 사람이 인정하는 것에서 알 수 있듯, 소셜미디어에서 성장한다는 것은 어떤 의미로는 온라인 세상의 이런저런 일들을 견뎌낼 만큼 낯짝이 두꺼워지는 걸 말한다. 거의 일류 보편적 만트라(진리의 말)가 된, 소셜미디어에서는 행복한 모습만을 보여야 한다는 원칙은 나약함 때문에 괴롭힘의 대상이 될 수 있다는 사실을 확인하면서 더 수긍이 간다. 당신의 모습이 늘 남들의 호기심 어린 시선 아래 놓일 때 발생할 수 있는 위험으로부터 당신을 보호할 수 있는 방어책은 바로 늘 행복한 모습을 보여주는 것이다.

　그러나 소셜미디어에서 자신을 지키는 방법을 오래전에 배운 대학생들조차도 비열함과 잔인함을 드러내는 포스트를 볼 때면 여전히 놀라움을 느끼곤 한다. 무엇을 올리든 관객의 면밀한 시선을 피해가기 어렵다는 사실을 다들 알고 있지만, 때로는 그런 시선이 예기치 않은 폭력적 방식으로 나타난다. 그리고 이런 현상은 주로 익약이나 레딧 같은 익명 포럼에서 더 강하게 나타난다.

마리아는 다른 또래 친구들과 마찬가지로 온라인에서 누구든 겪을 수 있는 잔인함의 수준은 '그 소셜 플랫폼에 달려 있다'고 믿는다. 레딧 (Reddit)과 포챈(4chan) 같은 플랫폼에서 확인할 수 있듯 말이다. 포챈은 아예 들어갈 생각을 말라고 경고한다. "정말 끔찍해요"라는 게 그녀의 표현이다. "익명성이 철저히 보장되다 보니 사악함으로 가득해요. 반면에 페이스북에는 포스트에 이름이 따라붙으니까 그 사람이 하는 말이 그 사람 자체가 되고, 그 사람이 올린 포스트도 어느 정도는 그 사람을 대변하게 되죠. 근데 아까 말한 사이트들에서는 무슨 말이든 상관없어요. 원하는 건 다 말할 수 있어요." 마리아는 레딧 같은 사이트들이 갖고 있는 랭킹 체계에 대해서도 설명한다. 그런 사이트의 랭킹 체계는 그 순간에 가장 인기 있는 포스트를 사람들이 가장 먼저 확인할 수 있게 해준다. 사용자들은 사이트에 올라온 모든 포스트에 대해 '업보트'나 '다운보트'를 할 수 있다. 업보트가 많이 달리면 일반 홈페이지나 주제별 홈페이지의 최상단에 오른다. 하지만 그 포스트에 사람들이 그다지 주목하지 않으면 페이지 맨 아래로 내려감으로써 사람들의 레이더망 밖으로 완전히 사라진다. 대개 가장 인기 있는 포스트들은 뭔가 비열한 구석이 있다고 마리아는 말한다. 그녀는 그런 현실에 '낙담한다'.

마리아는 레딧에서 아주 '성공적'인 포스트를 올린 적이 있었다. 문제는 처음 올렸을 때는 반응이 좋았는데 그다음부터 한없이 아래로만 내려갔다는 점이다. 그녀가 올린 건 핼러윈 복장을 한 자신의 사진이었다. "제가 직접 만든 옷이라 꽤 만족스러웠거든요. 그때는 레딧을 많이 하던

274

때가 아니었어요." 그녀가 말한다. "그저 인터넷에서 뜨는 사이트는 이 것저것 다 시험 삼아 드나들던 때였는데, 처음에는 사진에 대한 반응이 아주 좋더라고요. 그래서 문제가 있다는 생각은 전혀 하지 않았어요. 그 냥 핼러윈 사진이었고 수천 명에게 업보트도 받았거든요. 레딧은 업보트 대 다운보트 비율도 알려주는데 그걸로 네트 점수가 산정돼요. 제 네트 점수가 얼마였는지는 사실 기억도 안 나요. 근데 업보트와 다운보트 숫 자가 거의 동일하더라고요." 이론상 다운보트는 그 포스트를 더 이상 신 경 쓰지 않아도 되는 아래쪽으로 떠밀어 보내는 역할을 한다. 말하자면 "이 포스트는 더 이상 사람들이 안 보는 게 나아." 같은 의미라고 마리아 는 설명한다. "반면 업보트는 '레딧 안에서 더 많은 사람들이 볼 만한 포 스트'로 인정받는 거예요. 아주 많은 사람이 그 포스트를 확인한 후 좋아 해야 가능한 일인 것 같더라고요. 어쨌든 올린 사람은 레딧 플랫폼에서 점점 유명해져요."

하지만 마리아의 포스트가 보트를 많이 받을수록 상황은 오히려 꼬 이고 고약해졌다. "사진 속에서 저는 가발을 쓰고 페이스페인팅을 하고 있었거든요." 그녀는 자신의 핼러윈 분장을 자세히 묘사한다. "제가 볼 때는 잘못된 건 하나도 없었어요. 근데 사람들이 이런 식으로 말하는 거 예요. '뚱땡이' 아니면, '너희 집 거울은 안 닦냐?'" 마리아의 사진은 집 욕실에서 찍은 것이어서 우연히 변기와 비데가 같이 찍혀 있었다. "이런 말도 있었어요. '부자네! 뭘 해먹고 사는데 그렇게 부자야? 변기가 두 개 잖아!' 그때 제 기분은, '뭐래?!' 사람들은 일부러 다운보트를 유도하듯이 제 사진을 조목조목 비판했어요. 기분이 정말 이상해지더라고요." 그녀 는 고개를 절레절레 흔들면서 허탈하게 웃는다.

마리아는 인터넷에 뭔가를 포스팅하면 이런 일은 늘 일어난다는 듯, 자신의 경험은 아무것도 아니라는 표정을 짓는다. 자신을 어떤 식으로든 드러내기로 결정한 이상, 그 의도가 얼마나 순수하든 아니든 그 결과 또한 감내할 준비가 돼 있어야 한다. 이야기를 들려주는 마리아는 자주 웃음을 터뜨리고 눈동자도 흔들린다. 그녀가 그때의 레딧 사건으로 상처를 받았다는 것만은 역력하다. 애써 아무렇지도 않은 척하지만 특히 '뚱뚱하다'는 말에 상처를 받은 것 같다. 마리아는 레딧에 올린 포스트로 교훈을 얻은 후 가장 악의 없는 사진도 절대 안전하지 않은 레딧에 다시 포스팅할 일은 당분간 없을 거라고 내게 말한다. "강아지가 처음으로 생겼을 때 그 아이 사진을 올린 적이 있었는데, 사람들이 그 사진에도 다운보트를 하더라고요! 그냥 강아진 사진을요! 강아지 사진에 누가 다운보트를 하겠어요?!" 마리아는 두 눈을 크게 뜨더니 웃는다. "바로 사람들이요!" 그녀는 다시 고개를 내저으며 덧붙인다.

이제 젊은이들은 소셜미디어 속 비열함을 어느 정도는 기대하고 인정하게 됐다. 또 어느 정도는 참고 대수롭지 않게 여긴다. 조롱과 괴롭힘, 가끔씩 듣는 잔인한 말은 — 낯선 사람이든 '친구'에게든 — 소셜미디어의 일부가 됐다. 한 여학생은 트위터에서 '걸레'라는 말을 반복적으로 들었다고 한다. 어떤 사람들은 그런 말을 폭력이라고 느끼겠지만, 그녀는 그 정도의 부당함은 자신이 소셜미디어를 시작한 대가일 뿐이라고 치부했다. 자신이 괴롭힘을 당했다고 여기지 않고, 그 경험을 완전히 무시해버렸다.

괴롭힘은 그것을 당하는 사람의 시각에 달려 있다는 말은 사실인 것 같다.

낯짝이 두꺼운 사람들이 두껍지 않은 사람들보다 소셜미디어에서 더 잘 적응해나간다. 하지만 소셜미디어에서 살아남기 위해 과연 우리 아이들의 낯짝은 얼마나 더 두꺼워져야 할까? 스스로의 힘으로 자신을 늘 지켜야 한다는 인식은 얼마나 건강한 것일까? 이런 태도가 젊은이들의 자기인식에는 어떤 영향을 줄까? 아니면 다른 사람에 대한 그들의 인식에는? 이렇게 두꺼운 낯짝이 필요한 사람은 또 없을까?

다시 한 번, 대학생들이 두 극단 사이에서 살고 있다는 것을 느낀다. 그들 대부분은 힘이 닿는 한 행복하게 보이고 긍정적인 감정만 표출하기 위해 모든 걸 다 바친다. 이는 자신의 나약함을 감추는 방법이자, 자신의 이미지를 관리하고 향후 원하는 직장을 얻기 위해 스스로를 보호하는 방편이다. 그리고 이안과 잭 같은 다른 소수가 있다. 이들은 눈에 띄는 포스트마다 칼로 콕콕 찍어댄다. 적어도 이안의 경우는 다른 이들의 절망과 수치심을 보면서 엄청난 희열을 느낀다. 주위에 이안과 잭 같은 친구들이 있다면, 나머지 학생들이 스스로 나약하게 보이지 않으려고 안간힘을 쓰지 않을 이유가 있을까? 아니면 적어도 온라인에서 자신의 그런 모습을 드러내지 않으려 애쓰지 않을 이유가 있을까?

가해학생들에 대해 이해할 수 없는 점은, 그들이 자신의 취약성은 인정하지 않는 것 같다는 점이다. 이대로 계속 간다면 그들도 자신의 행동 때문에 어느 순간 곤란한 상황에 처하리라는 것을 모르는 것 같다. 학생들은 자신이 취약하다는 것을 아주 잘 인식하고 있어서 자신을 지키는 방식으로 행복한 겉모습을 보이기 위해 부단히 노력하거나, 아니면 자신이 세상에 몇 안 되는 천하무적이라는 근거 없는 자신감 속에서 선동적인 포스팅 활동을 함으로써 자신도 취약해질 수 있다는 사실을 잊는 두 부류로 나뉜다.

소셜미디어 속 대화에는—실명이 붙는 플랫폼이든 익명의 플랫폼이든—뉘앙스가 부족하다. 소셜미디어 속 감정에도 뉘앙스가 부족하다. 내가 직접 인터뷰했거나 설문조사를 수행한 학생들이 실제 삶에서 비판적 뉘앙스나 감정적 뉘앙스가 부족할 것으로 생각되진 않지만 그들도 온라인에서는 극단성을 배워나간다. 이런 현실이 장기적으로는 비판적 사고와 감정에 있어서 미묘한 차이를 감지할 수 있는 능력에 어떤 영향을 미칠지 걱정하고 관심을 가져야 한다.

노라와의 인터뷰가 끝날 때쯤, 그녀는 깊은 한숨을 몰아쉬며 마지막으로 이렇게 말한다. "할 수만 있다면, 이 세상에서 괴롭힘을 당하고 있는 아이들을 전부 한 명씩 꼭 안아주고 싶어요."

🔍 8장 당신 커플도 페이스북 공개를 원하는가? •••

♥ 💬 ✈   🔖

 마크, 공립대학 3학년   그럼요. 제가 여자친구와 함께여서 얼마나 행복한지 세상에 알리고 싶었거든요. 산꼭대기라도 올라가 큰 소리로 사방에 알리고 싶었어요. 그 애가 내 여자라는 걸 세상 남자들도 알아야 하니까요. 제 방식은 그래요.

 한나, 공립대학 2학년   "둘이 같이 앉아서 소셜미디어 포스트들을 하나도 놓치지 않고 꼼꼼하게 확인했어요." 한나가 말한다. "그러고는 '이건 지우자, 이것도 지우자. 그리고 요것도.' 이런 식으로 청소를 해나갔죠. 그래야 우리 둘이 있는 사진들만 남길 수 있으니까요."

 아담
20min • 👥

#사랑에 빠진 청춘(그것도 페이스북에서)!

앞 장에서 셀피에 대해 말했을 때 등장했던 아담을 기억하는가? 예전에는 거울 속 자신의 모습을 좋아하지 않았지만, 여자친구를 만난 후부터 자신의 외모에 대한 인식이 완전히 바뀐 청년이다. 아담 또한 자신의 연애를 야단스럽게 공개하고 있었다.

누군가 아담의 페이스북을 방문한다면 이런 인상을 받게 될 것이라고 한다. "첫째, 제가 여자친구를 사랑한다는 사실이겠죠. 제 프로필 사진을 여자친구 사진으로 했거든요." 물론 다른 것들도 볼 수 있다. 이를테면 아담이 가장 좋아하는 도시라든가, 팬으로 응원하는 미식축구 팀에 대한 포스트들, 또 그가 건축 및 여러 분야에 대해 지적 관심이 많다는 것도 알게 된다. 하지만 주로 보게 되는 것은 아담과 여자친구가 함께 찍은 사진들이다. 그는 자신의 페이스북 페이지를 설명하면서 농담처럼 이렇게 말한다. "저, 여자친구, 저, 여자친구" 다음으로 많이 볼 수 있는 건 강아지 사진이다. 하긴 강아지 사진도 아담과 여자친구, 그리고 강아지가 함께 있는 사진이라며 그는 웃으며 정정한다.

아담과 여자친구는 "페이스북 공개"를 마친 커플이다. 물론 이 말은 그의 상태가 '연애 중'으로 표시돼 있다는 의미다.

"사실 먼저 여자친구에게 물어봤어요." 그가 조금 부끄러운 듯 말한다. "왜 그렇게 결정했는지 정확히는 모르겠는데, 아마 페북에 표시돼 있으면 누군가 저를 사랑한다는 사실을 계속 확인할 수 있기 때문인 것 같아요. 누군가 저를 늘 생각하고 있다는 사실이요. 물론 보여주기 위한 것도 있었고요. 전에는 여자친구가 없었기 때문에 주위에서도 다들 바라고 있었거든요. 그래서 제 상태를 확인한 사람들도 다들 축하한다고 난리였어요."

아담이 페이스북에 연애 사실을 공개한 사건은 그야말로 달콤하고 사랑스러운 데다, 그의 자존감까지 높였다. 그는 소셜미디어에 여자친구와의 관계를 드러냄으로써 자신이 사랑받고 있으며 전에는 한 번도 느껴보지 못한 방식으로, 적어도 로맨틱한 방식으로 누군가에게 보살핌을 받고 있다는 사실을 되새긴다. 아담에게는 이런 온라인 증거가 자신의 경험을 훨씬 더 현실적으로 만든다. 또 페이스북에서 관계를 공개하면 사랑하는 가족과 친구들이 이런 아담의 변화를 함께 축하해줄 수 있는 데다 그들의 축하도 공개된다. 이 모든 경험은 아담의 자존감을 높여주고 공동체 사람들과 더 잘 연결되고 그들의 지원도 받을 수 있다는 점에서 소셜미디어의 강력한 순기능 중 하나라고 할 수 있다.

"그때는 '좋아요'가 60개나 달렸어요." 아담은 연애 덕분에 생긴 변화들을 설명하면서 이렇게 말한다. "'좋아요'를 그렇게 많이 받아본 적은 한 번도 없었거든요." 나는 아담에게 그 많은 '좋아요' 수에 신이 났는지 묻는다. "단순히 '좋아요'보다는 연애를 시작한다는 게 훨씬 더 흥분되죠. '좋아요'는 그냥 덤인 것 같아요." 아담이 여자친구와의 관계를 공개한 건 인터뷰가 있기 9개월 전이었다. 이제 그들은 장시간 페이스북에서 메시지를 주고받고, 서로의 담벼락에 포스트를 올리곤 한다.

그리고 아담은 늘, 자신의 프로필 사진으로 여자친구의 모습을 넣는다.

이성관계를 페이스북에서 공개하는 것은 많은 학생에게 신나는 일이지만, 아담은 그 누구보다 유독 더 행복해 보인다. 물론 연애라는 게 보통은 고뇌에 찬 일은 아니며, 주변 일들이 점점 심각해지기 시작하는 젊은이들에게 생기는 또 다른 과정이라고 볼 수 있다. 내가 인터뷰했던 다른 학생들도 아담처럼 커플 사진을 프로필 사진으로 올리고 서로의 담벼락에 오글거리는 글들도 게시하면서 자신의 이성관계를 소셜미디어에 공개하는 데 신이 나 있었다. 다만 많은 학생이 이렇게 자신의 연애 상태의 변화를 소셜미디어에 드러내는 데 대해 양면적인 태도를 갖고 있었다—일단 이 이슈에 대해 그다지 깊이 생각하지 않고 그냥 사실을 공개하는 사람들이 많았다. 다른 이들도 그렇게 하기 때문이다. 또한 그 말은 이 일이 많은 사람에게 그다지 중요한 문제가 아니라는 뜻도 된다. 주변 친구들도 지금의 애인뿐 아니라 예전 애인도 그렇게 공개해왔기 때문이다.

그러나 보통은 많은 사람이 남들의 가족 및 결혼/연애 상태의 변화에 관심을 갖고 있고, 남들의 프로필 사진에 갑자기 애인의 모습이 올라오는지 유심히 살핀다. 많은 학생이 인터뷰에서 자신의 관계를 '연애 중'으로 바꾸거나 사진으로 '우리는 공식 커플'임을 공개했을 때 페이스북에서 '좋아요'를 가장 많이 받았다고 증언했다.

다른 청년도 인터뷰에서 여자친구와의 관계를 페이스북에서 공식화한 경험을 들려준다. 짧게 언급했지만 거기서 느껴지는 흥분감은 아담과다를 게 없다. 그가 인터뷰 초반에 여자친구 얘기를 꺼낸 적이 있어서, 나는 커플 관계를 페이스북에 공개했는지 묻는다.

"네." 그가 말한다. "그럼요. 여자친구와 함께여서 얼마나 행복한지세상에 알리고 싶었거든요. 산꼭대기라도 올라가 큰 소리로 사방에 알리고 싶었어요. 그 애가 내 여자라는 걸 세상 남자들도 다 알아야 하니까요. 제 방식은 그래요." 그는 이 대목에서 웃는다. "내 여자친구랑 얽히면 나랑도 얽힌다. 뭐 그런 의도도 있겠죠?" 누군가와 연애를 시작하면 다들 페이스북에 공개했는지 여부를 묻는다고 한다. "'페북 공개는 했어?'라는 질문을 늘 받아요. 페북에서 공개했어?" 그는 이 말을 반복한다. "페북에도 올렸어?"

남서부 복음주의 기독교대학에 다니는 제이크도 페이스북에 연애관계를 공개하는 게 얼마나 일반적이고 중요한지 꽤 오랫동안 설파한다. "저는 외국에서 여자친구를 만나 데이트를 시작했거든요. 금방 특별한관계가 됐고, 그래서 사귀기로 했어요." 여기서 제이크는 현실—페이스북과 반대되는 개념으로—에서 보통 이성관계가 어떻게 진전됐는지에대해 들려준다. "늘 그런 시점이 오거든요. '페이스북에 공개하기 전에친구들에게 먼저 빨리 알려야 해.'" 잭의 말이 이어진다. "어떻게 보면 우리 사회가 페이스북을 일종의 공식 기관으로 정한 것 같아요. 예를 들어어떤 커플이 약혼을 하면 그 사실을 페이스북에 알리는데, 이젠 다들 페이스북을 하고 페이스북을 통해 어떤 사건을 공식화하는 게 너무 흔하다 보니 '페이스북 공개'란 말도 생긴 거잖아요. 페이스북에서 관계를 공개하면 바로 공식 선언이 되는 거예요."

이전 관계에서는 그렇게 할 수 없었다. 제이크의 전 여자친구는 연애 관계를 공개하지 않았고, 제이크는 그 상황이 불편했다. "전에 사귀었던 전 여자친구는 처음부터 페북 공개를 꺼렸는데, 저는 그게 좀 이상하더라고요. 뭐가 문제지? 계속 그런 생각이 들었어요. 우리 관계를 친구들이 알까 봐 걱정이라도 하는 건가? 남들이 우리 관계를 알든 말든 왜 신경 쓰는 거지?"

제이크는 현재 여자친구와의 관계를 페이스북에 공개할 수 있어서 행복하다. 물론 역기능도 있다. 그중에서도 소셜미디어에 연애를 공개하면, 나중에 관계가 깨졌을 때 그 사실도 공개될 수 있다는 점이 가장 큰 문제다. "공개를 기피하는 사람들은 아마 그 이유 때문일 거예요"라고 제이크는 말한다. 제이크는 그나마 페이스북 프로필에서 연애 상태가 바뀌었을 때 그 사실이 자동으로 뉴스피드에 올라가지 않아서 다행이라고 여긴다. "다시 싱글이 되면 상태를 바꿔야 하는데, 그 사람이 커플 상태였다가 싱글이 됐다는 사실이 게시되진 않거든요"라고 그는 설명한다. "그 사실을 굳이 들어가서 확인하는 사람들만 알 수 있는 거죠. 새로운 연애 관계가 시작됐을 때처럼 큰 광고 효과는 없는 거죠."

그래서 다행이라는 것이다.

학생들은 새로 시작된 연애 관계를 공개하는 것만큼, 그 관계가 깨졌을 때 자신의 상태를 다시 '싱글'로 바꾸는 것에 대해 덤덤한 태도를 보인다. 이 사람 저 사람을 사귀었다 헤어지는 것도 우리 젊은이들이 소셜미디어에서 점점 익숙해지는 측면 중 하나다. 누구에게나 일어나는 일이므로 자신에게 일어났을 때도 평범한 일이 된다. 혼자만 겪는 일이 아니다. 새로운 관계를 공개하면 많은 축하와 갈채와 승인(대개는)을 받고, 관계가 깨지면 대부분 침묵과 조심스러운 반응이 나온다. 사람들은 누군가의 연애가 깨졌을 때 공개적으로 뭔가를 언급하는 건 현명한 방법이 아니라는 것을 알고 있다. 그리고 관객들의 이런 태도는 젊은이들이 연애의 종말은 공개되지 않는 편이 더 안전하다는 인식을 갖게 한다. 결국은 다들 알게 될지라도 말이다. 결별을 '숨기는' 것은 행복함과 완벽함이라는 포장을 유지하는 또 다른 방법이다.[1]

일반적으로 페이스북 공개는 학생들이 자신의 프로필 옆에 붙이길 원하는 것으로 간주된다.[2] 자신의 이미지를 향상시킬 수 있는 사적 표시이기 때문이다. 이는 모든 이에게 "누군가 나를 사랑하고 특별하다고 여긴다"란 말을 공언하는 것과 같으며, 자신이 '정상적'이며 사회적 낙오자가 아니라는 점을 부각한다. 또한 이는 대부분 사람들이 자신의 하이라이트 영상을 꾸미는 가장 빛나는 소재 중 하나다.

하지만 여기에도 예외는 있다.

에인슬리와 피터: 페이스북은 이별을 더 힘들게 한다

에인슬리는 그녀가 재학 중인 복음주의 기독교대학 재학생이나 다른 학교에서 내가 인터뷰했던 학생들과 좀 다르다. 그녀는 진한 화장에 화려한 액세서리로 온몸을 치장하고 있다. 다정하고 귀여운 스타일이지만, 밸리 걸* 특유의 말투 때문에 간혹 내가 TV 리얼리티 쇼 주인공과 인터뷰를 하는 것 같은 기분이 든다. 나는 곧 그녀가 파티를 좋아하는 침

---

* **Valley Girl** 쇼핑에 관심 많은 부잣집 딸을 일컫는 말.

례교도라는 사실을 알게 된다. 그녀는 페이스북으로 인해 연애 생활에 큰 곤란을 겪기도 했다.

에인슬리는 소셜미디어를 아주 열심히 하는데, 그녀의 연애사는 일찍부터 페이스북에서 잡음을 냈다.

딸의 일에 참견하길 좋아하는 에인슬리의 어머니가 소셜미디어에서 자신의 딸이 누군가와 성관계를 했다는 사실을 발견했기 때문이다. 어느 날 에인슬리는 아무 생각 없이 컴퓨터에 페이스북 페이지를 띄워 놓은 채 외출했고, 그사이 그녀의 어머니가 딸이 페이스북에서 공개적으로 게시한 글뿐 아니라 사적인 메시지들까지 전부 읽게 됐다. "엄마에게 들통 나 버렸어요." 에인슬리는 말한다. "덕분에 학기 내내 집에서 근신했죠." 에인슬리의 부모님은 매우 보수적인 침례교도인데, 딸이 절대 용납할 수 없는 행실을 하고 다녔던 것이다. "섹스, 음주, 마약까지 전부 들켰어요. 엄마가 발견한 사실 중 그 세 개가 가장 충격적이었나 봐요." 그 일이 발생한 후 에인슬리와 부모님 사이는 냉랭해졌고 서로에 대한 신뢰도 무너졌다. 시간이 지난 후 부모님의 노여움은 좀 가라앉았지만 그 사건을 계기로 소셜미디어에 대한 에인슬리의 태도는 달라졌다.

"이제는 뭔가 추악한 것들은 게시하지 않아요." 에인슬리는 내가 거의 모든 학생에게 들은 이 법칙을 언급한다. "욕도 금지, 부정적인 내용도 금지예요. 기업 관계자들이나 나중에 저를 채용할 수 있는 사람들까지, 무수한 사람들이 제 사이트에 와서 그런 내용을 볼 수도 있겠더라고요." 무엇보다 에인슬리는 "슬프거나 우울한 모습은 보이기 싫어요"라고 말한다. 이는 그녀가 누군가와 헤어졌을 때 힘들었다는 말도 된다. 예전에는 트위터에 '슬픈 가사'를 올린 적도 있었지만, 이런 결심을 한 후 재빨리 다 삭제했다. "트윗에는 슬픈 내용은 없었으면 하는 마음이 들더라고요." 그녀가 말한다. "제가 슬프고 나약한 상태라는 걸 남들은 몰랐으면 좋겠어요."

나는 그녀를 힘들게 했던 연애 사실을 온라인에 공개했었는지 묻는다. "그럼요. 페북에 공개했죠"라고 그녀가 말한다. "잘 모르겠지만, 괜히 공개했다는 생각이 들어요. 관계가 깨진 다음 그 애 페이스북에 가보니 연애 중이라는 말이 없어졌더라고요. 그걸 눈으로 확인하니까 왜 그런지 가슴이 너무 아팠어요. 그 애가 우리 관계를 페이스북에서 해제했다는 게 상처가 된 것 같아요." 이 얘기를 하는 에인슬리의 모습은 사교적이면서도 철없는 리얼리티 쇼 주인공에서, 이별 앞에 힘들어하는 평범한 여대생으로 바뀐다. 그동안 두 사람이 연애 관계를 통해 하나씩 엮어왔던 추억들이 다시 하나씩 풀리는 이별 과정이 페이스북에서 공개되는 것을 확인하면서 에인슬리가 어떤 고통을 느꼈을지는 그녀의 표정만 봐도 알 수 있다. 어떤 면에서 보면, 페이스북 이별과 예전 사진들을 내리는(혹은 상대의 태그를 지우는) 작업은 현실에서 이별 후 연인의 물건을 돌려주는 행동과 비슷하다. 단지 차이가 있다면 이제는 그 사실을 당신의 페이스북 친구들까지 다 안다는 점이다.

에인슬리는 사람들이 자신의 결별을 알아챌까 봐 걱정한다. 그것도 많이.

"늘 걱정해온 게 그런 상황이거든요." 그녀가 내게 말한다. "사람들은 그런 광경을 보면서 제가 슬픔에 빠졌다고 생각하겠죠. 또 우리가 헤어진 이유에 대해서도 궁금해하며 질문을 할 텐데 생각만 해도 끔찍했어요. 게다가 남자친구의 상태 변화에 '좋아요'를 누르는 사람이 있을까 봐 걱정도 됐어요. 아시겠지만 그 애 페이스북 프로필에 '싱글'이라고 뜰 텐데, 누가 그 사실을 좋아할지 궁금하잖아요. 어떤 여자애들은 그걸 보고 '좋았어. 이제 홀몸이란 말이지' 하고 좋아할 테니까요. 모든 게 너무 힘들었어요. 그 애 페이지에 끊임없이 들어가서 확인했죠." 이런 과정을 겪으면서 그녀는 스트레스와 슬픔, 질투, 그 밖에도 갖가지 불쾌한 감정에 시달렸다.

그들은 결별 전에도 소셜미디어에 연애 관계를 공개함으로써 갖가지 어려움을 겪어야 했다. "제 남자친구는 통제하려는 성향이 굉장히 강했어요." 에인슬리가 말한다. "제게 고등학교 친구가 한 명 있는데, 남자친구가 그 여자애 때문에 계속 문제에 휘말린다고 가깝게 지내지 말라고 하는 거예요. 그래서 그만 만나겠다고 했어요. 그때는 남자친구한테 너무 빠져 있었거든요. 말은 그렇게 했지만, 그 후에도 여자친구 인스타그램에 들어가서 포스트에 계속 '좋아요'를 달았거든요. 남자친구가 그 사실을 알고는 미친 듯이 화를 내더라고요. 그 일을 계기로 문제가 커졌어요. 남자친구는 제 트위터에서 같이 사귀기 이전부터 제가 올렸던 트윗들을 샅샅이 뒤져보기 시작했어요. 아무 관계도 없는 옛날 옛적에 쓴 트윗까지 들먹이며 제게 뭐라고 하더라고요. 그래서 저도 맞받아쳤죠. '우리가 사귀기도 전의 일이야! 정말 어이가 없다.' 그렇게 저희 관계에는 걷잡을 수 없이 잡음이 커져갔어요." 에인슬리는 남자친구 때문에 어쩔 수 없이 자신의 트위터를 청소해야 했다. 일부 포스트를 삭제하고 남자친구에게 문제가 되지 않는 것들만 남겼다.

이 모든 경험 때문에 에인슬리는 나중에 누군가를 다시 사귄다고 해도 페이스북에 관계를 공개하는 것에 대해 매우 신중한 태도를 갖게 됐다.

"지금으로서는 누구를 다시 사귀어도 그걸 페이스북에 드러내진 않을 거예요. 너무 공개적이니까요. 같이 찍은 사진을 인스타그램에는 포스팅할 수 있어요, 근데 페이스북에 공개해서 모두에게 알리는 건……." 에인슬리의 목소리가 마지막 말을 어떻게 끝맺어야 할지 모르겠다는 듯 작아진다. "모르겠어요. 어차피 제가 선택할 문제죠."

다들 소셜미디어에서 완벽하고 행복하게 보여야 한다는 부담을 느끼는 가운데, 연인과의 이별을 페이스북에서 겪는다는 것은 ― 상태를 '연애 중'에서 '싱글'로 바꾸는 일은 ― 복잡한 문제가 될 수 있다. 이런 변화를 눈에 잘 안 띄게 하는 방법들이 있지만, 그럴 때에도 혹시나 사람들이 알아채지나 않을까 마음을 졸여야 한다. 헤어진 애인과 찍은 사진들을 내릴지 말지 결정하는 일은 고통스러울 뿐 아니라 행복하고 완벽한 겉모습을 유지하는 데에도 문제가 된다. 우울한 시기를 보내고 있을 때 늘 행복한 모습을 보여준다는 것은 힘든 과제가 된다.

고통스런 이별은 일부 사람들이 소셜미디어 계정을 얼마간 ― 드물게는 영원히 ― 폐쇄하는 계기가 된다. 이별의 과정이 생중계되는 상황을 피하기 위해서다.

예를 들어 피터는 여자친구와 헤어진 후 페이스북에서 그녀의 모습을 보면서 큰 고통을 느꼈다고 한다. "힘들었어요." 그가 말한다. "소셜미디어에 새겨넣은 추억들이 너무 많아서 그런 것 같아요. 프로필을 만들고, 거기에 뭔가를 차곡차곡 쌓고, 그 콘텐츠로 자신을 표현하고, 가능한 한 자신의 모습을 진솔하게 보여주려 하잖아요. 게다가 제겐 한동안 여자친구도 있었고요. 페이스북을 훑어보다 몇 달 전 찍은 사진이 눈에 띄는데, 우리가 함께 있는 모습이 있으니까⋯⋯." 그의 목소리가 차츰 잦아들더니 결국 문장을 마치지 못한다. 이제 헤어진 지 몇 달이 지났지만 피터는 여전히 슬픔 속에서 헤어나지 못한다.

그러더니 피터는 페이스북을 그만뒀다고 말한다. 나는 중단한 지 얼마나 됐는지 묻는다. "어젯밤이요. 이런 기분이 들었어요. 이제 됐어. 휴식이 좀 필요해." 피터와 예전 여자친구가 함께 찍은 사진들은 아직도 그곳에 있다. 둘 중 아무도 사진을 내리지 않았기 때문이다. "언제 그런 날이 올지 저도 모르겠네요. 몇 주 후 페이스북에 다시 들어가서, 같이 찍은 사진이랑 여자친구의 태그까지 다 지워버릴 수도 있겠죠." 피터는 계정을 아예 삭제하는 대신에 비활성화했다. 이 둘의 차이는 굉장히 크다. 만약 계정을 삭제하면 그 안에 있던 모든 콘텐츠가 사라지기 때문에 그 전부를 영원히 잃게 된다. 하지만 계정을 비활성화하면 언제든 돌아가서 다시 활성화할 수 있다. "탈퇴하진 않았어요." 그는 말한다. "어떤 사람들과는 페이스북이 없으면 연결이 끊기거든요. 제가 쌓아온 네트워크를 전부 포기할 순 없잖아요. 그래서 페이스북을 비활성화하는 쪽을 택했는데, 탈퇴의 중간 단계 같은 거예요."

나는 피터에게 계정을 비활성화한 후 기분이 어떤지 묻는다.

"걱정할 게 없다는 점만으로도 괜찮은 편이에요. 페이스북에 대해 더 이상 걱정하지 않아도 되니까요." 그가 말한다. "페이스북을 하지 않으니까 지금 이 순간의 삶을 온전하게 즐길 수 있거든요. 물론 소셜미디어 때문에 삶을 즐길 수 없다는 말은 아니에요. 소셜미디어가 주는 즐거움도 많죠. 근데 이유는 모르겠지만 저는 [페이스북이 없을 때] 좀 더 차분해지는 것 같아요. 소셜미디어를 잠시 접었던 적이 있었어요. 여자친구와 헤어진 직후였는데, 그때는 아무리 지루해도 트위터도 확인하지 않았고, 그저 앉아서 잠자코 생각하고 반성하는 데 시간을 보냈어요. 친구들이 트위터에서 떠드는 얘기를 들여다보는 것보다 훨씬 더 건설적인 일이라고 말하는 사람들도 있겠네요."

피터가 자신의 계정을 닫은 건 이번이 처음은 아니지만 두 번 다 여자친구와의 결별이 계기가 됐다. 피터의 경우에는 일들이 순조롭게 흘러가지 않을 때 소셜미디어 활동이 괴롭다. "분명 심리적인 원인일 거예요. 힘든 시간을 보내는 사람들은 그 일에 대해 누군가와 얘기하고 싶어하잖아요. 인간은 보편적으로 다른 사람과의 연결을 갈망하니까요." 피터가 설명한다. "그런 연결감을 컴퓨터 모니터에서 얻을 수는 없거든요. 소셜미디어 속 연결이 고통을 가져다주는 것도 아니지만, 제겐 도움도 안 되는 것 같아요."

피터나 그의 여자친구 모두 이별에 대한 내용을 올린 적은 없다. "다른 사람들이 볼 필요가 없으니까요." 그가 말한다. "사생활이고 다른 이들이 상관할 문제가 아니죠. 다른 사람들에게도 혹독한 일이겠지만 힘들고 아픈 시기를 통과하고 있다고 할지라도, 소셜미디어에 그런 걸 표현하면 안 돼요. 적당한 상대를 찾아서 직접 털어놓고 현실적으로 다뤄야 해요. 소셜미디어는 소셜미디어고, 현실은 현실이니까요."

에디슨과 타라: 커밍아웃하다

에디슨이 방에 들어오는 순간, 앞으로 생기 넘치는 대화가 시작되리란 느낌이 든다. 만면에 웃음을 머금은 그는 옷차림에도 흠 잡을 데가 없다—대학생으로서는 상당히 눈에 띄는 스타일이다. 핑크색과 흰색 줄무늬 패턴의 옥스포츠 셔츠에 트위드 재킷을 걸쳤고, 목에는 멋진 나비넥타이에 최신 유행의 안경까지 쓰고 있다. 에디슨은 아프리카계 미국인으로 동성애자다. 하지만 내가 인터뷰 초반에 그에게 성적 성향을 물었을 때에는(인구 통계적 정보를 위해) 이렇게 대답한다. "현재는 중간에 걸쳐있어요."

나중에 나는 그 말에 대해 좀 더 설명해달라고 묻는다.

"남자를 좋아한다는 건 이미 알고 있었어요. 근데 집에 돌아가면……." 에디슨은 이 지점에서 잠시 뭔가를 생각하듯 말을 멈췄다 다시 잇는다. "어머니는 제가 이 학교 학생이라는 걸 자랑스러워하세요. 저도여기 있는 게 좋고요. 제가 여자를 만나 자식을 낳으면 더 행복해하시겠죠. 그래서 제 정체성을 정식으로 말씀드릴 방법을 찾아왔어요. 저는 오랫동안 저보다는 제 가족의 행복을 위해 살아왔고, 그래서 힘들었어요.

근데 여기서는 제가 뭘 원하는지, 삶에서 뭘 꿈꾸는지 알아요. 자식 같은 건 갖고 싶지 않지만, 집에 가면 어머니는 이런 말을 하세요. '결혼은 언제 할 거니? 아이는 또 언제 낳을 거고?' 어쩌고저쩌고. 그러면 저는 결혼 생각이 없고 아이 생각도 없다고 대답해요. 그냥 개나 키우면서 살 거라고요. 정말 그렇게 살 작정이거든요. 그런 삶이 더 행복하니까요. 하지만 그래 봤자 소용이 없어서, 요즘엔 더 좋은 방법을 찾고 있는 중이에요."

에디슨은 기독교를 믿는 대가족 출신인데, 이 점도 문제의 일부 원인이 된다. 그의 어머니는 동성애자는 '있을 수 없다'고 여긴다. 교회에서 용납하지 않는 일이기 때문이다. 에디슨과 어머니는 아주 가까운 사이임에도 아직 아들이 게이라는 사실을 모른다. 그런 점에서 에디슨이 집에서 멀리 떨어진 학교에 다니는 것은 매우 다행스런 일이다. 자신의 모습 그대로 생활할 수 있는 자유가 부여되기 때문이다. 그럼에도 그는 늘 어머니를 그리워하며 고향에 가는 것도 좋아한다. "전 고향에서도 행복해요. 원래 있던 곳이라 편안하니까요."

어머니에게 자신의 정체성을 밝히지 않은 탓에, 에디슨의 소셜미디어 생활은, 특히 페이스북에서 좀 복잡해졌다. 다른 가족을 비롯해 어머니와 페이스북 친구이기 때문이다. 사실 에디슨이 페이스북에서 어머니와 친구를 맺었을 때 ─ 어머니의 요청 때문이었다 ─ 그는 향후 구직 문제와 상관없이 페이스북 청소를 단행했다.

"대학 생활을 위해 집을 떠날 때, 어머니가 페북 친구를 맺자고 하셨어요. 그때는 친구가 아니었거든요." 그가 말한다. "멀리서도 제 생활을 계속 살펴보고 싶으셨겠죠. 떠나기 바로 전날 밤 그러셨어요. '아들, 이제부터는 나랑 페이스북에서 친구하자.' 그래서 페북에서 어머니가 보시면 안 되는 것들은 다 치웠어요. 더 어렸을 때 관계와 관련된 것들도 포스팅했었거든요. 제가 좋아했던 남자애에 대한 내용도 있었고요. 페북에 메모지 같은 공간이 있는데 — 여전히 그게 있는지는 모르겠지만 — 뭔가를 기록하면 누구나 그 글을 볼 수 있어서 거기다 시라든지 그 남자애를 향한 글을 올리곤 했었어요. 그 아이는 자기 얘기인지도 몰랐겠지만, 저로서는 굉장히 용기를 낸 행동이었죠. 부정적인 내용은 없었어요. '네가 싫어. 넌 구제불능이야.' 같은 글은 써본 적이 없으니까요. 그보다는 사랑을 표현하거나, 긍정적인 내용이었죠. 말하자면, 제 관계에 대한 포스트를 올렸던 적도 있었다는 거죠. 근데 어머니와 친구가 되면서, 그래, 이제 때가 됐구나." 에디슨의 말끝이 흐려진다.

"무슨 때가 됐다는 건가요?" 내가 묻는다.

"전 그런 포스트만 숨겼다고 생각했는데, 더 이상 그 기능을 찾을 수가 없어서 삭제해버린 게 됐어요"라고 그는 말한다.

에디슨의 소셜미디어 로맨스는 그렇게 끝났다. 현재 페이스북 속 그의 모습은 처음 계정을 만들었을 때와 좀 다르다. "이제는 좀 더 전문적인 모습을 강조하고 있어요." 그가 말한다. "지금은 누구와 사귀고 헤어지는 얘기 대신, 제가 경력 측면에서 어떤 준비를 하고 있는지 확인하실 수 있을 거예요." 에디슨에게 누군가를 좋아한다거나 사귄다는 사실을 포스팅한 적이 있는지 묻자, 그의 두 눈이 휘둥그레진다. "아뇨. 절대요." 그가 말한다. "누군가와 사귄다든지 하는 것들은 사적인 일로만 남기려고 굉장히 신경 쓰는 편이에요. 저만 알고 있죠. 그런 일을 공개하면 누군가의, 아니 모든 사람의 주장과 해석에 맡겨지잖아요. 제 첫 번째 목적은 제 가족을 행복하게 만드는 일이거든요. 근데 '맞아. 난 남자랑 사귀고 있어'같이 아주 개인적인 일을 페이스북에 올린다면 오히려 진실이 아닌 것처럼 느껴지거든요. 설사 사람들에게 알린다고 해도 절대 페이스북에는 올리지 않을 거예요."

　에디슨의 말을 들을수록 더 분명해지는 사실은, 누군가에게 직접 커밍아웃을 하는 대신 연애 관련 프라이버시에 대한 고민을 소셜미디어에 충동적으로 포스팅함으로써 소셜미디어에서 커밍아웃하는 사태와 관련돼 있는 것 같다. 그는 자신이 동성애자라는 사실을 아직 모르는 소중한 사람들이 페이스북을 통해 그 사실을 알게 되는 것을 바라지 않는다. 또 자신에게 새로운 연인이 생겼다는 것을 소셜미디어에 공개하는 것도 원하지 않는다. 물론 연애 상대를 찾는다는 느낌의 포스트도 올리지 않을 것이다. 그런 포스트는 다른 사람들에게 주관적으로 해석(잘못 해석)될 수 있기 때문이다. "사람들에게 거짓 희망을 안겨주긴 싫어요." 에디슨은 어머니에게 자신이 여자친구를 찾고 있다는 오해를 불러일으키고 싶지 않다. "제가 '연애하고 싶어.' 같은 글을 올리면 제 페이스북 친구들 중 절반은 '아, 쟤가 남자친구를 찾고 있구나'라고 이해하겠지만 나머지 절반은, 물론 그 안에는 저희 가족도 포함되겠지만 이렇게 생각할 거예요. '오, 드디어 멋진 여자친구에게 정착하고 싶어 하는구나.' 그래서 차라리 그런 상황 자체를 피하고 싶어요."

　에디슨에게 자신의 그런 모습을 소셜미디어에서 솔직하게 드러내지 못하는 상황이 슬프지 않냐고 묻자 이렇게 대답한다. "글쎄요. 아니요. 그게 슬픈 일은 아니죠." 그가 말한다. "그리고 이제는 구직 같은 문제에 있어서 소셜미디어의 영향이 가장 크기 때문에, 그런 개인적인 특징을 절대 드러내지 않는 게 더 중요해요. 동성애자라는 사실이 구직에 문제가 되진 않겠지만, 누군가에게 전해줄 제 첫 번째 정보가 동성애자가 되는 건 싫거든요. 모르겠네요……." 이 말을 하는 에디슨의 목소리가 작아진다. 다시 이야기를 시작했을 때, 그는 자주 말을 중단하거나 머뭇거린다. "사람들에게 저란 사람을 그렇게 알리고 싶진 않아요. 저란 사람 전체가 그렇게 규정되는 것 말이에요. 선생님이 어떤 남자와 만났는데 이런저런 정보를 얻게 된다면 그 남자는 그런 점들로 규정되는 거잖아요……. 물론 게이로서의 자긍심은 있어요……. 근데 늘 게이, 게이, 게이, 게이. 게다가 사람들은 대부분 게이가 직장에 부정적인 영향을 미친다거나 안 좋은 쪽으로 생각하죠. 그래서 제 사생활은 사생활로만 남겨두려는 거예요."

에디슨의 이야기가 이어지면서 새로운 사실들이 드러난다. 그는 소셜미디어를 통해 커밍아웃을 하고 그 사실이 영원히 기록으로 남으면 나중에 자신의 구직활동에 문제가 될 수 있다고 여긴다. 동성애자라는 사실은 분명 에디슨이 자신의 하이라이트 영상에 포함시키려는 요소는 아니다. 소셜미디어에 로맨틱한 관계를 밝히는 게 많은 사람에게는 아무렇지도 않은 일이지만, 에디슨에게 그런 일은 오직 같은 동성애자 사이에서만 유효하다. 에디슨에게 자신이 게이임을 인정한다는 것은 '극단적'인 일에 속한다.

"다른 사람들 시각에서 보자면 극단적인 일이죠"라고 말한다. "꼭 제 견해가 그렇다는 게 아니라 다른 사람들이 그렇게 본다는 얘기예요. 저희 어머니라면 이렇게 말하시겠죠. '그렇다 쳐도, 나는 인정할 수 없어. 그걸 페이스북에 올려서 만천하에 공개하는 극단적인 짓을 할 필요도 없었고.' 그런 점에서 보면 큰일이 맞아요. 사람들은 자신이 보고 싶은 쪽으로만 보니까요. 많은 사람들이 그 일을 대단한 이슈로 만들 거예요. 저는 큰일이 아니라고 여기지만, 다른 사람들이 그걸 극단적인 사실로 해석하니까요."

그럼, 그의 어머니는 그 사실을 극단적으로 받아들일까?

"그럴 거예요." 그가 동의한다. "저희 어머니는 폭발하실 거예요."

나는 에디슨에게 그럼에도 불구하고 언젠가는 페이스북에서 커밍아웃할 마음이 있는지 묻는다.

그는 딱 잘라 말한다. "아니요." 동시에 입에서 한숨이 새어 나온다. "지금으로선 어머니가 그 사실을 받아들일 수 있는 방법부터 찾으려고요."

에디슨과 마찬가지로 타라도 소셜미디어에서 아직 커밍아웃하지 않았다. 그녀는 북동부에 있는 한 가톨릭대학 3학년에 재학 중인데, 소셜미디어에서는 개인적인 것들을 숨길 수 있어서 커밍아웃 같은 복잡한 연애 관계도 숨길 수 있다고 여긴다.

타라는 현재 같은 대학에 다니는 한 여학생과 매우 행복한 연인 관계에 있다. 친구들 사이에서는 이미 공인된 관계지만 소셜미디어에서는 절대 아니다. 타라와 그녀의 여자친구 모두 부모님께 아직 이 사실을 알리지 않았다. 물론 페이스북에서도 둘 다 관계를 공개하지 않았다. 이들의 소셜미디어 그 어디에도 둘이 함께 사귀고 있다는 말이나 모습은 찾아볼 수 없다. "물론 찾으려고만 하면, 트위터에서 서로 주고받은 글들은 있어요." 타라는 이렇게 말한다. "그렇지만 '연애 중' 같은 말은 어디에도 없어요."

타라가 다른 여성과 사귄 것은 이번이 처음인데, 그녀는 소셜미디어 때문에 오히려 커밍아웃이 더 복잡해진다고 여긴다. 타라에게 다른 많은 학생처럼 연애 관계를 페이스북에 공개하는 것을 여자친구와 같이 고민해본 적이 있는지, 아니면 지금은 아니더라도 언젠가는 공개할 계획이 있는지 묻는다. "농담 삼아 그런 얘기를 할 때는 있어요. 그렇지만 페이스북에는 너무 많은 사람들이 있어서, 그중에는 저희 관계를 몰라도 되는 사람들도 있잖아요. 그런 점에서 '사실은 우리가……' 같은 식으로 관계를 공개할 마음은 없어요." 타라의 말은 계속된다. "그래서 저희는 둘 다 필요를 못 느끼죠. 그런 얘기는 그저 농담처럼 해요."

나는 그녀가 좀 더 사생활을 중시하는 유형이라 그런 건지, 아니면 그녀가 동성애자란 사실을 남들이 알게 됐을 때 보일 반응 때문에 그런 건지 묻는다. "둘 다 조금은 영향이 있다고 봐야겠죠." 그녀는 이렇게 답한다. "일단 저희 가족이 어떤 반응을 보일지 걱정되긴 해요. 다른 사람들은 사실 어떤 반응이든 신경 쓰지 않거든요. 저는 '오, 역시 아니야. 누구누구는 받아들이지 못할 거야. 그래, 역시 그 사람들에게는 숨기는 게 낫겠어.' 이런 사람은 아니니까요. 그냥 사람들에게 공개할 만한 필요를 못 느끼는 것 같아요."

혹시 나중에라도 온라인 커밍아웃이 가능할 것 같은지 타라에게 묻는다.

"흠, 글쎄요. 아마도요. 하지만 지금은 모르겠어요." 그녀가 전혀 모르겠다는 듯 대답한다. "아마 나중에는 가능할 것도 같지만, 지금은 아니에요."

많은 학생이 소셜미디어에서 커밍아웃을 하지만, 또 다른 학생들은 자신이 성소수자라는 사실이 향후 직장 문제나 사회적·개인적 삶에 영향을 미칠지도 모른다는 사실을 걱정한다. 즉 자신의 하이라이트 영상에 '게이'나 '레즈비언'이란 정보를 추가함으로써 곤란한 상황에 처할 수 있다고 여기는 것이다. 특히 에디슨은 그런 이유로 소셜미디어를 이분화해서 살아간다. 온라인에는 '모든 게 완벽해!'라는 필터만을 사용한 삶을 선보이고, '부정적'으로 인식되거나 다른 사람들에게 걱정을 살 만한 것들은 다 뒤에 남겨놓는다. 여기서 안타까운 일은, 에디슨이 '부정적'이라 여기며 숨겨놓는 것 중에는 그의 성적 정체성도 포함된다는 점이다. 그는 자신이 거의 끊임없이 참여하는 소셜미디어 세상에 자신의 핵심을 이루는 특성을 숨기고 산다.

디나
15min · 👥

#페이스북은 새로운 커플매니저

앞서 소셜미디어를 하지 않는 학생으로 소개했던 정통 유대교도인 디나는 자신의 종교에서 남편이나 아내를 찾는 데 소셜미디어가 어떤 영향을 미치는지에 대해 근사한 말을 남겼는데, 내게는 연애 상태를 '공개'하는 것보다 한 단계 업그레이드된 개념으로 들렸다.

그녀는 일단 정통 유대교도들이 갖고 있는 연애관부터 이해해야 한다며 관련 내용을 내게 설명해준다. "원칙상 독실한 유대교도들은 결혼을 염두에 두고 데이트를 시작해요. 단지 즐기려고 데이트를 하진 않거든요." 그녀는 이렇게 말한다. "대부분의 [정통 유대교가 아닌] 사람들은, 적어도 제가 목격한 바로는, 남자친구를 갖기 위해 남자친구를 사귀는 것 같더라고요. 아니면 여자친구를 갖기 위해 여자친구를 사귀고요. 저희는 그런 식으로 사귀지 않아요. 그래서 제가 누군가를 사귄다면 그건 그저 같이 시간을 보내기 위해서가 아니라 정말 진지하게 만나기 위해서예요. 그가 내 결혼상대로 적당한 사람인지, 또 상대편 입장에서는 내가 정말 결혼할 만한 여자인지를 확인하려는 거죠. 보통은 양쪽 집안의 아버지가 자리를 만들거나 친구가 주선할 때도 있어요. 만약 제가 데이트하고 싶은 상대를 만난다면 먼저 아버지께 그 사실을 얘기할 거예요. 전 아직 지금까지 남자친구를 가져본 적이 없어요. 물론 누군가와 데이트를 한 적은 있지만, 약혼하기 전까지 그 사람은 남자친구가 아니라 그냥 데이트만 해본 남학생인 거예요. 정식으로 약혼을 해야 그 남학생은 약혼자나 히브리어로 신랑을 뜻하는 '초센(chossen)'이 되는 거죠."

정통 유대교도들도 다른 사람들처럼 요즘에는 온라인에서 짝을 찾는데, 몇 가지 중요한 차이는 있다. 디나에 따르면 유대교인들의 데이팅 사이트에서는 "소위 지원서라는 걸 제출해야 해요. 거기에 자신이 원하는 남성에 대한 세부 스펙과 자신의 배경 및 가족 관계 등을 다 기입하게 돼 있어요." 그래서 가장 큰 차이가 뭐냐고? 그 지원서를 기초로 짝을 찾아주는 주체가 컴퓨터가 아니라는 점이다. 유대교 데이팅 사이트에는 사람들을 연결해주는 온라인 알고리즘 같은 건 없다. 컴퓨터 대신 실제 사람들이 이 작업을 대신한다. "샤트카님(shadchanim, 샤트칸(shadcha)이라고도 함)이라 불리는 사람들이 있는데, 기본적으로는 중매쟁이라고 할 수 있어요." 디나가 말한다. "그분들이 지원서를 가지고 누구누구를 어떻게 맺어줄지 결정하는 거예요. 이 사람은 이 사람이랑 연결해주고, 또 이 사람은 이 사람이랑 맺어주고, 이런 식으로요. 물론 현실 세상에서 활동하는 샤트카님도 있어요. 샤트칸(shadchan)이라는 중매 업소를 찾아가서 지원서를 제출하고 그곳 샤트카님과 상담을 하면 상대를 주선해줘요. 근데 이제는 그런 일들이 전부 온라인에서 일어난다는 게 재밌는 일이죠."

온라인 샤트칸을 이용할 때 겪게 되는 주목할 만한 차이는 자신의 공동체를 뛰어넘어 누군가와 맺어질 수 있다는 점이라고 디나는 말한다. 어디에 있는 사람이든 인연이 닿을 수 있고, 이런 변화는 많은 새로운 가능성을 열어준다. "어느 지역까지 가능한지 자신이 정할 수 있어요." 장차 반려자가 될 수도 있는 상대를 만나기 위해 얼마나 멀리까지 건너갈 용의가 있는지를 말한다. 이는 후보의 범위를 넓히는 장점이 있지만 거리라는 걸림돌이 생길 수 있다. 디나는 자신의 집에서 4시간이나 걸리는 곳에 사는 남학생과 맺어질 뻔했었다. "서로 만나긴 했는데 '이 사람이랑 사귀기 시작하면 어떻게 해야 하나? 이 남자가 나를 보러 와 줄까?' 이런 생각이 계속 들더라고요. 두 사람 사는 곳이 꽤 먼 경우에, 보통은 여자가 먼저 남자 쪽으로 가요. 그리고 그곳에 머무르는 날짜에 따라 한두 번 같이 데이트를 하겠죠. 그다음에는 남자가 주말 같은 때 여자 쪽으로 와서 또 두세 번 데이트를 하죠. 남자가 고향으로 돌아가고 나면 또 여자가 남자 쪽으로 가고……. 이런 식으로 한동안 계속 반복돼요. 정말 힘들고 이상한 일이죠. 그리고 만약 두 사람이 약혼을 하게 되면 다시 똑같은 문제에 시달려야 해요. 약혼식을 어디서 해야 할지 정해야 하니까요. 결혼식은 대개 신부가 사는 곳에서 하는 게 관례거든요. 그래서 약혼식을 여러 번 하는 경우도 있어요. 그런 어려운 문제가 결부되다 보니 많은 사람이 [장거리 데이트를] 선호하지 않아요."

나는 인터넷이나 페이스북 같은 소셜미디어 플랫폼들이 그런 거리의 부담을 덜어주진 않는지 묻는다. "전통적으로는 사귀지 않는 이성과는 말하지 않는 게 원칙이에요." 디나가 말한다. "그런 일이 전혀 없다고 할 수는 없지만, 대개는 어색한 분위기에서 벗어나려고 데이트부터 충분히 하거든요." 디나는 또 스카이프(Skype)가 선사해준 기적에 대해서도 말한다. 만약 커플이 서로 멀리 떨어져 있을 경우에는 스카이프 데이트—공인되고 보호받는—를 즐긴다. 물론 전통을 신봉하는 사람들은 예외라고 말을 덧붙인다. 전통주의자들은 멀리 떨어진 다른 도시에 있는 사람과의 데이트를 아예 승인하지 않는다. "그래서 일단 멀리 떨어진 곳에 사는 남성과 데이트를 하는 여성이라면, 가족이 스카이프 데이트 또한 반대하지 않을 가능성이 커요. 그래도 스카이프 데이트가 정식 데이트는 아니죠. '아, 나 그 남자랑 얘기하고 싶어. 스카이프 해야겠다.' 이런 식은 아니거든요. 먼저 약속을 한 다음에, 스카이프로 데이트에서 나눌 만한 일반적인 이야기를 두세 시간가량 나눠요. 그런 다음 끊는 거죠. 실제 데이트와 비슷하지만 음식만 빠지는 형태죠."

무슬림이라는 알리마의 신앙이 그녀의 소셜미디어 활동을 어떻게 만들고 있는지 기억해보자. 나는 디나에게 페이스북이나 기타 다른 플랫폼들이 미혼의 젊은 정통 유대교도들에게 다 똑같이 복잡함을 초래하는지 묻는다. 사귀고 싶은 남학생이 있을 경우에는 그와의 온라인 '우정'을 어떻게 유지할까? 가족 품을 떠난 남학생과 여학생들이 '페이스북 친구'가 되는 것은 인정될까?

"기본적으로는 안 되지만 제가 아는 사람들은 거의 다 신경 쓰지 않아요." 디나가 말한다. "그리고 만약 그걸 정말로 문제 삼는 부모님이 계시다면 오히려 페이스북에서 부모님부터 차단하겠죠." 이렇게 말한 후 디나는 잠시 아무 말 없더니 다시 설명을 계속한다. "이렇게 말하는 게 정확하겠네요. 만약 제가 페이스북에서 어떤 남학생과 친구 관계라면, 그 남학생과는 실제 생활에서도 서로 말을 하겠죠. 서로 말도 안 해본 사람을 친구로 삼을 가능성은 정말 낮잖아요. 여학생과 남학생의 강의 시간이 서로 다른 [정통 유대교인들이 다니는] 대학에서는 이론상 같은 학교를 다닐 뿐 서로 부딪칠 일이 없어요. 그러다 보니 서로의 존재를 잘 모르죠." 하지만 디나가 다니는 공립대학 같은 곳에서는 상황이 완전히 다르다. "같은 수강 과목에 유대인들이 두세 명 끼어 있기 마련이고 그 중 한두 명은 남학생일 가능성이 커요. 그렇다고 남학생이라는 이유만으로 그들을 모른 척 무시하고 살 순 없잖아요. 여기서는 남학생들과 같이 강의도 듣고, 남학생이랑 연구소 파트너가 되기도 하고, 그러다 보니 페이스북에서 남학생과 친구가 된다고 해도 이상할 게 없어요." 디나가 웃는다. "저희 아버지가 페이스북을 어떻게 생각하는지는 관심 대상도 아니고요." 그녀가 다시 웃더니 이렇게 말한다. "만약 제가 페이스북에서 남자랑 친구라는 걸 아버지가 아신다면 아마 놀라 자빠지실 거예요. 제가 설명한다고 해도 어차피 이해 못 하실 거고요. 이렇게 설명하면 조금은 진정하시겠죠. '아버지, 요즘엔 다들 그래요. 이상한 게 아니라고요. 학교에서도 같이 말을 한다고요.'"

하지만 일단 페이스북 친구가 되면 서로 썸을 타거나 사랑에 빠지는 유혹은 생기기 마련이다. 디나가 알고 있는 여학생 일부는 바로 이런 이유 때문에 페이스북에서 남학생은 친구 맺기를 하지 않는다. "중매로 만나지 않고 어쩌다 만난 남자와 사귀는 건 일종의 불미스런 일이거든요." 그녀가 설명한다. "실제로 샤트칸에 찾아가서 이렇게 말하는 경우도 있대요. '안녕하세요? 제 딸이 이런 남자랑 사귄다는데, 두 사람을 위해 샤트칸이 돼주시겠어요?' 좀 어이없는 일이죠. 근데 자주 있는 일이고, 아주 은밀히 진행된다고 하더라고요."

이런 곤란한 상황에 처한—온라인에서 사람을 만나 연애를 시작한 아들이나 딸을 둔— 정통 유대교 부모가 굳이 샤트칸을 찾아가 이미 비공식적인 방법으로 데이트를 시작한 자식들을 공식적인 짝으로 만들어 달라고 부탁하는 것은 체면을 살리기 위해서다. 그리고 이는 젊은 미혼 남녀들이 전통과 가족의 굴레 밖인 소셜미디어에서 서로 유혹하고 연결되는 현실에 대처하는 정통 유대교 공동체의 한 가지 해법이다.

"제 친구 중에 그런 방식을 원하는 애도 한 명 있어요." 디나가 시인하듯 말한다. "친구는 학교에서 어떤 남학생을 만났거든요. 같은 수업을 듣다 페이스북에서 친구가 된 경우였어요. 물론 친구 부모님은 그 사실을 몰랐고요." 디나가 한숨을 쉰다. "그렇게 필사적으로 숨긴 것도 아니었어요. 필사적으로 숨길 만한 다른 일들도 많으니까요. 근데 친구가 2주 전쯤 어머니께 그 사실을 털어놨어요. 친구는 어머니가 샤트칸을 찾아가서 이렇게 말씀하실 것을 예상했겠죠. '이 두 아이의 중매를 서주시겠어요?' 그럼 이제 둘은 공식적으로 데이트를 즐길 수 있는 거예요. 실제 그렇게 될지는 모르겠지만, 어쨌든 실제로 있는 일이니까요. 남녀 유대교 학생들이 같은 학교를 다니면서 페이스북을 할 때 일어나는 일이죠."

디나에게 부모님의 중매로 '맞선을 보는 것'보다 '서로 만나서' 데이트를 시작하는 젊은이들이 요즘 늘어난 이유가 소셜미디어 때문이라고 생각하는지 묻는다. 그녀는 그렇다고 말한다. 이전에는 "여학생과 남학생이 만나는 것 자체가 굉장히 어려웠으니까요. 슈퍼마켓 같은 데에서 이웃집 소년을 만나도 말을 걸면 안 됐거든요." 디나가 말한다. "그런 소녀들이 대학에 들어가면서 남학생들을 만나기 시작하는 거예요. 이제는 인터넷을 하는 동안 어깨 너머로 자신을 지켜보는 사람도 없으니까 남학생들과 접촉하기가 훨씬 더 쉬워지는 거고요." 그녀는 뭔가를 잠시 생각하는 듯 아무 말이 없다. "그런 점에서 남학생과 여학생이 더 많이 소통할 수 있게 된 데에는 분명 소셜미디어가 큰 역할을 했다고 생각해요. 그런 사실을 더 쉽게 숨길 수도 있고요." 그럼에도 남녀가 서로 만나 은밀한 사랑에 빠지는 일은 예전에도 늘 있었다고 디나는 자신의 말을 조금 수정한다. 중요한 건 인터넷과 소셜미디어 덕분에 오늘날에는 그런 일이 훨씬 쉬워졌다는 점이다. "인터넷 때문에 다른 일들도 전부 더 쉬워졌잖아요. 요리법을 더 쉽게 찾을 수 있고, 노래도 바로바로 찾을 수 있고, 답답한 만성 질환을 앓고 있는 사람들도 쉽게 찾을 수 있으니까요. 모든 걸 더 쉽게 찾을 수 있으니 남자라고 예외는 아니겠죠. 다 인터넷의 부작용이에요." 디나는 이렇게 꼬집어 말한다. "많은 사람이 싫어하는 점이고, 그래서 정통 유대교도 중에는 페이스북을 아예 안 하는 사람들도 있어요."

마지막으로, 나는 디나가 소셜미디어를 피하는 것도 이런 측면과 관련이 있는지 묻는다.

디나는 싱긋 웃으며 "그건 아닌데요"라고 말한다.

한나
15min · 👥

#페이스북 (관계) 대청소

　에인슬리는 고압적인 남자친구가 예전에 올린 트윗에 대해 더 이상 트집을 잡지 못하도록 트위터 청소를 단행했다고 밝혔지만, 젊은이들의 소셜미디어 관리를 '매니큐어 칠하기'로 비유했던 한나는 또 다른 유형의 페이스북 대청소에 대해 들려준다. 한나는 자신의 연애 관계를 온라인에 공개할 마음이 없으며, 그 이유는 에인슬리와 피터가 언급했던 바로 그런 문제들을 피하고 싶기 때문이다. 에인슬리처럼 한나 또한 이미 한 번 크게 데인 적이 있다. 현재 남자친구와도 자신들의 연애를 페이스북에 공개하는 문제에 대해 오랫동안 대화를 나눈 적이 있었다.

　"저는 이렇게 말했어요. '자 봐. 나는 우리 관계를 페북에 밝히는 게 정말 조심스러워. 만약 깨지기라도 하면 다들 사사건건 간섭하려 들 거야. 그리고 우리가 정말 헤어지기라도 한다면 혼자가 된 나는 더 소심해질 거고.'" 한나는 계속 말을 잇는다. "예전에 남자친구랑 헤어진 적이 있었는데 그때는 페북에 공개를 했었거든요. 그때 이후로 더 이상은 남들이 제 개인사를 몰랐으면 해요. 사실 이 문제가 우리에게는 갈등의 원천이기도 해요. 남자친구는 이런 식이거든요. '네가 나를 정말 사랑한다면 이미 공개했겠지. 어쨌든 나 때문에 네가 창피해지는 건 원치 않아.'"

　한나도 마침내는 남자친구의 의견에 동의했다. 현재 남자친구와는 오랫동안 관계를 지속하고 싶었고, 그래서 중요한 문제가 아니라는 판단에 도달했던 것이다. 그녀는 현재의 남자친구를 과거 그 누구보다 더 진지하게 생각하고 있다. "남자친구도 제가 받아들일 때까지 인내심을 갖고 계속 얘기하더라고요. 근데 이제는 나쁘지 않은 것 같아요. 함께 찍은 사진을 올리는 것도 좋고요."

　그렇다고 모든 게 장밋빛은 아니었다. "확실히 갈등의 원인이 되더라고요." 한나는 내게 말한다. "제가 그냥 아는 남자 사진을 올리기라도 하면 남자친구는 이래요. '제발 그 사진 좀 내릴래?' 제 페이스북 전체를 꼼꼼히 살펴보더라고요. 그럼 저도 이러죠. '흠, 네가 이런 식이면 나도 네 페이지를 샅샅이 뒤져볼 거야.' 사실 남자친구 계정에는 예전에 사귀었던 여학생에 대한 장문의 포스트가 있었거든요. '사랑해. 이렇게 오랜 시간 함께하다니, 난 정말 행운아야.' 어쩌고저쩌고. 한 번은 제 담벼락에 어떤 노래 가사를 올렸더라고요. '우리를 위한 노래' 이런 식의 제목으로 말이에요. 근데 똑같은 노래 가사를 예전에 만났던 여자친구한테도 올렸던 거예요. 그래서 제가 따졌죠. '어떻게 내 담벼락에 그런 노래를 올릴 수 있어? 그 따위 노래는 내 귀에 들리게도 하지 마!'" 한나와 남자친구는 둘 다 상대의 페이지에서 과거에 이성 친구들이 눌렀던 '좋아요' 내용들을 다 볼 수 있었는데, 이로 인해 갈등이 생기고 서로의 마음에 상처도 줬다. 또 남자친구와 전 여친이 왜 특정 포스트나 사진에 '좋아요'를 눌렀는지 의문을 품기도 했다.

　이런 불쾌한 발견들은 그들이 페이스북 청소를 하게 된 발단이 됐다. 과거의 특정 흔적들을 지우면 이제 그들의 관계는 각자에게 유일한 관계로 남을 수 있기 때문이다.

　"둘이 같이 앉아서 소셜미디어 포스트들을 하나도 놓치지 않고 꼼꼼하게 확인했어요." 한나가 말한다. "그러고는 '이건 지우자, 이것도 지우자. 그리고 요것도.' 이런 식으로 청소를 해나갔죠. 그래야 우리 둘이 있는 사진들만 남길 수 있으니까요." 함께 이런 작업을 했지만 한나는 이 모든 게 남자친구의 생각이었다고 주장한다.

캠퍼스 우정은 여전히 개인적이고 직접적이다

학생들과 인터뷰를 할 때마다 내가 처음으로 묻는 질문 중 하나는 이랬다. "대학에서 친구는 어떤 식으로 사귀었어요?" 나는 학생들의 온라인 생활에 대한 대화에서 다른 어떤 내용보다 먼저 이 주제를 꺼냈는데, 그 이유는 학생들이 정말 온라인에서 친구를 사귀는지 궁금했기 때문이다. 그런데 거의 200건에 달하는 인터뷰를 진행하면서 페이스북이나 다른 소셜미디어 플랫폼을 통해 친구를 사귀었다고 대답한 학생은 손에 꼽을 정도였다. 물론 많은 학생이 입학하기도 전에 소셜미디어에서 자신의 룸메이트에 대한 정보를 얻거나 곧 입학할 1학년 학생들이 교류를 위해 학교에서 만든 페이스북 페이지를 확인하기도 한다. 그러나 일단 캠퍼스에 합류한 후에도 이런 식으로 친구를 사귀는 학생들은 굉장히 드물었다.

대학생들은 소셜미디어에서 친구들을 만들지 않는다. 그들은 기숙사나 강의실, 혹은 교내 활동이나 다른 친구들을 통해 직접 친구들을 만나며 그들도 이런 방법을 선호한다. 말을 바꾸면, 요즘 대학생들이 캠퍼스에서 친구를 만나는 방식은 예전 대학생들이 캠퍼스에서 친구를 만났던 방식과 동일했다. 물론 인터넷이라는 존재 덕분에, 소셜미디어에 로그인해서 새로 사귄 친구들을 거기서 확인하고 교류하는 것도 가능하다. 소셜미디어는 우정을 관리하는 데 효과적인 도구임에는 틀림없지만, 그 출발선으로 이용되는 경우는 흔치 않다.

나와 대화를 나눴던 학생들은 새로운 친구를 만나기 전에 소셜미디어에서 그 친구를 접촉해서 알려고 하는 행동을 다소 무례하고 불편하며, 심지어 기분 나쁘고 기괴하다고 여겼다. 그들은 사람들과 소셜미디어에서 처음 만나는 데 관심이 없었다. 소셜미디어는 우정을 유지(특히 멀리 떨어져 있는 친구의 경우)하거나 필요할 때 연락하는 데 유용한 도구로 여겨졌지만 새로운 사람을 소개하는 방법으로는 여겨지지 않았다. 학생들은 그룹 메시지를 보내거나 파티 정보를 게시하고, 과제에 대한 대화를 나누거나 친구들끼리 어디서 만날지 논의하는 데 소셜미디어를 사용했다. 그 밖에도 인터뷰에 참여했던 학생들은 다른 학생들과 물리적으로 섞이고, 어디로 몸을 돌리든 친구들과 마주칠 수 있는 교류의 장인 대학 캠퍼스에 있다는 사실에 즐거워했다. 또 그들은 소셜미디어 때문에 얼굴을 맞대는 이런 만남들이 곧 사라지진 않을까 걱정하기도 했다.

내가 이 얘기를 꺼낸 데에는 두 가지 이유가 있다. 첫째, 오늘날 많은 성인들이 요즘 젊은 세대는 대인 능력이 결여돼 있다고 여기는 것 같다. 그들은 젊은이들이 소셜미디어를 통해서만 교류하고 직접 얼굴을 맞댄 교류에는 관심이 없을 거라고 생각한다. 둘째, 그리고 더 중요한 이유로, 미래의 대학에서는 현재의 캠퍼스 경험이 (적어도 많은 부분은) 온라인에서 이뤄질 것으로 추측하는 사람들이 많기 때문이다. 누군가는 이 두 가지가 모두 편리하고 경제적이라는 논리로 온라인 강좌를 지지할 수도 있겠지만, 더 많은 것들이 '업로드'될수록, 배움과 생존을 위해 대학 캠퍼스에 모인 젊은이들은 더 많은 것들을 잃게 될 것이다.

그들이 늘 온라인에만 진을 치고 있는 듯 보이지만, 그들은 거기서 사는 걸 원치 않는다.

소셜미디어는 기껏해야 한 사람이 맺고 있는 관계 사이를 항해하는 도구일 뿐이다. 즉, 그런 관계를 아예 대체할 수는 없다.[3] 아직도 사람들의 관계는 사람과 사람 사이에서 직접 일어나며 젊은이들 또한 그런 관계를 선호한다. 그들은 소셜미디어가 사라지기를 원하지 않지만, 그들이 더욱 원하지 않는 것은 사람과 사람이 직접 부대끼며 사는 현실이 사라지는 일이다.

학생들은 거의 정확히 두 부류로 나뉘는 것 같다. 먼저 소셜미디어

― 사람들의 관계를 유지하는 데에는 정말 엄청나게 유용한 도구라는 측면에서 ― 가 우정을 오랫동안 '유지하기에 더 편리하다'고 여기는 이들과, 소셜미디어가 우리의 관계를 더 '피상적'이고 '얄팍하게' 만든다고 여기는 이들이다. 누군가는 소셜미디어 덕분에 모든 이들, 특히 멀리 떨어져 사는 친구나 가족과 계속 소통할 수 있다는 이유만으로 스릴을 느낄 것이다. 하지만 그들 바로 옆에는 소셜미디어가 모든 사람으로 하여금 거짓 위선을 조장한다고 탄식하는 이들도 있다. 모두가 자신에게 끝내주는 친구들이 차고 넘치는 '척'하지만 그런 우정의 실제 가치는 직접 얼굴을 맞대며 교류하는 기쁨과 진정한 우정에 뒤따르는 책임감이 사라지면서 함께 추락했다고 믿는 사람들 말이다. 심지어는 소셜미디어 덕분에 사람들과 계속 안부를 전하고 지낼 수 있다며 그 가치를 인정했던 학생들도 소셜미디어에서 맺는 관계의 역효과를 꼬집기도 한다. 즉, 우정이란 공적으로 '입증될 필요가 있으며', 단지 친구가 '수적으로 많다'고 해서 그들 모두에게 어떤 깊이나 진정한 의리가 있는 건 아니라는 뜻이다. 이제는 사람들이 함께 있어도 서로 대화하지 않으며 페이스북 때문에 '친구라는 말의 의미가 바뀌었다'고 한탄하는 사람들도 있다.

대학생들이 직접 만나 맺길 바라는 관계가 비단 우정만은 아니다. 데이트와 로맨스, 섹스, 그리고 훅업(hook-up) 등에 있어서도 직접 만나 서로 짜릿함을 느끼고 싶은 감정은 부정할 수 없는 사실이다.

🔍 9장 섹스팅의 윤리 •••
#파괴적 약속에 서로 합의하다

♥ ◯ ◁   ◻

 제레니, 가톨릭대학 2학년 책임감 있는 섹스팅이란, 모르는 사람에게 당신의 사진이나 음란한 문자를 보내지 않는 거예요.

 에린, 복음주의 기독교대학 3학년 동기 중에는 [섹스팅을] 하는 사람을 몰라요. 워낙 안 좋은 얘기들이 캠퍼스에 쫙 퍼져 있다 보니 자기 이미지에 먹칠을 할 수도 있거든요. 이제는 저희도 다 성인이기 때문에 미래에 대한 걱정도 되고요. 저를 뽑을 수도 있는 회사들이 그런 이미지를 알게 되면 안 되니까요. 적어도 저는 그래요.

 로렌
20min • 👥

#처참한 데이트 신청

공립대학 2학년생인 로렌은 페이스북을 통해 관심 있는 남학생과 애정의 싹을 피우고자 했다. 로렌은 그 남학생과 같은 강의를 듣고 있었지만 실제로 대화를 해본 적은 한 번도 없었다.

"사회학 강의를 같이 듣고 있는데, 정말 훈훈하게 생겼거든요." 그녀는 이야기를 시작한다. "학교 농구 선수인데 정말 그렇게 귀여운 애는 처음 봤어요! 근데 저야 뭐, 그 애의 페이스북이나 트위터를 스토킹하는 수준이죠. 여자친구가 있는지 궁금하기도 하고요. 다행히 아직 없더라고요. 거기서[페이스북에서] 말을 걸어보려고 했는데, 반응이 없었어요. 하, 그러니 어쩌겠어요." 그녀는 어깨를 한 번 으쓱해 보인다. 대학생들은 다른 사람들을 '스토킹'한다는 얘기를 굉장히 자주 한다. 어떤 사람의 소셜미디어 계정에서 그 사람과 관련된 정보를 수집한다는 뜻이다. 친구나 지인, 심지어는 전혀 만나본 적 없는 사람들을 대상으로 할 때도 있지만, 대학생들이 누군가를 스토킹한다고 할 때는 보통 호감을 갖고 있는 사람인 경우가 많다.

나는 로렌에게 '거기서 말을 걸어본다'는 게 무슨 의미인지 묻는다.

"중요한 시험이 있었던 날이었거든요. 그래서 그걸 빌미로 말을 걸어보려 했죠." 그녀의 설명이 시작된다. "그래서 메시지를 보냈어요. '안녕. 시험 잘 봤니?' '점수는 잘 나올 것 같아?' 뭐 이런 식으로 대화를 시작해보려 했는데 전혀 대답이 없었어요." 로렌은 다시 한숨을 쉰다. "그래서 '사람 참 민망하게 하네'라고 나와버렸죠!" 알고 보니 우리 인터뷰가 있기 바로 며칠 전에 일어난 일이었다. 로렌이 너무 실망한 눈치여서 나는 그녀를 조금 위로해준다.

"글쎄요. 농구 시즌도 시작됐고, 바쁘지 않을까요?" 나는 이렇게 말한다.

그녀는 고개를 흔들며 웃는다. "아뇨. 그렇지 않아요."

"남학생이 메시지를 본 건 확실해요?" 내가 묻는다.

"분명 봤어요." 그녀가 대답한다.

"남학생이 메시지를 열어봤다는 그 작은 표시가 있었어요?"

"네." 그녀가 말한다. "'읽음'이란 표시가 있더라고요. 민망한 일이지만…… 뭐 괜찮아요."

"근데 소셜미디어에서 누군가와 만나는 데 성공한 적이 있었어요?" 나는 다음 질문을 한다.

"아뇨." 로렌이 말한다.

나는 어느새 로렌에게 페이스북 로맨스에 대한 이번 실험이 잘되지 않았다고 해서 모두 잃은 건 아니라고, 다음번에는 분명히 좋은 결과가 있을 거라고 열심히 설득하고 있는 자신을 발견한다. "이번이 처음이었어요?"

로렌은 고개를 끄덕인다. "네. 이번이 제 첫 번째 시도이자 첫 번째 실패였죠. 다시 그런 일은 없을 거예요."

소셜미디어를 통해 짝을 찾는 일이 로렌에게는 순조롭지 않은 것 같다.

온라인 데이트와 훅업*은 매체에서 꾸준히 관심을 갖는 소재다. 이미 대학생들의 섹스 문제를 다룬 작가로서 나는, 대학생들이 데이트와 훅업을 목적으로 소셜미디어를 어떻게 활용하는지에 대한 질문을 자주 듣는다. 소셜미디어는 미국 문화가 중독돼 있는 이 두 주제의 결합—섹스와 테크놀로지—을 피할 수 없다.

대학생들은 잠재적 파트너를 만나는 데 소셜미디어를 어떻게 이용할까? 진실은 이렇다. 그들은 소셜미디어를 이용하지 않는다. 적어도 그렇게 많이는 이용하지 않는다. 여기서 분명히 짚고 가야 할 것이 있다. 학생들이 소셜미디어를 통해 새로운 친구를 사귀는 것과, 소셜미디어를 자신의 우정을 관리하는 도구로 사용하는 것 사이에 차이가 있다면, 그 원칙이 여기서도 똑같이 적용된다는 점이다. 물론 새로운 상대와 만날 때 소셜미디어를 통해 그 방법을 서로 조율하거나, 아니면 상대를 꼬시

* **hook-up** 섹스나 에로틱한 관계를 염두에 두고 상대에게 접근하는 것.

기 위해 소셜미디어를 사용할 수는 있다. 그러나 거의 미국 전역에 걸쳐 다양한 유형의 대학들을 방문한 결과, 데이트와 훅업의 첫 번째 도구로 소셜미디어를 사용하는 대학생을 만나긴 어려웠다.

그런 점에서 로렌은 흔치 않은 경우에 속한다.

복음주의 기독교대학에서 만난 한 하드코어 공대생도 페이스북을 통해 여학생을 만나보려 했었다고 말한다. 그는 페이스북 메신저를 이용했다. "안녕. 너 나랑 페이스북 공식 커플 할래?" 그러나 그의 이런 노력은 처참한 결과를 낳았다. 상대 여학생들은 그의 접근을 농담으로도 생각하지 않았기 때문이다. 공대생도 로렌과 마찬가지로 이 방법은 포기하기로 했다.

온라인 데이트를 시도한 적이 있거나, 주위에 그런 친구를 안다고 말한 학생들도 몇 명 있었다. 그러나 전에 연애를 한 번도 해본 적 없는 학생이 로맨틱한 관계를 목적으로 온라인에서 상대에게 접근하는 경우는 극단적으로 드물었다.

예를 들어 브랜디란 학생에게 틴더 같은 온라인 데이팅 앱에 대해 묻자, 그녀는 매우 회의적인 반응을 나타낸다.

"저는 자연스러운 만남을 좋아해요." 브랜디가 말한다. "상대의 몸짓도 보면서 직접 얘기하는 게 편해요. 제게는 얼굴을 맞대고 말하는 게 정말 중요하거든요. 상대의 마음을 제대로 읽을 수 있으면서 그가 제게 집중하고 있는지도 바로 알 수 있으니까요. 저는 개인적으로 그런 앱은 전혀 사용하지 않아요. 이미 제 어장에는 남자애들로 가득하기도 하고요"라고 말하며 브랜디가 웃는다. "글쎄요. 만약 직접 만나본 적 없는 사람이 그런 식으로 접근해온다면…… 모르겠네요."

브랜디는 온라인 데이트에 빠진 친구들을 몇 명 본 적 있지만 그런 태도를 탐탁지 않게 여긴다. "점점 많은 사람이 온라인 공간으로 몰리는 상황을 보면, [나중에는] 흥미가 생길 수도 있겠죠. 제 친구 하나가 그렇게 남자친구를 사귀었거든요. 그게 왜 바보 같은 짓인지 알려드릴게요. 걔는 그 남학생을 오케이큐피드(OkCupid)에서 만났는데, 거짓말 안 하고 만난 지 1주일 만에 연인 관계로 데이트를 시작하더라고요. 완전 어이가 없었죠. 그때 제 마음은, '겨우 몇 분 말해본 남자랑 사귄다고? 헐.' 뭐 그랬어요. 사실 그 남자가 연쇄살인마일지 누가 알겠어요?!"

실제로 학생들이 온라인 데이트에 대해 논의했을 때, 그들은 주로 온라인에서 알게 된 낯선 사람과도 서슴없이 데이트에 나서는 무모하고 별난 성인들(그중 일부는 혼자가 된 그들의 부모일 수도 있지만)을 머릿속에 그리고 있었다. 청년들로서는 납득하기 힘든 일이기 때문이다. 그들이 이제껏 살아오면서 귀가 닳도록 들은 말이 바로 온라인에서 채팅으로 알게 된 낯선 사람과 만나는 건 위험하다는 소리였기 때문이다.

학생들 대부분은 이런 현상에 전체적으로 황당함을 나타냈다. 자신도 자포자기의 심정으로 언젠가는 그런 앱을 사용할 날이 올지도 모른다는 사실에 불안해하기도 했다. 지금 그들에게는 캠퍼스 안에서도 새로운 연애(훅업이란 말이 더 적당할 수도 있겠지만) 상대를 만날 수 있는 기회가 무수히 많기 때문에 연애란 영역까지 소셜미디어에 맡기는 것을 원치 않았다.

틴더에 대한 찬반 양론

요즘은 주위에서 많은 데이팅 앱을 찾아볼 수 있는데 일반적으로는 '작업 걸기' 앱으로 여기는 사람들이 많다. 그런 앱에는 클로버(Clover), 힌지(Hinge), 그라인더(Grindr) 등이 있는데, 그중에서 압도적으로 가장 인기 있는 (이 책을 쓰고 있는 시점에) 앱은 틴더다. 이 앱을 잘 모르는 사람들을 위해 잠깐 설명하자면, 틴더는 개인의 스마트폰에 있는 GPS를 통해 그 사람의 위치를 이끌어낸다. 일단 틴더에 등록하면 이제 앱은 당신이 어떤 상대를(성별, 나이 등) 어느 정도 반경 안에서(1킬로미터? 10킬로미터?) 찾고 있는지를 파악한다. 원하는 기준들이 이런 식으로 등록되면, 이제 기기 화면에 사진들(간단한 태그라인과 함께)이 뜬다. 말하자면 데이트 후보들로 채워진 초콜릿 박스와 비슷하다. 후보들을 한 명씩 훑어보면서 마음에 들지 않는 상대는 왼쪽으로 넘기고 마음에 들 경우에는 오른쪽으로 넘긴다. 누군가의 사진을 오른쪽으로 넘긴 다음 '하트' 표시를 눌렀는데, 만약 상대방도 당신에게 '하트'를 날렸다면 둘은 '매치'됨으로써 서로 — 데이트를 위해 — 대화를 할 수 있다. 이론상으로는 그렇지만 틴더가 가벼운 섹스나 작업 상대를 물색하기 위해 사용된다는 건 이미 널리 알려진 사실이다. 〈베니티 페어(Vanity Fair)〉 기고자인 낸시 조 세일즈(Nancy Jo Sales)는 2014년 8월, 틴더 같은 앱들이 우리가 데이트라 불러왔던 문화를 어떻게 통째로 훅업으로 바꿔나가고 있는지 — 그녀의 견해로는 파괴하고 있는지 — 에 대한 장문의 기사를 썼다. 틴더를 개발한 회사는 세일즈가 틴더 앱이 제공하는 장점을 깡그리 무시했다고 맹렬히 비난하며 그녀를 고소했다.[1]

틴더가 대학 캠퍼스에도 착륙한 건 사실이지만 우리가 생각하는 것만큼 일반적으로 사용되는 건 아니다. 틴더를 사용하고 즐기는 학생들도 있지만, 인터뷰 중 틴더란 주제만 나오면 대부분의 학생은 불쾌한 표정을 지으며 자신이 그런 비즈니스를 얼마나 혐오하는지 내게 열변을 토했다.

사립대학 3학년생인 조이는 자신의 감정을 여과 없이 — 싸늘하게 — 드러냈다. "솔직히, 좀 웃긴 것 같아요." 그녀가 웃으며 말한다. "틴더를 보면, '도대체 무슨 미친 짓거리야?' 같은 기분이 들거든요. 요즘에는 틴더에서 만난 사람과 사귀는 사람들도 있지만, 저는 그런 데서 본 사람과는 전혀 만날 생각이 없어요. 애초에 틴더 앱을 다운받지도 않겠지만요.

'그를 틴더에서 만났어'라고 말하는 것 자체가 너무 끔찍해요."

대학생들에게 누군가를 직접 만나지 못하고 온라인을 이용하는 사람은 실패자다. 즉 부끄러운 일이 된다. 조이의 말이 계속된다. "이변이 없는 한 제게 그런 일은 없을 거예요. 그런 [틴더에서 사람을 만나는] 사람들을 몇 명 알긴 하죠. 저랑 같이 미디어 수업을 수강하는 여학생 중에도 한 명 있어요. 그 애랑 얘기하다 우연히 틴더 얘기가 나와서, 저는 기숙사에 있는 누구도 틴더에서 만난 남자랑 곧 데이트를 한다고 들었다고 하면서 정말 어이없는 일이라고 했었거든요. '생각만 해도 찝찝해' 같은 식으로 말했는데, 그 애가 자기도 남자친구를 틴더에서 만났다고 하는 거예요. 헐…… 그래서 저는 '아, 미안해……'라며 얼버무렸죠."

조이는 실망스럽다는 듯 머리를 내젓는다. 그녀에게 틴더에 가입한다는 것은 '자포자기'의 신호이기 때문이다. 게다가 대학생으로서 그렇게 자포자기하기에는 너무 어리다는 게 조이의 주장이다. "겨우 스무 살에 e하모니* 같은 데 가입해서 사람을 만날 필요는 없잖아요. 왜 갑자기 이렇게 돼버렸을까요?"

가톨릭대학에 다니는 또 다른 여학생 세이지는 좀 더 미묘한 시각을 갖고 있다. 자신은 틴더에 가입하지 않았지만 아는 친구 몇 명은 틴더를 하기 때문이다. "친구들마다 틴더 사용 경험이 조금씩 다르더라고요." 그녀는 이렇게 말한다. "제 룸메이트는 1학년 때부터 틴더를 시작했고 거기서 남자를 다섯 명 만났대요. 틴더가 '맺어준' 남자를 다섯 명이나 만난 거예요. 틴더에서 그렇게 우연히 만난 남자가 기숙사 로비로 찾아와서 같이 데이트를 즐긴 것 같더라고요. 또 다른 남자는 기숙사로 초

---

* **eHarmoney** 미국에서 온라인 데이팅 서비스의 원조 격인 사이트.

대해서 같이 밤을 보냈고요. 틴더에서 만난 누군지도 모르는 남자랑요! 말하자면 그런 애는 사실상 훅업 목적으로 틴더를 사용한다고 봐야겠죠. 근데 제 고향 친구 하나는 그 앱이 너무 웃기다는 거예요. 그 애는 틴더 안에서 사람 구경하는 걸 즐기는 것 같았어요. 그 친구 틴더에 들어가서 사람들이 보낸 메시지를 같이 본 적도 있었거든요. 남자들이 메시지에서 어떻게든 친구랑 엮이려고 집적거리는 게 웃기더라고요. 전반적으로 보면, 그냥 재미 삼아 틴더를 사용하는 친구들도 있고 실제로 훅업 목적으로 사용하는 사람들도 있는 것 같아요."

인터뷰에서 사람들이 낯선 이와 훅업을 하기 위해 틴더를 이용한다는 것을 실제로 언급한 학생은 세이지가 유일했다. 일반적으로 대학생들은 단지 모르는 사람과 즐기려는 목적으로 자신을 놔버리는(조이의 표현대로라면) 일이 없기 때문이다. 대부분 학생들이 틴더에 들어갈 때는 깔깔거리며 사람들의 프로필을 구경하기 위해서다.

온라인 설문조사 문항 중 학생들에게 일상적으로 사용하는 소셜미디어 플랫폼을 말해달라는 질문이 있었다. 이 질문에 답한 학생들 중 겨우 9퍼센트만 틴더를 일상적으로 사용한다고 말했다.

틴더는 GPS를 기반으로 작동하기 때문에 대학생들의 경우에는 선택의 폭이 캠퍼스로만 한정될 수 있으므로 학생들 사이에서 이 앱의 인기가 없을 가능성도 있다. 학생들은 주로 상대를 꼬시려고 틴더를 사용한다. 예를 들어 당신이 수강하는 물리학 강의에 처음 보는 아주 잘생긴 남학생이 있다고 치자. 어느 금요일 밤, 당신이 친구들과 재미 삼아 틴더에서 놀고 있는데 거기서 그 남학생을 발견한 것이다. 당신은 당연히 그 남학생 사진을 오른쪽으로 넘기고 '하트'를 누른 후 그도 당신에게 똑같은 선택을 하길 바랄 것이다. 뭐 손해 볼 건 없지 않은가! 일단 화면을 오른쪽으로 넘겨서 '좋아요' 버튼을 누르면 적어도 당신이 관심 있다는 사실은 그에게 알릴 수 있으니 말이다.

일단 작업 걸기는 끝난 것이다.

이후 아무 일도 일어나지 않을 수도 있다. 그가 당신에게 똑같은 반응을 보이지 않았거나, 그도 '하트'를 눌렀지만 실제 대화까지는 진전되지 않았을 수도 있다. 혹은 나중에 물리학 강의실에서 그와 만났을 때 이미 틴더에서 안면을 튼 상태이므로 그와 자연스럽게 대화를 나누게 될 수도 있다. 이렇게 보면, 틴더는 당신이 늘 호감을 갖고 있던 누군가에게 말을 걸 수 있는 기회를 열어준다. 요즘 학생들은 누군가에게 먼저 다가가는 것을 굉장히 어려워하기 때문이다. 캠퍼스에서 우연히 만나 호감을 품고 있던 학생에게 먼저 다가가 '안녕' 하고 아는 척을 한다는 건 이들에게 생각만 해도 진땀 나는 일이다. 물론 틴더에서 서로가 하트로 연결된 커플에게 이후 어떤 식의 진전이 있었다면, 이런 행위는 데이트보다 훅업이란 말이 더 잘 어울릴 만하다. 훅업은 캠퍼스의 두드러진 문화이며 이제 데이트(적어도 전통적인 개념의) 문화는 거의 존재하지 않는다. 학생들이 데이트를 선호하지 않는 건 아니지만 데이트하는 방법을 잘 모르는 것만은 분명해 보인다. 또 대학생들이 그 방법만 안다면 데이트를 원한다는 것도 분명해 보인다. 그런 점에서 틴더는 처음으로 상대에게 접근하는 두려움과 불안을 낮추는 데 도움이 된다(물론 늘 그런 목적으로 작동하는 건 아니지만).

그러나 나는 여기서 매체에 비친 틴더의 명성과 회의론자들이 조성한 두려움―틴더는 단지 낯선 이들 간의 섹스를 위한 앱이라는―이 대학 캠퍼스에는 큰 영향을 미치지 않는다는 점을 강조하고 싶다. 작업 걸 대상을 찾기 위해 틴더를 이따금씩 이용하는 사람들의 경우에는 어차피 늘 다른 학생들에게 작업을 걸기 마련이다. 더군다나 대학생들의 작업에는 다양한 수준―키스(실제로 키스 정도로 끝나는 경우가 가장 많다)부터 섹스까지―이 있다. 따라서 어떤 학생이 작업을 걸기 위해 틴더를 사용한다 할지라도, 그 작업이란 그 날 저녁 상대와 데이트를 하는 정도가 될 것이다.[2]

대학생들은 온라인 데이트에 대해 느끼는 두려움―현실에서는 아무 관련도 없는 누군가를 함부로 만난다는 것―을 틴더에서도 똑같이 느낀다. 대학생들도 훅업과 섹스를 원하지만, 그렇다고 익명의 낯선 사람과의 관계는 원하지 않는다. 그들은 문학 강의를 함께 듣는 훈훈한 남학생과, 혹은 화학 강의에서 눈에 띈 섹시한 여학생과의 관계를 꿈꿀 뿐이다. 물론 이 경우에도 상대와 정식으로 인사를 나눈 관계가 아닐 수 있지만, 상대를 어느 정도 안다는 것만으로도―같은 대학에 다니고, 같은 강의를 들으며, 공통적으로 알고 있는 친구가 있을 수도 있는―두려움은 완전히 없어진다. 좋든 싫든(전체적으로는 긍정적이라 하겠지만), 이는 당신이 꼬시려 하거나 개인적으로 만나고 싶은 그 사람을 '더 안전한' 대상으로 만든다. 그런 상대가 학생들 눈에 '더 안전해' 보이는 이유는 그 사람을 강의실에서 다시 만날 수 있고, 또 당신과 어떤 일이 일어나기 전에 다른 학생들을 통해 그 사람의 평판을 확인할 수 있으며, 그들이 어디에 사는지를 이미 알고 있거나 쉽게 알아낼 수 있고, 또 필요한 경우에는 더 많은 정보를 얻을 수 있기 때문이다. 상대가 당신과 같은 대학에 다니므로 대학의 원칙과 통제력 안에 구속되기 때문이다. 물론 이런 특징 덕분에 캠퍼스 내에서의 훅업이 무조건 잘되리라는 보장은 없으며 성추행에 대한 면죄부도 절대 부여되지 않는다. 그럼에도 매체가 투영하는 불안감 때문인지, 학생들이 아예 모르는 사람을 만나기 위해 틴더를 사용하는 일은 거의 없다.

그럼에도 불구하고 틴더를 사용하는 사람들에게는 이 앱이 자신의 관심사를 공유하고―아마도 상대를 꼬시려는 목적이겠지만―연애 상대가 필요한 사람에게는 재빨리 자존감을 충족시킬 수 있는 유용한 도구가 된다. 틴더가 캠퍼스에 만연한 훅업 문화의 일부일까? 그건 분명한 사실이다. 그리고 이런 측면은 틴더가 특정 대학에서 더 성행한다는 점에서 대학에 따라 다르다고 볼 수 있다. 게다가 훅업 문화는 틴더가 생기기 훨씬 이전부터 이미 대학가에 강하게 부상해 있었다. 훅업 문화는 앱이나 소셜미디어와 상관없이 발생하기 때문에 소셜미디어가 훅업 문화에 영향을 준다 할지라도 훅업 문화를 창조해낸 주체라고 할 수는 없다. 또 소셜미디어가 설사 내일 사라진다 할지라도 훅업 문화에 미치는 영향은 거의 없을 것이다. 훅업 문화는 거침없이 계속될 것이다.

학생들에게 데이팅 앱으로 인해 사람들의 데이트/훅업/섹스 방식이 변하고 있는지를 묻자, 비교적 소수(16퍼센트)의 사람들만이 이에 대해 틴더를 언급했다. 이렇게 대답한 사람들이 이 앱에 대해 갖고 있는 느낌은 아래 표에서 볼 수 있는 것처럼 꽤 복합적이었다.

틴더에 대해 답변한 학생 중 거의 4분의 1은 이 앱에 대해 사실상 잘 모르고 있거나(물론 남들이 사용한다는 건 알고 있지만), 자신은 사용해본 적이 없고 어떤 앱인지 잘 모른다는 사실을 강조했다. (오늘날 온라인 세상이 급변한다는 점을 감안한다면, 틴더의 유명세도 이 책이 출간됐을 때에는 바뀔 가능성이 충분히 있다—즉, 학생들의 연애를 완전히 주도하는 앱이 되거나 이 분야에서 완

틴더에 대한 학생들의 반응	백분율
틴더는 분명한 훅업용 앱이다	23%
틴더는 연애 작업을 위한 재밌고 긍정적인 앱이다	18%
틴더에는 긍정적인 면과 부정적인 면이 모두 있다	1%
틴더는 끔찍한 앱이다	33%
모호한 의견 / 틴더를 사용해본 경험 없음	23%

전히 사라지거나) 또 4분의 1에 가까운 학생들은 이렇게 답했다. "틴더는 말할 것도 없이 훅업용 앱이다!" 하지만 자신의 주장에 강력한 근거를 댄 사람은 거의 없었다. "가벼운 훅업 문화를 위한 유용한 플랫폼이다"라고 말한 사람도 있었지만 그게 전부였다. 그럼에도 불구하고 틴더를 사랑 하는 소수의 학생들도 존재했다(18퍼센트). 그들은 이 앱이 특히 내성적인 사람들에게 '도움이 되며' '데이트를 위한 또 다른 기회'를 열어준다고 답 했다. 그리고 응답자들의 3분의 1 정도는 틴더를 말 그대로 '혐오'했다.

"틴더에서 누구와 매치가 되고 나중에 파티 같은 데서 그 사람을 만 날 수 있다는 점에서는 꽤 깔끔한 앱이다. 적어도 서로 기본적인 호감은 확인한 상태니까." 1학년 남학생 한 명은 이렇게 말했다. "사람들이 좀 더 솔직해지고, 밀당의 뿌연 안개를 걷어준다." 남자친구를 틴더에서 만 났다는 복음주의 기독교대학의 1학년 학생은 이런 의견을 줬다. "대부분 [틴더는] 농담이나 조롱의 대상이며 심각하게 다뤄지지 않는다." 그녀는 이런 말도 썼다. "하지만 나는 개인적으로 긍정적이고 상당히 다른 경험 을 했다. 현재 남자친구를 틴더에서 만났기 때문이다. 남자친구와 현재 1년 넘게 꽤 헌신적인 관계를 유지하고 있다." 자신을 동성애자로 밝힌 (온라인 설문에서는 정확히 '트랜스젠더'로 표시함) 가톨릭대학에 재학 중인 또 다른 2학년 학생은 틴더가 특히 레즈비언 여학생들에게 도움이 된다고 주장했다. "레즈비언들은 틴더를 데이트(낭만적인 데이트) 목적으로 많이 이용하므로 성소수자 학생에게는 매우 흥미로운 앱이다." 이 여학생은 이런 의견도 냈다. "이성애자들은 훅업 목적으로 더 많이 이용하는 것 같다."

이 질문을 통해 틴더가 훅업 문화를 만든 건 아니라는 사실을 분명 히 밝힌 학생들도 많았다. 사실 틴더 같은 앱들은 훅업에 관심 없는 사람 들을 쉽게 배제하는 경향도 있다. "훅업 앱이 훅업 문화를 창조한 것은 아니다." 가톨릭대학 2학년생 여학생의 말이다. "가벼운 섹스를 원하는 대학생들은 늘 있기 마련이다. 학교 동기나 직장 동료와 쓸데없이 불편한 관계로 엮이는 위험 없이 상대를 쉽게 찾을 수 있는 공간이 존재한다는 것은 좋은 일이다."

그러나 대부분의 학생은 현실적인 태도를 취했다. 이는 복음주의 기독교대학에 다니는 한 여학생의 답변에서 잘 표현된다. "가볍게 데이트할 수 있는 관계를 가질 수 있다. 어차피 서로 호감을 느껴야 만날 수 있기 때문에 집착이나 거절의 부담이 적어진다. 바로 거기에 득과 실이 있는 것 같다. 훅업 문화에서 보자면 자유를 맘껏 누릴 수 있지만 육체적 관계 이상을 기대하거나, 장기적이고 지속적인 관계를 꿈꾸는 사람들에게는 피해를 줄 수 있다. 또한 이 앱은 사적 연결 대신 다수의 후보들 중에서 데이트 상대를 선택할 수 있다는 개념을 만들었다."

어떤 학생들은 모든 건 본인이 틴더를 어떻게 사용하느냐에 달려 있다고 보기도 한다. "그저 데이트를 하는 새로운 방식일 뿐이다." 가톨릭대학 3학년생인 한 여학생은 이렇게 말했다. "이를 악용하는 사람들도 있겠지만 모든 건 본인 의지에 달려 있다. 훅업 상대를 찾아 거길 들어가든, 서로 알고 지내기 위해 새롭고 흥미로운 사람을 찾으려 하든, 모두 당사자의 선택이다."

다음으로는 틴더 같은 앱의 존재 자체를 개탄하는 학생들도 있었다. "얻을 게 하나도 없는 몰지각한 앱이다." 복음주의 기독교대학 2학년에 재학 중인 여학생은 이렇게 주장했다. "룸메이트가 틴더를 사용하는데 정말 마음에 안 든다. 사람 사이의 교감이라는 개념을 없애기 때문이다. 사람은 얼굴과 얼굴을 맞대고 관계를 쌓아나가야 한다고 나는 굳게 믿는다." 복음주의 기독교대학 3학년인 한 여학생은 다음과 같은 의견을 냈는데, 틴더를 불신하는 다른 학생들에게 많이 듣던 주장이었다. "틴더는 우리 세대에게 피상성과 훅업을 조장한다는 점에서 특히 나쁘다." 사립대학 1학년생인 여학생은 이런 말도 했다. "틴더로 인해 연인 관계와 섹스가 상품화된 것 같다. 온라인에서 쉽게 획득하고 '사용 후' 바로 버릴 수 있는 대상이 됐다."

그러나 이 주관식 질문에 대한 답변들을 보면, 틴더만 콕 집어 말하기보다는 그라인더, 그리고 스냅챗까지(일부 학생들의 경우) 다른 모든 데이팅 앱에 대한 일반적인 의견이 더 많았다. 사실 이 선택형 주관식 질문은 가장 많은 학생이 적극적으로 자신의 의견을 개진한 문항이었다. 이런 사실이 흥미로운 점은, 데이팅 앱을 실제로 사용하는 학생들은 적지만 젊은이들이 온라인 데이팅 앱에 대해 분명한 생각이 있다는 것을 보여주기 때문이다.

온라인 데이팅에 대한 절대 다수의 의견은 굉장히 부정적이었다. 젊은이들은 데이트나 훅업 상대를 온라인에서 만난다는 개념 자체를 싫어했다. 그런 기회의 폭을 캠퍼스 담장 너머 더 넓은 세상으로 넓혀주는 플랫폼을 이용할 생각도 없었다. 또 이런 플랫폼을 이용하는 사람들을 강도 높게 비난하기도 한다. 게다가 이 주제와 관련된 특정 문항에 대한 답변들을 보면 학생들이 일반적인 훅업 문화도 아주 부정적으로 바라본다는 것을 알 수 있다. 학생들이 틴더에 대해 특히 강한 반응을 보이는 이유는 이 앱이 캠퍼스의 데이트 및 섹스 문화에 악영향을 미치고 혼란을 주며, 그 가치를 떨어뜨리기 때문이라는 것을 알 수 있다.

한 청년은 간단명료하게 이렇게 표현했다. "이제 훅업 문화는 보편적인 현상이 됐고 헌신의 가치는 내동댕이쳐지고 있다." 또 다른 여학생은 이렇게 답했다. "온라인은 현실이 아닌데, 이런 앱들 때문에 진정한 관계를 맺는 일이 점점 어려워지고 있다. 자신을 진심으로 생각하는 사람을 찾는 것보다 가볍게 만나는 훅업처럼 데이트 방식도 완전히 바뀌고 있다."

이런 앱들이 캠퍼스 데이트와 섹스에 어떤 영향을 주는지 자신의 생각을 밝힌 학생들은 요즘 젊은이들의 문제적 훅업 문화를 더욱 악화시키는 이런 온라인 데이트 사이트에 강한 불쾌감을 나타냈다. 이들은 자신의 답변에 '한심한', '어리석은', '얄팍한', '끔찍한', '소름끼치는' 같은 단어를 자주 사용했다. 학생들은 그런 앱들이 사람들을 위험한 상황으로 내몰 수 있다고 여겼으며 일반적으로 여성이나 개인의 대상화를 더욱 악화시킨다고 생각했다. 이런 앱들은 섹스나 헌신, 사람 간의 접촉이 갖는 가치를 존엄하게 여기지 않으며 데이트와 섹스에 유해하다는 게 그들의 주장이었다.

섹스팅: 세대를 분열시키다

논리적인 젊은 세대를 당황하게 만드는 주제는 이른바 훅업용 앱 외에 하나가 더 있다. 바로 섹스팅이다. 학생들에게 일반적인 관점에서 섹스팅을 어떻게 생각하느냐고 물었을 때 돌아오는 반응들은 한두 가지로 압축될 수 있었다. 그중 하나는 "말도 안 되죠! 저는 절대 그런 건 안 해요!"라고 강경한 목소리로 말하거나, 또 다른 반응은 그저 어깨를 으쓱하는 것이다. 인터뷰한 학생들 중 절반 정도는 섹스트(sext)를 보내는 것은 세상에서 가장 어리석은 짓이라고 생각했다. 그리고 나머지 절반은 섹스팅은 매우 흔한 일이므로 그렇게 펄쩍 뛰는 사람들이야말로 위선자라고 말했다.[3]

물론, 학생들은 실제로 무엇을 '섹스팅'이라고 하느냐에 대해서는 매우 다른 생각을 갖고 있었다.

"무엇을 섹스팅이라고 부를 수 있는지에 대해 좀 더 개념 정리가 필요한 것 같아요." 마크는 이런 말로 시작한다. "당사자가 옷을 홀딱 벗고 있든 아니든 거기에 뭔가 성적인 의도가 있다면 섹스팅이라고 봐야겠죠. 물론 당사자가 옷을 벗고 있거나 특정 부위만 노출한 경우에도 섹스팅으로 간주하는 사람들이 있을 거예요. 또 그런 문자를 누구에게 보내느냐도 문제가 되겠죠. 사람들이 섹스팅을 실제보다 좀 더 심각하게 만드는 면도 있는 것 같고요. 제 생각에는 섹스팅의 개념이 조금은 광범위하게 규정돼야 할 것 같아요." 마크는 작업을 거는 문자까지도 다 섹스팅에 포함시켜야 한다고 말한다. "'오, 너 지금 어떤 옷 입고 있어?'라든지 '오늘 밤 계획은 뭐야?'같이 집적거리는 멘트 있잖아요. 아니면 셔츠를 조금 잡아당기는 소녀의 모습을 사진으로 보낸다든지 말이에요. 사진을 보내든 문자를 보내든, 심지어 이메일이든 뭐든 일종의 성적 의도가 있다면 전 섹스팅이라고 봐요."

가끔 틴더 같은 앱을 사용하거나 소셜미디어를 통해 섹스 상대를 찾는 것도 '섹스팅'으로 해석하는 학생들을 볼 수 있다. 어쨌든 대부분은 문자로 명백하게 성적 표현을 하거나, 가장 흔한 형태로 외설적인 사진이나 누드 사진을 보내는 행위를 섹스팅으로 이해한다. 스냅챗은 섹스팅을 얘기할 때면 언급되는 단골 메뉴다. 많은 이들이 스냅챗을 이상적인 섹스팅 앱으로 여기기 때문이다.

매튜 같은 학생은 이런 주제를 얘기하는 것만으로도 얼굴이 조금 붉어진다. 그는 섹스팅에 대한 질문을 하자 바로 틴더를 언급한 학생 중 하나였다. 그는 자기 학교 학생들이 훅업 상대를 찾기 위해 '항상' 틴더를 사용한다고 여기고 있었다. 그러나―다시 한 번 언급하지만―학생들이 찾는 상대는 낯선 이가 아닌 그저 같은 학생일 뿐이다. "아이들은 틴더에 들어가면 자신과 아주 가까이 있는 사람들 중에서 작업 걸 대상을 물색해요." 그는 웃으며 말한다. 그들은 틴더를 통해 "그 날 밤 있을 파티에 그들을 초대하거든요."

기술적으로 말하자면, 매튜는 '섹스팅' 또한 '늘 일어나는 일'이라고 여긴다. 그는 '섹스팅'을 예전 폰섹스에 비유한다. 그러고는 흥미로운 이야기를 시작한다. "사실 죄책감이 좀 들지만…… 이번 여름방학에 여자친구에게 몇 번 섹스트를 보낸 적이 있었어요. 여자친구가 3시간이나 떨어진 곳에 살기 때문에 방학 동안에는 자주 만날 수가 없었거든요." 나는 그에게 섹스팅을 한 것에 왜 '죄책감'이 드는지 물었다. 그는 벌게진 얼굴로 좀 더듬거리며 말한다. "글쎄요. 이미지가 좀 나쁜 사람들이…… 음…… 어쨌든 저희 부모님도 못마땅해하실 테고, 그러니까…… 교회 목사님도 인정하지 않을 일이잖아요. 그래서, 그러니까…… 제 여자친구가 아닌 누군가에게 그런 얘기를 할 때 맨 먼저 느껴지는 감정 중 하나가 죄책감인 거겠죠. 이해되세요?" 그가 초조한 듯 웃으며 말한다. 나는 그런 일을 인정하면서 왜 부끄러움을 느꼈을지 다시 한 번 생각해보라며 그를 한 번 더 압박한다. "그러면 안 되는 일이니까요. 그래서 조금 창피한 것 같아요. 하지만 뭐, 그때는 여자친구와 함께할 수 없었기 때문이었고 그냥 일종의, 아시겠지만, 멀리 떨어져 있으면서도 가까운 관계를 유지하기 위해서였으니까요. 그런 점에서는 항상 나쁘다고만 할 수는 없는 것 같아요. 사귀는 사람에게 섹스트를 보낸 거니까요." 그가 다시 한 번 웃으며 말을 보탠다. "연인 관계가 아닌 사람들끼리 섹스트를 주고받는다면, 그건 상당히 이상한 일이죠. 그러니까, 농구팀에 있는 애들 몇 명은 아무 관계도 아닌 고향 여학생들에게 섹스트를 보내기도 하더라고요. 잘은 모르지만, 그건 좀 야릇한 거죠. 저는 그런 짓을 절대 하지 않지만 쉽게 있는 일이에요."

매튜는 연인 관계 내에서 섹스팅을 하는 것과, 관계 밖에서 섹스팅을 하는 것 사이에 분명한 선을 긋는다. "진심으로 신뢰하는 사람끼리 나누는 섹스팅은 무방하다고 봐요. 그러니까 서로에게 정말 헌신할 수 있는 애인 사이를 말하는 거죠." 그가 강조하듯 말한다. "정말 안 좋게 깨지거나, 내가 아끼는 만큼 상대는 나를 진심으로 사랑하지 않을 경우에, 상대의 이미지를 무너뜨리는 짓을 하는 사람들도 있잖아요."

섹스팅을 가끔씩 한다는 학생들을 만날 경우에도, 그들은 깊은 관계에 있는 연인끼리만 한다는 점을 분명히 밝힌다. 파트너와 섹스팅을 주고받는 것과 낯선 이와 섹스팅을 주고받는 것은 완전히 다른 문제이기 때문이다. 한 번도 섹스트를 보낸 적 없고 앞으로도 보내지 않겠다고 말한 학생들조차 자기 파트너와 섹스트를 주고받는 건 괜찮다고 여긴다. 그러나 모르는 사람과는 절대 해서는 안 될 일이다. 후자는 너무 위험하기 때문이다.

비드야는 섹스팅이 대학생 사이에서는 상당히 일반적인 일이라고 여긴다. "제 친구들도 하거든요." 그녀가 웃으며 말한다. "심한 정도는 아니지만 예전보다 훨씬 흔해진 것만은 분명해요. 스마트폰, 특히 스냅챗 같은 데서 심해요. 선생님도 아시죠? 사진이 10초 후에 사라지는 사이트요. 어쨌든 사람들이 섹스팅을 한다는 건 알고 있어요. 스마트폰 사진기에 있는 셀피 기능이나 페이스타임(아이폰·아이패드 사용자들 사이에 사용할 수 있는 무료 영상통화—옮긴이) 같은 게 생기면서 훨씬 더 일반적인 일이 됐죠."

전면 셀카 렌즈나 스냅챗 같은 앱, 또 페이스타임 같은 손쉬운 '도구' 때문에 '섹스팅이 일어난다'는 개념은 셀피에 대한 대화를 나눌 때도 많은 학생이 했던 주장이었다. 기술이 섹스팅을 용이하게 만들고, 그래서 모든 이가 섹스팅을 한다는 논리다.

가톨릭대학에 다니는 한 청년은 사람들이 왜 섹스트를 보내면 안 되는지, 또 섹스팅이 우리 몸이나 관계의 가치를 줄이는(혹은 높이는) 것과 어떤 관련이 있는지에 대해 좀 더 로맨틱한 생각을 갖고 있었다. "섹스팅은 자신의 몸을 존중하지 않는 행위이기 때문에 절대 해서는 안 되는 일이에요"라는 게 그의 주장이다. "그건 마치 자신의 신체란 단지 그런 사진에서 보이는 게 전부라고 말하는 것과 마찬가지거든요. 신체의 더 사적인 부분은 누군가 특별한 사람을 위해 남겨둬야 하니까요. 결혼할 상대를 위해, 결혼이 아니더라도 더 깊고 특별한 관계를 위해서요. 우리의 몸은 그냥 노골적인 누드 사진보다는 더 로맨틱하니까요."

그리고 섹스팅은 그냥 어리석은 일일 뿐이라고 여기는 여학생도 만날 수 있었다. "어떤 사건으로 물의를 일으키는 사람들이 있잖아요. 제 말은, 누드 사진 비슷한 게 발견되는 정치인들도 있으니까요. 그런 식으로 자신의 흔적을 남기는 건 좋은 생각이 아니죠. 잘은 모르겠지만 그런 일을 즐기니까 그렇게 됐겠지만, 다른 누군가가 사진을 발견할 수도 있는 상황에서 그런 위험을 감수할 만큼 가치 있는 일일까요? 그리고 설사 공인이 아니더라도, 누군가 자신의 평판을 망가뜨리기 위해 대학 캠퍼스나 고등학교에 그런 사진을 유포할 수도 있으니까요. 그런 사진을 보내는 게 그저 사소한 일일지라도 저는 절대 보내지 않을 거예요."

또 섹스팅에 대해 좀 복합적인 감정을 갖고 있는 조이 같은 학생들도 있다. 그녀도 다른 학생들처럼 어린 청소년들에게는 적당하지 않고 충격적일 수 있다고 말한다. 하지만 어느 정도 성인이 된 후 적당한 상황이라면 괜찮다고 여긴다. "중학교 때 휴대폰이 있었는데 어느 날 반 남자아이들이 제 가슴 사진을 보내달라고 문자를 보낸 거예요. 저야 당연히, '뭐라고?! 싫어!'라고 했지만 눈물이 터질 것 같았어요. '넌 지금 내게 가장 역겨운 부탁을 하고 있어!'라고 했죠. 그런 문제에 대한 제 철학은 이래요. 어렸을 때는, 직접 보기에 꺼림칙한 것은 화면으로 봐도 안 된다는 거죠." 조이는 '충분히 나이 먹고 성숙해졌을 때'나 그런 일을 할 수 있다고 여기며 자신에게도 동일한 지침을 부여한다. 그녀에게는 남자친구가 있고 섹스팅은 그들 커플 관계에도 어떤 역할을 할 수 있기 때문이다. "'나는 절대 섹스트는 보내지 않을 거야' 하고 장담할 순 없겠죠. 남자친구와 장거리 연애라도 하게 된다면 그런 사진을 보낼 날이 올 수도 있잖아요." 그럼에도 조이는 섹스팅에 대한 선을 분명히 긋는다. "가벼운 즐거움을 위해 아무에게나 그러지는 않을 거예요." 그녀가 이렇게 덧붙인다.

나이가 들면서 섹스팅에 대한 반감이 줄어든 조이와 달리, 브랜다는 오히려 그 반대의 경우다. "제 또래 아이들에게는 흔한 일이지만 제 친구들은 안 그래요." 그녀가 말한다. "사실 섹스팅에 대한 얘기를 자주 하거든요. 저를 포함한 친구 몇 명은 이제 좀 익숙해진 것 같아요. 고등학교 3학년 때 유행이었는데, 이제는 철이 들어서 그런 일에는 관심이 없어요. 그런 문제에 있어서는 다른 사람을 믿으면 안 돼요."

많은 사람이 나이와 연인 관계를 중심으로 섹스팅의 허용 수준을 구분한다. 또 나와 인터뷰를 했던 많은 학생이 자신의 어린 동생들을 걱정했다. 어린 학생들은 자신이 무슨 일을 하고 있는지 자각할 만큼 성숙하지 않기 때문이다. 그런 행위의 흔적이 자신을 평생토록 따라다니지 않을까 두려워한다.

하지만 섹스팅에 관해 제레미만큼 정교한 이론을 가진 사람은 없다.

제레미
15min · 👥

#올바른 섹스팅 활용법

나는 눈부시게 화창한 어느 날, 목가적 분위기의 가톨릭대학에서 제레미를 만난다. 머리에는 홀치기 염색된 알록달록한 벙거지 모자를 쓴 그는 비틀스 T셔츠와 반바지 차림에 단화를 신고 있다. 그의 여유 있는 태도에는 어떤 열정이 뿜어져 나온다. 게다가 그는 코미디언을 능가할 만큼 재밌다. 생기 넘치며, 웃기고, 지적이며, 사려 깊은 친구다. 그는 우리가 알고 있는 거의 모든 소셜미디어 플랫폼에서 활동한다—트위터, 텀블러, 스냅챗, 바인, 틴더, 인스타그램, 페이스북 등. 제레미는 고향에 여자친구가 있는데, 무엇이 그를 행복하게 하는지 묻자 기다렸다는 듯 바로 이런 대답이 나온다. "절 행복하게 하는 건 너무 많죠." 그는 느긋한 성격에, 항상 긍정적인 태도로 삶을 즐기자는 마음가짐을 갖고 있다. 그는 자신의 소셜미디어 페이지에 원하는 건 모두 포스팅하지만 그래도 "제 몸뚱이는 챙겨요"라고 말한다. 구글로 자신을 검색한 누군가가 거기서 발견한 내용으로 인해 자신을 부당하게 비판하는 일은 없었으면 하기 때문이다. 그에게 소셜미디어는 자신을 표출하는 출구 역할을 한다.

제레미는 셀피도 즐긴다고 한다. 특히 스냅챗에 셀피를 자주 올린다. 그럼에도 그는 소셜미디어보다는 좀 더 사적인 문자를 선호한다. 제레미에게 섹스팅에 대한 생각을 묻자 그는 이렇게 대답한다.

"뭐 특별한 문제는 모르겠어요." 그는 이렇게 이야기를 시작한다. "소셜미디어가 예전과는 완전히 달라졌잖아요. 불과 몇 년 전과도 확연히 다르죠. 저희 또래는 스냅챗이나 틴더 같은 데서 주로 섹스팅을 하는 것 같고요. 다들 어떤 식으로 활용해야 하는지 잘 아는 것 같아요. 물론 전부 그런 건 아니겠죠. 뭐든 남용하는 사람이 있기 마련이니까요. 그래도 저희 세대는 뭐가 책임 있는 섹스팅인지는 알고 있는 것 같아요. 아무에게나 보내는 것도 아니고요. 스냅챗이랑 비슷하다고 생각해요. 스냅챗은 자신의 지인들과 연결돼 있어서 내가 누구에게 내용을 보내는지 알고 있거든요. 그리고 틴더의 경우에는 낯선 이들과의 만남을 주선하는 사이트에 가깝지만 이미 알고 있는 사람과도 대화할 수 있어요. 제 친구 녀석 중 하나는 틴더에서 여자친구를 만났는데 정말 괜찮은 여학생이에요. 다들 그 여자친구와도 친하거든요. 저도 좋아하고 괜찮은 애죠. 저희 또래는 책임 있는 섹스팅이 뭔지를 알고 있고……. 어쨌든 자신을 납치할 만한 사람을 만나러 가는 일은 없을 거예요."

제레미가 '책임 있는 섹스팅'이란 말을 대화 중 두 번이나 언급했으므로 나는 그 말이 정확히 무엇을 뜻하는지 제대로 알고 싶어진다.

제레미는 처음에 어려운 질문이라고 말한다. 하지만 이내 꽤 논리적인 대답을 들려주기 시작한다. "책임 있는 섹스팅이란," 그가 다시 기다렸다는 듯 술술 이야기를 꺼낸다. "자신의 사진을, 즉 섹시한 문자 메시지를 모르는 누군가에게 보내지 않는 걸 말해요. 사실 저도 섹스트를 보낸 적이 있는데, 잠시 교류가 있던 여학생이었어요. 뭔가 통하는 것도 있었고요. 그런 점에서, 책임 있는 섹스팅이란 소셜미디어 밖에서도 아는 사람이면서 일종의 성적 교감이 있는 사람과 해야 한다고 생각해요. 저는 길거리에 있는 아무 여자에게나 섹스트를 보내는 게 아니라 제 여자친구에게만 보내니까요. 제 여자친구에 대해서는 제가 누구보다 잘 아니까, 그게 책임 있는 태도죠. 여자친구가 제 사진들을 인터넷에 내보내서 모든 이와 공유할 가능성은 그 누구보다 희박하니까요."

나는 제레미에게 그래도 그런 가능성에 대해서는 걱정하는지 묻는다.

"아뇨." 제레미가 말한다. "저는 제 여자친구를 믿어요. 확실한 믿음이 없었다면 사귀지도 않았을 거예요. 만약 우리 사이가 깨진다고 해도 앙심을 갖거나 그럴 애는 아니에요. 그리고 서로의 은밀한 것들을 소셜미디어에 올리지 말자고 좋은 마음으로 약속할 수 있는 사이고요. 그래서 그런 걱정은 전혀 없어요. 뭐, 걱정해야 할 문제일 수도 있겠지만 저는 책임감 있는 사람이니까 그런 걸 소셜미디어에서 만난 사람에게 보내진 않을 거예요. 제가 정말 믿을 수 있는 사람에게만 보낼 거고, 그래서 지나치게 걱정할 필요는 없어요."

제레미는 온라인 사생활 보호 문제에 대해서도 그다지 걱정하지 않는다. 물론 남들만큼은 고려하지만 심한 정도는 아니다. "하지만 나중에 걱정할 만한 일은 아예 올리지 않는다는 주의예요"라고 그는 설명한다. "적어도 저를 난처한 상황에 빠지게 할 만한 일은 올리지 않아요. 그러니까, 저도 어느 정도는 사생활 보호에 대해 생각해요. 제 계정이 해킹당할 수도 있잖아요. 근데 예전에 계정이 해킹됐을 때도 대부분은 그저 어이없는 글들이 올라오는 정도였고 제 개인정보가 도용된 일은 없었거든요. 그래서 개인정보 보호에 대해서도 지나치게 고민하진 않아요. 비밀번호는 이따금씩 바꾸는데, 자주는 아니에요. 이 정도만 돼도 뭔가 심각한 일은 절대 일어나지 않을 거예요."

인터뷰가 끝날 때쯤, 제레미는 표현의 자유에 대해 말한다. 그의 주장에는 섹스팅을 포함해 제레미가 소셜미디어나 신기술에 대해 일반적으로 갖고 있는 낙관적인 태도가 반영돼 있다. "우리 세대가 표현의 자유를 상당히 향상시켰다고 생각해요. 특히 그렇게 될 수 있었던 데에는 소셜미디어가 큰 역할을 했고요." 그가 말한다. "온라인 세상은 정말 변화무쌍하고 다양해요. 그래서 온라인에 접속하면 세상의 훨씬 다양한 면모와 사람들의 시각을 볼 수 있죠. 어떤 사람들은 그곳을 비판의 장으로 활용하지만, 저는 인터넷이 비판을 위한 공간이라고 생각하지는 않아요. 저에게 인터넷은 자신을 표현하고 공통 관심사를 가진 사람들을 찾는 공간이에요. 그리고 인터넷이 부정적인 방식보다는 긍정적인 방식으로 세상에 영향을 준다고 믿어요. 물론 올바르게만 활용된다면 말이죠."

섹스트를 보내기 전에 (당신의 미래를) 생각하라

제레미 편에 있는 사람들은 더 있다. 온라인 설문조사에서 학생들의 14퍼센트는 섹스팅을 용인하면서 긍정적이고, 정상적이며, 즐거운 행위라고 말했다. 이들 학생들 중 일부는 섹스팅이 연인 관계, 특히 장거리 커플에게 얼마나 훌륭한 도구가 될 수 있는지를 부각하거나, 적어도 섹스팅이 전혀 이상한 행위는 아니라고 밝혔다. 그러나 이런 학생이 자신의 주장을 뒷받침하는 절대적인 근거는 책임 있는 섹스팅이었다. 즉, 자신이 정말 신뢰할 수 없는 사람에게는 절대 섹스트를 보내서는 안 된다는 뜻이다. 설문에 응한 일부 학생들은 섹스팅이 '윤리적으로 잘못된' 행위이며 심지어는 '역겹고' '모멸적'이라고 말했다. 또한 많은 학생이 원치 않는 섹스트를 받는 경우가 많고, 그래서 이에 더욱 반대하는 경향을 보였다. 그러나 학생들이 섹스팅에 대해 가장 일반적으로 갖는 느낌은 비윤리성보다 위험성이었다. 자신의 사진이나 섹스트가 어디선가 돌 수 있고, 그래서 섹스팅이 매우 위험하다는 것이다. 이들 학생들은 섹스트를 보내는 것은 미친 짓이며, 완전한 재앙이고, 그것으로 인해 머지않아 곤란한 상황에 처할 수 있다고 여겼다. 이런 유형에 속하는 학생들은 인터넷이나 스마트폰 사용에 있어 사적인 영역은 아무것도 없으며, 인터넷이나 스마트폰을 통해 행한 모든 일은 영구적으로 그 흔적을 남길 수 있다는 강한 믿음을 갖고 있었다. 단 한 번의 섹스팅이 몇 년 후에 갑자기 유령처럼 나타나 당신을 괴롭힐 수 있다는 것이다.

이는 단 한 번 내딛은 잘못된 걸음이, 한 번의 위험한 포스트가, 또 그저 재미 삼아 찍은 하나의 사진이 당신의 장래 희망과 꿈을 다 앗아갈 수 있다는 사실을 강하게 되새기는 또 다른 신호가 된다. 이런 학생들은 섹스팅이란 아직 온라인에서 행하는 모든 것을 '프로답게' 행하는 것을 제대로 배우지 못한, 그래서 '세상을 잘 모르는 아직 미성숙한 사람들만을 위한' 것으로 여겼다. 많은 대학생이 '책임 있는 섹스팅'이란 개념은 터무니없다고 생각했다. 그들이 제레미의 말을 듣는다면, 고개를 내저으며 그가 착각에 빠져 있다고 여길 것이다.

　이런 기술에 의존하며 사는 사람들에게 섹스팅은 불가피한 일이라고 말하는 학생들도 일리는 있다. 인간의 삶 어디든 스마트폰이 침투해 있는 상황에서, 우리의 성생활이라고 거기서 자유로울 수 있을까? 많은 학생에게 이제 스마트폰은 몸의 일부로 간주되며, 서로가 믿을 수 없을 정도로 친밀하고 복잡한 느낌으로 결속돼 있다. 자신이 스마트폰의 노예가 됐다고 여기는 학생들도 있지만, 스마트폰 없이는 살 수 없다고 느끼는 학생들도 많다.

🔍 10장 스마트폰과 나 •••
#사랑하고 또 미워하다

♥ ○ ◁   🔖

 잭슨, 중서부 공립대학 3학년 제 폰과 지갑, 그리고 열쇠는 항상 있어야 해요. 그것들이 없으면 마치 제 심장이나 뇌가 사라진 듯한 기분이 들거든요.

 카트리나, 북동부 공립대학 3학년 스마트폰을 집에 두고 오다니, 완벽한 날이네요. 벌거벗은 기분이 들어요. 정말 그런 느낌이에요.

 오마르, 사립대학 2학년 사람들은 상대가 늘 온라인 상태이거나, 뭔가를 보내면 바로 확인하고 응답할 것처럼 생각해요. 근데 솔직히 늘 그렇진 않잖아요. 그 사람들도 여건이 돼야 제게 메시지를 쓸 수 있는 거니까요. 그러니 제발…… 압박하듯 그렇게 서두르지 않으면 좋겠어요.

 블레어
20min • 👥

#마음 비우기

"저는 그런 게 필요한 적도 없었고, 심지어는 휴대폰도 필요 없었거든요." 블레어가 말한다. 그녀는 소셜미디어에 대한 자신의 무덤덤하고 심지어 반감에 가까운 태도를 얘기하고 있다. "어렸을 때 친구들은 다들 닌텐도 DS나 플레이스테이션 같은 걸 갖고 있었지만, 저랑 여동생은 없었어요. 하지만 저희 자매가 그걸 불평한 적은 한 번도 없었어요." 블레어는 소셜미디어에 대한 이런 반감 때문에 작년 사순절에는 자진해서 소셜미디어를 끊어버렸다. "전 소셜미디어 없이도 잘살 수 있어요. 다들 소셜미디어 없이는 못살 것처럼 굴지만, 저는 아니에요."

블레어는 늘씬한 금발에 탄탄한 체격을 가진 아름다운 여성이다. 하이틴 영화에 나오는, 구릿빛 피부에 서핑보드를 옆에 끼고 해변을 달리는 미녀를 연상시킨다. 실제로 블레어는 서핑과 요트를 즐기며 '모든 해양 스포츠'에 능하다. 사순절에 소셜미디어를 끊게 된 직접적인 계기를 알려달라고 하자, 블레어는 흥미로운 답변을 한다. 그건 스마트폰 때문이었다. 좀 더 구체적으로 말하자면, 그녀와 스마트폰의 관계를 바꾼 어떤 사건 때문이었다.

"이번 여름방학에 일주일 동안 스마트폰 없이 지낸 적이 있었어요. 폰을 그만 바다에 빠뜨렸었거든요." 그녀가 깔깔 웃으며 말한다. "안전요원으로 일할 때였어요. 스탠드 위에 서서 별일 없는지 지켜보고 있으면 30분 정도 휴식 시간이 오거든요. 특별한 일이 없으니까 다들 휴대폰만 들여다보게 돼요. 근데 그것도 얼마 지나면 좀 지루해지더라고요." 휴대폰이 물에 빠졌을 때 처음에는 조금 불편했다. 하지만 이내 상황이 나아졌다. 그리고 점점 더 좋아졌다. "훨씬 더 많은 것을 할 수 있었어요. 스마트폰이 있었다면 할 수 없었던 일들을요. 스마트폰 없이 하루를 지냈을 뿐인데도 생각이 아주 말끔해졌어요. 단지 내 앞에 폰 하나만 없었을 뿐인데 정말 놀라운 경험이었죠. 마음도 편안했고요. 24시간 내내 사람들과 연결되지 않아도 괜찮다는 것을 알게 됐어요."

그 일을 계기로 블레어는 소셜미디어와 스마트폰이 없으면 그 순간에 더 제대로 집중할 수 있음을 깨달았다. 여름방학에 친구들과 요트를 탔을 때도, 다들 소셜미디어가 알람으로 전하는 페친들의 소식을 정신없이 파악하느라 정작 요트에서의 시간에는 집중하지 못한다는 것을 알 수 있었다.

휴대폰을 바닷물에 빠뜨린 이후, 블레어와 휴대폰의 관계는 변했다. 그녀는 새로 스마트폰을 개통한 이후 종종 휴대폰을 꺼놓는다. 그리고 전원을 켜놓았을 때에도 전화만 받을 수 있는 상태로 설정해놓을 때가 있다. 그럴 때는 문자도 확인하지 않는다. "문자가 오든, 그 문자에 바로 답장을 안 하든 상관하지 않기로 했어요." 그녀가 말한다. "휴대폰을 묶음으로 해놓으면 문자가 와도 알 수 없잖아요. 그러다 짬이 날 때 휴대폰을 보고 문자가 왔는지 확인하는 거죠. 문자는 어차피 계속 남아 있으니까요. 물론 전화는 받아요. 전화는 문자보다 더 중요한 내용일 가능성이 있으니까요." 그녀의 스마트폰 바탕화면에는 더 이상 소셜미디어 앱들이 보이지 않는다. 그런 앱들은 모두 한 폴더 안에 모아놨다. "단지 화면 안으로 숨겨놓기만 해도" 훨씬 접근성이 떨어지기 때문이다.

블레어가 이런 노력을 기울이는 이유는 자신의 삶을 스마트폰에 떠맡기고 싶지 않아서다. 휴대폰의 잔여 배터리에 집착하는 친구들을 주위에서 쉽게 볼 수 있다. "다들 '세상에, 배터리가 5프로 남았네. 제길!' 이런 식이에요. 저는 오히려 휴대폰을 꺼놓으면 거기에서 일어나는 일들을 덜 생각해도 되니까 오히려 훨씬 낫더라고요." 블레어도 스마트폰 배터리가 바닥나면 스트레스를 받지만, 동시에 어떤 일들을 몰라도 된다는 사실에 불필요한 스트레스가 줄어든다.

블레어는 차라리 세상에 스마트폰이 존재하지 않았으면 한다. 그리고 적어도 그런 삶에 안주하지 않으려고 애쓴다. "차라리 다른 시대에 태어났다면 더 좋았겠다는 생각도 들어요." 그녀는 말한다. "이제는 사람들이 서로 눈도 마주치지 않잖아요. 저는 늘 웃는 얼굴로 다정한 시선을 보내지만, 어차피 다들 스마트폰만 보느라 다른 사람 얼굴은 볼 여유도 없더라고요." 블레어의 친구들은 심지어 함께 저녁을 먹을 때도 각자 스마트폰만 보고 있을 때가 많고, 그녀는 그런 친구들의 모습에 화가 난다. "그럴 때마다 '헐, 전화 중독자들'이라고 투덜대요." 그녀는 한숨을 쉬며 말한다. "다들 스마트폰 속에서 살다 보니, 현실 속의 저는 없고 폰 속에만 존재하는 것 같아요. 사람들과 함께 시간을 보낼 때, 사이버 공간 속에서 누군가와 함께 있기보다는 실제 그들과 함께하고 싶거든요." 이런 상황은 블레어에게 끝없는 좌절감을 준다. 함께 있는 동안에도 다들 스마트폰을 손에서 놓지 않기 때문이다. "그럴 때 저는 이렇게 말해요. '애들아, 우리 지금 휴대폰이랑 저녁 먹는 거니? 진짜? 또?' 그러면 친구들도 잠깐 휴대폰에서 눈을 돌리지만, 그래도 참을 수 없어요. 그래서 저는 그렇게 하지 않아요. 스마트폰만 끼고 사는 사람은 되기 싫어요."

'언플러그드' 삶이 주는 기쁨

이 프로젝트를 위해 내가 처음으로 방문했던 대학은 봄방학이 끝난 직후의 한 가톨릭대학이었다. 봄방학 동안 많은 학생이 일주일간 스마트폰을 쓸 수 없는 곳이나 상황에 있었다. 그리고 학생들은 다들 약속이나 한 듯 스마트폰 없이 보낸 시간이 ─ 적어도 잠시 동안은 ─ 얼마나 좋았는지 신이 나서 얘기했다.

블레어와 마찬가지로 지나도 친구들과 함께할 때면 휴대폰에 코를 박고 있는 친구들 모습에 한없이 우울해진다. 그녀도 한때는 그런 적이 있었지만 이내 그런 삶에 회의를 느끼게 됐다. 갑자기 친구들이 '와아' 하고 웃음을 터트려서 휴대폰에서 눈을 떼고 친구들을 올려다보면, 뭐가 그리 우스운 건지도 모른 채 자신은 그 순간을 놓치고 말았다는 것을 알게 됐다. "기술로 인해 우리가 현실에서 멀어지고 있다는 생각이 들었어요. 기술 때문에 좋은 점도 있지만, 사람들 대부분은 예전처럼 서로에게 집중하지 못하고 늘 스마트폰만 쓰려고 하니까요." 지나는 강의 중에 휴대폰을 사용할 때면, 한시도 휴대폰을 놓을 수 없는 자신의 모습에 죄책감이 들곤 했다. 그녀는 어디를 가든 휴대폰을 갖고 가고, 심지어는 학교 식당을 갈 때도 테이블 위에 잊지 않고 휴대폰을 올려놓는다. 이 말을 하는 지나의 얼굴이 창피한 듯 상기된다.

"학기 중에는 이메일을 늘 확인해야 한다는 핑계로 그런 행동이 정당화된다는 것도 좀 슬퍼요. 정말 중요하고 급한 메일을 놓칠 수도 있으니까요. 그룹 과제에 대한 내용이거나 누군가 나를 갑자기 필요로 하거나, 아니면 배구 서클에 대한 일이거나, 또 무언가를 신청해야 한다거나, 졸업 가운을 가져가라는 내용 등등 말이에요." 지나의 설명이 계속된다. "챙길 일이 너무 많다 보니 끊임없이 이메일을 확인하는 거예요. 끊임없이 일정을 살펴보고, 또 끊임없이 약속 시간을 확인해요. 그러니 늘 휴대폰을 곁에 둬야 해요. 안 그러면 뭔가 중요한 일을 놓칠 수 있으니까요."

또한 지나의 지인들은 거의 모두 그녀가 늘 온라인 상태이길 기대한다. 나는 학생들을 만날 때마다 이런 불평을 반복적으로 들었다. 그러던 중 지나는 최근 자신이 스마트폰에서 벗어났던 경험을 들려준다.

"봄방학 동안 여행을 떠났거든요"라고 그녀는 말한다. "일주일 내내 휴대폰은 쳐다도 보지 않았어요. 와이파이도 하루에 2시간 정도만 사용할 수 있었거든요. 저는 '뭐, 어떻게 되든 상관없잖아. 될 대로 되라지.' 같은 마음이었어요. 근데 정말 기분이 좋아지더라고요. 정말 자유를 되찾은 느낌이었어요. 그 누구와 말하고 싶지도 않았고요. 특별히 누구와 말할 필요도 없었고, 시간에 얽매일 필요도 없었어요. 무슨 일이든 언제고 할 수 있었고, 어떤 것도 특별히 걱정할 것이 없었죠." 그러나 지나는 이때 누린 충만한 자유의 대가를 치러야 했다. 봄방학이 끝나고 집으로 돌아왔을 때 스마트폰 전원을 켜자 그야말로 이메일과 문자, 그리고 페이스북 알림 메시지들이 넘쳐났고, 그녀는 엄청난 스트레스에 시달려야 했다. "그렇지만 방학 동안은 정말 좋았어요." 그녀는 웃으며 덧붙인다. 지나는 그때의 느낌을 "정말 제대로 된 방학 같았어요"라고 표현했다. 모든 일이 더 여유 있고, 덜 짜인 듯한 느낌이 들었고, 그 점이 너무 좋았다. 지나는 자신의 스마트폰을 마치 삶을 통제하고, 끝없이 이어지는 과제들을 상기시키며, 일정을 맞추도록 재촉하는 일종의 감독관처럼 말한다.

스마트폰 없는 세상이 그렇게 좋았다면, 스마트폰에 휴식기를 부여하는 것은 어떤지 지나에게 묻는다. "저도 그럴 수 있었음 좋겠지만 그럴 수는 없을 것 같아요." 지나가 이렇게 말한다. 사람들은 늘 그녀를 필요로 하기 때문이다 — 그녀의 팀원들, 코치 선생님, 룸메이트, 교수님, 그리고 부모님까지. "스마트폰이 없으면 저는 없는 거나 마찬가지예요. 사람들이 저한테 뭔가를 요청할 때도 그걸 바로 확인하지 않으면 재빨리 응대할 수 없잖아요. 저도 누군가에게 연락했을 때 그 사람이 제때 응답하길 바라기 때문에, 사람들이 원할 때 바로 대응하려고 해요."

같은 대학 3학년생인 크리스틴도 봄방학 때 지나와 비슷한 경험을 했다. 인터뷰가 시작되자, 크리스틴도 자신이 늘 얼마나 기민하게 스마트폰을 확인하는지 얘기한다. '스마트폰이 없었을 때는 사람들이 어떻게 살았던 거죠?'라며 스마트폰이 발명되기 전 생활을 신기해한다. 그러던 중 봄방학이 됐다.

"크루즈 여행을 가는 바람에 일주일 동안 휴대폰을 꺼놨는데 정말 끝내주더라고요! 뭔가 놓칠지도 모른다는 두려움은 없었어요. 전원을 다시 켜고 싶지도 않았고요." 그녀는 웃으며 말한다. "다시 일상으로 복귀

했을 때, '아…… 영원히 꺼놓고 싶다'라는 기분도 들었어요." 나는 크리스틴에게 왜 그렇게 느꼈는지 좀 더 설명해달라고 한다. 그녀는 이렇게 설명한다. "끊임없이 세상과 연결돼 있는 게 벅찰 때도 있잖아요. 만약 하루 종일 이메일이 온다면, 저 또한 하루 종일 그 이메일을 확인해야 하니까요. 사람들이 보내는 메시지에 따라 그때그때 대응할 필요 없이 느긋하게 지낼 수 있고요. 그래서 얼마간 휴대폰을 사용하지 않는 건 좋은 것 같아요."

크리스틴에게 스마트폰에서 벗어났을 때 그렇게 만족스러웠다면 가끔씩 스마트폰을 '손에 안 닿게' 하는 방법은 고려해본 적이 없는지 묻는다. "그럴 때도 있어요." 그녀는 수긍한다. 크리스틴은 시험공부를 할 때는 스마트폰을 잠시 내려놔도 괜찮다고 여긴다. 일요일도 마찬가지다. 그녀는 "뭔가 다른 일을 할 때 스마트폰을 방 안에 놔둘 때도 있어요." 그러나 오랫동안 스마트폰에서 손을 떼는 것은 불가능한 일이다. "스마트폰이 해줄 수 있는 용도가 분명히 있기 때문에 없앨 수는 없을 것 같아요. 사람들이 저에게 연락할 수 있는 방법이 전혀 없다면 사회 활동이 불가능하니까요."

지나나 크리스틴 같은 학생들 외에도 멀리 떨어진 지역으로 여행을 떠남으로써 일주일 동안 스마트폰을 자진해서 사용하지 않았다는 학생들의 증언을 여러 번 들을 수 있었다.

에이미는 어머니의 설득으로 어쩔 수 없이 스마트폰을 사용하지 못했다고 한다. 그러나 궁극적으로는 좋은 경험이었다고 털어놓는다. 그동안에는 한시도 스마트폰과 분리된 적이 없었으므로, 누군가 자신에게 즉시 연락을 취할 수 없는 상황이 매우 걱정됐던 것이다. 요즘 사람들은 누구든 24시간 온라인 상태에 있을 것으로 여기기 때문이다. 그러나 에이미의 어머니가 '하루 종일 스마트폰에만 얼굴을 파묻고 있는' 딸을 못마땅해했다. 그래서 딸에게 봄방학 동안만 휴대폰을 주방 서랍에 넣어둔 채 생활하라고 하셨고, 결국 에이미는 낮에는 물론 밤에도 방에서 스마트폰을 사용할 수 없었다. 어딜 가든 휴대폰은 금지였다. "근데 어땠는지 아세요? 너무 좋더라고요!" 에이미는 당시를 추억하듯 말한다. "그때는 엄마가 꼭 감시자 같았거든요. 제가 몰래 휴대폰을 확인할 수도 있으니까요. 근데 하루나 이틀 정도 지나니까 뭔가를 놓치고 있다는 불안감도 없어졌어요. 그 대신 식구들과 대화하는 시간이 더 길어졌고 TV를 보기도 했어요. 한 손으로는 레딧(소셜 뉴스 웹사이트–옮긴이)을 스크롤하면서 곁눈질로 TV를 보는 게 아니라 정말 집중해서 즐길 수 있었어요. 그런 변화가 정말 좋았어요. 그때부터는 가끔 집에 있을 때 엄마가 잔소리를 안 해도, 휴대폰을 서랍에 넣어두고 다른 일을 할 때가 있어요." 그러고는 바로 말을 잇는다. "그렇지만 학교에 있을 때는 그렇게 못하죠."

이는 학생들에게 자주 듣는 불평이다. 스마트폰을 꺼두는 것이 방학에는 물론 가능하고, 봄방학도 가능하며, 봉사활동을 할 때도 가능하다. 이런 때는 스마트폰을 치워둘 수 있다. 그러나 학교에서는 불가능하다. 대부분의 학생이 1년 365일, 하루 24시간 연락 가능해야 한다는 압박을 느낀다. 그러나 일시적이라도 전원을 합법적으로 끌 수 있는 상태가 되면 그들은 기꺼이 그렇게 한다.

에이버리는 지난 학기를 아프리카에서 보냈는데, 거기 있는 동안 스마트폰과 인터넷을 전혀 사용하지 않았다. 나는 에이버리에게 그렇게 오랜 시간을 사람들과 연결되지 않은 상태로 지낸 경험이 어땠는지 물었다.

"정말 좋은 경험이었어요." 그녀는 이렇게 말한다. "그때는 인터넷을 끊을 만한 합당한 이유가 있었으니까요. 저는 스마트폰으로 소셜미디어에 접속해서 계속 사람들과 메시지를 주고받는 게 싫었거든요. 인터넷과 와이파이가 원활하지 않은 환경에 있다는 게 그럴듯한 변명이 됐던 거죠. 계속해서 사람들 동향을 파악하고, 연락에 답하고, 댓글을 달지 않아도 되는, 굉장히 새로운 느낌이었어요." 특히 에이버리는 휴대폰 전원을 끊고 생활하면서 경험했던 변화들이 놀라웠다. 다른 사람들과의 관계, 즉 외국에서 교환학생으로 있으면서 알게 된 사람들과 교류하는 방식이 완전히 달라졌기 때문이다. 휴대폰을 끊임없이 확인할 필요가 없으니, 그 순간 하는 활동을 온전하게 즐길 수 있었다. "캠핑 여행이랑 사파리도 갔고, 해변에서 멋진 시간을 보내기도 했어요. 사실 여기서는 여행을 간다고 해도 스마트폰을 보지 않고 그 시간을 즐긴다는 걸 상상할 수 없잖아요. 정말 끔찍하죠." 에이버리는 와이파이가 머지않아 세계 구석구석 어디든 깔리리란 사실에 한탄한다. 그렇게 되면 선을 끊고 생활한다는 건 쉽지 않을 것이다.

나는 에이버리에게 귀국 후 다시 연결된 삶을 사는 게 낯선지 묻는다. 에이버리는 타인들의 기대에 부응하는 것이 가장 어렵다고 말한다. "아프리카에 있을 때는 사람들 모두 제가 바로바로 답을 할 것으로 기대하지 않았지만 지금은 다들 제가 바로 답할 것으로 기대해요. 제가 돌아왔다는 걸 아니까요. 하지만 지금도 그렇게 바로바로 대답하지는 않아요." 외국에 있는 동안 에이버리와 스마트폰의 관계는 변했다. 이제는 학생식당을 가거나 심지어는 주말에 여행을 갈 때도 휴대폰을 방에 두고 갈 때가 많다. 그녀는 스마트폰이 정신을 산만하게 한다는 것을 알고, '폰 없이는 한없이 나약해지는' 친구들처럼 되는 것도 싫다. 에이버리는 사람들이 휴대폰을 강박적으로 확인하고, 뭔가 조용하고 어색한 순간이 되면 슬그머니 휴대폰을 꺼내는 것이 싫다. 가끔 캠퍼스를 걸으면서 스마트폰을 들여다보지 않는 사람이 과연 몇 명이나 되는지 세어 볼 때도 있는데, 주변의 실제 세상에 관심을 보이는 사람이 거의 없다는 사실을 발견하고 실망할 때가 많다. 에이버리 말로는 다섯 명 중 한 명 정도만 앞을 보고 걷는다고 한다. 스마트폰은 "개인을 그 순간으로부터 떼어낸 다음 전혀 중요하지 않은 다른 곳으로 데리고 가죠"라고 에이버리가 말한다.

공부에 집중하기 위해 매주 주기적으로 스마트폰을 꺼놓으려 한다고 대답한 학생들은 에이버리 말고도 더 있었다. 온라인 설문조사에서 이 주제에 관한 주관식 문항에 답한 학생 중 약 70퍼센트는 의도적으로 휴대폰에 휴식기를 준다고 말했다.

학생들 스스로 고안한 비결들도 확인할 수 있었다. 일부러 충전기를 집에 두고 온 후, 스마트폰 배터리가 다 떨어질 때까지만 사용하는 학생도 있었다. 그 날 하루는 더 이상 스마트폰을 사용하지 않는 것이다. 휴식이라는 더 간단한 방법을 쓰는 학생들도 있다. 저녁 약속이나 다른 활동이 있을 때 스마트폰을 집에 두고 가거나, 공부하는 동안에는 전화기를 다른 방에 두고, 또 어떤 날은 일부러 휴대폰을 집에 두고 외출하기도 한다. 자신을 구석에 가둬 버리는 방법을 활용하는 학생들도 많다. 이런 학생들은 와이파이가 터지지 않는 도서관 지하 3층까지 내려가 공부를 하는데, 스마트폰의 방해를 받지 않겠다는 일념으로 일부러 비좁은 공간에서 다른 학생들과 부대끼며 공부한다. 많은 학생이 휴대폰을 끊지 않는 한 공부나 다른 일에 집중하기가 힘들다고 호소한다.[1] 그리고 많은 이들이 사교 활동을 하거나 공부를 할 때 스마트폰을 보지 않으려고 고군분투하는 일상적인 투쟁에 대해 말했다. 그럴 때 학생들은 전화기를 '비행기 모드'로 해놓거나 바닥에 내려놓고, 심지어 시험이 다가올 때는 기숙사 친구에게 맡겨놓기도 한다. 사실상 투쟁이 맞다. 학생들이 어찌나 힘겹게 애쓰는지 일부 학생들의 경우에는 마치 알코올 중독 치료소처럼, 스마트폰 중독에서 빠져나올 수 있도록 지원해주는 전문 상담원이 필요할지도 모른다는 생각도 든다. 심지어 어떤 학생들은 교회에 가는—그리고 교회에 가기 위해 어떻게든 노력하는—이유가, 일주일 중

적어도 예배를 드리는 한두 시간은 휴대폰을 멀리할 수 있기 때문이라고 털어놓기도 했다. 처음에는 스마트폰을 손에서 놓기가 너무 힘들지만, 일단 놓고 나면 휴대폰 없는 시간이 얼마나 자유로운지, 그 해방감에 놀란다는 것은 학생들의 거의 공통적인 증언이었다.

또 다른 학생들은 스마트폰에 대해 훨씬 더 긴 휴식기를 주며, 더 구체적으로는 며칠, 혹은 몇 주간 휴대폰을 쓸 수 없는 상황을 직접 찾아 나선다고 응답했다. 이런 학생들은 스마트폰 없이 보낸 시간이 그야말로 활기가 넘쳤다고 말했다.

메르세데스도 그런 학생에 속한다. 그녀는 계속해서 연락 가능한 상태로 있어야 한다는 압박감에서 헤어나길 원했다. "어떤 통로로든 늘, 언제나, 요일도 상관없이 사람들이 말을 걸어올 수 있잖아요. 사람들은 늘 제 옆에 스마트폰이 있다는 걸 알고 있으니까요. 그래서 빨리 대답이 안 오면 의아해하는 거죠. 왜 빨리 연락을 안 하지? 이런 식으로요. 그런 게 힘들었어요. 늘 즉시 답신을 해야만 하는 상황이요." 메르세데스는 주말마다 성당에 가는데 미사 동안에는 절대 스마트폰을 사용하지 않는다. 그녀는 그런 미사 시간이 좋고 기다려진다. 메르세데스에게 미사 시간 동안 휴대폰을 확인하고 싶은 유혹은 없었는지 묻자 그녀는 단호하게 말한다. "전혀요. 대부분은 차에 놓고 가든가, 아니면 전원이 분명히 꺼져 있는지 확인해요." 그녀가 말한다. 그런데 차로 돌아오면 제일 먼저 누군가 문자를 보낸 사람은 없는지, 페이스북에 특별한 일은 없었는지 스마트폰부터 확인한다. "아마 인터뷰가 끝나고 이 방을 나가도 제 휴대폰부터 확인할 걸요? 분명 그렇겠죠."

북동부에 있는 가톨릭대학에서는—블레어가 다니는 대학—나와의 인터뷰가 있기 몇 주 전에 심리학과 학생들이 한 실험을 실시했다고 한다. 학생식당에 저녁을 먹으러 온 모든 학생에게 식사 시간 동안만 스마트폰을 바구니에 넣어달라고 부탁했다. 인터뷰가 진행되는 동안에도 여러 학생들이 그 실험 이야기를 했다.

이 실험에 대해 언급한 많은 학생 중에는 에밀리도 있었다. 그녀는 여름방학 동안 페이스북과 트위터를 전혀 사용하지 않았다는데, 자신은 휴가를 가면 늘 스마트폰을 꺼놓는다고 내게 말했다. 에밀리는 소셜미디어와 스마트폰으로 인한 강박감이 싫다. 자신의 머릿속에서 소곤거리는 '한 번 클릭해봐'라는 속삭임을 거부하기 힘들고, 그래서 자신이 택할 수 있는 최선의 방법은 스마트폰을 잠시라도 '치워두는 것'이라고 내게 말한다. "휴대폰이 없으면 '부담이 덜어진 것 같은' 기분이 들어요." 다른 학생들과 마찬가지로 에밀리도 저녁 식사 자리에서 자신의 휴대폰만 보는 사람들이 싫다. 또한 이런 학생들이 으레 그렇듯 에밀리도 자신이 그런 행동을 할 때면 죄책감을 느낀다. 그녀가 심리학과에서 수행한 실험에 대한 얘기를 꺼낸 것은 바로 이 대목에서였다. "학생식당 식탁마다 바구니가 하나씩 놓여 있더라고요. 학생들은 전부 자기 스마트폰을 거기에 넣어둬야 했어요. 화면을 바닥 쪽에 댄 상태로요." 그녀의 설명이 계속된다. "저녁 식사 동안에는 아무도 스마트폰을 확인할 수 없다 보니 다들 옆에 있는 친구들과 대화를 나누더라고요. 평소에는 보기 힘든 광경이었죠." 그 실험에 대해 언급한 또 다른 청년은 아무도 자신의 스마트폰을 터치하지 않은 채로 저녁 식사를 하고 있을 때, 어느 순간 학생식당이 평소보다 '더 시끌벅적해졌다고' 말했다. 평소에 각자 스마트폰을 들여다보고 있을 때보다 훨씬 말도 많고 웃음도 많았다.

스마트폰에 휴식기를 할애하는지를 묻는 주관식 질문에 응답한 학생 중 약 30퍼센트는 절대 그렇지 않다고 ─ 적어도 일부러, 혹은 자진해서 그런 적은 없다고 ─ 답했으며, 상당히 많은 학생이 그런 자신의 태도에 대해 일종의 우월감을 표시했다. 그들은 늘 스마트폰을 가지고 다니면서도 거기에 중독되거나, 산만해지거나, 혹은 너무 의지하지 않는 자신의 모습에 긍지를 느끼고 있었다. 이 질문에 대한 응답들을 보면, 학생들은 스마트폰을 쓰지 못하는 환경을 일부러 조성하지 않는 한, 손에서 스마트폰을 놓지 못할 정도의 '자기 통제력이 부족한' 사람들에 대한 비판의식을 표출했다. 반면에 늘 스마트폰을 갖고 다니면서도 사용을 자제할 줄 아는 학생들은 좀 우쭐대는 경향도 있었다. 그들은 자신이 흔치 않은 유형이라는 것을 잘 알고 있었다.

그러나 나와 얘기를 나눴던 거의 모든 학생은 스마트폰이 사회생활에 상당히 피해를 준다며 불만을 나타냈다. 한 여학생은 스마트폰 사용에는 전염성이 있어서 마치 '신종 하품'과 같다고 표현했다. 한 사람이 자신의 스마트폰을 꺼내면, 다들 슬금슬금 똑같이 스마트폰을 꺼낸다는 뜻이다. 나는 저녁 식사 동안에 이런 일이 일어나지 않도록 학생들이 서로 어떤 조치를 취하는지 몇 가지 팁을 반복해서 들을 수 있었다. 예를 들면, 저녁 식사 자리에서는 각자 스마트폰을 가방 안에 넣어두든가 식탁 가운데에 모아두는 것이다. 제일 먼저 포기하고 스마트폰을 보는 사람은 벌칙으로 저녁 값을 계산하거나 팁을 내기도 한다.

'계속해서 온라인 상태'여야 하는 압박감 외에도 학생들이 스마트폰에 대해 가장 많이 하는 불평은 스마트폰의 존재가 사회 활동에 지장을 준다는 점이다. 대부분 젊은이들이 이런 불만을 토로하는 동시에, 본인도 그런 행동을 하는 데 (소심한) 죄책감을 느낀다. 또한 스마트폰의 이런 분명한 단점에도 불구하고, 밤낮으로 사람들의 연락을 받지 않아도 되는 평온함과 그 시간을 대신 채울 수 있는 아주 만족스러운 사회적 경험에도 불구하고, 휴대폰을 아예 없애버리거나 장기간 사용하지 않는 학생을 만나기는 힘들었다.

언제나 '대기 중'

예전 같으면, 한밤중에도 항상 대기 상태에 있어야 하는 사람들은 오직 특정 분야에 속한 의사나 경찰관, 소방관, 그리고 아마 대통령이 전부였을 것이다. 하지만 바로 이 주제에 대한 선택형 주관식 문항('대부분이 스마트폰을 사용하기 때문에 이제 우리는 연중무휴, 하루 24시간을 대기 상태로 있어야 한다고 생각하는지?')에 답한 학생들의 의견에 따르면 요즘은 모두가 의사와 같은 처지다. 적어도 우리 스스로 그렇게 행동한다. 스마트폰 때문에 다들 낮이고 밤이고 늘 '연결돼' 있어야 한다는 기대감이 형성돼 있는 것이다.[2]

이 질문에 답한 69퍼센트의 학생들은 '그렇다'고 답했다. 그리고 그들은 대부분 그런 기대감을 못마땅하게 여겼다. 늘 대기 상태에 있어야 한다는 압박 자체를 즐기는 것처럼 보이는 학생들도 소수 있었는데 그들은 이 질문에 '그런 점이 너무 좋다!'나 '그런 상태를 선호함', 혹은 '그렇다. 참 근사한 일이다!' 같은 말을 덧붙였다. 하지만 이런 학생들의 수가 많지는 않았다.

대부분의 학생은 계속 온라인 상태를 기대하는 상황에 대해 다음과 같은 굉장히 부정적인 형용사를 사용했다 — 스트레스 받는, 끔찍한, 지독한, 좌절감을 주는, 불가능한, 지치는, 비현실적인, 부당한, 어이없는, 사람을 피폐하게 만드는, 건강에 해로운. 한 학생은 "내가 잠자는 동안에도 답장을 기대하는 사람도 있다"라고 불평했고, 또 다른 학생은 다음과 같은 글로 씁쓸함을 표현했다. "받은 즉시 답장을 하지 않으면 왜 그런지 이유를 설명하게 된다." 많은 학생은 이런 기대감 때문에 개인만을 위한 시간을 정해놓는 것이 그 어느 때보다 중요하다고 강조했다. 또 이런 기대감이 어이가 없고 지나치다며 이렇게 덧붙였다. "문제는 나만 이렇게 느끼는 것 같다." 실제 사실과 너무 다른 이 글을 보고 난 웃겨 죽는 줄 알았다.

늘 대기 상태로 있어야 한다는 압박감이 없다고 밝힌 25퍼센트의 학생들도 압박감을 느끼는 학생들로 인해 어느 정도 영향은 받고 있었다. 어떤 학생들은 반항하듯 이렇게 썼다. "나는 자신을 그런 상태로 내버려 두지 않는다!" 혹은 "나는 선을 긋는다." 그러나 이 질문에 "아니다"라고 대답한 25퍼센트 이상의 학생들도 어쩌면 이 질문을 너무 글자 그대로만 해석했을 수도 있다. "밤에 잠자는 시간까지 온라인 상태를 기대해서는 안 된다." 같은 대답을 보면, 이 학생들도 낮에는 항상 대기 상태로 있어야 한다는 인식을 갖고 있음을 미뤄 짐작할 수 있기 때문이다.

이렇게 볼 때, 많은 학생이 전화기 전원을 껐을 때 안도감을 느끼는 것도 당연했다.

그렇다고 모두가 잠시나마 휴대폰 전원을 꺼버릴 수 있는 시간을 간절히 바라는 것은 아니다. 사실 내가 만난 여러 학생은 스마트폰 때문에 사는 것 같았고, 말 그대로 스마트폰 없이는 살 수 없는 사람들로 보였다.

 다시 취리즈
15min · 👥

#스마트폰이냐 삶이냐

"저는 스마트폰이 정말 좋아요." 취리즈는 아주 길고, 재밌고, 조금은 충격적인 스마트폰과 자신에 대한 이야기를 이렇게 시작한다. 취리즈는 스마트폰이 처음 등장했을 때부터 이 물건의 주인이 될 수 있었다. 그 전까지는 자판이 슬라이드 형태로 된 휴대폰을 사용했는데, 그 휴대폰도 좋았다. 어느 크리스마스이브에 여동생이 취리즈의 휴대폰을 깨뜨린 적이 있었는데, 당시 취리즈는 "휴대폰을 다시 갖기 위해 누구 하나 죽일 수도 있겠더라고요." 같은 심정이었다고 한다. 취리즈는 크리스마스 다음 날이 돼서야 비로소 새 휴대폰을 받을 수 있었고, 그때의 기분은 "정말 날아갈 것 같았어요"라고 한다. 취리즈는 휴대폰을 자신의 "안전망"이자 "애착 담요"라고 말한다.

다른 많은 사람들처럼 취리즈도 스마트폰으로 모든 일을 처리한다. 일정을 확인하고, 은행 업무도 처리한다. 다만 자기 휴대폰을 사랑하는 다른 사람들과 차이가 있다면, 스마트폰을 구하기 위해 목숨까지 걸었다는 사실이다.

"지난여름에 소매치기를 당한 적이 있었어요." 취리즈는 이렇게 말한다. "버스 안에 있었는데, 사실상 돈을 주고 제 전화기를 돌려받은 꼴이 됐죠. 제 스마트폰은 정말…… 너무…… 소중하니까요. 소매치기가 여러 명이었는데…… 아무튼 휴대폰을 건지려고 150달러나 줬어요."

내 친구 중에도 스마트폰 때문에 강도를 당할 뻔한 친구들이 꽤 있다. 하지만 그 친구들은 혹시나 모를 흉기사고를 피하기 위해 강도에게 휴대폰을 순순히 건네줬다. "그러니까, 그 사람들이 스마트폰을 빼앗으려고 학생을 위협했고, 결국엔 돈을 주고 돌려받았다는 거네요?" 나는 취리즈가 한 말을 제대로 이해했는지 다시 한 번 묻는다. "네," 그녀가 수긍한다. "지갑도 뺏긴 상태였는데, 스마트폰만 걱정되더라고요. 신용카드야 바로 취소하면 그만이니까요. 나중에 부모님께서 아시고, 휴대폰을 돌려받으려고 버스에서 내린 건 정말 잘못된 행동이었다고 나무라셨어요. 그래도 스마트폰 안에 너무 많은 게 들어 있으니 어쩔 수 없죠."

"그래서, 학생 말은 스마트폰을 되찾으려고 버스에서 내렸다고요?" 나는 놀라며 다시 묻는다.

"네, 휴대폰을 받으려고 그들을 따라 내렸는데, 나중에 경찰도 그러더라고요. '저런, 그건 바람직하지 않아요.' 그래서 저는 이렇게 대답했죠. '글쎄요. 예전에도 휴대폰을 잃어버린 적이 있는데, 전 휴대폰 없이는 못 살겠어요.'" 내가 그녀에게 조금 강한 어조로 정말 휴대폰이 자신의 안전보다 더 중요하다고 생각하는지 묻자 그녀는 웃으며 말한다. "그때는 정말 그런 기분이었어요. 스마트폰밖에 생각할 수 없더라고요. 지갑이나 열쇠, 그런 것들은 안중에 없었어요. 정말 휴대폰밖에 안 보였어요. '내 모든 게 저 안에 있는데, 난 스마트폰 없이는 못 살아. 당장 폰을 되찾아야 해!' 그런 기분이었어요."

인터뷰 초반에 취리즈는 자신이 17일 동안 소셜미디어 '단식'을 한적이 있었다고 말했었다. 그래서 나는 그녀에게 이후에도 소셜미디어를 끊은 적이 있었는지 묻는다. 취리즈는 다시 그런 적은 없다고 대답한다. 어차피 불가능한 일임을 알기에 시도하지 않는다.

"오늘도," 그녀가 말한다. "휴대폰을 요 옆에 있는 사무실에 두고 왔거든요. 지금도 가끔 이런 생각이 들어요. '흠, 옆 사무실에서 일하는 여자분이 내 폰만 거기에 두고 자리를 비우면 어쩌지?'" 그럼 취리즈는 우리가 같이 대화하는 동안에도 계속 스트레스를 받았다는 건가? "아, 조금요." 그녀가 수긍한다. "제 휴대폰이니까요. 집을 나설 때도 열쇠는 걱정 안 되는데, 스마트폰은 걱정이 돼요. 정말 그래요."

"차라리 열쇠가 없어서 집에 못 들어가는 게 낫다는 뜻이에요?" 나는 이렇게 묻는다. "네." 그녀가 단박에 대답한다. 나는 취리즈에게 인터뷰가 거의 다 끝나가므로 조금 있으면 휴대폰을 되찾을 수 있을 거라고 말한다. "아, 괜찮아요." 그녀는 나를 안심시키듯 말한다. "여기서도 옆 사무실 소리가 들리는데, 사무실을 잘 안 비우는 것 같아요." 취리즈는 나와 이야기를 나누는 동안에도 자신의 휴대폰이 안전한지 확인하기 위해, 옆 사무실 쪽에서 들리는 작은 소리로 그곳 상태를 계속 파악하고 있었던 것이다. 취리즈가 휴대폰을 옆 방 사무실에 둔 첫 번째 이유는 배터리가 거의 없는 상태에서 그곳에 충전기도 있었기 때문이다.

휴대폰이 탁자 위에 놓여 있는 것만 봐도 그녀는 안심이 된다. 취리즈는 특히 모임이나 사회 활동 중에 스마트폰이 손에 있으면 마음이 차분해진다고 한다. 스마트폰을 통해 지인들과 늘 연결될 수 있기 때문이다. "휴대폰은 제 행복에 영향을 줘요……. 언제든 사용할 수 있는 스마트폰이 곁에 있다는 사실만으로도 안심이 되거든요. 폰만 있으면 구태여옆에 있는 사람들과 말하지 않아도 되니까요. 다른 사람들과 말을 섞기싫어서 휴대폰을 보는 경우도 있거든요. 뭐 이런 식이죠. '나 지금 스마트폰 사용하는 거 안 보이니? 그러니 방해하지 마.'"

스마트폰 이전의 삶과 스마트폰 이후의 삶

취리즈는 스마트폰과 독특한 관계를 맺고 있다. 내가 만난 학생 중휴대폰을 위해 목숨까지 걸 수 있는 사람은(적어도 그런 사실을 솔직하게 인정한 사람은) 취리즈가 유일했다. 스마트폰에 대한 좀 더 보편적인 태도는, 스마트폰을 늘 지니고 다니면서 끊임없이 뭔가를 확인하고, 스마트폰이자신의 삶을 매우 편리하게 해주는 동시에 어느 정도의 불편한 책임감도부여한다는 점을 인식하는 것이다. 스마트폰에 대해 좋은 점만 말하는학생들은 드물었고, 자신의 스마트폰을 정말 아낀다고 말한 학생들도 가끔 휴대폰에서 멀어질 수 있는 의도적인 휴식기의 가치를 인정했다.

하지만 어쩔 수 없이 스마트폰을 사용할 수 없는 상황에서 아주 편안함을 느낀다는 학생들 중에서도 그 일부는 직접적으로 휴대폰을 확인하진 않았지만, 인터뷰 내내 휴대폰을 자신의 무릎에 올려놓거나, 손에쥐고 있거나, 아니면 두 손으로 돌리거나 만지작거렸다. 나와 대화를 하는 동안 실제로 휴대폰을 확인한 학생은 한두 명 정도로 매우 드물었다.

또 너무나 많은 학생이 지속적인 '온라인' 상태를 탈피해 잠깐이라도 대기 상태에서 벗어날 수 있기를 간절히 바랐지만, 휴대폰을 아예 없애겠다고 말한 학생은 거의 없었다. 그들에게는 스마트폰 이전과 이후의 삶이 분명히 구분돼 있었다.

"스마트폰이 생기기 전의 삶이 기억나요." 앞서 소개했던 매튜는 이렇게 말한다. "폴더폰이 하나 있었는데, 원하는 글자를 쓰려면 같은 버튼을 네 번이나 눌러야 할 때도 있었어요. 끔찍했죠. 근데 지금은 모든 게 너무 쉬워요. 제가 치려는 글자를 휴대폰이 미리 예상해서 보여주잖아요? 너무 멋지죠. 심지어는 음성으로도 가능하고요. 운전을 할 때는 휴대폰에 손을 대지 않고도 문자를 보낼 수 있으니까요." 매튜는 휴대폰의 경이로운 기능들에 대해 하나씩 읊어대더니, 간편한 소셜미디어 접속에 대해서도 감탄하며 말한다. 하지만 스마트폰이 제공하는 편리함을 줄줄이 말하던 매튜는 이내 그 단점도 언급하기 시작한다. "사람들이 다들 휴대폰만 끼고 살다 보니 놓치는 것도 너무 많아요. 예를 들어 제가 친구 여섯 명이랑 점심을 먹는다고 생각해볼게요. 식사를 하면서 아마 다섯 명은 스마트폰을 보고 있을 거예요. 그리고 저랑 나머지 한 명 정도만 대화를 하겠죠." 다른 많은 학생과 마찬가지로, 매튜는 사회적 상황에서 스마트폰이 연출하는 부정적인 현상에 대해 안타까워한다. 데이트를 할 때는 더 심하다. "누군가와 데이트를 하는데 상대가 대화 중에 자기 휴대폰을 꺼내 본다면 저는 이럴 거예요. '너랑은 데이트하기 싫어! 다 끝이야! 지금 네 앞에 있는 건 나잖아. 휴대폰 치워.'" 그는 껄껄 웃으며 말한다.

매튜에게는 상대방의 스마트폰 매너가 이렇게 중요하지만, 매튜 자신도 휴대폰을 멀리하기 어렵다는 걸 잘 안다. "저도 스마트폰 없이는 못사는 걸요." 그는 신음하듯 말한다. "최근에 스마트폰을 바닥에 떨어뜨렸더니 그냥 맛이 갔더라고요. 배터리가 바로 다 닳아버리는 거예요. 그래서 수업만 끝나면 충전할 전원을 찾는 게 일이에요. 스마트폰을 봐야 뭐가 어떻게 돌아가는지 알 수 있으니까요. 바로 처리해야 하는 중요한 이메일이 언제든 올 수 있으니, 휴대폰이 없거나 배터리가 바닥나면 정말 초조해져요." 매튜는 내게 자신의 사례를 하나 들려준다. 바로 전날 밤, 어머니와 여자친구에게 문자를 보내려던 참이었는데, 마침 휴대폰 배터리가 거의 바닥난 상태였고 충전기는 캠퍼스 저 건너편에 있었다고 한다. "집중이 전혀 안 되더라고요. 10분쯤 고민한 뒤, 결국 충전기를 가지러 캠퍼스를 한참 가로질러 가서 갖고 왔어요. 그리고 충전을 했죠." 그는 좀 부끄러운지 말을 덧붙인다. "맞아요. 멍청한 짓이에요." 그의 삶이 휴대폰 충전을 중심으로 돌아가는 것 같다고 말하자, 그는 지금도 인터뷰 직전에 배터리가 바닥나서, 인터뷰가 끝나면 휴대폰 충전부터 해야 한다고 털어놓는다. 나는 매튜에게 이런 상황 때문에 스트레스를 받는지 묻는다. "조금은 그런 것 같아요"라고 그가 인정한다. 나는 인터뷰가 이제 거의 끝났으니 걱정하지 말라고 한다. "다음 강의가 시작되기 전에 충전을 끝낼 거예요. 그럼 모든 게 괜찮아지겠죠."

매튜는 곧 자신의 스마트폰과 재회할 것이다.

이런 식으로 안심시켜야 할 학생이 매튜만은 아니었다. 인터뷰를 진행하면서 내가 꽤 자주 했던 말 중 하나는, 몇 분만 더 하면 인터뷰가 끝나니 걱정하지 말라는 것이었다. 그래야 학생들이 스마트폰을 다시 확인할 수 있기 때문이다.

배터리 스트레스는 다른 학생들에게서도 많이 들을 수 있었다. 스마트폰 배터리가 너무 빨리 닳아서 충전기도 같이 갖고 다녀야 한다는 게 가장 흔한 말이었다. 어떤 학생들은 인터뷰 중에도, 자신의 스마트폰을 잠깐 충전시켜도 될지 내 양해를 구했다. 중서부에 있는 한 대학교에서 만났던 여학생 한 명은 자신의 스마트폰을 '맥'이라고 부르기도 했다. 자신의 스마트폰을 애칭으로 부르는 학생은 그녀 말고도 몇 명 더 있었다. "제 스마트폰과 저는 아주 친해요"나 "제 스마트폰과 저는 항상 붙어 다녀요." 같은 말도 심심치 않게 들을 수 있었다. 그들은 스마트폰을 매우 애착이 가는 사람, 즉 애인을 대하듯 말했다. 웃으면서 이렇게 말하는 학생들도 있었다. "저희 관계는 좀 복잡해요." 학생들은 좋든 싫든, 어디든 항상 같이 다니는 이 존재를 사랑하는 동시에 미워했다.[3]

학생들이 스마트폰과 자신의 관계를 일컫는 말, 즉 '우리'나 '내 스마트폰과 나'처럼 스마트폰을 어떤 식으로든 의인화하는 표현법은 그들에게 스마트폰은 단순히 사물이 아니며, 함께 관계를 형성해나가는 사람과 같다는 것을 보여준다. 우리는 24시간 대기 상태를 '요구'하는 바로 그 물건을 사랑하고 소중히 여기며, 그만큼 분개하고, 심지어는 미워한다. 스마트폰은 우리가 아직도 곁에서 자신을 아끼고 있다는 사실을 끊임없이 확인하려는 불안한 여자친구나 남자친구처럼, 우리의 애정을 갈구하는지도 모른다.

내가 인터뷰했던 한 학생은 스마트폰과 인간의 관계가 실제로 연인 관계와 비슷하다고 주장한다. 처음에는 서로에게 강렬히 끌리고, 이후 서로를 통제하려 든다는 것이다. "상대를 다루는 법에 익숙해져야 해요, 저에게 고압적인 자세를 취하지 않도록 상대를 완전히 이해하고 제대로 다뤄야죠." 그가 말한다. "제대로만 이용한다면 좋은 존재죠."

그리고 잭슨 같은 학생도 있다. 그는 스마트폰을 집에 두고 나가는 건 뇌 없이 외출하는 것과 똑같다는 비유를 한다. 이 말에 우리 둘 다 낄낄대며 웃는다. 하지만 잭슨이 농담으로 하는 말이 아님을 우리는 알고 있다. "제가 어디를 가든 스마트폰도 함께합니다." 잭슨이 말한다. "제 폰은 오래돼서 배터리가 금방 죽거든요. 그래서 충전기도 늘 갖고 다녀야 해요. 그렇다고 해도 스마트폰이 늘 곁에 있어야 해요." 잭슨은 휴대폰을 절대 손에서 놓지 않고, 잠깐의 휴식기조차 원하지 않는다는 점에서 유별난 데가 있다. 휴대폰이란 존재가 자신의 삶에 끊임없이 따라붙는다는 점과, 그 때문에 뭐든 바로바로 응대할 수밖에 없는 상황을 문제 삼지 않는 것처럼 보인다. 그는 자신의 휴대폰을 필수품으로 여기며, 집중력을 방해하는 존재로 간주하지 않는다. 그의 삶에서 필수불가결한 존재인 것이다. "제 휴대폰과 지갑, 열쇠는 항상 곁에 있어야 해요. 그것들이 없으면 마치 심장이나 뇌처럼, 절대 없어서는 안 될 게 없어진 것 같을 거예요." 잭슨은 정말 그렇다는 듯 고개를 끄덕이더니 나를 보고 웃음을 터트린다. "그 세 개가 제 하루를 이끄는 세 가지 필수품이에요. 이렇게 말할 수 있겠네요. 휴대폰이 있으면 사람들에게 연락할 수 있고, 지갑이 있으면 적어도 경제적으로 생존할 수 있고, 열쇠가 있으면 아시다시피 집에 들어가고 차를 운전할 수 있죠."

잭슨과 마찬가지로 다프네도 스마트폰을 위해 산다. 그녀는 인터뷰를 위해 스마트폰을 자신의 주머니 안에 넣어둔다. 그리고 지금까지 자신을 거쳐간 휴대폰들을 세세히 설명한다. '첫 번째 폴더폰'부터, 그때그때 '열풍'을 일으켰던 다섯 개의 폰을 거쳐, 지금 쓰고 있는 최신 아이폰까지 말이다. 다프네에게는 최신 모델의 휴대폰을 갖는 일이 매우 중요하다. 그녀는 쉴 새 없이 앱을 드나들며 글을 남기고 사람들과 채팅을 한다. "항상 뭔가 할 일이 있어요. 어떤 일이 벌어지거나, 누군가 제게 얘기할 게 있다거나, 가족이 제 소식을 궁금해하기도 하고요. 그리고 제 절친 둘이랑 남자친구와는 거의 계속 휴대폰으로 대화를 하거든요. 이젠 할머니까지 문자를 보내시는걸요. 할머니가 스마트폰을 쓰고 싶다고 하셔서 최근에 하나 사 드렸어요."

나는 그녀 또래 학생들 대부분이 불평했듯, 다프네도 스마트폰 때문에 늘 대기 상태인 것처럼 느끼는지 묻는다. 그녀는 아니라고 한다. "안 그러면 뭔가를 놓칠 것 같거든요." 그녀가 말한다. "그냥 어떤 앱을 새로 알게 되면 다운받고, 앱이 있으니까 쓰는 거죠. 지루할 때가 있잖 아요? 공강 시간에도 그렇고요. 그럴 때면 스마트폰으로 남들 페이지에 들어가 무슨 일이 있는지 살펴보면서 시간을 죽이는 거죠." 다프네는 그 렇다고 자신이 스마트폰의 노예가 된 건 아니라며 항변한다. 그런 사람 들은 "폰을 놓치지 않으려고 달리는 기차 속으로도 뛰어들 걸요? 전 그 런 짓은 절대 안 해요"라고 그녀는 말한다. "전 새 폰을 자주 사요. 교체 하기도 쉬우니까요. 그리고 폰을 잡으려고 기찻길로 뛰어드는 사람들 말 이에요! 그건 옳지 않아요. 그 정도는 아니지만, 다들 스마트폰에 딱 달 라붙어서 끊임없이 사람들과 얘기하고, 자신이 뭘 하고 있는지를 세상에 알리죠. 어리석은 일이지만, 저도 마찬가지예요."

그래도 다프네는 선을 긋는 편이다. 그래서 다른 사람들과 함께 있 을 때나, 특히 남자친구와 있을 때는 휴대폰을 확인하지 않는다. 방학 때는 휴대폰을 사용하지 않았으며(어머니의 지시였다), 교회 예배 시간에도 꺼내지 않는다. 얼마간 그런 생활을 하자 "폰이 없을 때도 기분이 괜찮 았어요. 걱정도 없어지고요." 그녀가 말한다. "그래도 휴대폰은 필요하 다는 생각이 들어요." 다프네는 언제나 휴대폰을 곁에 두고 싶은 욕구를 숨기지 않는다. 스마트폰은 다프네의 애착 담요로서 그녀에게 정서적 안 정감을 준다.

"폰이 없으면 그냥 공허해져요." 그녀가 이렇게 말한다.

3학년생인 스테이시는 처음부터 '통신이 전혀 안 되는 곳으로' 캠핑 을 갔을 때 얼마나 기분이 좋았는지를 묘사한다. "너무 좋았어요. 정말 스트레스가 싹 가시는 기분이었어요." 스마트폰이 없으면 '뭔가 정말 느 긋해지는' 기분이 들고, "자신에 대한 생각도 훨씬 더 많이 하게 돼요"라고 말한다.

이런 주장에도 불구하고, 스테이시는 스마트폰이 없던 시절로 되돌 아가고 싶은 마음은 전혀 없으며, 그럴 수도 없다고 여긴다. 다들 스마 트폰에 대한 의존도가 너무 높아졌기 때문이다. 길 찾기만 해도 그렇다. "사람들은 이제 지도를 못 봐요. 사전을 어떻게 보는지도 모르고요. 만 약 어떤 사람을 다른 주로 데리고 가서, 동네 구석에 세워둔 다음 풀어 주면, 그 사람은 분명 스마트폰부터 찾을 걸요? 반드시 스마트폰이 필요 하니까요." 그녀는 이렇게 말한다. "스마트폰 때문에 모든 게 너무 쉽고, 독립적으로 살 필요도 없어졌어요. 무슨 말인지 아시죠? 그저 폰에 의 지하면 되니까요." 만약 스마트폰이 사라진다면, 스테이시는 우리 모두 "길을 잃겠죠"라고 말한다.

스테이시도 이따금씩 스마트폰을 옆방에 둠으로써 계속 휴대폰만 보는 상황을 피하려 한다. 그러나 스테이시나 친구들 모두, 누군가를 접 촉하려 하는데 그 즉시 반응이 없다면 답답해 미칠 것이다. 짜증이 나 폭 발할지도 모른다. 휴대폰을 잠시 손에서 떼는 '여유'도 필요하지만, 스테 이시는 자신의 손 안에 휴대폰이 있다는 것은 "믿고 의지할 목발이 있는 것과 마찬가지죠"라고 주장한다. "휴대폰을 집에 두고 나갈 수도 있어 요. 하지만 그게 과연 안전한 일일까요?" 스테이시는 궁금해한다. "정말 궁금해요. 그렇지 않나요? 그건 마치 '오, 난 세상이랑 소통하고 싶지 않 아. 그냥 혼자서 평화롭게 살고 싶어.' 같은 태도잖아요. 하지만 그런 자 세는 더 이상 안전한 게 아니에요. 특히 제 또래 여자애들한테는요. 스 마트폰 없이 떠나서 자유롭게 행동하는 건 절대로 안전하지 않아요. 남 들과 소통 없이 사는 것도 불가능하고요."

어딘가를 휴대폰 없이 가는 것은 '안전하지 않다'는 학생들의 안전 의식은 인터뷰에서 매번 접했던 내용으로, 거의 강박 수준에 가까웠다.

응급 상황이 벌어지거나, 누군가 급하게 자신을 찾거나, 자신이 누군가를 찾을 가능성이 언제 생길지는 아무도 모르므로 언제나 '반드시' 휴대폰을 지참해야 한다는 논리다. 현대인 중에는 그런 '안전 도구' 없이 자란 세대가 대부분임에도 불구하고, 학생들은 휴대폰를 내려놓으면 모든 힘이 사라진다고 인식하며, 이 논리를 굳건하게 믿는다. 어느 누구도 비극을 예상할 수는 없으므로, 휴대폰 없이 사는 것은 타당하지 않다는 것이다.

전원 끊기…… 어쩌면 영원히?

가끔은 스마트폰이 인간의 삶에 미친 영향력에 대해 혐오감을 나타내면서, 스마트폰이 존재하지 않았던 시절에 대한 향수나 스마트폰조차 필요 없는 미래에 대한 환상을 갖고 있는 학생들을 만나기도 한다. 이런 학생들은 스마트폰을 일종의 필요악으로 치부한다.

인터뷰실로 들어올 때 마커스의 모습에서 제일 먼저 눈에 띈 것은 시퍼렇게 멍든 눈이다. 그는 키가 크고 근육질에 짧은 곱슬머리를 한, 상남자 스타일의 남학생이다. 그러나 막상 대화를 시작해보니 매우 다정하고 솔직한 청년임을 알 수 있다. 눈에 든 멍은 미식축구를 하다 생겼다고 한다. 그는 재학 중인 가톨릭대학의 캠퍼스 생활에 깊이 빠져 있다. 축구뿐 아니라 전공인 경영학과 일에도 이것저것 열심히 참여한다.

마커스는 스마트폰에 얽힌 사연들을 신이 나서 들려준다. 시작은 흡사 러브스토리 같다.

"스마트폰과 사랑에 빠진 남자로는 보이긴 싫지만, 폰에는 제게 중요한 것들이 다 있고 일정도 챙길 수 있으니까요." 그가 말한다. "솔직히 말하면, 문자는 제가 가장 안 하는 일에 속할 거예요. 사진을 찍거나 좋아하는 음악을 들을 때는 많아요. 어쨌든 스마트폰을 정말 많이 사용해요. 하루에도 한두 번씩 폰을 충전하는데, 그걸로 봐서는 제 삶의 필수품임에는 틀림없는 것 같아요." 마커스는 다른 학생들처럼 자신도 24시간 연락 가능한 상태로 있어야 한다는 점에 대해 수긍한다.

그러나 마커스와 스마트폰의 러브스토리는 금세 틀어지는 것 같다. "부끄러운 일이죠." 스마트폰을 갖고 있으면 항상 대기 상태여야 한다는 얘기를 하면서 이렇게 말한다. "하지만 제 버킷리스트에 '은퇴' 후에는 '스마트폰을 없앤다'라는 항목이 있어요. 그때가 되면 휴대폰 대신 집 전화만 사용하고 싶어요." 나는 그의 꿈 중 하나가 휴대폰을 없애는 일이라는 데 놀란다. 그래서 그 이유를 묻는다.

"전 휴대폰을 갖고 싶지 않았어요." 그가 힘을 주며 말한다. "사람들 삶을 통제한다는 생각이 들었거든요. 그래서 그런 건 필요 없다고 여겼죠. 근데 아시겠지만, 결국은 휴대폰이 필요하잖아요." 마커스는 휴대폰 없이 현대 사회에서 생존하는 것은 거의 불가능하다고 말한다. 대학생들에게는 특히 더 그렇다. 스마트폰이 아무리 사람들의 건강과 인간관계를 좀먹을지라도 현실적으로는 필수품에 가깝다. "사람들은 소통을 목적으로 전자기기들을 사용해요. 제게도 효용이 있겠죠. 결국 제 이익을 위해 사용하는 거니까요." 그가 말한다. "그래도 휴대폰이 없었을 적 삶이 훨씬 더 좋았어요. 사람들에게 내일 오후 2시에 이 방에서 회의를 열자고 하면, 정확히 그 시간에 사람들 모두 나타났던 시절이요. 사람들에게 계속 문자로 회의를 상기시켜 줄 필요가 없었던 시절이요. 그게 바로 제가 원하는 세상이지만 그런 시절이 다시 올 것 같진 않아요." 그가 싱긋 웃으며 말한다.

마커스는 가족이나 친구들과 어디를 갈 때면 스마트폰을 남겨두고 간다. 하지만 그 여행이 출장이나 공적인 일이라면 스마트폰을 챙겨가야 한다. 그런 상황에서 폰을 가져가지 않는다는 것은 현실적인 선택이 아니기 때문이다. "저는 부전공으로 마케팅을 공부하는데, 요즘은 상품이 탄생하는 과정에도 소셜미디어가 많이 활용되잖아요?" 그가 설명한다. "수천 명의 사람을 페이스북 이벤트에 참여시켜서 매출과 수익을 높이는 거죠. 지금 세상은 그렇잖아요. 하지만 제 커리어를 위해서는 소셜미디어와 스마트폰을 얼마나 활용하는 게 맞는 건지 모르겠어요." 이렇게 말한 후. 마커스는 다시 은퇴 이후 자신이 꿈꾸는 삶에 대해 얘기한다. "아까도 말씀드렸지만, 저는 휴대폰이 없는 삶을 살고 싶거든요. 근데 현실적으로 힘든 일이잖아요." 그가 조금은 슬픈 어조로 말한다. "그래도 은퇴를 하면, 휴대폰 없이 살 수 있겠다는 생각이 들었어요. 그때는 가능할 것 같아요."

좀 더 북쪽에 있는 또 다른 가톨릭대학에서 나는 스테파니를 만난다. 3학년생인 그녀는 스마트폰을 갖고 있지만 싫어한다. 그녀는 정확히 "전 그 물건이 싫어요"라고 말한다. 이 말만 들어도 그녀가 자신의 휴대폰에 애칭을 붙여서 의인화하는 유형이 아님을 바로 알 수 있다. "하긴 저도 스마트폰에 묶여 살긴 마찬가지예요." 그녀는 시인하듯 말한다. "가끔 휴대폰이 안 보이면 당황하니까요." 스테파니가 스마트폰을 싫어하게 된 이유 또한 그 물건이 일으키는 그런 불안감에서 어느 정도 생겼다고 볼 수 있다. 잃어버리진 않을까? 고장 나진 않을까? 어디에 두고 오진 않을까? 그녀는 값비싼 휴대폰을 새로 사려고 돈을 다 써버리는 상황은 원하지 않는다. 하지만 스테파니도 스마트폰의 편리성은 인정한다. "노트북을 가지고 다니는 것보다 오히려 낫죠"라는 게 그녀의 말이다. 그리고 어머니와 계속 연락할 수 있다는 점도 좋다. "엄마가 깜빡하고 강아지에게 밥을 주지 않았을 때, 제게 연락하면 되니까요." 스테파니는 이렇게 말한다.

스테파니는 스마트폰을 잠시 멀리하며 휴식기를 갖는 경우가 드물지만, 어쩌다 그런 일이 일어나면 "기분이 좋아져요"라고 말한다. "해방감을 느껴요. 주머니나 지갑 속에 넣어두면 스마트폰에만 매달리지 않아도 되니까요. 그 시간에 뭐든 자신을 위한 일을 할 수 있죠. 누군가에게 문자를 보내야 한다든가, 전화를 놓칠까 봐 걱정할 필요도 없어요. 소셜미디어도 마찬가지예요. 그냥 밖에 나가서 이 세상을 감상하면 돼요." 그녀가 웃으며 덧붙인다. 그녀는 스마트폰이 있을 때와 없을 때, 자신의 정신 상태에 '엄청난 차이'가 있음을 발견했다고 한다. 스마트폰을 갖고 있으면 남들이 뭘 하고 있는지 궁금하고 걱정도 되지만, 스마트폰을 집에 두고 온 날에는 자신이 뭘 하고 싶은지를 생각하게 된다. 스테파니에게 이보다 더 최악의 상황은, "스마트폰 때문에 소셜미디어에 대한 의존도가 높아지면서 자기 자신을 잃게 되는 것 같다"는 것이다. 남들에게만 지나친 관심을 기울이기 때문이다. "그래서 스마트폰을 없애면 자기 자신에 대한 생각을 하는 데 도움이 돼요. 그래서 지나치게 [스마트폰만] 끼고 살면서 그걸 자신의 분신처럼 여긴다면 좀 멀리할 필요가 있어요. 어떻게 보면 거머리 같아요."

스테파니는 — 자아의 중요성이라는 자신의 철학에 맞게 — 자신이 가장 좋아하는 철학자 헤라클레이토스(Heraclitus)가 소셜미디어와 스마트폰에 대해 뭐라고 말할지 상상해볼 때가 있다. "헤라클레이토스 철학을 관통하는 주제는 변화인데, 그는 변화가 좋은 일이며 지식을 추구하거나 자아를 발견하는 것도 좋은 일이라고 주장해요"라고 설명한다. "사람들은 계속 변하고, 인터넷도 계속 변하죠. 헤라클레이토스도 그 점은 받아들일 것 같아요. 하지만 자아의 발견이라는 핵심 과제를 소셜미디어가 방해해요. 정확히 말해, 우리가 참된 자아를 찾는 데 소셜미디어가 방해 요인이 되는 거죠. 헤라클레이토스라면 아마 그렇게 말할 거예요." 스테파니는 잠시 말을 멈추더니 좀 더 광범위한 관점으로 설명한다. "세상이 정체성을 잃고 있는 것 같아요. 늘 휴대폰만 보느라 세상을 바라볼 기회를 놓치는 거죠. 또 소셜미디어 때문에 새로운 사람을 만날 기회가 없어져요. 나중에 진짜 중요한 관계를 맺을 수 있는 사람일지도 모르는데 말이에요. 우리 손안에 있는 이 작은 기기에 너무 얽매여 있기 때문이고, 그건 정말 불행한 일인 것 같아요. 사람들이 이런 습관을 끊었으면 좋겠어요. 물론 습관을 바꾸는 일은 정말 어렵지만요. 우리 세대가 살아가는 모습을 보면, 뭔가 변화를 이끌 것 같지 않아요. 불행한 일이죠."

그래도 스마트폰은 계속 존재할 것이다

스마트폰으로 인해 사람들이 가진 보편적인 기대감이 바뀌고 있다는 점에서 분개하는 학생들이 많고, 이들 중 상당수는 아무리 상황이 어렵더라도 스마트폰에서 잠시 해방되기 위해 휴식기를 갖는다. 그럼에도 학생들은 자신의 스마트폰을 아끼고, 대학생들이 있는 곳에는 이 기기도 함께 있다. 내가 조사했던 학생 중 고작 4퍼센트, 그리고 온라인 설문조사에 참여한 학생 중 5퍼센트만이 스마트폰을 보유하고 있지 않다고 답했다.4

스마트폰을 갖고 있는 학생들 대부분은 늘 스마트폰을 갖고 다니고, 자신의 손에 스마트폰이 있다는 데 위안을 받았다. 모두 무사하고 모든 일이 괜찮다는 것을 확인할 수 있기 때문이다.

"손에 휴대폰을 쥐고 있는 것만으로 뭔가 안심이 돼요. 제게는 안락의자 같은 존재죠." 한 남학생은 이렇게 설명한다. 그러나 휴대폰에 너무 의존하는 자신에게 문제가 있다고 느꼈고, 그래서 스마트폰을 멀리하려고 애쓴 적도 있었다고 한다. 하지만 최근 그의 마음을 고쳐먹기로 했다. 그는 이렇게 말했다. "휴대폰이 제게 안락의자 같다면, 나쁜 물건은 아니잖아요. 그렇게 멀리할 존재도 아니고요. 오히려 단점보다는 장점이 많은 기기라는 생각이 들어요."

이는 사람들의 일반적인 감정으로 보인다. 대학생들은 스마트폰이 바꾼 자신의 삶, 특히 스마트폰이 사회 활동에 미치는—부정적인—영향력에 대해 실망감과 좌절감을 느끼지만, 그렇다고 스마트폰을 완전히 포기하려는 사람은 없다. 물론 어떤 학생들은 다시 폴더폰으로 돌아가거나, 스마트폰으로부터 '은퇴'할 수 있는 미래를 기다리기도 한다. 또 실제로 스마트폰으로부터 떨어져 휴식기를 갖거나, 스마트폰 사용량을 조정하는 학생들도 있다. 그럼에도 젊은이들은 스마트폰이 제공하는 편리함에 너무 익숙해진 나머지, 실제로 스마트폰 없는 생활을 감행한다는 것은 거의 불가능해졌다.

셰리 터클은 『디지털 시대의 대화(Reclaiming Conversation)』에서 기술이 초래한 변화들을 한탄하면서, 변색된 인간관계에 '저항'할 수 있는 방법들을 제시한다. 셰리 터클 역시 직장인을 대상으로 진행한 인터뷰에서 스마트폰과 결부된 여러 문제점을 발견한다. 그녀가 직장인들에게 "그럼에도 불구하고 휴대폰을 회의 자리에 늘 갖고 오는 이유"를 묻자, 그들 역시 "응급 상황을 위해서"라고 대답했다.[5]

학생들이 스마트폰의 편리함을 좋아한다는 사실에는 의심의 여지가 없다. 그들이 원하는 것들은 거의 다 쉽게 접근할 수 있고, 원할 때마다 인터넷이나 GPS 기능을 사용할 수 있다. 스마트폰에서는 모든 걸 '즉시' 처리할 수 있으므로 학생들은 바쁜 일상과 열정을 쏟는 일들을 훨씬 더 쉽게 관리할 수 있다. 스마트폰에서는 언제든 게임을 하고 음악을 들을 수도 있다. "스마트폰 자체가 제 삶이에요"라든지 "스마트폰과 관련된 모든 게 좋아요." 혹은 "마치 제 손바닥 위에 전 세계를 가진 것 같아요." 등, 스마트폰을 야단스럽게 치하하는 학생들도 몇 명 있었다. 한 학생은 심지어 이렇게 말하기도 했다. "스마트폰만 있으면 뭐든 할 수 있을 것 같은 기분이 들어요." 반면 이런 긍정적인 의견들과 더불어 부정적 시각을 가진 학생들도 많았다. 스마트폰은 결국 '잘 포장된 저주'일 뿐이라는 의견이 그중 하나였으며, 스마트폰에 대해 가장 좋은 점이 뭐냐는 질문에 '거의 없다'는 응답이 꽤 많이 나온 것만 봐도 알 수 있다.

스마트폰 같은 기기들이 없다면 사람들이 더 행복하고 나은 삶을 누릴 수 있다는 인식도 학생들 사이에 보편적으로 자리 잡고 있었다. 휴대폰이 지구상에서 사라진다면 휴대폰 때문에 우리가 어쩔 수 없이 짊어진 부담감도 훌쩍 사라질 것이기 때문이다. 이 작고, 가볍고, 멋지고, 빛나는 기기는 이제 우리의 두 어깨에 너무 큰 무게를 실어버린 존재가 됐다. 우리는 휴대폰을 보면서 해야 할 일정을 챙기고, 주어진 책임을 확인하며, 다른 사람들이 우리에게 무엇을 원하는지 알고, 이런 것들을 제대로 관리하지 못하는 우리의 무능력을 탄식하며, 다른 이들이 우리를 어떤 식으로 비판하는지 발견하고, 우리의 이런 실패 속에서도 환하게 빛나는 다른 이들의 성공을 목격한다. 스마트폰이 우리 어깨에 올려놓은 스트레스는 다른 스트레스보다 단지 몇 그램이 아니라, 수백 킬로그램은 더 무겁게 느껴진다. 하지만 동시에 스마트폰은 지루함과 외로움에서 벗어나는 탈출구이자 사랑하는 가족 및 친구들과 교류하는 채널, 길을 잃었을 때 방향을 알려주는 길잡이, 헤어스타일이 유난히 근사하거나 기념할 만한 멋진 순간을 저장하는 기록 보관서, 우리의 가장 은밀한 느낌을 적어놓은 일기, 희망, 꿈이 돼준다.

학생들은 다른 사람들과의 관계에서처럼, 자신의 스마트폰과도 강렬하고도 문제적인 관계를 맺고 있는 게 분명해 보인다. 학생들은 실제로 친구들에게 느끼는 애착을 스마트폰과의 관계에서 찾는다. '애초에 스마트폰을 만나지 않았더라면……'이라고 후회할지라도, 실제로 그 관계를 포기할 일은 없을 것 같다.

　근데, 정말 포기란 불가능할까?

🔍 11장 **타임라인과 타임아웃** •••
#왜 소셜미디어를 그만두는 학생들이 늘어날까?

♥ ◯ ◁   ◻

 주이, 복음주의 기독교대학 1학년 인스타그램을 보다 잠들고, 눈뜨자마자 인스타그램부터 확인해요. 화장실에서도 인스타그램을 할 때가 많고요. 그래서 끊기로 했어요. 사람이든 물건이든, 제가 그 정도로 집착했던 건 없었거든요.

 타마라, 공립대학 3학년 일시적인 문제로 페북 계정을 비활성화한 적은 몇 번 있었어요. 다른 사람들이 하는 건 무조건 다 해야 한다거나, 친구들보다 여행도 더 많이 하고 더 즐겁게 지내야 한다거나 여러 부담감으로 제 자신을 너무 몰아붙이기 시작하면, 계정을 끊고 잠시 휴식을 가져요 처음 며칠은 어떤 일이 벌어지지나 않을까 너무 궁금해서 로그인하고 싶은 마음을 억누르기가 어렵지만, 한동안 페북을 안 하다 보면 점점 익숙해져요. 그리고 어느 순간 페북을 확인해야 한다는 생각이 더 이상 안 드는 시점이 와요. 전 여름방학에 너무 지루해서 결국은 다시 계정을 살렸지만요. 그래도 페북 없이 행복할 수 있다는 사실을 알게 됐고, 조만간 계정을 완전히 없애고 싶어요. 저에겐 건강하지 않은 집착 같다는 생각이 들거든요. 장기적으로는 페북 없이 사는 게 더 좋을 것 같아요.

 로렌
25min • 👥

#곧 끊을 거예요

   같이 강의를 듣는 남학생에게 데이트를 신청했다 실패했던 로렌을 기억하는가? 그녀는 이번 학기에 18학점을 이수하면서 시간제 아르바이트도 하고 있다. 그녀는 중서부에 있는 한 공립대학 2학년생으로 상황만 완벽하다면 내년에는 여학생 사교클럽에도 가입할 생각이다. 하지만 그녀에게 그럴 여유가 있을지 누가 알겠는가? 로렌은 나와 인터뷰를 하면서 자신의 생활과 생각들을 들려준다. 그녀의 이야기를 듣는 나는 웃음이 끊이지 않는다. 로렌은 내가 인터뷰했던 학생 중 유머감각으로는 단연 최고다.

로렌이 소셜미디어와 스마트폰을 싫어한다는 것은 인터뷰가 시작되자마자 확연히 드러난다. 그녀는 스마트폰도 갖고 있고 소셜미디어도 하지만, 어쨌든 둘 다 혐오한다. 우선 사람들이 온라인에서 끊임없이 거짓말하는 게 싫다. "소셜미디어에서 매일같이 거짓말하는 사람들이 수백만 명은 될 거예요"라고 그녀는 주장한다. "물론 진실한 사람들도 있겠지만 그 가능성은 진짜 낮겠죠. 사람들이 소셜미디어를 하는 이유는 남들에게 진짜 자신이 아닌 다른 모습을 보여줘서, 남들 인식 속에 다른 사람으로 남기 위해서예요." 나는 로렌에게 그녀 자신도 다른 이들에게 다른 모습을 보여주고 싶은지 묻는다. "아니요." 그녀가 딱 잘라 말한다. 로렌에게 소셜미디어는 가족 및 친구들과 연락하기 위한 도구에 불과하다.

그러나 로렌은 이내 한숨을 쉬며 불안한 눈빛을 보인다. 그리고 "제가 왜 소셜미디어를 하는지 모르겠어요"라고 힘없이 말한다. "계속 계정을 삭제하지만, 다시 살리게 돼요."

다른 학생들도 이런 양상을 보이는 경우가 많지만, 로렌은 삭제와 복귀 사이를 끊임없이 반복하는 자기 모습에 극심한 회의감을 느낀다. 로렌은 소셜미디어로 인해 상처를 받은 것 같다. "그냥 잠에서 깨면 거기서 접하는 모든 게 짜증 나서 계정을 전부 비활성화할 때도 있거든요. 그러다 몇 주가 지나면 사람들이 계속 '너 그 트윗 봤어?'라든지 '너 그 페이스북 사건 알아?' 식으로 말하니까 다시 활성화하게 돼요. 저도 그런 대화에 끼고 싶고, 어떤 일들이 벌어지고 있는지도 궁금하니까요." 그녀가 또 한 번 한숨을 쉬며 짜증난 듯한 표정을 짓는다. "그러다 다시 끊어버리죠." 그녀가 덧붙인다.

일례로 오늘 아침만 해도 그녀는 인터뷰가 있기 전에 자신의 트위터 계정을 비활성화했다. "그냥 그런 생각이 들었어요. '아, 오늘 트위터 정말 꼴보기 싫네.' 그러고는 앱을 지워버렸죠. 하지만 장담하는데 아마 며칠 후면 다시 시작하겠죠." 그녀가 앱을 지운 이유는 사람들이 트위터에서 너무 부정적인 얘기만 하기 때문이다. 로렌은 자신의 삶에 더 이상 부정적인 기운이 스며드는 것을 원하지 않는다.

로렌은 페이스북에서도 비활성화와 활성화 사이의 스텝을 반복하고 있다. 지금은 페이스북 계정이 살아 있지만, 이미 다수의 사람들을 친구 삭제한 상태여서 자신에게 정말 중요한 사람들의 내용만 볼 수 있다. 로렌에게 삭제당한 사람들은 아마도 그 사실을 모르겠지만, 로렌은 이 상황을 은근히 즐기는 것 같다. "특별히 저에게 나쁜 말이라도 한 사람은 아무도 없어요." 그녀가 말한다. "근데 친구 삭제를 하는 것만으로도 제가 그 사람들에게 굉장한 통제력을 갖고 있는 것 같거든요."

그녀가 페이스북을 비활성화한 이유는, 학교생활과 파트타임 일로 너무 바쁘다는 것 외에도 페이스북 때문에 우울해지기 때문이다. 그녀가 페이스북을 가장 오랫동안 비활성화한 기간은 6개월이었다. 로렌이 절대 삭제하지 않는 계정은 인스타그램뿐이다. 그녀는 사진 구경을 즐기기 때문에, 인스타그램에서는 큰 문제를 못 느낀다고 어깨를 으쓱하며 말한다.

그녀가 처음으로 소셜미디어를 중단한 것은 몇 년 전 일로, 여학생 몇 명이 트위터에서 그녀를 '걸레'라고 불렀기 때문이다. 그렇다고 그 여학생들이 자신에게 사이버 폭력을 행한다고 느낀 적은 없었다고 한다. 그런 식으로 욕하는 아이들에게는 이미 이골이 난 상태라, 그저 생각 없는 아이들이라고 무시해버렸다. 그러나 공개적으로 그런 욕을 먹는 것은 로렌에게도 상당히 신경 쓰일 수밖에 없었다. 그래서 그녀는 트위터 활동을 중단했다.

　로렌은 소셜미디어와 스마트폰이 그저 짐이라고 말한다. 소셜미디어 때문에 우정이 무너지고 소문은 무성해진다. 누군가 로렌과 친구들이 함께 있는 사진을 포스팅하면 그 사진을 본 또 다른 친구는 자신만 소외된 기분이 들면서 다툼의 씨앗이 된다. 모든 게 너무 피곤해진다. 나는 로렌에게 다른 사람들이 소셜미디어에 올린 내용을 보면서 그 사람들과 자신을 비교하고 질투심을 느낀 적은 없는지 묻는다. "당연히 있죠. 항상 그래요." 그녀가 수긍한다. "하지만 곧, 이대로도 아름답고 저를 바꿀 수 있는 건 아무것도 없다고 머릿속으로 되새겨요."

　나는 로렌에게 소셜미디어 계정을 지우고 나면 어떤 기분이 드는지 묻는다.

　"굉장히 홀가분해요." 그녀가 활기차게 말한다. "더 이상 스마트폰만 들여다볼 필요가 없으니까요. 정말 좋아요. 사람들을 직접 만나 얘기할 수 있거든요. 아직은 소셜미디어 없이도 사람들과 소통할 수 있다는 게 좋아요." 로렌은 앞으로도 계속 소셜미디어를 지웠다가 되살릴지 모르지만, 앞으로의 인생에서 소셜미디어가 담당할 역할에 대한 자신의 생각을 굳혔다. "저는 이제 됐어요." 그녀는 이렇게 말한다. "소셜미디어를 몽땅 접고 아무 걱정 없이 살 날만 기다리고 있거든요. 그러고는 폴더폰으로 다시 갈아탈 거예요. 이젠 다 귀찮아서 제 아이폰도 폴더폰으로 바꾸고, 친구들과 연락이 필요할 때 전화만 걸 수 있는 날이 빨리 왔으면 좋겠어요." 그녀는 자신의 어린 시절에 대해 고마움을 느낀다. 그녀의 부모님은 늘 나가서 뛰어놀라며 로렌과 형제들을 밖으로 내몰았다. 그들은 컴퓨터나 스마트폰도 거의 사용하지 않았다.

　로렌은 소셜미디어 계정에 스마트폰까지 모두 없애버릴 계획이다. 그것도 영원히. "그런 생각을 정말 많이 해왔으니까요." 로렌은 웃으며 말한다. 그녀는 취업 문제로 본격적으로 골치를 앓기 시작할 3학년 때쯤

이 계획을 이행할 예정이다. 로렌은 소셜미디어에서 프로다운 모습을 보여주고 자신을 관리해야 한다는 교훈을 체감해왔지만, 그런 의도로 자신의 프로필을 고치기보다는 그냥 모든 걸 중단하기로 결심했다. 나중에 자신을 고용할지도 모르는 사람들이 온라인 속 자신의 모습을 지켜본다는 사실은 그녀를 불안하게 하므로, 소셜미디어에서 아예 존재감을 없애는 쪽을 선택한 것이다. 그러면 잠재적 고용주들이 그녀에 대한 어떤 내용도 찾을 수 없을 테고, 결국 어떤 선입견도 갖지 못할 것이다.

"저는 취업을 원하고, 기업인들이 제 사이트를 볼 수 있다는 생각 자체가 싫어요. 제가 팔로우하는 것과 제 생각들을 보면, 저란 사람에 대한 그분들 인식에 영향을 줄 수 있잖아요. 일종의 선입견이 생기는 거죠"라고 로렌은 지적한다. "모든 게 사라져야 직장을 얻을 수 있어요. 그게 뭐든 제가 직장을 얻는 데 영향을 주는 건 싫어요. 어차피 4년 후에는 취업을 해야 하니까요. 소셜미디어가 그 과정에서 어떤 요인이 될 여지가 있다면 전 그냥 지워버리겠어요."

나는 로렌에게 —취업이 된 이후에는— 소셜미디어 계정들을 다시 활성화할 것인지 묻는다. 많은 학생이 '소셜미디어 속에서 자신의 존재를 알리는 일' 또한 프로로서 중요한 임무라고 여기기 때문이다. 그녀는 고개를 흔들며 "아니요"라고 대꾸한다. 그러고는 말을 다시 조금 가다듬는다. "만약 계정이 정말 다시 필요하다면, 직장을 구한 다음에는 계정을 새로 만들 거예요. 그리고 그 계정은 직장과 관련된 내용으로만 꾸미는 거죠."

로렌은 자신이 스마트폰을 얼마나 싫어하는지에 대해서도 여러 번 언급한다. 그녀는 나이치고는 굉장히 구식에 속해서 사람들에게 문자보다 전화로 연락하는 것을 선호한다. 스마트폰을 좋아하지 않는 그녀지만 이런 말도 한다. "휴대폰이 늘 제 엉덩이에 붙어 있어요." 그녀는 스마트폰을 가능한 한 보지 않으려고 부단히 애를 쓴다. "학교 공부나 인간관계에 전부 방해가 되거든요." 그럼 왜 로렌은 어딜 가든 스마트폰을 갖고 다니는 걸까? 난 의문이 든다. "그래도 값비싼 액세서리잖아요." 그녀가 솔직하게 말한다. "200달러나 하는 물건을 분실하거나 어디에 놓고 다니는 건 싫어요." 게다가 스마트폰은 정보를 얻거나 위급 상황에 대처하는 데 꽤 유용하다. 그래도 로렌은 기회가 있을 때마다 스마트폰을 몇 주씩 부모님 댁에 두고 온다고 한다.

로렌에게 휴대폰을 집에 두고 다니는 것은 소셜미디어를 중단했을 때와 비슷한 즐거움을 준다. "정말 놀랍다니까요?" 그녀가 말한다. "휴대폰이 생기기 전에는 삶이 어땠는지 기억을 되살려 주거든요. 폰이 있기 전이 좋았던 것 같아요." 그녀는 아련한 말투로 이렇게 말하고는 웃음을 터뜨린다. "네, 정말 끝내줘요! 폰을 잃어버리지나 않을까 하는 걱정도 없어지고 제게 연락할 사람들에 대해 걱정할 필요도 없고요. 그냥 정말 홀가분한 기분이 들어요. 누군가 제게 꼭 연락할 사람이 있다면 어떻게든 방법을 찾아내겠죠. 하지만 그런 이유 말고는, 정말 휴대폰에서 좀 벗어나 휴식이 필요한 것 같아요. 자신에게 끊임없이 연락하려는 사람들로부터 좀 벗어날 필요도 있고요."

나는 로렌에게 소셜미디어를 끊어버리는 게 그녀와 다른 사람들 사이의 관계에 어떤 영향을 줄지에 대해 묻는다. 그녀는 아무 영향력도 없을 것이라고 말한다. "만약 어떤 영향이 있다면, 좋은 친구 사이가 아니겠죠. 원래 우정이란 얼굴을 맞대고 같이 많은 시간을 보낼수록 돈독해지는 법이니까요"라고 로렌은 지적한다. "각자 집에서 휴대폰으로 관계를 맺는 건 진짜 관계가 아니라고 생각해요. 상대의 얼굴을 직접 보고 함께 뭔가를 해야 해요. 같이 영화를 보러 간다든지, 삶에서 벌어지는 일을 같이 한다든지 말이에요. 자리를 잡고 앉아 각자 스마트폰만 보면서 시간을 보내는 게 무슨 소용이 있겠어요?" 로렌은 잠시 말을 멈추더니, 이 주제에 대한 자신의 생각을 마지막으로 밝힌다. "저는 어떤 일이든 긍정적으로 보는 편이거든요." 그녀가 말한다. "근데 소셜미디어는 물이 반이나 찬 컵이 아니라, 겨우 반만 찬 컵 같다는 느낌이 계속 들어요."

 엘리스
25min · 👥

#소셜미디어에 대한 대대적 숙청

엘리스는 가톨릭대학에서 생물학을 전공하는 키가 큰 미인이다. 그녀는 페이스북에서 '좋아요'를 받으려는 필사적인 노력 속에서 자신이 지쳐가고 — 환멸까지 느끼고 — 있음을 발견했다. 그녀는 이런 상황을 '정말 위험한 악순환에 빠지는 것'이라고 설명한다. 이런 악순환에 빠지지 않도록, 그리고 자신의 친구들도 똑같이 보이는 이런 짜증 나는 행동을 더 이상 대면하지 않도록 엘리스는 지난여름, 한 달 동안 자신의 소셜미디어 계정을 전부 닫아버렸다.

그녀의 남동생은 이를 '숙청'이라고 부른다.

"그냥 한 달 동안만 중단했던 건데, 기분이 정말 좋았어요." 그녀는 흥분 섞인 목소리로 말한다. "정말 대단했거든요. 개학하면서 계정은 다시 살렸어요." 집에 있는 가족과 쉽게 연락할 수 있는 방법이 필요했기 때문이다. 현재 엘리스는 페이스북과 인스타그램을 하고 있다. 하지만 그 '숙청' 작업은 엘리스에게 지속적인 효과를 발휘했다. 예전보다 소셜미디어 페이지도 덜 들어가게 됐을 뿐 아니라 그런 숙청 작업을 1년에 한 번, 아니면 적어도 6개월에 한 번씩은 정기적으로 하게 됐기 때문이다. "딱 한 달간 모든 소셜미디어를 폐쇄해요. 정말 좋아요."

나는 엘리스에게 그런 숙청이 왜 그렇게 좋은지 묻는다.

"주위가 산만하지 않아서 좋아요." 그녀가 말한다. "올 여름방학 동안 치과에서 일했는데, 점심시간이 되면 휴게실에서 앉아 페이스북이나 인스타그램을 하면서 혼자 밥을 먹게 되더라고요. 일이 끝나고 집에 돌아와도 똑같은 일이 계속됐고요." 그녀는 이렇게 계속해서 소셜미디어를 확인하고 같은 일을 반복하는 자신의 모습에 어느 순간 신경이 쓰이기 시작했다. 소셜미디어를 끊었더니 더 많은 일에 집중할 수 있었고, 독서같이 원래 그녀가 좋아했던 일들에 더 많은 시간을 할애할 수 있었다고 그녀는 설명한다. 그녀는 휴게실에서 페이스북 대신 책을 읽었다. 그리고 자신이 스마트폰 화면만 줄곧 스크롤하는 것보다 독서를 얼마나 더 좋아하는지 이내 깨달을 수 있었다. 치과에서 일하는 동안, 다른 사람들이 뭘 하고 있을지도 궁금하지 않았다. 친구들이 휴가를 갔는지, 또 방학 동안 어떤 것들을 올리는지에 더 이상 궁금해하지 않게 됐다. 소셜미디어를 중단한 후, 엘리스는 자신의 우선순위에 집중할 수 있었다. "[숙청] 기간 동안은," 그녀는 말한다. "정말 제게 중요한 것들에 확실히 더 집중할 수 있었어요. 친구들이 올린 휴가 사진은 제게 중요하지 않았어요. 친구가 그런 멋진 시간을 보내고 있다고 제가 행복할까요? 물론 그럴 수도 있죠. 근데 그런 얘기는 나중에 학교에 돌아가서 친구에게 직접 들어도 되잖아요."

또한 엘리스는 자신의 사진에 '좋아요'가 얼마나 많이 달렸는지 확인하기 위해 '하루에 열다섯 번씩' 페이스북에 드나들지 않게 됐다는 데 무척 만족했다. 엘리스는 '좋아요'를 받는 데 너무 연연해하는 자신의 모습이 그동안 탐탁하지 않았고, 소셜미디어를 중단하면서 그런 습관을 깰 수 있었다. 엘리스는 친구들의 근황을 알기 위해 소셜미디어에 들어가서 그들의 모습을 구경하는 대신, 전화로 대화하는 즐거움도 알게 됐다. 그리고 자신과 친구들에 대한 '사고방식'을 완전히 바꿀 수 있었다. 엘리스는 소셜미디어에서 친구들 모습을 볼 때마다, 또 친구와 만났을 때도 자신이 올린 포스트 생각에 휴대폰만 들여다보는 친구들을 볼 때마다 그동안 얼마나 짜증이 났는지를 인터뷰 내내 반복적으로 언급한다. 엘리스는 친구들과 함께 있을 때 그들이 하는 행동을 유심히 보게 됐고, 자신과 함께 있을 때에도 서로 대화하기보다는 소셜미디어로 시간을 보내는 친구들의 모습이 싫었다. 엘리스는 그런 아이들을 친구로서 한 단계씩 강등했다. 이제 엘리스의 삶에서 주요 위치를 차지하는 사람들 대부분은 항상 스마트폰에만 매달려 있는 사람들이 아니다. 특히 엘리스는 자신과 함께 있을 때 그렇게 하는 사람들을 친구로 원치 않는다.

엘리스는 자신의 '숙청'을 클렌즈 주스로 비유한다. 사순 금욕과 금식 같은 종교적 비유도 가능하다. 엘리스는 소셜미디어 단식으로 정말 자신의 몸에서 독소가 빠진 것 같은 기분이 들었다. 사실 이 문제를 더 얘기하면 할수록, 소셜미디어 숙청을 얼마나 오랫동안, 그리고 얼마나 자주 단행할지에 대한 엘리스의 생각은 더 굳건해진다. 그리고 그 기간 및 빈도도 확대된다. 그녀는 연말쯤 되면 소셜미디어 숙청 기간을 한 달 대신 두 달에서 석 달, 최대 다섯 달까지 고려하고 있다. 그러다 소셜미디어를 영원히 중단하는 것은 어떨지 생각하게 됐다. "학사 과정을 마친 다음에 그렇게 할 생각이에요. 인스타그램도 없애버리려고요"라고 엘리스는 말한다. "대학을 졸업하면 직장을 얻거나 석사 과정을 밟잖아요. 그러면 인스타그램에서 시간을 보낼 만한 여유도 없어질 거예요." 엘리스는 소셜미디어가 성인이 아닌 '젊은 청년들'을 위해 존재한다고 믿는다. 그래도 플로리다에 있는 이모와 연락하기 위해 페이스북은 남겨둘지도 모른다. 지금으로서는 장담할 수 없다. 그녀가 졸업 후 과연 소셜미디어를 전부 없앨 수 있을지는 아무도 모른다.

소셜미디어의 (일시적) 중단, 이제 유행이 되다

나는 너무나 많은 사람이 소셜미디어에서 겪은 좌절감으로 소셜미디어 중단을— 적어도 일시적으로— 고려한다는 것을 알게 됐을 때 꽤 당황스러웠다. 소셜미디어를 나쁘게만 보지 않는 학생들도 대개 어느 시점이 되면 자신의 소셜미디어 계정 중 하나를 끊으려는 생각을 품게 된다. 페이스북 타임라인이나 트위터 피드를 쉬지 않고 스크롤하려는 마음—혹은 충동—에 문제를 느끼기 때문이다. 이들은 자신의 태도를 일종의 중독이라고 여기게 되고, 자신의 행동을 통제하는 방법을 찾아 나선다. 그러나 대부분은 통제의 선을 긋는 데 실패한다.

소셜미디어를 전부 중단하는 쪽으로 마음이 향하는 이유도 이 때문이다.

텀블러가 자신의 '정서적 안식처'가 되는 상황이 두려워 이를 잠시 그만둔 학생부터 상담사의 충고로 소셜미디어를 그만둔 학생까지, 대학생들이 어떤 소셜미디어 플랫폼에서 비록 일시적이나마 손을 떼는 것은 매우 흔한 일이다.[1] 실제 온라인 설문조사에서 소셜미디어 계정을 영구적, 혹은 일시적으로 그만둔 적이 있었는지를 묻는 질문에 답한 학생 중 68퍼센트는 그런 적이 있다고 답변했다.[2]

학생들의 주관식 답변을 보면 이들이 소셜미디어를 떠나는 이유도 흥미로웠지만 이들이 소셜미디어 중단을 고려하는 사람들에게 전하는 경고도 흥미로웠다. 소셜미디어를 중단한 적이 전혀 없었다고 응답한 32퍼센트의 학생들은 답변을 좀 얼버무리는 경향이 있었다. 이들이 답한 '아니요'란 말 뒤에는 종종 '그러나/하지만' 같은 접속사가 뒤따랐고, 한 번도 중단한 적은 없지만 다른 방식으로 소셜미디어 사용을 자제한 적은 있었으며, '사람들을 언팔로우'했을 때 '해방감'을 느낀 적이 있다고 답한 학생들도 있었다. 이들은 '콘텐츠'를 삭제하거나, 자신의 계정을 이전보다 덜 사용하거나, 포스팅 활동을 전혀 하지 않으면서 조만간 계정을 삭제할 생각도 하고 있었다. 따라서 소셜미디어 계정을 전혀 삭제해본 적 없는 학생들도 사용을 중단하거나 줄이는 쪽을 고려하고 있다는 것을 알수 있다.

소셜미디어를 중단했던 학생들의 사례 — 일부는 영구적으로, 또 일부는 일시적으로 — 를 보면, 그 이유가 정말 다양했다. '너무 집착해서'라거나 '중독 상태라서'라고 답한 사람도 있었으며, 소셜미디어를 '너무 강박적으로' 확인하는 자신의 모습이 마음에 들지 않았다거나, '습관을 깨고 싶어서'라는 사람들도 있었다. '다른 사람들이 너무 비열해서' 끊었다는 학생들도 있었으며, 여기저기 드라마가 너무 많다 보니 '우울해진다'라고 답한 사람도 있었고, 소셜미디어가 자신의 삶을 아예 '접수해버리는' 상황이 싫어서라고 답한 학생도 있었다.

학생들이 어떤 소셜미디어를 중단하고, 재개하고, 혹은 영원히 끊어버리는 이유와 그 과정에서 느끼는 감정은 정말 무수할 만큼 많았다. 어쨌든 학생들이 소셜미디어를 끊으려 하거나, 끊을 필요를 느끼고(영구적은 아닐지라도), 이들 중 많은 수가 어느 시점에 실제로 끊는 것만은 확실했다.

엘리스의 경우에는 일시적이고 구조적인 휴식을 위해 계산된 노력으로 '숙청' 작업을 단행했지만, 온라인 폭력에 시달렸던 메는 감정적 고통과 괴로움을 피하기 위해 자신의 소셜 계정을 아예 폐쇄해버렸다. 학생들과 대화를 하면 할수록 나는 그들이 소셜미디어 활동을 자제하는 이유와, 그 목적을 달성하기 위해 시도하는 창의적인 방법들을 접할 수 있었다. 그중 한 여학생은 자신의 스마트폰에 '접근 금지'라는 폴더를 만들어서 거기에 자신이 활동하는 소셜미디어 앱들을 필요할 때마다 넣어두곤 했다. 이는 바쁜 학기 중에 잠시나마 소셜미디어에서 확실히 손을 뗐

다가, 다시 활동을 복귀할 때 새로운 계정을 만들지 않으려는 방책이었다. 소셜미디어를 한 번도 중단한 적은 없지만 끊기를 바라는 하키 선수도 있었다. 그는 예전에는 사람들이 상대의 전화번호를 정말 잘 외웠고 시간이 나면 동기들과 함께 하키 연습을 하며 즐거운 시간을 보낼 때가 많았지만 이제는 자신이 좋아하는 일들을 하기보다는 온라인에서만 시간을 보낸다며 아쉬워했다. 그는 언젠가는 모든 소셜 계정을 삭제해버리고 직업적·사회적 관계를 추구할 수 있는 날이 오리라는 기대를 품고 있었다.

중서부에 있는 가톨릭대학에서 철학을 전공하는 하비에르의 얘기를 들어보자. 그는 나와 만났을 당시, 자신의 소셜미디어 계정들을 8개월간 끊은 상태였다. 하비에르는 여자친구와 함께 소셜미디어 활동을 전면 중단했는데 그 상태에 상당한 스릴을 느끼고 있었다. 그와 소셜미디어의 관계는 감정적 포물선을 그리고 있었다. 출발은 행복했지만 이내 환멸을 느끼고, 결국은 실망감으로 가득했다. 그래서 활동을 멈췄다. 그는 마크 주커버그가 페이스북을 정말 끊기 힘든 플랫폼으로 만들었다고 토로한다. 계속해서 페이스북으로 돌아가도록 종용하는 유혹들이 많기 때문이다. 하지만 하비에르는 지금까지 잘 버텨왔고, 앞으로도 그럴 거라고 다짐한다. 그는 소셜미디어에 '화학적으로 중독된' 상태였으므로 처음에는 거기서 손을 뗀다는 게 정말 힘들었다. 자신의 삶에 큰 '구멍'이 난 것 같았고, 이를 메꿀 수 있는 방법이 필요했다. 그나마 여자친구와 함께라서 다행이었다. 소셜미디어 중독에서 헤어나오기 위해 하비에르는 '화학적 행복'을 얻는 새로운 방법을 찾아 나섰고, 그 대부분은 그동안 소셜미디어로 인해 상당히 제한됐던 '현실 속 교류'를 통해 해결됐다. 이제 그는 시간을 훨씬 더 건설적으로 활용하게 됐고, 이 점을 흡족하게 여긴다. 공부에 더 매진하고, 그래서 더 나은 학점을 받고, '진짜 뉴스'를 읽는 데 많은 시간을 할애하게 됐다.

인터뷰 중 하비에르는 자신이 언급한 '페이스북에 대한 화학적 중독' 상태에 대해 여러 번 언급한다. 그 화학적 중독이란 오로지 '좋아요'를 받기 위해 포스팅을 하는 것과 관련돼 있다는 게 그의 설명이다. '좋아요'는 가벼운 인정일 뿐 특별한 의미가 없다는 것을 알고 있으면서도, 그는 점점 '좋아요'에 집착하게 됐다고 한다. "'좋아요' 때문에 우울해지더라고요. 의미도 없는 것들에 너무 많은 시간을 허비하고 있었어요. 뭘 위해 그렇게 애쓰는지도 모른 채로요. 그저 또 다른 '좋아요' 깃발이 떠오르길 바라는 건데, 그럼 뭐하겠어요. 저 말고는 아무도 신경 안 쓰는 목표를 끊임없이 바라는 거죠. 다 끊어버리는 게 속 편한 일이었어요. 마침내 손을 떼었을 때, 처음에는 화학적으로 뭔가 결핍된 느낌이 들었지만 계속 그러진 않더라고요. '오, 세상에. 맞아! 난 페이스북이 싫어!'" 하비에르는 이렇게 덧붙이며 웃음을 터뜨린다. 하비에르는 소셜미디어에 대해 아주 다양하고도 강렬한 느낌을 갖고 있다. 그는 페이스북 때문에 남들과 자기 자신 모두에게 비판적 태도를 갖게 됐으며, 자신의 그런 태도가 전혀 마음에 들지 않았다고 말한다. 끊임없이 자신과 남들을 부정적으로 생각하게 됐기 때문이다.

물론 소셜미디어를 끊었을 때 겪는 부작용도 있다. 하비에르는 캠퍼스에서 어떤 행사가 있는지, 또 친구들의 일상에 어떤 일이 벌어지고 있는지 등, 많은 정보를 놓치게 됐다. 페이스북으로 초대장을 보내는 친구도 많으므로, 파티에 못 갈 때도 있다. 그럼에도 하비에르는 자신의 결정에 대해 여전히 낙관적이다. "그 모든 진흙탕 속으로 들어가는 것보다 혼자 소외되는 쪽이 더 행복해요. 그냥 제 기분은 그래요"라고 그는 말한다. "참석해봤자 자신이 바보같이 느껴지는 파티에 초대되는 게 무슨 가치가 있겠어요?" 동기들 중에서는 페이스북이 없는 사람을 만나면 좀 당황하는 친구들도 있지만, 하비에르는 소셜미디어 활동을 접으면서 사람들이 거기에 얼마나 중독돼 있는지를 알게 된다고 말한다. "저라면 자신의 삶에서 가장 중요한 한때를 페이스북이나 하면서 허비하지는 말라고 강력하게 조언해줄 것 같아요." 그가 말한다.

하비에르에게 다시 돌아갈 가능성은 없는지 묻자, 그가 고개를 젓는다. "아니요. 돌아가고 싶다고 느낀 적은 없었어요." 그가 말한다. "그냥 이메일을 보내거나 필요할 때는 직접 만나면 돼요."

공립대학 4학년생인 에이미는 소셜미디어 활동을 중단하는 것에 대해, 거의 '항상' 고려한다고 강한 어조로 말한다. 에이미에게 좀 더 자세히(일시적으로 중단했다 다시 할 생각인지, 아니면 아예 영원히 끊을 생각인지?) 말해달라고 하자, 에이미는 ─ 앞에서 소개했던 로렌처럼 ─ 본인은 '늘 끊지만' 다시 '돌아오는' 유형이라고 설명한다.

"다른 사람들이 하는 행태를 보면 염증이 나서 페이스북을 비활성화할 때가 많아요"라고 그녀가 말한다. "하지만 [결국에는] 페이스북에서 누군가를 스토킹할 일이 생기거나, 제 사진을 올리거나 남들 사진을 구경하고, 또 다른 누군가의 페이지에 들어가고 싶어져요. 그래서 늘 돌아가게 되더라고요. 그러니까, 저는 잠깐 끊은 후 어쩔 수 없이 다시 시작하는 경우예요." 그래서 에이미가 선택한 해법은 자신에게 제일 못마땅한 부분만 '중단'하는 방법이었다. "제 페이스북에 있는 사람 대부분을 친구 삭제하는 거예요. 그러면 로그인해도 제 뉴스피드에 아무것도 뜨지 않거든요. 그런 다음 제 사진만 올리는 거죠. 어차피 제가 태그된 경우에는 알 수 있으니까, 그때는 친구의 담벼락에 가서 글을 남기면 돼요. 그런 식으로 운영하면 다른 사람들의 소식이나 사진, 생각 같은 게 제 담벼락에 쏟아질 일은 없어요. 제게는 꽤 괜찮은 방법이더라고요."

나는 에이미에게 왜 그 방법이 더 좋은지 묻는다.

"원래대로라면, 다른 사람들의 일상이나 생각이 제 머릿속을 꽉 채우고 있는 거잖아요." 그녀가 이렇게 답한다. "제가 보고 싶은 걸 스스로 선택하는 편이 훨씬 더 좋다고 생각해요. 친한 친구들만 선택하면, 그 애들이 어떤 생각을 하고 어떤 상황인지 볼 수 있잖아요. 그 친구들의 얘기는 궁금하니까요. 저를 위해 그런 식으로 영향력을 약화시킬 필요가 있어요."

'자신이 보고 싶은 것만 선택하는' 문제는 학생들이 왜 자신의 계정에 접속하는 것을 그렇게 자제하려고 애쓰는지, 혹은 한동안 활동을 끊으려 하는지를 설명할 때 자주 나오는 이유다. 다른 사람들의 타임라인을 보면서 느끼는 소외감과 상처, 또 다른 이들의 삶이 자신의 삶보다 더 근사하다는 것을 확인하면서 받는 스트레스와 슬픔은 학생들이 소셜미디어 활동을 아예 중단하거나 줄이는 가장 흔한 이유이기 때문이다.

혜의 경우도 분명 여기에 속한다.

혜
15min · 👥

#페이스북에 잠식당하다

혜는 서부에 있는 한 기독교대학의 1학년 학생으로, 정장에 하이힐 차림으로 인터뷰 방에 등장한다. 그녀는 진지하고 학구적인 '100퍼센트 한국인'으로, 자신이 매우 독실한 기독교 신자라고 소개한다. 혜에게는 대학 생활에서 시간 배분을 하는 것이 가장 어렵다. 학교 공부를 하면서 자신이 맡은 활동들도 이행하고, 사교활동까지 제대로 해내려 애쓰지만, 그러다 보니 항상 숨이 턱밑까지 차 있다. 최근 혜는 자신이 늘 두각을 나타냈던 공부와 점수가 삶의 의미와 어떤 관계에 있는지 고민에 빠졌다. 그녀는 무거운 한숨을 내쉬며 점수가 더 이상 자신의 삶을 짓누르지 않길 바란다고 호소한다.

혜는 대학 사람들과 소통하기 위해 페이스북과 인스타그램을 한다. 그녀도 얼마 전까지 소셜미디어를 4개월간 중단했었다고 한다. 페이스북과 소셜미디어가 삶의 의미를 가로막고 있다는 생각이 들었기 때문이다. 그녀는 고등학교 때부터 선교활동을 다녔는데, 그 과정에서 자신은 다른 사람들과 실제 만나고 접촉하면서 — 사람들이 자신의 인스타그램 사진을 '좋아'하든 말든 — 삶의 가치를 느낀다는 것을 깨달았다. "친구들과 어울릴 때면 그 순간을 어떻게든 사진으로 남겨서 포스팅하고, 거기에 '좋아요'가 백 개 이상 달리는지, 혹은 충분한 댓글이 달리는지 신경쓰느라 피곤했었거든요."

혜는 고등학교 3학년 때 자신의 소셜미디어 계정들을 다 삭제했다고 한다. "소셜미디어를 하지 않은 올여름이 오히려 훨씬 더 행복했어요"라고 그녀는 말한다. "다른 대학에 다니는 친구들에 대해 생각할 필요도 없었고, 어차피 제가 소식을 전하고 싶은 친구들은 정해져 있거든요. 그 밖의 친구들의 경우에는, 걔네가 찍은 사진을 볼 필요도 없고, 걔네들이 어떤 콘서트를 갔는지 같은 일들은 확인할 필요도 없으니까요. 제 자신에게만 집중하고, 가족과 시간을 보내면서 여름을 즐길 수 있었어요. 마음 한편에 '아, 남들은 불금에 다들 즐거운 시간을 보내고 있을 텐데, 나는 집에서 가족들과 이게 뭐람.' 같은 생각으로 스트레스를 받을 필요도 없었고요." 에이미도 그랬지만, 소셜미디어를 끊었을 때 느끼는 가장 큰 안도감 중 하나는 소외감에서 해방되는 것이다. 하지만 혜의 경우에는 소셜미디어를 중단했을 때 '좀 더 현재를 살 수' 있었고, 다시 자신에게 집중할 수 있었다.

혜가 모든 소셜미디어 활동을 중단한 것은 그녀의 친구들에게 큰 충격이었다. 혜는 말리는 친구들을 이런 말로 설득했다. "나는 사실 소셜미디어가 싫었어." 실망한 친구들은 더 이상 자신의 포스트에 혜를 태그로 달지 않았지만, 혜는 오히려 마음이 편했다. "[소셜미디어에] 시간과 에너지, 감정을 지나치게 소모하고 있었고, 제 삶이 소셜미디어의 위력에 넘어가는 게 싫었어요." 혜는 말한다. "그리고 어떤 행사가 있는데 저만 초대받지 못했을 때 다른 친구들 사진을 보면서 느끼는 기분도요……."

나는 혜에게 그녀가 계정을 지우게 된 특별한 계기가 있었는지 묻는다. 혜가 든 한 가지 이유는 이랬다. 그녀는 페이스북을 중학교 때부터 시작했는데, 전혀 친분이 없는 친구까지 페이스북 '친구'로 둔갑했기 때문이다. 혜는 실질적으로 자신의 삶에 어떤 의미도 주지 못하는 사람들의 일에 관심을 기울이느라 너무 많은 시간을 허비하는 게 싫었다. "또 다른 이유는, 제 의식 저편에서 무의식적으로 하는 판단인 것 같은데……. 여성에게 소셜미디어는 불안한 점이 너무 많아요." 그녀가 설명한다. "제 삶 자체도 불안하기 때문에, 더 안 끌리는 것 같아요. 그래서 없애고 싶었어요. 자신을 자유롭게 하려고요."

혜는 계정을 부활시킨 지금, '좀 슬픈' 기분이 든다. 그리고 소셜미디어를 떠난 기간이 '고작 4개월'이라는 사실은 더 슬프다. 그러나 그중에서도 그녀를 가장 슬프게 하는 건 소셜미디어를 사용하지 않는 게 사실상 불가능하다는 점이다. 그녀가 다시 돌아갈 수밖에 없었던 이유는, 대학에 있는 대부분의 사람(교수님들을 포함해)이 소셜미디어를 커뮤니케이션 도구로 이용하기 때문이다. 대학에 입학했을 당시, 혜는 사람들과 만나는 게 어려웠다. "사람들이 관계를 맺는 데 소셜미디어가 그 정도로 큰 역할을 차지한다는 게 좀 서글퍼요. 하지만 이제는 우리 사회에 너무 깊게 뿌리내렸어요. 금방 사라질 현상은 아니니까요."

다시 소셜미디어 활동을 하게 됐지만, 혜가 소셜미디어를 사용하는 방식은 이전과 달라졌다. 처음부터 완전히 다시 시작했기 때문이다. 그녀는 잘 모르는 사람이 친구 신청을 하는 경우에는 수락하지 않고, 뉴스 피드를 통해 소식을 확인하고 싶은 사람만 친구로 수락한다. 혜는 이런 방침을 실행해나가면서, 정말 근황이 궁금한 사람들의 포스트만 볼 수 있게 됐다. 이는 자신의 사생활을 보호하는 길이기도 하다. 친하지도 않은 사람이 혜의 글이나 사진을 보는 것을 원치 않기 때문이다.

또한 혜는 소셜미디어가 어린 여학생들에게 얼마나 다양한 형태로 영향을 미칠 수 있는지 더 잘 이해하게 됐고, 혜 자신은 그런 일을 용납하지 않겠다고 맹세했다. "소셜미디어 때문에 정신적으로 혼란스러워질 수 있다고 생각해요." 그녀는 이렇게 말한다. "돌이켜보면…… 인터넷이 자신이 느끼는 것을 거침없이 말하고 사진을 공개하기에 얼마나 안전하지 않은 공간인지 이제야 알 것 같아요. 누구에게 제 말을 전하고, 또 누구에게 제 생각을 알릴지 스스로 통제할 수 없다는 개념이 전 싫어요." 혜는 이제 자신의 계정을 스스로 통제하고 관리할 수 있는 모든 방법을 취하고 있다. 페이스북과 인스타그램의 경우에도 자신에게 유용하거나, 학업이나 사회적으로 자신의 니즈를 충족시키는 방식으로만 활용한다. 그녀는 자신이 알고 있는 최선의 방법을 동원해서, 그리고 자신에게 의미 있는 것들을 잃지 않는 선에서 소셜미디어를 이용하려고 애쓴다.

 케이티
15min · 👥

#소셜미디어 없는 세상 상상하기!

공립대학 3학년에 재학 중인 케이티는 다정하면서도 과묵한 편이다. 그녀는 내가 한 질문들에 천천히 인내심을 갖고 답한다. 그러나 소셜미디어에 대한 얘기가 시작되자, 케이티의 태도가 완전히 바뀐다. 그녀의 반응이 뜨거워진다. 케이티는 끊임없이 뭔가를 포스팅하는 사람들의 태도를 못마땅해한다. 그녀는 이런 증세를 사람들이 빠지는 함정이라고 여기는 것 같다. 케이티도 혜처럼, 소셜미디어가 삶의 의미를 약화시킨다고 걱정한다. 적어도 그녀의 삶에서는 그렇다. "다른 사람이 알아주지 않으면 제가 하는 일에 아무 의미도 없다는 느낌을 갖고 싶진 않거든요"라고 그녀는 말한다.

케이티가 늘 이런 생각을 가졌던 것은 아니다. 그녀도 예전에는 인스타그램에 들어가는 것을 좋아했다. 끊임없이 올라오는 지인들의 사진을 즐겁게 감상했다. 그러나 어느 순간, 그런 사진들과 모든 소셜미디어 플랫폼에 신물이 났다. 다른 사람들이 업데이트한 일상을 스크롤하며 내려가다 보면 사람들은 오로지 '빛나는 부분만 포스팅하고 나쁜 일은 절대 올리지 않는다'는 것을 알 수 있었다. 이런 진정성의 부족, 그리고 왜곡된 현실로 그녀의 마음은 불편해졌다. "점점 사람들이 가짜처럼 느껴졌어요." 그녀는 이렇게 말한다. 게다가 친구들과의 교류에도 문제가 있었다. 친구들은 소셜미디어를 통해 누군가의 일상을 확인하면 개인적으로 직접 확인할 필요가 없다고 여기는 것 같았다. 어떻게 보면 다들 정신없이 바쁜 요즘 일상에 잘 들어맞는 현상일 수도 있다. 하지만 또 다른 측면에서 보면, 케이티는 단지 사람들이 소셜미디어에서 행복해 보인다고 해서 실제 현실에서도 행복한 건 아니라는 사실을 알 수 있었다. 게다가 힘든 일을 겪는 친구들은 그 속에서 소외감은 물론 결국 혼자라는 외로움까지 감당해야 한다.

케이티는 여러 소셜미디어 계정을 다 삭제한 적이 있었다. 먼저 스냅챗부터 없애버렸는데, 처음 한동안은 친구들이 끊임없이 서로 '스냅핑'을 하는 통에 무슨 얘긴지 혼자만 모르는 상황이 많았고, 왕따가 된 기분마저 들었다. 그래서 결국 다시 스냅챗을 깔았다. "그러다 작년에 [제 소셜미디어 계정을] 전부 없애버렸어요." 그녀는 말한다. "기말고사 기간에 다른 어떤 방해도 받기 싫었거든요. 바보 같은 일들로 고민할 것 없이 공부만 하고 싶었어요. 그래서 3주, 아니 거의 한 달간 끊어버렸죠. 처음에는 무심결에 스마트폰을 꺼내 들고는 '맞아, 앱을 다 지워버렸었지.' 한 적도 있었어요. 근데 1~2주 정도가 지나자 익숙해지더라고요." 일단 케이티는 소셜미디어 앱을 확인하지 않게 되면서 그 상태를 즐기게 됐다. 사람들과 직접 만나는 일도 점점 늘었다. 그녀는 다른 사람들에게 일어나는 일이 아닌, 자신에게 일어나는 일들에 더 집중하게 됐다.

그러나 겨울방학이 시작되고, 케이티는 다시 모든 앱을 다운받았다.

잠시 그만두는 것과 영원히 그만두는 것은 별개의 일이었다. 케이티는 소셜미디어를 완전히 끊으면 적극적인 사교 생활이 어렵다는 것을 깨닫게 됐다. 그녀는 이 사실에 분노를 느끼며, 소셜미디어에서 영원히 손을 뗄 수 있길 바란다. 케이티는 소셜미디어를 끊겠다는 생각을 늘 품고 있는데, 남자친구도 그녀의 계획을 전적으로 지지해준다. 케이티와 남자친구는 소셜미디어 탈출을 단행해야 할지 함께 고심하지만, 둘 다 중단과 복귀 과정을 계속 반복하고 있다.

케이티 커플은 소셜미디어 탈출에 아직까지 성공하지 못했다.

다른 사람들이 하고 있는 일들을 놓치고 싶지 않아서다. 물론 나이가 들면 이런 태도가 변할 수 있다는 생각도 든다―그리고 그렇게 되길 희망한다. "나이가 들면 그런 일들에 대한 관심도 줄 것 같았어요. 그래서 결국에는 전부 없애버릴 수도 있겠다는 생각이 들어요. 그러면 걱정도 다 사라지겠죠."

케이티는 이 세상에서 소셜미디어가 사라지기를 바란다. 그녀는 소셜미디어가 없다면 세상이 더 좋아질 수 있다고 믿는다. 그녀는 이렇게 보충 설명을 한다. "모든 사람이 소셜미디어를 하지 않는다면 세상이 훨씬 더 좋아질 수 있지만, 저만 빼고 다들 한다면 저만 낙오되는 기분이 드니까 그렇게 좋다고만은 할 수 없겠죠."

케이티는 적어도 자신의 아이가 생길 즈음에는 소셜미디어가 사라졌으면 한다. "그때까지는 정말 없어지면 좋겠어요." 그녀가 웃으며 말한다. "자기 속내까지 다 얘기할 필요는 없으니까요. 꼭 온라인에 올려놔야 가슴속 얘기를 다 털어놓는 건 아니잖아요. 소셜미디어에서 자아를 평가할 필요도 없고요. 단순히 기분 좋아지려고 포스팅을 하거나 '좋아요'를 모을 필요도 없겠죠." 그녀는 말한다. 그녀가 미래의 아이들을 위해 품고 있는 이런 바람이 내게는 꼭 케이티 자신을 위한 바람처럼 들린다.

좋은 일들은, 정말 그렇게 좋은 걸까?

대학생들은 소셜미디어에 얼마만큼 시간을 쓰는 게 좋은지, 또 이들 플랫폼들이 본인과 다른 사람들의 감정에 어떤 영향을 미치는지에 대한 근본적인 불안감을 갖고 있다. 그래서 소셜미디어를 중단했다 재개하는 사이클을 반복하면서 그런 자신을 탓하는 학생들이 많다.[3] 이렇게 활동을 중단하는 것이 소셜미디어란 매체에 대한 반감을 반영하는 경우도 있지만, 또 다른 경우에는 소셜미디어 활동에서 오는 압박감과 불쾌한 감정에서 헤어나오고 싶은 희망을 드러내기도 한다.

이 중 어떤 유형이든, 나와 인터뷰하고 설문에 응했던 남녀 학생들은 저마다 어떤 '원칙'을 찾고 있었다.

지금 소셜미디어는 정보와 감정, 드라마, 경쟁, 자기과시, 압박, 기대, 기타 수많은 일들이 벌어지는 거대한 세상이면서, 규제에서 벗어난 바다와 같다. 우리 사회는 아직 놀랍도록 새롭고 아직 초창기에 있는 소셜미디어를 통해 이 세상에서 벌어지는 극적인 변화들도, 그리고 그 안에서 우리가 어떻게 살아가야 하는지(혹은 어떻게 피해야 하는지)도 아직 제대로 파악하지 못하고 있다. 우리는 소셜미디어가 인류, 윤리, 자아의 형성, 성별, 인종, 사회경제적 상황, 교육 사업 등에 어떤 의미를 갖는지 이제 막 보따리를 풀어놓기 시작했다. 이런 상황에서 우리 젊은이들은 아직 소셜미디어의 바다에서 허우적거리고 있다.

현재 우리 대부분은 소셜미디어를 포식하면서 넘치는 식욕을 억제하지 못하거나, 억제할 마음이 없다. 점점 더 영리한 플랫폼과 기기로 우리의 중독을 더욱 부추기기로 작정한 소비문화 속에서, 우리는 신속한 해결책을 원하는 이성적 희망과 이를 거부하는 본능 사이의 끝없는 싸움 속에서 그저 길을 찾으려 노력할 뿐이다.

이 가운데 젊은이들은 이 바다에 스스로 닻을 내리고 정박할 땅을 찾고 있다. 무엇이든 지나치면, 아무리 좋아하는 대상이라도 결국에는 우리를 병들게 할 수 있기 때문이다. 학생들은 원칙을 찾아 나섰고, 적당한 것을 찾지 못한 학생들은 스스로 원칙을 만들고 있다.

그들은 경계를 원한다. 그들은 지침을 원한다. 그들은 소셜미디어에서 자신이 겪은 경험과 고충을 누군가와 함께 얘기하길 원한다. 자신의 삶을 삼켜버린 이 새로운 힘과 어떻게 하면 더 잘 공존할 수 있는지 알고 싶기 때문이다.

그들은 소셜미디어에 의해 통제되고 심지어는 이용당하고 있다는 점에서 소셜미디어에서 '해방'되기를 원하며 통제력을 되찾길 바란다.

소셜미디어의 스마트한 위력은, 한 네트워크에 가입하는 사람들이 많아질수록 나머지 사람들도 그 네트워크에 가입하지 않으면 생활이 힘들어진다는 데 있다. 이런 특징은 마크 주커버그 같은 사람들을 돈방석

위에 올려놓는 동시에, 다른 많은 사람을 비참하게 만든다. 소셜미디어가 모든 이의 삶 깊숙이 자리 잡으면서, 소셜미디어를 하지 않으면 사회적─심지어는 직업적─삶을 영위하는 것 자체가 불가능해졌고 특히 청년들에게는 그런 경향이 더 높아지기 때문이다. 과감하게 끊으려 해도, 그래서 훨씬 더 행복해지려고 해도, 그리고 그곳을 다시 찾으려는 단순한 호기심을 성공적으로 억눌러도, 소셜미디어 없이는 삶을─특히 캠퍼스 안에서의 삶을─살아가기 힘들기 때문이다. 모두가 페이스북으로 소통할 때, 또 모두가 소셜미디어 활동을 할 것으로 기대될 때, 그렇지 않은 사람들은 부담스런 존재가 된다. 그리고 그런 부담감은 보통 견디기 어려울 정도로 무겁기에, 잠시 손을 뗐던 학생들조차 결국은 돌아가고 만다.

소셜미디어를 거부하기 어려운 유혹으로 만드는 것들은 이 밖에도 아주 많다.

인터뷰와 온라인 설문조사를 통틀어, 젊은이들에게 소셜미디어의 이점 중 가장 좋아하는 것을 물었을 때 연결성은 어김없이 가장 높은 순위를 받았다. 소셜미디어가 제공하는 것 중 최고의 가치를 묻는 주관식 질문에 대답한 학생 중 43퍼센트는 소셜미디어를 통해 멀리 떨어져 사는 옛 친구들, 그리고 가족과 계속 연락하고 소통하며 관계를 유지할 수 있다는 점을 들었다. 그리고 계획을 세우고 관리하는 훌륭한 도구라는 점도 학생들에게 큰 가치를 부여했다.[4] 이 두 가지보다는 좀 떨어지지만, 응답자 중 12퍼센트는 소셜미디어의 가장 좋은 점으로 다른 사람들과 사진을 공유하거나 남들의 사진을 볼 수 있다는 점을 꼽았다.

이런 장점들 때문에 대부분의 사람이 장기적으로 소셜미디어를 포기한다는 것은 힘든 도전이 된다.

그러나 소셜미디어에 대해 전혀 장점을 찾지 못하는 학생들도 소수 있었다. 그들은 "난 소셜미디어가 싫다." 같은 말로 시작해 그 이유를 설명해나갔다. 주목할 만한 또 다른 점은, 많은 학생이 가장 좋아한다고 언급한 소셜미디어의 가치가 다른 한편으로는 그들이 가장 싫어하는 불만을 드러내는 연결점이 된다는 사실이었다. 연결과 공유라는 가치 또한 양날의 칼과 같았다. 많은 학생이 자기가 가장 좋아한다고 말한 장점에서 자신이 가장 싫어하는 면도 함께 언급했기 때문이다. 이는 설문조사에서 '가장 좋아하는 건 연결성, 가장 싫어하는 것도 연결성'이라고 짧게 밝힌 어떤 학생의 답변에서도 잘 나타난다.

"내가 소셜미디어에서 가장 좋아하는 것은 익명으로 활동할 수 있다는 점과 내가 원하는 만큼 모든 걸 공개할 수 있다는 점이다"라는 답변도 있었다. 반면에 "소셜미디어에서 내가 가장 좋아하지 않는 것은 익명성이며 원하는 건 다 공개할 수 있다는 사실이다"라는 대답도 있었다. 한 여학생은 소셜미디어로 사진을 공유하거나 친구의 생일을 확인하고, 다른 사람의 기본적인 관심사를 전체적으로 빨리 파악할 수 있다는 것을 장점으로 들며 인터뷰를 시작했다. 하지만 이런 장점들을 열거한 후, 그녀는 다소 격앙된 말투로 이렇게 인터뷰를 끝냈다. "소셜미디어 때문에 대화가 없어졌어요. 소셜미디어가 편리한 건 사실이지만, 우리 세대를 파괴하고 있다고 생각해요. 대화도 하지 않고 어떤 것에도 6초 이상 집중하지 않는 데다, 다들 자기 자신에만 집착하게 됐거든요." 온라인 조사에서는 소셜미디어의 경이로운 사진 공유 기능이 다음과 같은 불평으로 이어진 여학생도 있었다. "소셜미디어의 지나친 중독성이 싫다. 지금 내 삶을 보면 마치 소셜미디어에 올릴 사진을 찍는 낙으로 사는 것 같다." 그녀는 이런 말도 했다. "내 본연의 모습으로 삶을 살 기회가 없어졌다."

이 질문을 행복한 겉모습에 대한 불평을 호소할 기회로 삼은 학생들도 많았다. "어떤 사람들은 다른 사람들에게 인정받는 기분을 느끼기 위해 소셜미디어를 하는 것 같고, 그런 모습이 싫다. 다들 자신이 언제나 행복하다는 환상을 심어주기 위해 온갖 노력을 다한다"라고 쓴 학생도 있었다. 이런 식으로 응답한 학생 중 한 명은 이런 답변도 했다. "소셜미디어에서는 다들 행복해 보이고 완벽한 삶을 누리는 것 같다. 자신에게 벌어진 일 중 좋은 것들만 추려서 올리기 때문이다." 또 다른 학생은 이런 글을 썼다. "소셜미디어는 다른 사람들을 우울하게 만들거나 그들의 삶이 잘못됐다는 생각을 갖게 한다. 나만 빼고 다들 좋은 시간을 보내고 있는 장면들이 항상 눈앞에 펼쳐지기 때문이다."

또 다른 주관식 질문은 학생들에게 자신이 더 어렸을 때 받았다면 도움이 됐을 조언이 있는지, 혹은 다음 세대에게 전할 조언이 있는지를 물었다. 이 질문에 답한 학생들은 가능한 한 늦게 소셜미디어 계정을 가질 것, 또 너무 많은 포스팅은 하지 말 것, 그리고 인터넷에 한 번 올라간 내용은 영원히 남을 수 있다는 사실을 명심할 것 등 다수의 조언을 적었다. 많은 학생이 누군가 자신에게 소셜미디어에 대해 아예 처음부터 눈독을 들이지 말라거나, 소셜미디어는 사실 아무것도 아니며 삶에서 정말 중요한 것들은 페이스북이나 트위터, 혹은 인스타그램 속 얘기들과 아무 관련이 없다는 사실을 알려줬어야 했다는 아쉬움을 토로하기도 했다. 이 밖에도 자기 자신을 남들과 비교하지 말라거나, 소셜미디어는 가짜며 사람들의 말도 거짓일 수 있다는 것을 인식하라거나, 포스트에 반영된 모습이 그들의 진솔한 모습이 아닐 수도 있다는 점을 깨달아야 한다는 등의 많은 조언도 있었다.

소셜미디어를 잘 다루는 학생들은 이런 특징들에 양면적인 태도를 가진 이들로 보인다. 스트레스를 지나치게 받지 않으면서 소셜미디어의 자기 홍보 효과를 적절히 이용하거나, 끊임없는 평가의 압박 속에서도 잘 살아가거나, 자존감을 완전히 무너뜨릴 수 있는 소셜미디어의 부정적인 환경 속에서 쉽게 감정이 나약해지지 않는 젊은이들을 말한다.

이제 무던함은 생존을 위한 건강한 방법이 됐다.

그러나 진짜로 우리 학생들에게 이런 교훈이 필요한 걸까? 소셜미디어 속에서 잘 살아가는 방법 중 하나는 소셜미디어에 대해 양면적인 태도를 취하는 걸까? 이런 양면성만 가진다면 우리 젊은이들은 소셜미디어와 스마트폰이 초래하는 변화에 잘 대응할 수 있을까? 한마디로 그게 최선일까?[5]

양면성에 대한 대안은, 우리 모두가 소셜미디어가 제공하는 행복과 좌절에 대해 그저 취약한 상태로 남는 것이다. 젊은이들이 아무리 자신의 감정을 숨기려 해도, 24시간 전달되는 소셜미디어 메시지들과 늘 곁에서 떠나지 않는 스마트폰이라는 존재는 우리를 따분함, 즐거움, 실망, 스트레스, 희망, 자긍심, 외로움, 산만함, 자기과시, 압박감, 기타 수많은 감정과 상황의 롤러코스터에 태운다. 표면적으로는 매우 인간적으로 들리는 얘기다. 사회적 상황들은 모두 경이롭거나, 즐겁거나, 스트레스를 주거나, 끔찍하거나, 혹은 그 비슷한 감정을 유발하기 때문이다. 삶이란 엉망진창이고, 불안감 가득하며, 예기치 못한 구멍들이 많고, 하고 싶은 말은 가슴속에 묻어두는 편이 낫다. 또한 삶에는 기쁨과 사랑, 누구나 잊지 못할 순간들만큼이나 고통스럽고 실망스러운 사건들로 가득하다.

소셜미디어도 이런 현실을 반영한다. 다만 그런 현실을 그대로 반영하는 게 아니라, 그것을 공개적이고 지속적인 방식으로 더 강화함으로써 사건에 또 다른 측면을 만들어낸다.

소셜미디어는 굉장히 공개적이고, 거기에 올린 모든 포스트에는 관객이 ─잠재적으로는 대규모 관객이 될 수 있고(비판적인 관객이 될 가능성은 말할 것도 없이) ─ 존재하기 때문에, 거기에 포스팅된 내용은 초강력한 현실이 된다. 말하자면 압력밥솥 속에 들어간 삶이라고 볼 수 있다. 그 래서 많은 학생이 소셜미디어 활동에서 주기적으로 손을 떼고 휴식을 취 한다는 것은 놀라운 일이 아니다.

또한 사람들은 자신의 가장 위대한 업적들을 세상에 알리기 위해 소 셜미디어를 사용하지만, 그들의 가장 부끄러운 순간 또한 그곳에서 광범 위하게 세상에 알려질 수 있으며, 그 숨기고 싶은 순간이 그들의 꽁무니 를 영원히 따라다닐 수도 있다. 자신이 한 행동의 결과가 영구적이고 큰 위험을 초래할 수도 있다는 사실을 인식한 사람 중 일부는 어쩔 줄 모른 채 이성이 마비되기도 한다. 그리고 다들 이런 위험을 미연에 방지하는 방법을 배운다. 그것도 극단적인 방법으로 말이다. 처음에는 사회적이 고, 자기 표현적이며, 즐거운 의도로 시작된 일이 큰 짐이 될 수 있다는 사실을 알게 되고, 이런 부담감은 온라인과 함께 성장해온 젊은이들에게 그 어떤 세대보다 더 크게 느껴진다. 또 장래 커리어를 위해 소셜미디어 를 프로답게 관리해야 하는 임무와 늘 행복한 모습을 보여야 하는 기대 감은 고등학교와 대학 캠퍼스에 성취와 성공 중심의 문화를 점점 강하게 뿌리내린다.

이런 역효과에도 불구하고 소셜미디어의 장점을 포기하려는 학생들 은 거의 없다. 세상과 쉽게 연결되고, 재빨리 계획을 세우고, 기억할 만 한 순간들을 기록하는 혜택들 덕분에 소셜미디어는 이제 우리의 삶을 지 배하게 됐다. 예전 방식으로 돌아가기에 이런 장점들은 너무 매력적이 다. 게다가 스마트폰이 존재하지 않았던 과거로 회귀하는 것은 이제 불 가능해 보인다. 이렇게 소셜미디어가 어디로도 사라지지 않는다면, 우리 가 질문을 조정해야 한다.

우리는 어떻게 하면 소셜미디어와 더 잘 공존할 수 있을까?

그리고 어떻게 하면 젊은 세대에게 소셜미디어에 대해 더 좋은 조언을 해줄 수 있을까?

○ 나오며 •••

#소셜미디어 개척 세대가 갖춰야 할 8가지 덕목

♥ ○ ▽　　　　　　　　　　　　　　　　　　□

 제이크, 복음주의 기독교대학 2학년 오늘날 우리 문화는 '행복해지기'를 중심으로 형성되고 있어요. 좋은 일이긴 한데, 삶에는 기쁠 때도 있고 슬플 때도 있다는 사실을 사람들이 적극적으로 부인하는 것 같거든요. 소셜미디어는 삶에서 기쁜 일들만 부각하는 데 쓰이고, 슬플 때의 모습은 집 안 침실, 그리고 사생활 뒤로 숨기는 거죠. 그렇다고 소셜미디어에 부정적인 분위기를 조성할 필요는 없겠지만, 우리가 늘 100% 행복하지 않아도 괜찮다는 걸 인정하지 않고 행복한 모습만 극적으로 광고하는 것 같아요.

 엘리스, 복음주의 기독교대학 1학년 사람들은 다른 사람들의 행복한 모습을 보길 원하고, 자신이 행복하지 않다거나 남들이 바라는 모습이 아니라는 사실을 털어놓으면 금방 불편해요. 만일 더 많은 사람이 그런 자신만의 상자에서 벗어나 진정한 자신을 발견하고 그런 모습을 온라인에서 보여준다면, 처음에는 남들에게 미움받고 더 나약해질 수도 있지만, 결국에는 많은 사람이 점점 더 솔직해질 수 있을 거예요.

가상 세계의 개척자들

오늘날 페이스북과 인스타그램은 아직 생긴 지 얼마 안 된, 현대적 도시의 새롭고 웅장한 가로수 길과 같다. 모든 이가 가장 멋진 옷을 걸치고 나와 한가로이 거닐면서 자신의 연애담과 가족, 보금자리를 과시하고 자신의 부와 업적을 드러내는 새로 생긴 웅장한 가로수 길과 같다. 사람들은 이 길 위에서 자신과 비슷한 복장에 행운을 거머쥔 사람들을 살피고 경계할 뿐 아니라, 자신보다 운이 따르지 않은 사람들은 깔보고, 심지어는 보고 싶지 않은 장면을 마주하면 등을 돌려버린다. 또 익약 등 여러 익명의 플랫폼들은 그 가로수 길에 내리쬐는 환한 빛과 사람들의 꼼꼼한 시선에 의해 차단됐던, 모든 추잡한 일이 벌어지는 지저분한 샛길이나 후미진 골목, 위험한 길모퉁이라고 할 수 있다.[1] 소셜미디어가 우리 모두를 위해 창조한 새롭고, 공적이며, 광범위한 가상공간은 옛 시가지 광장과 거기서 떠도는 소문만큼 오래된 듯하면서도 예측할 수 없고, 위험하며, 새롭고, 광대한 미지의 대륙만큼 스릴 넘치고 잠재력이 가득한 곳이 됐다.

그리고 우리에게는 이 거친 지형에서 성장한 젊은 세대가 있다.

이렇게 보면 우리 젊은이들은 자기애로 가득한 세대가 아니다. 오히려 이들은 새로운 탐험가로서 용감하고 패기 넘치며, 좋은 것이든 어려운 것이든 자신이 모르는 것을 시험해보고, 성공도 하고 실패도 겪으면서 최소한의 생존 가능성을 향해 최선을 다한다. 젊은이들은 이런 식으로 힘들게 얻은 지혜와 조언을 다음 세대에 전수해줌으로써 다음 세대가 자신들만큼 험난한 여정을 걷지 않고 소셜미디어와 함께 더 나은 삶을 누릴 수 있도록 돕고자 한다. 오늘날의 청년들은 그들의 부모 세대가 어렸을 때에는 존재하지 않았던(혹은 아주 기본적인 수준으로만 존재했던) 가상 세계에서 자신의 삶을 구축해야 하는 상황에 놓여 있다. 그들은 ─ 그리고 우리는 ─ 이 가상의 터전에서 축하하고 비판하는 삶을 살아본 경험이 없다. 그러나 젊은이들은 그런 삶을 잘 모른다는 사실과 무관하게, 어차피 세상은 그 방향으로 가고 있고 그들의 삶 또한 이미 시작됐기 때문에 이 믿을 수 없이 새로운 공간에서 자신의 삶을 꾸려 나갈 수밖에 없다.

그리고 곧, 온라인 세상과 함께 성장하는 것은 누구에게나 익숙한 일이 될 것이다.

다만 지금의 청년 세대는 실험 세대로 이 복잡한 상황을 모두 헤쳐나가야 하며, 우리 어른들―청년 세대의 부모, 코치, 선생님, 멘토, 교수, 입학사정관, 미래의 고용주, 상사 등―또한 이들이 그 엄청난 문화적 변화를 잘 헤쳐나갈 수 있도록 최선을 다해 보조해야 한다.

내가 이 책 전반을 통해 행복 효과라고 부른 현상―어떤 사람의 실제 감정과 상관없이 소셜미디어에서는 늘 행복한 사람으로 보여야 하는 것―은 사실 우리 자신이 초래한 결과다. 우리가 그런 문제를 만들어낸 장본인이다. 젊은이들은 절망감이나 우울함, 분노, 기타 인간이 흔히 느끼는 부정적 감정에 휩싸일 때는, 그리고 남들에게 보여줄 행복한 일이 없다면 차라리 아무 말도 안 하는 게 낫다는 교훈을 체득했다. 우리는 그들이 때때로 어리석고 우둔한 짓을 하거나, 화를 내거나, 뭔가 바보 같은 말을 하거나, 완벽하지 않은 모습을 보이거나, 심지어 만 21세 이전에 술을 마시는 대담한 행동을 할 때 어떤 일이 생길 수 있는지, 즉 힘을 가진 사람들이 그들의 행동에 어떤 반응을 보일지에 대해 강박적으로 생각하게 만드는 부담을 만들어줬다. 우리 딴에는 좋은 의도로 전해준 교훈이며, 적어도 겉으로는 훌륭하고 합리적인 조언일지라도 그 결과는 충격적이다. 수많은 관객을 대상으로 소셜미디어에 무엇을 포스팅할 때는 자신의 진짜 감정을 철저히 숨겨야 하기 때문이다. 자신을 숨기고, 적어도 표면상으로는 관객들을 위해 때때로 거짓말도 해야 한다. 그 결과 소셜미디어에서 흔히 볼 수 있는 장면들은 즐거움과 업적들로 가득한 신나는 타임라인, 즉 개인의 하이라이트 영상이 돼버렸다. 하지만 항상 행복할 수 없는 대부분의 사람에게 이런 풍경은 상처가 된다.

그리고 우리는, 얼마나 나이 먹었든, 이런 행복 효과에 대한 면역력도 없다.

대학생들과 그들의 삶에서 소셜미디어가 차지하는 역할과 행복 효과, 그 결과로 생성된 하이라이트 영상에 대한 대화를 하면서 알게 된 사실들을 되새기다 나는 불현듯 어릴 적 정리했던 사진첩이 생각났다. 어떤 식으로든 사진들을 분류하면서, 가장 잘 나온 사진들만 추려냈던 사진첩 말이다. 물론 그렇게 한 이유는 나와 소중한 사람들의 추억을 흉측하게 나온 사진을 통해 되새기고 싶지 않았고, 남들에게도 내 삶을 굳이 끔찍한 순간을 통해 보여주고 싶지 않았기 때문이다. 거기에 장례식 사진은 한 장도 없었으며(어차피 장례식장에서 사진을 찍는 사람은 없으니까), '이 사진을 찍기 전에 헤어진 남자친구 때문에 대성통곡' 같은 설명이 붙은 사진 또한 없었다.

다른 말로, 오래된 내 사진첩도 하이라이트 영상과 다름없었다.

그렇다면 오늘날 젊은이들이 소셜미디어에서 하는 행동들(그리고 우리가 그들에게 가르치는 것)은 내가 어렸을 때 가졌던 사진첩과 어떻게 다를까? 그들의 하이라이트 영향이 디지털이라는 점만 빼면 우리의 사진첩과 거의 같지 않을까? 그러면 그들에게 전하는 우리의 조언 또한 궁극적으로 무해하다고 주장할 수 있지 않을까?

맞다.

그러나 틀리기도 하다.

첫째, 나는 계속해서 사진첩을 꾸미진 않았다. 일단 그게 다르다.

우선 나는 고등학교 때 두 번, 그리고 대학교 때 한 번만 사진첩을 만들었던 것 같다. 둘째, 프롬(졸업파티─옮긴이)이나 졸업식, 그리고 내 삶에서 소중한 사람들과 가졌던 즐거운 파티 같은 중요한 순간에 찍은 사진들을 간직하는 것이 내게 분명한 즐거움이었지만, 그렇다고 내가 어디를 가든, 누굴 만나든, 무엇을 하든 그 모든 순간을 사진으로 남겼던 것은 아니었다. 그건 현실적으로도 불가능했다. 내가 어렸을 때는 거의 끊임없이 기록을 남기는 사람은 거의 없었다. 게다가 어릴 적 내 사진첩은 우스꽝스럽고 바보 같은 사진들로 가득하다. 왜냐하면 그런 순간이야말로 내가 가장 기억하고 싶은 즐거운 순간이었기 때문이다. 미래의 고용주들이 눈살을 찌푸릴 만한 행동을 하는 사진들도 아주 많다. 나는 다른 사람들의 기대에 부응하는 것을 기준으로 사진첩에 넣을 사진을 고르지 않았고, 나 말고도 그런 생각을 가진 사람들은 없었다. 사진첩은 나와 그 사진을 함께 공유하고 싶은 소중한 사람들만을 위해 존재했기 때문이다. 사진첩은 개인적인 물건이므로 그것을 누구에게 보여주고, 또 누구에게는 보여주지 않을 것인지 내가 결정할 수 있었다. 사진첩에 있는 그 어떤 사진도 외부로 유출되어 사람들 입방아에 오를 가능성도 없었다. 사진첩의 관객들은 거의 다 내 주변에 있는 사람들이었기에, 나는 누가 그 사진들을 볼지 이미 알고 있었다. 적어도 내 허락이 떨어진 사람만이 내 사진첩을 볼 수 있었다.

사진첩을 직장 면접 자리에 가지고 갈 일이 있을까? 그런 일은 절대 없었다! 그건 면접관이 상관할 일이 아니기 때문이다. 더군다나 행복한 추억이 담긴 내 사진첩을 우울한 친구에게 넘겨줄 리도 없다. 아무리 동정심이 많다 한들 누가 그런 짓을 하겠는가? 그러지 않기를 빈다. 그건 아끼는 사람을 위로하는 방법이 아니다. 또한 내 사진첩이든 다른 이의 사진첩이든 계속 강박적으로 확인하지도 않았다. 사진첩을 내게 보여주는 사람들 역시 흔하지 않았다. 어렸을 적 추억이 담긴 사진첩이 있다는 것은 좋은 일이지만, 그 사진들을 쭉 훑어보는 일은 고작 몇 년에 한 번 정도만 있었다.

내가 대학에 다닐 때는 휴대폰이 유행하기 전이어서 카메라나 비디오카메라를 쓰는 경우도 드물었다. 아주 중요한 댄스파티에 등장하거나 졸업식에 부모님이 갖고 오시는 정도였다. 따라서 캠퍼스에서 일어난 일들은 대개 캠퍼스 안의 얘기로만 남거나 그 현장을 직접 목격한 사람들의 머릿속에서 어렴풋한 기억으로 남을 뿐이었다. 최근 캘리포니아의 한 대학에서 학생들과 대화를 나누던 중 알몸으로 공공장소를 활보하는 케케묵은 전통에 대한 얘기가 나왔다. 알몸으로 뛰어다니는 사람이 요즘이라고 없는 건 아니지만, 내가 그들 나이였을 때는 충분한 의지만 있다면 알몸으로 어디든 뛰어다닐 수 있었다. 그런 사진이나 동영상이 온라인에 올라갈 일도 없었고, 그래서 두려울 게 없었기 때문이다. 물론 그때도 카메라는 있었지만, 누군가 남의 알몸을 찍어서 유포한다면 오히려 그 사람이 비난받을 가능성이 높았다. 물론 대부분의 사람은 그런 짓을 하지 않겠지만 말이다. 오늘날에도 벌거벗고 거리를 활보하는 사람이 가끔 있지만, 그 결과는 꽤 심각할 수 있다. 내가 알몸으로 뛰어다니는 행위를 예로 든 이유는 그게 오래전 대학 캠퍼스에 존재했던 전통이며, 요즘 젊은이들에게는 그런 위험을 감수할 만큼 장난스런 충동을 발휘할 자유가 없기 때문이다. 가능하다고 해도 당사자의 미래에 엄청난 대가가 따를 테고, 수치심이라는 엄청난 후폭풍도 견뎌야 한다. 그리고 어른들도 젊은이들에게 이런 위험을 확실히 인지시켜 준다.

만약 내가 할아버지나 미래의 상사를 포함해 내가 아는 모든 이에게 보여줄 목적으로 내 사진첩 사진들에 꾸준히 설명을 달았다면, 고등학교나 대학교 때의 경험은 어떻게 달라질까? 내가 하는 사소한 일들이 늘 한 장의 사진으로 기억될 것이라는 사실을 계속 인지한다면, 그리고 그중 어떤 사진은—최악의 경우에—다른 사람들에게 유포돼 내 장래를 망칠 수도 있다면 어떨까? 그 결과를 실제 알 수는 없지만, 소셜미디어가 그들이 삶을 지휘하고 기록하는 방식에 어떤 영향을 미치는지에 대한 대화를 많은 대학생과 나누면서 나는 적어도 어떤 보편적인 생각을 갖게 됐다. 그리고 이 책에서 그와 관련된 이야기들을 최선을 다해 묘사했다.

소셜미디어로 인해 콘텐츠를 만드는 상시성과 우리가 만드는 콘텐츠의 유형, 그리고 만들어진 콘텐츠와 그 콘텐츠를 보게 될 사람들에 대한 우리의 통제력에는 큰 변화가 생겼다. 소셜미디어로 인해 우리 모두는 연기 수업을 받아야 할 만큼 1년 365일, 24시간 내내 공연자의 마음가짐을 갖는다. 모두가 다양한 관객의 취향에 맞추려면 어떻게 행동해야 할지를 배운다. 그래야 나쁜 리뷰(혹은 리뷰가 아예 없거나)를 받지 않고, 사회적이고 재무적인 위험 부담을 덜기 때문이다. 이미 대학을 졸업하고, 직장을 잡고, 배우자를 만나 자녀까지 있는 사람들도 이런 변화에 직면해 있다. 소셜미디어가 아이들만의 전유물은 아니기 때문이다. 내가 아는 사람들도 거의 다 소셜미디어를 한다. 내 친구 중에도 대학생들과 마찬가지로 페이스북에 수천 장의 사진을 올리고, 강박적으로 그것들을 확인하며, '좋아요'가 달리지 않을까 봐 걱정하면서, 대중을 위해 '멋진 모습만'을 올리는 사람들이 있다. 이런 행동에서 오는 위험 부담은 어른들에게도 존재하지만, 여전히 어리고 이제 막 새로운 세상에서 자신의 삶을 일궈나가는 학생들에게는 그 정도가 다를 수 있다. 이들은 취약하고 감정적이며, 삶이 무엇인지, 그리고 자라서 — 그들은 아직 자라고 있으므로 — 어떤 사람이 돼야 할지 여전히 배우는 중이기 때문이다. 이런 상황은 소셜미디어가 탄생하기 전에도 충분히 어려운 문제였지만, 여기에 자신을 끊임없이 평가하는 수많은 잠재적 관객까지 갖게 된다면 상황은 더욱 힘들어지기 마련이다.

이런 이유로 나는 청년 세대의 자기애적 성향이 너무 강하다는 비판이 만연한 지금, 그런 인식을 다시 생각하게 됐다. 이전에도 언급했지만, 나는 그들이 나르시시스트라는 주장은 사실이 아니라고 생각한다. 나는 그들을 개척자라 여기며, 늘 그렇듯 개척자가 된다는 건 쉬운 일이 아니다.

소셜미디어는 우리의 삶을 — 우리의 모든 삶을 — 바꿨고 그것도 빠르고 극적으로 변화시켰다. 이는 아직까지 놀랍도록 새로운 현상이지만,

소셜미디어가 우리의 생활 방식에 미치는 영향력은 가히 충격적이다. 소셜미디어가 아직 새롭다는 것은 좋은 쪽이든 나쁜 쪽이든 이 새로운 현상이 우리 세상을 어떻게 바꾸고 있는지 우리 스스로 충분히 생각할 기회가 없었다는 의미다. 게다가 우리는 자신의 삶은 물론 우리가 가르치고, 멘토가 돼주고, 부모로서 양육하는 아이들의 삶에 뿌리내린 이 소셜미디어에 대해 신중하게 대응하고 그 관계를 구축하기보다 대개는 단순히 반응하는 태도를 취해왔다. 하지만 대학이란 자유로운 생각을 억누르기보다는 장려하는 곳이 아닌가? 모든 포스트를 관리하는 최선의 방법이—특히 그 주체가 대학생이거나 곧 대학을 졸업할 경우에—긍정적이고 행복한 일들로 채워져야 한다는 것은 수동적인 조언이다. 이는 놀랍도록 침투력과 파급력이 강한 이 매체를 해결하도록 고안된 생존 메커니즘의 응급치료일 뿐이다. 소셜미디어에서 잘못된 포스트나 사진이 유출되면 엄청난 파장을 낳을 수 있기 때문에 최선의 대응책은 스스로를 보호하는 것이라는 가르침은 케그 스탠드를 하거나 마리화나를 피우는 사진을 올리고, 엄청나게 저속하거나 정치적으로 올바르지 못한 글을 올리는 21세기 초반을 사는 모든 대학생의 행동을 바로잡을 수 있다. 또한 친구나 지인뿐 아니라 낯선 이들로 구성된 무수한 관중에게 이들이 나약한 모습을 보이지 않고 지나치게 노출되지 않게 보호해줄 수 있다.

하지만 우리 모두는 한 걸음 물러나서, 이런 수동적인 대처법을 잠시 보류해야 한다.

소셜미디어를 하나의 문화로서 바라보며 시간을 갖고 우리가 이 개척자 세대에게 전수해왔던 조언과 가르침을 다시 한 번 생각해볼 필요가 있다. 이대로 가면 다음 세대들도 결국 똑같은 조언과 가르침을 받게 된다. 나는 소셜미디어가 취약하고, 감정적이며, 인간적이고, 그래서 불완전한 우리에게 가한 영향력에 대해 우리가 아직 충분히 고민하지 않았다고 생각한다. 오늘날 젊은 세대들이 자신을 하나의 브랜드나 상품으로 여기도록 교육받고 성장한다는 사실을 생각하면 더욱 그렇다. 우리는 다음과 같은 문제들을 자문해야 한다. 당신은 직원들 혹은 자녀들을 더 성장시키고 싶은가? 대학이 '브랜드'를 양산해내길 바라는가? 아니면 대학이 젊은이들을 비판적 사고의 주체로서 세계의 시민이 되도록 교육하길 바라는가? 아니면 소셜미디어의 지배력 때문에 세계의 시민이 된다는 것이 곧 하나의 브랜드가 된다는 것을 의미하게 됐을까? 우리가(그리고 우리 아이들이나 학생들이) 낙오되지 않으려면 결국 이런 현실을 받아들여야 할까? '행복해 보이는 것'은 소셜미디어에 대한 제대로 된 비판적 사고의 결과인가? 혹은 행복하지 않은 모습까지 보이는 대가와 솔직함의 비용이 고려하기조차 너무 높은 것일까?

간단히 말해, 소셜미디어가 우리를 소비하지 않고 우리가 더 나은 소셜미디어의 소비자가 될 방법은 없을까?

8가지 미덕

아리스토텔레스의 저서 『니코마코스 윤리학(Nicomachean Ethics)』은 내가 가장 즐겨 가르치는 강의 내용 중 하나로, 인간의 덕에 대한 그의 생각은 매우 실용적이면서도 유용하다. 그는 이 책에서 윤리적 의사결정을 위한 방법론을 제시하는데 이는 사람마다 다르게 적용된다. 예를 들어, '윤리적인' 음주 또한 그 사람의 키와 몸무게, 섭취한 음식, 그리고 전체적 내성에 따라 다를 수 있다는 것이다. 아리스토텔레스에게 악덕이란 최극단에 걸려 있다. 인간은 자신의 행동에서 '중용'을 지키려 노력해야 하며, 덕은 바로 그런 중용에서 온다고 그는 주장한다. 그리고 아리스토텔레스는 개개인이 그런 중용을 찾으면 그것이 제2의 천성, 혹은 '습관'

이 될 때까지 '연습'해야 한다고 권한다.

지난 몇 년간, 나는 소셜미디어와 최신 기기들이 우리의 삶을 지배하게 된 현재의 모습을 아리스토텔레스가 본다면 과연 어떤 조언을 해줄지 궁금했다. 이 조사를 하면서 배운 교훈들을 하나씩 정리하면서 나는 젊은이들이 더 건전하고, 더 비판적이며, 더 자기 통제적인 방식으로 소셜미디어와 스마트폰을 사용할 수 있는, 소셜미디어 세대를 위한 8가지 덕목을 개발할 수 있었다. 이 덕목들은 행복 효과를 완화하는 데 도움이 되고, 우리가 현재 올바른 온라인 활용 방법이라고 전하는 조언들을 재고하는 체계를 마련할 것이다.

1. 취약성의 미덕: 우리의 얇은 낯짝 칭송하기

이 세상이 실제로 잔인하고 폭력적인 공간일 수도 있지만, 꼭 그런 것만은 아니다. 이런 어두움에 대항해 스스로를 단련하는 데만 너무 집중한다면 어쩌면 우리는 회복하기 어려울 정도로 단단해질 수도 있다. 나는 뉴욕 시에 사는 매우 현실적인 사람으로, 덕분에 이 세상의 냉정한 현실을 어느 정도는 인정하게 됐다. 그럼에도 나는 남들을 신뢰하고, 그들 안에서 최선을 볼 줄 알며, 의심의 미덕도 발휘할 줄 알고, 때로는 위험도 감수하며 풍부한 감성과 개인의 삶을 가꿔나가고 싶다. 만약 내가 상처나 실망감 따위에 무너지지 않을 강한 사람이 되고자 노력했다면, 내가 지금까지 살아오면서 느낀 즐거움과 행복감은 대부분 경험하지 못했을 것이다. 나는—우리 모두가 그렇듯—생존을 위해 어느 정도 두꺼운 낯짝이 필요하다는 것을 알고 있지만, 슬픔뿐 아니라 기쁨 또한 침투할 수 없을 정도의 두꺼운 낯짝은 싫다.

수많은 젊은이와 만나 얘기하면서 나는 그들의 '낯짝'과 그와 관련된 젊은이들의 행동에 우려감을 갖게 됐다. 많은 학생이 소셜미디어를 통해 개인이 노출되고, 끊임없이 검열과 평가의 대상이 되는 현실에 불안과 공포를 갖고 있다. 그들은 자신을 온라인 세상에 드러냄으로써 생길 수 있는 부정적인 반응뿐 아니라 남들의 무관심, 그리고 자신의 무가치함을 암시하는 무반응에 대해 불안해한다. 그 와중에 남들보다 더 취약한 학생들은 대대적인 공격과 참을 수 없는 고통의 표적이 된다. 우리는 모두 상처받지 않도록 무쇠처럼 단단한 사람이 되려고 애쓰고, 그런 노력에도 불구하고 공격의 대상이 됐을 때는 오히려 스스로를 비난한다. 어떤 측면에서는 스마트한 태도일 수 있다. 자기 자신을 보호하는 일은 배워서 나쁠 게 없기 때문이다. 또한 자기 보호는 스스로 성장하고 이 세상을 사는 방법을 이루는 기본 요소이기 때문이다. 즉 우리의 생존을 위해 필요하다.

하지만 이런 노력이 너무 지나치면 우리는 아름다움과 기쁨, 그리고 진정한 관계로부터 아예 차단돼버릴 수도 있다. 그리고 너무 양면적인 존재가 될 수도 있다. 소셜미디어가 가진 극단적으로 공개적인 특징은 우리의 다소 통제되지 않고 강박적인 태도와 함께 나약하고 허물어지기 쉬운 결점과 빈틈까지 드러낸다. 우리는 이런 위험을 피하고자 자신 주위에 높은 벽으로 요새를 세우려 하지만, 이런 요새로 인해 우리가 잃을 수 있는 것들도 고려해야 한다. 몇 밀리미터의 두께는 아닐지라도 생존에 딱 필요한 정도의 낯짝을 가져야 한다.

2. 진정성의 미덕: 가상 자아가 아닌 실제 자아를 소중히 여기기

자신을 남들과 비교하는 현상은 소셜미디어에서 '행복한 모습을 유지'하며, 자신이 모두에게 중요한 존재로 행복한 삶을 살고 있고, 남들에게 부러움을 살 만한 친구들이 있으며, 뛰어난 업적을 이뤘다는 사실을 증명해야 하는 압박감까지 더해져 모든 이를 약간의 나르시시스트로 만들 수 있다. 그러나 인터뷰와 설문을 통해 만난 학생들은 그렇게 병적인 자아 도취자들이 아니었다. 무엇보다 그들은 자신의 실제 삶에 대해 위축돼 있었다. 그들에게서 하늘을 찌를 듯한 자존감은 좀처럼 찾아볼 수 없었다.

대학생들은 친구들이 온라인에서 가짜 연기를 하고 있으며, 이런 시류에 부응하기 위해서는 자신도 가짜 연기를 해야 한다고 여긴다. 적어도 온라인 포스팅에 있어서는 실제 현실에서 오직 빛나는 모습만을 보여줘야 한다고 믿는다. 스냅챗과 익약의 인기는 학생들이 소셜미디어 속에서도 솔직함과 진실함을 원한다는 사실을 반영하지만, 그와 동시에 참된 진실을 위해서는 익명성이나 비영구성 혹은 일시성이 필요하다는 것을 자각하는 계기가 된다. 자신의 실명이 붙는 플랫폼에서 솔직하고 참된 모습을 드러내는 것은 이들에게 매우 두려운 일이기 때문이다. 젊은 이들은 자신의 모습과 자신이 믿고 있는 것을 당당히 표출하는 일은 익명의 공간이 가장 안전하다는 사실을 학습하고 있다.

하지만 익약 같은 익명의 앱들은 우리 청년들에게 자신의 진짜 감정과 자아, 주장을 공개적이고 생산적인 방식으로 표출하는 통로가 되기보다 성차별과 인종차별, 그리고 극단적인 비열함과 잔인함을 조장한다. 익명의 플랫폼들은 자기표현을 북돋지만, 젊은이들이 이곳에서 목격하는 또래 집단의 행동들은 그들에게 공포감을 조성한다. 이들은 진정성에 대해 좀 더 진지하게 생각해봄으로써 — 이런 진정성을 어디서, 누구와, 어떻게 연습할 수 있는지 — 자기 자신을 어떻게 하면 온라인과 오프라인 모두에서 건강하고 안전하게 표출할 수 있는지 더 현실적인 감각을 키워야 한다. 젊은이들은 또한 자기 자신이 생각하는 바람직한 모습보다 소셜미디어에서 만들어내는 '성공'의 이미지를 추구할 때 따르는 대가에 대해서도 생각해볼 필요가 있다. 그리고 아이들이 이 과정을 제대로 겪을 수 있도록 우리의 도움이 필요하다.

　행복 효과는 진정성을 약화시킨다. 젊은이들은 수없이 다양한 관객들의 검열에 맞서 창조되고 다듬어진 자신과 다른 이들의 거짓되고 이상적이며 공개적인 자아를 조사하는 데 비정상적으로 많은 시간을 바친다. 자신의 에너지를 자아나 주변 세상을 발견하는 데 쓰는 대신에, 다른 사람의 기대에 부응하기 위해 소모한다. 이제 우리는 모두 다른 사람들의 비위를 맞추는 전문가가 됐다. 이렇게 끊임없이 다른 사람의 비위만 맞추는 것이 자기 발전과 행복감에 어떤 영향력을 미치는지에 대해서는 무지한 채 말이다. 소셜미디어는 젊은 세대가 남들의 주목을 받고, 비위를 맞추고, 자신의 욕망에 영합해 스스로를 희생하고 공허하게 만드는 것이 자신의 욕구나 주변 사람들의 진짜 욕구를 파악하는 것보다 더 중요하다고 학습시켜 왔다. 학생들은 진정성에 대해 깊이 고민하지만, 소셜미디어가 그런 진정성을 발견하기에 가장 적당하지 않은 공간이란 사실도 알게 됐다.

3. 자기주장의 미덕: 다름과 반대에 대한 관용

　나는 많은 이에게 페이스북 대청소의 중요성과, 남과 ― 특히 힘을 가진 사람들과 ― 다르거나 그들을 조금이라도 자극하는 말을 하면 안 된다는 얘기를 반복적으로 들으면서, 혹시 이런 현상이 현재 미국 전역의 캠퍼스에서 일고 있는 다양성과 편협성, 문화적 세심함과 둔감함, 그리고 안전한 곳과 안전하지 못한 공간에 대한 논란들과 관련돼 있는 건 아닌지 궁금해졌다. 예를 들어 문화적으로 몰지각한 핼러윈 의상을 둘러싼 논란이 점점 더 많아지고, 다수의 주장에 반하는 의견이나 '정치적으로 올바른' 주장을 할 때는 엄청난 긴장감이 수반된다. 미국의 캠퍼스는 지적 대화와 논쟁이 넘치며 모든 학생이 차별의 두려움 없이 성장해나가야 할 공간이다. 학생들이 스스로 안전하다는 것을 인식하려면 인종차별주의자, 성차별주의자, 그리고 문화적으로 몰지각한 행위나 말들—현실에서뿐 아니라 온라인에서 표현되는—을 소환해야 한다. 특히 학생들이 익약 같은 곳에서 목격하는 현실을 감안한다면 이는 꼭 필요한 일이다.

'중립성'은 내가 인터뷰했던 학생들 사이에서 자주 언급됐던 주제다. 그러나 인종주의자와 성차별주의자, 그리고 몰지각한 표현과 남들이 싫어하는 의견 사이에는 차이가 있다. 그렇다고 내가 '안전하지 않은' 공간을 옹호하는 건 아니지만 자신의 발언을 감시하고 관리하는 것과, 소셜미디어에서 남들이 싫어할 만한 의견을 공유할 경우 큰 '위험'에 처할 수 있으므로 아예 자기주장을 안 하는 것이 최선이라는 학생들의 거의 맹목적인 믿음은 비슷한 면이 있기 때문이다. 나는 정치적 발언과 인종차별주의는 다르다는 것을 확실히 짚고 가려 한다. 하지만 수용 가능한 정치적 발언이란 것도 그때그때 다르고, 지금은 순수하다고 간주되는 말도 바로 며칠 뒤에는 혐오 발언으로 여겨질 수 있다. 학생들은 아주 작은 실수가 자신의 앞날을 유령처럼 영원히 따라다닐 수 있다는(오늘날 세계에서는 그런 가능성이 높다) 두려움을 갖고 있다. 이런 두려움은 개인의 커리어를 파탄 내고, 사교 생활을 망가뜨리며, 죽음의 위협으로 몰고 간 포스트나 수치스런 일화들에 의해 더욱 강해진다. 학생들은 다른 사람들의 심기를 건드리는 게 얼마나 쉬운 일인지 아주 잘 알고 있고, 그래서 강아지 사진이나 미소 짓는 행복한 사진처럼 가장 '안전한' 것들만 포스팅하는 것이 최선의 방법이라고 믿는다.

온라인 활동 시 신중에 신중을 기해야 한다는 이런 학습 결과로, 이제 젊은이들의 페이스북 대청소가 가상공간에서 대학 캠퍼스라는 현실 세상에까지 퍼지게 된 걸까? 우리 학생들이 모두 '깔끔한 청소'와 중립성을 지키는 데 너무 능숙해진 나머지, 현실에서도 다른 사람을 조금이라도 자극할 수 있는 신호는 경고음을 받거나 지워져야 하는 걸까?

학생들은 미래의 고용주나 멘토, 기타 학생들에게 권력을 행사할 수 있는 다른 사람들의 기대에 부응하기 위해 행복한 모습을 완벽하게 연출하고, 자기주장은 철저히 숨기는 방법까지 학습하고 있다. 사람들이 싫어할 만한 정치적 주장으로 인해 당신의 장래 직장이 날아갈 수 있기 때문이다. 핵심 없이 엉성한 말도 마찬가지다. 왜 자기주장이 문제가 되고 특정 집단을 불쾌하게 하거나 상처를 줄 수 있는지에 대해 함께 토론하는 대신, 우리는 이런 상황 자체를 체념한 채 받아들인다. 대다수의 생각과 다른 의견을 가진 사람과 대화를 나눈다는 것이 거의 불가능한 일이 돼버렸다. 그게 아니라도 아주 위험한 일이 돼버렸다.

소셜미디어로 인해, 대학생들은 남에게 맞추는 방법을 극단적인 수준으로 '연습'하고 있다. 그렇다면 대중적인 지지를 받지 못하는 의견과 인종주의자, 성차별주의자, 문화적으로 몰지각한 발언을 어떻게 구별할 수 있을까? 모든 발언이 캠퍼스에서는 지뢰밭이 될 수 있는 상황에서 이 질문에 대한 답을 찾기란 어렵다. 단순히 다수의 의견에 순응하는 것은 다양성에 대한 진정한 관용이 아니며, 관용의 가치는 대학 캠퍼스에서 배워야 한다. 하지만 관용은 둘째 치고, 대학사회의 표준에 맞지 않는 자기주장은 그 자체로 문제가 되는 현 상황에서 우리는 이 문제를 고민해야 한다. 구직을 목적으로 페이스북을 관리하고 종교적·정치적인 발언은 포스팅하지 않는 태도가 대학 캠퍼스 전체에 어떤 식으로 표현의 두려움을 조장하고 있는지 생각할 문제다.

4. 잊혀짐의 미덕: 기억 소멸시키기

모든 순간이 기록되거나 저장될 필요는 없다. 물론 우리 삶에서 소중한 사람들의 영상이나 친구나 연인의 사진처럼 모두가 저장해놓고 오랫동안 음미하길 원하는 것들도 있다. 하지만 편리한 전자기기들의 등장과 그 기기들이 제공하는 이동성과 편재성으로 인해, 사진과 동영상 촬영은 이제 문제적 티핑포인트 수준으로 증가했다. 파티나 친구와 떠난 여행에서 실제 경험보다 사진 자체가 더 중요한 결과로 남는다면, 우리의 행동과 의도를 재고해봐야 한다. 우리 삶의 순간들이 우리가 어떤 일을 하고 사는지 증명하는 수단으로 변질된다면 재평가가 필요할 때다.

인생에서 가장 아쉬운 점 중 하나는 우리의 경험과 추억의 순간들을 붙잡을 수 없다는 점이다. 우리의 삶에는 수많은 사람들이 나타났다 사라지면서 슬픔을 준다. 우리는 대부분 향수를 갖고 있는 감성적 피조물인 까닭에, 사진과 동영상은 우리에게 큰 의미가 됐던 사람들과 잊고 싶지 않은 존재들을 간직할 수 있는 놀라운 도구다. 이런 측면에서 보면 사진과 동영상은 우리에게 큰 선물이다.

반면에 시간과 경험들을 그냥 흘려보내고 잊을 수 있는 자유도 필요하다. 우리는 어떤 것들을 잊음으로써 앞으로 나아가고, 새로운 경험들을 다시 창조해낼 수 있는 자유를 갖기 때문이다. 과거에 겪었던 어떤 경험들이 영원히 따라다니지 않는다는 것을 아는 것만으로, 우리는 자유로워질 수 있다. 무엇이든 사진이나 동영상으로 포착할 수 있다는 가능성이 꼭 그래야 한다는 당위성을 뜻하진 않는다. 어떤 순간뿐 아니라 모든 순간을 기록할 수 있는 오늘날의 유용한 도구들을 언제, 어느 정도로 사용할지 스스로 구분할 줄 아는 능력이 필요하다. 모든 것을 기록하지 않을 때, 그래서 그 경험의 증거가 영원한 꼬리표로 남지 않는다는 것을 알때, 우리는 다른 삶을 다른 방식으로 살 수 있기 때문이다.

무엇을 간직하고, 또 무엇을 흘려보낼지 구분하고 선택하는 방법을 배워야 한다.

5. 현재의 미덕: 지금 이 순간을 살기

마찬가지로, 셀피 찍기를 자제하는 것도 현재에 좀 더 집중하고 세상을 더 충만하게 경험할 수 있는 방법이다. 오늘날의 대학생들은 친구 및 지인, 가족으로부터 생성되는 기록들뿐 아니라 자기 자신도 그런 기록화에 동참해야 한다는 기대감으로 지쳐가고 있다. 우리가 한 활동들과 친구들과 보낸 시간을 기억하는 일이 더 이상 즐겁지 않고, 그런 기록들로 인해 함께 보내는 시간이 오히려 방해받으며 심지어 망가지기 시작하는 시점이 있다. 미술관에 간 사람들이 다들 그림과 조각들을 직접 감상하기보다는 작품들을 일일이 스냅 사진으로 남기면서 카메라를 통해 간접적으로 작품을 감상하는 순간처럼 말이다.

우리가 하는 모든 행동과 만나는 모든 사람, 그리고 모든 경험에 대한 '증거'를 수집하는 일에 몰두하다 보면 정작 그 활동이나 사람, 그리고 경험에는 집중하지 못한다. 더군다나 어떤 일을 할 때 우리가 정말 원해서, 혹은 즐거움과 행복감을 느낄 수 있어서, 또는 우리에게 의미 있는 일이라서 하는 게 아니라 그저 그 일을 했다는 사실을 남들에게 보여주기 위해 하는 또 다른 악순환이 시작된다. 그리고 경험의 질보다 얼마나 많은 경험을 했는지, 그 증거의 숫자가 더 중요해진다. 내가 인터뷰하고 설문했던 학생들은 이런 현상에 대해 엄청난 반감을 갖고 있었다.

무조건 카메라를 꺼내들지 않는 것은 꼭 필요한 기술일 뿐 아니라 우리가 세상과 주위 사람들, 그리고 그 아름다움에 좀 더 적극적으로 참여할 수 있는 기회를 제공한다. 그리고 완벽한 사진을 찾아 계속해서 셔터를 누르는 부담을 더 이상 갖지 않아도 된다.

6. 놀이의 미덕: 빈둥거림의 중요성

이제는 부모가 된 내 또래나 이전 세대 사람들은 아이들이 더 이상 예전처럼 밖에서 이웃아이들과 뛰어놀지 않는 것을 아쉬워한다. 숲속에 자신만의 요새를 만들고, 술래잡기를 하고, 집 앞 도로에서 롤러스케이트를 타고, 해가 기울기 시작할 무렵이면 집 앞으로 나와 근처 어딘가에서 놀고 있을 아이 이름을 큰 소리로 외치는 부모의 모습을 요즘은 거의 볼 수 없다. 오늘날 아이들의 놀이는 부모가 미리 준비한 완벽한 계획에 따라 진행된다. 요즘 아이들은 대부분 전자기기가 사용되는, 준비된 각본과 구조가 있는 놀이에 점점 더 익숙해지고 있다.

어디서 어떤 놀이를 하든, 놀이는 우리 삶에서 중요한 역할을 한다. 나이가 든다고 해서 즐거움과 웃음, 그리고 휴식의 욕구가 사라지지는 않는다. 십 대들과 청년들에게는 좀 더 '성인다운' 성숙함을 기대하지만, 그럼에도 놀고, 빈둥거리고, 우스꽝스러운 행동을 하고, 어슬렁거리고, 때로는 정처 없이 방황하는 것은 개인의 행복을 위해 필요하다. 나이 들면서 삶은 우리에게 점점 더 많은 책임감을 떠안기는데, 우리도 그 안에서 숨 쉴 여유가 필요하지 않을까?

하지만 우리 젊은이들은 소셜미디어에서도 대학이나 경력처럼 다소 심각한 문제들에 자신의 공간을 내주고 있다. 대학이 전부인 고등학생이나 대학생들에게 빈둥거리면서 자신의 익살스런 모습을 포스팅하는 것은 이제 과거의 일이 됐으며, 일단 캠퍼스 문턱을 넘는 순간 대학은 좋든 싫든 청년들에게 그런 행동을 중단하라고 가르친다. 이미 놀기와 빈둥거리기, 그리고 익살스런 행동은 소셜미디어에 전혀 어울리지 않는 소재가 돼버렸는지도 모른다. 자신의 하이라이트 영상에 포함되지 않는 것들을 모조리 체계적으로 '청소'해버리는 젊은이들의 태도는 성공과 목표 중심의 대학 문화를 낳고 있다. 원하는 직장을 잡는 데 최적화된 모습만 집중적으로 공략하는 이런 외골수적인 태도는, 자신의 성과들을 증명하는 활동으로만 계정을 채우는 모습으로 대변된다.

스냅챗과 익약 같은 사이트들이 젊은이들에게 놀이의 장이 돼준다는 것은, 이들 플랫폼들이 문제의 소지가 있고 위험한 행동들을 조장한다는 불명예에도 불구하고 대학생들에게 어떤 식으로든 도움이 된다는 것을 증명한다. 그러나 익명 플랫폼이 젊은이들의 유일한 놀이터로 빠르게 정착되고 있는 현실 또한 당황스러운 일에는 틀림없다. 하이라이트 영상에 포함될 수 없는 내용은 전부 사라지거나 익명으로 처리돼야 함을 의미하기 때문이다.

7. 전원 끄기의 미덕: 혼자 되기, 그리고 앉아서 생각할 수 있는 능력

소셜미디어와 스마트폰이 끝없는 전진과 성공 중심의 문화를 조장하는 요즘, 모든 일을 잠깐 멈추고 조용히 있을 수 있는 능력은 그 어느 때보다 절실해지고 있다. 많은 학생이 스마트폰으로 인해 24시간 내내 온라인에서 대기 상태로 있어야 한다는 부담감을 호소한다. 또한 스마트폰과 소셜미디어 앱들을 끊임없이 확인해야 하는 상황 때문에 사람들은 실질적으로 혼자 있는 방법을 잊게 됐다. 그리고 우리의 인내심과 집중력은 스마트폰이 우리 삶에 부여한 편재성의 희생양이 되고 있다.

그러나 혼자 있으면서 속도를 늦추고, 조용한 상태로 휴식을 취하고, 아무것도 하지 않는 능력은 우리의 건강과 웰빙, 그리고 의사결정 능력과 자기이해, 행복과 평화, 여유를 위해, 그리고 내 회고록 강의 중 학생들이 언급했던, 그냥 멍하니 있는 순간의 아름다움을 포착하기 위해 꼭 필요하다. 젊은이들에게는 자신을 더 잘 알아가고, 자신이 누구이며, 삶과 자신이 속한 공동체, 그리고 인간관계를 통해 무엇을 원하는지 파악할 수 있는 시간과 공간이 필요하다. 안도감과 자존감, 그리고 개인의 행복은 혼자가 될 수 있는 능력과 자신의 모습과 생각을 얼마나 편히 받아들일 수 있는지와 관련돼 있다. 우리에게 즐겁고 신나는 시간을 누릴 권리가 필요한 것만큼, 주변 세상에 대해 생각하고, 관찰하고, 귀를 기울이며, 집중할 수 있는 권리도 필요하다.

스스로 이렇게 자문해보자. 어떻게 하면 하는 일을 더 줄일 수 있을까? 어떻게 하면 혼자서 생각하는 법을 배울 수 있을까? 어떻게 하면 지루함과 고요함 속에서 좀 더 편안함을 느낄 수 있을까? 어떻게 하면 줄을 서서 무언가를 기다릴 때마다, 혼자서 캠퍼스를 걸을 때마다, 혹은 대화가 잠시 끊길 때마다 휴대폰을 꺼내보려는 충동을, 적어도 가끔은 극복할 수 있을까? 늘 다른 사람들을 위한 대기 상태에 있지 않도록 우리 삶을 구조적으로 관리할 수 있는 방법을 찾고, 전원을 꺼버린 채 생활할 수 있는 시간을 정해야 한다. 이는 우리의 행복과 웰빙을 위해 꼭 필요한 일이다.

8. 그만두기의 미학: 포기를 통해 힘 찾기

포기를 모르고, 실패해도 계속 시도해보는 것은 미국 사회가 보편적으로 갖는 믿음이다. 하지만 소셜미디어와 스마트폰에 있어서는 이런 믿음을 고수할 필요가 없다. 언제 중단하고, 언제 옆으로 치워둘지를 알고, 또 어떤 일이 자신에게 효과적이지 않을 때 영구적은 아닐지언정 일시적으로 행동의 변화를 단행하는 것은 유용한 재능이기 때문이다. 그런 재능이 요즘만큼 절실한 때는 없었다.

일시적이든 영구적이든 다양한 소셜미디어 플랫폼을 끊어버린 학생들의 이야기는 이런 결정이 언제, 또 왜 필요한지 스스로 알아야 한다는 것을 보여준다. 더 건강한 앞날을 위해 무언가를 포기할 때 어떤 혜택이 돌아오는지 다시 생각하게 해준다. 젊은이들은 물론 이전 세대들도 똑같이 소셜미디어로 인한 문제들을 겪고 있는 상황에서, 이들은 어떤 조언이나 지침 없이 소셜미디어와 최선의 관계를 맺기 위해 자신만의 방법을 강구한다. 소셜미디어를 중단한 학생들은 그런 자신의 선택을 옹호할 뿐 아니라 자신의 삶에서 경계를 정하고, 한계를 인정하며, 한 걸음 물러났을 때 얻는 혜택들이 얼마나 중요한지를 보여주는 산증인이 된다. 비록 일시적인 중단일지라도 학생들은 마치 물 위를 걷는 것처럼 불안했던 느낌을 떨쳐버리고, 새로운 시각을 갖고, 비판적 거리를 두며, 감정적 회복을 경험할 수 있는 자유의 힘을 되찾는다.

첨단기술과 최신기기, 그리고 소셜미디어 앞에서 우리가 힘을 잃어서는 안 된다. 영구적이든 한시적이든, 그리고 전면적이든 국소적이든, 스마트폰과 소셜미디어 활동을 끊는 것은 우리가 취할 수 있는 가장 건강한 해법 중 하나가 될 수 있다. 그런 변화가 비록 개인적이며 사적인 움직임일지라도, 그런 결정을 할 수 있는 능력은 우리 모두가 고려해볼 만한 중요한 지혜라고 나는 믿는다.

새로운 가상 세계를 위해 소셜미디어를 활용하는 황금률

온라인 생활에서 이런 8가지 미덕을 고려하고, 젊은이들에게도 같은 내용을 전수하면 적어도 지금보다는 소셜미디어와 더 건강한 관계를 구축할 수 있으리라 나는 믿는다. 페이스북에 우리의 영혼과 깊은 감정을 드러내지 않고도 충분히 건강한 온라인 생활을 영위할 수 있다. 그러나 이런 믿음을 확실히 고착시키기 위해서는 우리와 소셜미디어의 관계를 전체적으로 바꿔야 할지도 모른다. 그렇지 않으면 변화의 과정에서 우리 영혼과 감성이 또다시 불안해질 수 있기 때문이다. 만약 소셜미디어에서 공적이고 프로다운 삶을 건강하게 영위하는 데 이 8가지 필터가 정말로 필요하다고 확신한다면, 소셜미디어를 사용하는 현재의 방식을 전면적으로 조정할 필요가 있다.

그렇다고 모든 젊은이를 위해 소셜미디어에 몇 시간을 투자하고, 그 내용을 어떤 식으로 확인하며, 어떤 포스트가 건전하고 정상적인지에 대해 구체적인 지침을 세워야 한다는 말은 아니다. 아리스토텔레스가 말했듯이, 개인이 가진 '중용'의 미덕은 저마다 다를 수 있기 때문이다. 그러나 우리가 소셜미디어를 사용할 때 어떤 니즈가 있는지 각자 생각해볼 수 있는 체계를 개발할 필요는 있다. 그렇게 해야 우리 아이들을 제대로 가르치고, 우리 스스로도 이런 방법들을 고려해봄으로써 소셜미디어 플랫폼을 어떤 식으로 활용할지(아니면 활용하지 않을지) 올바른 판단을 내릴 수 있기 때문이다.

이 8가지 덕목을 포함해, 소셜미디어라는 변화무쌍한 세상을 더 잘 영위하기 위해 필요한 아주 중요한 법칙이 하나 더 있는데, 이 또한 고대 그리스에서 빌려온 것이다. 바로 '너 자신을 알라'라는 말이다. 우선 당신의 한계부터 알아야 한다. 당신이 감당할 수 있는 것과 그렇지 못한 것을 알아야 한다. 당신을 우울하게 하는 것과 행복하게 하는 것을 알아야 한다. 당신이 가치를 느끼는 것과 그렇지 않은 것을 알아야 한다. 그리고 무엇보다, 당신은 오프라인에서 살고 있다는 사실을 인식하고, 온라인에서 목격하는 것들로 인해 왜곡된 자아 이미지를 가질 필요가 없다는 것을 알아야 한다. 자기 자신을 앎으로써 우리는 소셜미디어가 우리에게 휘둘렀던 힘을 되찾을 수 있다. 만약 소셜미디어가 실제로 우리에게서 너무 많은 힘을 빼앗아갔다면 말이다.

하지만 자기 자신을 아는 데에는 시간과 노력, 그리고 의지가 필요하다.

그럼에도 자기 자신을 아는 것은 충분한 시간을 투자할 만큼 꼭 필요한 일이다. 시간을 들여 노력하고, 집에서나 학교에서나 투자하라. 그것이 대학 캠퍼스든 고등학교 교실이든 상관없다.

많은 학생이 어떻게 하면 소셜미디어와 스마트폰이 자아를 표출하고 삶의 목표와 인간관계를 구축하는 데 도움을 주는 이상적인 '도구'가 될 수 있을지를 반복적으로 얘기했다. 소셜미디어와 스마트폰을 정말 효과적인 도구로 사용하고 싶다면, 우선 그 도구를 사용하는 우리의 습관부터 바꿔야 하지 않을까?

이런 변화를 시도하고, 소셜미디어와 스마트폰에 대한 욕구와 중요성을 비판적으로 분석하고, 그런 노력을 강구할 수 있는 최선의 장소 중 하나가 고등학교와 대학교 강의실이다. 비판적 사고란 우리가 교실에서 배워야 할 중요한 능력이며, 이 새로운 가상 세계를 제대로 항해하기 위해서는 이전보다 훨씬 발전된 비판적 능력이 필요하다. 특히 대학이란 우리 문화와, 그보다 더 넓은 세상이 당면한 심각한 문제들과 변화들을 충분히 고민할 수 있는 그 시대의 가장 위대한 정신들이 모인 곳이다. 마찬가지로, 우리는 다음 세대 중 가장 뛰어난 정신들이 앞으로도 계속 캠퍼스로 모일 수 있도록 유인해야 한다. 이를 위해 우리가 할 일은 그런 정신들이 과거의 방식 대신 그들의 방식으로 세상과 교류할 수 있도록 자극하는 것이다.

대학은 한 사람이 할 수 있는 가장 크고 중요한 질문들을 던질 수 있는 곳이어야 한다. 따라서 우리는 교실 밖에서만이 아니라 교실 안에서도 스마트폰과 소셜미디어에 대해 크고 중요한 질문들을 던져야 한다. 우리 학생들과 다음 세대가 소셜미디어와 스마트폰이라는 거친 바다 위를 그들만의 힘으로 헤쳐나가도록 내버려둘 수는 없다. 스마트폰과 소셜미디어가 우리 세계에 몰고 온 극적인 변화와 도전들을 진지하게 다루는 일은 교수들과 대학 관계자들의 책임이기도 하다. 소셜미디어가 '하찮고' 젊은 세대의 전유물이라는 생각으로 이런 변화를 무시하고 외면한다면 캠퍼스 안에서 살아가는 젊은이들은 결국 실패의 나락으로 떨어지고 말 것이다. 그렇게 되면 소셜미디어와 새로운 기술들이 인문학과 사회과학에 가장 고매한 방식으로 제시하는 지적이며 학문적인 시사점을 놓치고 말 것이다.

오늘날 대학생들은 진정한 개척자라고 할 수 있다. 그들은 소셜미디어 속에서 자라고 소셜미디어를 통해 자신의 삶을 구축한 첫 세대이기 때문이다. 이들은 남들이 온라인에서 저지른 실수에 반응하고 그에 따라 자신의 행동을 조정한 첫 세대라고 할 수 있다. 그들의 이야기에 녹아 있는 주제들은 우리에게 상당한 논란거리가 된다. 특히 이들 젊은이들이 이전 세대보다 더 높은 수준의 교육을 받으면서 성장했다는 점을 감안한다면, 소셜미디어가 우리의 자의식과 세상과 소통하는 방식―현실과 가상공간 모두에서―에 미치는 변화에 단지 반응하기보다는, 우리 모두가 비판적이고 반추적인 사고를 할 수 있는 책임의식을 느끼는 데 그들의 경험이 도움이 될 수 있다고 희망한다. 젊은이들의 경우에는 어른들이 전하는 조언을 충분한 시간과 노력과 의지를 가지고 고민함으로써 우리가 온라인에서 만들고 경험하는 삶에 대해 더 새롭고, 생산적으로 반응하며, 세대를 초월한 대화에 참여할 수 있기를 희망한다. 그렇게 된다면 현재 우리의 가슴을 짓누르는 행복 효과와 커리어 중심의 온라인 활동을 뛰어넘어 다시 힘을 되찾을 수 있을 것이라고 믿는다.

🔍 스마트폰 통제하기 •••

#젊은이들이 소셜미디어 및 스마트폰과 더 건강한 관계를 맺도록 우리 어른들이 해야 할 일

♥ ♡ ◁   🔖

　　지난 몇 년간 200명에 가까운 학생들과 인터뷰를 하고, 그보다 몇백 명 더 많은 학생들과 설문조사를 진행했으며, 그 외 수백 명의 학생, 교수진, 행정직 담당자, 학부모들과 비공식 대화를 나누면서 나는 두 가지 사실을 분명히 확인할 수 있었다. 첫째, 스마트폰과 소셜미디어가 근본적으로 우리 청년들의 삶을 장악하게 됐다. 둘째, 젊은이들은 이런 거대한 변화에 대응할 만한 능력이 자신들에게는 없다고 여긴다. 우리 젊은이들이 소셜미디어에 의해 제압당하는 대신 스스로 통제력을 갖고 소셜미디어를 사용할 수 있는 능력을 키워서 이런 도전을 극복하기 위해서는 그들과 함께하는 어른들이 먼저 발 벗고 나서야 한다. 그러려면 공동의 노력이 필요하다.

　　이런 노력은 가정에서 이뤄져야 한다.

　　이런 노력은 대학 강의실과 학교 교실에서 이뤄져야 한다.

　　이런 노력은 더 넓은 범위의 공동체와 사회생활 전반에서 이뤄져야 한다.

　　우리 앞에 놓인 이 숙제는 꼭 필요하고, 그것도 빨리 이행돼야 한다. 소셜미디어와 스마트폰은 눈부시게 빠른 속도로 우리 생활을 바꿔놨기에, 지금부터 따라잡아야 할 일들이 정말 많다.

　　학교사회는 보통 이런 급박한 문화적 변화에 대응이 느린 편이다.

교수들은 이렇게 트렌디하거나 대중문화와 관련된 문제를 연구의 가치가 적다고 여기는 경향이 많기 때문이다. 즉, 교수들은 대학의 강의실과 학생 시설—젊은이들이 비판적 사고와 세계의 시민이 되기 위한 자질을 키워야 할 바로 그 공간—에서 우리의 일상생활에 가장 큰 위력을 미치고 있는 대상을 전통적 학문 탐구의 고귀한 정신과 무관한 존재로 여기는 것이다.

나 자신이 학자이기에 감히 말하지만, 교수들은 '실용적'이란 단어를 보면 대부분 바로 등을 돌린다는 것을 나는 누구보다 잘 알고 있다. 그러나 소셜미디어가 우리의 삶에 어떤 영향을 미치는지에 대해 관심을 쏟아야 할 사람들은 대학의 학생처 담당자들이나 학부모만은 아니다. 그건 교수들이 담당할 일이기도 하다. 젊은이들이 세상을 비판적인 시각으로 바라볼 수 있도록 가르치는 곳이 바로 강의실이기 때문이다.

지금부터 시작될 얘기는 학부모들을 포함해 우리 젊은이들에게 멘토 역할이 돼줄 어른들을 위한 실용적인 조언들이며, 물론 그 대상에는 우리 교수들도 속한다.

스마트폰은 작은 독재자와 같다 (하지만 그렇게 되도록 내버려두지 말자!)

대학생들은 혼자 있는 시간과 지루함, 생각에 잠기는 법, 그리고 좀 불편한 사회적 상황이나 대화 중에 이따금씩 일어나는 침묵을 처리하는 방법을 모른다고 걱정을 한다. 이들이 아는 것은 이런 고요한 순간이 자신을 불안하게 만들고, 그런 불안감을 회피하기 위해 휴대폰과 각종 앱을 강박적으로 확인하게 된다는 것이다. 휴대폰은 불안하고 어색한 상황으로부터 벗어날 수 있는 지속적이고 필수적인 안식처가 된다. 그래서 학생들은 자신의 스마트폰을 사랑하고 동시에 미워한다.

나는 인터뷰를 통해 만났던 학생들이 자신의 스마트폰에 대해, 그리고 스마트폰을 꺼버릴 수 없는 상황에 대해, 앱들을 확인하지 않으면 못 견디고 24시간 대기상태로 있어야 하는 처지에 대해, 그리고 소셜미디어가 만들어낸 이 새로운 사이클로부터 휴식조차 취하지 못하는 자신의 무능함에 얼마나 좌절감을 느끼는지 종종 생각한다. 또한 온라인 설문조사에서 자신에게는 의지력이 있고—그들이 적은 답변에 반영된 말투에서도 그런 자신감을 느낄 수 있었다—, 그래서 일부러 휴대폰 전원을 꺼버릴 필요나 이유를 느끼지 못한다고 응답한 아주 소수의 학생들에 대해서도 생각한다. 대부분의 사람들이 전원을 꺼버릴 수 있는 의지력이 없는 수동적 문화 안에서, 이들 학생들은 자신이 특별하며 남다르다는 것을 알고 있다.

기술은 우리의 사교 생활과 감정을 통제하는 독재자가 아니라 표현과 연결을 위한 도구가 되어야 한다. 나와 인터뷰를 나눴던 학생 중 한 명이 주장했듯이, 우리가 기계를 사용하는 주체가 되어야 하며, 그 반대의 상황이 돼서는 안 된다.

하지만 그러려면 그 '방법'부터 배워야 한다.

먼저 우리가 소셜미디어 및 스마트폰과 맺고 있는 관계에 극적인 변화가 필요하다. 문화적 변화를 통해 이 새로운 기술과 더 건전한 관계를 맺어야 한다. 대학 캠퍼스와 가정은 그런 변화를 시도해볼 수 있는 가장 바람직한 터전이다. 또 그런 관계는 물론, 스마트폰과 소셜미디어가 우리의 자기인식과 사교 생활에 더 긍정적인 영향을 줄 수 있도록 돕는 간단한 방법들도 존재한다.

1. 이 문제에 관한 첫 번째 해법: 가정과 교실, 실습실, 그리고 캠퍼스에서 서로가 전원을 끄도록 도와야 한다.

우리의 의지력에는 한계가 있다는 사실을 받아들이자.

최근 교수들도 강의실에서는 모든 전자기기의 사용을 금지하기 시작했다. 강의 중에도 학생들은 소셜미디어 계정을 확인하거나 웹서핑을 하고 싶은 충동을 제어하기 힘들다는 것을 알기 때문이다. 다른 대안이 없다면, 우리 학생들의 학습과 집중력을 위해 펜과 종이 시절로 되돌아갈 필요도 있다.

나는 그런 결정에 박수를 보낸다. 현실적인 대안이지 않은가?

젊은이들에게 강한 '의지력'을 바라거나, 직접적으로 요구하는 것은 그럴듯한 제안이 될 수 없다. 우리는 모두 자신의 기기에 너무 의존적이기(심지어는 상호의존적이다) 때문이다. 일단 휴대폰 전원을 주기적으로 꺼놓기 시작하면, 비로소 우리는 자신의 스마트폰을 거부하는 데 필요한 기술을 개발하고 손이 닿는 곳에 휴대폰이 없는 상황에 점점 익숙해질 것이다.

우리는 다음과 같은 현실을 받아들여야 한다. 학생들이 강의를 듣고, 학문을 배우고, 직접 참여할 수 있는 환경을 조성하기 위해 많은 교수들이 강의 중 모든 전자기기 사용을 금지하는 방법에 의존하고 있다(이 방식은 의지력의 결핍과 캠퍼스 전체에서 접근할 수 있는 와이파이의 존재에 대응하는 가장 솔직하고 실질적인 방법이다). 하지만 이런 교수들이(또한 공부에 집중하려는 학생들이) 자주 부딪치는 현실은, 그런 전자기기들과 와이파이의 존재 때문에 강의를 듣고, 배우고, 참여하려는 학생들의 노력이 방해받는다는 점이다. 물론 때에 따라 스마트폰 같은 기기들이 강의에 필요한 경우도 있다. 하지만 하나의 문화로서, 그리고 교육기관으로서, 우리는 소셜미디어와 와이파이, 그리고 휴대폰이 어떤 식으로 학습 과정을 촉진하기보다는 방해하는지 오랫동안 열심히 살펴볼 필요가 있다.

2. 학부모들을 위한 조언: 하루 중 가족 모두가 자신의 휴대폰에 쉽게 빠져드는 때를 위해 바구니 하나를 준비하는 건 어떨까? 저녁 식사 시간이나 숙제를 할 때, 심지어는 거실에서 가족들이 모여 앉아 TV를 시청하는 시간도 이런 경우에 해당될 것이다. 이는 가족들이 자신의 휴대폰을 잠시 손에서 놓고 서로 대화를 나누거나, 딱 정해진 시간만큼 자리에 앉아 한 가지 일에만 집중할 수 있는 간편한 방법이 될 것이다. 그리고 가족들끼리 여행을 가거나 휴가를 떠날 때는 그 기간 동안, 혹은 그 중 일부 기간 동안은 모두가 '전원을 끄기로 약속'하는 방법도 고려하자.

3. 교수들을 위한 조언: 만약 학생들의 집중력과 학습에 도움이 된다면 강의 시간에는 모든 전자기기의 사용을 금지해보자. 일단 실행해보라. 최선의 전략이 아닐 수도 있고, 처음에는 학생들의 반발을 살 수도 있지만, 전자기기가 없는 강의실이 학생들에게 부여하는 안도감과 보상은 점점 더 커질 것이다. 물론 이 방법이 모든 교수에게 의무적인 해결책이 될 수는 없겠지만 학생들 입장에서도 여러 강의 경험을 하는 것이, 즉 어떤 강의는 완전히 오프라인으로만 진행하는 것이 자신의 교육에 나쁘지 않다는 점을 확실히 알 것이다.

4. 코치와 멘토, 학생처 담당자들을 위한 조언: 학교 프로그램이나 세미나를 '언플러그드(unplugged, 전원을 끈)' 상태로 진행하라. 간단한 변화지만 이런 과정에 직접 참여한 학생들은 색다른 경험을 하게 될 것이다. 이런 '언플러그드 프로그램'의 비중을 높일수록 프로그램의 질이 더 좋아질 수 있다. 만약 대학교 신입생 오리엔테이션 기간 동안 스마트폰을 사용하지 못하는 프로그램이나 행사를 진행한다면 그 분위기가 어떨까? 신입생들은 서로 대화를 할 기회가 많아지고, 새로운 친구들도 더 많이

만나게 되며, 긴장되거나 침묵의 순간이 왔을 때도 스마트폰을 꺼내는 대신 그럴 때 발휘할 수 있는 다른 귀중한 기술을 배우게 될 것이다.

5. 모든 이를 위한 조언: 두려워하지 말고 실행에 옮겨라. 내가 이 연구에 참여한 학생들을 통해 배운 사실이 있다면 바로 이 점이다. 휴대폰을 손에서 놓는 일이 처음에는 힘들지라도 결국에는 집중 측면에서, 학습 측면에서, 그리고 사회 활동 측면에서 큰 보상이 된다. 이런 조치를 통해 사람들은 속도를 늦추고 한 발자국 뒤로 물러날 수 있는 여유를 가질 것이다. 또한 현재를 온전히 경험하고, '혼자서' 시간을 보내고, 생각할 수 있는 기회를 주기적으로 경험할 수 있으며, 젊은이들이 그동안 두려워했던 상황을 어떻게 극복할 수 있는지 배우는 기회가 될 것이다. 학생들은 휴대폰을 내려놓을 수 있도록 도와줄 주위의 손길을 찾고 있다. 그들이 자신의 결정을 단행할 수 있도록 여러 가지 합당한 이유를 제시해주자.

소셜미디어 활동에 정기적으로 안식일을 부여하는 방법도 스마트폰과 소셜미디어 앱을 확인하는 것이 의무가 아닌 선택 사항임을 깨닫는 좋은 기회가 될 것이다.

우리의 삶과 공동체에 와이파이가 없는 오아시스 만들기

나는 우리 사회가 어떤 결과를 낳을지도 충분히 고려하지 않은 채 가정과 캠퍼스, 그리고 심지어는 공원 등 모든 장소에 통신망을 까는 데만 너무 급급했다는 생각이 든다. 물론 쉽게 연결될 수 있다는 것은 위대한 일이다! 어디를 가든, 심지어는 휴가지에서도 온라인에 접속할 수 있게 됐으니 말이다! 그러나 이는 동시에 우리에게 큰 짐이 됐다. 대부분의 젊은이는 — 대부분의 사람은 — 접속을 끊을 수 있는 의지력이 부족하기 때문이다.

우리가 수업이나 운동 연습, 학교 행사가 있을 때, 또는 가정에서 스마트폰 사용을 금지함으로써 단지 얼마간이라도 서로가 접속을 끊도록 돕는 것처럼, 공동체와 대학 캠퍼스 안에 영구적으로 와이파이가 없는 공간을 만들고 모두에게 알려야 한다.

대학생들은 와이파이가 터지지 않는 곳을 꽤 좋아한다. 주로 공부에 집중하기 위해 그런 데드 스폿(dead spots)을 찾는다. 가까운 곳에 그런 곳이 있다면 때때로 그곳에서 모임을 할 때도 있다. 데드 스폿은 학생들이 가만히 앉은 채로 생각하면서, 고요함과 혼자 있는 법을 배울 수 있는 공간이기도 하다. 실제로 나는 학생들에게 와이파이가 터지지 않는 도서관 구석 공간에 대한 이야기를 많이 들었다. 학생들마다 급하게 끝낼 과제가 있을 때, 캠퍼스에서 진짜 집중할 수 있는 유일한 공간을 얼마나 애타게 찾는지 말이다.

하지만 현재 학생들이 애용하는 데드 스폿은 그저 우연히 만들어진 공간일 뿐이다. 이제는 작정하고 그런 공간을 만들 필요가 있다. 젊은이들을 위해 공동체 안에 자신을 반추하고, 공부하고, 생각하고, 가르치고, 사교할 수 있는 공간을 마련해줘야 한다. 어디든 통신망을 구축하는 것은 잘못된 결정이다. 그 순간에 집중하지는 않고 자꾸 휴대폰만 꺼내드는 자신과 끊임없이 싸워야 하는 상황을 만들 뿐이다.

그럼, 와이파이가 터지지 않는 학생식당은 어떨까(특히 선택할 수 있는 식당 수가 많은 대규모 대학의 경우)? 기숙사에 와이파이가 터지지 않는 라운지를 만드는 것은 어떨까? 와이파이가 없는 카페는? 아니면 정신 수양 공간은?

그런 공간이 생기면 틀림없이 학생들이 몰릴 것이다. 학생들은 공부와 사교, 식사, 그리고 방해받지 않는 즐거운 대화를 위해 그곳을 찾을 것이다. 많은 학생이 방학 동안 떠난 여행, 봉사활동, 캠핑, 그리고 외국에서 보낸 교환 학생 기간 중 와이파이가 터지지 않았던 곳에서 느꼈던 기쁨을 내게 들려줬었다. 학생들이(그리고 우리 모두가) 온라인에서 벗어나 그런 '미니 휴가'를 보낼 수 있는 공공장소를 누구나 접근 가능한 곳에 만들어야 한다.

마찬가지로, 대학 자체적으로 와이파이가 터지지 않는 강의실을 만들어 원하는 교수들의 강의실로 사용하면 어떨까? 그러면 강의 첫날 휴대폰 사용을 금하는 전쟁을 선포하고, 이후 수업시간 중 휴대폰의 유혹에 넘어가는 학생들에게 신경 쓰지 않아도 되며, 학기 시작 전에 강의 성격을 고려해서 자신이 선호하는 강의실을 선택할 수 있을 것이다.

소셜미디어 사용에 대한 입학처와 취업센터의 조언 재고하기

우리는 현재 십 대들과 청년들에게 자신의 온라인 프로필을 가다듬고 청소하라고 가르친다. 하지만 이런 조언은 재고해봐야 한다. 아니면 적어도 이런 조언이 몰고 올 파장을 제대로 이해할 필요가 있다. 먼저 자문해보자. 대학 지원자나 구직자, 혹은 후보 선수나 기숙사 지원자의 소셜미디어 계정과 프로필을 확인하는 게 과연 윤리적으로 옳은 행위인가? 원래는 사교와 자기표현을 위해 만들어진 플랫폼에서 자신이 평가되고 재단될 수 있다는 사실을 알고 있는 젊은이들이 과연 정서적으로 건강하고 행복할 수 있을까? 이런 현실이 우리가 보호해야 할 젊은이들에게 너무 많은 대가를 요구하는 건 아닐까?

우리는 소셜미디어를 자신의 실력을 보여주는 새로운 무대, 성공을 증명하는 기반, 성과를 선보이는 공간, 또 만족시키고 싶은 사람들의 기대에 부응하는 새로운 곳으로 변질시켜 왔다.

우리 어른들이(좋은 의도를 가진 학부모를 포함해 젊은이들을 평가할 위치에 있는 사람들) 한쪽에서는 지나치게 성과와 완벽함을 추구하면서, 또 다른 쪽에서는 불쾌하고 고약한 행동들을 일삼는(익약 같은 익명의 플랫폼에서) 학생들의 극단적인 행태를 조장하고 있다는 생각도 든다. 좋은 의도로 전달된 우리의 메시지가 젊은이들의 사회적·정서적·지적 건강함에 상당히 부정적인 영향을 줘왔던 것이다. 이런 결과들이 원래의 의도는 아니었다는 변명으로 우리의 태도를 바꾸지 않고 젊은이들을 이대로 내버려두는 것은 옳지 않다.

소셜미디어를 심사와 평가와 재단의 장소로 이용하는 것을 이제는 중단해야 한다. 우리 중 그 누구도 완벽하지 않으며, 잠정적 고용주와 입학사정관들은 자신이 젊은이들의 소셜미디어 계정에 어울리지 않는 관객이라는 점을 인정해야 한다. 설사 그것이 우리 아이들로 하여금 경쟁에서 잘 버텨낼 수 있도록 세운 방책이었다 할지라도, 이 문제에 있어서는 핑계가 될 수 없다. 이렇게 말하는 어른들도 있다. "우리 애는 좋은 대학에 입학해야 해서 다른 애들이 하는 건 다 똑같이 해야 해요." 또는, "우리 학생들이 기업 담당자들에게 좋은 인상을 줬으면 합니다. 그런 점에서 소셜미디어 계정을 주기적으로 '청소'하는 건 필수적인 일이죠!"

만약 다음과 같은 질문들에 긍정적인 답변을 하고 싶다면, 우리도 다른 사람들이 하는 대로 따라갈 수밖에 없다. 진정 우리 아이들이 끊임없이 다른 이들을 위해 자신의 실력을 보여줘야 한다는 압박감에 짓눌려 온라인에서 진실하지 못한 모습을 보이길 원하는가? 우리 학생들이 공적 공간에서 자신이 어떤 사람인지 솔직한 모습을 파악하기보다, 캠퍼스에서 지내는 동안(그리고 마침내 떠날 때까지) 자신의 '이름이 걸린 브랜드'에 광택을 내는 데만 집중하기를 바라는가?

우리가 아끼는 젊은이들이 실제로 행복한 것보다 행복해 보이는 것이 더 중요하다고 생각하길 바라는가?

이런 질문들에 대한 대답은 (정말 우리 아이들 혹은 학생들의 건강과 정서적 웰빙을 걱정하는 사람이라면) 대개 '아니요. 아닙니다'로 돌아오겠지만, 나는 진심으로 우리 젊은이들이 이런 결과에 직면하지 않길 바란다. 그렇다고 이 말이 대학생들의 페이스북에 케그 스탠드 사진(다른 현명하지 못한 사진들도 많겠지만)이 연이어 올라오던 시절로 지금 즉시 돌아가자는 것은 아니다. 사실 내가 페이스북 계정을 처음으로 만들었을 때는 대학마다 페이스북 페이지를 갖고는 있지만 서로 연결돼 있지 않았던 소셜미디어의 초창기였다. 그때 내가 가르쳤던 학생들은 보고 싶지 않은 사진이나 내용들을 포스팅하기도 했다. 어쨌든 중요한 것은, 우리가 좋은 의도로 학생들에게 들려줬던 지침이 익약 같은 사이트의 탄생에 어떤 역할을 했는지 곰곰히 생각해봐야 한다는 것이다. 학생들은 그곳에서 자신의 실명이 붙는 플랫폼에서는 더 이상 할 수 없는 모든 일(우리가 생각하는 것보다 훨씬 더 나쁜)들을 행하고 있다. 익약은 어느새 괴물 같은 존재가 됐고, 청년들의 소셜미디어 활동에 대한 어른들(좋은 의도를 가진)의 조언이 의도치 않게 그런 괴물을 탄생시킨 것은 아닌지 자문해봐야 할 문제다.

교실 안에서 소셜미디어를 지적으로 반추해야 하는 이유

연구에 참여한 학생 중 극소수만이 수업 중 교수님의 지시로 소셜미디어와 스마트폰이 그들의 삶과 자아 개념, 그리고 삶에 대한 인식을 어떻게 변화시키고 있는지 반추해볼 경험이 있다고 말했다. 그나마도 주로 경영대학원에서 브랜드와 광고에 대한 내용을 배우거나, 소셜미디어를 통해 자신의 커리어를 관리하는 방법을 토론하는 과정에서 이루어졌다.

그런 강의는 마케팅 도구로서 소셜미디어의 역할에 초점을 맞추는 게 전부다. 학생들이 캠퍼스 안에서 소셜미디어의 역할에 대해 토론할 수 있는 또 다른 시간은 신문방송학 강의에서다. 하지만 이런 과목들도 소셜미디어를 통해 청중을 확대하는 방법이나 정보를 전파하는 데 있어 소셜미디어의 중요성을 설명하는 데 그친다.

이 두 분야 외에 소셜미디어가 캠퍼스에서 다뤄지는 경우가 또 있다면, 학생들에게 강의 중에는 스마트폰을 사용하지 말라거나, 아니면 팀 과제를 위해 페이스북 페이지를 만들거나 수업과 관련된 정보 공유를 위해 해당 과목의 페이스북 페이지를 만들 때 형식적으로 언급되는 게 전부였다.

그 결과 우리는 소셜미디어와 스마트폰을 취업을 위한 도구로 강등시키거나, 아니면 생활에 유용한 도구로만 간주한다. 아직까지는 대학들도 소셜미디어와 스마트폰을 학생들의 취업과 결부된 문제 중심으로만 접근하는, 취업 센터식 '페이스북의 전문화' 모델을 따르는 것으로 보인다.

이번 연구에서 조사한 대학 중 소셜미디어가 자아개념과 인간관계에 미치는 영향을 다루는 수업이 있었던 학교는 딱 한 곳뿐이었다. 하지만 지금 대학에서는 그런 논의가 절실하다.

앞 장에서도 언급했지만, 학생들이 소셜미디어가 자신의 삶에 미치는 역할과 영향력에 대해 비판적이고 철학적으로 생각할 수 있을 때 비로소 스마트폰과 관련 앱들을 더 잘 사용할 수 있을 것으로 보인다. 그런 비판적 사고를 통해 젊은이들은 소셜미디어 세상에서 보는 것들을 객관적으로 판단할 수 있고, 소셜미디어에 의한 자의식과 현실 속 관계 또한 자신의 행동 여하에 따라 달라질 수 있다는 것을 제대로 이해할 수 있기 때문이다. 젊은이들이 소셜미디어와 스마트폰이 미치는 영향력에 대한 모든 거대한 질문을 더 철저히 분석할 수 있도록 적극적인 지원이 필요하다. 즉, 소셜미디어와 스마트폰이 우리의 정신적·개인적·관계적 삶에 어떤 영향을 주는지, 어린 시절에는 어떤 경험을 하는지, 어떤 선택을 하게 만드는지, 웰빙과 자존감에 대한 인식은 어떻게 변화시키는지, 그리고 우리의 행복에 어떤 영향을 미치는지 말이다. 이런 질문들을 깊숙이 파고들 수 있는 최적의 장소는 단연 학교 교실이다(그곳이 대학 캠퍼스든 고등학교든 상관없다).

그렇다고 우리가 이 주제들만 전적으로 다룰 강의를 개설해야 한다는 말은 아니지만(물론 이런 문제의 본질을 다룰 수 있는 강의는 필요하지만) 철학이나 심리학, 신학, 정치학, 사회학, 그리고 문학 강의에서 이 주제와 관련된 질문을 직접적으로 할 필요는 있다. 그런 시간을 통해 학생들은 공부하고 있는 내용이 자신이 삶을 사는 방식과 어떤 식으로 연결되는지 이해의 폭을 넓힐 수 있다.

고요함, 명상, 느긋함, 가만히 있는 법 가르치기

모든 곳에 통신망을 깔고, 모든 존재를 '연결'시키고, 교실과 가정, 기숙사 등 모든 곳을 업데이트하고 업그레이드하는 데만 몰두하다 보니, 조용히 자리에 앉아 가만히 있는 것이 우리에게는 놀랄 만큼 힘든 일이 돼버렸다. 조용히 아무것도 하지 않는 순간이 오면, 다들 오프라인의 적막함에서 빠져나올 수 있는 전자기기를 슬그머니 꺼내든다. 심지어 이제는 조깅을 할 때도 심장박동 수와 걸음 수(다른 기능도 많지만)를 체크해주는 핏빗(Fitbit)이 함께한다. 물론 유용한 기기지만, 달리면서 감상할 수 있었던 나뭇잎의 색깔이나 이리저리 떠돌던 마음마저 첨단기기에 의해 방해받는 시대가 왔다. 이제 우리는 삶과 세상, 자신과 사랑하는 사람들에 대해 생각하거나 우리 몸이 움직일 때 발생하는 단순한 리듬을 즐기는 대신, 또 다른 기기를 통해 구체적인 목표를 설정하고, 관련 정보를 수집하고, 몸의 상태 및 움직임을 계산하고, 확인하고, 또 필요에 따라서는 기기를 가지고 논다.

　내 수업을 수강하는 학생들이나 이 조사에 참여한 학생들이 혼자 있는 법을 모른다거나, 다른 사람들과 함께 있을 때 생기는 침묵을 견디기 어렵다거나, 자신의 생각에 귀를 기울이는 게 두렵다거나, 스마트폰 때문에 느긋한 태도를 취하는 게 불가능하다는 근심을 털어놨고, 정신적인 것과 정신 수양을 위한 방법에 대해서도 큰 관심을 보였다. 학생들의 이런 특징은 나의 전작인 『섹스와 영혼(Sex and the Soul)』뿐 아니라, 크리스티앙 스미스(Christian Smith) 등 다른 학자들의 연구로도 입증된 바 있다. 정신 수양의 놀라운 점은 느긋한 마음으로, 조용히, 우리 마음속 생각에 귀를 기울이는(혹은 그런 생각들을 전부 비우는) 것처럼 우리가 점점 잃어가는 능력을 키워준다는 점이다. 정신 수양법과 종교 의식은 혼돈과 산만함으로 가득한 일상생활에서 벗어나 또 다른 장소에서, 그리고 또 다른 방식으로 우리의 마음과 영혼, 정신이 내면에서 어떤 작용을 하는지에 집중한다. 앞서 나는 일요일마다 열심히 미사에 참석하는 한 여학생의 이야기를 했었다. 그녀가 열심히 성당에 가는 이유는 단 한 시간이라도 스마트폰에서 멀어지고 싶어서였다. 비록 일시적일지라도 그녀에게는 스마트폰을 손에서 떼어놓을 시간이 절실했고, 그럴 만한 핑계가 필요했기 때문이다.

　어떤 도구, 혹은 공간을 활용하든 가정과 학교, 교실, 기숙사 등에서 이런 시간을 확보하는 것은 중요하고 젊은이들에게 도움이 된다. 대학 캠퍼스 자체적으로도 정신 수양 프로그램을 개설해 학생들에게 유용하고 큰 도움을 줄 수 있다.

　비록 짧은 시간이나마 스마트폰을 꺼버리고 정신 요법, 수양, 예배

등을 주기적으로 실시하면 고요와 정적, 그리고 생각을 위한 공간이 돼 줄 뿐만 아니라 스마트폰과 소셜미디어가 우리 삶에 미치는 변화에 대해 사색하고, 반추하며, 대화할 수 있는 방법론도 제시할 수 있다. 교실이 이런 문제를 비판적으로 사고할 수 있는 공간이 돼줘야 하는 것처럼 종교적 의식이나 정신 수양, 혹은 대학에서 주관하는 프로그램들도 학생들이 일상에서 한 걸음 물러나 그들의 삶과 행동, 관계, 그리고 공동체에 새로운 영향력을 행사하는 최신기술에 어떻게 대응할지 생각할 수 있는 기회가 된다.

이런 방법들은 모든 캠퍼스에서 실천 가능한 일이다. 대부분의 대학(종교와 관련이 없는 대학들도)에는 학생들을 위한 다양한 종교 단체나 자원이 있기 때문이다. 또한 이는 고등학교(사립이나 종교 부설 고등학교)와 가정에서도 가능하다. 이미 특정 종교를 믿는 가정이나 학교에서는 그와 관련된 의식을 통해, 아니면 개별 수양 방법을 통해 스마트폰을 끊고 고요한 사색의 시간을 가질 수 있다.

언플러그드 대회를 열어라!

대학 캠퍼스에서 교외 활동 프로그램들을(매년 8월 신입생들이 입학하면 열리는 1학년 체험 프로그램이나 학생회와 기숙사가 후원하는 각종 프로그램 등) 담당하는 직원들은 학생들의 스마트폰 탈출을 자극하는 방법으로 교내 프로그램이나 행사를 기획할 수도 있다.

다들 교내 행사 중 선물로 무료 상품권이 걸린 이벤트를 본 적이 있을 것이다. 한 시간 동안 전자기기 없는 저녁 식사를 위해 스마트폰을 방에 두고 온 학생들에게 무료 식권을 거는 건 어떨까? (실제로 이런 식으로 홍보할 수도 있다. '스마트폰 전원을 꺼라! 3층 학생식당에서 오늘 저녁 8시에!') 아니면 기숙사 차원에서 시험 기간 중 이런 행사를 진행하는 방법도 있다. 학생들이 스마트폰 없이, 혹은 전원을 끈 채로 지냈던 시간을 추적해서, 가장 오랫동안 그 상태로 공부에 집중한 학생(혹은 톱 3 학생)에게 상품권(혹은 상품)을 선물로 수여하는 것이다.

캠퍼스에서 진행되는 행사나 프로그램들은 대부분 학생들이 생활하는 반경 안에서 진행되기 때문에 그들이 스마트폰을 던져둔 채 공부와 사교 활동에 집중하거나 혼자 여유를 느낄 수 있는 기회를 주기적으로 제공해줄 수 있다. 이런 프로그램을 통해 학생들은 특정 상황에서 스마트폰을 꺼놓고 생활하는 데 점점 익숙해질 것이다.

소셜미디어와 자신의 관계를 함께 얘기하자(학교와 가정에서)

젊은이들에게 주기적으로 스마트폰 전원을 끄거나 와이파이가 터지지 않는 공간에 머물 수 있는 기회(와 자극)를 제공하는 것 외에 대학(고등학교도 마찬가지지만)이 생각할 수 있는 또 다른 방법으로, 학생들의 건강과 웰빙을 위해 존재하는 학교의 풍부한 자원을 활용할 수 있다. 우리 청년들이 소셜미디어에 대해 갖고 있는 생각과 느낌을 솔직하게 털어놓고 함께 대화할 수 있는 용도로 이런 자원을 활용할 수 있는 방법을 적극적으로 강구해야 한다. 즉 소셜미디어가 학생들의 인간관계에 어떤 영향을 미치고, 소셜미디어의 극단적 폐해 중 하나인 자신을 남들과 비교하는 현상과 그들의 자의식과 자존감 형성에 어떤 힘을 발휘하는지를 시원하게 털어놓을 수 있는 기회를 만들어줘야 한다.

그중 한 예로, 캠퍼스에 있는 상담 센터의 경우에는 위에 언급된 문제로 힘들어하는 학생들을 위한 공개 상담 프로그램을 개설할 수 있다(그에 앞서 캠퍼스에 상담 센터가 있다는 사실부터 홍보해야겠지만). 좀 덜 형식적인 방법(하지만 중요성에서는 떨어지지 않는)으로는, 학생들에게 도움을 줄 수 있는 연구조교(RA)들이 그들 주위에 있다는 사실을 알림으로써 학생들이 소셜미디어에 대해 갖고 있는 느낌을 함께 얘기할 수 있게 만드는 것이다. 이를 위해서는 조교 교육 과정에 소셜미디어와 관련된 내용을 추가하고, 이들을 훈련시킬 수 있는 전문가의 도움도 필요할 것이다. 또 소셜미디어와 관련된 문제를 상담하길 원하는 학생들을 조교와 직접 연결해줄 필요도 있다. 소셜미디어와 관련된 문제를 함께 생각해볼 수 있는 자원을 어디서 찾을 수 있는지 학생들(특히 익약 같은 사이트에서 발생한 일로 심각한 트라우마를 앓고 있는 학생들을 위해)에게 적극적으로 홍보하기 위해서는 이런 자원을 학생처에서 담당하는 업무의 일부로 만들어 체계적으로 관리할 필요도 있다.

나는 『섹스와 영혼』에서 고등학생을 자녀로 둔 학부모라면 대학 입학 전에 자녀와 섹스와 관련된 대화를 하라고 권했지만, 소셜미디어가 심리적, 그리고 자존감 측면에서 미치는 영향에 대해서도 자녀와 터놓고 얘기할 필요가 있다. 이는 부모들이 자녀에게 소셜미디어에 게시하면 안 되는 것들을 조언해주는 것만큼(사실 그보다 훨씬 더) 중요한 일이다. 소셜미디어가 우리의 보편적인 생활 방식에 어떤 변화를 초래하고 있는지 — 이미지 큐레이팅이나 사이버 폭력처럼 극단적인 상황까지 포함해 — 사람들과 함께, 특히 우리 아이들과 함께 이야기하는 데 익숙해질 필요가 있다.

무기력함을 거부하고 힘을 갖자

우리가 소셜미디어와 스마트폰에 대해 더 의식적이고, 비판적이며, 개방된 태도를 갖는다면, 관련 플랫폼과 전자기기들을 더 노련하게(그 힘에 억지로 끌려가기보다는) 사용할 수 있음은 물론, 소셜미디어 및 스마트폰과 더 건강한 관계를 누릴 수 있을 것이다.

이 연구를 진행하면서, 나는 마크 주커버그를 비롯한 각종 소셜 플랫폼의 창조자들을 우리 삶의 새로운 게이트키퍼로 바라보게 됐다. 그들이 창조한 문물은 이제 우리가 하는 모든 행동과 삶에서 일어나는 모든 현상을 바라보는 방식은 물론, 일과 여가 시간을 보내는 방법 및 잠자리에 드는 습관 등 일상생활 곳곳에 스며들고 있다. 내가 이 연구를 수행하는 동안에도 그들이 단행한 일련의 작은 '업데이트'로 인해 대참사에 빠진 학생들을 자주 만날 수 있었다. 학생들은 새롭게 등장한 기능 때문에 스트레스에 빠지고, 때로는 지인과의 관계가 깨진 경우도 있었다.

그중 한 예로, 이제 페이스북 사용자들은 상대가 자신의 메시지를 확인했는지, 또 정확히 언제 확인했는지를 알 수 있다. 또 스냅챗은 친구들에게 얼마나 많이 '스냅'을 보냈는지에 따라 친구의 순위를 정하는 기능을 선보였다. 이런 '사소한' 변화들로 인해 학생들은 개인적·감정적으로 엄청난 타격을 받는다. 이런 기능들은 메시지를 확인하는 방식뿐 아니라 친구나 연인 사이의 커뮤니케이션에 영향을 주기 때문이다. 그리고 이따금 사용자들은 상대가 페이스북이나 스냅챗 뒤에서 자신을 가지고 놀았다는 배신감에 휩싸일 때도 있다.

현재 우리는 즐거움과 이익을 위해 사용하는 소셜미디어와 스마트폰이 도리어 우리 자신과 행동을 지배하는 세상에서 살고 있다. 나와 함께 얘기를 나눴던 학생들은 소셜미디어와 스마트폰을 유용한 도구로서 좋아한다. 하지만 소셜미디어와 스마트폰이 그들의 심리와 삶의 방식, 인간관계를 파괴하는 힘을 갖게 될 때 그 호감은 사라진다. 그러나 소셜미디어와 스마트폰은 앞으로도 한동안은 사라지지 않을 것이다. 우리 자신과, 우리의 강점과 약점을 파악함으로써 이런 플랫폼들과 기기들이 누렸던 힘을 빼앗고 관계를 역전해야 한다. 그래야 소셜미디어와 스마트폰이 학생들이 정말 원하는 유용한 도구로 남을 수 있다.

아리스토텔레스라면 이렇게 말했을 것이다. 연습하라. 그러면 그곳에 다다를 수 있다.

연습만이 살 길이다.

🔍 감사의 글 •••

❤ 🗨 ⍟   🔖

누구보다 먼저, 훌륭한 동료이자 친구인 크리스티앙 스미스에게 고마움을 전하고 싶습니다. 이 프로젝트에 대한 생각을 처음 품게 됐을 때, 저는 누구보다 먼저 크리스티앙에게 연락해서 과연 이 아이디어가 좋은 소재가 될 수 있을지, 만약 그렇다면 양질의 데이터를 얻기 위해 어떤 식으로 프로젝트를 기획해야 할지 그의 의견을 물었습니다. 첫 번째 통화를 하고 얼마 지나지 않아 우리는 시카고에서 하루 종일 브레인스토밍을 했습니다. 그리고 크리스티앙이 이 프로젝트에 대해 보여준 흥분과 열정은 '이 프로젝트를 해보면 어떨까?'에서 '이 프로젝트는 결단코 해야 돼!'로 마음을 굳히는 계기가 됐습니다. 이 모든 연구 작업에서 저를 위해 지속적인 대화 상대가 돼준 데 대해, 또 저를 학자이자 사상가로 믿어준 데 대해 진심으로 감사합니다.

또한 노터데임대학, 종교사회학 센터에서 일하는 모든 분께 상상할 수 없을 만큼 고마운 마음을 전합니다. 특히 레 호프만과 사라 스킬리스, 모든 필사자 분들, 그리고 제 연구가 IRB(기관감사위원회) 심사를 통과할 수 있도록 도움을 준 니콜레트 맹글로스-웨버에게 고맙습니다. 그리고 이 프로젝트가 실행될 수 있도록 투자해준 노터데임대학의 종교사회학 센터와 릴리기금도 감사합니다.

그리고 여기서 이름을 밝힐 수는 없지만, 이 연구에 참여한 13개 전문대학과 대학들이 있습니다. 이 프로젝트가 현실화될 수 있도록 도움을 주고, 저의 아주 세세한 요청까지 들어주며 인터뷰 대상을 선정하기 위해 학생 리스트와 인터뷰실을 마련해준 학계 관계자들도 모두 감사합니다. 제가 학교를 방문하는 동안 아낌없는 지원은 물론 온라인 설문조사를 수행하는 데도 도움을 주셨습니다. 이번 연구를 위해 흔쾌히 캠퍼스 문을 열어준다는 것이 결코 작은 결정이 아니었음을 잘 알고 있습니다.

제 연구가 책으로 출간될 수 있게 해준 옥스퍼드대학교 출판사와 그곳의 모든 분들께도 고마움을 전합니다. 저라는 저자를 믿고 이 프로젝트에 투자해주신 분들이죠. 특히 사라 루소와 마르셀라 맥스필드, 라이언 커리, 그리고 마야 브린지(막바지 출판 작업을 하면서 제가 걱정하는 것들에 일일이 귀를 기울이고 마지막까지 수정을 해주신)에게 고맙습니다. 물론 제 편집자인 테오 카데라라가 빠질 수 없죠. 정말 놀라운 능력으로 제가 최고의 작가이자 사상가가 되도록 뒤에서 밀어줬습니다. 당신이 이 책에 보여준 엄청난 헌신과 빠른 피드백, 그리고 특별한 우정에 평생 감사해도 모자랄 거예요. 당신 덕분에 마감도 맞췄다고요!

이 연구를 수행하고 책으로 내는 데는 제 친구들 또한 참을성 있고 사려 깊은 대화 상대로 도움을 줬습니다. 당신들과 이 프로젝트에 대해 함께 얘기할 수 있어서 기뻤고, 또 소셜미디어에 대한 개인적 생각이나 주장을 나누고, 그 과정에서 개인적으로 겪은 기쁨과 고충까지 공유해준 점 정말 고마워요. 당신들 이름을 일일이 열거하진 않겠지만, 누구보다 스스로 더 잘 알고 있으리라 생각합니다.

오랫동안 제 대리인이 돼준 미리암 알트슐러의 공에 대해서는 영원히 감사하는 마음으로 살겠습니다. 제 연구에 대해 스스로 신이 나서 열을 냈던 당신을 보면서 저는 정말 행운아란 생각이 들었습니다. 학자로서, 그리고 작가로서 제 커리어에 당신이 꾸준히 보여준 지원과 헌신은 늘 제게 세상을 다 가진 듯한 힘이 됩니다.

그리고 제 남편 다니엘은 이 연구를 위해 제가 미국 전역을 돌아다니는 동안 다른 모든 일을 떠맡아줬고, 소셜미디어와 연구 결과, 그리고 질문들로 가득했던 끊임없는 대화에 지치지 않고 참여하며 자신의 생각과 의견, 그리고 의문을 던져줬습니다. 이 연구가 시작된 바로 그 순간부터 제 곁에서 당신의 생각을 아낌없이 공유해준 데 고마워하고 있어요. 수많은 밤, 하루 종일 글과 씨름하던 제게 작은 위로가 돼준 와인도요!

마지막으로, 그 누구보다 인터뷰와 설문조사를 통해 이 연구에 참여해준 학생들에게 제 깊은 마음을 전합니다. 여러분 모두를 직접 만날 수 있어서, 그리고 정말 매력적인 여러분의 이야기와 주장을 들을 수 있어서, 그리고 제 모든 질문에 성심성의껏 대답해줘서 정말 고맙습니다. 여러분이야말로 이 프로젝트의 주인공이에요. 여러분이 기꺼이 마음을 열고 들려준 개인적 경험들은 여러분 세대를 뛰어넘어, 훨씬 더 많은 사람들이 이 문제에 대해 반추하고 대화를 시작하는 영감이 될 겁니다. 정말 고맙습니다!

🔍 부록
연구 방법

♥ ○ ◁   🔖

이 연구의 배경과 동기, 그리고 기초 작업

이 책의 기반이 된 연구는(연구의 원제는 "소셜미디어와 신기술이 대학생들의 정체성 형성과 의미 부여, 그리고 행복감에 미치는 영향에 대한 연구") 지난 몇 년 동안 내가 미국 전역에서 대학생들과 함께한 대화를 통해 시작됐다. 나는 대화에서 그들이 소셜미디어에 대해 갖고 있는 의문들과 우려감, 그리고 소셜미디어가 그들의 삶에 미치는 영향력을 접할 수 있었다. 소셜미디어에 대한 주제들은 내가 앞서 출간했던『섹스와 영혼: 성과 영성, 그리고 종교를 저글링하며 사는 미국 대학생들』과 관련된 연구를 진행하던 중에 자연스럽게 등장했다. 캠퍼스 내 연애와 섹스, 그리고 훅업 문화를 얘기할 때면 가장 먼저 소셜미디어를 언급하는 학생들이 많았고, 대화는 보통 '사람들이 새로운 만남을 가질 때', 그리고 캠퍼스에서 '훅업'을 시도하는 데 소셜미디어가 어떤 역할을 하는지에 대한 얘기로 흘러갔다. 좀 더 최근에 학생들과 대화를 나눴을 때는 이들이 소셜미디어의 영향력을 비단 연애 문제를 뛰어넘어 좀 더 보편적인 범위로 생각하며 걱정하고 있다는 것을 알 수 있었다. 예를 들어 학생들은 소셜미디어를 '나란 사람을 이해하는 방식'이나 '이 세상에서 내가 활동하는 더 넓은 공간' 같은 말로 표현했다. 학생들은 소셜미디어가 자신의 미래에 어떤 영향을 미칠지, 또 현실과 가상공간이 점점 더 이분화되어 가는 현상에 대해 우려감을 표출했다.

소셜미디어에 대해 학생들과 열정적인 대화를 나누면서도 그때까지는 이 주제에 대해 공식적인 연구를 할 마음이 없었다. 하지만 점점 더 많은 학생이, 그것도 점점 더 자주 자신의 삶을 변화시키는 가장 두드러진 주체로 소셜미디어를 언급하면서, 또 그들이 겪는 구체적인 상황은 각양각색이지만 그 걱정 자체가 매우 일반적이고도 심각하다는 것을 알게 되면서, 나는 비로소 소셜미디어가 대학생들과 그들의 대학 생활에 미치는 영향력에 대해 공식적인 연구가 필요하다는 생각을 갖게 됐다.

이 프로젝트를 수행한 동기는 궁극적으로 『섹스와 영혼』이란 책으로 출간된 연구를 시작하게 된 동기와 거의 같다고 할 수 있다. 『섹스와 영혼』과 관련된 연구도 학부 대학생들과(그때는 특정 대학의 학생들로 국한됐다는 차이가 있지만) 대화를 나누던 중, 대학 내 훅업 문화에 대해 우려하는 학생들의 모습을 보면서 시작됐기 때문이다. 그 연구에서 내가 가장 흥미롭게 느꼈던 것은 실상은 그렇게 즐겁지 않고, 보통은 불행하고 우울한 기분으로 끝나는 훅업이라는 행동을 그들이 왜 계속하게 되느냐는 것이었다. 아무도(어른/교수/기타 대학 담당자) 대학생들과 진지하게 훅업 문화에 대해 얘기하거나, 그들이 느끼는 감정이 캠퍼스에 보편적으로 존재하는 자기 파괴적 행동의 결과라는 사실을 그들 스스로 인지할 수 있는 토론의 장을 만들어주지 않았다. 만약 캠퍼스 음주 문화가 심각할 정도로 팽배해 있는데도 어른들이 어떤 관심도 보이지 않았다면, 아마 난 훅업 대신 음주를 내 연구 주제로 삼았을 것이다. 그때 나는 다음과 같은 질문들을 품고 있었다. 다른 대학 학생들도 훅업 문화를 문제로 여길까? 만약 그렇다면 이 문제의 범위는 어느 정도일까? 마지막으로 이 문제를 강의실 안팎에서 같이 논의할 수 있는 포럼을 열 수는 없을까? 그런 포럼을 통해 학생들이 훅업에 대한 자신의 느낌을 같은 학생들뿐 아니라 교수나 대학 관계자들과 같이 얘기해나갈 수 있을까?

개인적으로는 소셜미디어를 열심히 하는 사람은 아니지만, 이 주제에 대해 일반적인 관심은 있었다. 게다가 난 학생처에서도 일해본 교수로서, 또 청년들에 대한 책을 쓰는 작가로서, 그들의 삶에 큰 변화를 주고 영향을 미치는 주제라면 그 어떤 것이든 흥미를 느꼈다. 소셜미디어도 훅업 문화와 마찬가지로 명확한 조사가 필요한 주제였기 때문에 나는 외면할 수 없었다. 더군다나 젊은이들(이 경우에는 대학생)은 자신의 삶에서 어떻게 하면 소셜미디어와 ─특히 소셜미디어가 지금처럼 보편적으로 활용되는 세상에서─생산적으로 공존할 수 있는지를 힘겹게 파악하고 있었다. 학생들은 자신의 또래 친구들은 이 문제를 어떻게 느끼고 있는지, 그들도 자신과 마찬가지로 어려움을 겪고 있는지, 그렇다면 어떤 어려움을 겪고 있는지를 궁금해했고, 소셜미디어와 관련해 일어나고 있는 일들을 함께 토론할 수 있는 포럼(특히 학술 포럼) 같은 자리를 분명히 원하고 있었다. 이 연구를 시작할 때 내 희망은 가능한 한 다양한 배경의 대학 캠퍼스에서 다양한 대학생들의 생각을 수집하는 것이었다. 소셜미디어로 인해 그들의 삶에 진짜 어떤 일들이 일어나고 있는지를 파악하고, 그 연구 결과를 바탕으로 강의실 안팎에서 이 문제를 더욱 활발히 논의할 수 있는 포문이 열리길 바랐고, 그런 논의에 학생들은 물론 교수들과 대학 관계자들 모두가 참여하길 원했다. 이 연구에서 내가 바란 게 하나 더 있다면, 다양한 연령대의 자녀를 둔 학부모들이 가정에서 자녀들과 함께 얘기하고 반성할 만한 주제들을 제시해주는 것이었다.

이제 소셜미디어는 연령대와 상관없이 모든 이에게 영향력을 미치고 있다. 그런 점에서 나는 내 연구 결과가 대학 캠퍼스 밖에서 소셜미디어를 다룰 때도 유용하게 활용될 수 있을 것으로 믿었다. 일단 이 주제를 연구하기로 결정했을 때, 연구 범위와 데이터 수집 방법은 '성과 영성'이라는 이전 연구를 수행할 때 활용했던 모델을 따르기로 했다. 참고로 이전 조사에서는 온라인 설문조사와 일대일 심층면접을 통해 데이터를 수집했었다.

　일을 시작하면서 나는 동료이자 노터데임대학에서 종교사회학 센터를 맡고 있는 크리스티앙 스미스 박사에게 도움을 요청했다. 그는 여러 국책 과제에 수석 연구원으로 참여한 경험이 있었으므로, 내 연구에서 전체적 데이터 수집 방법은 물론 어떤 조사를 왜 수행하고, 어떻게 수행할 것인지에 대해 자문을 얻을 수 있는 적임자였다. 그는 이 연구를 수행하는 허브로서 자신의 연구센터를 내줬을 뿐 아니라, 노터데임대학 사회학과에서 자신이 책임지는 대학원 프로그램의 자원들도 활용할 수 있게 해줬다. 데이터 수집에 앞서 나는 스미스 박사와 여러 번의 기획 회의를 가졌고, 인터뷰 질문과 방법을 논의하기 위해 대학원 학생들의 도움도 받았다.

　이런 협의 과정을 거쳐, 나는 이 프로젝트에는 정성조사가 더 중요한 역할을 할 수 있다는 사실을 확인했다. 많은 사회과학자들이 정성조사에 개입되는 여러 편향 때문에 정량조사를 선호하는 것이 사실이다. 하지만 『섹스와 영혼』을 조사할 때 수집했던 정성 데이터는 사실상 그 연구에서 가장 큰 도움이 됐고, 일단 주제별로 정성 데이터를 충분히 확보한 후, 온라인 설문조사로 정량 데이터를 수집하는 방법이 있었다. 젠더 연구에 대한 내 기초 지식은 조사 초기에 정성 데이터의 우선순위를 정하는 데 도움이 됐다. 또 데보라 L. 톨만(Deborah L. Tolman)과 메리 브라이든-밀러(Mary Brydon-Miller)가 집필한 『주관성의 해석: 해석적이고 참여적 방법론에 대한 핸드북(From Subjects to Subjectivities: A Handbook of Interpretive and Participatory Methods)』[1]에 수록된 정성조사를 통한 페미니스트 연구 방법론과 관련된 풍부한 이론들도 조사 설계에 대한 통찰력을 제공했다.

정성조사에 집중해 데이터를 수집하기로 한 결정에는 스미스 박사의 역할도 컸다. 또 국책과제들을 관할하고 다양한 형태의 데이터 작업을 하면서 쌓은 그의 폭넓은 경험은 내 연구에 참여한 각 대학에서 인터뷰 후보가 될 학생들을 무작위 샘플로 추출하는 간단한 방법을 개발하는 데도 한몫했다.[2]

소셜미디어와 관련된 이슈들을 녹인 인터뷰 질문들은, 내가 『섹스와 영혼』에 대한 강연을 목적으로 방문한 대학들에서 재학생들이 제기한 의문들에 답을 준다는 생각으로 개발했다. 온라인 설문조사는 인터뷰를 통한 정성조사가 다 완료된 다음에 기획됐으며 주관식 질문 위주로 구성했다. 질문들은 학생들과 개별 인터뷰를 진행하면서 두드러지게 부각됐던 이슈들을 중심으로 개발했다.

스미스 박사와 니콜레트 맹글로스–웨버 박사의 도움으로, 나는 이 연구에 활용할 인터뷰와 온라인 설문조사에 대한 노터데임대학 기관감사위원회(IRB)의 검토 및 심사를 받을 수 있었다. 노터데임 기관감사위원회는 내 연구 지원서를 이론적으로 검토함으로써, 앞으로 조사에 참여할 모든 학교를 대표해 내 연구를 승인하는 역할을 해줬다. 이후 나는 내 연구에 참여할 13개 대학에서도 IRB 승인 절차를 거쳤지만, 노터데임대학의 승인서 덕분에 나머지 승인 절차는 속전속결로 마무리될 수 있었다.

인터뷰 방법론과 참여자 선정: 샘플 수집 작업

학생 인터뷰는 이 연구에서 데이터를 수집하는 가장 중요한 소스였다. 가능한 한 탄탄한 인터뷰 샘플을 확보하기 위해, 나는 무작위 샘플링 방법을 택했다(세부 내용은 이후 설명).

인터뷰는 반구조화 형태로 진행됐으며, 인터뷰 시간은 모두 30분에서 90분 사이였다. 나는 모든 인터뷰 참여자들에게 주제별로 구성된 일련의 동일한 질문들을 했다. 하지만 인터뷰마다 참여 학생의 답변에 따라 다른 주제와 이슈가 새롭게 부상한 적도 있었으므로, 각 인터뷰에는 고유성이 있다고 할 수 있다. 인터뷰에 참여한 학생이 특별히 흥미로운 말을 하거나, 어떤 주제에 대해 더 깊이 있는 대화를 원할 경우에는 그 주제에 대한 보충 질문들을 했다. 반구조화 조사의 장점을 따라, 기본 질문지에 수록되지 않은 중요한 이슈들을 여러 학생이 언급한 경우에는 이후 진행되는 인터뷰부터는 그 이슈들이 추가된 질문지를 사용했다. 비록 시간이 길어지더라도 나는 인터뷰마다 주요 주제와 전반적인 질문들을 빠짐없이 다루려고 최선을 다했다. 인터뷰가 시작되기 전마다, 나는 학생들에게 대답하고 싶지 않은 질문은 건너뛸 수 있다는 점을 확실히 전달했지만 실제로 그렇게 한 학생은 별로 없었다. 인터뷰에 참여한 모든 학생에게는 익명성을 보장했고, 인터뷰가 시작되기 전에 학생들은 조사에 대한 전반적인 지침을 확인한 후 동의서에 서명했다.

조사를 결정하면서 내가 크게 염두에 뒀던 점은, 가능한 한 다양한 유형의 대학에서 인터뷰를 실시하는 것이었다. 따라서 나는 학교를 선택할 때 특정 종교의 부설 대학과 종교와 무관한 대학, 지리적 위치 등을 고려했다. 또한 인터뷰 대상에 있어서도 가능한 한 다양한 학생의 의견을 조사에 반영하기 위해 그들의 교육 수준과 인종, 민족, 사회경제적 지위 등을 모두 고려했다. 처음에는 개인적으로 친분이 있는 사람이나 동료 교수가 있는 학교부터 접촉했으며, 잘 모르는 대학 중 내가 원하는 유형에 속하는 학교가 있을 경우에는 강연을 통해 먼저 학교를 방문한 후 조사 참여 여부를 타진했다. 사실 참여 대학을 찾는 일은 쉬운 편이었다. 각 학교에 연락해 조사 관련 내용을 설명할 때마다 대학 관계자들은 소셜미디어와 이에 대한 재학생들의 행태에 대해 관심을 표명했고, 조

사에 대한 흥미도 높았다. 각 대학에서 내가 주요 연락처로 삼았던 담당
자는 주로 교수, 교목, 학생처 직원들이었다. 이들은 해당 학교에서 IRB
절차를 진행하는 것부터, 인터뷰 대상을 선정하기 위해 무작위로 샘플을
추출하는 작업 및 인터뷰 진행 장소를 선정하는 데 도움을 줬다.

마침내 나는 인터뷰를 위해 13곳의 학교를 방문했다. 이 중 공립대
학이 3곳(북동부, 남동부, 중서부에 각각 1곳), 사립대학이 3곳(남서부, 북동부,
중서부에 각각 1곳), 가톨릭대학 3곳(북동부, 동부 연안, 중서부에 각각 1곳), 복
음주의 기독교대학 2곳(남동부와 서부에 각각 1곳), 그리고 주류 개신교대학
이 2곳(둘 다 중서부)이었다. 모든 대학에는 익명성을 보장했고, 이들의 이
름은 앞으로도 익명으로 남을 것이다.

인터뷰 후보군을 확인하기 위해, 일단 IRB 심사를 패스하면 해당
학교 담당자가 성별 비율을 맞춰 학생 30~40명의 명단을 무작위로 추출
했다. 규모가 큰 대학에서는 학교 담당자가 대규모 학생군에 최적화된
샘플링 방법을 나와 함께 찾아 나갔다. 그런 대규모 대학 중 2곳에서는
(둘 다 사립대학) 인터뷰 샘플로 우등생 프로그램에 속한 전체 학생을 모집
단으로 추출했다. 다른 대형 대학에서는 샘플 대상을 특정 단과대학으로
한정하는 방법을 택했다. 또 다른 대형 대학 2곳(한 곳은 복음주의 기독교대
학이었고, 다른 한 대학은 사립대학이었음)에서는 캠퍼스 기숙사에서 생활하는
전체 학생을 모집단으로 샘플을 추출했다. 또 다른 5개 대학(가톨릭대학 1
곳, 주류 개신교대학 2곳, 공립대학 2곳)에서는 여러 학과 학생들을 합친 명단
에서 무작위로 샘플을 뽑았다. 그리고 나머지 대학 3곳(가톨릭대학 2곳, 복
음주의 기독교대학 1곳)의 경우에는 학부 학생 전체에서 샘플을 추출했다.

13개 대학에서 총 184가지의 인터뷰가 수행됐다. 인터뷰할 학생들
을 최종 선정하기 위해 나는 대학별 담당자로부터 받은 무작위로 추출
된 명단을 사용했다. 명단에는 이름과 이메일 주소, 그리고 성별이 기재

돼 있었다. 나는 명단의 가장 위에 있는 남녀 학생 각각 8명에게 내 인터 뷰에 참여해달라는 이메일을 보냈다(이메일에는 인터뷰 진행과 관련해서 학생들이 알아야 할 정보들과 동의서가 첨부돼 있었다). 그런 다음에는 내가 그 학교에 있는 동안, 그 16명의 학생 중 가능한 한 많은 학생이 나를 만나기로 결정하길 바랄 뿐이다. 그리고 며칠 후에 그 학생들에게 다시 한 번 이메일을 보내고, 필요한 경우에는 그 대학 담당자도 아직까지 답장이 없는 학생들에게 연락을 해서 인터뷰 참여를 독려했다. 학생들의 응답률은 전반적으로 높았지만, 모집단 샘플 수가 작은 대학 2곳에서는 참여 학생을 찾는 일이 어려웠다.

결과적으로 나는 조사에 참여한 13곳 대학에서 무작위로 184명의 학생을 추출하기 위해 총 235명의 학생에게 인터뷰에 초대하는 이메일을 보냈다. 그리고 78퍼센트의 응답률을 얻었다. 인터뷰에 대한 흥미에서 자발적으로 참여를 결정한 학생은 한 명도 없었다. 인터뷰 초대 이메일이 발송되자마자 거의 즉시 답장을 보낸 학생들도 있었는데, 이들과는 쉽게 일정을 잡을 수 있었다. 어떤 학생들의 경우에는 좀처럼 답장이 없었던 까닭에 이메일을 3, 4번이나 다시 보내 인터뷰 참여를 독려했다. 때로는 캠퍼스 담당자가 나 대신 답변이 없는 학생들에게 연락을 취해 참여율을 몇 퍼센트 더 올리기도 했다.

인터뷰 참가자들에게는 모두 인터뷰를 마친 후 30달러 상당의 선불카드가 사례비로 지급됐으며, 이 비용은 노터데임대학에서 마련해줬다. 이메일을 보냈지만 인터뷰를 하지 않은 52명의 학생 중 43명은 여러 번 접촉했지만 결국 한 번도 내 연락에 응답하지 않았고, 6명은 직접적으로 거부 의사를 보였으며, 나머지 2명은 인터뷰 직전에 일정을 취소했다. 이 중 한 명은 아팠기 때문이고, 또 다른 한 명은 인터뷰 당일 다른 일이 생겨서 다시 시간을 잡았지만, 불행히도 내가 그 캠퍼스를 떠나는 날만 가능했다. 인터뷰에 참여한 학생들의 나이는 모두 18세 이상이었으며 해당 대학에 재학 중인 학부생이었다.

무작위 샘플 추출의 이점은 분명해 보였다. 인터뷰 대상 집단은 해당 학교의 학부생으로 등록된 사람이라는 단순한 기준으로 정했으며, 그들이 소셜미디어에 관심이 있는지, 혹은 소셜미디어에 적극적으로 참여하는지, 혹은 이 주제를 논의하기에 바람직한 대상인지(학생 자신의 판단으로) 여부는 고려되지 않았다. 이런 무작위 샘플링 방법은 인터뷰 대상을 선정할 때 발생할 수 있는 편향을 줄이는 데 도움이 됐다. 인터뷰 모집단에 내재된 한 가지 잠재적 결함은 여러 과목 수강생들을 합친 집단에서 무작위로 인터뷰 대상을 선정한 5개 학교에서 나타났는데, 이런 학교들의 모집단 학생 수는 고작해야 80명에서 100명 수준으로 규모가 아주 작았다. 이에 반해 나머지 8개 대학의 모집단 학생 수는 학교에 따라 적어도 수백 명에서 수천 명에 달했다. 게다가 규모가 작은 5개 대학의 경우에는 자발적으로 인터뷰에 참여한 학생이 단 한 명도 없었다. 모든 참가자가 '난데없이' 초대장을 받았기에 우리에게도 더 많은 노력이 필요했다.

내 생각에 인터뷰 참여율에 영향을 미쳤을 가능성이 있는 또 다른 결점은, 오늘날에는 이메일이 학생들과 접촉하기 쉬운 도구가 아니라는 점이다. 많은 학생이 학교 이메일 계정을 그렇게 자주 확인하지 않았기 때문이다. 일부 대학에서는 학생들에게 학교 이메일 계정을 정기적으로 체크하라고 요청하지만, 학생들은 문자나 페이스북을 통해 연락하는 것을 선호하는 것 같았다. 13개 대학 중 2곳(가톨릭대학 1곳과 사립대학 1곳)에서는 나를 보조할 학부생 한 명을 내 조사에 할당해줬으며, 할당된 학생 조교들은 이메일 초대장에 응답하지 않는 학생들에게 페이스북으로 참여 의견을 묻기도 했다. 그리고 이 방법은 인터뷰 참여율을 높이는 데 큰 역할을 했다. 그러나 나는 후보 학생들을 문자나 소셜미디어 계정을 통해 연락하지 않았다. 하지만 나중에 새로운 연구를 시작한다면, 인터뷰 후보에게 접촉할 때 이메일 대신 다른 대안을 고려할 것 같다.

일반적으로, 인터뷰 참가자들은 다음과 같은 인구·통계적 특징을 갖고 있었다.

성별	여성 92명(약 50%), 남성 91명(약 50%)
인종	백인 121명, 아프리카계 미국인 22명, 동아시아계 12명, 동남아시아/인도계 5명, 중동계 13명, 히스패닉 10명, 혼혈 10명(백인과 흑인 혼혈 4명, 남태평양계와 백인 혼혈 2명, 동아시아계와 백인 혼혈 1명, 히스패닉과 백인 혼혈 1명, 동아시아와 하와이 원주민 혼혈 1명)
성 정체성	이성애자 181명, 남성 동성애자 1명, 여성 동성애자 1명, 양성애자 1명
학교 유형	공립대학 42곳(23%), 사립대학 44곳(24%), 가톨릭대학 45곳(24%), 복음주의 기독교대학 27곳(15%), 주류 개신교대학 25곳(14%)

인터뷰 주제에는 다음과 같은 내용들이 포함돼 있었다.

- 대학에서 가장 흥미로운 것들
- 우정(일반적)
- 연애관계(일반적)
- 자신을 설명하기(일반적)
- 자신을 설명하기(사회적)
- 인생의 의미/행복(일반적)
- 자신의 종교
- 자신을 설명하기(소셜미디어와 관련해서)
- 소셜미디어에 참여하고 게시물을 올리는 이유는?
- 게시물을 올릴 때의 기준
- 게시물에 사람들이 반응/무반응을 보일 때 기분
- 소셜미디어에서의 감정 표현

- 소셜미디어에서의 신뢰

- 소셜미디어 활동을 중단하려고 한 경험이 있는지?

- 사이버 폭력

- 소셜미디어 활동의 이력: 처음으로 계정을 가졌던 나이와 계기 등

- 소셜미디어에서의 셀피 문화

- 자기 자신을 남들과 비교하기/나만 소외된다는 두려움(FOMO)

- 소셜미디어와 성공

- 오늘날 소셜미디어는 필요한가? 필요하지 않은가?

- 온라인 이미지

- 사생활 보호 문제

- 젠더 문제

- 소셜미디어에서의 경쟁과 질투

- 자존감

- 소셜미디어에서의 관계/연애/데이트

- 섹스팅

- 스마트폰과 관련된 문제들

- 소셜미디어와 행복

- 대학에서 교수 및 학교 관계자들과 소셜미디어에 대한 논의를 하는지?

- 그 밖에 하고 싶은 말이 있다면?

온라인 설문조사 방법론과 참여자 선정 작업

온라인 설문조사용 질문들은 인터뷰에서 활용한 질문들을 기반으로 개발했으며, 13개 대학에서 모든 인터뷰가 끝난 후 질문들을 선별했다. 온라인 설문조사를 모든 인터뷰 조사가 완료된 후에 시작한 이유는, 인

터뷰를 통해 부각된 가장 중요한 주제들만 온라인 조사에 포함시키기 위해서였다. 나는 온라인 조사가 가능한 한 짧고 효율적이길 바랐다—특히 온라인 조사가 대부분 주관식 질문으로 구성됐다는 점에서.

질문들을 주관식 문항으로 구성한 이유는 학생들이 어떤 주제에 대해 왜 그렇게 느끼고, 왜 그런 행동을 하고, 어떤 식으로 그렇게 하는지 직접 설명했을 때가 객관식 문항들로 단순히 정량적 통계 결과만을 제시했을 때보다 훨씬 많은 정보를 얻을 수 있고, 어떤 주제의 중요성(혹은 비중요성) 및 전체적인 상황을 제대로 파악할 수 있다고 판단했기 때문이다.

또한 질문 2개를 제외한 나머지 문항들은 모두 선택 문항으로 표기했다. 첫 번째 필수 문항은 학생들에게 자신이 활동하는 소셜미디어 사이트를 모두 체크하거나 아무 계정이 없는 경우에도 이를 체크하라고 요청했으며, 후자일 경우에는 다른 일련의 질문들을 띄워서 왜 그들이 소셜미디어에 참여하지 않는지를 파악하고자 했다. 두 번째 문항은 학생들의 스마트폰 소유 여부를 물었다. 여기서도 마찬가지로 '아니요'라고 대답한 학생들에게는 별도의 질문들이 제시됐다. 모든 주관식 질문을 선택 문항으로 만든 이유는, 설문조사 참여에 대한 학생들의 부담을 줄이면서 그들이 응답하기로 결정한 문항들을 통해 그들이 어떤 주제에 특히 관심이 있는지를 파악하기 위해서였다.

모든 학생은 설문조사를 진행하기 전에 조사와 관련된 내용이 포함된 설문 동의서에 전자서명을 하도록 돼 있었다. 온라인 조사에 참여한 학생들은 모두 인터뷰 대상이 됐던 13개 대학에서 학부생으로 등록돼 있는 18세 이상의 학생들이었다.

학생들은 본격적인 주관식 질문들(모두 선택 문항)에 답하기 전에, 기본적인 인구·통계적 정보를 제공한 후 소셜미디어와 관련된 다양한 이슈들에 대해 어떤 느낌을 갖고 있는지를 묻는 질문들에 답했다. 주관식 질문은 총 10개였으며 학생들은 이 중 5개 주제를 선택해 자신의 의견을 기술하게 돼 있었다. 그리고 이 선택형 주관식 질문들에 답한 후에는 연애와 관련된 주요 이슈 및 스마트폰 사용과 관련된 일련의 주관식 문항들에 대한 답을 작성했다.

온라인 설문조사에서 학생들에게 제시된 주관식 문항은 다음과 같았다(실제 질문의 요약 버전).

첫 번째 페이지의 주관식 문항

- 소셜미디어에서 해야 할 것과 하지 말아야 할 것
- 소셜미디어에서 주로 하는 활동들: 과거(처음으로 계정을 등록했을 때)vs. 현재
- 만약 과거로 돌아갈 수 있다면, 소셜미디어와 관련해서 어떤 것을 미리 숙지하고 싶은지?

두 번째 페이지의 주관식 문항(총 10개 중 5개 문항 선택)

- 소셜미디어와 자기표현
- 소셜미디어에서 가장 좋아하는/가장 싫어하는 일
- 셀피
- 온라인 이미지
- 의무감으로서의 소셜미디어
- 게시물을 올리는 원칙/기준
- 자신과 남들을 비교하기
- 소셜미디어에서 젠더 이슈
- 익명성을 보장하는 사이트
- 소셜미디어 끊기

세 번째 페이지의 주관식 문항

- 틴더 같은 데이팅 앱

- 우정

- 섹스팅

네 번째 페이지의 주관식 문항

스마트폰을 소유한 학생의 경우:

- 스마트폰이 있어서 좋은 점들은?

- 스마트폰을 갖고 있다는 것은 '언제나 대기 상태'로 있는 것을 의미하는가?

- 일부러 스마트폰을 꺼버리고 휴식을 취한 적이 있는가?

스마트폰을 소유하지 않은 학생을 위해:

- 왜 스마트폰을 갖고 있지 않은가?

- 만약 스마트폰이 자신의 삶과 대학 생활에 영향을 미친다는 생각에서 한 결정
  이라면, 어떤 측면인지?

[비고] 소셜미디어 활동을 전혀 하지 않는 학생들의 경우에는 인구·통계 관련 문항에 체크한 다음, 아래와 같이 별도로 준비된 4개의 주관식 문항에 답하도록 돼 있었다.

- 왜 소셜미디어 활동을 하지 않는가?

- 과거에도 소셜미디어는 하지 않았는지? 아니면 활동을 하다 끊은 것인가?

- 만약 스마트폰이 없기 때문에 일상생활 / 대학 생활에서 영향을 받는 측면이 있
  다면?

- 소셜미디어 현상에 대해 어떻게 생각하는가?

또한 모든 온라인 질문에 답변을 마친 학생들에게는 추가로 언급하고 싶은 내용을 자유롭게 기술할 수 있는 기회가 부여됐다.

무작위로 선정됐던 인터뷰 참여자들과 달리, 온라인 조사를 수행한 학생들은 모두 자발적으로 설문에 참여했다. 이 방식을 택한 이유는 두 가지였다. 첫 번째 이유는 실용성이다. 무작위로 선정된 학생들에게 조사를 참여하도록 설득하는 데 상당히 많은 시간과 노력이 필요했기 때문이다. 두 번째 이유는 이 두 집단의 설문 결과를 비교해보고 싶었기 때문이다. 즉, 동일한 주제에 대해 ① 면대면 인터뷰를 위해 무작위로 선정된 학생들과 ② 이 주제에 관심이 있어서 자발적으로 참여한 학생들의 답변을 비교하고 그 차이를 발견하는 것도 그 자체로 가치가 있다고 생각했다. 설문에 자발적으로 참여한 학생들로 진행한 온라인 조사에는 샘플링 방법상의 결함이 분명 존재했을 것이다. 그럼에도 불구하고 무작위로 선택된 비자발적 학생들과 진행한 인터뷰를 자발적 참여자들과 진행한 설문조사로 보완하고 그 결과를 비교하는 것은 각각의 결함을 보완한다는 측면에서 의미 있을 뿐 아니라, 본 연구의 결과를 전체적으로 더 탄탄하게 만들 수 있다고 판단했다.

온라인 설문조사 결과에 대해 감안할 또 다른 요소는, 인터뷰에 참여한 13개 대학 중 9개 대학만이 설문조사에 참여했다는 점이다. 설문조사에 응한 대학은 가톨릭대학 3곳, 사립대학 3곳, 복음주의 기독교대학 2곳 그리고 공립대학 1곳이었다. 온라인 조사에 참여하지 않은 대학 중 공립대학 2곳은 재학생 대상의 온라인 설문조사를 진행하기 위한 행정 절차가 너무 까다로웠다. 많은 대형 대학의 경우에는 학생들에게 설문조사 참여 빈도를 제한했고, 그러다 보니 외부인/외부기관이 진행하는 조사보다 대학 자체적으로 진행하는 조사가 우선권을 가졌다. 이런 대학들은 재학생들에게 '지나친 설문조사에서 오는 피로감'을 주지 않으려 한 것으로 보인다. 주류 개신교대학 중 한 곳에서는 내가 설문조사를 위한 승인을 너무 늦게 받은 것이 원인이었다(이미 학생들은 여름방학이 시작되기 직전 기말고사를 치르던 중이었다). 또 다른 주류 개신교대학의 경우에는 설문조사에 대한 내 요청에 대학 담당자가 답변하지 않았다.

설문조사를 실시한 대학들의 경우에는 인터뷰 때와 마찬가지로, 각 대학 담당자들이 학생들에게 설문조사 참여를 요청하는 이메일을 보냈다. 3개 대학(가톨릭대학 2곳, 복음주의 기독교대학 1곳)에서는 설문조사 초대장이 전체 재학생들에게 보내졌고, 2개 대학(복음주의 기독교대학 1곳, 사립대학 1곳)에서는 학부생 기숙사에 거주하는 모든 학생에게 이메일 초대장이 발송됐다. 또 다른 2개 대학(사립대학 2곳)에서는 우등생 프로그램에 속한 학생 전체에 이메일을 발송했고, 공립대학 1곳에서는 특정 단과대에 소속된 학부생 전원에게 보냈다. 그리고 나머지 1곳에 속하는 가톨릭대학의 경우에는 당시 신학 과목을 수강 중인 전체 학생에게 초대장이 발송됐다.

온라인 설문조사에 참여한 학생들에게는 사례금을 지급하지 않았다. 9개 대학에서 총 884명의 학생들이 참여한 온라인 설문조사는 2015년 3월에 처음 시작돼 2015년 6월에 끝났다. 참여율 자체는 높지 않았지만, 일단 조사에 자발적으로 참여한 학생들은 모든 문항은 아닐지라도 일부 주관식 문항에 장문의 상세한 답변을 기술한 경우가 많았다.

온라인 설문조사에 참여한 학생들의 인구·통계적 특성은 다음과 같다.

성별	남성 27.76%, 여성 73.19%, 무성(agender) 0.23%(2명), 트랜스젠더 0.23%(2명), 기타 0.59%(5명)
인종	백인 67.56%, 히스패닉 7.73%, 흑인 8.55%, 동아시아 7.26%, 아메리카 원주민 0.7%(6명), 동남아시아/인도 2.11%(8명), 중동 0.82%(7명), 기타 5.27%(45명)
성 정체성	이성애자 90.21%, 남성 동성애자 3.34%, 여성 동성애자 0.95%(8명), 양성애자 5.49%
대학 유형	공립대학 11.48%, 사립대학 35.6%, 가톨릭대학 24.71%, 기독교대학(비가톨릭계) 28%
학년	1학년 32.32%, 2학년 21.43%, 3학년 27.4%, 4학년 18.85%

인터뷰 데이터든 온라인 설문조사 데이터든, 본 조사를 통해 수집된 데이터를 이 책에서 전부 소진할 마음은 없으며, 이 책이 전국 규모의 방대한 조사에서 나온 유일한 결과물이 되지도 않을 것이다.

저자가 소셜미디어에서 맺고 있는 관계와 영향력

지금도 그렇지만 나는 한 번도 '소셜미디어적 사람'이었던 적이 없다. 몇 년 전에 페이스북 프로필을 만들었지만 포스트를 올린 적은 없었으므로 이후 계정을 비활성화했다. 인터뷰했던 다른 많은 학생처럼, 나 역시 가끔 내 뉴스피드에 등장하는 다른 사람들의 사진이나 글들이 그다지 좋아 보이지 않을 때가 많았다. 소셜미디어에 존재하는 공개적 성향이, 즉 나 자신의 삶과 다른 사람의 삶을 보여주는 방식이 내게는 편치 않았고 오히려 스트레스가 됐다. 물론 친구들의 아이 사진들을 보는 것은 분명 즐거운 일이었지만, 직접 만나서 그 사랑스러운 모습을 보는 기쁨에는 못 미쳤다. 친구들이 어떻게 지내는지 궁금할 때도 많았지만, 그 또한 친구들을 만나 저녁 식사를 하거나 차를 마시면서 자연스레 해결할 수 있었다. 트위터도 써본 적이 있지만 그 역시 비참한 경험으로 끝났다. 내게는 트윗으로 올릴 만큼 특별할 일이 없었고, 무슨 말을 할지 시간을 들여 고민할 마음도 없었다. 게다가 나는 멀티태스킹이 가능한 사람이 아니다. 나는 아직도 신문이나 책 같은 종이 매체를 선호하는 사람이다.

내겐 스마트폰이 없다. 사실 한 번도 가진 적이 없다. 친구들이나 동료들에게 스마트폰에 의식적으로 반대한다는 핑계를 둘러대기도 하는데 농담만은 아니다. 나는 아직도 전화와 문자만 가능한 '깡통 폰'을 쓴다. 원하는 글자를 쓰려면 버튼 하나를 여러 번 눌러야 할 때도 있고, 문장 하나를 끝내는 데도 인내심이 필요하지만 상관없다. 나는 집을 나서면서 인터넷 선을 끊어버린다. 그냥 그런 일상이 더 좋다. 내가 아는 지인들과 이 연구를 통해 만났던 학생들과 마찬가지로, 나 또한 강박적으로 이메일을 확인하려는 충동으로 힘들 때가 있고, 부동산 정보나 음식 사진, 귀여운 고양이들의 동영상 때문에 일에 집중할 수 없다는 것을 알기 때문이다. 스마트폰을 소유하지 않음으로써 나는 세상 밖에 있을 때 그런 충동으로부터 해방된다. 이는 새로운 기술이 내 삶에 미칠 영향력을 스스로 관리하는 방식이기도 하다.

이런 내가 대학생들의 삶에 미치는 소셜미디어의 영향력에 대한 연구를 왜 하는 걸까? 또 스마트폰과 소셜미디어에 대한 내 개인적 성향이 이 책에서 써내려간 내용들에 어떤 영향을 미칠까?

첫째, 비록 지금은 소셜미디어에 적극적으로 참여하지 않지만, 나는 소셜미디어가 변화시킨 1세대 사람들의 끄트머리에 속할 만큼 충분히 젊다. 소셜미디어는 내 이십 대와 삼십 대 삶에도 침투했으며, 내게는 영원히 흥미로운 주제가 될 것이다. 나는 소셜미디어의 매력과 위험을 모두 잘 알고 있다. 또 소셜미디어가 전하는 즐거움과 좌절감을 남들만큼은 경험했다고 생각한다.

무엇보다 중요한 건 내가 스마트폰을 갖고 있든 아니든, 그 때문에 온라인 세상에 존재하든 아니든, 그런 사실이 학자이자 교수, 그리고 지난 10년간 젊은이들과 관련된 현상과 문제들을 중점적으로 연구한 사람으로서 내 정체성과는 별개의 문제라는 점이다. 나는 대학생들이 말하고자 하는 이야기와 걱정거리를 듣고, 그들의 질문을 고민하고, 그들이 느끼는 고통을 심각하게 여기려고 최선을 다한다. 소셜미디어는 우리 젊은이들의 머릿속을 상당히 자주 점유하는 존재지만, 정작 그들과 함께 살아가는 어른들은 그들만큼 이 문제에 진지한 관심을 두지 않는다. 그래서 교사와 연구자로 살고 있는 나부터 우리 젊은이들이 근심하는 것들에 귀를 기울이려고 노력해왔다. 무엇보다, 나는 젊은이들이 온라인 공간과 스마트폰에서 어떤 것들을 보고 듣는지, 또 그곳에 어떤 게시물을 올리는지 궁금했다. 이는 우리 젊은이들이 가장 관심을 갖는 것들이므로, 나 또한 관심이 가지 않을 수 없었다.

누군가는 분명 내가 개인적으로 소셜미디어 및 스마트폰과 맺고 있는 관계를 이 연구의 최대 한계라고 지적할 것이다. 하지만 대부분의 독자와 동료들은 지난 몇 년간 이 연구를 통해 만났던 학생들에 대한 내 깊은 고민과 존경심, 사랑을 믿을 것이다. 또한 내가 그들에 대해 갖고 있는 관심과 애정이 내 연구의 가장 기본 양식이 된다는 점도 이해할 것이다. 물론 어떤 학자들과 작가들은 이 책에 묘사된 학생들만큼 자주, 그리고 능숙하게 소셜미디어와 스마트폰을 사용하겠지만, 오히려 그런 특징에서 조금 벗어난 사람으로서 학생들이 들려준 이야기와 제기한 의문들에 대해 제시할 수 있는 통찰력이 있을 것으로 믿는다. 소셜미디어와 스마트폰은 이제 우리 삶 전체에 보편적으로 존재하므로, 이 기술들이 그 자체로 어떤 의미를 갖고, 또 우리 삶의 의미를 어떤 식으로 변화시키고 있는지 다양한 목소리와 견해가 필요하다고 믿는다. 그리고 이 책에서 다룬 내용들이 새로운 자극이 되어 더 활발한 논의를 위한 포문을 열었으면 한다.

주해 •••

♥ ○ ▽   ☐

도입

1. 본문에 나오는 모든 이름은 가명이다. 대학교의 여학생 서클 및 남학생 서클을 언급하는 이들의 이름도 물론 가명이다. 또한 학생들이 언급한 학생들 혹은 학교가 주최한 모든 행사의 이름 또한 가명이다.

2. 이 책을 통틀어서 나는 인터뷰에 응해준 학생들, 그리고 독자들에 대한 예의로 "말하자면"이나 "음", 그리고 "오"와 같은 불필요한 말들은 편집하여 생략했다. 그래야 문장의 흐름도 개선될 테니 말이다. 그 비슷하게 사람들이 자주 쓰는 여러 '주저의 말들'도 생략했다. 물론 그 말들이 전체 문장의 뜻을 바꾸지 않을 때에 한해서였다.

3. 하지만 밀레니엄 세대와 소셜미디어 및 새로운 테크놀로지와의 상관성에 대해 좀 더 일반적인 연구를 한 책들이 여러 권 나와 있다. 그중 한 권이 바로 다나 보이드(danah boyd)의 『복잡한 상황: 네트워킹을 하는 십 대들의 사회생활(뉴 헤이븐: 예일대학교 출판사, 2014)』(It's complicated: The Social Lives of Networked Teens, New Haven: Yale University Press, 2014)이다. 이 책은 부모님들 및 대중에게 왜 십 대들이 그토록 소셜미디어에 열광하는지에 대해 설명한다. 또한 왜 소셜미디어가 십 대들의 정체성을 쌓는 데 유용한지에 대해서도 짚는다. 이는 사람들이 두려워하는 소셜미디어의 파괴적이고 위험한 특징과는 정반대의 개념이다. 또 다른 책인 『앱 세대: 디지털 세상에서 어떻게 오늘날의 청소년이 정체성, 친밀함, 상상력을 키워나가는가(뉴 헤이븐, 코네티컷: 예일대학교 출판사, 2013)』(The App Generation: How Today's Youth Navigate Identity, Intimacy, and Imagination in a Digital World, New Haven, CT: Yale University Press, 2013)에서 저자 하워드 가드너(Howard Gardener)와 케이티 데이비스(Katie Davis)는 소셜미디어가 오늘날 젊은이들의 정체성을 변화시키는 양상에 대해 연구했다. 대부분 부정적인 시선이지만 말이다. 또한 좀 더 학술적으로, 나이 및 세대에 상관없이 '소셜미디어가 일반적으로 우리의 세상을 어떻게 정비, 재정비하는가'에 대해 연구한 책들도 있다. 그중 『소셜미디어: 그 이용과 영향력(랜함, 메릴랜드: 렉싱턴 출판사, 2012)』(Social Media: Usage and Impact, Lanham, MD: Lexington Books, 2012)에서 저자 하나 누어 알딘(Hana S. Noor Al-Deen)과 존 엘런 헨드릭스(John Allen Hendricks)는 소셜미디어에 대한

총체적인 학술적 분석을 내놓았다. 또한 다양한 환경에서 소셜미디어를 실행했을 때의 효과에 대해서도 살펴보았다. 즉 교육 환경, 전략적 소통, 광고, 정치, 법적 및 윤리적 이슈라는 환경에서 말이다. 한편, 마이클 맨디버그(Michael Mandiberg)의 『소셜미디어 리더(뉴욕: 뉴욕대학교 출판사, 2012)』(The Social Media Reader, New York: NYU Press, 2012)는 친구 공동 생산(peer production)과 저작권 제도 등을 비롯한 현재의 웹2.0(Web 2.0) 시스템에서의 인터넷 문화에 대한 문제들을 다룬 글 모음집이다. 이러한 인터넷 문화에는 협업과 공유, 그리고 소셜미디어와 소셜 네트워크에 대한 정책 등도 포함된다. 또한 『연결의 문화: 소셜미디어에 대한 역사(뉴욕: 옥스퍼드대학 출판사, 2013)』(The Culture of Connectivity: A Critical History of Social Media, New York: Oxford University Press)에서 저자 호세 반 데이크(Jose van Dijck)는 2012년에 이르기까지, 21세기첫 십 년간의 소셜미디어의 대두에 대해 묘사했다. 동시에 그는 연결 미디어라는 급변하는 생태계에서 주요 플랫폼이 생겨나는 과정에 대한 역사적이고 비판적인 분석을 내놓았다. 다섯 개의 주요 플랫폼(페이스북, 트위터, 플릭커(flickr), 유튜브와 위키피디아)을 들여다보며, 저자는 이 플랫폼들이 발달하는 과정에는 비슷한 기술 문화적, 사회경제적인 이론적 원칙이 있음을 밝혔다. 또한 이 플랫폼들의 소유권 변화, 운영 방침과 비즈니스 모델에 유사점이 있음도 시사했다. 마지막으로 『소셜미디어 안내서(뉴욕: 루트리지, 2013)』(The Social Media Handbook, New York: Routledge, 2013)에서 저자 제레미 헌싱어(Jeremy Hunsinger)와 테레사 센프트(Theresa M. Senft)는 소셜미디어가 어떻게 '인터넷과 우리의 삶'이라는 분야에 대한 총체적 이해를 바꿔가는지를 탐색한다. 이 책에서는 소셜미디어를 구체적인 테크놀로지의 차원에서 보는 게 아니라, 각 장마다 소셜미디어에서의 리서치 기술, 실행, 이론에 대한 폭넓은 주제를 다룬다. 또한 커뮤니티와 성별, 팬덤(fandom), 장애와 인종이라는 주제에 대해서도 다룬다.

4. 청소년과 나르시시즘에 대한 정보를 더 얻고자 한다면, 진 트웬지(Jean Twenge)의 『자기 중심주의 세대: 왜 오늘날의 젊은 미국인들이 더 확신과 자신감, 자격이 넘치면서도 그 어느 때보다도 불행한가(뉴욕: 프리 프레스, 2006)』(Generation Me: Why Today's Young Americans Are More Confident, Assertive, Entitled— and More Miserable Than Ever Before, New York: Free Press, 2006)를 참고하기 바란다. 또한 진 트웬지와 키스 캠벨(Keith Campbell)의 『나르시시즘 유행병: 자격의 시대에 살기(뉴욕: 아트리아 출판사, 2009)』(The Narcissism Epidemic: Living in the Age of Entitlement, New York: Atria Press, 2009)도 함께 보기를 권한다. 밀레니엄 세대에 대한 전반적이고 총체적인 시선이 궁금하다면, 『밀레니엄 세대: 미국의 가장 거대한 세대와 만나기(내슈빌, 테네시: 비엔에이치 출판사, 2011)』(The Milennials: Connecting to America's Largest Generation, Nashville, TN: B&H Publishing Group, 2011)를 살펴보라. 이 책에서 저자 톰 레이너(Thom S. Rainer)와 제스 레이너(Jess W. Rainer)는 밀레니엄 세대를 개인적으로, 전문적으로, 영적으로 더 잘 이해하기 위해서

1,200건의 인터뷰를 진행했다.

5. 섹스팅에 관해 가장 의견이 분분한 주제는 바로 '정부 당국이 이 문제를 어떻게 다룰 것이며, 어떤 징벌을 내려야 하는가'이다. 특히 섹스팅이 청소년들과 연관되는 경우가 많기 때문이다. 어떤 법률학자들은 섹스팅에 사용된 이미지를 두고 '자체 제작한 아동 포르노그라피'라고 칭하기도 한다. 또한 다른 몇몇은 섹스팅 메시지를 보낸 청소년들을 현존하는 아동포르노 금지법에 따라 징벌해야 한다고 주장한다. 하지만 그 외 대부분의 학자들은 청소년의 섹스팅에 좀 더 관대한 처벌을 할 것을 주장해왔다. 경범죄, 혹은 그보다 약한 처벌을 내려야 한다는 것이다. 그래서 청소년들이 '주의 환기 프로그램'에 참여하고, 범죄기록을 삭제받을 수 있도록 말이다. 또 다른 어떤 학자들은 청소년들의 섹스팅 문제는 법정보다는 교사나 부모가 다룰 문제라 주장한다. 청소년의 섹스팅 문제에서 가장 놀라운 건, 섹스팅이 청소년들 사이에서 만연함에도 대부분의 청소년은 그 결과에 대해 무지하다는 것이다. 예를 들면 섹스팅 문자를 보내는 게 몇몇 주에서는 아동 포르노 금지법에 의해 중범죄에 해당한다는 사실을 모르는 것이다. 청소년과 섹스팅에 관한 다음 신문기사들을 참고하기 바란다. 나탄 코펠(Nathan Koppel)과 애쉬비 존스(Ashby Jones)가 쓴 "섹스팅 메시지가 청소년 중범죄인가, 단순한 어리석음인가?", 2010년 8월 25일자 월스트리트 저널 아시아판("Are 'Sext' Messages a Teenage Felony or Folly?", Wall Street Journal, Eastern Edition, August 25, 2010, D1-D2), 잰 호프만(Jan Hoffman)의 "몇몇 주 내에서 청소년의 섹스팅 문제로 전전긍긍하다", 뉴욕타임스 2011년 3월 27일자("States Struggles with Minors' Sexting," New York Times, March 27, 2011), 리바 리치몬드(Riva Richmond)의 "청소년들이 섹스팅 탓에 법적 위험에 처할지 모른다", 2009년 3월 26일자 뉴욕타임스("Sexting May Place Teens at Legal Risk," New York Times, March 27, 2011), 마이아 잘라비츠(Maia Szalavitz)의 "연구에 따르면, 거의 세 명 중 한 명의 청소년이 섹스팅을 한다. 이것이 걱정할 현상인가?", 2012년 7월 2일자 타임지("Nearly 1 in 3 Teens Sext, Study Says. Is This Cause for Worry?", Time, July 2, 2012), 그리고 코너 프리더스도프(Conor Friedersdorf)의 "섹스팅에 대한 도덕적 패닉 현상", 2015년 9월 2일자 아틀란틱지("The Moral Panic over Sexting." Atlantic, September 2, 2015)이다.

6. 인터뷰와 온라인 설문조사, 참가자 선정과 참가자들의 인구 통계에 쓰인 방법론(methodology)에 대한 세부 정보를 얻고자 하는 독자들은 이 책의 맨 뒤에 실린 방법론 관련 부록을 참고하기 바란다.

7. 퓨 리서치 센터(Pew Research Center)가 주관한 전국적 연구에서 2009년 9월의 설문조사 데이터에 따르면 인터넷을 이용하는 미국 청소년들의 73퍼센트가 소셜 네트워크 웹사이트를 이용한다고 한다. 또한 18세~29세에 이르는 젊은이들은 72퍼센트가 그렇다고 한다. 청소년 내 또래집단 간의 차이를 살펴보면, 14세~17세에 이르는 청소년들의 82퍼센트가 소셜 네트

워킹 웹사이트를 이용한다. 반면, 12세~13세의 청소년들은 고작 55퍼센트가 이용한다고 한다. 한편, 청소년과 젊은 층의 휴대폰 보유율과 인터넷 이용률은 거의 같다고 한다. 아만다 렌하트(Amand Lenhart), 크리스틴 퍼셀(Kristen Purcell), 아론 스미스(Aaron Smith)와 케이트린 지커(Kathryn Zickuhr)가 함께 쓴 "청소년들과 젊은이들의 소셜미디어와 모바일 인터넷 사용 현황," 퓨 인터넷 & 아메리칸 라이프 프로젝트(워싱턴 디시: 퓨 리서치 센터, 2010) ("Social Media and Mobile Internet Use among Teens and Young Adults", Pew Internet & American Life Project, Washington, DC: Pew Research Center, 2010)를 참고하기 바란다.

8. 케이시 피슬러(Casey Fiesler)가 쓴 "미주리 주가 왜 익약(Yik Yak) 사이트가 훌륭한지를 어떻게 증명했는가," 2015년 11월 12일자 슬레이트 닷컴기사("How Missouri Could Demonstrate What's Wonderful about Yik Yak", Slate.com, November 12, 2015)를 참고하길 바란다. 한 예로 미주리 대학(University of Missouri)의 학생들은 익약 사이트에서 또래 학생들이 한 인종차별적 발언에 대해 적극 반박한 바 있다.

9. 총 736명의 학생들이 이 추가 질문에 응했다. 이 책의 전반을 통해 필자는 설문조사 데이터를 언급할 때마다 특정 질문에 대답한 학생들의 수를 있는 그대로 각주에 실었다. 이에 관심 가지는 독자들이 언제나 찾아볼 수 있도록 말이다.

10. 2012년 퓨 리서치 센터가 실행한 소셜미디어에 대한 설문조사에서, 12~17세의 청소년들 중 81퍼센트가 소셜미디어를 사용한다고 답했으며, 77퍼센트는 페이스북을 이용한다고 했다. 매브 더간(Maeve Duggan)과 조아나 브레너(Joanna Brenner)가 쓴 "2012 소셜미디어 이용자들의 인구통계", 퓨 인터넷 & 아메리칸 라이프 프로젝트(워싱턴 디시: 퓨 리서치센터, 2013)("The Demographics of Social Media Users-2012", Washington DC: Pew Research Center, 2013)를 참고하기 바란다. 퓨 리서치 센터에서는 이 연령대에 속한 청소년들 중 적어도 24퍼센트가 인터넷을 '거의 수시로' 쓰고 있다고 보고했다. 더 많은 정보를 얻으려면, 아만다 렌하트, 매브 더간, 앤드류 페린(Andrew Perrin)과 르네 스테플러(Renee Stepler), 해리슨 레이니(Harrison Rainie)와 킴 파커(Kim Parker)가 공동으로 쓴 "청소년들과 소셜미디어, 테크놀로지에 대한 개요"(워싱턴 디시: 퓨 리서치 센터, 2015)("Teens, Social Media and Technology Overview", Washington, DC: Pew Research Center, 2015)를 찾아보기 바란다. 또한 소셜미디어와 대학 생활 자체 간에 상관성이 점점 커지는 추세이다. "학생들은 정말 서로 연결되었는가? 소셜 네트워크 이용으로 대학 생활 적응 예견하기", 교육 심리학지 3, no.7(2015): 819-834("Are Students Really Connected? Predicting College Adjustment from Social Network Usage", Educational Psychology 35, no.7(2015): 819-834)이라는 논문에서 저자 존 락케(John Raacke)와 제니퍼 본즈 락케(Jennifer Bonds-Raccke)는 학생들의 소셜 네트워크 이용과 대학 생활의 학문적, 사회적, 개인, 감정적 및 기타 연결 범위 간의 상관관계를 연구하였다. 저자들의 결론에 따르면, 소셜 네트워크의 사용은 대학 생활 적응과 밀접

한 관련이 있었다. 특히 소셜미디어 이용률이 더 높다고 보고한 학생들은 대학 생활 전 범위
에서 낮은 적응률을 보였다고 한다.

1장

1. 호세 반 데이크의 『연결의 문화: 소셜미디어의 역사(뉴욕: 옥스퍼드대학교 출판사, 2013)』. 이
   주제에 대한 더 많은 정보를 얻으려면, 타이나 버처(Taina Bucher)의 논문 "최고가 되고 싶은
   가? 페이스북의 알고리즘 파워와 익명성의 위협," 뉴 미디어 & 소사이어티지 14, no.7(2012):
   1164-1180("Want to Be on the Top? Algorithmic Power and the Threat of Invisibility on
   Facebook", new media&society 14, no.7(2012): 1164-1180)을 참고하기 바란다.

2. 소셜미디어의 사용이 사용자들에게 소외감을 느끼게 할 수 있다는 것에 대해서는 활발히 연
   구되어 왔다. 또한 개인 정보를 대중과 공유하는 게 개인을 더 유명하게 하거나 타인의 이
   해를 구하는 데 도움이 되지 않는다는 점에 대해서도 마찬가지로 연구돼왔다. 이 책에 실
   린 모든 대화에는 엠아이티(MIT)대학의 교수이자 학자인 셰리 터클(Sherry Turkle)의 연구
   가 그 밑바탕에 깔려 있다. 예를 들어 그의 저서 『따로 또 같이(Alone Together)』에서 터클은
   '나는 공유한다. 고로 존재한다'라는 개념을 소개했다. 이는 자아의 상태에 대한 새로운 개념
   인 셈이다. 터클은 이 개념의 근본이 되는 심리학적 이론으로 대상관계 이론(object relations
   theory)을 뽑고 있다. 그는 자아에 대한 개념이 '남에게 자신을 보여주기' 즉, 자기 자신과 대
   중의 공유를 통해 구성된다고 주장한다. 그리고 사람들 모두가 인터넷과 소셜미디어를 이
   용할수록, 공유를 통한 자아의 중요성은 극대화되는 것이다. 더 많은 정보를 얻고자 한다
   면, 터클의 저서 『따로 또 같이: 왜 우리가 타인보다는 테크놀로지에서 더 많은 것을 바라는
   가(뉴욕: 베이직 북스, 2011)』(Alone Together: Why We Expect More from Technology and
   Less from Each Other, New York: Basic Books, 2011)를 참고하기 바란다.

3. 마가렛과 마찬가지로, 반 데이크의 '인기의 원칙(popularity principle)'과 '좋아요 수' 간의 관
   계는 롭과 같은 학생에게 명확하게 적용된다. 롭은 사람들로부터의 조용하지만 눈에 띄는
   '좋아요' 같은 응원 수를 늘리는 데 상당히 혈안이 돼 있다. 이는 자신의 만족을 위해서이며,
   사람들이 '좋아요'를 누르지 않을 때 인정 못 받는 기분을 확연히 느낀다고 한다. 또한 그는
   하루 중 엄청난 양의 시간을 '좋아요'와 비슷한 느낌의 응원을 찾는 데 쓴다고 한다.

4. 이 연구에 참여한 학생들처럼, 미디어에서도 '좋아요'가 우리에게 미치는 영향을 연구 중이
   다. 엘레노어 모스(Eleanor Moss)는 그녀의 3월 19일자 허핑턴 포스트 기사 "밀레니엄 세
   대가 현재 페이스북을 쓰는 방법"("How Millennials Use Facebook Now", Huffington Post,
   HuffPost Tech United Kingdom)에서 밀레니엄 세대는 온라인과 오프라인의 친구들이 자신
   을 페이스북에서 찾아볼 것을 안다고 지적했다. 따라서 '좋아하는 페이지'를 세심히 설정해
   서 자신의 주체성과 페르소나(persona)를 능동적으로 창조한다는 것이다. 예를 들면, 멋지

거나 지적이거나, 재미있거나, 자상하다는 등의 호감 가는 성격으로 보이도록 말이다. 또한 모스는 이러한 젊은이들이 어떤 페이지를 팔로우하는 데는 '얼마나 많은 친구들이 이 페이지에 '좋아요'를 눌렀는가'가 바탕이 된다'고 한다. 이에 대한 좀 더 학술적인 관점이 궁금하다면 "개인적 특성과 자질은 인간 행동의 디지털 기록으로부터 예견 가능하다", 미국국립과학원회보 110, no.15(2013): 5802−5805("Private Traits and Attributes Are Predictable from Digital Records of Human Behavior")이라는 논문을 찾아보길 바란다. 저자 마이칼 코신스키(Michal Kosinski)와 데이비드 스틸웰(David Stillwell), 토레 그래펠(Graepel)은 페이스북의 '좋아요' 기능이 다양하고 매우 민감한 개인적 특성을 정확히 예견하는 데 사용될 수 있음을 밝혔다. 예를 들면 성적 취향이나 인종, 종교적 및 정치적 성향을 비롯해, 개인의 성격적 특성과 지적 능력, 행복지수, 중독성 약물 사용과 부모의 별거 상태, 나이와 성별 등을 예견하는 것이다. 저자들은 이러한 다양한 특성과 '좋아요' 간의 연관에 대한 예를 제시하며, 이러한 예가 내포하는 온라인 개인화(personalization)와 프라이버시에 대해 논의한다.

5. 사람들은 오랫동안 페이스북이 '좋아요' 옆에 '싫어요' 기능을 추가할지를 궁금해해 왔다. 많은 이들이 '싫어요' 기능을 원한 것도 사실이다. 물론 페이스북 측에서는 '싫어요' 기능을 계속 거부하고 있다. 하지만 다섯 개의 새로운 이모티콘 기능을 추가하기도 했다. 각각 '사랑', '하하', '우와', '슬픔', '화났음'을 의미한다고 한다. 이 새로운 이모티콘 기능에 대한 분석을 찾아보려면, 윌 오레머스(Will Oremus)가 쓴 슬레이트 닷컴의 2016년 2월 24일자 기사 "페이스북의 새로운 다섯 반응 기능: 데이터, 데이터, 데이터, 그리고 데이터"("Facebook's Five New Reaction Buttons: Data, Data, Data, and Data", Slate.com, February 24, 2016)를 읽어보길 권한다.

6. 필자는 민디 캘링(Mindy Kaling)에게 그토록 영감을 주는 제목에 대한 감사를 돌린다. 캘링의 유머에 더 빠지고 싶다면, 그녀의 자서전 전체를 읽어보기 바란다. 『다들 나만 빼고 어울리긴가?(그리고 기타 다른 걱정들)』(뉴욕: 쓰리 리버스 출판사, 2012)(Is Everybody Hanging Out Without Me?(And Other Concerns), New York: Three Rivers Press, 2012).

7. FOMO에 대해 더 알고 싶다면, 앤드류 프리지빌스키(Andrew Przybylski), 코우 무라야마(Kou Murayama), 코디 드한(Cody R.Dehaan), 발레리 글래드웰(Valerie Gladwell)이 함께 쓴 논문인 "소외에 대한 두려움에 관한 동기부여적, 감정적, 그리고 행동적 연관성", 인간행동과 컴퓨터 국제저널 29, no.4(2013): 1841−1848("Motivational, Emotional, and Behavioral Correlates of Fear of Missing Out", Computers in Human Behavior 29, no.4(2013): 1841−1848)을 찾아보기 바란다. 실은 언론에서 FOMO에 관한 기사들에 대해 매우 많은 관심을 갖는 실정이라고 한다. 이런 기사들 목록은 다음과 같다. 우선, 사프로노바(Safronova)의 2015년 8월 20일자 뉴욕타임스 기사인 "인스타그램에 관하여, 당신이 원했던 이상적인 여름"("On Instagram, the Summer You Wish You Were Having", New York Times, August

20, 2015, D1-D7)을 읽어보길 바란다. 이 기사에서 사프로노바는 FOMO가 소셜미디어 상 공유의 부작용이라 보고 있다. 또한 제나 워담(Jenna Wortham)의 2011년 4월 10일자 뉴욕타임스 기사 "월플라워가 된 기분인가? 아마 당신의 페이스북 담벼락 때문인지 모른다"("Feel Like a Wallflower? Maybe It's Your Facebook Wall", New York Times, April 10, 2011)도 살펴보라. 이 기사도 FOMO를 페이스북, 트위터, 포스퀘어(Foursquare), 인스타그램과 같은 소셜미디어 사이트를 통한 정보 공유의 신속성에 따른 부작용이라 보고 있다. 워담은 남들이 무엇을 하는가에 대해 신속하게 업데이트를 받기 때문에 소셜미디어를 사용하는 동안 불안감, 무기력함, 짜증이 유발된다고 보았다. 한편, 헤프지바 앤더슨(Hephzibah Anderson)은 그녀의 2011년 4월 16일자 가디언지 기사 "FOMO에 대해 들어본 적이 없는가? 그렇다면 많은 것을 놓치고 있는 셈이다"("Never Heard of FOMO? You're So Missing Out", Guardian, April 16, 2011)에서 자신이 하는 일을 순간적으로 소셜미디어에 포스팅하는 능력은 타인에게 '소외당하는' 기분이 들게 한다고 지적했다. 그러한 능력은 또한 당사자에게는 순간의 즐거움, 온전한 자신의 경험을 방해한다고도 밝혔다. FOMO 현상에 대한 긍정적인 관점을 보이는 홀리 윌리암스(Holly Williams)의 2015년 5월 23일자 인디펜던트지 기사인 "소외에 대한 두려움은 현대의 불안감을 조성하겠지만, 우리는 모두 이를 받아들여야 한다"("Fear of Missing Out May Be a Latter-Day Anxiety, but We All Need to Embrace It", Independent, May 23, 2015)에서 그녀는 FOMO가 우리의 삶에 가져오는 부정적 효과를 인정하면서도, 긍정적인 효과도 있다고 주장한다. 바로, 우리로 하여금 별로 내키지 않았던 일도 기꺼이 나가서 하도록 장려한다는 것이다.

8. 하나 크라스노바(Hanna Krasnova)와 동료들은 그들의 논문 "리서치 노트-왜 친구를 따라 하는 게 내게 해가 될까: 소셜 네트워크 사이트 내 대학생 이용자들 간의 질투의 효과", 정보 시스템 리서치 26, no.3(2015): 585-605("Research Note-Why Following Friends Can Hurt You: An Exploratory Investigation of the Effects of Envy on Social Networking Sites among College-Age Users", Information Systems Research 26, no.3(2015): 585-605)에서 1,193명의 대학생 페이스북 이용자들을 대상으로 설문조사를 했다. 소셜 네트워크 사이트 맥락에서 질투가 우울과 불안 같은 부정적 결과를 초래하는 역할을 하는지를 연구하기 위한 것이었다. 연구결과, 질투는 인지적, 감정적 웰빙의 감소와 연관이 있었으며, 또한 자기 고양(self-enhancement)의 증가와도 관련이 있었다. 한편, 패티 발켄버그(Petty M. Valkenburg), 조헨 피터(Jochen Peter), 알렉산더 슈텐(Alexander P. Schouten)은 그들의 논문 "친구 네트워크 사이트와 청소년들의 웰빙 및 사회 자존감 간의 관계", 사이버심리학 & 행동 9, no.5(2006): 584-590("Friend Networking Sites and Their Relationship to Adolescents' Well-Being and Social Self-Esteem", Cyberpsychology&Behavior 9, no.5(2006): 584-590)에서 881명의 청소년들을 대상으로 설문조사를 했다. 이들은 10~19세의 연령대로 모두 인터넷상의 프로필을 갖

고 있었다. 이 설문조사에 따르면, 청소년들이 친구 네크워크 사이트를 이용하는 빈도수는 그들의 사회적 자존감과 웰빙에 간접적인 영향을 미쳤다. 친구 네트워크 사이트의 이용은 그 사이트에서 맺는 교우 관계를 활성화시켰으며, 자신의 프로필에 대한 타인의 피드백과 그 피드백의 어조에 영향을 미친 것이다. 자신의 프로필에 대한 피드백이 긍정적이면 청소년들의 사회 자존감과 웰빙은 고조되었으며, 부정적인 피드백은 그 반대의 결과를 초래했다.

9. 총 738명의 학생들이 이 선택적 설문조사 문항에 답했다.
10. 총 738명의 학생들이 이 선택적 설문조사 문항에 답했다.

2장

1. "첫 생각, 최악의 생각"이라는 2014년 1월 13일자 뉴요커 기사("First Thought, Worst Thought", New Yorker, January 13, 2014)에서 마크 오코넬(MarK O'Connell)은 소셜미디어에 뭔가 후회할 만한 내용을 쓰는 행위에 대해 반추해보았다. 또한 그런 실수가 가져오는 신속한 결과에 대해서도 말이다. 가장 널리 알려진 예 중 하나가 바로 한 회사의 광고부서 임원이었던 저스틴 사코(Justine Sacco)의 예이다. 그녀는 남아프리카로 떠나는 비행기에 탑승해서 "아프리카로 떠나요. 에이즈에 안 걸렸으면 좋겠네요. 농담이에요. 전 백인이니까요!"라는 트위터를 남겼다. 남아프리카의 케이프타운(Cape Town)까지 열두 시간의 비행 동안, 오코넬의 말에 따르면 사코는 '파괴적인 단시간 명예'의 대상이 되었다. 사코의 트위터가 엄청나게 퍼져나가며 수천 명으로부터 분노와 조롱을 샀기 때문이다. 결국 사코는 모두가 보는 가운데 직장에서 신속히 해고되었다. 비소설 작가인 존 론슨(Jon Ronson)의 저스틴 사코에 대한 기사도 읽어보길 바란다. "하나의 멍청한 트윗(tweet)이 저스틴 사코의 삶을 어떻게 망가뜨렸는가"라는 뉴욕타임스 일요판 2015년 2월 12일자 기사이다("How One Stupid Tweet Blew Up Justine Sacco's Life", New York Times Sunday Magazine, February 12, 2015). 이 기사는 비슷한 주제에 대한 론슨의 저서인 『공개적으로 망신을 당하다(뉴욕: 리버헤드 출판사, 2015)』(So You've Been Publicly Shamed, New York: Riverhead, 2015)에서 발췌한 것이다.

2. 레슬리 궈(Leslie Kwoh)의 2012년 10월 29일자 월스트리트 저널 아시아판 기사를 살펴보자. "조심하라: 미래의 고용주가 당신이 온라인에서 행한 바보 같은 짓을 볼 수도 있다: 소셜미디어가 고용 회사가 찾아볼 수 있는 방대한 실수 목록을 마련해준다"("Beware: Potential Employers See the Dumb Thing You Do Online: The Spread of Social Media Has Given Hiring Companies a Whole New List of Gaffes to Look For", Wall Street Journal, Eastern Edition, October 29, 2012)라는 기사에서 그녀는 고용주들이 소셜미디어를 샅샅이 뒤져서 미래의 고용인들을 점검하려는 현상이 증가하고 있음을 구체적으로 밝혔다. 자료에 따르면, 2012년에 다섯 곳 중 두 곳의 회사에서 소셜 네트워크 사이트인 링크드인(LinkedIn)이

나 페이스북, 트위터 등을 통해 지원자들을 조사했다고 한다. 고용 매니저가 밝힌 소셜미디어상의 실수로는 '고용주를 비웃는 행위, 부적절한 언어 사용, 너무 개인적인 정보를 과도하게 노출하는 것, 인종 및 성차별적 행동, 그리고 음주운전이나 불법 약물의 복용 등과 같은 범법행위'였다. 레슬리 궈는 밀레니엄 세대들은 이런 실수를 저지르기가 특히나 쉽다고 보았다. 소셜미디어 내에서 존재감이 클 뿐 아니라, 자신의 생각과 감정을 온라인에 올리는 데 익숙하기 때문이다. 또한 수지 포픽(Susie Poppick)의 2014년 9월 5일자 타임지 기사인 "밀레니엄 세대의 구직(혹은 더 심각한 일)이 달린 열 가지 소셜미디어상의 실수"("10 Social Media Blunders That Cost a Millennial a Job-or Worse", Time, September 5, 2014)에서 저자는 93퍼센트 이상의 고용팀들이 이제는 지원자들의 소셜미디어상의 프로필을 체크한다고 한다. 포픽이 제시한 구직자들의 소셜미디어상의 가장 악명 높은 실수들은 '술 마시는 사진 올리기, 과거의 직업에 대해 불평하기, 고객이나 기부자를 비웃기, 성적(sexual)인 것을 과도하게 공유하기' 등이었다. 한편, 제이콥 데이비슨(Jacob Davidson)은 2014년 10월 16일자 기사인 "구직이 달린 일곱 가지 소셜미디어 실수"("The 7 Social Media Mistakes Most Likely to Cost You a Job", Time, October 16, 2014)에서 구직 사이트인 자바이트(Jobvite)가 실행한 2014년 설문조사를 살펴보았다. 이 설문조사에 따르면 93퍼센트의 인사 매니저들이 이제는 채용 결정 전에 구직자들의 소셜미디어 프로필을 살필 수 있다고 한다. 또한 55퍼센트의 인사 매니저들이 그런 프로필을 바탕으로 채용 결정을 재고했다고 한다. 그리고 그 재고의 61퍼센트가 부정적인 결론으로 치달았다는 것이다. 데이비슨은 구직자들이 '불법 약물을 언급하기, 성적인 메시지나 사진 올리기, 욕설 쓰기, 총이나 술에 대한 언급' 등을 자제해야 한다고 주장했다. 또한 개인이 정치적 성향이나 엉망인 문법 등을 쓰는 것도 많은 인사 담당자들에게 비호감을 산다는 것이다. 반면, 인사 담당자가 긍정적으로 평가할 수 있는 소셜미디어 프로필의 요소는 자원봉사나 자선사업에 기부하는 것 등이었다. 마지막으로 2,303명의 인사 매니저와 인사 전문직들을 대상으로 한 2012년의 설문조사를 살펴보자. 그 결과, 37퍼센트의 고용주들이 소셜 네트워크를 이용해 지원자들을 점검해서 걸러낸다고 한다. 소셜 네트워크를 활용한 이 고용주들 중 65퍼센트가 그 이유를 '미래의 고용인이 전문적으로 자신을 드러내는지를 보기 위해서'라고 밝혔다. 또, 51퍼센트는 '미래의 고용인이 사내 문화와 잘 맞는지를 보기 위해서', 45퍼센트는 '지원자의 자격에 대해서 더 잘 알기 위해서' 소셜 네크워크를 살폈다고 한다. 게다가 소셜 네트워크를 이용하는 고용주들의 대략 삼분의 일(34퍼센트)이 소셜미디어 프로필 정보 때문에 특정 지원자를 채용하지 않았다고 답했다. 특히 우려되는 정보는 '부적절한 사진, 술과 약물을 한 증거, 어설픈 커뮤니케이션 능력, 전 고용주에 대한 욕설, 성, 인종, 종교에 대한 차별적 언행' 등을 꼽았다. 더 많은 정보를 보려면 재클린 스미스(Jacquelyn Smith)의 2013년 4월 16일자 포브스지 기사 "어떻게 소셜미디어가 당신의 구직을 돕거나 망칠 수 있는가"("How Social Media Can Help(or Hurt)You in Your Job Search",

Forbes, April 16, 2003)를 살펴보기 바란다.

3. 라이언 라이틀(Ryan Lytle)은 그의 2011년 10월 10일자 유에스 뉴스지 기사 "대학 입학 담당 자들이 페이스북을 통해 학생들에 대해 리서치하다"("College Admissions Officials Turn to Facebook to Research Students," U.S. News&World Report, October 10, 2011)에서 대학 입 학 담당자들이 페이스북을 비롯, 지원자들의 소셜미디어 프로필을 살펴본다고 밝혔다. 카플 란(Kaplan) 입시학원의 설문조사에 따르면 359개 대학의 입학 담당자들 중 12퍼센트의 응답 자들이 페이스북 상태 업데이트에 올린 욕설이나 술 마시는 사진 등이 지원자의 입학 결정 에 불리하게 작용한다고 밝혔다. 라이틀은 대학지원 중인 페이스북 이용자는 자신들의 소셜 미디어 프로필이 불리하게 작용할 수 있음을 알아야 한다고 주장했다. 한편으론, 대학 입학 담당자가 지원자들의 소셜미디어 프로필을 본다는 사실을 적극 이용하기를 권했다. 개인 프 로젝트나 리서치, 작문 등을 포스팅해서 자신들의 강점 및 성취를 공개하라고 말이다.

4. 알란 셰리단(Alan Sheridan)이 영어 번역을 맡은 미셸 푸코(Michel Foucault)의 『감시와 처벌 (뉴욕: 빈티지 북스, 1975)』(Discipline and Punish, New York: Vintage Books, 1975), 201. 푸코의 '파놉티시즘(panopticism)'이라는 개념과 이 책의 집필 간의 연관성은 놀랄 만큼 그 타이밍이 들어맞았다. 필자가 우연히 『감시와 처벌』을 읽고, 미국 호프스트라(Hofstra)대학 의 철학 교수인 앤 벌레인(Ann Burlein)의 이 책에 대한 강의를 들었기 때문이다. 그녀는 나 의 지인인데 우리는 우등 프로그램(Honors College)에서 함께 팀티칭을 했었다.

5. 다니엘 트로티에(Daniel Trottier)의 "소셜미디어의 감시 기능: 하나 되는 세상에서 가시성 을 재고하다(런던: 루트리지, 2012)". 대학 책임자들이 학생들의 소셜미디어 활동을 파고 드는 현상에 대해 더 많은 정보를 얻으려면 다니엘 트로티에의 논문 "공동의 투명성인가, 일상 침범인가? 기관이 페이스북을 파고들다", 감시와 사회 9, 1/2(2011): 17-30(Mutual Transparency or Mundane Transgression? Institutional Creeping on Facebook, Surveillance and Society Vol.9, Issue 1/2(2011): 17-30)를 참고하기 바란다.

6. 다나 보이드(danah boyd)의 『소셜 시대 십 대들은 소통한다(뉴 헤이븐, 예일대학교 출판사, 2014)』, 54-59.

7. 메간 셔플톤(Megan Shuffleton)은 그녀의 2013년 11월 19일자 허핑턴포스트 기사 "대학 지 원시에 어떻게 소셜미디어를 말끔히 청소할 것인가"("How to Clean Up Your Social Media for College Applications", Huffington Post, November 19, 2013)에서 대학 입학을 준비하는 밀레니엄 세대들이 소셜미디어 프로필을 말끔하게 만들어야 하는 필요성에 대해 논의한다. 권유되는 과정으로는 자신의 페이스북에서 '프라이버시 설정'을 살피고, 부끄럽거나 부적절 하다고 생각되는 사진을 지우며, 어떤 페이지에 '좋아요'를 눌렀는지 되돌아보는 것이 있다. 심지어 페이스북 및 트위터의 사용자 이름을 좀 더 전문적인 느낌을 지닌 것으로 바꾸기도 권장된다.

8. 하워드 가드너와 케이티 데이비스의 『앱 제너레이션: 디지털 세상에서 어떻게 오늘날의 청소년이 정체성, 친밀함, 상상력을 키워나가는가(뉴 헤이븐, 코네티컷: 예일대학교 출판사, 2013)』, 66. '윤을 낸 자아'와 '치장된 자아'에 대한 논의 전체를 보고 싶다면 61~76페이지를 참조하라.

9. 위와 동일한 문헌의 67페이지.

10. '아랍의 봄'과 같은 역사 속의 유명한 정치적 순간이 있었음에도 불구하고 그렇다. 소셜미디어는 2011년에 시작된 '아랍의 봄' 봉기에서 중대한 역할을 했다. "아랍 세계의 소셜미디어: 2011년의 봉기에 이르기까지"(워싱턴 디시, 국제 미디어 지원 센터, 2011년 2월 2일)("Social Media in the Arab World: Leading Up to the Uprisings of 2011", Washington DC: Center for International Media Assistance, February 2, 2011)에서 제프리 가남(Jeffrey Ghannam)은 주로 소셜미디어를 통한 자유표현의 각성현상에 대해 구체적으로 서술했다. 많은 아랍국가에서 국영 미디어를 통한 옭죄기와 정보의 독점을 붕괴시키는 데 소셜미디어가 주요한 역할을 했다는 것이다. 이 '자유표현'의 상당부분이 정치적 동기에서 비롯된 것이었다. 하지만 가남은 아랍국가에서는 정치, 혹은 좀 더 일반적인 개인 표현일지라도 종교적인 저의가 밑바탕에 깔려 있음을 지적했다. 이는 수백 명의 활동가와 작가, 저널리스트들이 정부 권위에 도전장을 내밀고 이슬람교를 조롱했다는 명목하에 투옥된 것을 보면 명백하다. '아랍의 봄 봉기'에서 소셜미디어의 역할에 대한 더 많은 정보를 얻으려면 다음과 같은 논문들을 참조하기 바란다. 필립 하워드(Philip N. Howard)와 그의 동료의 "폐쇄적인 정권을 열다: 아랍의 봄에서 소셜미디어의 역할은 무엇이었나?", 사회과학 리서치 네트워크 2011("Opening Closed Regimes: What was the Role of Social Media During the Arab Spring?", Social Science Research Network, 2011). 그리고 하비불 하크 콘드커(Habibul Haque Khondker)의 "아랍의 봄에서의 새로운 미디어의 역할", 국제화 8, no.5(2011): 675-679("Role of the New Media in the Arab Spring", Globalization 8, no.5(2011): 675-679).

11. 총 735명의 학생들이 이 선택적 설문 조항에 응답했다. 또한 학생들이 멘토, 선생님, 부모들로부터 소셜미디어에서의 태도에 대해 받은 충고와 지시에 대한 별개의 설문조사 조항도 있었다. 이 조항에서는 568명의 응답자 중 123명(23퍼센트)이 소셜미디어에 포스팅을 할 때마다 '미래의 고용주'를 생각해야 한다는 것을 그들이 받은 주요 충고라고 보았다. 또한 추가로 19명의 학생들이 '직업을 갖고 싶다는 생각이 있다면, 무엇을 포스팅할지에 주의를 기울여라'와 비슷한 말을 그들이 받은 유일한 충고로 꼽았다. 그 외 10명의 학생들은 '항상 모든 걸 프로답게 유지하라'와 비슷한 충고를 들었다고 여겼다. 또, 16명의 학생들은 누군가 자신에게 '나 자신이 브랜드다(한 학생의 말에 따르면)'와 같은 사고를 주입시키려 노력했다고 보았다. 이들 중 세 명은 '모든 걸 프로답게 유지하라'와 '미래의 고용주'를 한 개의 답안에 같이 사용했다. 이로써 총 170명의 학생(30퍼센트)이 직업에 관련된 충고를 그들이 소셜미디어에

대해 받은 유일한 충고로 받아들인 셈이다.

3장

1. 소셜미디어가 자아의 '수행'과 '전시'를 위한 공간이라는 개념에 대해서 더 잘 알아보려면 다음 논문을 참고하라. 쉬엔 자오(Xuan Zhao), 닐루파 살레이(Niloufar Salehi), 사샤 나란 짓(Sasha Naranjit), 사라 알와란(Sara Alwaalan), 스티픈 보이다(Stephen Voida), 댄 코슬리 (Dan Cosely)의 "페이스북의 다양한 얼굴: 소셜미디어를 수행, 전시, 개인적 아카이브로 경험하기", 컴퓨팅 시스템 속 인간적 요소에 대한 SIGCHI 회의 과정("The Many Faces of Facebook: Experiencing Social Media as Performance, Exhibition, and Personal archive", Proceedings of the SIGCHI Conference on Human Factors in Computing Systems, 1-10. ACM, 2013). 또한 호세 반 데이크의 '온라인 자아 발표'에 대한 흥미로운 탐구도 살펴보라. 그녀의 논문 "당신은 하나의 정체성을 가졌다: 페이스북과 링크드인에서 자아를 수행하기", 미디어, 컬쳐 & 사회 35, no.2(2013): 199-215("You Have One Identity: Perfoming the Self on Facebook and LinkedIn", Media, Culture&Society 35, no.2(2013):199-215)에서 반 데 이크는 링크드인과 페이스북에서의 자아 수행을 비교 분석해 놓았다. 마지막으로, 지지 파 파카리시(Zizi Papacharissi)의 '자아 수행'에 대한 주제는 다음 책의 12장을 참고하길 바란 다. "소셜 네트워크 사이트 내 네트워킹에서의 자아 정체성 수행과 사회성", 프란시스 랩 펑 리 편집의 새로운 미디어 리서치의 프론티어, 15권(런던: 루트리지, 2013), 207-221("A Networked Self Identity Performance and Sociability on Social Network Sites", Francis Lap Fung Lee, ed., Frontiers in new media research, Vol.15, London: Routledge, 2013, 207-221).

2. 총 233명의 학생이 이 에세이 질문에 응답했다.

3. 필자는 이미 셰리 터클의 인간이 경험하는 연결성(혹은 그 부재)에 대한 흥미로운 책을 소개한 바 있다. 하지만 이 장에 언급한 그녀의 최신 저서는 동일 주제에 대한 좀 더 폭넓고 확연한 내용을 담고 있다. 소셜미디어와 새로운 테크놀로지가 우리의 세상, 인간관계, 정체성과 삶을 바꾸는 방식에 대해 관심이 있다면, 셰리 터클의 책 두 권을 모두 탐독하는 게 중요하다고 필자는 생각한다. 하지만 특히 테크놀로지 때문에 우리의 언행을 '편집'하는 방식에 대한 터클의 논의에 대해 알고 싶다면, 『디지털 시대의 대화(뉴욕: 펭귄 출판사, 2015)』, 22-23(Reclaiming Conversation: The Power of Talk in a Digital Age, New York: Penguin, 2015, 22-23)를 읽어보기 바란다.

4. 게다가 그건 오늘날의 젊은이들에게는 확실히 수익이 되는 비즈니스이다. 이런 현상에 대한 혁신적인 시선과 '마이크로 셀럽(microcelebrities: 일정 수준의 소셜미디어 인기를 지닌 우리 사회의 새로운 영향력 행사자를 뜻함)'에 대한 개념에 대해 알아보려면 태피 브로데서 애크

너(Taffy Brodesser Akner)의 2014년 9월 19일 뉴욕타임스 일요판 기사 "마이크로 셀럽을 거대한 사업으로 만들기"("Turning Microcelebrity Into a Big Buisiness", The New York Times Sunday Magazine, September 19, 2014)를 읽어보라.

5. 호주의 십 대인 에세니아 오닐(Essenia O'Neill)의 예를 살펴보자. 그녀는 자체 '네임 브랜드' 를 가진 소셜미디어의 스타로, 자신의 인스타그램 계정에 거의 백만 명의 팔로워를 축적했 다. 주로 자신의 매력적인 비키니 및 디자이너 의상을 입은 사진들을 포스팅해서 바비 인형 같은 자태를 뽐냄으로써 말이다. 하지만 그녀가 더 유명해진 계기는 따로 있다. 바로 포스팅 을 하고, 행복하고 완벽해 보이는 모습을 보여야 한다는 압박감이 너무 심하다는 걸 알려서 였다. 그녀는 자신의 사진들을 다시 태그하고는, 자신이 사진을 찍으면서 했던 생각들에 대 한 '진실'을 올렸다. 온갖 괴로운 생각들에 대한 진실을 말이다. 또한 눈물을 흘리는 동영상 을 올려서 자신이 왜 계정을 폐쇄하는지도 토로했다. 오닐에 대해 더 알아보려면, 조나 브 롬위치(Jonah Bromwich)의 2015년 11월 3일자 뉴욕타임스 기사인 "인스타그램 스타 에세 니아 오닐, 자신의 인생을 다시 캡처하다"("Essenia O'Neill, Instagram Star, Recaptures Her Life", New York Times, November 3, 2015)를 읽어보기 바란다.

4장

1. 많은 이가 이 학생의 '셀피를 찍는 사람들이 요즘 너무 과하다'라는 평가에 동의한다. 셀피 나 셀피를 찍는 이들을 희화화하는 게 TV나 미디어에서 흔한 농담 소재일 정도다. 특히 극 한 위험을 감수해서 자신의 셀피가 유명해지거나, 악명 높은 이들의 경우는 더욱 그렇다. 예 를 들어 우리 모두는 곰과 셀피를 찍는다든가 하는 미친 짓(혹은 미친 듯이 멍청한 짓)에 대 해 들어본 적이 있다(그래서 결국 미국 삼림청으로부터 이 행동을 금지하는 성명을 내렸을 정도도). 스페인 팜플로나(Pamplona) 지역 소몰이 축제에서 황소들과 함께 셀피를 찍는 일 도 역시 스페인 정부로부터 금지를 당했다. 황소들과의 셀피, 그리고 스페인 정부의 범인 포 획 노력에 대해 더 알고 싶다면, 제시카 두란도(Jessica Durando)의 "한 사내가 스페인의 소 몰이 축제 동안 셀피를 찍다"라는 유에스에이 투데이의 2014년 7월 14일자 기사("Man Takes Selfie during Bull-Run Festival in Spain", USA Today, July 14, 2014)를 읽어보기 바란다. 심 지어 어떤 이들은 가장 위험천만한 상황에서 셀피를 찍다가 사망에 이르기까지 한다. 사진 을 찍겠다는 유혹을 떨치지 못해서 말이다. 사실 상당히 많은 사람들이 그런 유혹을 받는다. 제니퍼 뉴튼(Jennifer Newton)의 2015년 9월 23일자 데일리메일 기사 "친구들을 감동시키 려는 셀피가 상어 떼보다도 많은 죽음을 야기한다"("Selfies Kill More People Than Sharks as People Try to Impress Friends Online", Daily Mail, September 23, 2015)도 함께 읽어보라. 셀피를 찍다가 부상, 죽음까지 이른 사례에 대해 더 알아보려면 다음의 기사들을 참고하 라. 로이터(Reuter)의 "셀피 광풍: 너무 많은 이들이 사진을 찍으려다 죽음에 이른다", 뉴욕

타임스 2015년 9월 2일("Selfie Madness: Too Many Dying to Get the Picture", New York Times, September 3, 2015), 제시카 두란도의 "경찰 보고: 한 남성이 권총을 들고 인스타그램용 셀피를 찍다가 사망함", 유에스에이 투데이, 2015년 9월 2일("Police: Man Killed While Taking Instagram Selfie with Gun", USA Today, September 2, 2015), 제시카 멘도자(Jessica Mendoza)의 "한 여성이 들소와 사진을 찍다가 부상을 당함: 왜 사람들은 셀피를 거부하지 못할까?", 크리스천 과학 모니터지, 2015년 7월 26일("Woman Hurt While Taking Photo with Bison: Why Can't People Resist Selfies,"Christian Science Monitor, July 26, 2015). 키란 무들리(Kiran Moodely)의 "한 커플이 절벽에서 셀피를 찍다가 죽음의 나락으로 떨어지다", 인디펜던트지, 2014년 8월 11일("Couple Fall to Their Death Whilst Attempting Cliff Face Selfie", Independent, August 11, 2014).

2. 질 워커 레트버그(Jill Walker Rettberg)는 자신의 저서 『테크놀로지를 통해 우리를 바라보다: 우리가 어떻게 셀피와 블로그, 웨어러블(wearable) 기기를 이용하고, 우리를 형성해 나가는가(뉴욕: 팔그레이브 맥밀란 출판사, 2014)』(Seeing Ourselves through Technology: How We Use Selfies, Blogs and Wearable Devices to See and Shape Ourselves, New York: Palgrave Macmillan, 2014)에서 셀피와 블로그 및 기타 도구와 앱이 어떻게 우리 스스로를 이해하는 중요한 수단이 되었는지에 대해 살핀다. 레트버그의 분석에 따르면 이러한 도구와 앱은 시각적, 문자적, 양적이라는 서로 뒤얽힌 자기표현의 세 가지 방식을 드러낸다. 자아 수행 수단으로서의 셀피에 대해 더 알아보려면 가브리엘 플뢰르(Gabriel Fleur)의 논문 "섹스팅, 셀피, 그리고 자아 손상: 젊은이들과 미디어, 그리고 자아 발달의 수행", 호주 국제 미디어, 문화와 정책의 결합 151(2014년 5월): 104-112("Sexting, Selfies, and Self-Harm: Young People, Social Media, and the Performance of Self-Development", Media International Australia, Incorporating Culture& Policy 151(May 2014): 104-112)을 읽어보기 바란다. 이 논문에서 플뢰르는 셀피가 젊은이들이 의식적이고 가시적으로, 또 의도적으로 온라인상에서 자신의 정체성을 수행하는 여러 수단 중 하나라 주장한다. 또한 소셜미디어와 수행적인 전시의 구조는 젊음, 그리고 소셜미디어와 젊은이들의 자아발달 간의 관계를 재정립하는 방법이라고 지적한다. 한편, 하예 얀 캄프(Haje Jan Kamps)는 그의 저서 『셀피: 태도를 더한 자화상 같은 사진(블루 애쉬, 오하이오: 하우북스, 2014)』(Selfies: Self-Portrait Photography with Attitude, Blue Ash, OH: How Books, 2014)에서 문화와 소셜 네트워크를 자축한다. 특히 셀피를 찍는 기술이라는 면을 강조하면서 말이다. 또한 타냐 아브람스(Tanya Abrams), 라울 알칸타(Raul Alcantar), 앤드류 굿(Andrew Good)은 2015년 8월 17일자 월스트리트 저널 기사 "눈에 띄고, 인용할 만한: 셀피의 해석학"("Notable and Quoatable: Selfie Hermeneutics", Wall Street Journal, August 17, 2015)에서 서던캘리포니아 대학교(University of Southern California)의 '셀피 수업'에 대해 논의한다. 이 수업에서는 1학

년 학생들이 사회가 자아 정체성에 미치는 영향에 대해 살펴본다. 또한 셀피가 우리가 사는 세상의 세계 문화에 어떠한 영향을 미치는지도 알아본다. 저자들은 수업의 토론과 개인 인터뷰에서 학생들은 셀피를 통해 자신의 성과 인종에 대한 무의식적 감정을 드러낸 적이 있다고 밝혔다고 한다. 또, 셀피를 통해 특정 그룹을 떠나 다른 그룹에 인정을 받길 희망하기도 했다는 것이다. 마지막으로 데렉 콘래드 머레이(Derek Conrad Murrary)는 그의 논문 "자아에의 노트: 소셜미디어 시대 속 셀피의 시각적 문화", 소비 시장과 문화, 테일러와 프랜시스 온라인, 2015년 7월 3일("Notes to Self: The Visual Culture of Selfies in the Age of Social Media", Consumption Markets&Culture, Taylor&Francis Online, July 3, 2015, 1-27)에서 십 대와 이십 대 초반 젊은 여성들의 자기 이미지 전략이라는 면에 중점을 두고, 셀피에 대한 문화적 매료 현상을 탐색했다. 저자는 논문에서 셀피 현상의 중심에 놓인 정치적 긴박감을 탐구한다. 또한 충동적으로 셀피를 찍고 공유하려는 욕구가 단순한 나르시시즘인지, 정치적 지향성을 지닌 미적 형태의 반항인지를 살핀다.

3. 2013년 10월 20일자 뉴욕타임스 기사인 "나의 셀피, 나 자신"("My selfie, Myself", New York Times, October 20, 1-9)에서 제나 워담은 초상화 같은 사진의 사회적, 심리적 면모를 논의한다. 그녀는 셀피의 인기가 '허영, 나르시시즘과 우리의 아름다움 및 신체이미지에 대한 집착'의 문제를 야기한다고 지적했다. 하지만 그녀는 동시에 셀피가 감정 및 반응을 표현하는 데 문자보다 효과적이라고도 밝힌다. 또한 누군가의 얼굴을 담은 사진을 받는 것은 상호작용의 인간적 면모를 불러일으킨다는 것이다. 비평가들은 전자 커뮤니케이션에서 인간적 면모가 빠지기 쉽다고 자주 지적해왔다. 또한 존 술러(John Suler)의 논문 "자상화에서 셀피까지", 응용 심리분석학 국제 저널 12(2015년 6월): 175-180("From Self-portraits to Selfies", International Journal of Applied Psychoanalytic Studies 12, June 2015)도 읽어보기 바란다. 그는 이 논문에서 자화상의 진화와 디지털 테크놀로지에 의한 자화상의 민주화에 대해 탐구했다.

4. 퓨 리서치 센터가 실시한 연구 내 2009년의 설문조사 리서치에 따르면, 여자 고등학생이 남자 고등학생보다 트위터 이용량이 두 배 정도 많다고 한다(각각 여학생들은 13퍼센트, 남학생들은 7퍼센트). 앞서 소개한 아만다 렌하트와 그의 동료들의 논문 "청소년들과 젊은이들의 소셜미디어와 모바일 인터넷 사용 현황", 퓨 인터넷 & 아메리칸 라이프 프로젝트(워싱턴 디시: 퓨 리서치 센터, 2010)를 참고하기 바란다. 좀 더 최근인 2012년에 실시된 퓨 리서치 센터의 설문조사에 따르면, 전체 인터넷 이용자들 중 71퍼센트의 여성들이 소셜 네트워크 사이트를 이용한 반면, 남성들은 62퍼센트가 이용했다. 전반적으로 18세부터 29세까지의 젊은 여성들은 소셜 네트워크 사이트를 가장 자주 이용하는 연령층에 속했다. 또한 여성들은 페이스북(여성은 72퍼센트, 남성은 62퍼센트), 인스타그램(여성은 16퍼센트, 남성은 10퍼센트), 핀터레스트(여성은 35퍼센트, 남성은 겨우 5퍼센트)를 남성들보다 더 자주 사용

하는 것으로 드러났다. 반면, 남성들은 여성들보다 트위터를 좀 더 사용했다(남성은 17퍼센트, 여성은 15퍼센트). 앞서 소개한 매브 더간과 조아나 브레너의 "2012 소셜미디어 이용자들의 인구통계", 퓨 인터넷 & 아메리칸 라이프 프로젝트(워싱턴 디시: 퓨 리서치센터, 2013)를 참고하기 바란다. 좀 더 대중적인 시선에서 보려면, 2008년 5월 19일 블룸버그 비즈니스지의 기사 "소셜미디어 이용의 성별 차이"("The Social Media Gender Gap", Bloomberg Business, May 19, 2008)를 읽어보라. 이 기사에서 오렌 호프만(Auren Hoffman)은 젊은 남성과 여성이 페이스북, 마이스페이스(Myspace), 플릭스터(Flixster)를 비슷하게 이용한다고 해도, 여성이 남성보다 훨씬 더 활발하게 이용한다고 밝혔다. 또한 삼십 대 이상의 경우 이러한 성별 차는 더욱더 벌어졌으며, 남성들은 링크드인 사이트를 제외하고는 소셜 네트워크에 가입하는 경우가 확연히 줄어든다는 것이다. 하지만 성인 여성들은 소셜 네트워크 사이트에 집합적으로 가입하는 경향이 있으며, 특히 35세~50세의 기혼 여성들이 가장 빠르게 증가하는 가입 연령층이라고 한다. 이러한 성별 차의 한 이유로 제시되는 것은, 남성들이 여성들보다 인터넷 사용을 좀 더 거래적으로 받아들이는 반면, 여성들은 관계 추구를 위해 인터넷을 사용한다는 것이다. 발레리 바커(Valerie Barker)는 그녀의 논문 "십 대 후반 학생들이 소셜 네트워크 사이트를 이용하는 동기: 성별, 단체 정체성, 잡학적 자존감", 사이버심리학 & 태도 12, no.2(2009): 209-213("Older Adolescents' Motivations for Social Network Site Use: The Influence of Gender, Group Identity, and Collective Self-Esteem", Cyber Psychology&Behavior 12, no.2(2009): 209-213)에서 여성들은 남성들보다 더 긍정적인 집합적 자존감과 더 잦은 소셜 네트워크 사이트 이용, 또래들과의 소통을 위한 더 많은 소셜 네트워크 빈도를 보인다고 밝혔다. 반대로, 남성들은 여성들보다 소셜 네트워크 사이트를 사회적 보상과 사회적 정체성 만족을 위해 이용하는 빈도가 높다고 한다.

5. 청소년기 소녀들의 성 규범과 고정관념에 대해 관심이 있는 이들에게, 린 마이켈 브라운(Lyn Mikel Brown)과 캐롤 길리간(Carol Gillian)의 『교차로에서 만나기: 여성의 심리학과 소녀의 발달(케임브리지 메사추세츠: 하버드대학교 출판사, 1992)』(Meeting at the Crossroads: Women's Psychology and Girls' Development, Cambridge, MA: Harvard University Press, 1992)은 필독서이다. 그 이후 나온 청소년기 소녀들에 대한 획기적인 리서치 및 연구도 마찬가지로 읽어볼 만하다. 특히 동일 주제에 대한 마이켈 브라운의 최근작으로 섀론 램(Sharon Lamb)과 공동집필한 『소녀시절을 포장하기: 우리의 딸들을 마케터들의 계략으로부터 구하기(뉴욕: 세인트 마틴 출판사, 2006)』(Packaging Girlhood: Rescuing Our Daughters from Marketers' Schemes, New York: St. Martin Press, 2006)도 읽어보길 바란다. 또한 마이켈 브라운이 역시 섀론 램과 공동집필한 청소년기 소년에 대한 분석인 『소년 시절을 포장하기: 우리의 아들들을 영웅들과 게으름뱅이, 기타 미디어 고정관념으로부터 구하기(뉴욕: 세인트 마틴 출판사, 2009)』(Packaging Boyhood: Saving Our Sons from Superheroes, Slackers, and

Other Media Stereotypes, New York:St. Martin's Press, 2009)도 있다.

6. 제시카 로즈(Jessica Rose)와 동료들은 그들의 논문인 "진실을 마주하기: 성이 소셜미디어 이미지에 미치는 영향": 커뮤니케이션 쿼털리 60, no.5(2012): 588–607("Face It: The Impact of Gender on Social Media Images", Communication Quarterly 60, no.5(2012) 588–607)에서 스스로 창조한 디지털 이미지를 페이스북 같은 소셜 네트워크 사이트에 올리는 과정에서 어떻게 성이 수행되는지를 살펴보았다. 그 결과, 전통적인 성 고정관념이 스스로 만든 디지털 이미지에 그대로 실려 있음을 알 수 있었다. 남성의 특징은 전문 미디어에서 묘사하듯, 활동적이고 당당하며, 독립적이게 표현되었다. 또, 여성의 공통적 특징은 매력적이고 독립적으로 표현되었다. 또한 소피아 런드마크(Sofia Lundmark)와 마리아 노마크(Maria Normark)는 그들의 논문 "소셜미디어에 성별을 디자인하다: 상호작용 디자인을 사회 관념의 캐리어로 풀어보기", 국제 성 저널, 과학과 테크놀로지 6. no.2(2014): 223–241("Designing Gender in Social Media: Unpacking Interaction Design as a Carrier of Social Norms", International Journal of Gender, Science and Technology 6, no.2(2014): 223–241)에서 상호작용적인 디지털 상품, 서비스, 환경에 관련된 성 관념에 대해 살폈다. 저자들은 여러 소셜미디어 디자인 방식에 대해 개별적인 세 연구를 실행했다. 그 결과, 성 관념이 상호작용적 환경의 디자인에 영향을 미친다는 사실이 밝혀졌다. 또한 인터페이스(interface) 디자인이 성 관념을 재강화한다는 것도 드러났다.

7. 다시 한 번 아만다 렌하트와 동료들의 "십 대들, 소셜미디어와 테크놀로지 개요"(워싱턴 디시: 퓨 리서치 센터, 2015)를 참고하기 바란다.

8. 소셜미디어가 여성과 소녀들의 신체 이미지에 어떤 영향을 미치는지에 대해서는 폭넓은 문헌이 나와 있다. 이 주제에 대해 더 알고 싶다면, 다음 논문을 참조하라: 리처드 펄로프(Richard M. Perloff)의 논문 "젊은 여성의 신체 이미지 걱정에 대한 소셜미디어 효과: 이론적인 관점과 리서치를 위한 의제", 성역할 71, no.11–12(2014): 363–377("Social Media Effects on Young Women's Body Image Concerns: Theoretical Perspectives and an Agenda for Research", Sex Roles 71, no.11–12(2014) 363–377). 르네 엔겔른 매독스(Renee Engeln Maddox)의 논문 "이상화된 여성의 미디어 이미지: 여대생의 신체 이미지 괴리에 대한 사회적 비교와 비평적 처리 간의 관계", 사회와 임상심리학 저널 24, no.8(2005): 1114–1138("Cognitive Responses to Idealized Media Images of Women: The Relationship of Social Comparison and Critical Processing to Body Image Disturbance in College Women", Journal of Social and Clinical Psychology 24, no.8(2005): 1114–1138). 재스민 파둘리(Jasmin Fardouly), 필리파 디드리히(Phillippa C. Diedrichs), 레니 바타니안(Lenny R. Vartanian), 엠마 할리웰(Emma Halliwell)의 "사회적 비교와 소셜미디어: 페이스북이 젊은 여성의 신체 이미지 걱정과 기분에 미치는 영향", 신체 이미지 13(2015): 38–45("Social Comparisons

on Social Media: The Impact of Facebook on Young Women's Body Image Concerns and Mood", Body Image 3(2015): 38-45).

5장

1. 이는 수많은 대학생 및 젊은이들의 믿음에 대한 연구에서 매우 높은 비율의 젊은이들(약 80 퍼센트 정도)이 자신이 어느 정도 영적, 혹은 종교적이라고 답했음에도 불구하고 그렇다. 이 주제에 대한 나의 연구를 보려면(소셜미디어와는 연관이 없지만), 도나 프레이타스(Donna Freitas)의 『성과 영혼: 미국 대학 캠퍼스의 성, 영혼, 로맨스와 종교를 동시에 다루기(뉴욕: 옥스퍼드대학교 출판사, 2008)』(Sex and the Soul: Juggling Sexuality, Sprituality, Romance and Religion on America's College Campuses, New York: Oxford University Press, 2008) 를 읽어보라. 한편, 젊은이들의 영적, 종교적 면에 대한 가장 알찬 종단연구는 크리스천 스 미스(Christian Smith)의 NSYR(젊은이와 종교에 대한 전국 연구) 연구이다. 스미스는 그의 저서 『영혼의 탐색: 미국 십 대들의 종교적, 영적 삶(뉴욕: 옥스퍼드대학교 출판사, 2005)』 (The Religious and Spiritual Lives of American Teenagers, New York: Oxford University Press, 2005)을 펴냈다. 이 책은 젊은이들의 종교에 대해 관심 있는 이에게는 필독서이다. 그 외에 스미스의 NSYR 연구로부터 파생된 주요 출간물이 많이 나와 있다. 『과도기의 영 혼: 젊은이들의 종교적, 영적인 삶(뉴욕: 옥스포드대학교 출판사, 2009)』(Souls in Transition: The Religious and Spiritual Lives of Emerging Adults, New York: Oxford University Press, 2009), 『과도기에 길을 잃다: 성년 초기의 어두운 단면(뉴욕: 옥스포드대학교 출판사, 2011)』 (Lost in Transition: The Dark Side of Emerging Adulthood, New York: Oxford University Press, 2011), 『미국의 젊은 가톨릭교도: 교회 안팎을 드나드는, 교회로부터 사라져버린 젊 은이들(뉴욕: 옥스퍼드대학교 출판사, 2014)』(Young Catholic America: Emerging Adults In, Out of, and Gone from the Church, New York: Oxford University Press, 2014) 등이 있다. 또한 필자는 동일 주제에 대한 켄다 크리시 딘(Kenda Creasy Dean)의 중요 서적인 『크리스 천에 가까운: 우리 청소년들의 믿음이 미국 교회에 무엇을 말하는가(뉴욕: 옥스퍼드대학교 출판사, 2010)』(Almost Christian: What the Faith of Our Teenagers is Telling the American Church, New York: Oxford University Press, 2010)도 추천하는 바이다.

2. 총 731명의 학생들이 이 질문에 대답했다. 또한 젊은이들의 온라인상의 종교적 자아 공개 에 관련해서는 표트르 밥코우스키(Piotr S. Bobkowski)와 리사 피어스(Lisa D.Pearce)가 NSYR의 wave 3 응답자들에 대한 부표본(subsample)으로 마이스페이스의 프로필을 분석하 였다. 저자들의 결론에 따르면 62퍼센트의 프로필 소유자들이 자신의 종교적 성향을 온라 인상에서 밝혔다. 그중 고작 30퍼센트가 종교 지정 문항 밖에서 종교에 관한 내용을 언급했 지만 말이다(필자의 설문조사에서는 종교 지정 문항이 전체의 고작 25퍼센트를 웃돌 뿐이

다). 그러한 종교적 성향 보고 중(위에 언급된 80퍼센트에 해당) 대부분이 설문조사상으로 밝힌 종교적 성향과 일치했다. 표토르 밥코우스키와 리사 피어스의 "온라인 프로필에서 종교적 신념을 나눌 것인가? 소셜미디어상의 종교적 자아 공개", 종교에 대한 과학적 연구 저널 50, no.4(2011): 744−762("Baring Their Souls in Online Profiles or Not? Religious Self-Disclosure in Social Media", Journal for the Scientific Study of Religion 50, no.4(2011): 744−762). 한편, 퓨 리서치 센터의 한 보고에 따르면, 일상적으로 한 주 동안 20퍼센트의 미국인들이(전체적으로) 자신의 종교적 믿음을 소셜 네트워크 웹사이트나 앱을 통해 나눈다고 한다. 또한 같은 시간 동안 미국 성인들의 46퍼센트가 다른 누군가가 온라인에서 종교적 믿음을 나누는 걸 보았다고 답했다. 이 설문조사에 따르면, 또한 18세에서 29세까지의 미국 젊은이들은 50세 이상의 미국 성인들에 비해 두 배나 더 온라인상에서 종교적 믿음을 나눌 확률이 많았다. 물론 필자가 인터뷰한 학생들은 이 결과를 지지하지 않았지만 말이다. 또, 퓨 리서치 센터의 같은 설문조사에서 복음주의 신도들(evangelicals)와 흑인 개신교도들은 온라인상에서 자신의 믿음을 나눌 확률이 다른 신도들보다 훨씬 높았다. 마지막으로, 자주 종교적 예배에 참석한다고 답한 미국인들은, 예배를 자주 가지 않는 이들보다 전자기기를 통한 종교 활동에 참여할 확률이 훨씬 높았다. 퓨 리서치 센터의『종교와 전자미디어(워싱턴 디시: 퓨 리서치 센터, 2015)』("Religion and Electronic Media", Washington DC: Pew Research Center)를 읽어보기 바란다. 또한『소셜미디어와 종교적 변화(베를린: 드 그루이터, 2013)』(Social Media and Religious Change, Berlin: De Gruyter, 2013)에 실린 에세이들도 참고하라. 이 책은 마리 길레스피(Marie Gullespie), 데이비드 허버트(David Herbert), 아니타 그린힐(Anita Greenhill)이 공동 편집한 책으로, 좀 더 일반적으로 현대의 종교와 영성의 구성과정에서의 사회와 매스미디어 간의 상관관계에 대해 다루고 있다. 이 책에서 다루는 주제들로는 종교 권위에 대한 소셜미디어의 영향, 커뮤니티 관계에서 미디어화의 영향, 전통적 구성의 종교적 커뮤니티에 대한 소셜미디어의 도전 등이 있다. 마지막으로,『디지털 종교, 소셜미디어와 문화: 관점, 실행과 미래(뉴욕: 피터 랭, 2012)』(Digital Religion, Social Media and Culture: Perspectives, Practices and Futures, New York: Peter Lang, 2012)라는 책 전체를 살펴보기 바란다. 저자인 폴린 호프 정(Pauline Hope Cheong)과 동료들은 이 책에서 종교와 컴퓨터 중재 커뮤니케이션 간의 복잡한 상호작용에 대한 최신 연구들을 수집하고 이에 대해 논의한다. 이 책은 정체성, 커뮤니티, 권위에 대한 핵심 종교적 이해가 어떻게 웹 2.0(즉, 소셜 네트워크 사이트, 블로그, 위키(wiki) 및 모바일 앱 등)에 의해 정립 및 재정립될 것인가에 대한 문제를 다루는 데 그 의의가 있다.

3. 니콜 윌리엄스(Nicole Williams)는 그녀의 2014년 7월 센티넬(Sentinel)지 기사 "항상 바쁜 종교: 신앙인들이 소셜미디어를 받아들이다"("Religion on the Go: Believers Embrace Social Media")에서 교회와 종교인들이 어떻게 소셜미디어를 사용해 서로 간에 연결하고,

복음을 전파하는지를 논의했다. 그녀는 164만 건의 다운로드를 기록한 성경 앱인 '유버전 (YouVersion)'이 628개의 다른 언어로 번역된 성경을 사용자들에게 제공하고, 사용자들이 성경 구절을 소셜 네트워크를 통해 공유하게끔 한다고 설명했다. 또한 그녀는 현대적인 교회들이 소셜미디어를 적극 수용한 예들을 든다. 한 예로 어떤 교회는 자체 모바일 앱을 개발해 신도들에게 예배를 따르도록 권장한다고 한다.

6장

1. 다시 한 번, 이런 문제들의 폭넓은 해결과, 우리가 스스로를 '편집'하는 방법을 알아보기 위해 다음의 책들을 읽어보기를 바란다. 하워드 가드너와 케이티 데이비스의 『앱 제너레이션: 디지털 세상에서 어떻게 오늘날의 청소년이 정체성, 친밀함, 상상력을 키워나가는가』, 셰리 터클의 『디지털 시대의 대화』.

2. 뉴욕 매거진(New York Magazine)의 2012년 10월 22일 기사, "이 문자는 자동 삭제될 것; 스냅챗이 캠퍼스를 휩쓸다"("This Text Will Self-Destruct; Snapchat Sweeps Campus")에서 로버트 무어(Robert Moore)는 코네티컷의 한 고등학교 학생들과 스냅챗 사용에 대한 대화를 나눴다. 부모님들이 스냅챗의 주된 용도가 섹스팅이라 생각하는 것과는 달리, 학생들은 스냅챗을 웃기고, 못생기게 나온 이상한 셀피를 공유하는 데 이용한다고 주장했다(필자의 연구에서도 학생들이 이를 확신시켰다).

3. 유에스에이 투데이지의 2014년 9월 30일 기사인 "소셜 네트워크 앱인 익약이 '대학 내에서 엄청난 인기를 끌다'"("Social Networking App Yik Yak Is Outrageously Popular on College Campuses", USA Today, September 30, 2014)에서 댄 레이몰드(Dan Reimold)는 여러 대학의 학보들을 들여다보고 익약이 대학 캠퍼스 내에서 어떻게 이용되고 반응을 불러일으키는지를 살폈다. 특히 타인에 대한 고약하고 비하적인 발언을 익명으로 올릴 수 있는 기능이 어떤 문제를 야기하는지에 대해서 말이다. 하지만 이 익명 기능은 자신의 생각과 감정, 걱정을 편하게 나누도록 평소에 조용한 학생들을 장려하기도 한다. 또, 조나단 말러(Jonathan Mahler)의 2015년 3월 9일자 뉴욕타임스 기사인 "누가 그 학대의 말을 내뱉었는가? 익약은 이를 가르쳐주지 않는다"("Who Spewed That Abuse? Yik Yak Isn't Telling", New York Times, March 9, 2015), 그리고 에블린 러슬리(Evelyn M. Rusli)와 제프 엘더(Jeff Elder)의 2014년 11월 26일자 월스트리트 저널 기사 "앱의 대두 뒤에는 어두운 면모가 도사린다"("Behind App's Rise, Dark Side Looms", Wall Street Journal, November 26, 2014) 같은 기사들은 어떻게 익약 같은 소셜미디어 앱이 청소년 및 대학생들의 사이버 폭력(cyberbullying)에 이용되는지를 다룬다. 특히 여러 미국 대학에서 여러 앱이 집단 폭력과 성추행 위협 메시지를 보내는 데 어떻게 이용되는지를 살핀다. 한편, 2015년 5월 7일 시엔엔(CNN) 기사 "성추행, 살인 사건 후 익약 앱에 대해 대학 캠퍼스 내 큰 소동이 일다"("Campus Uproar over Yik

Yak App after Sext Harrassment, Murder")에서 데이비드 골드만(David Goldman)은 익약을 통해 추행과 협박을 당한 버지니아의 한 대학생의 살인사건 이후, 익명의 소셜 네트워크 앱에 대해 논란이 불거지는 현상을 탐색했다. 골드만은 앱상의 협박을 대응하는 과정에서 책임감이 부재하다는 논의를 했다. 대학과 익약 측 모두 캠퍼스 내 페미니스트 집단이 우려한 걱정을 시정하려는 움직임이 거의 없었던 것이다. 이 페미니스트 집단은 살인사건 전에 멤버들에 대한 성차별적인 협박 메시지가 익약에 포스팅되었다고 밝혔었다. 익약과 같은 앱에서의 익명성(혹은 익명성의 부재)에 대해 더 알아보려면 제프리 파울러(Geoffrey A. Fowler)의 2014년 아시아판 월스트리트 저널 기사 "과거 온라인상에서 당신이 공유한 비밀은 항상 안전하지 않다"("Past Secrets You Share Online Aren't Always Safe")를 읽어보라. 또한 뉴욕타임스의 2015년 2월 15일 기사인 "익명성이라는 유행병"("The Epidemics of Facelessness")에서 스티픈 마르셰(Stephen Marche)는 익명의, 형체를 알 수 없는 온라인 발언이 세상을 더욱 비윤리적으로 만든다고 주장했다. 윤리적 문제에 대해서라면(당시에는 익약이 존재하기 전이지만) 캐리 제임스(Carrie James)의 『비접속: 젊음, 새로운 미디어와 윤리적 공백(보스턴, 엠아이티 출판사, 2014)』(Disconnected: Youth, New Media, and the Ethics Gap, Boston: MIT Press, 2014)을 통해 폭넓은 정보를 얻을 수 있다. 특히 소셜미디어와 새로운 테크놀로지가 어떻게 젊은이들의 도덕적, 윤리적 의사결정에 영향을 미치는지에 대해서 말이다.

4. 미주리 대학(University of Missouri)에서 일어난 사건과 기타 대학가 내 익약 관련 협박에 대해 더 알고 싶다면 케이틀린 듀이(Caitlin Dewey)의 2015년 11월 11일 워싱턴 포스트 기사 "미주리 대학에서 인종차별을 키운 앱인 익약은 무엇인가?"("What is Yik Yak, the App That Fielded Racist Threats at University of Missouri?", Washington Post, November 11, 2015)를 읽어보기 바란다.

5. 왜, 어떻게 대학생들이 익명의 소셜미디어 앱의 트렌드를 주도하는지에 대해 궁금하다면, 엘렌 브레잇(Ellen Brait)의 2015년 9월 6일 가디언지 기사 "아무런 이름이 달리지 않음: 대학생들이 익명 앱의 트렌드를 주도하다"("No Names Attached: College Students Drive Anonymous Apps Trend", Guardian, September 6, 2015)를 읽어보라. 브레잇은 익약이 현재 전 세계적으로 2,000개 이상의 대학에서 이용되고 있다고 밝혔다. 그녀는 익약과 왓츠구들리(Whatsgoodly)와 같은 익명의 소셜미디어 앱은 대학생들에게 인생사의 드라마를 풀어놓고, 자신의 생각과 의견을 자유로이 표현하게 허락한다고 설명한다. 또, 익명이기에 나쁘거나 몰상식한 멘트가 자신들에게 달릴 것을 걱정할 필요가 없다는 것이다. 그리하여 학생들은 사회생활을 준비하는 과정에서 좀 더 긍정적인 디지털 청사진을 유지할 수 있게 된다.

7장

1. 제나 워덤은 2014년 12월 14일자 뉴욕타임스(New York Times)의 일요 비즈니스란 기사 "웹

사이트상 욕설의 바다에서 헤엄치다"("Trying to Swim in a Sea of Web Invective")에서 페이스북이나 트위터 같은 소셜미디어 사이트상의 괴롭힘에 대해 탐색했다. 그녀는 소셜미디어와 괴롭힘, 표현의 자유와 관련된 최근의 판례들을 살펴보고, 이 소셜미디어 사이트들이 사이버 폭력을 제어하기 위해 취한 수단들에 대해 논의한다. 또한 닉 빌튼(Nick Bilton)은 그의 2015년 4월 30일자 뉴욕타임스 기사 "창피 주는 자와 창피당한 자"("The Shamers and the Shamed")에서 온라인상의 조롱과 대중심리라는 면에서의 사이버 폭력을 논의했다. 이 기사는 또한 성별의 개념에 대해서도 다룬다. 즉, 소셜미디어상에서 여성들은 남성들이 경험해보지 못한 방법으로 조롱당하기 더 쉽다는 것이다. 한편, 다니엘 우드(Daniel B. Wood)의 2013년 9월 17일자 크리스천 모니터지 기사 "사이버 폭력: 학교가 학생들의 소셜미디어 계정을 감시해야 할까?"("Should Schools Police Students' Social Media Accounts?", Christian Science Monitor, September 17, 2013)에서는 캘리포니아 글렌데일(Glendale) 통합교육구(Unified School District)에서 2012년 두 청소년의 자살사건을 계기로 사기업을 고용하여, 1,400명 학생들의 소셜미디어 계정을 감시하는 데 대한 찬반 논의를 하였다. 또한 스테파니 로젠블룸(Stephanie Rosenbloom)의 2014년 8월 24일자 뉴욕타임스 기사인 "디지털 잔인성에 대처하기"("Dealing with Digital Cruelty")에서는 인터넷 멘트의 익명성이 어떻게 무절제한 행동을 부추기는지를 살펴보고, 부정적인 멘트를 계속 떠올리는 것의 심리적 영향을 알아본다. 어린이들, 부모 및 교사들에 영향을 미치는 사이버 폭력의 특수한 문제점들에 대해 종합적인 요약을 얻고자 한다면, 로빈 코왈스키(Robin M. Kowalski), 수전 림버(Susan P. Limber), 패트리샤 아가스톤(Patricia W. Agatston)이 공저한 『사이버 폭력: 디지털 시대의 따돌림(개정판, 말든(Malden), 메사추세츠, 와일리 출판사, 2012)』(Cyberbullying: Bullying in the Digital Age, 2nd ed., Malden, MA: Wiley, 2012)을 참고하기 바란다. 특히 사이버 폭력이 일어나는 경로들, 그리고 성인과 아동들 사이에서의 사이버 폭력의 발생에 대해서 설명하고 있다. 한편, 샤힌 섀리프(Shaheen Shariff) 또한 자신의 저서 『사이버 폭력: 학교, 교실과 가정을 위한 문제점과 해결책(뉴욕: 루트리지, 2008)』(Cyberbullying: Issues and Solutions for the School, the Classroom, and the Home, New York: Routledge, 2008)에서 사이버 폭력에 대해 심층적으로 분석하며, 실용적인 교육적 해결책을 제시한다. 미국 대학 캠퍼스 내 표현의 자유와 학생 및 교수들을 괴롭히는 데 소셜미디어 사용이 증가하는 문제에 대해 더 알고 싶다면, 모튼 샤피로(Morton Schapiro)의 2015년 3월 19일 월스트리트 저널 아시아판 기사 "캠퍼스 내 불안의 새로운 얼굴"("The New Face of Campus Unrest")을 읽어보기 바란다.

2. '더 나아질 거야(It Gets Better)' 프로젝트에 대해 더 알고 싶다면 웹사이트 http://www.itgetsbetter.org를 살펴보라. 또한 리제트 알바레즈(Lizette Alvarez), 랜스 스피어(Lance Speere), 알란 바인더(Alan Binder)의 2013년 9월 14일 뉴욕타임스 기사 "소녀의 자살이 사이버 폭력에 이용되는 앱의 증가 추세를 드러내다"("Girl's Suicide Points to Rise in Apps

Used by Cyberbullies")에서는 사이버 폭력과 자살 간의 상관관계에 대해 논한다. 저자들은 12세의 중학생인 레베카 앤 세드윅(Rebecca Ann Sedwick)이 사이버 폭력 때문에 자살한 사례를 소개한다. 사이버 폭력은 애스크 에프엠(ask.fm)과 킥 메신저(Kik Messenger), 박서(Voxer) 등과 같은 온라인 소셜미디어 앱을 통해 이뤄졌다고 한다. 또한 사미어 힌두자(Sameer Hunduja)와 저스틴 패친(Justin W. Patchin)의 논문인 "괴롭힘, 사이버 폭력, 자살", 자살 연구 아카이브 14, no.3(2010): 201-221("Bullying, Cyberbullying, and Suicide", Archives of Suicide Research 14, no.3(2010): 201-221)도 참고하라. 힌두자와 패친은 미국의 가장 큰 교육구 중 하나에 거주하는 1,963명의 중학생들을 대상으로 설문조사를 실시했다. 그 결과, 일반적인 괴롭힘과 사이버 폭력을 가해자 혹은 피해자로 경험한 적이 있는 학생들은 자살에 대한 생각을 더 많이 하는 것으로 드러났다. 또한 이들은 이러한 또래 공격성(peer aggression)을 경험하지 않은 학생들보다 자살 시도를 할 확률도 높았다고 한다. 또, 피해자가 가해자보다 더 강한 자살 생각 및 태도를 지녔다고 한다.

3. 오즈거 에두르 베이커(Ozgur Erdur-Baker)는 14세부터 18세까지의 청소년 276명을 대상으로 설문조사를 실시했다. 이 설문조사에서 32퍼센트의 학생들이 사이버 폭력과 일반적인 괴롭힘의 동시적인 피해자였으며, 26퍼센트의 학생들은 사이버 공간과 실제 공간에서의 괴롭힘의 가해자였다고 밝혔다. 남학생들은 사이버상과 실제 공간 모두 괴롭힘의 가해자와 피해자가 될 확률이 더 높았다. 다변량 통계분석(multivariate statistical analyses)에 따르면, 사이버 폭력과 일반적인 괴롭힘은 남학생에게서는 서로 연관된 것으로, 여학생에게서는 그렇지 않은 것으로 드러났다. 에두르 베이커의 논문 "사이버 폭력과 일반적인 괴롭힘, 성별과 인터넷 중재 커뮤니케이션 도구의 잦고 위험한 사용 간의 상관관계", 뉴미디어 & 사회 12, no.1(2010), 109-125("Cyberbullying and Its Correlation to Traditional Bullying, Gender and Frequent and Risky Usage of Internet-Mediated Communication Tools", New Media&Society 12, no.1(2010): 109-125)도 참고하기 바란다. 한편, 파예 미시나(Faye Mishna)와 동료들은 2,186명의 중·고등학생들을 대상으로 설문조사를 실시했다. 그 결과, 응답자의 30퍼센트 이상이 사이버 폭력에 가해자 및 피해자로 연루된 경험을 해봤다고 답했다. 또한 응답자들 중 4분의 일(25.7퍼센트)은 사이버 폭력에 가해자 및 피해자로 참여했었다고 답했다. 사이버 폭력에 가담한 이들에게는 몇 가지 위험 인자(risk factors)들이 공통으로 존재했다. 예를 들면, 학생들의 하루 컴퓨터 이용시간과 친구들에게 패스워드를 알려주는 것 등이었다. 파예 미시나와 동료들의 논문 "사이버 폭력에 가담하는 위험인자: 피해자들, 가해자들과 동시에 피해자와 가해자인 이들", 아동과 젊은이 서비스 리뷰 34, no.1(2012): 63-70("Risk Factors for Involvement in Cyber Bullying: Victims, Bullies, and Bully-Victims", Children and Youth Services Review 34, no.1(2012): 63-70)도 참고하기 바란다. 마지막으로, 2006년에 미국 범죄예방 및 형사사법위원회(National Crime Prevention Council)가 여론조사기관 해리스 인터

액티브(Harris Interactive)와 연합하여 주최한 연구에서는 미국 중·고등학생들의 사이버 폭력 문제를 다뤘다. 이들이 실시한 설문조사의 목표는 네 가지였다. ① 십 대들의 사이버 폭력에 관한 경험을 탐색할 것, ② 사이버 폭력에 대한 십 대들의 감정적. 태도적 반응을 이해할 것, ③ 십 대들이 생각하는 가장 효과적인 사이버 폭력 예방 및 근절법은 무엇인지 알아낼 것, ④ 십 대들이 정의하는 사이버 폭력은 무엇인지, 이를 표현하는 다른 용어가 있는지 밝혀낼 것이었다. 연구 결과, 설문조사 대상인 824명의 학생들 중 46퍼센트가 어떤 형태로든 사이버 폭력을 경험했다고 답했으며, 여학생들이 남학생들보다 사이버 폭력의 피해자가 될 확률이 높았다(각각 여학생은 57퍼센트, 남학생은 43퍼센트였다). 또한 사이버 폭력을 경험할 가능성도 연령의 증가에 따라 높아졌다. 미국 범죄예방 및 형사사법위원회와 해리스 인터액티브의 2007년 2월 28일자 "십 대들과 사이버 폭력: 연구에 대한 경영종합보고" ("Teens and Cyberbullying:Executive Summary of a Report on Research")를 살펴보기 바란다.

4. 이 연구에 대해 더 알아보려면, 사라 콘라스(Sarah Konrath), 에드워드 오브라이언(Edward H. O'Brien)과 코트니 싱(Courtney Hsing)의 논문 "시간의 흐름에 따른 미국 대학생들의 기질적 공감 변화: 메타 분석", 성격과 사회심리학 리뷰 15, no.2(2011): 180–198("Changes in Dispositional Empathy in American College Students over Time: A Meta-Analysis", Personality and Social Psychology Revies 15, no.2(2011): 180–198)을 참조하기 바란다.

5. 많은 십 대들에게는 괴롭힘과 그저 평범한 소동 간에는 확연한 차이가 있다. 게다가 사이버 폭력은 전혀 다른 범주에 속한다. 이러한 차이 및 각 용어들의 중요성에 대해 더 읽어보려면 (그리고 요즘의 어른들이 모든 문제를 '괴롭힘'과 '사이버 폭력'의 범주에 몰아넣는 방식에 대해 알아보려면) 앨리스 마윅(Alice Marwick)과 다나 보이드의 논문 "이건 드라마일 뿐이야: 네트워크 시대의 십 대들의 분쟁과 공격성에 관한 관점", 청소년 연구 17, no.9(2014): 1187–1204("It's Just a Drama: teen perspectives on conflict and aggression in a networked era", Journal of Youth Studies 17, no.9(2014): 1187–1204)를 읽어보라. 보이드는 저서 『소셜 시대 십 대들은 소통한다』에서 상당한 시간을 이러한 범주 차이를 논하는 데 할애했다. 또한 그녀는 소셜미디어와 청소년기의 잔인성 간의 관계에 대해서도 논의한다. 보이드의 『소셜 시대 십 대들은 소통한다』, 128–152페이지 참조.

8장

1. 소셜미디어가 어떻게 사람들의 이별 경험에 영향을 미치는지에 대한 개요를 알려면 이라나 게르송(Ilana Gershon)의 『이별 2.0: 뉴미디어를 통해 단절하기(이타카: 코넬대학교 출판사, 2010)』(The Breakup 2.0; Disconnecting over New Media, Ithaca: Cornell University, 2010)를 참고하라.

2. 연애를 페이스북에 공개하는 게 남성과 여성의 만족(혹은 불만족)에 어떤 영향을 미치는

지를 알려면 로렌 팝(Lauren M. Papp), 제니퍼 다니엘웍즈(Jennifer Danielewicz), 크리스탈 카엠버그(Crystal Cayemberg)의 논문 "우리 연애가 페이스북 공개용인가? 데이트 상대자의 페이스북 사용과 프로필이 친밀한 관계 만족도에 미치는 영향", 사이버 심리학, 행동과 소셜 네트워킹 15, no.2(2012): 85–90("Are We Facebook Official? Implications of Dating Partners' Facebook Use and Profiles for Intimate Relationship Satisfaction", Cyberpsychology, Behavior, and Social Networking 15, no.2(2012): 85–90)을 살펴보기 바란다.

3. 마리아 코니코바(Maria Konnikova)는 그녀의 2014년 10월 7일자 뉴요커지(Newyorker) 기사 "우정의 한계"("The Limits of Friendship", New Yorker, October 7, 2014)에서 소셜미디어가 어떻게 우리의 사회적 서클의 크기와 우리가 친구들과 맺는 관계의 강도에 영향을 미치는지에 대해 논의한다. 코니코바는 페이스북이나 트위터 같은 소셜 네트워크 사이트가 우리에게 일대일 대면 없이도 전보다 더 많은 이들과의 연결을 가져다주지만, 깊은 연결성은 느끼지 못하게 함에 대해 논의한다. 우리가 피상적인 관계에 투자하는 시간은, 좀 더 심오한 관계의 부재라는 이면에 생겨났다는 것이다.

9장

1. 많은 비평가들이 데이팅 앱은 우리가 어떻게 구애하고 친밀한 관계를 발전시키는지의 핵심을 (부정적으로) 바꾸고 있다고 주장한다. 배니티 페어(Vanaty Fair)지에서 저널리스트 낸시 조 세일즈(Nancy Jo Sales)는 '훅업' 문화가 어떻게 틴더(Tinder), 힌지(Hinge), 클로버(Clover), 하우 어바웃 위(How About We) 등의 데이팅 앱과 충돌하는지를 논의한다. 세일즈는 데이팅 앱이 사람들(특히 젊은이들)이 만나고, 관계를 발전시키며, 성관계를 맺는 과정을 뒤바꿔놓았다고 주장했다. 틴더의 경영진은 이 기사를 탐탁지 않게 여겼다. 그러고는 삼십 개의 트위터 메시지를 통해 살레시가 틴더를 매일 이용하는 이들의 긍정적 경험은 고려하지 않았다고 비난했다. 하지만 어떤 비평가들은 데이팅 앱을 좀 더 긍정적으로 받아들인다. 우선, 훅업 과정을 쉽게 만들어 훅업 문화를 활성화시켰으며, 특히 여성들은 잠재적 구애자들을 미리 추려낼 수 있게 됐다는 것이다. 따라서 훅업이 디지털 시대에서 전보다 훨씬 자유롭고 안전하게 변했다고 주장한다.

하지만 누군가 데이팅 앱을 어떻게 평가하는지와는 별개로, 데이팅 앱의 인기는 부인할 수 없다. 예를 들어 틴더는 하루에 약 1,200만 명 정도를 매칭시켜 준다고 한다. 다음 기사들을 참고하기 바란다. 페기 드렉셀러(Peggy Drexeler)의 2015년 1월 30일자 허핑턴포스트 기사 "밀레니엄 세대 여성들이 로맨스에 자유방임주의적 태도를 취하다"("Millennial Women Are Taking a Laissez-Faire Approach to Romance"), 몰리 우드(Molly Wood)의 2015년 2월 4일자 뉴욕타임스 기사 "틴더가 주도하는 모바일 데이팅 앱의 대두"("Led by Tinder, a Surge in Mobile Dating Apps", 낸시 조 세일즈의 2015년 9월 배니티 페어 기사 "틴더와 '데이트의 종말'"("Tinder and the Dawn of the 'Dating Apocalypse'", 찰스 라일리(Charles Riley)와 호프 킹(Hope King), 2015년 8월 12일 CNN 금융 기사, "틴더가 베니티 페어에 대한 30개의 비난 트윗글이 '과잉반응'이었다고 말하다"("Tinder Says It 'Overreacted' to Vanity Fair Story with 30-Tweet Rant", CNN Money, August 12, 2015).

2. 필자는 앞서 소개한 도나 프레이타스(Donna Freitas)의 『성과 영혼: 미국 대학 캠퍼스의 성, 영혼, 로맨스와 종교를 동시에 다루기(뉴욕: 옥스퍼드대학교 출판사, 2008)』, 그리고 『섹스의 종말: 어떻게 훅업 문화가 한 세대를 불행하고, 성적으로 불만스러우며, 친밀감에 대해 혼란스럽게 만들었는가(뉴욕: 베이직 북스, 2013)』("The End of Sex: How Hookup Culture is Leaving a Generation Unhappy, Sexually Unfulfilled, and Confused about Intimacy, New York: Basic Books, 2013)에서 대학 캠퍼스 내 훅업과 성관계, 데이트의 본질에 대해서 자세히 다룬 바 있다.

3. 주디스 데이비슨(Judith Davidson)은 그녀의 저서 『섹스팅: 성과 십 대들(로터담: 센스 출판사, 2015)』(Sexting: Gender and Teens, Rotterdam: Sense Publishers, 2015)에서 십 대들의 친밀한 성적 세계, 또 십 대들과 같이 살거나 일하는 이들에 대한 심층 분석을 하였다. 십 대들, 부모들 및 양육자들과의 인터뷰를 통해 데이비슨은 새로운 디지털 세계가 여전히 이전의 가부장적 구조에 물들어 있는 양상을 탐색했다. 데이비슨의 결론에 따르면, 십 대와 성인들의 섹스팅에 대한 관점은 성별적인 차이가 있다. 또한 킴벌리 미첼(Kimberly J. Mitchell)과 동료들은 그들의 논문 "청소년들의 섹스팅의 유행과 특징: 전국적 연구", 소아학 129, no.1(2012): 11-20("Prevalence and Characteristics of Youth Sexting: A National Study", Pediatrics 129, no.1(2012): 11-20)에서 10세~17세의 인터넷 사용자 1,560명을 대상으로 전화 설문조사를 실시했다. 섹스팅 참여 정도를 살펴보려는 교차상관(cross-sectional) 연구였다. 이들의 데이터에 따르면 설문조사 대상자 중 2.5퍼센트의 청소년들이 완전, 혹은 부분적 누드로 사진이나 비디오에 담겨본 적이 있다고 한다. 하지만 고작 1.0퍼센트만이 성적으로 노골적인 이미지에 연관된 적이 있다고 답했다. 또한 7.1퍼센트의 학생들은 타인의 완전, 혹은 부분적 누드를 받아본 적이 있다고 답했고, 5.9퍼센트가 성적으로 노골적인 이미지를 받은 적이 있다고 응답했다. 한편, 또 다른 설문조사에서 도널드 스트래스버그(Donald S. Strassberg)는 606명의 고등학생들을 대상으로 인터뷰를 실시했다. 그 결과, 거의 20퍼센트의 응답자들이 자신의 노골적으로 성적인 사진을 스마트폰으로 보내본 적이 있다고 답했다. 또, 그 두 배에 달하는 응답자들이 노골적으로 성적인 사진을 받아본 적이 있다고 응답했다. 노골적으로 성적인 사진을 받아본 적이 있는 학생들 중 25퍼센트 이상이 그 사진을 타인에게 전달했다고 답했다. 또한, 섹스팅에 참여한 학생들 중 거의 삼분의 일 정도가 자신의 행동에 심각한 법적 및 기타 결과가 따를 수 있음을 인지함에도 불구하고 그렇게 행동했다고 한다. 도널드 스트래스버그와 동료들의 논문, "고등학생들에 의한 섹스팅: 탐색적, 기술

적 연구", 성적 행동의 아카이브 42, no.1(2013) 15−21(Sexting by High School Students: An Exploratory and Descriptive Study", Archives of Sexual Behavior 42, no.1(2013): 15−21). 한편, 12~17세의 청소년들을 대상으로 한 2009년 퓨 리서치센터의 설문조사에서는 휴대폰을 가진 십 대들 중 4퍼센트가 자신의 누드, 혹은 부분적 누드 사진을 타인에게 보낸 적이 있다는 응답이 나왔다. 또한 15퍼센트의 학생들은 타인으로부터 그런 누드 이미지를 받은 적이 있다고 답했다. 이러한 퍼센트는 청소년의 나이가 많을수록 더 증가했다. 또, 자신의 휴대폰 요금을 직접 내는 십 대들은 성적인 이미지를 보낼 확률이 요금을 직접 내지 않거나, 일부분만 내는 학생들보다 여섯 배나 많았다. 설문조사의 초점집단이 드러낸 섹스팅의 세 가지 주요 시나리오는 다음과 같다. ① 성적인 이미지를 연애 중인 대상하고만 나눈다. ② 연애 중인 대상과 나눈 이미지를 관계 밖의 타인과 나눈다. ③ 성적인 이미지를 아직 사귀지는 않지만, 사귀길 희망하는 적어도 한 사람과 나눈다. 아만다 렌하트의 "십 대와 섹스팅: 왜 미성년 십 대들이 성적으로 도발적인 누드, 혹은 부분적으로 누드 이미지를 메시지로 전달하는가", 퓨 인터넷 & 아메리칸 라이프 프로젝트("Teens and Sexting: How and Why Minor Teens Are Sending Sexually Suggestive Nude or Nearly Nude Images via Text Messaging", Pew Internet& American Life Project, Washington, DC: Pew Research Center, 2009). 마지막으로 미셸 드루인(Michelle Drouin)과 칼리 랜드그래프(Carly Landgraff)가 744명의 대학생들을 대상으로 한 설문조사도 있다. 이 설문조사에서는 메시지와 섹스팅이 어떻게 연애에 영향을 미치는지를 탐색했다. 그 결과, 메시지와 성적인 이미지를 보내는 것은 성년 초반의 연애에서 상대적으로 흔한 일임이 밝혀졌다. 또한 메시지와 성적인 이미지를 보내는 것은 연애의 애착 스타일(attachment style)과 깊은 관련이 있었다. 메시지는 안정적 애착관계에 있는 연인들 사이에서, 섹스팅은 좀 더 불안정한 애착관계의 연인들에게서 좀 더 흔했다. 애착 회피를 드러내는 이들 중에서는 남성이 여성보다 연인에게 성적인 이미지를 보낼 확률이 높았다. 미셸 드루인과 칼리 랜드그래프의 논문 "대학생들의 연애에서의 메시지, 섹스팅, 그리고 애착", 인간행동 속 컴퓨터 28, no.2(2012): 444−449("Texting, Sexting, and Attachment in College Students' Romantic Relationships,"Computers in Human Behavior 28, no.2(2012): 444−449).

10장

1. 스마트폰 덕에 소셜미디어에의 접근성이 커지면서 대학생들의 공부 습관에도 영향을 미치는 건 새삼스러운 일이 아니다. "방해물, 방해물: 인터넷 메시지 직후 대학생들의 독해 과제에 영향을 미치는가?", 사이버심리학 & 행동 12, no.1(2009): 51−53("Distractions, Distractions: Does Instant Messaging Affect College Students' Performance on a Concurrent Reading Comprehension Task?", CyberPsychology&Behavior 12, no.1(2009): 51−53)에서

저자 애니 베스 폭스(Annie Beth Fox), 조나단 로젠(Jonathan Rosen), 메리 크로포드(Mary Crawford)에 따르면 독해 과제를 하는 동안 인터넷 메시지를 보낸 학생들은, 방해를 받지 않은 학생들에 비해 과제를 끝내는 데 훨씬 더 오랜 시간을 소요했다. 또한 추가 분석에 따르면 참가자들이 메시지를 보내는 데 시간을 많이 쓸수록 독해 점수는 낮았고, 스스로 밝힌 학업성적도 낮았다. 한편, 콴 첸(Quan Chen)과 젱 얀(Zheng Yan)은 그들의 논문 "리뷰, 휴대폰으로 멀티태스킹(multitasking)을 하는 게 배움에 영향을 미칠까?", 인간 행동 속 컴퓨터 54(2006): 34~42("Does Multitasking with Mobile Phones Affect Learning? A Review", Computers in Human Behavior 54(2006): 34~42)에서는 학생들 사이에서 휴대폰으로 하는 멀티태스킹은 흔하다고 밝혔다. 게다가 이 멀티태스킹은 배움에 있어 여러 면으로 방해됨이 확인되었다. 첸과 젱은 왜 이런 멀티태스킹이 배움을 방해하는지를 살펴보는 한편, 휴대폰의 방해를 줄일 예방책을 제시한다.

2. 게다가 한밤중에 스마트폰을 들여다보는 건, 휴식에 관한 한 최악의 선택이다. 2015년 2월 24일 아틀란틱(Altantic)지 기사인 "어떻게 스마트폰이 잠을 방해하는가"("How Smartphones Hurt Sleep")에서 올가 카잔(Olga Khazan)은 스마트폰이 사람들의 삶을 여러모로 풍요롭게 해주지만, 수면이라는 영역에 있어서는 해가 될 수 있음을 논의한다. 카잔은 2012년에 타임지와 반도체 기업 퀄컴(Qualcomm)이 7개국 4,700명을 대상으로 여론조사를 실시한 결과, 젊은 층은 테크놀로지에 항상 노출돼 있기 때문에 예전만큼 잠을 잘 못 잔다고 밝혔다. 그 한 가지 이유는 아마도 스마트폰과 태블릿 피시(tablet PC)에서 발산되는 청색광 때문일지도 모른다. 청색광이 사람의 뇌에 지금이 아침이라고 통보하기 때문이다. 반면, 적색광은 이제 잘 시간이라는 신호를 뇌에 보내는 것이다.

3. 유에스에이 투데이(USA Today)의 2014년 9월 27일자 기사 "밀레니엄 세대는 스마트폰을 끔찍이 좋아한다: 이를 받아들일 것"("Millennials LOVE Their Smartphones: Deal with It")에서 리사 키플링어(Lisa Kiplinger)는 여론조사기관 조그비 애널리틱스(Zogby Analytics)의 한 연구에서 90퍼센트의 밀레니엄 세대들이 휴대폰을 항상 가까이 둔다고 답했다고 밝혔다. 80퍼센트의 밀레니엄 세대들이 아침에 일어나 가장 먼저 하는 일이 스마트폰에 손을 뻗는 것이라고 한다. 또한 78퍼센트는 매일 두 시간 이상을 문자를 보내고, 트위터를 하며, 대화를 나누고, 온라인 검색을 한다고 한다. 게다가 47퍼센트의 밀레니엄 세대가 스마트폰을 통해 적어도 한 번은 온라인 상점에 들어가며, 14퍼센트는 모바일 사이트나 앱이 없는 기업에서는 아예 구매를 하지 않는다고 답했다.

4. 전체 608명의 학생들 중 5퍼센트에 해당하는 31명이 이 선택 질문에 답했다.

5. 셰리 터클, 『디지털 시대의 대화(뉴욕: 펭귄 출판사, 2015)』, 53페이지.

11장

1. 학생들만(종종 일시적으로) 소셜미디어 이용을 중단하는 건 아니다. 모든 소셜미디어 이용자가 이런 시간을 갖는 게 더 큰 트렌드가 되어가고 있다. 2014년 1월 1일 허핑턴포스트 기사인 "왜 내가 소셜미디어를 30일 동안 끊는가"("Why I'm Quitting Social Media for 30Days")와 2014년 1월 23일의 허핑턴포스트 기사인 "나는 소셜미디어를 그만둔다(그리고 아직 그립지는 않다)"("I Quit Social Media(and I don't Miss It Yet)")에서 조단 터전(Jordan K. Turgeon)은 왜 그녀가 소셜미디어를 그만두기로 했는지, 그리고 그 경험으로부터 얻은 게 무엇인지를 풀어놓는다. 소셜미디어에서 멀어진 지 몇 주 뒤, 이 연구에 참가한 다른 많은 학생처럼 터전은 이 경험이 즐거운 것이었다고 밝혔다. 스트레스 수치도 줄었으며, 다른 일들을 할 시간이 더 생겼다. 게다가 잠도 더 잘 잔다는 것이다. 그녀의 2015년 8월 1일 마켓와치(MarketWatch)지 기사 "반소셜 네트워크: 이용자들이 페이스북과 트위터로부터 디톡스를 하다"("Anti-social Network: Users Are 'Detoxing' from Facebook, Twitter")에서 찰스 패시(Charles Passy)는 장·단기간 동안 소셜미디어를 끊는 트렌드가 늘어나고 있음을 논의했다. 이제는 '전국 코드 뽑기의 날(National Day of Unplugging)'이 생겨났고, 성인들을 위한 디지털 디톡스 캠프가 있으며, 사순절(lent)을 지키는 사람들은 그 기간 동안 페이스북이나 트위터 등의 사이트 이용을 포기하기도 한다. 패시는 많은 소셜미디어 이용자들이 하루 일과를 보는 데 소셜미디어가 방해된다는 인식을 하고 있다고 설명한다. 어떤 이들은 소셜미디어를 질투와 억울함을 느끼는 유해한 환경으로 보기까지 한다. 2014년 7월 2일자 뉴욕타임스 기사인 "맹세코 소셜미디어를 끊으라, 영원히 혹은 잠시 동안만이라도"("Swear Off Social Media, for Good or Just for Now")에서 몰리 우드(Molly Wood)는 소셜미디어를 멈출 수 있는 여러 방법을 제시한다. 예를 들면 비활성화를 하거나 계정을 삭제하는 것이다. 또한 엑스파이어(Xpire), 디리터(DLTTR), 트윗딜리트(TweetDelete)와 같은 앱을 이용해 자신의 디지털 노출을 최소화할 수도 있다. 우드는 소셜미디어를 자제하는 이들은 소셜미디어가 중독성이 있고, 사생활을 침해하며, 사람들을 조종하고, 중요한 업무에 방해가 된다고 본다고 설명했다. 한편, 와이어드(Wired)지의 2015년 8월 2일 기사인 "나는 내가 진정 좋아하는 것을 배우기 위해 소셜미디어를 끊는다"("I'm Quitting Social Media to Learn What I Really Like")에서 제시 헴펠(Jessi Hempel)은 소셜미디어가 우리의 일상에 미치는 영향의 장단점을 논했다. 헴펠은 이제 사람들이 디지털 디톡스에 참여하고, 스마트폰 사용을 금하는 캠프에 참가하며, 페이스북 대청소를 한다고 지적했다. 그 이유는 소셜미디어 이용이 불안 및 우울한 경험과 연관이 있다고 보기 때문이다. 심지어 소셜미디어가 사람들의 뇌에 미치는 영향에 대한 질문의 차원 때문이기도 하다.

2. 총 295명의 학생들이 이 에세이 질문에 답했다.

3. 2013년 9월 19일자 타임지 기사 "'좋아요' 취소의 이면: 왜 사람들이 페이스북을 떠나는지에

대한 이해"("Understanding Why People Quit Facebook")에서 마이아 잘라비츠는 오스트리아 연구원들의 한 연구를 논의한다. 이 연구에서는 왜 사람들이 소셜 네트워크 사이트인 페이스북을 떠나는지를 살펴보았다. 데이터에 따르면, 페이스북을 떠나는 이들 중 거의 반 정도가 사생활 침해에 대한 두려움, 자신들의 개인적 정보가 이용되는 데 대한 윤리적 문제를 꼽았다. 또 어떤 이들은 사이트에 중독될까 봐 두려워서 떠나기도 했다. 잘라비츠는 소셜미디어 사용과 낮은 자존감, 우울 증세의 증가, FOMO 등을 소셜미디어 계정 삭제의 이유로 꼽는 다른 연구들도 언급했다. 한편, 2013년 1월 24일자 타임지 기사 "왜 페이스북이 자신에 대해서 기분 나쁘게 느끼게 만드는가"("Why Facebook Makes You Feel Bad about Yourself") 에서 알렉산드라 시퍼린(Alexandra Sifferlin)은 독일 연구원들의 한 연구를 소개한다. 이 연구에서 페이스북에 접속해서 시간을 보낸 이들은 세 명 중 한 명꼴로 기분이 나빠지는 것으로 드러났다. 이런 현상은 타인의 휴가 사진을 보거나, 접속한 동안 자신의 계정에 아무것도 올리지 않은 사람일수록 더 심했다. 이런 불만족스러운 사람들 몇몇은 페이스북 사용을 줄이거나, 아예 그만두기까지 했다. 사용자들의 좌절과 불만족은 자신들을 페이스북 친구들과 사회적으로 비교하거나, 친구들보다 더 적은 댓글과 '좋아요' 및 일반적인 피드백을 받기 때문이었다.

4. 총 412명의 학생들이 이 선택적 에세이 질문에 답했다.

5. 이는 대학생들이 훅업 문화 내 파트너와의 성관계에서 얼마나 이중성을 높게 사는지를 필자에게 깨닫게 했다. 나는 이에 대해 『섹스의 종말: 어떻게 훅업 문화가 한 세대를 불행하고, 성적으로 불만스러우며, 친밀감에 대해 혼란하게 만들었는가(뉴욕: 베이직 북스, 2013)』에서 자세히 다룬 바 있다.

결론

1. 오늘날의 페이스북과 인스타그램은 '신생 현대도시의 웅장하고 새로운 가로수 길'과 같다는 생각은 우연히 이 시기에 마샬 버맨(Marshal Berman)의 『단단한 것은 모두 공기 중에 녹는다: 현대성의 경험(뉴욕: 펭귄출판사, 1982)』(All That Is Solid Melts Into Air: The Experience of Modernity, New York: Penguin, 1982)을 읽다가 얻었다. 특히 그가 쓴 장인 "보들레르: 길거리의 모더니즘"("Baudelaire:Modernism in the Streets") 131−171페이지에서 말이다.

부록

1. 데보라 톨만(Deborah L. Tolman)과 메리 브라이든−밀러(Mary Brydon-Miller)가 집필한 『주관성의 해석: 해석적이고 참여적 방법론에 대한 핸드북(뉴욕: 뉴욕대학교 출판사, 2001)』 (From Subjects to Subjectivities: A Handbook of Interpretive and Participatory Methods,

New York: NYU Press, 2001).

2. 이에 대해서 더 알아보려면, 크리스천 스미스(Christian Smith)의『사람이란 무엇인가? 인류애, 사회생활, 도덕적 선함을 사람에서부터 생각하다(시카고: 시카고대학교 출판사, 2011)』(What Is a Person? Rethinking Humanity, Social Life, and the Moral Good from the Person Up, Chicago: University of Chicago Press, 2011), 277–314페이지 참조.

옮긴이 김성아

미국 듀크대학교 MBA를 졸업한 후, 미국 시티그룹 본사 마케팅 부서에서 매니저로 근무하였다. 이후 삼성전자와 제일모직에서 마케팅을 담당했으며, 현재 번역에이전시 엔터스코리아에서 전문번역가로 활동하고 있다. 역서로는 『마케팅 평가 바이블: 세계 최고의 마케팅 MBA 켈로그 경영대학원 강의』, 『타인의 힘: 한계를 뛰어넘은 사람들의 비밀』, 『심플하게 생각하기』, 『더미를 위한 마케팅』 등이 있다.

나는 접속한다, 고로 행복하다

1판 1쇄 인쇄	2018년 9월 18일
1판 1쇄 발행	2018년 9월 25일

글쓴이	도나 프레이타스
옮긴이	김성아
펴낸이	이경민

편집	최정미
디자인	문지현

펴낸곳	(주)동아엠앤비
출판등록	2014년 3월 28일(제25100-2014-000025호)
주소	(03737) 서울특별시 서대문구 충정로 35-17 인촌빌딩 1층
전화	(편집) 02-392-6901 (마케팅) 02-392-6900
팩스	02-392-6902
전자우편	damnb0401@naver.com
SNS	🅵 🅸 🅱

ISBN 979-11-6363-009-8 (03330)